Data Science on AWS

AWS 기반 데이터 과학

| 표지 설명 |

표지 동물은 북부 핀테일 드레이크(학명: *Anasacuta*)이다. 이 커다란 오리들은 번식기(봄과 여름)에 북반구에서 새끼를 키우고 겨울에는 남쪽으로 이동한다.

북부 핀테일의 수컷만 4인치 길이의 중앙 꼬리 깃털을 가진다. 평균적으로 북부 핀테일의 몸무게는 약 2파운드이고, 몸길이는 21~25인치이다. 야생에서는 20년 이상 살 수 있다. 봄에 암컷은 7~9개의 그림색 알을 낳고 약 3주 동안 품는다. 그리고 곤충, 연체동물, 갑각류뿐만 아니라 씨앗, 뿌리, 곡물과 같은 식물도 먹는다.

오라일리 표지에 등장하는 동물은 대부분 멸종 위기종이다. 이 동물들은 모두 소중한 존재이다. 표지 그림은 『British Birds』에 실린 흑백 판화를 기반으로 캐런 몽고메리[Karen Montgomery]가 그린 작품이다.

AWS 기반 데이터 과학

엔드투엔드, AI/ML 파이프라인 구현하기

초판 1쇄 발행 2023년 4월 28일

지은이 크리스 프레글리, 안티 바르트 / **옮긴이** 서진호, 최미영 / **감수자** 이용혁 / **펴낸이** 김태헌
펴낸곳 한빛미디어(주) / **주소** 서울시 서대문구 연희로2길 62 한빛미디어(주) IT출판2부
전화 02-325-5544 / **팩스** 02-336-7124
등록 1999년 6월 24일 제25100-2017-000058호 / **ISBN** 979-11-6921-094-2 93000

총괄 송경석 / **책임편집** 박민아 / **기획·편집** 김지은 / **교정** 김경희
디자인 표지 윤혜원 내지 박정화 / **전산편집** 백지선
영업 김형진, 장경환, 조유미 / **마케팅** 박상용, 한종진, 이행은, 김선아, 고광일, 성화정, 김한솔 / **제작** 박성우, 김정우

이 책에 대한 의견이나 오탈자 및 잘못된 내용에 대한 수정 정보는 한빛미디어(주)의 홈페이지나 아래 이메일로 알려주십시오. 잘못된 책은 구입하신 서점에서 교환해드립니다. 책값은 뒤표지에 표시되어 있습니다.

한빛미디어 홈페이지 www.hanbit.co.kr / **이메일** ask@hanbit.co.kr

지금 하지 않으면 할 수 없는 일이 있습니다.
책으로 펴내고 싶은 아이디어나 원고를 메일(writer@hanbit.co.kr)로 보내주세요.
한빛미디어(주)는 여러분의 소중한 경험과 지식을 기다리고 있습니다.

Data Science on AWS

AWS 기반 데이터 과학

O'REILLY® **한빛미디어** Hanbit Media, Inc.

AI의 실용성과 중요성은 이미 충분히 입증되어서, 이제는 더 이상 부연할 필요가 없을 정도입니다. 하지만 ML을 서비스하고 운영하기 위한 MLOps의 중요성은 날로 커지고 있습니다. 이에 따라, AWS 클라우드에서 제공하는 세이지메이커를 활용하는 데 필요한 거의 모든 것을 망라한 책이 출간되어 매우 기쁩니다.

이병욱, 서울과학종합대학원 AI 전략경영 주임교수/인공지능연구원 부사장

이 책은 AWS의 강력한 기능을 활용하여 데이터 과학 프로젝트를 수행하고자 하는 모든 분에게 꼭 필요한 책입니다. 데이터 수집 및 처리, 머신러닝, 배포 등의 과정을 상세히 다루며, AWS 서비스와 도구에 대한 명확한 설명과 실용적인 예제, 모범 사례를 제공합니다. AWS를 이용해 데이터 과학 기술을 한 단계 더 발전시키고자 하는 분들에게 강력하게 추천합니다.

김영민, AWS 데이터 과학자

AWS 같은 클라우드는 제공하는 기능이 매우 광범위해서 한 권의 책에 모두 담기 어렵습니다. 그래서인지 데이터 과학을 위해 필요한 기능만 콕 집어 설명하는 클라우드 책에 더욱 목말랐던 것 같습니다. 프로젝트와 데이터의 규모가 갈수록 커지면서 이제 클라우드 없이는 데이터 과학을 논하기 어렵습니다. 바로 이 시점에 좋은 책을 만나게 되어 너무 기쁘고 오랫동안 노력해주신 두 역자에게 감사의 말씀을 드립니다. 대규모 머신러닝 모델을 훈련하고 최적의 비용으로 서비스를 구현하고 싶으신가요? 바로 이 책에서 그 해답을 찾을 수 있습니다.

박해선, IT 작가

AWS 기반의 AI와 ML을 구현하기 위한 데이터 과학부터 자연어 처리, AutoML, 데이터 스트리밍 분석까지 현장에서 세이지메이커를 바로 적용할 수 있는 책입니다.

성경환, (주)소프트리프 대표

머신러닝과 딥러닝을 기초부터 실전까지 잘 이해하고 표현할 수 있다면 세이지메이커도 용이하게 사용할 수 있습니다. 이 책은 세이지메이커를 활용하여 실질적인 문제를 해결하는 방법을 매우 잘 보여줍니다. 이를 통해 세이지메이커를 사용하여 머신러닝과 딥러닝 모델을 개발하는 데 필요한 전반적인 지식을 습득할 수 있습니다. 세이지메이커를 사용해 과제를 해결해야 하거나 모델 구축 및 관리에 어려움을 겪고 있는 모든 IT 담당자, 분석가, 개발자에게 이 책을 추천합니다.

이진행, (주)더블유에이아이 대표

여러분이 현재 AWS를 기반으로 한 머신러닝 플랫폼을 구축하는 데이터 과학 프로젝트에 참여하고 있다면, 이 책을 통해 관련 정보들을 빠르게 찾을 수 있고, 바로 적용 가능한 노하우도 얻을 수 있습니다. ChatGPT가 쏘아 올린 인공지능 메가트렌드를 준비하는 최적의 도서라고 가히 말할 수 있습니다.

조성범, 메가존 클라우드(K-클라우드 부문) 대표

아이디어에서 프로덕션에 이르기까지, 데이터 과학을 시작하는 데 도움이 되는 모범 사례와
AWS 서비스를 모두 소개합니다.

제프 바[Jeff Barr], AWS 부사장 겸 수석 에반젤리스트

이 책처럼 모델 개발 및 배포의 전체 엔드투엔드 프로세스를 포괄적으로 다루는 책을 만나는
건 매우 어려운 일입니다.

라미네 티나티[Ramine Tinati], 액센추어 응용 인텔리전스 부서 전무이사이자 최고 데이터 과학자

이 책은 AWS 클라우드에서 확장 가능한 머신러닝 솔루션을 구축하기 위한 훌륭한 리소스입니
다. 모델 훈련 및 배포, 보안, 해석 가능성, MLOps 등을 포함한 모델 생성의 모범 사례가 모두
담겨 있습니다.

기타 차우한[Geeta Chauhan], 페이스북 AI, AI/PyTorch 파트너 엔지니어링 책임자

AWS의 도구 환경이 지닌 어마어마한 양 때문에 데이터 과학자와 엔지니어는 이에 대해 큰 부
담을 느끼곤 합니다. 이러한 사람들에게 이 책은 작업에 적합한 도구를 찾아 시스템을 구축할
수 있도록 도와주는 길잡이가 되어줄 것입니다.

조시 윌스[Josh Wills], 『9가지 사례로 익히는 고급 스파크 분석(2판)』(한빛미디어, 2018) 공저자

성공적인 데이터 과학 팀은 데이터 과학이 단순한 모델링이 아니라 데이터 및 프로덕션 배포
에 대한 훈련법이 필요하다는 사실을 알고 있습니다. 이 모든 것을 처리할 수 있는 수많은 도구
는 AWS 같은 주요 클라우드에 있습니다. 도구를 적용하는 방법뿐만 아니라 언제, 어떤 도구를
사용해야 하는지를 보여주는 이 책을 강력 추천합니다.

션 오언[Sean Owen], 데이터브릭스 수석 솔루션 아티텍트

이 책에서 소개하는 AWS 기반으로 데이터 과학을 다루는 내용은 깊이가 깊고 폭이 매우 넓습니다. 시중에 출간된 대부분 머신러닝 도서는 데이터 과학에 초점을 맞추는 반면, 이 책은 보안, 데이터 엔지니어링, 모니터링, CI/CD, 비용 관리와 같은 프로덕션에서 데이터 과학을 제공하는 데 필요한 아키텍처 개념을 자세히 설명합니다. 또한 데이터 과학의 가장 최신 기술인 트랜스포머 아키텍처, AutoML, 온라인 학습, 지식 증류, 컴파일, 베이지안 모델 튜닝, 밴딧과 같은 고급 개념을 포함합니다. 특히 이 책에서 제공하는 서비스에 대한 비즈니스 친화적인 설명과 저수준의 구현 팁 및 지침 부분이 매우 인상 깊었습니다. AWS에서 머신러닝 시스템을 구축하거나 AWS AI와 ML 스택 관련 지식을 향상하고자 하는 모든 사람이 반드시 읽어야 할 필독서입니다.

올리비에 크루샹^{Olivier Cruchant}, AWS 수석 ML 전문가 솔루션 아키텍트

엔드투엔드 머신러닝 워크플로우와 AWS에서 효율적인 머신러닝 워크로드를 대규모로 구축하는 방법에 대해 이해하기 쉽게 설명하는 훌륭한 책입니다. AWS에서 머신러닝 워크로드를 구축하는 모든 사람에게 이 책을 적극 추천합니다.

셸비 아이겐브로드^{Shelbee Eigenbrode}, AWS AI/ML 전문가 솔루션 아키텍트

저자는 AWS 서비스로 머신러닝 애플리케이션의 모든 단계를 구현하는 과정을 안내하기 위해 이론과 실습 예제를 균형 있게 제공합니다. 단순히 시작하기만 하는 것이 아니라 엔드투엔드 머신러닝 애플리케이션을 확장하고 안전하게 사용할 수 있도록 여러분의 길잡이가 되어줄 것입니다.

시리샤 무팔라^{Sireesha Muppala}, AWS AI/ML 수석 솔루션 아키텍트 PhD

강력한 엔드투엔드 머신러닝 워크플로우를 구현하는 것은 다양한 도구와 기술로 인해 복잡하고 어려운 과제입니다. 저자는 이 책을 통해 이러한 난관을 해결하기 위해 초보자와 전문가 모두 AWS 서비스 힘을 활용할 수 있도록 안내합니다.

브렌트 라보우스키 Brent Rabowsky, AWS 데이터 과학자

저자는 실제 모범 사례로 AWS에서 인공지능과 머신러닝 애플리케이션을 구축하고 관리하는 데 중요한 필수적인 지침을 제공합니다.

딘 왐플러 Dean Wampler, 『프로그래밍 스칼라(2판)』(한빛미디어, 2016) 공저자

이 책에는 실무에서 바로 적용할 수 있는 방법론과 서비스가 방대하게 실려 있습니다. 여러분이 AWS 람다로 하든 아마존 세이지메이커로 하든 상관없이 AWS 플랫폼에서 머신러닝을 프로덕션에 적용하는 데 큰 도움이 되어줄 것입니다.

노아 기프트 Noah Gift, 프로그매틱 AI 랩스 설립자이자 듀크 대학교 교수

이 책에서는 AWS의 최신 데이터 과학 스택을 심층적으로 살펴볼 수 있습니다. 머신러닝 실무자는 머신러닝 파이프라인의 각 단계에서 활용할 수 있는 서비스, 오픈 소스 라이브러리, 인프라에 대해 배우고 이를 연결하는 방법을 소개합니다. AWS를 사용해 머신러닝 기술을 향상하고 싶다면 반드시 읽어야 할 필독서입니다.

케샤 윌리엄스 Kesha Williams, 클라우드 전문가

AWS가 폭발적으로 성장함에 따라 오늘날 데이터 과학자는 클라우드에서 운영하는 방법을 알아야 합니다. 이 책은 실무자가 세이지메이커, AutoML, 모델 배포, MLOps, 클라우드 보안 모범 사례와 같은 클라우드 기반 데이터 과학의 주요 주제를 안내합니다. AWS에서 머신러닝에 보조를 맞추려는 사람들에게 꼭 필요한 책입니다.

조시 패터슨 Josh Patterson, 『쿠브플로 운영 가이드』(한빛미디어, 2022) 공저자

AWS는 클라우드 컴퓨팅의 선구자이자 리더에게 매우 강력한 도구입니다. 바로 적용할 수 있는 다양한 클라우드 AI 서비스가 인상적이며, 그것이 이 책의 핵심입니다. 저자는 최고의 사례를 준수하는 AI/ML 파이프라인을 구축하는 데 필요한 AWS 가이드를 만들었습니다. 이 책을 따라 침착하게 프로덕션 작업에 임하길 바랍니다!

앤디 페트렐라 Andy Petrella, Kensu CEO

이 책은 AWS의 프로덕션에서 데이터 과학 프로젝트를 빌드하는 방법을 배우려는 모든 사람의 필독서입니다. 리서치에서 프러덕션에 이르는 전체 과정을 다루고 각 단계에서 사용할 수 있는 AWS 도구와 서비스를 다룹니다.

루스템 페이즈카노프 Rustem Feyzkhanov, AWS와 Instrumental의 ML 히어로

저자는 AWS AI의 모든 내용을 이 책에 담았습니다. AWS를 활용하여 인공지능을 구축하는 방법에 대해 처음부터 끝까지 배우고자 하는 모든 개발자에게 이 책을 추천합니다.

프란체스코 모스코니 Francesco Mosconi, 『Zero to Deep Learning』 저자이자 창립자

해외 추천사

저자는 AWS에서 관리하는 클라우드 서비스의 복잡하고 때로는 압도적인 환경을 통해 머신러닝 실무자를 전문적으로 안내합니다. 이 책은 데이터 수집에서 예측 애플리케이션에 이르기까지 엔드투엔드 데이터 과학 워크플로우를 완료하기 위한 서비스와 상호작용에 대한 가이드 역할을 하기 때문에 실무에서 중요한 자료를 빠르게 찾을 수 있습니다.

벤자민 벵포트 Benjamin Bengfort, Rotational Labs CEO

이 책은 데이터 과학을 위한 다양하고 올바른 AWS 도구를 선택하고 함께 작동하도록 하는 방법을 다룹니다.

홀든 카로 Holden Karau, 『러닝 스파크』(제이펍, 2015) & 『Kubeflow for Machine Learning』(O'Reilly, 2020)

이 책은 읽기 쉬우며 소스 코드도 함께 제공합니다. 데이터 과학, 데이터 엔지니어링, 대규모 머신러닝 엔지니어링에 관심이 있는 모든 사람에게 추천합니다.

슈리니디 바라드와즈 Shreenidhi Bharadwaj, 웨스트 먼로 파트너스 사모 펀드/벤처 캐피털 자문(M&A) 수석

지은이 **크리스 프레글리**Chris Fregly

AWS 샌프란시스코 지사에서 AI/ML 분야 수석 개발자 애드버킷으로 재직 중이다. 동시에 파이프라인AIPipelineAI의 창립자이며, 이전에는 데이터브릭스Databricks의 솔루션 엔지니어, 넷플릭스Netflix의 소프트웨어 엔지니어로 일한 경력이 있다. 지난 10년간 AI/ML 분야에서 폭넓은 지식을 쌓아오면서 오라일리가 주최하는 AI 관련 시리즈 프로젝트인 'AI Superstream Series'에 참여하기도 했다. 또한 세계 각국에서 열리는 AI/ML 콘퍼런스에 참석하여 지식을 나누는 연설을 정기적으로 하고 있다. 현재 AWS에서는 AI/ML 파이프라인을 구축하는 데 전념하고 있다.

지은이 **안티 바르트**Antje Barth

AWS 뒤셀도르프 지사에서 AI/ML 분야 선임 개발자 애드버킷으로 재직 중이다. 동시에 Women in Big Data의 공동 창립자이며, 이전에는 데이터 센터 인프라, 빅데이터와 인공지능 애플리케이션에 중점을 둔 시스코Cisco 및 MapR의 엔지니어로 일한 경력이 있다. 세계 각국에서 열리는 AI/ML 콘퍼런스와 밋업에 참석하여 지식을 나누는 연설을 정기적으로 하고 있다. 오라일리가 주최하는 AI 관련 시리즈 프로젝트인 'AI Superstream events'에서 의장을 맡고 있으며 콘텐츠를 큐레이팅하고 있다.

옮긴이 1 **서진호**

마이크로소프트 시니어 테크 에반젤리스트로 활동하다가 스탠퍼드 대학교에서 Advanced Project Management Certificate 과정을 수료했다. 또한 코세라 커뮤니티에서 클라우드 컴퓨팅, 빅데이터, 인공지능 콘텐츠 관련 온라인 강의 및 기술 데모 피드백을 전달하는 어드바이저로 활동했다. 현재는 서울과학종합대학원에서 AI 전략경영 석사와 프랭클린 대학교에서 Executive MBA 과정을 복수 전공하고 있다. 저서로는 2006년에 출간한 『마이크로소프트 IT 전략과 미래』(한빛미디어, 2006)가 있다.

옮긴이 2 **최미영**

AWS 실리콘밸리 지사에서 AI/ML 분야 시니어 프로그래머 라이터로 재직 중이다. 아마존 세이지메이커의 모델 훈련에 관한 기술 문서 원문을 퍼블리싱하며, 특히 딥러닝 분야 컴퓨터 비전 모델과 자연어 처리 모델과 같은 대규모 모델 훈련 작업에 필요한 디버깅, 리소스 프로파일링, 데이터 및 모델 분산 훈련, 그리고 컴파일링 기술 문서를 담당하고 있다. 2019년 텍사스 주립대 댈러스 캠퍼스에서 물리학 박사학위를 취득하였다.

감수자 **이용혁**

메가존클라우드에서 ML 플랫폼 엔지니어로 IT 경력을 시작하였으며, 현재는 클래스101에서 Personalized eXperience 팀을 이끄는 시니어 머신러닝 엔지니어이다. 개인화에 있어서 중요한 두 가지 요소인 머신러닝 엔지니어링과 모델링 사이에서 균형을 찾기 위해 클라우드 활용을 극대화하고 있다. 최근에는 머신러닝 엔지니어와 데이터 과학자가 본연의 업무에 집중할 수 있도록 클라우드 기반의 MLOps를 효율적으로 구축하는 데 많은 열정을 쏟아붓고 있다.

옮긴이의 글

최근 오픈 AI의 ChatGPT가 인공지능 기술에 대한 대중의 이해도를 높이면서, 일반인들도 인공지능에 관심을 가지게 되었다. 그동안 인공지능이란 컴퓨터 과학자나 데이터 과학자의 특정한 전유물로만 여겨졌다. 그러나 이제는 옆집 꼬마 녀석까지 ChatGPT를 사용할 만큼 인공지능이 더욱더 친숙해졌다. 인류가 불을 처음 발견하여 이용한 것처럼, 현대 디지털 사회의 인공지능도 앞으로 더욱더 쓰일 것으로 기대된다.

이 책은 인공지능(AI)과 머신러닝(ML)의 세계에서 다양한 도전을 하고 싶은 모든 실무자에게 도움이 될 것이다. 이 책을 통해 여러분은 AWS에서 AI와 ML 프로젝트를 성공적으로 수행하는 능력을 배양할 수 있다. 또한, AWS에서 데이터 과학 프로젝트의 비용을 절감하고 성능을 향상하는 팁과 함께 풍부한 실제 사례가 제공되어, AI와 ML 분야의 전문가나 엔지니어들에게 매우 유용한 책이 될 것이다.

특히, AWS를 활용하여 데이터 과학 프로젝트를 성공적으로 구축하고 배포하는 방법을 상세하게 배울 수 있다. 이 책을 통해 아마존 AI와 ML 스택의 실용적인 활용법뿐만 아니라 실제 사례를 바탕으로 자연어 처리, 컴퓨터 비전, 사기 탐지 등 이를 다양하게 적용해볼 수 있다.

또한, 세이지메이커 오토파일럿의 AutoML 기능을 활용하여 다양한 컴포넌트를 접목하고, BERT 기반의 자연어 처리 사용 사례를 통해 모델 개발 라이프 사이클을 자세히 배울 수 있다. MLOps 파이프라인을 구축하는 방법과 아마존 키네시스와 아마존 MSK를 활용한 실시간 머신러닝도 다루고 있다. AWS IAM 등 데이터 과학 프로젝트와 워크플로우에 대한 보안 모범 사례도 포함되어 있다.

번역 작업하면서 한 가지 어려웠던 점은 세이지메이커가 아직 한글 용어로 공식 번역되어 있지 않아, 해당 서비스명과 용어를 정립하는 데 여러 번 수정을 해야 했고, 이로 인해 시간이 오래 걸리게 되었다. 이 과정에서 최미영 님과 이용혁 님께서 책 출간에 큰 도움을 주셨다. 그리고 저와 소통을 가장 많이 하며 번역 과정에 큰 도움을 주신 한빛미디어 김지은 님께도 감사의 인사를 드린다. 이 분들이 아니었다면 책 출간은 힘들었을 것이다.

끝으로 이 책은 완전 초보자를 위해 단계별로 따라 하는 책은 아니지만, 풍부한 개념과 다양한 예제 소스를 통해 실용적으로 쓸 수 있는 참고서로 국내 모든 개발자에게 도움이 될 것이다. 아울러 이 책에 관련된 내용과 새로운 소식이 있다면 *http://github.com/synabreu*에 업로드할 예정이므로 참고하기 바란다.

2023년 4월 9일, 벚꽃이 만발한 곳에서

서진호

저자의 글

출간 제안서를 제출한 후 출판사로부터 승인받고 책을 출간하기까지는 꽤 긴 기간이 걸렸다. 이 기간 동안 Gary O'Brien과 Jessica Haberman은 원고의 수준을 높이는 데 많은 도움을 주었다. 특히, Gary O'Brien은 1장에서의 소스 코드와 저수준 하드웨어 사양에 대한 보완 작업을 함께 진행해주었으며, Jessica Haberman은 출간 전까지 많은 부분에 대한 피드백과 조원을 아낌없이 해주었다. Mike Loukides와 Nicole Taché는 책 집필 과정 초기부터 많은 조언을 해주어 각 장의 개요, 소개 및 요약 정리 등에 대한 내용을 많이 보충할 수 있었다. 이들의 도움으로 책의 품질을 높일 수 있었으며, 이들의 노고에 깊은 감사의 인사를 전하고 싶다.

또한, 이 책에 Ali Arsanjani, Andy Petrella, Brent Rabowsky, Dean Wampler, Francesco Mosconi, Hannah Marlowe, Hannes Hapke, Josh Patterson, Josh Wills, Liam Morrison, Noah Gift, Ramine Tinati, Robert Monarch, Roy Ben-Alta, Rustem Feyzkhanov, Sean Owen, Shelbee Eigenbrode, Sireesha Muppala, Stefan Natu, Ted Dunning, Tim O'Brien 등 많은 감수자가 참여했다. 기술 감수와 깊이 있는 피드백을 주신 많은 분께 감사드리며, 이 책을 완성하는 과정에서 여러분과 함께 할 수 있어서 매우 즐거웠다.

크리스

먼저 돌아가신 아버지 Thomas Fregly께 이 책을 바치고 싶다. 8살 때 아버지는 애플 컴퓨터를 집에 가져오셨는데, 그날부터 내 삶이 완전히 변했다. 그리고 10살 때는 아버지가 미적분학을 가르쳐주셨고, 이때 수학에 대한 열망이 생기게 되었다. 항상 꾸준히 읽기, 간결하게 쓰기, 논리 있게 말하기, 빠르게 타이핑하기 그리고 질문하는 방법을 가르쳐주셨다. 미시간 호수에 좌초된 보트의 엔진을 수리하는 아버지의 모습을 보면서 하드웨어와 소프트웨어를 깊이 있게 이해하고 싶다는 영감을 받게 되었다. 아버지는 시카고 선타임스^{Chicago Sun-Times}에서 근무할 당시 사무실을 돌아다니면서 프론트 데스크 직원, CEO, 유지 관리 직원 등 모든 사람과 대화하는 것을 즐기셨다. 아버지는 항상 밝은 미소로 인사하며 자녀에 대한 안부를 묻고, 그들의 다양한 이야기를 들었다. 이러한 모습을 어깨너머로 보며 어렸을 때부터 다양한 사람들과 소통하고 대화하는 능력을 기를 수 있었다. 그리고 어렸을 때 아버지의 손을 잡고 대학교를 걸으며 보도를 벗어나 있는 잔디 사이로 나만의 길을 개척해도 괜찮다는 것을 배웠다. "걱정하지 마, 크리스. 결국 이 험한 길도 포장도로가 될 거야. 이 길은 공과대학 건물에서 식당까지 가는 최단 경로니깐 말이야." 몇 년 후 카페테리아에서 아버지가 가장 좋아하는 다이어트 펩시를 들고 새로 포장된 길을 걸었다. 인생을 살아가며 군중을 따르지 않고 자신의 길을 개척하는 법을 아버지에게서 배운 것이다. 비록 아버지는 윈도우 95를 보시지는 못했지만, 그렇다고 많은 것을 놓치지는 않으셨고, 맥OS는 마침내 리눅스로 전환했다.

이 책의 공동 저자인 안티 바르트는 이 책을 집필하기 위해 소중한 주말과 저녁 시간을 할애했다. 샌프란시스코와 뒤셀도르프 사이의 9시간 시차에도 불구하고, 언제든지 가상 화이트보드로 회의를 할 수 있었고, 긴급한 소스 코드 개선 및 논의를 위해 항상 접근 가능한 상태를 유지했기 때문에 원활한 협업이 가능했다. 이번 계기를 통해 더 좋은 친구가 되었길 바라며, 안티 바르트가 없었다면 이렇게 완벽한 책을 만들 수 없었을 것이다. 미래의 다양한 프로젝트에서도 함께 일할 기회를 기대한다!

안티

항상 새로운 도전을 할 수 있도록 격려해준 Ted Dunning과 Ellen Friedman에게 감사의 인사를 드린다. Ted Dunning은 이 책을 활용할 수 있는 방법에 대해 조언해주거나 다른 관점에서 사물을 바라볼 수 있도록 도와주는 이야기를 해주었다. Ellen Friedman은 오라일리 스트라타 및 AI 콘퍼런스에서 강연을 시작했을 때, 설득력 있는 강연 제안서를 작성하는 방법을 가르쳐주었다.

'여성들이 성취할 수 있는 꿈을 키울 수 있도록 도와주세요!'라고 말할 때는 두 사람 모두 자신의 노력과 열정으로 여성들에게 영감을 주었다. 이와 같은 이유로, 이 책을 기술 분야에서 꿈을 키우고 있는 모든 여성에게 바치고 싶다. 자신의 능력과 열정을 믿는다면, 어떤 직업이든 성공할 수 있다. 하지만 그 과정에서 여러 가지 방해 요소가 있을 수 있다. 그러한 과정에서도 꿈을 이루기 위해 끊임없이 노력해야 한다. 이러한 노력과 열정이 결실을 보게 되면 어떤 분야에서도 높은 수준의 성과를 이룰 수 있게 될 것이다.

마지막으로, 경력을 쌓는 동안 지지하고 격려해주신 모든 분께 감사의 인사를 전하고 싶다.

또한, 재미있고 통찰력 있는 공동 저자인 크리스에게 감사를 전하고 싶다. 처음부터 깊이 생각할 수 있도록 이끌었으며, 호기심을 갖고 많은 질문을 하도록 격려해주었다.

이 책을 통해 인공지능^{artificial intelligence}(AI)과 머신러닝^{machine learning}(ML) 실무자는 아마존 웹 서비스^{Amazon Web Services}(AWS)에서 데이터 과학 프로젝트를 성공적으로 빌드하고 배포하는 방법을 배울 수 있다. 아마존 AI와 ML 스택은 데이터 과학, 데이터 엔지니어링, 애플리케이션 개발을 통합한 서비스를 제공하여 사용자의 머신러닝 스킬을 향상하는 데 도움을 준다. 이 책은 클라우드에서 파이프라인을 어떻게 빌드하고 실행하는지 소개하고, 며칠이나 걸리던 애플리케이션에 결과물을 적용하는 과정을 몇 분으로 단축할 수 있는 방법도 보여준다.

- 아마존 AI와 ML 스택을 자연어 처리, 컴퓨터 비전, 사기 탐지^{fraud detection}, 대화형 디바이스 등에 적용하는 실제 사례를 보여준다.
- 아마존 세이지메이커 오토파일럿^{Amazon SageMaker Autopilot}의 AutoML을 사용한 여러 사례 중 특정 사례를 구현해본다.
- 데이터 수집 및 분석 등을 포함한 BERT 기반 자연어 처리^{natural language processing}(NLP) 사용 사례의 전체 모델 개발 라이프 사이클을 자세히 알아본다.
- 모든 머신러닝 요소를 반복 가능한 MLOps 파이프라인으로 통합한다.
- 아마존 키네시스^{Amazon Kinesis}와 아파치 카프카용 아마존 관리형 스트리밍^{Amazon Managed Streaming for Apache Kafka}(아마존 MSK)을 활용하여 실시간 데이터 스트림에 머신러닝, 이상 탐지, 스트리밍 분석을 적용한 사례에 대해 살펴본다.
- AWS 자격 증명 및 액세스 관리^{Identity and Access Management}(IAM), 인증, 권한 부여(데이터 수집 및 분석 포함), 모델 훈련 및 배포를 포함한 데이터 과학 프로젝트와 워크플로우에 대한 보안 모범 사례를 배운다.

책의 구성

1장에서는 광범위하고 심층적인 아마존 AI와 ML 스택, 굉장히 파워풀하고 다양한 서비스, 오픈 소스 라이브러리 그리고 인프라를 데이터 과학 프로젝트에 접목시키는 방법을 개괄적으로 소개한다.

2장에서는 추천 시스템, 컴퓨터 비전, 사기 탐지, 자연어 이해natural language understanding(NLU), 대화형 디바이스conversational device, 인지 검색cognitive search, 고객 지원customer support, 산업 예측 유지 관리industrial predictive maintenance, 홈 자동화, 사물 인터넷Internet of Things(IoT), 의료, 양자 컴퓨팅 등의 실제 사용 사례에 아마존 AI와 ML 스택을 적용해볼 것이다.

3장에서는 세이지메이커 오토파일럿의 AutoML을 사용해서 2장에서 소개한 실제 사례 중 특정 사례들을 구현하는 방법을 보여준다.

4~9장에서는 데이터 수집 및 분석, 피처 선택 및 엔지니어링, 모델 훈련 및 튜닝, 아마존 세이지메이커, 아마존 아테나Amazon Athena, 아마존 레드시프트Amazon Redshift, 아마존 일래스틱 맵리듀스Elastic MapReduce(아마존 EMR), 텐서플로우, 파이토치, 서버리스 아파치 스파크를 활용한 모델 배포를 설명한다. 그리고 BERT 기반 자연어 처리natural language processing(NLP)의 전체 모델 개발 라이프 사이클을 다룬다.

10장에서는 세이지메이커 파이프라인, 큐브플로우 파이프라인, 아파치 에어플로우, MLflow, TFX와 함께 MLOps를 사용해 모든 것을 반복 가능한 파이프라인으로 통합하는 방법을 보여준다.

11장에서는 아마존 키네시스Amazon Kinesis와 아파치 카프카를 사용해 실시간 데이터 스트림에 대한 실시간 머신러닝, 이상 감지와 스트리밍 분석을 보여준다.

12장에서는 AWS IAM, 인증, 권한 부여, 네트워크 격리, 미사용 데이터 암호화, 전송 중 양자 내성 네트워크 암호화, 거버넌스, 감사 가능성을 포함하여 데이터 과학 프로젝트와 워크플로우에 대한 포괄적인 보안 모범 사례를 보여준다.

아울러 책 전반에 걸쳐 AWS에서 데이터 과학 프로젝트의 비용을 절감하고 성능을 향상하는 팁을 제공할 것이다.

대상 독자

이 책은 데이터를 사용해 중요한 비즈니스 결정을 내리는 모든 사람을 위한 책이다. 이 책을 통해 데이터 분석가, 데이터 과학자, 데이터 엔지니어, 머신러닝 엔지니어, 연구자, 애플리케이션 개발자, 데브옵스 엔지니어가 최신 데이터 과학 스택에 대한 이해를 넓히고 클라우드 분야 스킬을 향상시킬 수 있다.

이 책을 최대한 활용하려면 다음과 같은 지식을 갖추고 있는 게 좋다.

- 클라우드 컴퓨팅의 기본 개념
- 파이썬, R, 자바, 스칼라, SQL을 사용한 프로그래밍 기본 기술
- 주피터 노트북, 판다스, 넘파이, 사이킷런과 같은 데이터 과학 도구 사용 지식

소스 코드

예제 소스 코드나 실습에 대한 추가 자료는 *https://github.com/data-science-on-aws* 에서 다운로드할 수 있다. 이 책에 나와 있는 소스 코드 일부는 특정 구현을 강조하기 위해 축약했다. 리포지터리에는 이 책에서 다루지 않았지만 독자가 검토할 수 있는 추가 주피터 노트북 파일이 포함되어 있다. 주피터 노트북은 장별로 구성되어 있으며 따라 하기 쉽게 작성해놓았다.

참고 자료

- 『핸즈온 머신러닝(2판)』(한빛미디어, 2020): 파이썬, 사이킷런, 텐서플로우 2를 활용해 머신러닝 시스템을 구축하기 위한 훌륭한 실습 가이드다.
- 『fastai와 파이토치가 만나 꽃피운 딥러닝』(한빛미디어, 2021): '박사 학위 없이' 파이토치로 딥러닝 애플리케이션을 구현하는 방법을 배울 수 있다.

- 『살아 움직이는 머신러닝 파이프라인 설계』(한빛미디어, 2021): 텐서플로우와 TFX로 AutoML 파이프라인을 구축하는 방법을 소개한다.
- 『Programming Quantum Computers』(O'Reilly, 2019): 양자 컴퓨터의 장점을 소개하며 이해하기 쉬운 예제를 통해 양자 컴퓨터를 설명한다.
- 『고성능 파이썬』(한빛미디어, 2021): 고성능 데이터 처리, 피처 엔지니어링과 모델 훈련을 위해 파이썬 코드를 프로파일링하고 최적화하기 위한 팁과 비결을 보여준다.
- 본서와 관련된 워크숍, 서지 정보, 밋업, 소스 코드, 유튜브 채널은 도서 전용 사이트(*https://data scienceonaws.com*)에 정리해놓았다.

들어가기 앞서

영어로 된 AWS 서비스명이 개발자에게 더 익숙할 수 있다. 하지만 몇몇 서비스명은 영어 발음에 따라 읽는 것이 어려운 경우가 있어 본서에서는 AWS 서비스명을 최대한 한글로 정리해서 제공한다. 더불어 현업에서 사용하는 적절한 용어들도 함께 포함하여, 독자들이 실제 현업에서 사용하는 용어를 익힐 수 있도록 노력했다. AWS 서비스명은 독자 편의를 높이기 위해 부록 (645페이지)에 별도로 정리해두었다.

CONTENTS

CHAPTER 1 AWS 기반 데이터 과학 소개

CONTENTS

CONTENTS

CHAPTER **2** **데이터 과학의 모범 사례**

CONTENTS

CHAPTER 5 데이터셋 탐색하기

CONTENTS

CHAPTER 6 모델 훈련을 위한 데이터셋 준비

CONTENTS

CONTENTS

CHAPTER 10 파이프라인과 MLOps

CONTENTS

CONTENTS

CHAPTER 12 AWS 보안

CONTENTS

AWS 기반 데이터 과학 소개

이 장에서는 클라우드에서 데이터 과학 프로젝트를 빌드할 때의 장점에 대해 개괄적으로 소개한다. 먼저 클라우드 컴퓨팅의 장점을 알아보고, 머신러닝 워크플로우, 모델 및 애플리케이션을 프로토타입에서 프로덕션으로 옮기는 과정에서 일반적으로 발생할 수 있는 어려움에 대해 다룬다. 이어서 아마존 웹 서비스$^{Amazon\ Web\ Services}$(AWS)에서 데이터 과학 프로젝트를 빌드할 때의 장점과 머신러닝 모델 개발 워크플로우의 각 단계와 관련된 AWS 서비스를 소개한다. 마지막으로 AWS의 운영 효율성, 보안, 안정성, 성능, 비용 최적화 등을 위한 아키텍처의 모범 사례를 소개하고 이 장을 마무리한다.

1.1 클라우드 컴퓨팅의 장점

클라우드 컴퓨팅은 인터넷을 통해 온디맨드 IT 리소소들을 종량제$^{pay-as-you-go}$[1] 형식으로 제공하는 서비스를 일컫는다. 우리는 클라우드 컴퓨팅을 통해 자체 데이터 센터와 서버를 구매, 소유 및 유지하는 대신 컴퓨팅 파워, 스토리지, 데이터베이스, 기타 서비스와 같은 기술을 필요한 상황에 따라 필요한 만큼만 사용할 수 있다. 우리가 가정에서 전등 스위치를 켜는 순간 전력 회사에서 전기를 보내고 사용한 만큼 요금을 청구하듯이, 클라우드도 버튼을 클릭하거나 API를 호출하면 온디맨드 IT 리소스를 사용자가 직접 프로비저닝^{provisioning}할 수 있다.

---

1 옮긴이 1_ 클라우드 컴퓨팅 서비스에서 사용자가 사용한 만큼만 비용을 지불한다는 의미다.

'경험을 압축하는 알고리즘이란 없다'는 AWS의 CEO 앤디 제시Andy Jassy가 강조해 유명해진 말이다. 이는 '시행착오 없이 쌓이는 경험은 없다'는 의미로 2006년 창립 이후 '안정적이고, 안전하며, 효율적인' 서비스를 빌드해온 AWS의 오랜 경험에서 나온 인용구다.

AWS는 인공지능과 머신러닝 분야의 많은 서비스와 기능을 포함하여 거의 모든 클라우드 워크로드를 충족하고자 서비스 포트폴리오를 지속적으로 확장해왔다. 지난 20년간 아마존은 추천 시스템, 컴퓨터 비전, 음성/텍스트, 신경망 분야 등에서 선구자적인 개발을 해왔고, 이를 바탕으로 많은 AWS AI/ML 서비스가 파생됐다. 「Amazon.com Recommendations: Item-to-Item Collaborative Filtering」[2] 논문은 그 예를 가장 잘 보여준다. 2003년에 발표한 이 논문은 전기 전자 기술자 협회Institute of Electrical and Electronics Engineers (IEEE) 논문상을 받기도 했다. 이제 데이터 과학 프로젝트 관점에서 클라우드 컴퓨팅의 장점을 살펴보자.

1.1.1 민첩성

클라우드 컴퓨팅은 우리가 필요한 만큼의 리소스를 사용할 수 있게 하기 때문에, 이 점을 이용해 우리는 여러 번의 실험을 빠르게 수행할 수 있다. 에를 들어 데이터 품질 검사를 실행하기 위해 새로운 라이브러리를 테스트해야 하거나, 최신 GPU 컴퓨팅 리소스를 활용해 모델의 훈련 속도를 높이는 경우가 있다. 클라우드 컴퓨팅을 이용하면 이러한 작업들을 짧은 시간 안에 적게는 십여 대부터 많게는 수백 또는 수천 대까지 서버로 자유롭게 할당할 수 있다. 만일 실험에 실패하더라도 큰 부담 없이 사용자는 사용한 리소스를 종료하면 된다.

1.1.2 비용 절감

클라우드 컴퓨팅은 사용자들로 하여금 고정비용capital expense을 가변비용variable expense으로 변환할 수 있게 한다. 따라서 사용자는 차후에 사용하지 않은 채 몇 달간 방치될 수 있는 서버 증설에 선투자할 필요가 없다. 예를 들어 데이터 품질 검사, 데이터 변환, 머신러닝 모델 훈련을 수행하기 위해 컴퓨팅 리소스를 가동하는 경우 사용자는 컴퓨팅 리소스가 사용되는 시간에 대해서만 비용을 지불한다. 모델 훈련에 아마존 EC2의 스팟 인스턴스spot instance를 사용해 추가 비용을 절감할 수도 있다. 스팟 인스턴스를 사용하면 AWS 클라우드에서 사용하지 않는 EC2 용량

---

2 https://www.cs.umd.edu/~samir/498/Amazon-Recommendations.pdf

을 확보하고, 온디맨드 인스턴스에 비해 최대 90%까지 할인 혜택을 받을 수 있다. 또 다른 요금 지불 방식인 아마존 EC2의 예약 인스턴스reserved instance와 절감형 플랜savings plan으로도 비용을 절감할 수 있다.

1.1.3 탄력성

클라우드 컴퓨팅을 사용하면 애플리케이션 요구 사항에 맞는 리소스를 자동으로 확장하거나 축소할 수 있다. 우리가 데이터 과학 애플리케이션을 프로덕션 환경에 배포하고, 배포된 모델이 실시간 예측을 제공하는 사례를 가정해보자. AWS 클라우드 서비스는 모델 호스팅 서버에 실시간 예측 요청이 폭증할 때 모델 호스팅 리소스를 자동으로 확장한다. 반대로 요청량이 감소하면 모델 호스팅 리소스를 자동으로 축소한다. 따라서 최대 부하를 처리하기 위해 사용자가 직접 호스팅 리소스를 과도하게 프로비저닝할 필요가 없다.

1.1.4 더 빠른 혁신

인프라 관리에 불필요한 시간을 소비하는 대신, 클라우드 컴퓨팅을 통해 우리는 비즈니스를 차별화하는 애플리케이션 개발에 몰두하고 혁신에 박차를 가할 수 있게 된다. 그리고 클라우드는 우리가 새로운 알고리즘, 프레임워크, 하드웨어를 실험하는 시간을 몇 달 단위에서 몇 초 단위로 줄여줄 수 있다.

1.1.5 짧은 시간 안에 글로벌 배포

클라우드 컴퓨팅을 사용하면 단 몇 분 만에 데이터 과학 애플리케이션을 전 세계에 배포할 수 있다. 이러한 글로벌 배포 앱은 고객들이 근접해 있는 지점에서 서비스를 제공하는 것이 속도와 비용 측면에서 중요하다. AWS는 전 세계의 물리적 지점에 여러 데이터 센터들을 클러스터링하는 **리전**region이라는 개념을 사용한다. 각 데이터 센터는 **가용 영역**Availability Zone (AZ)이라고 하며, 각 AWS 리전은 지리적 영역 내에서 물리적으로 분리된 여러 개의 가용 영역으로 구성된다. AWS 리전과 가용 영역의 수는 계속 증가 중이다.[3]

----

3 https://aws.amazon.com/ko/about-aws/global-infrastructure/

전 세계에 산재한 AWS 리전과 가용 영역을 활용해 우리는 데이터 과학 애플리케이션을 고객과 가까운 곳에 배포할 수 있다. 또한 배포된 애플리케이션과 고객 간의 응답 지연 시간을 줄여 애플리케이션의 성능을 향상하며, 더 나아가 각 리전에 따라 달라지는 다양한 사생활 데이터 보호 규정을 준수할 수 있게 한다.

1.1.6 프로토타입에서 프로덕션으로의 전환

데이터 과학 프로젝트를 클라우드에서 빌드할 때의 또 다른 장점은 프로토타입 실험 단계에서 프로덕션^{production}으로 원활하게 전환할 수 있다는 것이다. 주피터 노트북에서 실행되고 있는 프로토타입 모델 코드로부터 페타바이트^{petabyte} 규모의 데이터를 이용한 모델 분산 훈련의 전환이라든지 데이터 품질을 검사하는 작업으로의 전환이 수 분 이내에 가능하다. 그렇게 프로덕션으로 전환이 완료되면 훈련된 모델을 배포함으로써 전 세계 수백만 명의 사용자에게 실시간 단일 예측이나 일괄 예측 서비스를 제공할 수 있다.

프로토타입은 주로 개인 개발 환경 혹은 단일 머신에서 주피터 노트북, 넘파이^{Numpy}, 판다스^{Pandas} 같은 라이브러리를 이용해 제작된다. 이러한 방식은 소규모 데이터셋에는 적합하지만, 대규모 데이터셋으로 작업을 확장하면 단일 머신의 CPU와 RAM 리소스를 빠르게 초과해버린다. 또한 모델 훈련을 가속화하기 위해 GPU 코어(혹은 여러 개의 GPU 코어로 구성된 머신을 여러 개)를 사용해야 할 때가 있다. 이렇게 큰 스케일의 경우 단일 시스템으로는 감당이 불가능하다.

다음 문제는 모델(또는 애플리케이션)을 프로덕션에 배포할 때 발생한다. 우리는 애플리케이션이 수천 또는 수백만 명의 동시 사용자를 글로벌한 규모로 처리할 수 있는지를 확인해야 한다.

프로덕션 배포에는 데이터 과학, 데이터 엔지니어링, 애플리케이션 개발, 데브옵스^{DevOps} 등 여러 팀 간의 협업이 중요하다. 성공적으로 애플리케이션을 배포하고 나면, 우리는 모델을 프로덕션으로 전환한 후 발생할 수 있는 모델 성능 및 데이터 품질 문제를 지속적으로 모니터링하고 대응해야 한다.

클라우드는 데이터 과학 프로젝트를 개발하는 것은 물리적으로 자체 서버 인프라를 구축하지 않고서도 프로토타입에서 프로덕션으로 모델을 원활하게 전환할 수 있게 해준다. 관리형 클라우드 서비스는 머신러닝 워크플로우를 자동화할 수 있는 도구들을 제공하며, 또한 모델을 확장 가능하고 우수한 성능을 갖춘 프로덕션 환경으로 배포할 수 있게 해준다.

1.2 데이터 과학 파이프라인 및 워크플로우

데이터 과학의 파이프라인 및 워크플로우에는 복잡하고 반복적인 여러 단계가 포함되어 있다. 가장 일반적인 머신러닝 모델의 개발 워크플로우를 예로 들어보자. 데이터 준비 작업부터 시작하여 모델을 훈련하고 튜닝한 뒤, 훈련된 모델을 프로덕션 환경으로 배포한다. 각 단계의 세부적인 하위 작업은 [그림 1-1]에서 잘 보여준다.

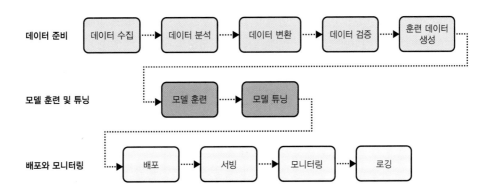

그림 1-1 머신러닝 워크플로우의 복잡하고 반복적인 단계

AWS를 사용하는 경우 원시 데이터는 보통 아마존 심플 스토리지 서비스^Amazon Simple Storage Service (아마존 S3)에 CSV, 아파치 파케이^Apache Parquet 등의 형식으로 저장하게 된다. 우리는 아마존 AI나 AutoML 같은 서비스를 이용해 원시 데이터 스토리지와 모델 훈련 환경을 직접 연결시키고, 클릭 한 번만으로 모델 훈련을 빠르게 실행해 모델 성능의 기준 척도를 정할 수 있다. 2장과 3장에서 인공지능 서비스와 AutoML에 대해 자세히 살펴볼 것이다.

커스텀 머신러닝 모델의 경우 수동으로 데이터 분석, 데이터 품질 검사, 요약 통계, 결측값^missing value, 분위수 계산^quantile calculation[4], 데이터 비대칭 분석^data skew analysis[5], 상관 분석^correlation

---

4 옮긴이 1, 옮긴이 2_ 통계와 확률에서 분위수(quantile)는 확률 분포의 범위를 동일한 확률의 연속 구간으로 나누거나 표본에서 관측치를 나누는 절단점을 의미한다. 공통 분위수에서는 사분위수(4개 그룹)나 십분위수(10개 그룹)와 같은 특수 이름으로 부른다. 백분위의 경우 p25 (하위 25 퍼센트), p50 (하위 50퍼센트, 중간값), p75 (상위 25퍼센트), p99 (상위 1퍼센트) 등으로 표기한다. 여기서 p는 백분위수인 percentile의 첫 알파벳이다.

5 옮긴이 1_ 통계학에서 비대칭도는 실숫값 확률 변수의 확률 분포 비대칭성을 나타내는 지표를 의미한다. 비대칭도가 음수일 경우 확률 밀도함수의 왼쪽 부분에 긴 꼬리를 가지며 중앙값을 포함한 자료가 오른쪽에 더 많이 분포한다. 이를 이용해 머신러닝 모델의 정확도와 편향성 등을 평가할 수 있다.

analysis[6] 등을 포함한 데이터 수집 및 탐색 단계를 시작할 수 있다. 데이터 수집 및 탐색은 4장과 5장에서 더 자세히 다룬다.

머신러닝 과제 타입은 크게 회귀, 분류, 클러스터링으로 분류된다. 사용자는 주어진 상황에 맞춰 가장 적합한 머신러닝 과제 타입을 선택한다. 과제 타입을 결정한 뒤, 주어진 문제를 풀기에 가장 적합한 알고리즘을 선택한다. 그다음 알고리즘에 따라 데이터셋 일부를 취해 훈련, 검증 및 테스트용으로 나눈다. 일반적으로 원시 데이터는 수치 최적화 및 모델 훈련이 가능하도록 수학적 벡터로 변환해야 한다. 예를 들어, 범주형 컬럼categorical column을 원핫 인코딩one-hot encoding[7]된 벡터로 변환하거나 텍스트 형식의 컬럼text-based column들을 워드 임베딩word-embedding 벡터로 변환한다. 각 데이터 컬럼은 컬럼을 나타내는 특성을 반영해 이름을 짓거나 넘버링하여 피처feature라고 부르고, 데이터를 수학적 벡터로 변환하고 갈무리하는 작업 과정을 피처 엔지니어링feature engineering[8]이라고 한다. 피처 엔지니어링이 완료된 데이터셋을 이제 훈련용, 검증용, 테스트용 데이터셋으로 분할해 모델 훈련, 검증 및 테스트를 준비하면 된다. 피처 선택 및 변환은 5장과 6장에서 살펴본다.

모델 훈련 단계에서는 모델이 주어진 문제를 잘 해결할 수 있도록 알고리즘을 선택하고 훈련용, 검증용, 테스트용으로 분할한 데이터셋들 중 훈련용과 검증용 데이터셋을 이용해 모델을 훈련시킨다. 7장에서 모델 훈련에 대해 자세히 다룬다.

모델 튜닝 단계에서는 알고리즘의 하이퍼파라미터hyperparameter[9]를 튜닝하고 검증 데이터셋에 대해 모델 성능을 평가한다. 또한 모델이 테스트 데이터셋에 대해 우리가 원하는 결과를 보여줄 때까지, 우리는 데이터 추가 혹은 하이퍼파라미터 바꾸기 등을 반복적으로 실험하고 실행하는 모델 튜닝 단계를 거쳐야 한다. 이 모델 튜닝 결과는 모델을 프로덕션에 적용하기 전에 비즈니스 목표와 일치해야 한다. 8장에서 하이퍼파라미터 튜닝에 대해 자세히 알아본다.

----

6 옮긴이 1_ 상관 분석은 두 변수 간에 선형적 또는 비선형적 관계를 갖고 있는지 분석하는 방법이다.

7 옮긴이 2_ 텍스트 데이터의 고유한 정보를 컬럼화하여, 해당 데이터셀은 1로 표기하고 나머지는 0으로 표기하여 인코딩하는 테크닉이다. 텍스트로 된 데이터 수만큼 컬럼을 추가하고, 원래 텍스트에 해당하는 데이터 행에만 1을 표시하고 나머지 컬럼에는 0을 표기하는 방법이다. 예제는 다음 '원핫 인코딩'에 대한 위키피디아 페이지의 'Machine learning and statistics' 섹션을 참조하길 바란다. https://en.wikipedia.org/wiki/One-hot#Machine_learning_and_statistics

8 옮긴이 1_ 피처는 머신러닝과 패턴 인식 분야에서 모델링을 위한 원시 데이터에서 추출된 객체를 나타내는 n차원의 벡터 속성을 의미한다. 주로 숫자와 문자열, 그래프 형식이다. 쉽게 예를 들자면, 앞으로 사용될 아마존 고객 리뷰 데이터셋의 경우 리뷰, 상품 카테고리, 별점 등 컬럼의 속성을 피처라고 한다. 국내에서 종종 '기능'이나 '특징'으로 번역하는데, 기능이나 특징의 고유 뜻 때문에 머신러닝에서 사용하는 피처 개념과 전혀 달라 졸역은 음차 표기해 사용함을 밝힌다.

9 옮긴이 1_ 하이퍼파라미터는 머신러닝 모델의 학습 프로세스를 제어하는 데 사용되는 파라미터를 의미한다.

프로토타입에서 프로덕션으로 이동하는 마지막 단계는 데이터 과학자와 머신러닝 실무자에게 가장 큰 과제다. 자세한 내용은 9장에서 살펴본다.

10장에서는 모든 것을 자동화된 파이프라인으로 묶는다. 11장에서는 스트리밍 데이터에 대한 데이터 분석과 머신러닝을 수행한다. 12장에서는 클라우드에서 데이터 과학 작업과 데이터의 보안을 위한 모범 사례를 보여준다.

머신러닝 워크플로우의 모든 단계를 빌드한 후에는 단계를 반복해서 단일 머신러닝의 파이프 라인으로 자동화할 수 있다. 새 데이터가 S3에 도착하면 파이프라인이 최신 데이터로 다시 실 행되고, 가장 최근 업데이트된 모델을 프로덕션으로 배포해 애플리케이션을 업데이트한다. 이 어지는 절에서 사용자의 AutoML 파이프라인을 구축하는 데 이용 가능한 몇 가지 워크플로우 오케스트레이션 도구와 AWS 서비스를 살펴보자.

1.2.1 아마존 세이지메이커 파이프라인

아마존 세이지메이커 파이프라인Amazon SageMaker Pipeline은 AI/ML 파이프라인을 아마존 세이지메 이커에 구현하기 위한 가장 포괄적이고 기준이 되는 기능이다. 세이지메이커 파이프라인들은 세이지메이커 피처 스토어SageMaker Feature Store, 세이지메이커 데이터 랭글러SageMaker Data Wrangler, 세 이지메이커 프로세싱SageMaker Processing, 세이지메이커 트레이닝SageMaker Training, 세이지메이커 하이 퍼파라미터 튜닝SageMaker Hyperparameter Tuning, 세이지메이커 모델 레지스트리SageMaker Model Registry, 세 이지메이커 일괄 변환SageMaker Batch Transform, 세이지메이커 모델 엔드포인트SageMaker Model Endpoint와 통합되어 있다. 10장에서 관리형 세이지메이커 파이프라인을 살펴보면서 AWS 스텝 함수AWS step function, 큐브플로우 파이프라인Kubeflow pipeline, 아파치 에어플로우Apache Airflow, MLflow, 텐서 플로우 익스텐디드Tensorflow Extended(TFX), 휴먼인더루프human-in-the-loop 워크플로우를 사용해 파이프라인을 빌드하는 방법도 함께 알아본다.

1.2.2 AWS 스텝 함수 데이터 과학 SDK

관리형 AWS 서비스인 스텝 함수는 자체 인프라를 빌드히거나 유지 관리하지 않고도 복잡한 워크플로우를 빌드할 수 있는 서버리스 형태의 훌륭한 서비스다. AWS 스텝 함수 데이터 과학 AWS step function data science SDK를 사용해 세이지메이커 노트북과 같은 파이썬 환경에서 머신러닝 파이프라인을 빌드할 수 있다. 10장에서는 머신러닝을 위한 관리형 스텝 함수에 대해 자세히 알아본다.

1.2.3 큐브플로우 파이프라인

큐브플로우는 쿠버네티스 환경에 빌드된 **큐브플로우 파이프라인**^{Kubeflow pipeline}이라는 오케스트레이션 하위 시스템을 포함하는 비교적 새로운 오픈 소스 머신러닝 플랫폼이다. 큐브플로우를 사용하면 실패한 파이프라인을 다시 시작하고, 파이프라인 실행을 예약하고, 훈련 지표를 분석하고, 파이프라인 계보^{pipeline lineage}를 트래킹할 수 있다. 10장에서 아마존 일래스틱 쿠버네티스 서비스^{Amazon Elastic Kubernetes Service}(아마존 EKS)에서 큐브플로우 클러스터를 관리하는 방법에 대해 자세히 알아본다.

1.2.4 AWS에서 아파치 에어플로우를 위한 관리형 워크플로우

아파치 에어플로우^{Apache Airflow}는 주로 데이터 엔지니어링과 추출^{extract}−변환^{transform}−로드^{load}(ETL) 파이프라인을 조정하는 인기 있는 오픈 소스 워크플로우 플랫폼이다. 아파치 에어플로우를 사용해 작업의 방향성 비순환 그래프^{Directed Acyclic Graph}(DAG)로 워크플로우를 작성한다. 에어플로우 스케줄러는 지정된 종속성을 따르며 작업자 배열 집합체에서 머신러닝 작업을 실행한다. 에어플로우 사용자 인터페이스^{user interface}(UI)를 통해 프로덕션에서 실행 중인 파이프라인을 시각화하고 진행 상황을 모니터링하여 문제를 해결한다. 10장에서 아파치 에어플로우용 아마존 관리형 워크플로우^{Amazon Managed Workflow for Apache Airflow}(아마존 MWAA)에 대해 자세히 다룬다.

1.2.5 MLflow

MLflow는 처음에 모델의 실험을 트래킹하는 데 중점을 둔 라이브러리였지만, 현재는 **MLflow 워크플로우**^{MLflow Workflow}라는 파이프라인을 지원하는 오픈 소스 ML 플랫폼이다. MLflow를 사용해 큐브플로우와 아파치 에어플로우 워크플로우의 실험을 트래킹할 수도 있다. 그러나 MLflow는 우리가 직접 자체 아마존 EC2 또는 아마존 EKS 클러스터를 빌드하고 유지 관리해야 한다. 10장에서 MLflow에 대해 자세히 설명한다.

1.2.6 텐서플로우 익스텐디드

텐서플로우 익스텐디드Tensorflow Extended(TFX)는 AWS 스텝 함수, 큐브플로우 파이프라인, 아파치 에어플로우, MLflow와 같은 파이프라인 오케스트레이터에서 사용하는 파이썬 라이브러리들의 오픈 소스 컬렉션이다. 텐서플로우 익스텐디드는 텐서플로우에만 해당되며 싱글 프로세싱 노드 그 이상을 넘어서 확장하기 위해서는 그 밖의 파이프라인 모델로 구성된 오픈 소스 프로젝트인 아파치 빔Apache Beam에 의존해야 한다. 10장에서 텐서플로우 익스텐디드에 대해 자세히 설명한다.

1.2.7 휴먼인더루프 워크플로우

인공지능과 머신러닝 서비스가 우리의 삶을 더 편하게 만들어준다고 해서 인간이 필요 없는 존재가 되는 건 결코 아니다. 실제로, '휴먼인더루프human in the loop'라는 용어는 AI/ML 워크플로우에서 중요한 초석으로 부상했다. 프로덕션 환경에서 제공되는 모델이 민감하고 규제의 영역에 있는 경우 인간은 중요한 품질 검증을 제공할 수 있다.

따라서 아마존 증강 AIAmazon Augmented AI(아마존 A2I)는 UI, AWS 자격 증명 및 액세스 관리Identity and access management(IAM)를 사용한 역할role 기반 액세스 제어, S3를 사용한 확장 가능한 데이터 스토리지를 포함하는 휴먼인더루프 워크플로우를 개발하기 위한 완전 관리형 서비스다. 또한 아마존 증강 AI는 사진이나 비디오 같은 콘텐츠 심의 규제를 위한 아마존 레코그니션Amazon Rekognition과 폼form 형태의 데이터 추출을 위한 아마존 텍스트랙트Amazon Textract를 포함한 많은 아마존 AI 서비스와 통합된다. 또한 우리는 아마존 A2I를 아마존 세이지메이커와 커스텀 머신러닝 모델과 함께 사용할 수 있다. 10장에서는 휴먼인더루프 워크플로우에 대해 자세히 살펴본다.

1.3 MLOps 모범 사례

MLOps는 지난 10년 동안 인공지능과 머신러닝 같은 '소프트웨어 및 데이터' 시스템 운영의 고유한 문제를 해결하기 위해 등장했다. 우리는 MLOps를 통해 자동화된 모델 훈련, 모델 호스팅, 파이프라인 모니터링을 위한 엔드투엔드end-to-end 아키텍처를 개발할 수 있게 되었다. 즉 처음부터 잘 갖춰진 MLOps 전략을 통해 전문성을 기를 수 있게 된 것이다. 따라서 인적 오류를 줄이고 프로젝트의 위험을 제거함으로써 어려운 데이터 과학에 도전할 시간을 확보할 수 있게 되었다.

MLOps는 다음 세 가지 단계를 통해 진화했다.

MLOps v1.0

수동으로 모델 빌드, 훈련, 튜닝 및 배포

MLOps v2.0

수동으로 모델 파이프라인 빌드 및 오케스트레이션

MLOps v3.0

새 데이터가 도착하거나 깃옵스^{GitOps}와 같은 결정적 트리거에서 코드가 변경되거나 드리프트^{drift}[10], 편향^{bias}, 설명 가능성 차이$^{explainability\ divergence}$[11]와 같은 통계적 트리거 기반으로 모델 성능이 저하되기 시작할 때 파이프라인을 자동으로 실행한다.

아마존 웹 서비스와 아마존 세이지메이커 파이프라인은 결정론적 깃옵스 트리거와 데이터 드리프트, 모델 편향, 설명 가능성 차이와 같은 통계 트리거를 사용한 자동화된 파이프라인 재훈련을 포함하는 MLOps 전략을 지원한다. 5, 6, 7, 9장에서 통계 드리프트, 모델 편향, 설명 가능성에 대해 자세히 살펴볼 것이다. 10장에서는 세이지메이커 파이프라인, AWS 스텝 함수, 아파치 에어플로우, 큐브플로우, 휴먼인더루프 워크플로우 등을 포함하는 파이프라인 오케스트레이션 및 자동화를 사용해 지속적이고 자동화된 파이프라인을 구현한다. 이 절에서는 MLOps의 운영 효율성, 보안, 안정성, 성능 효율성, 비용 최적화에 대한 몇 가지 모범 사례를 살펴보겠다.

---

10 옮긴이 1_ 예측 분석 및 머신러닝에서 드리프트는 모형이 예측하려고 하는 대상 변수의 통계 특성이 시간에 따라 예기치 않은 방식으로 변경됨을 의미한다. 시간이 지날수록 예측의 정확도가 떨어지는 문제가 발생한다.

11 옮긴이 2_ 머신러닝에서 '모델 설명 가능성'은 모델의 예측 성능에 기여하는 피처들을 상세히 분석함으로써 모델 내부를 들여다보고 통계적 분석을 하는 것을 말한다. 모델이 예측값을 생성하는데 어떤 피처가 영향력이나 중요도를 얼마나 가지는지 등을 분석하여 모델을 설명하는 것이다. 시간이 지남에따라 이런 '모델 설명 가능성도 달라질 수 있으며, 이를 다양한 알고리즘으로 달라지는 정도를 가늠하는 척도를 '설명 가능성 차이'라고 한다. 설명 가능성 척도에 대해서는 이 책의 5장에서 다룰 것이며, 또한 다음 공식 문서 링크도 참조하길 바란다. *https://docs.aws.amazon.com/ko_ kr/sagemaker/latest/dg/clarify-model-explainability.html*

1.3.1 운영 효율성

다음은 클라우드에서 성공적인 데이터 과학 프로젝트를 빌드하는 데 도움이 되는 머신러닝과 관련된 모범 사례다.

데이터 품질 검사하기

머신러닝 프로젝트를 시작하려면 데이터가 있어야 한다. 따라서 고품질 데이터셋에 액세스하여 반복 가능한 데이터 품질을 검사해야 한다. 데이터 품질이 좋지 않다면 프로젝트의 실패 확률이 올라갈 가능성이 높다. 이런 문제는 파이프라인 초기 단계에 미리 파악하고 대처해야 한다.

단순하게 시작하여 기존 솔루션 재사용하기

새로운 솔루션이 꼭 필요하지 않다면 기존 솔루션을 활용한다. 예를 들어, 과제를 해결하는 데 사용할 수 있는 인공지능 서비스로 빌트인 알고리즘과 사전 훈련된 모델과 함께 제공되는 아마존 세이지메이커가 있다.

모델 성능 지표 정의하기

모델 성능 지표를 비즈니스 목표에 연결하고 이런 지표를 지속적으로 모니터링한다. 성능이 저하될 경우 모델을 무효화하고 재훈련하는 전략을 개발해야 한다.

모든 것을 트래킹하고 버전화하기

실험과 계보 트래킹을 통해 모델 개발을 트래킹한다. 또한 데이터셋, 피처 변환 코드, 하이퍼파라미터와 훈련된 모델의 버전을 지정해야 한다.

배포된 모델을 지속적으로 모니터링하기

데이터 드리프트와 모델 드리프트를 감지하고 모델 재훈련과 같은 적절한 조치를 취한다.

모델 훈련과 모델 서빙에 적합한 하드웨어를 선택하기

모델 훈련에는 모델 예측 서빙과 다른 인프라 요구 사항이 있어서 각 단계에 적합한 리소스를 선택하면 된다.

일관성 있고 자동화된 파이프라인을 빌드해 인적 오류를 줄이고 어려운 문제에 집중할 시간을 확보해야 한다. 파이프라인에는 모델을 프로덕션으로 보내기 전에 사람이 승인하는 단계가 포함될 수도 있다.

1.3.2 보안

보안과 규정 준수는 AWS와 고객 간의 공동 책임이다. AWS는 클라우드'의' 보안을 보장하고 고객은 클라우드 '내'의 보안을 책임진다.[12]

클라우드에서 데이터 과학 프로젝트를 안전하게 빌드하기 위해 가장 일반적으로 고려하는 보안은 액세스 관리, 컴퓨팅 및 네트워크 격리, 암호화, 거버넌스 및 감사 가능성 영역과 관련이 있다.

데이터에는 좀 더 심층적인 보안과 액세스 제어 기능이 필요하다. 데이터 레이블 지정 작업, 데이터 처리 스크립트, 모델, 추론 엔드포인트 및 일괄 예측 작업에 대한 액세스를 제한하거나 데이터셋의 무결성, 보안과 가용성을 보장하는 데이터 거버넌스 전략을 구현해야 한다. 그리고 훈련 데이터에 적용된 데이터 변환을 모니터링하고 트래킹하는 데이터 계보를 구현하고 적용해본다. 그다음 데이터가 저장 및 이동 중에 암호화되는지, 규정을 준수하고 있는지 꾸준히 관찰해야 한다.

AWS에서 데이터 과학과 머신러닝 애플리케이션을 안전하게 빌드하는 모범 사례에 대해서는 12장에서 자세히 설명한다.

1.3.3 신뢰성

신뢰성reliability이란 예기치 않은 인프라나 서비스 중단으로부터의 빠른 복구를 의미한다. 다시 말해, 수요에 맞게 컴퓨팅 리소스를 동적으로 확장 및 축소하는 능력, 클라우드 서비스에서 잘못된 구성이나 네트워크 문제 발생으로 인한 중단을 완화하는 시스템의 능력을 일컫는다.

---

12 옮긴이 1_ AWS에 익숙하지 않은 사람을 위해 좀 더 상세한 설명을 덧붙이자면, AWS 보안은 고객과 상호 공유 책임 모델을 지원한다. 따라서 AWS는 데이터 센터, 플랫폼, 애플리케이션, 시스템 및 네트워크 보안을 책임진다. AWS 정책, 아키텍처 및 운영 프로세스에서 보안 환경 설정을 담당해 고객들의 정보들을 보호한다는 뜻이다.

우리는 훈련 데이터에 대한 변경 사항 트래킹 및 버전 관리를 자동화해야 한다. 이를 통해 오류가 발생해도 정확하게 이전 버전의 모델로 다시 되돌릴 수 있다. 우리는 모델을 빌드하고 그 모델 아티팩트$^{\text{model artifact}}$[13]를 여러 AWS 계정 및 환경으로 배포하는 과정을 살펴볼 것이다.

1.3.4 성능 효율성

성능 효율성$^{\text{performance efficiency}}$이란 요구 사항을 충족하기 위해 컴퓨팅 리소스를 효율적으로 사용하고 수요 변화와 기술의 발전에 따라 효율성을 유지하는 방법을 말한다.

따라서 머신러닝 워크로드에 적합한 컴퓨팅 리소스를 선택해야 한다. 예를 들어 GPU 기반 인스턴스를 활용한 더 큰 큐 깊이$^{\text{queue depth}}$, 고등 산술 논리 장치 및 더 많은 수의 레지스터를 사용해 딥러닝 모델을 좀 더 효율적으로 훈련할 수 있다.

또한 각 모델에 요구되는 지연 및 네트워크 대역폭의 성능을 미리 파악해야 한다. 필요하다면 모델의 대기 시간과 네트워크 대역폭 성능 요구 사항을 먼저 파악한 다음 각 모델을 고객에게 가장 가까운 곳으로 배포한다. 지연 시간을 최소화하는 등 성능을 개선하거나 데이터의 개인 정보를 보호하는 규정을 준수하기 위해 '엣지에$^{\text{at the edge}}$' 모델을 배포하기도 한다. '엣지에서의 배포$^{\text{deploying at the edge}}$'는 IoT 기기나 모바일 기기 등 사용자의 기기 자체에 모델을 배포 및 실행하여, 로컬에서 예측하는 것을 의미한다. 또한 성능 편차를 조기에 발견하려면 모델의 주요 성능 지표들을 지속적으로 모니터링해야 한다.

1.3.5 비용 최적화

아마존 EC2 인스턴스는 클라우드 컴퓨팅 비용을 최적화할 수 있도록 사용자에게 다양한 요금 옵션을 제공한다. 예를 들어, 절감형 플랜은 주어진 시간 동안 특정 양의 컴퓨팅 성능을 사용하겠다는 약정을 받는 대가로 온디맨드 인스턴스 가격에 비해 비용을 상당히 절약할 수 있다. 절감형 플랜은 안정적인 추론 워크로드 같은 사전에 파악됐거나 안정된 상태의 워크로드를 위한 훌륭한 선택지이다.

---

13 옮긴이 1_ 모델 아티팩트는 모델 훈련의 결과이며 일반적으로 훈련된 파라미터들과 추론을 계산하는 방법을 설명하는 모델 정의 및 기타 메타데이터를 의미한다.

온디맨드 인스턴스를 사용하면 실행하는 인스턴스에 따라 시간 또는 초 단위로 사용하는 컴퓨팅 용량에 대한 요금을 지불해야 한다. 온디맨드 인스턴스는 단기 모델 훈련 작업과 같은 새롭거나 스테이트풀 ^{stateful} 하고 수시로 변화하는 워크로드에 가장 적합하다.

마지막으로 아마존 EC2의 스팟 인스턴스를 사용하면 온디맨드 가격에서 최대 90% 할인된 가격으로 여분의 아마존 EC2 컴퓨팅 용량을 요청할 수 있다. 스팟 인스턴스는 시간에 민감하지 않은 훈련 작업과 같이 유연하고 결함에 대한 내성이 있는 워크로드를 처리할 수 있다. [그림 1-2]는 절감형 플랜, 온디맨드 인스턴스 및 스팟 인스턴스의 조합을 통한 비용 최적화 예시를 보여준다.

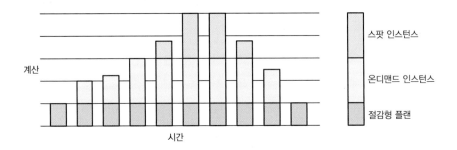

그림 1-2 절감형 플랜, 온디맨드 인스턴스, 스팟 인스턴스를 조합하여 비용 최적화

AWS의 수많은 관리형 서비스를 이용할 때의 장점은 사용한 만큼만 비용을 지불하는 것이다. 예를 들어, 아마존 세이지메이커를 이용해 모델 훈련 시간에 대해서만 비용을 지불하거나 자동으로 모델 튜닝을 실행할 수 있다. 그리고 비용을 절감하고 빠른 개발 및 테스팅을 위해 작은 사이즈의 데이터셋을 이용해 모델 개발에 착수할 수 있다. 성능이 좋은 모델 프로토타입이 완성되면 전체 데이터셋을 학습하도록 모델 훈련 및 튜닝 스케일을 확장한다. 또한 모델 훈련과 모델 호스팅 인스턴스의 크기를 적절하게 조정하는 것도 중요하다.

대부분의 머신러닝 워크로드는 예측 가능하다. 모델 훈련은 GPU 가속의 장점을 많이 얻지만 모델 추론에는 동일한 가속이 필요하지 않을 수 있다. 또한 모델 훈련에 몇 시간 또는 며칠이 걸릴 수 있다. 한편, 배포된 모델의 경우 수백만 고객을 지원하는 수천 개의 예측 서버에서 하루 24시간, 주 7일 실행될 가능성이 높다. 따라서 우리는 사용 사례에 따라 상시로 실시간 엔드포인트가 필요한지, 아니면 매일 저녁시간대에 스팟 인스턴스를 이용하여 일괄 예측을 수행할지를 결정해야 한다.

1.4 아마존 세이지메이커를 사용한 아마존 AI와 AutoML

데이터 과학 프로젝트에는 복잡하면서도 다양한 분야와 반복적인 단계가 많다. 우리는 머신러닝 모델 프로토타입 단계를 지원하고, 프로덕션 서비스에 모델을 원활하게 배포할 수 있는 머신러닝 개발 환경에 액세스해야 한다. 그러한 머신러닝 개발 환경은 다양한 머신러닝 프레임워크와 알고리즘을 실험하고, 커스텀 모델 훈련과 추론 코드를 개발할 수 있는 기능을 제공한다.

또한 쉽게 사용할 수 있고 사전 훈련된 모델을 사용해 간단한 작업을 해결하거나 AutoML 기술을 활용해 프로젝트의 첫 번째 베이스라인을 만들 수도 있다. AWS는 여러 시나리오에 대해 광범위한 서비스와 기능을 제공한다. [그림 1-3]은 AI 서비스와 AutoML용 아마존 세이지메이커 오토파일럿^{Amazon SageMaker Autopilot}을 포함한 전체 아마존 AI와 ML 스택을 보여준다.

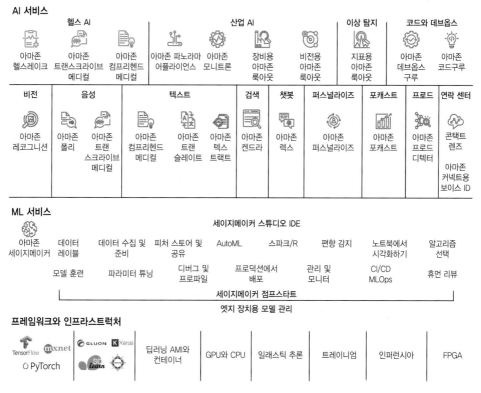

그림 1-3 아마존 AI와 ML 스택

1.4.1 아마존 AI 서비스

개인별 상품 추천, 콘텐츠 심의 규제, 수요 예측 같은 일반적인 사례의 경우 커스텀 데이터셋을 미세 조정할 수 있는 옵션과 함께 아마존의 관리형 AI 서비스를 사용할 수도 있다. 머신러닝 경험이 많지 않은 사용자(또는 사용 경험이 전무한 사용자)도 간단한 API 호출을 통해 '원클릭 1-Click'으로 인공지능 서비스를 애플리케이션에 통합할 수 있다.

완전 관리형 AWS AI 서비스는 간단한 API 호출을 사용해 애플리케이션에 인텔리전스를 추가하는 가장 빠르고 쉬운 방법이다. 아마존 AI 서비스는 이미지 및 비디오 분석, 고급 텍스트 및 문서 분석, 개인별 추천 시스템 또는 수요 예측을 위해 사전 훈련되거나 자동으로 훈련된 머신러닝 모델을 제공한다.

아마존 AI 서비스에는 자연어 처리를 위한 아마존 컴프리헨드Amazon Comprehend, 컴퓨터 비전을 위한 아마존 레코그니션Amazon Rekognition, 상품 추천을 생성하는 아마존 퍼스널라이즈Amazon Personalize, 수요 예측을 위한 아마존 포캐스트Amazon Forecast, 자동화된 소스 코드 검토를 위한 아마존 코드구루Amazon CodeGuru가 포함된다.

1.4.2 세이지메이커 오토파일럿을 사용한 AutoML

또 다른 시나리오에서는, 단순하고 잘 알려진 머신러닝 문제들을 풀기 위해 우리는 데이터 분석, 데이터 준비, 모델 훈련 등의 반복적인 단계들을 자동화할 필요성을 느낄 수 있다. 이렇게 데이터 분석부터 모델 훈련까지의 단계를 반복하는 업무를 자동화함으로써 우리는 더 복잡한 머신러닝 문제를 푸는 데 집중할 수 있고 소요 시간을 단축할 수 있다. AWS는 AutoML을 아마존 세이지메이커 서비스를 통해 제공한다.

> **TIP_** AutoML은 세이지메이커로만 제한되지 않는다. 세이지메이커 외에도 많은 아마존 AI 서비스가 AutoML을 수행하여 주어진 데이터셋에 가장 적합한 모델과 하이퍼파라미터를 찾는다.

'AutoML'은 앞에서 설명한 모델 개발 워크플로우를 자동화한다. 아마존 세이지메이커 오토파일럿은 데이터셋에 AutoML 기술을 적용한 완전 관리형 서비스다.

세이지메이커 오토파일럿은 먼저 테이블 형식의 데이터를 분석하고, 머신러닝 예측 유형(예: 회귀, 분류)을 식별하며 문제를 해결하기 위한 알고리즘(예: XGBoost)을 선택한다. 세이지메이커 오토파일럿은 또한 예측 유형과 알고리즘을 선택한 모델 훈련을 위해 데이터를 전처리 하는 데 필요한 데이터 변환 코드를 생성한다. 그런 다음 다양한 데이터 변환 및 선택한 알고리즘을 대표하는 다양한 머신러닝 모델 후보 파이프라인을 생성한다. 그리고 피처 엔지니어링 단계에서 데이터 변환을 적용한 다음 각 모델 후보를 훈련하고 튜닝한다. 각 모델 훈련의 결과는 검증 정확도 객관적 지표를 기반으로 모델 후보들의 순위를 매긴 리더보드^{leaderboard}에서 볼 수 있다.

세이지메이커 오토파일럿은 투명한 AutoML의 표본이다. 오토파일럿은 데이터 변환 코드를 공유할 뿐만 아니라 주피터 노트북을 추가로 생성한다. 생성된 주피터 노트북은 데이터 분석 스텝 결과와 모델 후보 파이프라인을 문서화해 사용자가 모델 훈련 과정을 재생성하는 데 사용 할 수 있다.

또한 수많은 시나리오에서 세이지메이커 오토파일럿을 활용할 수 있다. 예를 들어, 머신러닝 경험이 적은 조직 내의 소프트웨어 개발자들에게 오토파일럿을 사용해 머신러닝 모델을 개발 하도록 독려할 수 있다. 그렇게 되면 비교적 간단한 머신러닝 문제는 자동화할 수 있어 복잡한 사용 사례에 집중할 수 있게 된다. 또한 데이터 분석 및 데이터 준비를 자동화한 다음 그 결과 를 기준으로 머신러닝 관련 지식과 경험을 적용하여 필요에 따라 모델을 조정하고 개선할 수도 있다. 그뿐만 아니라 오토파일럿에서 생성된 모델 지표는 제공된 데이터셋으로 달성할 수 있는 모델 품질에 대한 좋은 기준을 제공한다. 3장에서 세이지메이커 오토파일럿에 대해 자세히 살 펴본다.

1.5 AWS에서 데이터 수집, 탐색 및 준비

데이터 수집, 탐색 및 준비는 4~6장에서 더 자세히 다룰 예정이다. 이 절에서는 모델 개발 워 크플로우의 각 부분을 설명하고 각 단계에서 활용할 수 있는 AWS 서비스와 오픈 소스 도구를 간략하게 살펴본다.

1.5.1 아마존 S3와 AWS 레이크 포메이션을 활용한 데이터 수집과 데이터 레이크

모든 것은 데이터에서 시작한다. 최근 수십 년간 데이터는 일관성 있게 상승 추세를 유지하며 폭발적인 성장을 보여주고 있다. 그리고 기하급수적으로 증가하면서 점점 다양해지고 있다. 오늘날 비즈니스 성공은 대체로 데이터에서 신속하게 가치를 추출하는 회사의 능력과 밀접한 관련이 있다. 데이터에 액세스하고 분석하는 팀과 애플리케이션이 점점 더 많아지면서 많은 기업에서는 확장성이 뛰어나고 가용성이 높으며 안전하고 유연한 데이터 저장소인 **데이터 레이크**data lake로 이동하고 있다.

데이터 레이크는 규모에 상관없이 데이터를 저장, 관리, 검색 및 공유할 수 있는 중앙 집중식 보안 저장소다. 데이터 레이크를 사용하면 데이터를 변환하거나 이동할 필요 없이 모든 종류의 분석을 효율적으로 실행하고 여러 AWS 서비스를 사용할 수 있다.

따라서 데이터 레이크는 구조화된 관계형 데이터와 반정형semi-structured 및 비정형unstructured 데이터를 포함하거나 실시간 데이터를 보관할 수 있다. 또한 데이터 과학과 머신러닝 팀이 좀 더 정확한 모델을 훈련하고 배포할 수 있도록 크고 다양한 데이터셋에 액세스할 수 있게 한다.

아마존 심플 스토리지 서비스Amazon Simple Storage Service(아마존 S3)는 언제 어디서나 어떤 형식으로든 원하는 양의 데이터를 저장하고 검색할 수 있도록 빌드된 객체 저장소다. 또한 비즈니스와 규정 준수 요구 사항을 충족하기 위해 미세 조정된 액세스 제어로 데이터를 구성할 수 있다. 12장에서 보안에 대해 자세히 설명한다. 아마존 S3는 99.999999999%의 내구성과 강력한 쓰기 후 읽기 일관성을 위해 설계되었다. S3는 AWS에서 데이터 레이크 옵션 중 가장 인기 있는 선택지이다.

AWS 레이크 포메이션AWS Lake Formation 서비스를 활용하면 데이터 레이크를 생성할 수 있다. 이 서비스는 데이터베이스와 객체 저장소object storage 모두에서 데이터를 수집하고 분류하는 데 도움이 된다. AWS 레이크 포메이션은 데이터를 이동시킬 뿐만 아니라 머신러닝 알고리즘을 사용해 민감한 데이터를 정리 및 분류하고 액세스 보안 기능을 제공한다.

AWS 글루AWS Glue를 활용하면 새 데이터를 자동으로 검색하고 프로파일링할 수 있다. AWS 글루는 확장 가능한 서버리스 데이터 카탈로그와 데이터 준비 서비스다. 이 서비스는 ETL 엔진, 아파치 하이브Apache Hive 호환 데이터 카탈로그 서비스, 데이터 변환 및 분석 서비스로 구성된다. 데이터 크롤러crawler를 빌드해 주기적으로 새 데이터를 감지하고 분류할 수 있다. AWS 글루 데이터브루$^{AWS Glue DataBrew}$는 단순화된 데이터 수집, 분석, 시각화 및 변환 기능들을 사용하기 쉬운 UI를 통해 제공하는 서비스다.

1.5.2 아마존 아테나, 아마존 레드시프트, 아마존 퀵사이트로 데이터 분석하기

머신러닝 학습 모델을 개발하기 전에 먼저 데이터를 이해해야 한다. 데이터 분석 단계에서는 데이터를 탐색하고, 통계를 수집하고, 누락된 값을 확인하고, 분위수를 계산하여 데이터 상관관계를 식별한다.

때로는 머신러닝 개발자가 개발 환경에서 사용 가능한 데이터를 빠르게 분석하고 첫 모델 프로토타입을 제작한다. 또한 개발자는 새로운 머신러닝 알고리즘을 모델에 빠르게 적용해보고 싶을 수도 있다. 이러한 즉흥적이고 임시로 진행하는 과정을 '애드혹$^{ad\ hoc}$' 데이터 탐색과 모델 코드 프로토타입이라고 한다. 이 과정에서 데이터의 일부를 쿼리해 머신러닝 문제에 대한 데이터 스키마와 데이터 품질을 먼저 이해해야 한다. 그런 다음 모델 코드를 개발하고 기능적으로 올바른지 확인한다. 이 애드혹 데이터 탐색과 모델 코드 프로토타입은 세이지메이커 스튜디오, AWS 글루 데이터브루, 세이지메이커 데이터 랭글러와 같은 개발 환경에서 수행할 수 있다.

아마존 세이지메이커는 세이지메이커 스튜디오를 통해 호스팅된 관리형 파이썬 주피터 환경과 통합된 개발 환경을 제공한다. 인기 있는 파이썬 오픈 소스 데이터 분석 및 조작 도구인 판다스[14] 같은 프레임워크를 사용해 파이썬 주피터 노트북 환경에서 직접 데이터셋 분석을 시작할 수 있다. 판다스는 메모리 내 데이터 구조인 데이터프레임^{DataFrame}을 사용해 데이터를 보관하고 조작한다. 메모리 리소스가 제한된 개발 환경이 많으므로 판다스의 데이터프레임으로 가져오는 데이터의 양에 주의해야 한다.

주피터 노트북에서 데이터 시각화를 위해 맷플롯립^{Matplotlib}[15]과 시본^{Seaborn}[16] 같은 인기 있는 오픈 소스 라이브러리를 활용할 수 있다. 맷플롯립을 사용하면 파이썬에서 정적이거나 동적인 시각화, 상호작용 가능한 시각화를 만들 수 있다. 시본은 맷플롯립을 기반으로 빌드되며 사용하기 쉬운 프로그래밍 모델뿐만 아니라 통계 그래픽을 추가로 지원한다. 두 데이터 시각화 라이브러리 모두 판다스의 데이터 구조와 밀접하게 통합되어 있다.

---

14 https://pandas.pydata.org/

15 https://matplotlib.org

16 https://seaborn.pydata.org

오픈 소스인 AWS 데이터 랭글러[Data Wrangler] 라이브러리[17]는 판다스의 강점들을 AWS로 확장한다. AWS 데이터 랭글러는 판다스의 DatatFrame을 아마존 S3, AWS 글루, 아마존 아테나, 아마존 레드시프트 같은 AWS 서비스와 연결한다.

또한 AWS 데이터 랭글러는 데이터 레이크[data lake], 데이터웨어하우스[data warehouse](DW), 데이터베이스[database](DB) 간에 데이터를 메모리에 불러오거나 제거할 때 일반적인 ETL 작업을 수행할 수 있도록 최적화된 파이썬 함수를 제공한다. 이해를 돕기 위해 간단한 소스 코드를 준비했다. 먼저 콘솔에 pip install awswrangler를 입력해 AWS 데이터 랭글러를 설치한다. 그리고 다음 코드처럼 AWS 데이터 랭글러를 import한 후 S3에서 판다스 데이터프레임으로 데이터셋을 직접 불러올 수 있다.

```
import awswrangler as wr

# 아마존 S3에서 데이터 직접 불러오기
df = wr.s3.read_parquet("s3://<BUCKET>/<DATASET>/"))
```

AWS 데이터 랭글러는 청크[chunk] 단위로 데이터 읽기와 같은 메모리 최적화도 추가로 제공한다. 이는 대규모 데이터셋을 쿼리해야 하는 경우에 특히 유용하다. 데이터 읽기를 청크 단위 작업으로 활성화하면 AWS 데이터 랭글러는 경로에 있는 각각의 데이터셋 파일을 별도의 판다스 데이터프레임으로 읽고 반환할 수 있다. 또한 사용자는 청크 크기를 정함으로써 데이터 랭글러가 한 데이터프레임에 반환할 행의 개수를 지정할 수 있다. 전체 함수 목록은 AWS 데이터 랭글러 설명서[18]를 참고하기 바란다. 5장에서 AWS 데이터 랭글러를 더 자세히 소개한다.

한편, 아마존 아테나[Amazon Athena]와 같은 관리형 서비스를 활용하여 노트북 내에서 S3의 데이터에 대한 상호적 SQL 쿼리들을 실행할 수 있다. 아마존 아테나는 매우 큰 데이터셋을 빠르게 병렬 쿼리하기 위해 설계된 관리형 서버리스 동적 확장형 분산 SQL 쿼리 엔진이다. 인기 있는 오픈 소스 쿼리 엔진인 프레스토[presto]를 기반으로 하기 때문에 유지 관리가 필요 없다. 아테나를 사용하면 실행한 쿼리들에 해당하는 비용을 지불하면 된다. 또한 추가 변환 없이 S3 데이터 레이크에서 직접 원시 형식의 데이터를 쿼리할 수도 있다.

아마존 아테나는 AWS 글루 데이터 카탈로그[AWS Glue Data Catalog] 서비스를 활용해 SQL 쿼리에 필

---

17 https://github.com/awslabs/aws-data-wrangler
18 https://aws-data-wrangler.readthedocs.io/en/2.4.0-docs

요한 스키마 메타데이터를 저장하고 불러온다. 아테나 데이터베이스와 테이블을 정의할 때는 S3의 데이터 위치로 디렉터리를 세팅한다. 그런 다음 아마존 아테나는 테이블에서 S3로의 매핑을 AWS 글루 데이터 카탈로그에 저장한다. 그리고 파이아테나^{PyAthena}를 사용해 파이썬 기반 노트북과 스크립트에서 아테나를 쿼리한다. 4장과 5장에서 아테나, AWS 글루 데이터 카탈로그, 파이아테나에 대해 더 자세히 살펴본다.

아마존 레드시프트$^{Amazon\ Redshift}$는 페타바이트 규모의 구조화된 데이터에 대해 복잡한 분석 쿼리를 실행할 수 있는 완전 관리형 클라우드 데이터웨어하우스 서비스다. 사용자의 쿼리는 여러 노드에 분산되고 병렬화된다. 행^{row}에 데이터를 저장하고 대부분 트랜잭션 애플리케이션을 제공하도록 최적화된 관계형 데이터베이스와 달리, 아마존 레드시프트는 컬럼에 대한 요약 통계에 관심 있는 분석 애플리케이션에 최적화된 컬럼형 데이터 스토리지를 구현한다.

아마존 레드시프트에는 아마존 레드시프트 스펙트럼$^{Amazon\ Redshift\ Spectrum}$이 포함되어 있어 데이터를 물리적으로 이동할 필요가 없다. 따라서 사용자는 아마존 S3 데이터 레이크에 있는 엑사바이트^{exabyte}[19] 규모의 비정형 데이터에 대해 아마존 레드시프트의 SQL 쿼리를 직접 실행할 수 있다. 아마존 레드시프트 스펙트럼은 수신되는 데이터 양에 따라 필요한 컴퓨팅 리소스를 자동으로 조정하므로 아마존 S3에 대한 쿼리들은 데이터 크기에 관계없이 빠르게 실행된다.

데이터를 대시보드 스타일로 시각화해야 하는 경우에는 아마존 퀵사이트$^{Amazon\ QuickSight}$를 활용한다. 퀵사이트는 사용하기 쉬운 서버리스 비즈니스 분석 서비스로 사용자가 매우 효과적인 시각화를 빠르게 빌드할 수 있도록 한다. 사용자들은 상호작용 가능한 대시보드와 보고서를 만들어서 웹 브라우저나 모바일 장치를 통해 동료들과 안전하게 공유한다. 퀵사이트는 이미 광범위한 시각화, 차트, 테이블 라이브러리와 함께 제공된다.

퀵사이트는 머신러닝과 자연어 기능을 구현하여 사용자가 데이터에서 더 깊은 통찰력을 얻을 수 있도록 한다. ML인사이트^{MLInsight}를 사용해 데이터에 숨겨진 추세와 이상치^{outlier}[20]를 발견할 수 있다. 이 기능을 사용하면 머신러닝 경험이 없어도 누구나 가상 분석 및 예측을 실행할 수 있다. 퀵사이트를 아마존 세이지메이커에 빌드된 머신러닝 모델에 연결해 예측 대시보드를 빌드할 수도 있다.

------

19 옮긴이 1_ 엑사바이트는 디지털 정보를 저장하는 파일 크기의 단위인 바이트의 배수다. 천의 6승 곱셈을 나타내므로 엑사바이트는 100경 바이트 또는 천 페타바이트(또는 백만 테라바이트)와 같다.

20 옮긴이 1_ 이상치는 정규분포의 평균값이나 중간값에서 많이 떨어져 있는 값 또는 일반적인 패턴에서 벗어난 값을 뜻한다.

1.5.3 AWS 디큐와 세이지메이커 프로세싱으로 데이터 품질 평가하기

고품질 모델을 빌드하려면 고품질 데이터가 필요하다. 훈련 데이터셋을 만들기 전에 데이터가 특정 품질 제약들을 충족하는지 확인해야 한다. 소프트웨어 개발에서는 코드가 설계 및 품질 표준을 충족하고 예상대로 작동하는지 확인하기 위해 단위 테스트를 실행한다. 마찬가지로 데이터가 품질 기대치를 충족하는지 확인하기 위해 데이터셋에서 단위 테스트를 실행할 수 있다.

AWS 디큐[AWS Deequ][21]는 아파치 스파크[Apache Spark]를 기반으로 빌드된 오픈 소스 라이브러리로, 데이터에 대한 단위 테스트를 정의하고 대규모 데이터셋들의 데이터 품질을 측정하는 기능들을 제공한다. 디큐 단위 테스트를 사용하면 데이터가 모델 훈련에 사용되기 전에 이상 징후[anomaly]와 오류를 초기에 찾을 수 있다. 디큐는 수십억 행을 가진 매우 큰 데이터셋에서 작동하도록 설계되었다. 오픈 소스 라이브러리는 CSV 파일, 데이터베이스 테이블, 로그 또는 JSON 파일과 같은 테이블 형식 데이터를 지원한다. 즉 스파크 데이터 프레임에 들어갈 수 있는 것은 무엇이든 디큐로 검증할 수 있다.

이후 예제에서는 디큐를 활용해 표본 데이터셋의 데이터 품질을 검사한다. 그리고 아파치 스파크를 지원하는 세이지메이커 프로세싱 서비스를 활용해서 대규모로 디큐 단위 테스트를 수행할 것이다. 이 설정에서는 세이지메이커 프로세싱이 무거운 작업을 처리하므로 아파치 스파크 클러스터를 직접 프로비저닝할 필요가 없다. 디큐를 '서버리스[serverless]'[22] 아파치 스파크라고 생각하면 된다. 디큐를 통해 고품질의 데이터를 확보하고 난 뒤, 사용자는 훈련용 데이터셋을 새로 생성할 수 있다.

1.5.4 세이지메이커 그라운드 트루스로 훈련 데이터에 레이블 지정하기

대부분의 데이터 과학 프로젝트는 지도 학습[supervised learning]으로 머신러닝을 구현한다. 지도 학습에서 모델은 표본 레이블을 통해 학습한다. 우리는 먼저 데이터를 수집하고 평가한 다음 정확한 레이블을 제공해야 한다. 잘못된 레이블이 있는 경우 머신러닝 모델은 잘못된 표본을 바탕으로 학습하게 되고, 결과적으로 부정확한 예측으로 이어질 수 있다. 이러한 상황이 발생하

---

21 *https://github.com/awslabs/deequ*

22 옮긴이 1_ 서버리스는 인프라를 관리할 필요 없이 애플리케이션 등을 클라우드에 빌드하고 실행하는 방식을 뜻한다. 애플리케이션은 서버에서 실행되고 모든 서버 관리는 AWS에서 수행해주기 때문에, 사용자는 더 이상 애플리케이션, 데이터베이스 및 스토리지 시스템을 실행하기 위해 서버를 프로비저닝, 확장 및 유지 관리할 필요가 없다.

지 않도록 세이지메이커 그라운드 트루스^{SageMaker Ground Truth}는 아마존 S3에 저장된 데이터에 효율적이고 정확하게 레이블을 지정하는 데 도움을 준다. 세이지메이커 그라운드 트루스는 자동 레이블링과 사람이 직접 수동 레이블링을 복합적으로 지원한다.

세이지메이커 그라운드 트루스는 보편적인 데이터 레이블링 작업들을 지원하기 위해 사전 빌드된 워크플로우와 인터페이스를 제공한다. 우리는 세이지메이커 그라운드 트루스를 사용해 레이블링 작업을 직접 정의할 수 있다. 그리고 정의한 레이블링 작업을 아마존 메커니컬 터크 Amazon Mechanical Turk를 통한 공공 인력이나 사내 인력에게 할당할 수 있다. 또한 아마존에서 사전 심사한 AWS 마켓플레이스^{AWS Marketplace}에 등록된 타사의 데이터 레이블링 서비스 공급자를 활용할 수 있다.

세이지메이커 그라운드 트루스는 사전 빌드된 워크플로우에 능동적인 학습 테크닉을 적용하고, 사람이 직접 레이블링한 데이터 일부분을 이용해 자동으로 레이블링하는 모델을 생성한다. 이 모델은 사람으로부터 계속 학습하면 갈수록 정확도가 향상되며 결국 사람에게서 받아야 할 훈련용 데이터량이 줄어들게 된다. 시간이 지나 충분한 데이터가 모이면 세이지메이커 그라운드 트루스의 능동적인 학습 모델이 고품질의 자동 레이블링 작업을 수행할 수 있다. 이는 레이블링 작업에 드는 비용을 총체적으로 줄여준다. 10장에서 세이지메이커 그라운드 트루스에 대해 자세히 알아볼 것이다.

1.5.5 AWS 글루 데이터브루, 세이지메이커 데이터 랭글러, 세이지메이커 프로세싱 서비스로 데이터 변환하기

이제 데이터 변환으로 넘어가서 S3 데이터 레이크나 S3 버킷에 데이터가 있다고 가정해보자. 우리는 데이터 분석을 통해 데이터셋을 확실히 이해했다. 이제 모델 훈련을 위한 데이터를 준비할 차례다.

데이터 변환은 전체 데이터셋을 갈무리하기 위해 데이터를 누락하거나 합치는 과정을 포함한다. 예를 들어 우리는 자연어 모델 훈련을 위해 텍스트형 데이터를 워드 임베딩^{word embedding}으로 변환해야 하거나, 때에 따라 수치 데이터를 텍스트 또는 그 반대로 변환하는 등의 작업을 수행해야 한다. 이를 달성하는 데 도움이 되는 수많은 AWS 서비스가 있는데 그중 몇 가지만 소개하겠다.

첫째, AWS 글루 데이터브루^AWS Glue DataBrew는 시각적 데이터 분석 및 준비 도구^visual data analysis and preparation tool다. 기본으로 제공되는 250가지의 변환 도구를 제공하는 데이터브루는 여러 표준 데이터 포맷 간에 데이터를 변환하고, 유효하지 않거나 누락된 값들을 수정하며 이상을 감지할 수 있다. 또한 데이터를 프로파일링하고 요약 통계를 계산하며 컬럼 간의 상관관계를 시각화한다.

둘째, 아마존 세이지메이커 데이터 랭글러^Amazon SageMaker Data Wrangler는 대규모 커스텀 데이터 변환 도구를 개발할 수 있도록 하는 기능들을 제공한다. 세이지메이커 데이터 랭글러는 코딩을 최소화하고 UI 기반 데이터 변환 기능을 제공한다. 우리는 아마존 S3, 아테나, 아마존 레드시프트, AWS 레이크 포메이션을 비롯한 다양한 소스에서 데이터를 읽을 수 있다. 데이터 랭글러는 AWS 데이터브루처럼 사전 설정된 데이터 변환 기능들을 탑재해 컬럼 타입을 변환하고, 원핫 인코딩을 수행하여 텍스트 필드를 처리할 수 있다. 또한 아파치 스파크를 이용해 사용자 정의 함수를 지원하고 파이썬 스크립트 및 세이지메이커 프로세싱을 포함한 코드도 생성한다.

셋째, 세이지메이커 프로세싱^SageMaker Processing 서비스를 사용하면 우리는 데이터 변환 및 검증을 위한 코드를 실행하거나, S3에 보관한 데이터 전체에 대한 모델 평가 작업을 실행할 수 있다. 세이지메이커 프로세싱 환경을 설정할 때 인스턴스 유형 및 인스턴스 개수 등의 필요한 리소스를 정의한다. 세이지메이커는 커스텀 코드와 S3로부터 복사한 데이터와 도커^Docker 컨테이너를 이용하여 프로세싱 작업을 실행한다.

세이지메이커는 아파치 스파크와 사이킷런^scikit-learn으로 데이터 처리를 실행하기 위해 사전 빌드된 컨테이너 이미지를 제공한다. 필요한 경우 우리가 직접 세이지메이커에게 커스텀 컨테이너 이미지를 제공할 수도 있다. 우리가 모든 프로세싱 작업 환경 설정과 도커 컨테이너 설정을 입력하고 프로세싱 작업을 시작하도록 세이지메이커에 명령하면 세이지메이커가 클라우드 리소스들을 가동하고, 프로세싱 작업을 실행하고, 작업이 끝나면 클라우드 리소스를 종료한다. 프로세싱 결과는 작업이 끝난 뒤에 아마존 S3 버킷에 기록된다.

1.6 아마존 세이지메이커를 사용한 모델 훈련 및 튜닝

이 장에서는 모델 개발 워크플로우의 모델 훈련과 튜닝 단계에 대해 더 상세히 알아보고 어떤 AWS 서비스와 오픈 소스 도구를 사용할 수 있는지 배워보자.

1.6.1 세이지메이커 트레이닝 및 익스페리먼츠로 모델 훈련시키기

아마존 세이지메이커 트레이닝^{Amazon SageMaker Training} 서비스는 수많은 모델 훈련 기능을 제공한다. 세이지메이커 익스페리먼츠^{SageMaker Experiments}[23]로 개별 훈련 시운전 작업들을 정리하고 트래킹 및 평가할 수 있다. 세이지메이커 디버거를 사용하면 모델 훈련 과정을 투명하게 들여다볼 수 있다. 세이지메이커 디버거는 학습 중에 실시간 지표를 자동으로 캡처하고 디버깅용 데이터를 분석할 수 있는 시각적인 인터페이스를 제공한다. 디버거는 또한 시스템 리소스 사용률을 프로파일링 및 모니터링하고 과도하게 사용된 CPU나 GPU 같은 리소스 병목 현상을 식별하기도 한다.

세이지메이커 트레이닝 서비스를 이용하면 우리는 아마존 S3 위치를 지정하거나 모델 훈련 코드를 실행할 알고리즘 컨테이너 이미지를 지정하거나 필요한 만큼의 세이지메이커 머신러닝 전용 인스턴스 타입과 개수를 지정하기만 하면 된다. 세이지메이커는 우리가 지정한 리소스를 가동하고 모델 훈련 작업을 실행한다. 또한 우리가 분산 머신러닝 작업을 수행하도록 설정하면 세이지메이커는 분산 컴퓨팅 클러스터를 가동하기도 한다. 모델 훈련이 완료되면 세이지메이커는 결과를 S3에 기록하고 ML 인스턴스들을 종료한다.

세이지메이커는 관리형 스팟 훈련도 지원한다. 관리형 스팟 훈련은 아마존 EC2의 스팟 인스턴스를 활용하여 모델 훈련을 수행한다. 스팟 인스턴스를 사용하면 온디맨드 인스턴스에 비해 모델 훈련 비용을 최대 90%까지 줄일 수 있다.

세이지메이커 오토파일럿 외에도 아마존 세이지메이커가 제공하는 빌트인 알고리즘을 이용하거나, 우리가 직접 준비한 모델 훈련 코드나 알고리즘/프레임워크 컨테이너를 세이지메이커에 도입해 모델 훈련을 진행할 수 있다.

1.6.2 빌트인 알고리즘

세이지메이커는 머신러닝 실무자가 머신러닝 모델을 빠르게 훈련하고 배포할 수 있도록 많은 빌트인 알고리즘을 제공한다. 세이지메이커가 기본으로 제공하는 알고리즘에는 추가 코드가

---

23 옮긴이 1_ 세이지메이커 익스페리먼츠는 머신러닝에서 입력값, 파라미터, 환경 설정, 반복 결과를 자동으로 추적하고 비교 및 평가할 수 있는 세이지메이커의 주요 서비스 기능이다. 이 서비스 기능을 이용해 우리는 모델 정확도에 미치는 증분 변경의 영향을 관찰하면서 데이터, 알고리즘 및 파라미터들의 여러 조합을 실험할 수 있다. 우리는 반복적인 실험을 통해 수천 번의 모델 훈련 실행과 모델 버전 관리로 원하는 결과를 달성할 수 있다.

필요하지 않다. 데이터와 모델 설정을 위한 하이퍼파라미터를 설정하고 컴퓨팅 리소스를 지정하면 된다. 기본으로 제공되는 알고리즘 대부분은 단일 머신에 맞지 않는 대규모 데이터셋을 위해 분산 훈련을 지원한다.

지도 학습의 경우 우리는 선형 학습기$^{linear\ learner}$와 XGBoost 같은 회귀 및 분류 알고리즘을 이용할 수 있다. 팩토리제이션 머신$^{factorization\ machine}$은 추천 시스템에 더 적합하다.

세이지메이커는 또한 차원 축소$^{dimension\ reduction}$, 패턴 인식$^{pattern\ recognition}$, 이상 탐지$^{anomaly\ detection}$와 같은 비지도 학습 알고리즘도 빌트인 알고리즘으로 제공한다. 예를 들어 비지도 학습을 위한 알고리즘에는 주성분 분석$^{principal\ component\ analysis}$(PCA)과 K-평균 클러스터링$^{K-means}$ ^{clustering}[24] 등의 알고리즘이 있다.

또한 우리는 세이지메이커를 통해 텍스트 분류와 토픽 모델링 같은 텍스트 분석 작업을 위해 블레이징텍스트^{BlazingText}와 뉴럴 토픽 모델$^{Neural\ Topic\ Model}$같이 기본으로 제공하는 알고리즘을 활용할 수 있다. 이미지 처리의 경우 시맨틱 분할$^{Semantic\ Segmentation}$을 포함한 이미지 분류 및 객체 감지를 위한 빌트인 알고리즘을 찾을 수 있다.

1.6.3 자체 스크립트 작성하기(스크립트 모드)

만일 실제 사용 사례가 높은 유연성을 요하거나 세이지메이커에서 제공되는 빌트인 솔루션 중에 적절한 선택지가 없다면, 우리는 직접 작성한 모델 훈련 코드를 세이지메이커에 제공할 수 있다. 이를 '스크립트 모드$^{script\ mode}$'라고 한다. 스크립트 모드를 사용하면 우리는 훈련 스크립트 작성에 집중하면 된다. 세이지메이커는 텐서플로우, 파이토치, 아파치 MXNet, XGBoost, 사이킷런같이 우리에게 익숙한 오픈 소스 프레임워크로 최적화된 도커 컨테이너를 제공한다. 세이지메이커가 제공하는 컨테이너에 추가로 필요한 라이브러리를 설치하려면, 라이브러리 정보가 담긴 요구 조건 파일(`requirements.txt`)을 세이지메이커 트레이닝 설정 과정에 포함하면 된다. 따라서 세이지메이커 스크립트 모드를 통해 우리는 커스텀 모델 훈련 코드를 우리가 원하는 빌트인 프레임워크 컨테이너에서 실행할 수 있다.

....

24 옮긴이 1_ 주어진 데이터를 k개의 클러스터로 묶는 알고리즘으로, 각 클러스터와 거리 차이의 분산을 최소화하는 방식으로 동작한다. 이 알고리즘은 자율 학습의 일종으로, 레이블이 달려 있지 않은 입력 데이터에 레이블을 달아주는 역할을 수행한다.

1.6.4 자체 컨테이너 작성하기

빌트인 일고리즘과 스크립트 모드를 둘 다 사용할 수 없는 경우 자체 커스텀 도커 이미지를 가져와서 모델 훈련을 실행할 수 있다. 참고로 도커는 **도커 컨테이너**^{Docker container}라는 격리된 환경의 빌드타임^{build-time} 및 런타임 지원을 제공하는 소프트웨어 도구다.

세이지메이커는 도커 이미지와 컨테이너를 사용해 데이터 처리, 모델 훈련, 예측 기능들을 제공한다.

만일 필요한 패키지나 세이지메이커의 빌트인 프레임워크 컨테이너에 소프트웨어가 포함되어 있지 않다면 **자체 컨테이너 작성하기**^{bring your own container}(BYOC)라는 방법을 사용할 수 있다. 이 접근 방식은 우리가 직접 도커파일을 쓰고 컨테이너를 빌드해 필요한 것들을 자유롭게 설치할 수 있어 무제한적인 옵션과 최고의 유연성을 가질 수 있는 방법이다. 일반적으로 사용자가 따라야 할 보안 요구 사항을 충족시켜야 한다거나, PyPI, 메이븐^{Maven}, 도커 레지스트리^{Docker Registry}와 같은 타사 종속성을 피하기 위해 라이브러리를 도커 컨테이너에 미리 설치해야 하는 경우라면 자체 컨테이너 빌드 옵션을 사용한다.

AWS에서 자체 컨테이너 작성하기(BYOC)로 자체 도커 이미지를 사용하려면, 먼저 도커 이미지를 도커 허브나 아마존 일래스틱 컨테이너 레지스트리^{Amazon Elastic Container Registry}(아마존 ECR)와 같은 도커 레지스트리에 업로드해야 한다. 하지만 이 방법은 사용자가 효율적인 도커 이미지 파이프라인을 사용해 도커 이미지들을 개발, 유지 관리 및 지원하는 데 익숙한 경우에만 추천하는 방법이다. 그렇지 않으면 빌트인 세이지메이커 컨테이너를 사용하는 것이 좋다.

> **NOTE_** 도커 컨테이너를 빌드할 때 쓰이는 도커 이미지에 훈련 스크립트를 '구워' 넣을 필요는 없다. 도커 이미지 내에서 아마존 S3의 코드 위치만 연결하고 도커 컨테이너가 시작될 때 동적으로 훈련 스크립트를 불러오게 설정할 수 있다. 이렇게 하면 훈련 스크립트가 변경될 때마다 도커 이미지를 다시 빌드할 필요가 없다.

1.6.5 세이지메이커 점프스타트로 사전 빌드된 솔루션과 사전 훈련된 모델 사용하기

세이지메이커 점프스타트^{SageMaker JumpStart}는 AWS, 텐서플로우 허브^{TensorFlow Hub}, 파이토치 허브^{PyTorch Hub}에서 사전 빌드된 머신러닝 솔루션과 사전 훈련된 모델에 대한 액세스를 제공한다. 점프스타트 서비스의 사전 빌드된 솔루션은 사기 감지, 예측 유지 관리, 수요 예측과 같은 일반적인 사용 사례를 다룬다. 사전 훈련된 모델은 자연어 처리, 객체 감지, 이미지 분류 영역에 걸쳐 있다. 클릭 몇 번만으로 모델을 자체 데이터셋으로 정밀 튜닝하고 AWS 계정의 프로덕션에 배포할 수 있다. 7장에서 세이지메이커 점프스타트에 대해 더 자세히 다룬다.

1.6.6 세이지메이커 하이퍼파라미터 튜닝으로 모델 튜닝 및 검증하기

고품질 모델을 개발하는 또 다른 중요한 단계는 올바른 모델을 구성하거나 모델 하이퍼파라미터를 찾는 것이다. 알고리즘에 의해 학습되는 모델 파라미터와는 다르게 하이퍼파라미터는 알고리즘이 파라미터를 학습하는 방법에 대해 제어한다.

아마존 세이지메이커는 우리가 훈련시키려는 모델과 데이터셋을 가지고 가장 퍼포먼스가 좋은 모델 하이퍼파라미터 값들을 찾아주는 자동 모델 튜닝 기능과 검증 기능들을 제공한다. 여기서 우리는 검증 정확도$^{validation\ accuracy}$ 같은 최적화할 객관적 지표와 탐색할 하이퍼파라미터 범위를 지정해줘야 한다. 그러면 세이지메이커는 여러 모델 훈련 작업을 실행해 우리가 지정한 하이퍼파라미터 범위들을 탐색하고 어떤 하이퍼파라미터 조합들이 성공적인 모델 훈련 양상을 보이는지 객관적 지표를 통해 측정한다.

하이퍼파라미터 범위를 탐색하는 전략은 다양하다. 격자형 검색, 무작위 검색, 베이지안^{Bayesian} 최적화가 가장 일반적인 전략이다. 8장에서 세이지메이커 하이퍼파라미터 튜닝에 대해 자세히 살펴본다.

1.7 아마존 세이지메이커와 AWS 람다 함수를 사용한 모델 배포

모델을 훈련, 검증 및 최적화를 마치고 나면 모델을 배포하고 모니터링할 단계이다. 애플리케이션 요구 사항에 따라 아마존 세이지메이커를 사용해 모델을 배포하는 방법으로 REST 기반 예측을 위한 세이지메이커 엔드포인트, 서버리스 예측을 위한 AWS 람다 함수, 일괄 예측을 위한 세이지메이커 일괄 변환$^{batch\ transform}$ 등을 사용한다.

1.7.1 세이지메이커 엔드포인트

만약 모델 배포에 있어서 지연 시간을 낮추고 실시간 예측을 위해 모델 배포 환경을 최적화해야 한다면 세이지메이커 호스팅 서비스를 사용하면 된다. 세이지메이커 호스팅 서비스는 모델을 호스트하기 위한 세이지메이커 엔드포인트 서비스와 이를 통해 모델 추론을 수행할 수 있는 REST API를 제공한다. 세이지메이커 모델 엔드포인트는 실시간 트래픽 패턴에 맞춰 자동으로 클라우드 리소스 스케일을 조정하고, 높은 가용성을 위해 여러 가용 영역에 배포된다.

1.7.2 세이지메이커 일괄 변환

데이터셋 묶음에 대한 일괄 예측을 해야 할 경우, 세이지메이커 일괄 변환 서비스를 사용하면 좋다. 일괄 변환은 데이터 묶음에 대한 일괄 변환 작업을 구동하여 단일성 예측 작업을 수행한다. 이는 저지연이나 실시간 예측을 요구하지 않는 경우에 유용하다. 또한 세이지메이커 일괄 변환 서비스는 사용자가 지정한 만큼의 컴퓨팅 리소스를 시작하고 S3에 저장된 데이터에 대해 대규모 일괄 예측을 수행한다. 작업이 완료되면 세이지메이커는 데이터를 S3에 기록하고 컴퓨팅 리소스를 해제한다.

1.7.3 AWS 람다로 서버리스 모델 배포하기

모델 예측을 서비스하는 또 다른 옵션으로 서버리스 모델 서버용 AWS 람다 함수가 있다. 세이지메이커가 모델 훈련을 마치고 S3에 모델 아티팩트를 저장하면, AWS 람다 함수를 이용해 저장된 모델을 불러오고 예측 작업을 실행할 수 있다. AWS 람다에는 메모리 및 대기 시간 제한이 있으므로, 배포 방식을 최종으로 결정하기 전에 이 옵션이 대규모의 모델 배포에 적합한지 반드시 테스트해야 한다.

1.8 AWS 스트리밍 데이터 분석 및 머신러닝

여기까지 우리는 S3 기반 데이터 레이크와 같은 중앙 집중식 정적 로케이션에 모든 데이터가 저장된 경우들만 다뤘다. 하지만 실제로는 데이터가 전 세계 여러 스토리지 로케이션 간에 동시 스트리밍되고 있다. 우리는 여기서 더 나아가 스트리밍 데이터가 데이터 레이크에 도착하기 전에 실시간으로 머신러닝을 수행하고 싶을 때도 있다. 실시간 스트리밍 데이터 분석을 통해 짧은 시간(비즈니스) 안에 얻은 통찰력은 경쟁 우위를 확보하고 변화하는 고객과 시장 동향에 신속하게 대응하는 데 필요하다.

스트리밍 기술은 실시간으로 데이터 스트림을 수집, 처리 및 분석할 수 있는 도구를 제공한다. AWS는 아파치 카프카용 아마존 관리형 스트리밍Amazon Managed Streaming for Apache Kafka(아마존 MSK)과 아마존 키네시스를 포함해 다양한 스트리밍 데이터 기술을 제공한다. 11장에서는 스트리밍 분석 및 머신러닝을 더 자세히 다룬다.

1.8.1 아마존 키네시스 스트리밍

스트리밍 데이터 서비스인 아마존 키네시스Amazon Kinesis는 실시간으로 데이터를 수집, 처리 및 분석하는 서비스다. 키네시스 데이터 파이어호스Kinesis data firehose를 사용하면 아마존 S3와 아마존 레드시프트를 비롯한 다양한 대상에 지속적으로 데이터를 준비 및 로딩할 수 있다. 키네시스 데이터 애널리틱스Kinesis data analytic를 사용하면 데이터가 도착하는 대로 바로 처리 및 분석할 수 있고, 아마존 키네시스 데이터 스트림Amazon Kinesis data stream을 사용하면 커스텀 애플리케이션으로 수집되는 데이터 스트림을 관리할 수 있다.

1.8.2 아파치 카프카용 아마존 관리형 스트리밍

아파치 카프카용 아마존 관리형 스트리밍Amazon Managed Streaming for Apache Kafka(아마존 MSK)은 아파치 카프카 인프라 및 운용을 관리하는 스트리밍 데이터 서비스다. 아파치 카프카는 실시간 스트리밍 데이터 파이프라인과 애플리케이션을 빌드하기 위한 인기 있는 오픈 소스로, 결함에 대한 내성을 갖춘 고성능의 확장 가능한 플랫폼이다. 아마존 MSK를 사용하면 아파치 카프카 클러스터를 우리가 직접 관리할 필요 없이 아파치 카프카 애플리케이션을 AWS에서 구동할 수 있다.

1.8.3 스트리밍 예측 및 이상 감지

스트리밍 데이터를 다루는 11장에서는 온라인 채널로부터 수집한 상품 리뷰들의 지속적인 스트림을 분석하는 데 중점을 둔다. 우리는 스트리밍 예측 작업을 실행해 고객들의 상품에 대한 반응을 탐지하고 최우선적으로 관심이 필요한 고객들을 식별하는 법을 배울 것이다.

그다음 우리는 리뷰 메시지가 도착하는대로 연속적인 스트리밍 분석을 실행하고 상품 카테고리별로 대중의 반응과 분위기를 감지해볼 수 있다. 이를 바탕으로 우리는 연속적인 대중 분위기를 시각화하고 그래프화한 지표 대시보드를 만들어 사업 분야^{line of business}(LOB) 담당자들에게 제공할 수 있다.

LOB 담당자들은 감성 추세를 신속하게 감지해 조치를 취할 수 있게 된다. 우리는 또 들어오는 메시지들에 변칙 스코어를 매겨 데이터 스키마 또는 데이터 값의 이상 상태를 감지할 수 있다. 변칙 스코어가 상승하는 경우 우리는 이상 징후의 근본 원인을 조사하는 애플리케이션 개발자들에게 알려주어야 한다.

마지막으로 연속적으로 받는 메시지들의 개수를 지표화해야 한다. 이 지표는 디지털 마케팅 팀에서 소셜 미디어 캠페인의 효과를 측정하는 데 사용할 수 있다.

1.9 AWS 인프라 및 맞춤형 하드웨어

클라우드 컴퓨팅의 주요 이점은 워크로드와 맞는 인프라 옵션을 선택할 수 있다는 것이다. [그림 1-4]에서 볼 수 있듯이 AWS는 데이터 과학 프로젝트용 고성능 컴퓨팅, 네트워킹, 스토리지 인프라를 위해 다양한 옵션들을 제공한다. 앞으로 이 책에서 참조할 몇 가지 AWS 인프라 옵션들을 살펴보자.

그림 1-4 데이터 과학과 머신러닝 프로젝트를 위한 AWS 인프라 옵션

1.9.1 세이지메이커 컴퓨트 인스턴스

AWS를 사용하면 워크로드에 따라 적합한 인스턴스 옵션을 선택할 수 있다. 다음은 데이터 과학 사용 사례에 일반적으로 사용되는 인스턴스 옵션들이다.

T 인스턴스

일관되게 높은 수준의 CPU가 필요하진 않지만 필요할 때 빠른 CPU를 사용해 장점을 얻을 수 있는 범용 형태의 성능 확장이 가능한 인스턴스

M 인스턴스

계산, 메모리, 네트워크 대역폭이 균형을 이루는 범용 인스턴스

C 인스턴스

높은 CPU 성능을 요구하는 연산 위주의 워크로드에 이상적인 컴퓨팅 최적화 인스턴스

R 인스턴스

아파치 스파크와 같이 대용량 데이터셋을 메모리에 저장함으로써 이득을 취할 수 있는 워크로드에 최적화된 메모리 최적화 인스턴스

P, G, 인퍼런시아^{Inferentia}, 트레이니엄^{Trainium} 인스턴스

하드웨어 가속기 또는 그래픽 처리 장치와 같은 보조 프로세서가 있는 고성능 컴퓨트 인스턴스 또는 추론을 위한 AWS 인퍼런시아 및 훈련 워크로드를 위한 AWS 트레이니엄 같은 아마존 맞춤형 하드웨어

아마존 일래스틱 추론 액셀러레이터^{Amazon Elastic Inference Accelerator}

네트워크가 탑재된 보조 프로세서로, 일괄 변환 및 추론과 같은 특정 워크로드에 할당된 인스턴스에 추가 컴퓨팅 성능이 필요할 때 사용되는 보조 프로세서

1.9.2 GPU 및 아마존 맞춤형 컴퓨트 하드웨어

아마존 S3가 데이터 스토리지를 클라우드를 통해 제공하는 방식과 비슷하게, 아마존 일래스틱 컴퓨트 클라우드(아마존 EC2^{Amazon Elastic Compute Cloud}) 서비스는 컴퓨팅 리소스를 제공한다. 350가지가 넘는 인스턴스 중에서 우리의 비즈니스 니즈와 워크로드에 따라 필요한 인스턴스를 선택할 수 있다. AWS는 또한 다양한 칩셋(Intel, AMD, ARM)을 기반으로 한 인스턴스들을 제공한다. 가속 하드웨어 인스턴스 타입인 P4, P3, G4 인스턴스 패밀리들은 GPU 기반 모델 훈련같은 고성능을 요구하는 작업에 인기 있는 옵션이다.

P4d 인스턴스는 400Gbps 인스턴스 네트워킹이 포함된 8개의 엔비디아 A100 텐서 코어 GPU로 구성됐고, 엔비디아 GPU다이렉트^{GPUDirect} RDMA^{remote direct memory access}를 사용하는 일래스틱 패브릭 어댑터^{Elastic Fabric Adapter}(EFA)을 지원한다. 또한 P4d 인스턴스는 **아마존 EC3 울트라클러스터**로 배포되며 ML 개발자, 연구원, 데이터 사이언티스트들에게 슈퍼컴퓨터급 성능의 컴퓨팅 파워를 제공한다. 각 EC2 울트라클러스터^{Amazon EC2 UltraCluster}는 사용자에게 4,000개 이상의 엔비디아 A100 GPU, 페타비트 규모의 논블로킹 네트워크 그리고 아마존 FSx의 높은 데이터 처리량과 저지연 스토리지 모두를 제공한다.

P3 인스턴스는 최대 8개의 엔비디아 V100 텐서 코어 GPU로 구성된다. 최대 100Gbps의 네트워킹 처리량을 지녔으며 인스턴스당 최대 1페타플롭^{petaflop}의 혼합 정밀도 성능을 제공한다. P3dn.24xlarge 인스턴스는 EFA도 지원한다.

한편 G4 인스턴스는 비용에 민감한 소규모 훈련 또는 추론 워크로드를 위한 훌륭한 옵션이다. G4 인스턴스는 최대 100Gbps의 네트워킹 처리량과 최대 1.8TB의 로컬 NVMe 스토리지를 갖춘 엔비디아 T4 GPU로 구성된다.

또한 AWS는 AWS 트레이니엄 칩을 사용한 머신러닝 훈련과 AWS 인퍼런시아 칩을 사용한 추론 워크로드를 위한 맞춤형 실리콘^{silicon}[25]을 제공한다. AWS 트레이니엄과 AWS 인퍼런시아는 모두 머신러닝 성능을 높이고 인프라 비용을 줄이는 것을 목표로 한다.

AWS 트레이니엄은 이미지 분류, 시맨틱 검색, 번역, 음성 인식, 자연어 처리, 추천 시스템 엔진을 포함한 딥러닝 훈련 워크로드에 최적화되었다.

그리고 AWS 인퍼런시아 프로세서는 싱글샷 디텍터^{single-shot detector}와 컴퓨터 비전용 ResNet,

---

25 옮긴이 1_ 실리콘은 주로 반도체에 사용되는 광물질이지만, 여기서는 실리콘으로 만든 프로세서나 하드웨어를 통칭한다.

자연어 처리를 위한 트랜스포머^{transformers}와 BERT 등 많은 머신러닝 모델을 지원한다.

AWS 인퍼런시아는 아마존 EC2의 Inf1 인스턴스를 통해 사용할 수 있다. Inf1 인스턴스당 1~16개의 AWS 인퍼런시아 프로세서를 선택할 수 있으며, 이는 초당 최대 2,000테라 개의 연산을 처리한다. AWS 뉴런 SDK를 사용하면 텐서플로우, 파이토치, 아파치 MXNet 모델을 컴파일하여 Inf1 인스턴스에서 추론 작업을 실행할 수 있다.

Inf1 인스턴스[26]는 아마존 EC2의 G4 인스턴스에 비해 추론당 비용을 최대 45% 낮추고 처리량을 30% 높임으로써 추론 비용을 줄이는 데 도움이 된다. [표 1-1]은 아마존 맞춤형 인퍼런시아 칩, CPU 및 GPU를 포함하여 모델 추론에 사용할 인스턴스 유형을 보여준다.

표 1-1 모델 추론을 위한 EC2 인스턴스 유형

모델 특징	EC2 Inf1	EC2 C5	EC2 G4
낮은 지연 시간과 저비용으로 높은 처리량 필요	X		
대기 시간 및 처리량에 대한 낮은 민감도		X	
엔비디아의 CUDA, CuDNN, TensorRT 라이브러리 필요			X

아마존 일래스틱 추론$^{\text{Amazon Elastic Inference}}$는 모델 추론을 위해 가속 컴퓨팅을 활용하는 또 다른 옵션이다. 일래스틱 추론를 통해 GPU 가속의 일부를 아마존 EC2인 CPU 기반 인스턴스 유형에 연결할 수 있다. 따라서 추론 가속량과 별개로 추론 작업에 할당할 인스턴스를 선택할 수 있다.

일래스틱 추론가 Inf1보다 나은 선택지가 되는 경우는 Inf1 인스턴스가 제공하는 인스턴스 스펙이 우리가 원하는 것과 다를 경우와 성능 요구치가 가장 작은 Inf1 인스턴스 타입보다 우리가 처리할 작업량이 작은 경우를 들 수 있다.

일래스틱 추론는 단정밀 TFLOPS$^{\text{Trillion FLoating point Operations Per Second}}$(초당 1조 부동소수점 연산)부터 최대 32중 혼합 정밀 TFLOPS 추론 가속화까지 확장한다.

그래비톤^{Graviton} 프로세서들은 AWS 맞춤형 ARM 프로세서다. CPU는 고급 7nm 제조 기술 공

---

26 옮긴이 2_ AWS 트레이니엄 프로세서로 구성된 Trn1 인스턴스도 상용화됐다. 더 상세한 정보는 다음 아마존 웹페이지를 통해 확인이 가능하다(https://aws.amazon.com/ko/ec2/instance-types/trn1).

정을 사용해 AWS가 설계한 64비트 ARM 네오버스^{Neoverse} 코어 및 커스텀 실리콘을 활용한다. ARM 기반 인스턴스는 아마존 EC2에서 실행되는 많은 워크로드에 대해 매력적인 가성비를 보여준다.

그래비톤 프로세서의 첫 번째 세대는 아마존 EC2의 A1 인스턴스로 제공된다. 그래비톤2 프로세서는 1세대에 비해 7배의 성능, 4배 더 많은 컴퓨팅 코어, 5배 빠른 메모리, 2배 더 큰 캐시를 제공한다. 아마존 EC2의 T4G, M6G, C6G, R6G 인스턴스를 통해 그래비톤2 프로세서를 이용할 수 있다.

AWS 그래비톤2 프로세서는 비디오 인코딩이나 압축 워크로드를 위한 하드웨어 가속을 지원하기 위해 향상된 성능을 제공하고, 또 머신러닝 모델 예측 워크로드를 지원한다.

1.9.3 GPU 최적화 네트워킹 및 맞춤형 하드웨어

AWS는 분산 모델 훈련 및 대규모 추론을 효율적으로 실행하는 데 도움이 되는 고급 네트워킹 솔루션을 제공한다.

아마존 일래스틱 패브릭 어댑터(EFA)는 대규모 노드 간 통신을 최적화하는 아마존 EC2 인스턴스용 네트워크 인터페이스다. 또한 일래스틱 패브릭 어댑터는 노드 간의 통신 성능을 향상시키는 맞춤형 OS 바이패스 하드웨어 인터페이스를 사용한다. 모델 훈련에 엔비디아 컬렉티브 커뮤니케이션 라이브러리^{Collective Communications Library}를 사용해야 하는 경우, 우리는 일래스틱 패브릭 어댑터를 사용해 수천 개의 GPU로 모델 훈련 작업량을 확장할 수 있다.

인스턴스당 최대 400Gbps 네트워크 대역폭과 저지연을 위한 엔비디아 GPU다이렉트 RDMA를 결합해 여러 인스턴스들에 걸친 GPU 간 커뮤니케이션이 원활하도록 인프라를 조합할 수도 있다. 이를 통해 우리는 온디맨드 탄력성과 클라우드의 유연성으로 온프레미스^{on-premise} GPU 클러스터의 성능을 얻을 수 있다.

1.9.4 대규모 모델 훈련에 최적화된 스토리지 옵션

아마존 S3에서 데이터 레이크를 빌드할 때의 이점은 이미 앞에서 살펴봤다. 분산 모델 훈련을 위해 더 빠른 스토리지 액세스가 필요하다면 러스터용 아마존 파일 시스템 FSx^{Amazon FSx for}

Lustre (이하 '러스터용 아마존 FSx'로 축약해서 사용)를 사용하면 된다.

러스터용 아마존 FSx는 오픈 소스 러스터Lustre 파일 시스템을 완전 관리형 서비스로 제공한다. 러스터는 밀리초 미만의 지연 시간, 초당 최대 수백 기가바이트의 처리량 및 수백만 IOPS의 성능을 제공하는 고성능 파일 시스템이다.

우리는 러스터용 아마존 FSx을 아마존 S3 버킷과 연결할 수 있다. 이를 통해 아마존 S3로부터 파일을 액세스하고 FSx 파일 시스템을 통해 데이터를 처리할 수 있다. 러스터용 아마존 FSx를 사용하면 모델 훈련에 할당된 인스턴스들이 고성능 공유 저장소를 통해 동일한 데이터셋에 액세스할 수 있도록 설정하는 것도 가능하다.

아마존 일래스틱 파일 시스템Amazon Elastic File System(아마존 EFS)은 최대 수천 개의 아마존 EC2 인스턴스에 대한 파일 시스템 인터페이스를 제공하는 또 다른 파일 스토리지 서비스다. 파일 시스템 인터페이스는 표준 운영체제 파일 입출력(I/O) API를 제공하고 강력한 일관성 및 파일 잠금과 같은 파일 시스템 접근 시맨틱 체계를 지원한다.

1.10 태그, 예산, 알림으로 비용 절감하기

이 책에서는 아마존 AI와 ML 스택을 사용해 데이터 과학 프로젝트의 비용을 줄이는 방법에 대한 팁을 제공한다. 전반적으로 우리는 항상 사업부, 애플리케이션, 환경, 사용자의 이름 등으로 컴퓨팅 리소스에 태그를 지정해야 한다. 이는 비용이 어디에 사용되는지에 대한 가시성을 제공한다. AWS 빌트인 비용 할당 태그 외에도 우리가 직접 고유한 사용자 정의 할당 태그를 제공할 수도 있다. AWS 예산budget 서비스 비용이 주어진 임곗값에 근접하거나 초과할 때 알림을 보내는 기능을 제공한다.

1.11 마치며

이 장에서는 AWS 클라우드에서 데이터 과학 프로젝트를 빌드할 때의 장점을 설명했다. 아마존 AI와 ML 스택을 활용함으로써 어떻게 하면 빠른 속도로 지능형 애플리케이션을 만들 수 있는지를 살펴봤다. 그리고 AutoML의 개념을 소개하면서 세이지메이커 오토파일럿이 AutoML로의 투명한 접근 방식을 제공하는 방법을 살펴보기도 했다. 그런 다음 클라우드의 일반적인 머신러닝 워크플로우에 대해 알아봤고, 워크플로우의 각 단계와 관련된 AWS 서비스들을 소개했다. 머신러닝 파이프라인을 빌드하고 자동화하기 위해 사용 가능한 워크플로우 오케스트레이션 도구들에 대해 알아봤고, 실시간 데이터를 통해 스트리밍 분석 및 머신러닝을 실행하는 법도 개괄적으로 훑어보았다. 마지막으로, 데이터 과학 프로젝트에서 활용할 수 있는 AWS 인프라 옵션들을 살펴보며 이 장을 마쳤다.

2장에서는 미디어, 광고, IoT, 제조와 같은 산업 전반에 사용되는 데이터 과학 사례를 살펴볼 것이다.

## CHAPTER 2

데이터 과학의 모범 사례

이번 장에서는 인공지능과 머신러닝이 산업 전반에 걸쳐 어떤 영향을 미쳤는지 보여주면서 앞으로도 계속 그렇게 성장할 것인지 살펴본다. 미디어, 광고, 사물 인터넷Internet of Thing(IoT), 제조 등과 같은 산업 전반에 걸쳐 데이터 과학의 모범 사례를 소개한다. 이는 데이터 과학 분야에서 점점 더 많은 빌딩 블록을 사용할 수 있게 되면서 지금보다 더 많은 사용 사례가 구체화될 것이다. 이에 클라우드 네이티브 개발자는 아마존 레코그니션과 같은 즉시 사용 가능한 인공지능 서비스부터 아마존 세이지메이커 같은 커스터마이징 가능한 ML 서비스, 심지어 접근성이 용이한 양자 컴퓨팅 서비스인 아마존 브라켓Amazon Braket 등을 통해 다양한 빌딩 블록에 접근할 수 있게 되었다.

최근 클라우드 컴퓨팅의 혁신, 컴퓨팅 파워의 도약, 데이터 수집의 폭발적인 증가 덕분에 인공지능과 머신러닝이 어디에나 존재할 수 있게 되었다. 이러한 인공지능과 머신러닝의 대중화는 애플리케이션과 통합하기 쉽고, 유지 관리가 거의 필요하지 않으며 종량제 과금 방식을 채택한 인공지능 서비스의 폭발적인 증가에 의해 가능해졌다.

데이터 과학 분야에서는 박사 학위를 수료하지 않아도 고객을 만족시킬 수 있는 상품 추천 시스템을 구현하거나, 공급망을 개선하기 위해 정확한 예측 모델을 구현하거나, 고객 지원을 단순화하는 가상 비서를 구현할 수 있다. 이 모든 것이 하나의 API 호출로 가능하다. 이러한 인공지능 서비스는 기중한 인적 자원을 확보해 우리의 제품을 분야별로 특화시키고 차별화시키는 기능들에 집중할 수 있게 한다.

2.1 모든 산업에 걸친 혁신

수많은 인공지능과 머신러닝의 모범 사례는 비즈니스 운영 개선 또는 새로운 고객 경험 창출이라는 두 가지 카테고리로 나뉜다. 비즈니스 운영을 개선하는 대표적인 예로는 인공지능 기반 수요 예측, 리소스 최적화, 사기 탐지fraud detector가 있다. 새로운 고객 경험 창출의 예로는 개인별 상품 추천 시스템, 풍부한 비디오 스트리밍 경험이 있다. 의심할 여지 없이 인공지능과 머신러닝 둘 다 모든 산업에서 혁신을 주도하고 있으며 그중 몇 가지 산업 분야를 소개한다.

미디어와 엔터테인먼트

많은 기업에서 매우 흡입력 있고 개인화된 콘텐츠로 많은 고객을 만족시키고 있다. 또한 효율적이고 효과적인 메타데이터를 추출해 미디어 콘텐츠 크리에이터들과 시청자들이 콘텐츠들을 쉽게 검색하고 찾아낼 수 있도록 한다.

생명과학

신약 개발, 임상시험 관리, 제약, 디지털 치료제 개발, 임상의사결정지원 등에 도움을 준다.

금융 서비스

규정 준수, 감시, 사기 탐지를 위한 보안을 강화하는 데 도움을 준다. 그리고 문서 처리 속도를 높여주고, 개인화된 가격 책정 및 금융 상품을 추천하고, 트레이딩 의사결정에 도움을 준다.

자동차

자율 주행, 내비게이션, 커넥티드 카를 지원한다.

제조

엔지니어링 설계를 지원하고 공급망 재고도 관리하며 유지 관리, 수리 및 운영을 최적화하는 데 도움을 준다. 또한 조립 라인을 강화하고 스마트 프로덕트 및 팩토리를 보강하는 데 도움을 준다.

게임

하루 중 트래픽 변화에 따라 게임 서버를 자동으로 늘리거나 줄이는 데 활용된다.

인공지능의 몇 가지 모범 사례를 살펴봤다. 이제 AWS의 바로 사용할 수 있는 인공지능 서비스로 이러한 사례들을 어떻게 구현할 수 있는지 알아보자.

2.2 개인별 상품 추천 시스템

최근 수십 년 동안 소비자들은 점점 더 많은 개인별 온라인 상품 및 콘텐츠 추천 시스템을 경험하고 있다. 상품 추천 시스템은 모든 곳에서 찾아볼 수 있다. 예를 들면 아마존닷컴의 다음 상품 추천 시스템과 아마존 프라임 비디오$^{Amazon\ Prime\ Video}$의 다음에 볼 영상 추천 시스템을 꼽을 수 있다.

많은 추천 시스템은 고객들이 카탈로그와 상호작용^{collaboration}하는 방식에서 유사점을 찾는다. 이를 협업 필터링$^{collaborative\ filtering}$이라 부르며, 이 기능의 초기 구현은 2003년 「Amazon.com Recommendations: Item-to-Item Collaborative Filtering」[1] 논문에 기술되어 있다.

한층 정교해진 딥러닝 기술은 고객의 요구 사항을 정확히 간파하여 적절한 타이밍에 상품을 추천해준다. 아마존닷컴에서 쇼핑하거나, 아마존 프라임 뮤직$^{Prime\ Music}$에서 음악을 듣거나, 아마존 프라임 비디오에서 영상을 시청하거나, 아마존 킨들$^{Amazon\ Kindle}$에서 전자책을 읽거나 오더블^{Audible}[2]과 오디오북을 듣거나 할 때 우리는 이 시스템으로부터 개인화된 추천을 받는다.

간단한 추천 시스템은 종종 규칙 기반 시스템으로 시작한다. 하지만 사용자와 상품의 수가 증가할수록 사용자 개개인에게 적합한 상품을 추천하는 시스템을 제공하는 특정한 규칙을 정의하기 어려워진다. 즉, 광범위한 규칙은 고객을 현혹할 만큼 충분히 특화되지 못한다는 의미다.

심지어 머신러닝 기반 추천 시스템조차도 어려움에 직면할 수 있다. 신규 고객이 들어오거나 새로운 물품이 들어올 때에는 데이터가 쌓인 것이 전무하기 때문에 추천 시스템이 효력을 발휘하기 어렵다. 이는 전형적인 '콜드 스타트$^{cold\ start}$'라 불리는 문제이며, 현시대에 추천 시스템 엔진을 구현하는 개발자가 해결해야 하는 문제이기도 하다. 콜드 스타트는 다시 말해 고객 혹은 제품에 대한 활동 이력이나 기록이 현저히 적거나 전혀 없어 추천 시스템을 빌드하기 어려울 때를 말한다

------

1 https://oreil.ly/LbrdC
2 옮긴이 1_ 오더블은 미국 온라인 오디오북 서비스다.

추천 시스템은 또한 인기 있는 항목만 추천하고 인기 없는 항목에 대한 추천은 하지 않게 되는 함정에 빠지지 않도록 설계되어야 한다. 이는 9장에서 논의할 멀티암드 밴딧$^{multiarmed\ bandit}$과 같은 알고리즘을 사용해 새로운 항목을 탐색하는 추천 시스템으로 해결할 수 있다.

또한 애플리케이션을 사용하는 동안 사용자의 의도를 실시간으로 반영해야 한다. 이를 위해서는 데이터베이스에서 제공하는 사전 계산된 오프라인 추천 시스템 대신 실시간 동적 추천 시스템이 필요하다.

이러한 동적 시스템을 통해 고객들은 관련성 있고 시기적절한 콘텐츠를 감상할 수 있으며, 기업들은 축적된 고객 개개인들의 경험으로부터 다음과 같은 이점들을 살릴 수 있다.

상품 관여도 증가

사용자들에게 관련 콘텐츠를 추천함으로써 웹사이트에 머물러야 하는 동기를 부여하여 웹사이트의 점착성^{stickiness}을 높이고, 재방문을 독려한다.

상품 전환 증가

사용자는 자신이 구매하려는 상품과 관련성이 높은 상품을 구매하는 경향이 있다.

클릭률 증가

개별 사용자를 대상으로 개인 맞춤형 상품을 업데이트하여 상품의 클릭률을 높인다.

매출 증대

고객들에게 적재적소에 적절한 추천 시스템을 제공하면 기업의 수익이 증가한다.

이탈 감소

이탈률 및 이메일 광고의 수신 거부를 줄일 수 있다.

지난 20년간 아마존은 개인화에 초점을 맞춘 머신러닝 연구를 지속적으로 발전시켜왔다. 스미스와 린든이 작성한 「Two Decades of Recommender Systems at Amazon」[3] 논문에 그

---

3 *https://oreil.ly/iXEXk*

여정이 잘 요약되어 있다.

2.2.1 아마존 퍼스널라이즈로 상품 추천하기

수많은 머신러닝 솔루션들이 있듯이, 개인화 시스템도 다양한 경우를 한번에 해결해줄 하나의 알고리즘 같은 것은 없다. 개인별 상품 및 콘텐츠 추천을 만들 때 아마존의 광범위한 경험을 활용하여 애플리케이션에 추가할 수 있다면 좋지 않을까? 아마존 퍼스널라이즈는 정확히 이런 니즈를 충족하기 위한 서비스다.

아마존 퍼스널라이즈Amazon Personalize는 개인화 기술을 만들어서 확장하고 관리하는 데 있어 아마존이 쌓아온 수십 년간의 경험을 반영한다. 아마존 퍼스널라이즈를 사용하면 개발자들이 개인별 상품 추천 사항과 타깃 마케팅 프로모션을 쉽게 만들 수 있다. 이런 AI 서비스를 통해 개발자들은 복잡한 자체 머신러닝 인프라 관리를 감당하지 않아도 되고 커스텀 개인화 모델을 빌드할 수 있다.

추천 시스템을 생성하려면 [그림 2-1]처럼 추천할 상품의 재고 품목과 함께 클릭 수, 페이지 수, 가입 수, 구매 수 등과 같은 지속적인 활동 데이터를 아마존 퍼스널라이즈에 제공하면 된다.

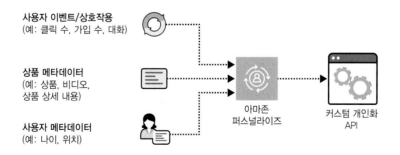

그림 2-1 사용자 개별 활동 데이터셋과 상품 재고를 연결하여 개인별 추천 시스템을 생성하는 아마존 퍼스널라이즈

---

4 https://www.amazon.science

활동 데이터는 사용자가 시스템과 상호작용하는 방식에 대한 이벤트 정보로 구성된다. 이벤트 활동에는 사용자의 클릭 수, 장바구니에 추가한 항목 수, 구매한 물품 수, 시청한 영화 수 등이 포함된다. 이러한 이벤트 활동은 효과적인 모델을 빌드하는 데 강력한 신호가 된다.

우리는 또한 상품 카테고리, 상품 가격, 사용자 연령, 사용자 위치 등과 같은 이벤트 활동에 관련된 사용자와 상품에 대한 추가 메타데이터를 아마존 퍼스널라이즈에 제공할 수 있다. 이 추가 메타데이터는 선택 사항이지만 어떤 상품을 추천하는 추천기를 빌드하는 표시로 사용할 기록 이벤트 활동이 거의 없거나 전혀 없는 '콜드 스타트' 시나리오를 해결하는 데 유용할 수 있다.

이러한 이벤트 활동 데이터와 메타데이터를 통해 아마존 퍼스널라이즈는 사용자와 상품들에 대한 커스텀 추천기를 훈련하고, 조정하고, 배포한다. 아마존 퍼스널라이즈는 피처 엔지니어링, 알고리즘 선택, 모델 튜닝 그리고 모델 배포까지 모든 머신러닝 파이프라인 스텝들을 수행한다. 아마존 퍼스널라이즈가 데이터셋에 가장 적합한 모델을 선택하고 훈련하고 배포하면, 우리는 심플하게 get_recommendations() API를 호출해 사용자를 위한 실시간 추천 리스트를 생성할 수 있다.

```
get_recommendations_response = personalize_runtime.get_recommendations(
        campaignArn = "campaign_arn" #string
        userId = "user_id" #string
)

item_list = get_recommendations_response['itemList']
recommendation_list = []
for item in item_list:
    item_id = get_movie_by_id(item['itemId'])
recommendation_list.append(item_id)
```

수백만 개의 영화 평점이 담긴 인기 있는 훈련 데이터셋인 무비렌즈MovieLens를 이용해 훈련된 아마존 퍼스널라이즈는 다음과 같은 추천 영화 결괏값을 생성한다.

Shrek
Amelie
Lord of the Rings: The Two Towers
Toy Story 2
Good Will Hunting
Eternal Sunshine of the Spotless Mind
Spirited Away
Lord of the Rings: The Return of the King
Schindler's List
Leon: The Professional

2.2.2 아마존 세이지메이커와 텐서플로우로 추천 시스템 생성하기

멀티태스크 추천기multitask recommender는 2개 이상의 목적에 대해 동시에 최적화하는 모델을 만든다. 이 모델은 모델 훈련 과정에서 작업 간 변수를 공유함으로써 전이학습transfer learning을 수행한다. 다음 텐서플로우 추천기 라이브러리[5] 사용 예제는 추천기로 평점을 예측(다음 코드 예제의 rating_task 객체)하고 조회수를 예측(다음 코드 예제의 retrieval_task 객체)하도록 훈련시키는 방법을 보여준다.

```
user_model = tf.keras.Sequential([
  tf.keras.layers.experimental.preprocessing.StringLookup(
      vocabulary=unique_user_ids),
  # 알 수 없는 토큰과 마스크 토큰을 처리하기 위해
  # unique_user_ids 리스트 사이즈에 2를 더한다.
  tf.keras.layers.Embedding(len(unique_user_ids) + 2, embedding_dimension)
])

movie_model = tf.keras.Sequential([
  tf.keras.layers.experimental.preprocessing.StringLookup(
      vocabulary=unique_movie_titles),
  tf.keras.layers.Embedding(len(unique_movie_titles) + 2, embedding_dimension)
])

rating_task = tfrs.tasks.Ranking(
```

---

5 *https://oreil.ly/XdDIl*

```
    loss=tf.keras.losses.MeanSquaredError(),
    metrics=[tf.keras.metrics.RootMeanSquaredError()],
)

retrieval_task = tfrs.tasks.Retrieval(
        metrics=tfrs.metrics.FactorizedTopK(
            candidates=movies.batch(128).map(self.movie_model)
        )
    )
```

2.2.3 아마존 세이지메이커와 아파치 스파크로 추천 시스템 생성하기

아마존 세이지메이커는 세이지메이커 프로세싱^{SageMaker Processing} 서비스를 통해 서버리스 아파치 스파크를(파이썬과 스칼라 언어 모두) 지원한다. 우리는 이 책 전반에 걸쳐 데이터 품질 검사나 피처 변환을 수행하는 데 보통 세이지메이커 프로세싱을 이용할 것이다.

이 장의 예제에서는 아마존 프로세싱 작업 서비스에 아파치 스파크 ML의 협업 필터링 알고리즘인 교대 최소 제곱법^{Alternating Least Squares}을 실행해 추천값을 생성해볼 것이다. 이미 스파크 기반 데이터 파이프라인이 있고 해당 파이프라인을 사용해 추천 시스템을 생성하는 경우 이 알고리즘을 사용한다.

다음은 아파치 스파크 ML과 교대 최소 제곱법(ALS)으로 추천 시스템을 생성하는 예제다.

```
import pyspark
from pyspark.sql import SparkSession
from pyspark.sql.functions import *
from pyspark.ml.evaluation import RegressionEvaluator
from pyspark.ml.recommendation import ALS
from pyspark.sql import Row

def main():
    ...
    lines = spark.read.text(s3_input_data).rdd
    parts = lines.map(lambda row: row.value.split('::'))
    ratingsRDD = parts.map(lambda p: Row(userId=int(p[0]),
                                         movieId=int(p[1]),
                                         rating=float(p[2]),
                                         timestamp=int(p[3])))
```

```
ratings = spark.createDataFrame(ratingsRDD)
(training, test) = ratings.randomSplit([0.8, 0.2])

# 훈련 데이터에 대해 학습할 ALS 알고리즘을 이용한 추천기 빌드하기
als = ALS(maxIter=5,
          regParam=0.01,
          userCol='userId',
          itemCol='itemId',
          ratingCol='rating',
          coldStartStrategy='drop')
model = als.fit(training)

# 테스트 데이터에 대한 RMSE를 계산하여 모델 평가하기
predictions = model.transform(test)
evaluator = RegressionEvaluator(metricName='rmse',
                                labelCol='rating',
                                predictionCol='prediction')
rmse = evaluator.evaluate(predictions)

# 각 사용자에 대한 상위 10개 추천 결과 생성하기
userRecs = model.recommendForAllUsers(10)
userRecs.show()

# 각 사용자에 대한 상위 10개 추천 결과 데이터 쓰기
userRecs.repartition(1).write.mode('overwrite')\
.option('header', True).option('delimiter', '\t')\
.csv(f'{s3_output_data}/recommendations')
```

이제 세이지메이커 프로세싱 서비스를 이용해 서버리스 아파치 스파크 환경 내에서 파이스파
크PySpark 스크립트를 실행해보자.

```
from sagemaker.spark.processing import PySparkProcessor
from sagemaker.processing import ProcessingOutput

processor = PySparkProcessor(base_job_name='spark-als',
                             role=role,
                             instance_count=1,
                             instance_type='ml.r5.2xlarge',
                             max_runtime_in_seconds=1200)



processor.run(submit_app='train_spark_als.py',
```

```
            arguments=['s3_input_data', s3_input_data,
                       's3_output_data', s3_output_data,
            ],
            logs=True,
            wait=False
    )
```

다음 출력 예시는 위의 스파크 프로세싱 작업을 마친 후 훈련된 알고리즘을 이용해 생성한 결과를 보여준다. 이 출력 결과에는 3개의 user ID에 대한 추천값을 [item ID, rank] 리스트들을 나열해 2차원 행렬로 보여준다. 각 recommendations 행은 rank 값에 대한 내림차순으로 나열된다. rank 값이 높을수록 추천을 많이 하는 것이고, 작은 값은 그 반대이다.

```
|userId|    recommendations|
+------+-------------------+
|    12|[[46, 6.146928], ...|
|     1|[[46, 4.963598], ...|
|     6|[[25, 4.5243497],...|
+------+-------------------+
```

2.3 아마존 레코그니션으로 부적절한 동영상 감지

컴퓨터 비전은 사용자 제작 콘텐츠user-generated content(UGC)[6]의 콘텐츠 심의 규제, 보안 로그인을 위한 디지털 신원 확인, 무인 자동차의 위험 식별 기능 등 다양한 사례에 활용된다.

아마존 레코그니션Amazon Rekognition은 이미지와 동영상에 촬영된 사람, 텍스트, 움직임 등의 객체를 식별하는 하이 레벨 AI 서비스다. AutoML로 커스텀 모델을 학습해 비즈니스 도메인과 관련된 객체를 인식한다.

애플리케이션 사용자가 업로드한 동영상이 폭력적인 콘텐츠인지 아닌지 탐색하기 위해 아마존 레코그니션을 사용해보자. 다음은 아마존 레코그니션의 콘텐츠 심의 규제content moderation API를 사용해 무기를 포함한 폭력적인 동영상을 거부하는 예제다.

---

6 옮긴이 1_ 사용자 제작 콘텐츠는 사용자가 직접 제작한 콘텐츠를 의미한다(출처: 정보통신용어사전).

```
startModerationLabelDetection = rekognition.start_content_moderation(
    Video={
        'S3Object': {
            'Bucket': bucket,
            'Name': videoName,
        }
    },
)

moderationJobId = startModerationLabelDetection['JobId']

getContentModeration = rekognition.get_content_moderation(
    JobId=moderationJobId,
    SortBy='TIMESTAMP'
)

while(getContentModeration['JobStatus'] == 'IN_PROGRESS'):
    time.sleep(5)
    print('.', end='')

    getContentModeration = rekognition.get_content_moderation(
     JobId=moderationJobId,
     SortBy='TIMESTAMP')

display(getContentModeration['JobStatus'])
```

다음은 인식된 레이블을 보여주는 출력 결과다. Timestamp는 동영상 시작점부터 레이블 작업이 실행된 시간 그 사이의 간격을 밀리초 단위로 나타낸다. Confidence 값은 아마존 레코그니션의 예측에 대한 신뢰도를 나타낸다.

```
{'JobStatus': 'SUCCEEDED',
 'VideoMetadata': {'Codec': 'h264',
  'DurationMillis': 6033,
  'Format': 'QuickTime / MOV',
  'FrameRate': 30.0,
  'FrameHeight': 1080,
  'FrameWidth': 1920},
 'ModerationLabels': [{'Timestamp': 1999,
   'ModerationLabel': {'Confidence': 75.15272521972656,
    'Name': 'Violence',
    'ParentName': ''}},
  {'Timestamp': 1999,
```

```
    'ModerationLabel': {'Confidence': 75.15272521972656,
     'Name': 'Weapons',
     'ParentName': 'Violence'}},
   {'Timestamp': 2500,
    'ModerationLabel': {'Confidence': 87.55487060546875,
     'Name': 'Violence',
     'ParentName': ''}}]

Moderation labels in video
=====================================
At 1999 ms: Violence (Confidence: 75.15)
At 1999 ms: Weapons (Confidence: 75.15)
At 2500 ms: Violence (Confidence: 87.55)
```

NOTE_우리의 데이터셋을 직접 이용해 모델을 훈련함으로써 아마존 레코그니션의 예측에 대한 신뢰도를 개선할 수 있다. 이 기능은 '커스텀 레이블'이라고 불리며, 아마존 레코그니션 외에도 여러 아마존 AI 서비스들 또한 이 기능을 지원한다.

2.4 수요 예측

수요 예측demand forecasting은 전기 사용량, 공급망 재고, 콜센터 인력, 현금 흐름 계획, 병상 수 관리 및 확보 및 기타 여러 사례의 수요를 예측하기 위해 많은 영역에서 사용된다. 이러한 수요 예측은 자동회귀누적이동평균Autoregressive integrated moving average (ARIMA), 계절성 추세 오류error trend seasonality, 비모수 시계열non-parametric time series, 프로펫Prophet[7], DeepAR++와 같은 인기 있는 알고리즘으로 시계열 문제를 해결할 수 있다.

기업은 제품 수요량, 리소스 요구량 그리고 재정적 성과 등과 같은 미래 비즈니스 결과를 예측하기 위해 단순한 스프레드시트부터 복잡한 시계성 소프트웨어까지 가능한 모든 자료를 이용한다. 이 접근 방식은 보통 예측 모델을 빌드할 때 과거의 시계열 데이터를 이용하며, 미래의 수요량은 과거의 활동에 의해 결정된다는 가정을 전제로 한다. 순수하게 시계열 방식으로만 접근한다면 불규칙적인 변동성 때문에 보통 정확한 예측이 어렵다. 이 접근 방식은 또 제품 가격, 제품 카테고리, 스토어 위치 등의 예측에 관련된 중요한 메타데이터를 고려하지 않는 경우가 많다.

---

7 옮긴이 1_ 프로펫은 페이스북이 오픈 소스로 공개한 시계열 데이터를 예측하는 프레임워크 라이브러리를 말한다.

초과예측^{overforecasting}은 활용도가 낮은 리소스를 과도하게 프로비저닝해 효율성을 낮추고 비용을 증가시킬 수 있다. 반대로 과소예측^{underforecasting}은 고객 만족도를 떨어뜨리고, 필요한 리소스를 충분히 제공하지 못함으로써 생산성의 효율이 떨어져 수익을 낮출 수 있으며, 시간 외 노동임금 같은 금전적 요구량이 큰 대안을 요하게 된다.

효과적인 수요 예측 시스템은 다음과 같은 특성을 보여준다.

단순한 시계열 데이터가 아닌 복잡한 관계 분석

시계열 데이터를 상품 메타데이터 및 매장 위치와 같은 메타데이터와 결합한다.

예측 시간을 몇 개월에서 몇 시간으로 단축

시스템은 주요 데이터셋 속성들을 자동으로 로드, 검증, 식별한 후 데이터셋에 맞는 커스텀 모델을 신속하게 훈련, 최적화 및 배포한다.

다양한 사용 사례에 대한 예측 생성

다양한 알고리즘이 포함된 큰 규모의 라이브러리를 사용하여 공급망, 물류, 금융을 포함한 모든 실제 사례에 적용할 수 있는 예측 모델들을 빌드한다.

데이터 보안 유지

모든 데이터 포인트를 드라이브에 저장된 데이터 암호화^{at-rest encryption} 및 네트워크상으로 이동 중인 데이터 암호화^{in-flight}를 이용해 보호하고, 민감한 정보를 안전하게 기밀로 유지한다.

필요할 때 자동으로 모델 재훈련 및 재배포

새 데이터가 도착하거나 모델 지표들이 특정 임곗값 이하로 떨어지면 모델을 다시 훈련시키고 재배포한다.

2.4.1 아마존 포캐스트로 에너지 소비 예측하기

아마존 포캐스트^{Amazon Forecast}는 효율적인 재고 관리, 즉각적인 상품 출고, 신속한 상품 이행, 당일 배송과 같은 아마존의 수요량 예측을 지원하는 완전 관리형 서비스다. 포캐스트는 머신러닝을 이용해 수요 예측에 특화된 모델을 우리가 제공하는 데이터셋에 대해 훈련, 조정 및 최적화한다. 우리는 단순하게 우리가 축적한 과거 데이터셋과 관련 메타데이터를 포캐스트에 등록하고 수요량 예측을 시작하면 된다. 수요 예측은 CSV로 추출하거나 AWS 콘솔 UI를 통해 액세스하거나 포캐스트 API를 이용해 우리의 애플리케이션에 융합할 수 있다.

아마존 포캐스트의 DeepAR+ 알고리즘과 UCI 머신러닝 리포지터리[8]의 공개 데이터셋으로 24시간 동안 가정용 에너지 전력 소비를 예측하는 수요 예측 모델을 훈련시켜보자.

다음은 고객당 전력 소비량을 포함한 데이터셋의 일부다.

timestamp	value	item
2014-01-01 01:00:00	38.34991708126038	client_12
2014-01-01 02:00:00	33.5820895522388	client_12
2014-01-01 03:00:00	34.41127694859037	client_12

위의 공용 데이터셋 예시들을 포캐스트가 인지할 수 있는 형태로 바꿔 스키마로 정의해야 한다. 변환 예시는 다음과 같다.

```
forecast_schema ={
  'Attributes':[
    {
      'AttributeName':'timestamp',
      'AttributeType':'timestamp'
    },
    {
      'AttributeName':'target_value',
      'AttributeType':'float'
    },
    {
      'AttributeName':'item_id',
      'AttributeType':'string'
    }
  ]
}
```

---

8 *https://oreil.ly/DYLJ7*

그다음 forecast의 create_dataset 메서드를 이용해 데이터셋 객체를 생성한다.

```
response=forecast.create_dataset(
                Domain='CUSTOM',
                DatasetType='TARGET_TIME_SERIES',
                DatasetName=forecast_dataset_name,
                DataFrequency=DATASET_FREQUENCY,
                Schema = forecast_schema
)
```

이제 forecast와 함께 수요 예측 모델을 훈련시켜본다.

```
forecast_horizon = 24 # hours

algorithm_arn = 'arn:aws:forecast:::algorithm/Deep_AR_Plus'

create_predictor_response = \
    forecast.create_predictor(PredictorName=predictor_name,
                        AlgorithmArn=algorithm_arn,
                        ForecastHorizon=forecast_horizon,
                        PerformAutoML= False,
                        PerformHPO=False,
                        EvaluationParameters= {
                            'NumberOfBacktestWindows': 1,
                            'BackTestWindowOffset': 24
                        },
                        InputDataConfig= {
                            'DatasetGroupArn': forecast_dataset_group_arn
                        },
                        FeaturizationConfig= {
                            'ForecastFrequency': 'H',
                            'Featurizations': [{
                                'AttributeName': 'target_value',
                                'FeaturizationPipeline':
                                [{
                                    'FeaturizationMethodName': 'filling',
                                    'FeaturizationMethodParameters': {
                                        'frontfill': 'none',
                                        'middlefill': 'zero',
                                        'backfill': 'zero'
                                    }
                                }]
```

```
            }]
        })
```

이제 예측값을 생성해보자.

```
forecastResponse = forecastquery.query_forecast(
    ForecastArn=forecast_arn,
    Filters={'item_id':'client_12'}
)
```

2.4.2 아마존 포캐스트로 아마존 EC2 인스턴스의 수요 예측하기

AWS는 아마존 포캐스트를 사용해 아마존 레드시프트 클러스터 내 아마존 EC2 인스턴스에 대한 수요를 예측한다. 새로운 데이터가 예측에 수집되면 [그림 2-2]처럼 아마존 레드시프트의 컨트롤 플레인control plane은 아마존 레드시프트용 아마존 EC2 웜풀[9] 캐시warm-pool cache의 크기를 조율하기 위해 아마존 포캐스트로 쿼리한다.

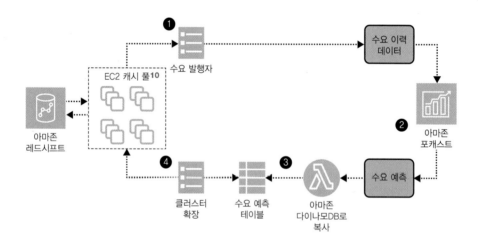

그림 2-2 아마존 포캐스트로 아마존 EC2 인스턴스의 웜풀 캐시를 조율하는 아마존 레드시프트 컨트롤 플레인

---

9 옮긴이 2_ 웜풀이란 사용자가 사용 중인 인스턴스를 탄력적으로 이용하기 위해 오토스케일링 기능을 사용할 때, 수요 변화에 대비해 미리 구동해두는 여분의 인스턴스 그룹을 말한다. 더 자세한 정보는 다음 공식 기술 문서를 참조하길 바란다. *https://docs.aws. amazon.com/ko_ kr/autoscaling/ec2/userguide/ec2-auto-scaling-warm-pools.html*

10 옮긴이 2_ 여기서 EC2 캐시 풀은 EC2 인스턴스의 웜풀 기능을 이용해 아마존 레드시프트를 위한 탄력적인 캐시로 이용하는 것을 말한다.

[그림 2-2]의 각 단계를 설명하면 다음과 같다.

1. 아마존 EC2 웜풀 캐시 수요에 대한 변경 사항은 S3에 게시된다.

2. 아마존 포캐스트는 S3에서 수요 데이터를 불러와 새로운 수요 예측을 생성한다.

3. 람다 함수는 새로운 포캐스트 예측들을 아마존 다이나모DB^{DynamoDB}에 복사한다.

4. 아마존 EC2 클러스터 스케일러^{scaler}는 다이나모DB의 포캐스트 예측들을 읽고 예상 수요에 따라 웜풀 캐시 크기를 조정한다.

2.5 아마존 프로드 디텍터를 사용한 가짜 계정 식별

전 세계적으로 온라인 사기로 인한 손실이 매년 수천억 달러에 달한다. 특히 가짜 사용자 계정을 만들거나 도난당한 신용카드로 물건을 구매하는 방식으로 시스템을 사취하는 온라인 상습범들에 온라인 회사들이 특히 취약하다. 이런 상습범들을 찾아내는 일반적인 사기 감지 시스템 중에는 종종 최신 기술이 적용된 사기에 민첩하게 방어하지 못하고 비즈니스 규칙에만 의존하는 경우가 있다.

효과적인 사기 탐지와 개인 정보 유출 방지 시스템의 특징은 다음과 같다.

온라인 사기범들이 사업에 영향을 미치기 전에 차단하기

악의적인 행위자들이 실제 해를 끼치기 전에 의심스러운 활동을 표시한다.

많은 데이터를 요구하지 않는 고품질 사기 감지 모델 사용하기

사전 학습된 알고리즘들은 매우 적은 양의 과거 이벤트 데이터로도 분석을 수행할 수 있고 계속해서 좋은 성능의 사기 탐지 모델을 제공할 수 있다.

사기 전담 팀들이 빠른 통제력과 대응력을 가지도록 하기

새 이벤트 데이터가 도착하면 사기 탐지 모델을 빌드, 훈련, 튜닝, 배포 및 업데이트하는 데 필요한 복잡한 작업을 자동으로 처리한다.

아마존 프로드 디텍터[Amazon Fraud Detector]는 온라인 결제 및 가짜 계정과 같은 잠재적인 사기성 온라인 활동을 식별하는 완전 관리형 서비스다. 또한 AWS와 아마존닷컴이 20년간 사기 탐지 전문지식과 머신러닝을 사용한다.

아마존 프로드 디텍터를 사용하면 몇 번의 클릭과 적은 양의 과거 데이터만으로 사기 탐지 모델을 만들 수 있다. 온라인 거래 및 계정 등록 같은 과거 온라인 이벤트 데이터를 업로드하면, 아마존 프로드 디텍터가 커스텀 사기 탐지 모델의 훈련과 튜닝 및 배포를 포함한 모든 작업을 실행한다.

다음은 사용자의 거래 데이터셋에 대해 아마존 프로드 디텍터를 훈련시키는 예제 코드다.

```python
response = client.create_model_version(
    modelId          = MODEL_NAME,
    modelType        = 'ONLINE_FRAUD_INSIGHTS',
    trainingDataSource = 'EXTERNAL_EVENTS',
    trainingDataSchema = trainingDataSchema,
    externalEventsDetail = {
        'dataLocation'     : S3_FILE_LOC,
        'dataAccessRoleArn': ARN_ROLE
    }
)
```

다음은 지정된 거래의 사기 여부를 예측하는 코드다.

```python
pred = client.get_event_prediction(
    detectorId = DETECTOR_NAME,
    detectorVersionId = DETECTOR_VER,
    eventId = str(eventId),
    eventTypeName = EVENT_TYPE,
    eventTimestamp = timestampStr,
    entities = [{'entityType': ENTITY_TYPE,
    'entityId':str(eventId.int)}],
    eventVariables = record)

record['score'] = pred['modelScores'][0]['scores']\
                ['{0}_insightscore'.format(MODEL_NAME)]
```

다음은 관련된 데이터, 예측 결과, 신뢰도를 보여주는 아마존 프로드 디텍터의 예측 출력 결과다.

ip_address	email_address	state	postal	name	phone_number	score	outcomes
84.138.6.238	synth1@yahoo.com	LA	32733	Brandon Moran	(555)784 − 5238	5.0	[approve]
194.147.250.63	synth2@yahoo.com	MN	34319	Dominic Murray	(555)114 − 6133	4.0	[approve]
192.54.60.50	synth3@gmail.com	WA	32436	Anthony Abbott	(555)780 − 7652	5.0	[approve]
169.120.193.154	synth4@gmail.com	AL	34399.0	Kimberly Webb	(555)588 − 4426	938.0	[review]
192.175.55.43	synth5@hotmail.com	IL	33690.0	Renee James	(555)785 − 8274	16.0	[approve]
84.138.6.238	synth1@yahoo.com	LA	32733	Brandon Moran	(555)784 − 5238	5.0	[approve]
194.147.250.63	synth2@yahoo.com	MN	34319	Dominic Murray	(555)114 − 6133	4.0	[approve]

2.6 아마존 메이시를 사용한 정보 유출 탐지 활성화

잘 디자인된 애플리케이션은 로그 기록과 지표를 생성하며, 우리는 이를 이용해 통찰력을 얻고 사용률을 적절히 유지하여 고객의 불만을 방지할 수 있다. 하지만 이러한 고객 활동이 담긴 로그에는 집 주소의 우편번호나 신용카드번호 같은 중요한 개인 정보가 포함되어 있을 수 있다. 따라서 우리에게는 민감하고 중요한 정보가 담긴 데이터를 모니터링하고 데이터에 대한 액세스를 감지하여 무단 액세스가 감지되거나 데이터가 유출되었을 때 알림을 보내는 시스템이 필요하다.

중요한 정보에 대한 액세스를 감지하고 모니터링하는 효과적인 시스템의 특성은 다음과 같다.

데이터 민감도를 지속적으로 평가하고 액세스 제어를 평가하기

투자 대비 수익률$^{Return On Investment}$(ROI) 공식은 S3 버킷에 민감한 개인 정보나 허술한 IAM 역할을 침입하기 쉬운 타깃으로 인식한다. 따라서 전체 S3 환경을 지속적으로 모니터링하고 필요할 때 신속하게 대응할 수 있는 절차를 확립해 고객 데이터가 유출되는 것을 미리 막을 수 있다.

다양한 데이터 소스 지원하기

S3, 아마존 관계형 데이터베이스 서비스$^{Amazon\ Relational\ Database\ Service}$(아마존 RDS), 아마존 오로라$^{Amazon\ Aurora}$, 이메일, 파일 공유, 공동 작업 도구와 같은 다양한 데이터 소스들에 대해서 데이터 민감도를 평가하고 액세스 제어를 평가한다.

규정 준수 유지하기

규정 준수 팀은 중요한 데이터를 모니터링하고 보호하는 것 외에도 규정 준수 요구 사항을 충족하기 위해 데이터 및 개인 정보 보안을 시행하고 있다는 증거를 제공해야 한다.

데이터 이동 시 민감한 데이터 식별하기

대량의 데이터를 AWS로 이동시킬 때 민감한 데이터가 포함되어 있는지 알고 싶다면, 보안 액세스 제어, 암호화 설정, 리소스 태그를 업데이트해야 한다.

아마존 메이시$^{Amazon\ Macie}$는 머신러닝을 사용해 S3와 같은 AWS 기반 데이터 소스에 저장된 아이디 등의 정보처럼 중요한 데이터를 식별하는 완전 관리형 보안 서비스다. 메이시는 데이터가 저장되는 위치와 데이터에 액세스하는 사람에 대한 가시성을 제공한다. 그리고 중요한 데이터에 대한 액세스를 모니터링해 정보 누출 또는 누출 위험을 감지하여 경고를 보낸다.

또한 아마존 메이시는 중요한 데이터를 지속적으로 식별하고 이 데이터에 대한 보안 및 액세스 제어를 평가한다. 메이시는 모든 데이터의 개인 정보 보호 및 보안을 유지하고, 데이터 개인 정보 보호 및 규정 준수 요구 사항을 유지하기 위해 데이터 민감도^{sensitivity}와 액세스 제어 분석을 예약할 수 있는 포괄적인 옵션을 제공한다.

우리는 일일, 주간 또는 월간 단위로 분석 작업을 예약하여 민감한 데이터를 스캔한 모든 버킷과 객체의 평가 결과, 타임 스탬프 및 기록을 포함한 발견 결과를 생성할 수 있다. 이런 발견 결과는 장기적인 데이터 보존을 보장하기 위해 데이터 개인 정보 보호 및 보호 감사를 준수하는 표준 보고서에 요약하는 데 쓰인다. 데이터 이동의 경우, 데이터가 AWS에 옮겨지는 동안 메이시는 정보 보호와 역할 기반 액세스 정책을 구성하는 과정을 자동화한다.

2.7 대화형 디바이스와 음성 어시스턴트

알렉사[Alexa] 또는 다른 유명한 홈 보이스[home voice] 디바이스 모두 자동 음성 인식[automatic speech recognition](ASR)과 자연어 이해[natural language understanding](NLU) 분야의 최첨단 딥러닝 기술을 사용해 우리가 구두로 말하는 텍스트의 의도를 인식한다.

2.7.1 아마존 렉스로 음성 인식하기

아마존 렉스[Amazon Lex]를 사용해 음성 및 텍스트에 대한 대화형 인터페이스를 빌드하면 우리는 아마존 알렉사에 구동되고 있는 똑같은 딥러닝 기술에 액세스할 수 있다. 아마존 렉스는 자동 음성 인식으로 음성을 텍스트로 변환하는 완전 관리형 서비스다. 또한 자연어 이해 기술을 사용해 텍스트의 의도를 인식한다. 예를 들어 '이 사무실에 IT 헬프 데스크는 어디에 있나요?' 또는 '30분 동안 이 방을 예약해주세요'와 같은 다양한 음성 및 텍스트 쿼리에 대해 커스텀 응답 모델을 빌드할 수 있다.

2.7.2 아마존 폴리로 텍스트–음성 변환하기

아마존 폴리[Amazon Polly]는 광범위한 언어, 방언, 성별에 걸쳐 수십 명의 목소리를 가진 자동화된 텍스트–음성 변환 서비스다. 우리는 아마존 폴리를 이용해 말하기 기능이 있는 애플리케이션을 빌드하고 문자를 실제 사람같이 말하는 것처럼 음성으로 변환해 접근성을 용이하게 할 수 있다.

2.7.3 아마존 트랜스크라이브로 음성–텍스트 변환하기

아마존 트랜스크라이브[Amazon Transcribe]는 개발자가 실시간 또는 일괄 처리 애플리케이션에 음성–텍스트 변환 기능을 쉽게 추가할 수 있는 자동 음성 인식 서비스다. 트랜스크라이브는 실시간 또는 일괄적으로 오디오를 처리해 음성을 텍스트로 변환한다. 아마존 트랜스크라이브의 사용 사례에는 이미지 캡션과 비디오 자막 생성 등이 있다.

2.8 텍스트 분석 및 자연어 처리

자연어 처리^{natural language processing}(NLP)는 인간의 언어를 읽고 이해하고 의미를 도출하는 머신 능력에 초점을 맞춘 인공지능 분야로 1900년대부터 매우 오랫동안 연구되어왔다.

오늘날 거의 매달 새로운 언어 모델이 등장함에 따라 우리는 획기적인 NLP 연구를 경험하고 있다. 이후의 장에서는 자연어 처리 알고리즘 진화에 대해 살펴보면서, 새로운 트랜스포머^{transformer} 신경망 아키텍처와 자연어 처리 알고리즘인 BERT에 대해 더 자세히 배울 것이다.[11]

효과적인 텍스트 분석과 인지 검색 시스템의 특성은 다음과 같다.

빠른 검색 시간

새 문서들은 신속하게 검색될 수 있어야 하고, 사람이 개입해야 할 오류가 없어야 한다.

효율적인 프로세싱 워크플로우

문서 프로세싱 워크플로우는 속도와 품질을 높이면서 사람의 노동력, 커스텀 코드 및 비용을 줄이기 위해 자동화해야 한다.

2.8.1 아마존 트랜슬레이트로 언어 번역하기

오늘날의 세계 경제에서 우리는 전 세계의 사용자들에게 우리의 컨텐츠를 지역별 다국어 버전으로 번역해 관심을 끌어야 한다. 그중 인기 있는 사례로는 사용자 생성 콘텐츠의 온디맨드 번역, 통신 앱의 실시간 번역, 소셜 미디어 콘텐츠의 다국어 감성 분석^{multilingual sentiment analysis} 등이 있다.

아마존 트랜슬레이트^{Amazon Translate}는 기존의 통계 및 규칙 기반 번역 모델보다 더욱 정확하고 유창한 번역을 하는 신경망 기계 번역 서비스다.

---

11 옮긴이 2_ 2023년 2월 기준, 지난 몇 년간 신형 자연어 처리 알고리즘인 GPT 모델 패밀리가 등장했고, 그중에서도 전 세계의 주목을 끌고 있는 ChatGPT 챗봇은 GPT-3.5 기반으로 2022년 11월에 발표되었다. 최신 OpenAI 모델인 GPT-4는 2023년 3월 14일에 발표되었으며, (2023년 3월 기준) ChatGPT Plus 사용자들이 이용할 수 있다.

2.8.2 아마존 컴프리헨드로 고객 지원서 내용 분류하기

고객 집중은 아마존의 주요 리더십 원칙 중 하나다. 고객에 대한 집중은 모든 비즈니스와 산업에 중요하다. 대부분의 경우 고객의 경험은 고객 지원 서비스의 품질에 크게 영향을 받는다. 이번 절에서는 아마존 컴프리헨드^{Amazon Comprehend}를 사용해 고객 지원 메시지 샘플에 대한 감정 카테고리 분류를 해볼 것이다.

텍스트 분류는 자연어 처리 분야에서 널리 사용되는 작업이다. 우리는 머신러닝 경험이 적더라도 완전 관리형 자연어 처리 서비스인 아마존 컴프리헨드를 이용해 텍스트 분류 작업을 할 수 있다.

좀 더 광범위하게 말하자면 텍스트 문서에서 아마존 컴프리헨드는 중요한 개체, 주요 구문, 감정, 언어, 문서의 토픽을 인식할 수 있다. 중요한 개체로는 이름, 장소, 항목, 날짜가 포함된다. 주요 문구로는 '좋은 아침입니다', '감사합니다', '행복하지 않습니다'와 같은 것들이 있다. 감정은 '긍정', '중립', '부정' 등을 포함한다. 아마존 컴프리헨드는 현재 많은 언어를 지원하며 새로운 언어를 계속 추가하고 있다.

> **NOTE_**아마존 컴프리헨드는 **아마존 컴프리헨드 메디컬**^{Amazon Comprehend Medical}이라는 헬스케어 API셋도 지원한다. 아마존 컴프리헨드 메디컬은 광범위한 의료 데이터셋에 대해 사전 훈련을 받았으며 의료 상태, 치료제, 테스트, 치료, 절차, 해부학, 보호된 건강 정보^{protected health information}를 식별할 수 있다.

아마존 컴프리헨드의 즉시 사용 가능한 감성 분석 API를 사용해 단 몇 줄의 코드로 상품 리뷰를 분류하는 방법을 살펴본다.

우선, 아마존 컴프리헨드의 `create_document_classifier()` API로 분류기^{classifier}를 생성해 보자.

```
training_job = comprehend.create_document_classifier(
    DocumentClassifierName=comprehend_training_job_name,
    DataAccessRoleArn=iam_role_comprehend_arn,
    InputDataConfig={
        'S3Uri': comprehend_train_s3_uri
    },
    OutputDataConfig={
        'S3Uri': s3_output_job
```

```
    },
    LanguageCode='en'
)
```

그런 다음 분류기를 사용해 아마존 컴프리헨드의 detect_sentiment() API로 **긍정적인**positive 리뷰 샘플을 골라 분류기가 어떻게 감정을 예측하는지 시험해보자.

```
txt = """"I loved it!  I will recommend this to everyone."""

response = comprehend.detect_sentiment(
    Text=txt
)
```

출력 결과는 다음과 같다. SentimentScore 중에서 Positive의 스코어가 0.9로 가장 높고, Sentiment를 POSITIVE로 정확히 예측한 것을 볼 수 있다. 참고로 스코어 범위는 0과 1이며, 1에 가까울수록 확률이 높다고 예측하는 것이다.

```
{
    "SentimentScore": {
        "Mixed": 0.030585512690246105,
        "Positive": 0.94992071056365967,
        "Neutral": 0.0141543131828308,
        "Negative": 0.00893945890665054
    },
    "Sentiment": "POSITIVE",
    "LanguageCode": "en"
}
```

다음은 분류기를 사용해 아마존 컴프리헨드의 detect_sentiment() API로 **부정적인**negative 리뷰 샘플에 대한 감정을 어떻게 예측하는지 실험해보자.

```
txt = """"Really bad.  I hope they don't make this anymore."""

response = comprehend.detect_sentiment(
    Text=txt
)
```

부정적인 리뷰의 결과는 다음과 같다. 이번에도 **Negative**를 정확히 예측한 것을 확인할 수 있다.

```
{
    "SentimentScore": {
        "Mixed": 0.030585512690246105,
        "Positive": 0.00893945890665054,
        "Neutral": 0.0141543131828308,
        "Negative": 0.94992071056365967
    },
    "Sentiment": "NEGATIVE",
    "LanguageCode": "en"
}
```

아마존 컴프리헨드 커스텀 레이블Amazon Comprehend Custom Label 서비스를 사용하면 아마존 컴프리헨드를 우리가 제공하는 데이터셋에 대해 훈련시킬 수 있다.

> **NOTE**_3장에서는 아마존 컴프리헨드 모델을 커스터마이징해 고객 지원 메시지들을 좀 더 세분화된 감정 분류의 지표인 1점부터 5점까지 별점으로 분류하는 법을 알아볼 것이다. 또한 아마존 고객 리뷰 데이터셋 Amazon Customer Reviews Dataset을 사용할 것이다.

2.8.3 아마존 텍스트랙트와 컴프리헨드로 이력서의 상세 사항 추출하기

기업 내 조직들은 오랫동안 비정형 문서를 효율적으로 처리하기 위해 색인화하고 검색할 수 있도록 노력해왔다. 문서 처리에는 수많은 커스터마이징과 구성 설정이 필요하다. 문서에서 텍스트를 정확하게 추출하기 위한 완전 관리형 서비스인 아마존 텍스트랙트Amazon Textract는 광학 문자 인식optical character recognition(OCR)과 머신러닝을 사용해 스캔한 문서에서 자동으로 정보를 추출한다.

아마존 텍스트랙트는 광학 문자 인식뿐만 아니라 자연어 처리를 사용해 문서에서 발견한 특정 단어, 구, 날짜, 숫자를 구문 분석하고 저장한다. 또한 아마존 컴프리헨드와 결합하여 문서 내용의 스마트 인덱스를 작성하고 유지한다. 우리는 아마존 텍스트랙트를 사용해 자동화된 문서 프로세싱 워크플로우를 빌드하고 문서 보관에 대한 규정 준수를 유지할 수 있다.

PDF로 작성된 이력서를 스캔하고 파싱한 아마존 텍스트랙트는 다음과 같이 텍스트 버전의 이력서를 생성한다.

```
NAME
...
LOCATION
...
WORK EXPERIENCE
...
EDUCATION
...
SKILLS
C (Less than 1 year), Database (Less than 1 year),
Database Management (Less than 1 year),
Database Management System (Less than 1 year),
Java (Less than 1 year)
...
TECHNICAL SKILLS
Programming language: C, C++, Java
Oracle PeopleSoft
Internet of Things
Machine Learning
Database Management System
Computer Networks
Operating System worked on: Linux, Windows, Mac
...
NON-TECHNICAL SKILLS
Honest and Hard-Working
Tolerant and Flexible to Different Situations
Polite and Calm
Team-Player
```

이 이력서 내용 중 특정적으로 'SKILLS'라는 개념을 아마존 컴프리헨드가 이해하도록 훈련시켜보자.

```python
comprehend_client = boto3.client('comprehend')

custom_recognizer_name = 'resume-entity-recognizer-'+ str(int(time.time()))

comprehend_custom_recognizer_response = \
    comprehend_client.create_entity_recognizer(
```

```
        RecognizerName = custom_recognizer_name,
        DataAccessRoleArn = iam_role_textract_comprehend_arn,
        InputDataConfig = {
            'EntityTypes': [
                {'Type': 'SKILLS'},
            ],
            'Documents': {
                'S3Uri': comprehend_input_doucuments
            },
            'EntityList': {
                'S3Uri': comprehend_input_entity_list
            }
        },
        LanguageCode='en'
    )
```

아마존 컴프리헨드와 함께 빌드한 SKILLS 개체 인식기를 앞서 아마존 텍스트랙트로 텍스트화한 이력서에 적용해 개체 인식 작업을 실행해보자.

```
# recognizer job 시작:
custom_recognizer_job_name = 'recognizer-job-'+ str(int(time.time()))

recognizer_response = comprehend_client.start_entities_detection_job(
    InputDataConfig = {
        'S3Uri': s3_test_document,
        'InputFormat': 'ONE_DOC_PER_LINE'
    },
    OutputDataConfig = {
        'S3Uri': s3_test_document_output
    },
    DataAccessRoleArn = iam_role_textract_comprehend_arn,
    JobName = custom_recognizer_job_name,
    EntityRecognizerArn = comprehend_model_response['EntityRecognizerProperties']\
                        ['EntityRecognizerArn'],
    LanguageCode = 'en'
)
```

다음은 추출한 텍스트, 문서 내의 시작 및 끝 오프셋, 개체 유형(SKILLS), 예측 신뢰도confidence를 보여주는 예측 결과다.

시작 오프셋	끝 오프셋	예측 신뢰도	텍스트	유형
9	39	0.9574943836014351	analytical and problem solving	SKILLS
8	11	0.7915781756343004	AWS	SKILLS
33	41	0.9749685544856893	Solution	SKILLS
20	23	0.9997213663311131	SQL	SKILLS
2	13	0.9996676358048374	Programming	SKILLS
25	27	0.9963501364429431	C	SKILLS
28	32	0.9637213743240001	C++	SKILLS
33	37	0.9984518452247634	Java	SKILLS
39	42	0.9986466628533158	PHP	SKILLS
44	54	0.9993487072806023	JavaScript	SKILLS

2.9 인지 검색과 자연어 이해

어느 시점부터인가 우리는 웹사이트, 엔터프라이즈 콘텐츠 관리 시스템, 회사 위키, 사내 공유 파일들에 깊숙이 파묻힌 관련 정보를 찾는 데 어려움을 겪기 시작했다. 또한 동일한 주제에 대해 자주 묻는 질문과 그에 대한 답변을 반복해야 하는 글 또한 많아졌다.

그러한 글들에 대해 관련성 있고 시기적절한 검색 결과를 수면 위로 떠올리는 것은 오래된 문제이며, 이를 해결하기 위해 아파치 루센Apache Lucene, 아파치 SOLR, 일래스틱서치Elasticsearch를 포함한 많은 오픈 소스 솔루션이 개발됐다. 이러한 솔루션들은 수년 전에 만들어진 자연어 처리 기술에 뿌리를 둔다. 이런 솔루션들과 상호작용할 때 일반적으로 키워드 검색에서 잘못 입력하거나 철자 순서가 잘못되면 검색 결과가 좋지 않을 수 있다.

인지 검색cognitive search은 오래된 정보에서 정보를 발견하는 현대적인 솔루션이다. 최신 자연어 이해 기반 인지 검색을 통해 최종 사용자는 인간이 자연스럽게 질문을 던지는 것처럼 '자연어 질문natural language question'을 입력하면 된다.

아마존 켄드라Amazon Kendra는 머신러닝, 자연어 처리, 인지 검색을 사용해 현대적인 방식으로 기업 검색 문제를 해결한다. 정제된 키워드를 입력해야 하는 추가 노력이 필요한 고전적인 키워드 검색 대신, 아마존 켄드라에 'IT 부서는 몇 층에 있나요?'와 같은 자연어 질문을 할 수 있다.

그러면 '19층이요'라는 구체적인 답을 받게 된다.

또한 아마존 켄드라는 아마존 S3, 셰어포인트^{SharePoint}, 세일즈포스^{Salesforce}, 서비스나우^{ServiceNow}, 아마존 RDS 데이터베이스, 원드라이브^{OneDrive} 등을 비롯한 다양한 데이터 소스와 통합할 수 있다. 정형^{structured}, 비정형^{unstructured}, 반정형^{semi-structured}을 포함한 모든 유형의 데이터 스키마를 지원한다. 지원하는 파일 형식에는 PDF, HTML, 서식 있는 텍스트^{Rich Text Format}(RTF), 마이크로소프트 워드, 파워포인트 등이 있다.

비록 아마존 켄드라는 여러 도메인에 걸쳐 최적화된 다양한 사전 훈련된 모델을 기본으로 제공하지만, 우리가 제공하는 데이터셋으로 아마존 켄드라를 훈련시켜 결과의 정확도를 높일 수 있다. 또한 아마존 켄드라는 특정 검색 결과에 '좋아요'나 '싫어요' 같은 명시적 피드백을 포함하여 최종 사용자의 사용 패턴에 따라 능동적으로 스스로 학습하고 재훈련한다.

아마존 켄드라와 렉스를 결합하면 다양한 장치에서 고객 지원 챗봇을 빌드하여 자주 묻는 질문에 답할 수 있다. 이 예제는 [그림 2-3]에 표시된 것처럼 인기 있는 협업 도구인 슬랙^{Slack}도 포함한다.

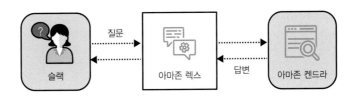

그림 2-3 슬랙, 아마존 렉스, 아마존 켄드라를 사용해 자동으로 질문에 답하기

다음은 안티^{Antje}가 라이브 워크숍 중에 슬랙봇을 사용해 질문하는 대화형 예제다. 챗봇은 참석자들이 자주 묻는 질문에 답변함으로써 워크숍 주최자는 사람의 개입이 필요한 복잡한 질문에만 집중할 수 있다.

안티: 안녕!

슬랙봇: 안녕! 어떻게 도와줄까?

안티: 이 워크숍 녹화하고 있어?

슬랙봇: 응, 녹화 중이야.

안티: 그러면 녹화 영상은 어디서 찾을 수 있어?

슬랙봇: 24시간 안에 DataScienceOnAWS 유튜브 채널[12]에 업로드될거야.

안티: 세이지메이커는 어떻게 사용하는지 알아?

슬랙봇: 아마존 세이지메이커 스튜디오에서 [Get Started] 아래 [Quick Start]를 선택한 다음 [Create Studio Domain]을 선택하면 돼.

2.10 지능형 고객 지원 센터

양질의 고객 지원은 모든 산업과 비즈니스에서 중요하다(앞서 언급했듯이, 고객 집중은 아마존의 핵심 리더십 원칙이다). 대부분의 고객 지원은 비즈니스에 대한 고객의 인식에 직접적인 영향을 미친다. 아마존 커넥트[Amazon Connect]는 지능형 연락 센터 기능을 제공하기 위해 머신러닝을 구현하는 클라우드형 연락 센터 솔루션이다. 아마존 커넥트의 커넥트 위즈덤[Connect Wisdom]을 사용하면, 고객 지원 에이전트가 '도서 교환 정책은 무엇입니까?'와 같은 질문을 입력할 수 있다. 또한 커넥트 위즈덤은 가장 관련성 높은 정보를 가장 적절한 답변으로 응답한다. 실시간으로 기록된 통화 목록에 대해 머신러닝을 실행해 고객 문제를 자동으로 식별하고 에이전트에게 최적의 답변을 전달한다.

한편, 아마존 커넥트용 콘택트 렌즈[Contact Lens for Amazon Connect]는 아마존 커넥트에 머신러닝 기능을 추가하는 서비스다. 아마존 커넥트는 현재 아마존의 고객 지원 서비스에 실제 적용되고 있는 머신러닝 기술에 기반한 클라우드 연결 센터 서비스다. 아마존 커넥트용 콘택트 렌즈는 음성-텍스트 변환, 자연어 처리 및 인지 검색 기능을 사용해 고객과 에이전트 간의 상호작용을 분석한다.

우리는 아마존 커넥트용 콘택트 렌즈를 이용해 자동으로 통화 기록을 색인화하고 특정 단어, 구, 감정을 검색할 수 있을 뿐만 아니라 기록에서 민감한 정보를 수정해 정보 누출을 방지할 수 있다. 또한 아마존 커넥트용 콘택트 렌즈는 슈퍼바이저가 실시간으로 상호작용을 통해 반복되는 주제를 찾아내고, 에이전트가 고객 지원 기술을 향상하도록 자동으로 훈련시키며, 고객이 사용하는 키워드 및 구문을 기반으로 연락처를 지속적으로 분류하는 데 도움을 준다.

---

12 *https://youtube.datascienceonaws.com*

만일 아마존 커넥트용 콘택트 렌즈를 사용하면, 연락 센터 슈퍼바이저들은 고객-에이전트 상호작용, 상품 피드백 추세 및 잠재적인 규정 준수 위험을 한눈에 확인할 수 있다. 아마존 커넥트는 성공적인 상호작용을 복제하고, 이례적인 상품 피드백을 감지하며, 저조한 고객-에이전트 상호작용을 슈퍼바이저에게 알린다.

2.11 산업용 AI 서비스와 예측 정비

AWS는 '산업용 AWS^AWS for Industrial' 서비스 포트폴리오의 일환으로 지표용 아마존 룩아웃^Amazon Lookout for Metrics, 비전용 아마존 룩아웃^Amazon Lookout for Vision, 장비용 아마존 룩아웃^Amazon Lookout for Equipment, 아마존 모니트론^Amazon Monitron, AWS 파노라마^AWS Panorama를 비롯한 다양한 AI 서비스와 하드웨어를 제공한다. 각각에 대해 좀 더 면밀히 살펴보자.

첫째, **지표용 아마존 룩아웃**을 사용해 정확도 있는 변칙 탐지 모델을 생성할 수 있다. 지표용 아마존 룩아웃은 데이터를 업로드하면 자동으로 데이터를 검사하고 변칙 탐지 모델을 빌드한다. 만일 모델이 이상을 감지하면 이 서비스는 관련 변칙 데이터들을 그룹화하고 심각도 점수^severity score를 할당한다. 또한 지표용 룩아웃은 아마존 S3, 아마존 레드시프트, 아마존 클라우드워치^Amazon CloudWatch, 아마존 RDS, 다양한 SaaS 애플리케이션을 비롯한 인기 있는 데이터 소스에 대한 빌트인 커넥터와 함께 제공된다. 참고로 이상 탐지 모델은 지속적인 개선을 위해 휴먼인루프 피드백 기술을 활용한다.

둘째, **비전용 아마존 룩아웃**을 사용해 제품 결함을 발견할 수 있다. 비전용 룩아웃은 컴퓨터 비전을 구현하여 물체의 시각적인 결함을 식별한다. 부품 손상 감지를 자동화하고 누락된 부품을 식별하거나 제조 라인의 프로세스 문제를 발견하는 데 도움이 된다. 비전용 아마존 룩아웃은 사전 훈련된 변칙 탐지 모델과 함께 제공되기 때문에, 우리는 그저 우리가 축적해둔 이미지들을 직접 제공해 비전용 아마존 룩아웃을 정밀 조정하기만 하면 된다.

셋째, **장비용 아마존 룩아웃**을 사용해 장비의 상태와 효율성을 모니터링할 수 있다. 우리가 모아 뒀던 과거의 장비 센서 데이터를 장비용 룩아웃에 업로드하면, 장비용 룩아웃은 비정상적인 장비 동작을 감지하기 위해 커스텀 머신러닝 모델을 빌드한다. 장비용 룩아웃은 문제가 발생했을 시 조치를 취할 수 있도록 자동으로 경고를 보낸다. 그뿐 아니라 장비용 룩아웃은 온도, 유속 등의 센서 데이터를 포함한 모든 시계열 아날로그 데이터도 수용한다.

넷째, **아마존 모니트론**을 사용하면 엔드투엔드 예측 정비 사용 사례를 우리의 장비에 접목할 수 있다. 아마존 모니트론은 장비 센서, AWS에 안전하게 연결할 수 있는 게이트웨이 장치를 포함하여 비정상적인 장치 패턴을 분석하는 관리형 서비스이다. 아마존 모니트론은 장비에서 센서 데이터를 캡처하고, 정상적인 센서 패턴을 식별하며, 해당 장비에 특화된 머신러닝 모델을 훈련시킨다. 또한 아마존 모니트론의 모바일 앱을 통해 모델을 개선하기 위한 피드백을 제공할 수 있다.

다섯째, **AWS 파노라마**를 사용하면 온프레미스 (자체 설비) 카메라에 컴퓨터 비전 기능을 추가할 수 있다. 우리는 컴퓨터 비전 머신러닝 애플리케이션을 전자기기로 배포하고, 이 기기에서 카메라들로부터 스트리밍되는 비디오를 프로세스하고 컴퓨터 비전 작업을 실행할 수 있다. 또한 카메라 장치 제조업자들의 경우에는 AWS 파노라마 SDK를 이용해 컴퓨터 비전 모델을 엣지에서 구동할 수 있는 카메라를 개발할 수 있다.

2.12 AWS IoT와 아마존 세이지메이커를 사용한 홈 자동화

오늘날 우리는 대략 50억 명의 사람이 모바일 장치를 소유하고 있으며, 인터넷 트래픽의 절반 이상이 모바일 장치에서 발생하는 세상에 살고 있다. 또한 산업용 사물 인터넷(IoT)은 집, 오피스 빌딩, 공장, 자동차, 선박, 항공, 석유 채굴, 농업 등 수많은 분야에 도입된 수십억 개의 센서들과 장치들을 인터넷으로 연결시켜 큰 혁명을 가져왔다.

모바일 및 IoT 장치의 인기는 컴퓨팅 연산을 엣지 디바이스에서 하게끔 만들고 있다. 예를 들면 데이터 개인 정보 보호 규정 준수를 위해서 개인 정보 데이터를 중앙 데이터 레이크로 전송하고 수집하기 전에 데이터 분석 및 전처리를 엣지에서 수행할 수 있다. 또한 클라우드로의 왕복 지연을 제거하여 애플리케이션 응답을 더 빠르게 제공한다. 우리는 우리 생활 곳곳에 엣지 디바이스에서의 머신러닝 기술이 접목되는 경우들을 더욱 많이 접하게 되고 있다. 머신러닝 모델의 훈련에는 보통 강력한 컴퓨팅 리소스가 필요하지만, 훈련을 마치고 엣지 디바이스로 배포된 모델의 추론 작업에는 훨씬 더 적은 계산 능력만 필요하다.

엣지에서 추론을 수행하면 클라우드로의 왕복 시간을 절약할 수 있으므로 지연 시간과 비용을 줄이는 데 도움이 된다. 또한 예측 결과를 더 빠르게 캡처 및 분석하고, 로컬에서 일부 작업을 트리거하거나, 분석된 데이터를 클라우드로 다시 전송하여 머신러닝 모델을 재훈련시키고 개선할 수 있다.

AWS IoT 그린그래스AWS IoT Greengrass는 S3에서 엣지 디바이스로 모델을 배포하여 그 디바이스 자체에 저장된 로컬 데이터에 대해 추론 작업을 바로 수행할 수 있게 한다. 그린그래스는 또한 모델 추론 결과를 다시 S3 버킷에 동기화한다. 이렇게 엣지 디바이스로부터 모은 예측 데이터를 사용해 세이지메이커 모델을 재훈련시키고 개선할 수 있다. 그린그래스는 무선 배포를 지원하고, 각 엣지 디바이스에서 구동 가능하며 AWS 인프라를 우리 손안의 엣지 디바이스까지 확장시킨다.

[그림 2-4]는 로컬 서버로 작동하는 엣지 디바이스에 AWS IoT 그린그래스를 구동하는 홈 자동화 사용 사례를 보여준다. AWS IoT 그린그래스는 세이지메이커 모델을 엣지 디바이스에 배포하고 카메라, 조명 스위치, 전구 등의 IoT 장치들로부터 엣지 디바이스로 모은 데이터를 엣지 버전 AWS 람다 함수를 이용해 프로세싱한다.

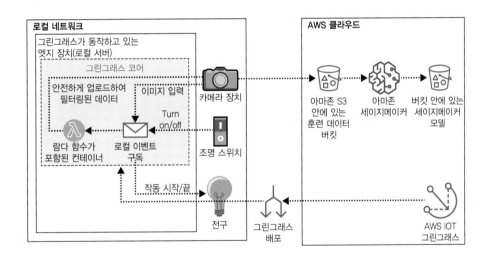

그림 2-4 AWS IoT 그린그래스를 사용한 홈 자동화 사용 사례

AWS는 엣지로 모델 배포를 할 수 있는 AWS IoT 그린그래스, 모델 최적화를 위한 세이지메이지 니오SageMaker Neo, 엣지에서 모델을 관리할 수 있도록 도와주는 세이지메이커 엣지 매니저SageMaker Edge Manager를 포함하여 엣지에서 머신러닝을 구현하기 위한 다양한 서비스를 제공한다. 9장에서 세이지메이커 니오와 엣지 매니저에 대해 더 자세히 살펴볼 것이다.

2.13 의료 문서에서 의료 정보 추출

의료 분야에도 AWS는 다양한 전용 서비스를 제공한다. 이 서비스는 의료 데이터의 특성과 요구 사항을 위해 특별히 개발되었으며 의료 규정을 준수한다. 미국 의료 정보 보호법^{Health Insurance} Portability and Accountability Act(HIPAA)을 준수하는 아마존 AI 서비스에는 아마존 컴프리헨드 메디컬^{Amazon Comprehend Medical}, 아마존 트랜스크라이브 메디컬^{Amazon Transcribe Medical}, 아마존 헬스레이크 Amazon HealthLake 등이 있다.

아마존 컴프리헨드 메디컬은 의학 언어에 대해 사전 훈련된 자연어 처리 서비스다. 컴프리헨드 메디컬은 의사의 메모, 임상 시험 보고서, 환자 건강 기록과 같은 의료 문서로부터 건강 데이터 추출을 자동화한다.

아마존 트랜스크라이브 메디컬은 위의 서비스들처럼 의학 언어에 대해 사전 훈련을 받은 자동 음성 인식 서비스다. 트랜스크라이브 메디컬을 사용해 의료적 대화를 텍스트로 변환할 수 있다. 간단한 API 호출로 임상시험 문서화 워크플로우를 자동화할 수 있고, 원격 진료에 대한 자막 처리까지 자동화할 수 있다.

아마존 헬스레이크는 FHIR^{Fast Healthcare Interoperability Resources} 산업 표준을 준수하는 안전한 데이터 레이크다. 헬스레이크는 의료 데이터를 저장, 인덱싱, 변환하는 것 외에도, 머신러닝을 활용하여 의료 보고서와 환자 메모 같은 원시 데이터로부터 의료 정보를 식별, 이해 및 추출한다. 또한 헬스레이크를 아마존 퀵사이트, 아테나, 세이지메이커와 함께 사용하여 의료 데이터에 대한 고급 분석 및 머신러닝을 실행할 수도 있다.

2.14 자체 최적화 및 지능형 클라우드 인프라

지금까지 소개한 아마존 AI/ML 서비스들만이 정교한 머신러닝을 제공하는 것은 아니다. 실제로 점점 더 많은 AWS 서비스들이 머신러닝 기능으로 강화되고 있으며, 다양한 사용 사례에 걸쳐 강화된 서비스들이 도입되고 있다. 숨겨진 보석 중 일부를 간단히 살펴보자.

2.14.1 아마존 EC2에 대한 예측 자동 확장성

아마존 EC2^{Amazon Elastic Compute Cloud}는 AWS 클라우드에서 가상 서버 인스턴스를 제공한다. 아마존 EC2 인스턴스에서 애플리케이션을 실행할 때 발생하는 과제 중 하나는 기본적으로 수요와 공급을 일치시켜 현재 워크로드를 처리하기 위해 인스턴스 수를 확장 또는 축소하는 것이다. 다행히도 EC2 컴퓨팅 인스턴스 스케일을 자동화하는 아마존 EC2 오토스케일링^{Auto Scaling}이 이미 제공되고 있다. 하지만 이러한 유동적 조정 접근 방식은 모니터링되는 트래픽 및 아마존 EC2 인스턴스 사용률 지표에 따라 반응하는 구조이기 때문에 사전 대응에는 취약하다.

이를 **AWS 오토스케일링**^{AWS Auto Scaling}이라는 서비스와 결합하여 사전 예방적인 접근 방식으로 한 단계 더 발전시킬 수 있다. AWS 오토스케일링은 아마존 EC2를 포함한 여러 AWS 서비스들에 대해 오토스케일링을 설정할 수 있는 단일 인터페이스를 제공한다. AWS 오토스케일링의 오토스케일링은 동적 스케일링과 사전 스케일링 두 방식을 합한 것이다. 예측 확장의 경우 AWS는 머신러닝 알고리즘을 사용해 일별 및 주별 추세를 기반으로 미래 트래픽을 예측한다. [그림 2-5]에 표시된 것처럼 예상되는 변경 사항에 앞서 적절한 수의 아마존 EC2 인스턴스를 프로비저닝한다.

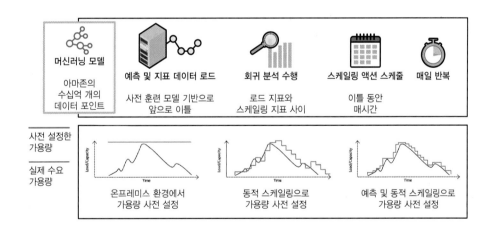

그림 2-5 트래픽 변경을 예상하여 적절한 수의 아마존 EC2 인스턴스를 프로비저닝하는 AWS 오토스케일링

2.14.2 데이터 스트림에 대한 이상 탐지

스트리밍 데이터[13] 기술은 실시간으로 데이터 스트림[14]을 수집, 처리 및 분석할 수 있는 도구를 제공한다. AWS는 아마존 MSK와 아마존 키네시스를 포함한 다양한 스트리밍 기술을 제공한다. 10장에서 아마존 키네시스와 아파치 카프카^{Apache Kafka}를 사용한 스트리밍 분석과 머신러닝에 대해 자세히 살펴보고, 특히 코드 몇 줄로 스트리밍 데이터 애플리케이션을 생성하는 간단하고 강력한 아마존 키네시스 데이터 애널리틱스^{Kinesis Data Analytics} 서비스에 대해 알아볼 것이다.

키네시스 데이터 애널리틱스는 변칙 감지를 위해 랜덤 컷 포레스트^{Random Cut Forest}(RCF) 알고리즘을 적용한 자체 빌트인 기능을 제공하며, 머신러닝 모델을 실시간으로 빌드하고 각 메시지에 대한 변칙 점수를 산정한다. 변칙 점수는 값이 관찰된 추세와 비교되는 정도를 나타낸다. 또한 랜덤 컷 포레스트 함수는 각 컬럼에 대한 속성 점수를 계산하여 특정 컬럼의 변칙적인 데이터를 찾아낸다. 모든 열의 모든 속성 점수의 합계가 전체적인 변칙 점수로 계산된다.

2.15 인지 및 예측의 비즈니스 인텔리전스

많은 머신러닝 애플리케이션과 모델은 데이터 레이크에서 데이터를 쉽게 사용할 수 있다고 가정한다. 4장에서 다루겠지만 실제로 전 세계 데이터의 대부분이 구조화된 관계형 데이터베이스에 저장되고 처리된다. 이 구조화된 데이터에 머신러닝을 적용하려면 데이터를 내보내거나 머신러닝을 적용하기 전에 데이터를 읽을 수 있는 커스텀 애플리케이션을 개발해야 한다. 비즈니스 인텔리전스 서비스, 데이터 웨어하우스 또는 데이터베이스에서 직접 머신러닝을 사용할 수 있다면 좋지 않을까? AWS에서 이 작업을 수행하는 방법을 살펴보자.

2.15.1 아마존 퀵사이트에서 자연어로 쿼리하기

아마존 퀵사이트^{Amazon QuickSight}는 대화형 쿼리를 수행하고 아마존 레드시프트, 아마존 RDS, 아마존 아테나, 아마존 S3와 같은 데이터 시각화하는 비즈니스 인텔리전스 서비스다. 또한 퀵사이트 ML 인사이트^{QuickSight ML Insight}와 퀵사이트 Q를 통해 변칙점들을 감지하고 예측을 생성하

---

13 옮긴이 2_ 스트리밍 데이터(streaming data)는 '흘러들어오는 데이터' 자체를 의미한다.
14 옮긴이 2_ 데이터 스트림(data stream)은 '흘러들어오는 데이터를 개체화한 대상'을 의미한다.

며 데이터에서 자연어 질문에 답할 수 있다.

퀵사이트 ML 인사이트는 랜덤 컷 포레스트 알고리즘을 실행하여 수십억 개의 데이터 포인트에 걸쳐 수백만 가지의 지표 변화를 식별하며, 관찰된 지표를 기반으로 시즌 특수 예측을 지원한다. 랜덤 컷 포레스트 알고리즘은 데이터에서 시즌성 패턴을 자동으로 감지하고, 이상치를 누락하고 빠진 값들의 경우 추정값으로 대체한다.

퀵사이트 Q를 사용해 우리는 '미국 캘리포니아주에서 가장 많이 판매되는 상품 카테고리는 무엇인가?'와 같은 자연어 질문을 할 수 있다. 퀵사이트 Q는 머신러닝을 사용해 질문을 이해하고 데이터에 질문을 적용하여 우리가 던진 질문에 대한 대답으로 [그림 2-6]과 같은 질문에 답할 수 있는 차트를 만든다. 5장에서 퀵사이트에 대해 자세히 알아볼 것이다.

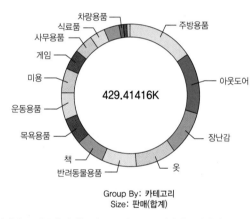

그림 2-6 자연어 질문을 이해하고 질문에 답하는 차트를 자동으로 생성하는 퀵사이트 Q

2.15.2 아마존 레드시프트로 세이지메이커 모델 훈련 및 호출하기

아마존 레드시프트는 페타바이트 규모의 구조화된 데이터의 복잡한 분석 쿼리를 실행할 수 있는 완전 관리형 데이터 웨어하우스다. 아마존 레드시프트 ML을 사용하면, 아마존 레드시프트에 새 데이터가 도착할 때마다 세이지메이커 오토파일럿으로 모델을 훈련시킬 수 있다. 세이지메이커 오토파일럿은 모델을 자동으로 훈련, 튜닝 및 배포한다. 그런 다음, 우리는 그 모델을 사용자 정의 함수user-defined function (UDF)로 아마존 레드시프트 쿼리에 등록 및 호출힐 수 있다. [그림 2-7]은 SQL절의 USING FUNCTION 문을 사용해 예측하는 방법을 보여준다. 3장에서 아마존 레드시프트 ML 및 세이지메이커 오토파일럿의 더 자세한 예제를 살펴볼 것이다.

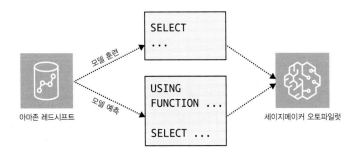

그림 2-7 세이지메이커 오토파일럿을 사용해 세이지메이커 모델을 UDF로 훈련시키고 호출하는 아마존 레드시프트

NOTE_ AWS 람다 함수를 사용해 모든 AWS 서비스를 호출하는 사용자 정의 함수를 생성할 수도 있다.
다음 코드 샘플은 람다 함수를 호출하는 예를 보여준다.

```
USING FUNCTION invoke_lambda(input VARCHAR)
RETURNS VARCHAR TYPE LAMBDA_INVOKE WITH
(lambda_name='<LAMBDA_NAME>') SELECT invoke('<INPUT>');
```

2.15.3 아마존 오로라 SQL 데이터베이스에서 아마존 컴프리헨드와 세이지메이커 모델 호출하기

MySQL 및 PostgreSQL과 호환되는 관계형 데이터베이스인 아마존 오로라는 기본적으로 [그림 2-8]과 같이 아마존 컴프리헨드와 아마존 세이지메이커와 호환된다.

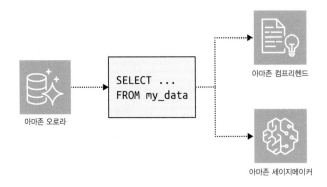

그림 2-8 아마존 컴프리헨드와 세이지메이커로부터 모델을 호출하는 오로라 ML

우리는 쿼리할 때 아마존 컴프리헨드의 빌트인 SQL 함수들 또는 아마존 세이지메이커의 커스텀 SQL 함수들을 사용해 머신러닝 기능을 데이터에 적용시킬 수 있다. 이전 절에서 살펴봤듯이, 우리는 아마존 컴프리헨드를 이용해 상품평에 기록된 고객들의 감정을 분석하거나 (빌트인 SQL 함수), 아마존 세이지메이커를 이용해 커스텀 머신러닝 모델을 접목할 수 있다.

예를 들어, 다음 관계형 테이블 형식의 상품 리뷰 샘플을 살펴보자.

```sql
CREATE TABLE IF NOT EXISTS product_reviews (
        review_id INT AUTO_INCREMENT PRIMARY KEY,
        review_body VARCHAR(255) NOT NULL
);

INSERT INTO product_reviews (review_body)
VALUES ('Great product!');
INSERT INTO product_reviews (review_body)
VALUES ('It's ok.');
INSERT INTO product_reviews (review_body)
VALUES ('The worst product.');
```

우리는 다음 빌트인 SQL 함수를 사용해 아마존 컴프리헨드가 감정 및 신뢰도 점수를 예측하게 할 수 있다.

```sql
SELECT review_body,
       aws_comprehend_detect_sentiment(review_body, 'en') AS sentiment,
       aws_comprehend_detect_sentiment_confidence(review_body, 'en') AS confidence
  FROM product_reviews;
```

다음은 몇 개의 샘플에 대한 빌트인 SQL 함수의 예측 결과를 출력한 것이다.

review_body	sentiment	confidence
Great product!	POSITIVE	0.9969872489
It's ok.	POSITIVE	0.5987234553
The worst product.	NEGATIVE	0.9876742876

2.15.4 아마존 아테나에서 세이지메이커 모델 호출하기

비슷한 방식으로 우리는 SQL 쿼리를 아마존 S3의 데이터를 쿼리할 수 있도록 도와주는 아마존 아테나를 이용하여 세이지메이커 머신러닝 모델을 호출해 쿼리하는 데이터로부터 바로 예측 작업을 실행할 수 있다. 다음 [그림2-9]는 이 과정의 개요를 보여준다.

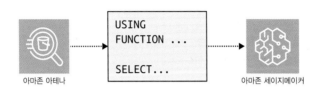

그림 2-9 세이지메이커 모델을 호출하는 아마존 아테나

우리는 **USING FUNCTION** SQL 문을 이용한 사용자 정의 함수를 만들어 아마존 세이지메이커 커스텀 빌드 엔드포인트를 호출하고 감정 예측을 할 수 있다. 그다음 **SELECT** 문은 사용자 정의 함수를 참조해 쿼리값을 엔드포인트로 보낼 수 있다.

다음 예제는 사용자 정의 함수를 이용해 세이지메이커 엔드포인트로 쿼리값에 대한 머신러닝 예측 결과를 호출하는 예를 보여준다.

```
USING FUNCTION predict_sentiment(review_body VARCHAR(65535))
    RETURNS VARCHAR(10) TYPE
    SAGEMAKER_INVOKE_ENDPOINT WITH (sagemaker_endpoint = '<ENDPOINT_NAME>')

SELECT predict_sentiment(review_body) AS sentiment
    FROM 'dsoaws'.'amazon_reviews_tsv'
    WHERE predict_sentiment(review_body)='POSITIVE';
```

2.15.5 아마존 넵튠으로 그래프 데이터 예측하기

아마존 넵튠^{Amazon Neptune}은 고도로 연결된 데이터셋에 대해 애플리케이션을 빌드하고 실행할 수 있는 완전 관리형 그래프 데이터베이스다. 넵튠 ML은 그래프 데이터에 대한 예측을 수행하는 그래프 신경망^{graph neural network}(GNN)을 구현한다. XGBoost와 같은 알고리즘은 기존의 테이블 형식 데이터셋용으로 설계되었지만, 그래프 신경망은 그래프 데이터의 복잡성과 데이터들 간의 수십억 개의 관계를 처리하도록 특별히 설계되었다. 넵튠 ML은 오픈 소스용 딥 그래프 라이브러리^{Deep Graph Library}와 아마존 세이지메이커를 사용해 그래프 데이터에 가장 적합한 모델을 자동으로 선택, 훈련 및 배포한다.

2.16 차세대 AI/ML 개발자를 위한 교육

아마존과 AWS는 차세대 AI/ML 개발자를 위해 많은 교육 프로그램과 서비스를 제공한다. 아마존 직원을 교육하기 위해 사용된 아마존의 머신러닝 대학 프로그램[15]은 2020년에 대중에게 공개되었다. AWS T&C^{Training and Certification}는 AWS 공인 머신러닝-전문 분야^{AWS Certified Machine Learning - Specialty} 시험을 준비하는 데 도움이 되는 다양한 온디맨드 (상시로 수강할 수 있는) 강좌와 클래스형 (개설 시간이 정해진) 강좌들을 제공한다. 또한 AWS는 유다시티^{Udacity}, 코세라^{Coursera}, 딥러닝.AI^{DeepLearning.AI} 같은 회사와 파트너십을 맺고 있으며, 아마존 AI와 ML 스택을 직접 체험할 수 있는 대규모 개방형 온라인 과정을 여럿 만들었다.

이번 절에서는 컴퓨터 비전, 강화 학습^{reinforcement learning}, 적대적 생성 네트워크^{generative adversarial network} (GAN)를 재밌고 유익한 방법으로 직접 사용해보며 배울 수 있는 딥러닝 기반 AWS 디바이스들에 대해 알아볼 것이다.

개발자 중심 디바이스에는 AWS 딥렌즈^{DeepLens}, 딥레이서^{DeepRacer}, 딥컴포저^{DeepComposer}가 있다. AWS 딥렌즈는 무선 딥러닝이 가능한 비디오 카메라이고, AWS 딥레이서는 강화 학습으로 구동하는 $\frac{1}{18}$ 비율의 완전 자율 경주용 자동차다. 마지막으로, AWS 딥컴포저는 적대적 생성 네트워크 알고리즘을 탑재했으며, 단순한 멜로디를 하나의 원곡으로 변환해주는 디지털 건반이다.

2.16.1 AWS 딥렌즈로 컴퓨터 비전 모델 빌드하기

AWS 딥렌즈는 다양한 컴퓨터 비전 튜토리얼과 사전 훈련된 모델들과 함께 제공되는 딥러닝 지원 비디오 카메라다. 컴퓨터 비전 앱을 빌드하는 방법을 배우고, 몇 분 만에 첫 결과를 보려면 미리 훈련된 모델과 간단한 추론 기능이 포함된 많은 샘플 프로젝트 중 하나를 사용하면 된

---

15 *https://oreil.ly/CnXwM*

다. 카메라는 배포된 모델의 장치에서 로컬 추론을 수행한다.

만일 경험이 많은 개발자라면, 텐서플로우, 아파치 MXNet, Caffe 등을 지원하는 딥러닝 프레임워크를 이용해 커스텀 합성곱 신경망^{convolutional neural network}(CNN) 모델을 빌드할 수 있다. 그런 다음 훈련된 모델을 AWS 딥렌즈 장치에 배포할 수 있다. [그림 2-10]은 일반적인 AWS 딥렌즈 워크플로우를 보여준다.

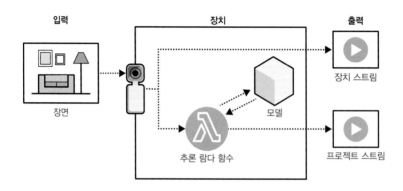

그림 2-10 입력 비디오 스트림을 캡처하고, 배포된 모델을 사용해 스트림을 처리하며 출력 비디오 스트림 2개를 생성하는 AWS 딥렌즈

AWS 딥렌즈는 엣지 장치이자 카메라다. 따라서 AWS IoT 그린그래스 코어 및 자체 람다 함수를 실행할 수 있다. 신형 머신러닝 모델은 AWS IoT 그린그래스를 이용해 AWS 딥렌즈로 배포된다. 카메라는 입력 비디오 스트림을 캡처하여 두 가지 출력 스트림을 생성한다. 하나는 그대로 통과하는 장치 스트림이고, 다른 하나는 배포된 머신러닝 모델이 처리한 비디오 프레임으로 출력되는 비디오 스트림으로 프로젝트 스트림이라 지칭한다.

우리가 배포하는 프로젝트에는 비디오 프레임을 처리하기 위한 람다 함수를 항상 포함시켜야 한다. 이 람다 함수를 우리는 추론 람다 함수라고 부른다. 이를 **추론 람다 함수**^{Inference Lambda function}라고도 한다. 먼저 해당 함수를 람다 런타임 및 훈련된 모델과 함께 번들로 묶는다. 그런 다음, AWS IoT 그린그래스를 사용해 프로젝트를 AWS 딥렌즈 장치로 배포한다.

2.16.2 AWS 딥레이서로 강화 학습 배우기

AWS 딥레이서는 강화 학습으로 구동되는 $\frac{1}{18}$ 비율로 축소 및 디자인된 완전 자율 경주용 자동차다. 딥레이서에는 카메라 2대, 라이다$^{\text{Light Detection and Ranging}}$ (LIDAR) 센서, 온보드 컴퓨트 모듈이 장착되어 있다. 이 컴퓨트 모듈은 트랙을 따라 차량이 주행할 수 있도록 추론을 수행한다.

강화 학습은 다양한 자율적인 의사결정 문제에 적용되는 머신러닝 방식이다. 이 학습법은 딥마인드^{DeepMind}[16]의 과학자, 엔지니어, 머신러닝 전문가로 구성된 팀이 지난 2015년 프로 인간 바둑 선수를 물리친 최초의 컴퓨터 프로그램인 알파고^{AlphaGo}를 출시하면서 더 큰 인기를 얻었다.

> **NOTE**_바둑은 복잡하기로 유명하고 전략적인 사고가 요구되는 고대의 보드 게임이다. 약 3천 년 전 중국에서 기원했으며, 여전히 전 세계에서 다양한 프로 리그가 진행되고 있다.

알파고가 인간 선수들이 치른 과거의 수천 번의 경기를 학습하는 방식으로 바둑을 익혔다면, 그다음에 출시된 알파고 제로$^{\text{AlphaGo Zero}}$는 자신과의 경기만으로 바둑을 익혔다. 알파고 제로는 이전 버전보다 성능이 더 뛰어나 강화 학습 분야에 한 번 더 혁명을 일으켰다. 이 모델은 스스로 새로운 지식을 발굴하고 파격적인 전략을 보여줬다.

요약하자면, 강화 학습은 [그림 2-11]과 같이 환경과의 상호작용을 통해 특정 목표를 달성하기 위해 에이전트의 자율적인 의사결정을 목표로 하는 머신러닝 방법이다. 학습은 시행착오를 통해 이루어진다.

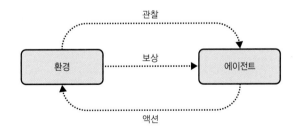

그림 2-11 환경과의 상호작용을 통해 특정 목표를 달성하기 위해 에이전트의 자율적인 의사결정을 목표로 하는 머신러닝 방법인 강화 학습

---

16 *https://deepmind.com*

9장에서는 멀티암드 밴딧multiarmed bandit과 프로덕션 모델을 비교하기 위해 강화 학습에 대해 더 깊이 탐구할 것이다. 다시 자율 자동차 경주 시나리오로 돌아가자. 이 예제에서 에이전트는 AWS 딥레이서 카이며, 환경은 트랙 레이아웃, 이동 경로 및 트래픽 조건으로 구성된다. 액션 action에는 좌측 조향, 우측 조향, 브레이크, 가속이 포함된다. 액션은 보상 함수reward function를 최대치로 향상시키는 방향으로 선택되며, 이는 사고 없이 목적지에 빠르게 도착하는 것을 기준으로 산정한다. 각 액션들은 그에 따른 상태를 도출한다. [그림 2-12]는 AWS 딥레이서의 액션, 보상, 상태를 보여준다.

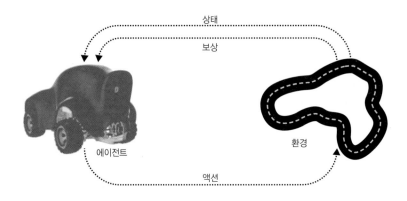

그림 2-12 상태와 보상을 기반으로 액션을 취하는 AWS 딥레이서

이 강화 학습 프로젝트를 시작하는 데에는 직접적인 물리적 트랙이나 모형 차량이 필요하지도 않다. AWS 딥레이서 콘솔을 통해 커스텀 강화 학습 모델 훈련을 시작하고 AWS 딥레이서 시뮬레이터를 사용해 [그림 2-13]처럼 가상 트랙에서 모델을 평가할 수 있다.

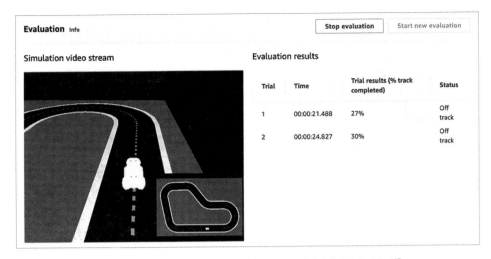

그림 2-13 AWS 딥레이서 시뮬레이터를 사용한 모델 평가(출처: AWS 딥레이서 개발자 가이드)[17]

AWS에서는 물리적 이벤트와 가상 이벤트를 포함하여 누구나 참여 가능한 AWS 딥레이서 리그[AWS DeepRacer League] 공식 경주 이벤트를 매년 개최한다. AWS는 차량 성능을 평가하는 글로벌 AWS 딥레이서 리그와 리더보드를 유지하고 있다.

2.16.3 AWS 딥컴포저로 GAN 이해하기

2019년 12월, AWS 리인벤트[re:Invent] 행사에서 AWS가 AWS 딥컴포저 장치를 공개했을 때 참석자들은 모두 어리둥절한 표정이었다. 하지만 얼마 지나지 않아 라스베이거스의 호텔 복도에서 AWS 딥컴포저로 만든 음악이 흘러나왔다. **AWS 딥컴포저**는 생성형 AI를 배우는 데 도움을 주는 USB 디지털 건반이다. AWS 클라우드의 딥컴포저 서비스와 연동하여 간단한 멜로디만으로 인공지능이 생성한 반주를 더해 독창적인 곡으로 편곡할 수 있다. [그림 2-14]는 AWS 딥컴포저 장치를 보여준다.

---

17 *https://docs.aws.amazon.com/deepracer/latest/developerguide/deepracer-get-started-test-in-simulator.html*

그림 2-14 AWS 딥컴포저는 생성형 AI를 배우는 데 도움을 주는 디지털 건반(출처: AWS)[18]

특히 GAN 형태의 생성형 AI는 사용자가 제공하는 입력으로부터 새로운 콘텐츠를 생성하는 데 사용된다. 이 사용자 입력은 이미지, 텍스트, 음악을 포함한다. 생성형 AI 모델은 데이터 패턴을 자동으로 발견하고 학습하며, 이 지식을 활용하여 학습한 데이터를 기반으로 새로운 데이터를 생성한다. GAN은 [그림 2-15]와 같이 새로운 콘텐츠를 생성하기 위해 2개의 경쟁 알고리즘인 생성기^{generator}와 판별기^{discriminator}를 사용한다.

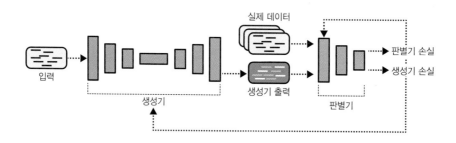

그림 2-15 생성기와 판별기 알고리즘을 사용하는 GAN

생성기는 입력 데이터의 패턴을 기반으로 새로운 콘텐츠를 생성하는 방법을 배우는 합성곱 신경망^{convolution neural network}(CNN)이다. 판별기는 실제 콘텐츠와 생성된 콘텐츠를 실제로 구별하도록 훈련된 또 다른 CNN이다. 생성기와 판별기는 번갈아가며 훈련을 반복한다. 생성기는 더욱 사실적인 콘텐츠를 만들도록 훈련되고, 판별기는 진짜 콘텐츠가 아닌 합성된 콘텐츠를 판별하는 능력을 향상시키는 방향으로 훈련된다.

음악에 적용된 예를 들면, 우리가 건반에 멜로디를 연주하면 AWS 딥컴포저가 최대 3개의 반

---

18 *https://oreil.ly/qk6zr*

조 트랙을 추가해 새로운 곡을 생성한다. 생성기 네트워크는 컴퓨터 비전에서 폭넓게 사용되는 U-Net 아키텍처를 변형하여 만들어졌으며 공개 데이터셋인 바흐 작곡 데이터셋에 대해 훈련되었다.

2.17 양자 컴퓨팅을 통한 운영체제 프로그램

사용할 만한 양자 애플리케이션을 빌드하려면 새로운 기술과 획기적인 해결 방법이 필요하다. 이러한 전문지식을 습득하려면 상당한 시간이 걸리고, 양자 기술과 프로그래밍 도구가 필요하다.

아마존 브라켓Amazon Braket은 양자 하드웨어의 잠재력을 탐색하고 양자 알고리즘을 이해하며 양자 컴퓨팅의 미래를 위한 도구를 재구성하는 데 도움을 준다. [그림 2-16]은 성능이 더 좋은 하드웨어, 더 많은 개발자, 더 많은 사용 사례로 생태계를 성장시키는 양자 컴퓨팅의 플라이휠을 보여준다.

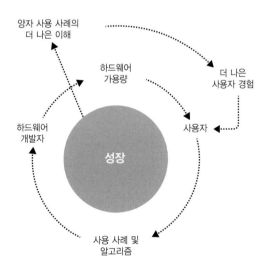

그림 2-16 아마존 브라켓과 함께 성장한 양자 컴퓨팅의 플라이휠

오늘날의 그래픽 처리 장치graphic processing unit(GPU)와 미래의 양자 처리 장치quantum processing unit(QPU) 사이에는 많은 유사점이 있다. 그래픽 처리 장치는 고도로 병렬화된 디지털 컴퓨팅을 통해 인공지능과 머신러닝에 혁신을 가져왔다. GPU를 이용한 대규모 병렬 처리를 활용하기 위해 관련된 기술과 라이브러리(예를 들면 엔비디아의 CUDAcompute unified device architecture)와 하드웨어가 필요했다. 그래픽 처리 장치는 전통적으로 더 많은 양의 컴퓨팅 워크플로우를 관리하는 중앙 처리 장치(CPU)에 비해 '오프칩off-chip'19이기 때문에 중앙 처리 장치와 그래픽 처리 장치 간에 데이터를 동기화하려면 이 오프칩 문제를 해결할 수 있는 특별한 하드웨어와 소프트웨어가 필요하다.

마찬가지로, 양자 처리 장치는 대량 병렬 양자 연산법으로 연산하면 디지털 병렬 연산보다 훨씬 더 많은 수열값이 나온다. 양자 처리 장치 또한 그 장치에 특화된 다양한 기술, 라이브러리, 하드웨어가 필요하다. 중앙 처리 장치에 비해 오프칩으로 작동하기 때문에 그래픽 처리 장치처럼 동기화 작업을 수행하기 위해서는 [그림 2-17]과 같이 특별한 하드웨어와 소프트웨어가 필요하다.

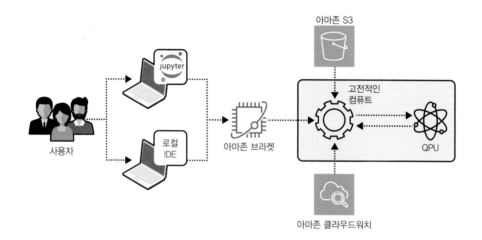

그림 2-17 고전적인 디지털 컴퓨터와 함께 QPU를 사용한 다이어그램

----

19 옮긴이 1_ 오프칩은 메모리가 CPU와 동일한 칩에 있지 않고 집적회로 외부에 있을 때 말한다. 여기에는 GPU가 CPU 장치 안에 포함되어 있지 않고 별도로 외부에 있다는 뜻으로 사용되었다.

2.17.1 양자 비트와 디지털 비트

양자 비트^{quantum bit}(줄여서 큐비트^{qubit}라고 부름)는 고전적인 디지털 비트와 동등한 양자 컴퓨팅에서의 데이터 최소 단위이다. 그러나 이들의 상태(0 또는 1)는 확률적이어서 값을 알기 전에 '읽기' 작업이 필요하다. 이 확률적 상태를 '중첩^{superposition}'이라고 하는데, 양자 컴퓨팅의 핵심 원리다.

오늘날 접근 가능한 양자 컴퓨터는 70~100큐비트 정도다. 그러나 양자 하드웨어의 상대적인 노이즈 환경에서 오류 보정을 위해서는 이러한 큐비트의 상당 부분이 필요하다. 예를 들어 암호화는 2048비트로 된 RSA 암호를 깨기 위해 거의 6천 개의 클린 큐비트가 필요하다. 현재 양자 하드웨어의 노이즈 환경에서는 6천 개의 클린 큐비트를 위해서 오류를 수정하는 데에만 1백만 개의 큐비트가 추가로 필요하다.

2.17.2 양자 우월성과 양자 컴퓨팅 시대

최근까지 양자 컴퓨터의 성능 향상은 '고전적으로 시뮬레이션을 할 수 있는' 단계에 있었다. 그러나 2019년에 디지털 컴퓨터의 한계로 양자 컴퓨터에 대한 더 이상의 추가 성능 향상을 시뮬레이션하고 측정할 수 없는 '양자 우월성^{quantum supremacy}'의 지경에 이르렀다.

우리는 이를 **노이즈가 있는 중간 규모의 양자**^{Noisy Intermediate-Scale Quantum}(NISQ)라고 부른다. 이 시대의 우리는 양자 컴퓨팅 환경에 의해 발생하는 노이즈를 보정하고자 노력하고 있다. 이 노이즈를 보정하는 데에는 구체적인 온도와 진공 특성이 요구된다. 오류 수정 레지스터 및 RAM 칩과 유사하게, [그림 2-18]과 같이 **오류가 수정된 양자 컴퓨터**^{Error-Corrected Quantum Computer} 시대로 진입하려면 오류 수정 큐비트와 양자 랜덤 액세스 메모리^{Quantum Random Access Memory}(QRAM)가 필요하다.

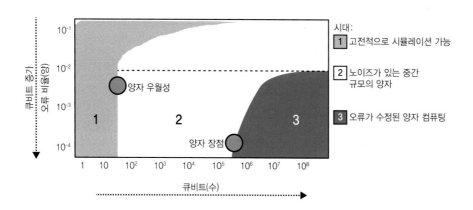

그림 2-18 양자 컴퓨팅 시대

2.17.3 암호 깨뜨리기

양자 컴퓨터가 현대 RSA 암호를 해독하기까지 불과 10년 정도밖에 남지 않은 것으로 추정된다. 현재의 암호화가 효과적인 것은 암호 코드를 해독하는 데 필요한 수치 분해를 수행할 컴퓨팅 능력이 부족했기 때문이다.

하지만 양자 컴퓨터는 오류 수정이 필요 없는 6천 개의 '완벽한' 큐비트로 단 몇 분 만에 RSA 암호 코드를 풀 수 있다. 이는 두려운 일이다. 이에 대응하기 위해 '양자 인식quantum-aware' 또는 '양자 내성post-quantum'으로 불리는 암호화가 새롭게 대안으로 떠올랐다. 아마존의 s2n는 오픈 소스화된[20] TLS 프로토콜로 양자 내성 암호화를 사용한다. 12장에서 양자 내성 암호화에 대해 더 자세히 배운다.

2.17.4 분자 시뮬레이션 및 약물 발견

양자 컴퓨터는 고유한 병렬화 기능을 갖고 있으며 기본적으로 양자물리학적 상태들을 조작할 수 있다. 그러므로 양자 컴퓨터는 분자의 전자 구조를 매핑하는 것과 같은 매우 중요한 문제를 해결할 잠재력을 지니고 있다. 양자 시뮬레이션은 새로운 물질, 촉매, 약물, 고온 초전도체의 발견으로 이어질 가능성이 높다.

---

20 *https://oreil.ly/o3U7G*

2.17.5 물류와 재무 최적화

최적화 문제는 공급망 물류와 금융 서비스를 포함한 많은 분야에서 풀어야 할 공통 숙제다. 가장 최적의 접근 방식을 기하급수적인 수의 옵션들 중에서 찾는 과정은 고전적 디지털 컴퓨터를 쉽게 포화시킨다. 양자 컴퓨터는 이 장벽을 뚫고 선형 프로그래밍 알고리즘과 몬테 카를로Monte Carlo 메서드를 포함한 많은 최적화 기술을 가속화할 수 있다.

2.17.6 양자 머신러닝과 인공지능

아쉽게도 양자 컴퓨터의 머신러닝과 인공지능의 사용은 매우 한정적이다. 하지만 우리는 서포트 벡터 머신Support Vector Machines (SVM)과 주성분 분석Principal Component Analysis 같은 선형 알고리즘에서 일부 개선의 여지를 보았다. 또한 양자 연구는 고전적인 상품 추천 알고리즘 성능 개선에 영감을 주었다.[21] 미래에 오류가 수정된 양자 컴퓨터는 확장 가능한 고성능 양자 머신러닝 및 AI 모델들을 탄생시킬 가능성이 있다.

2.17.7 아마존 브라켓으로 양자 컴퓨터 프로그래밍하기

아마존 브라켓은 세이지메이커 노트북을 지원하고 개발자가 양자 컴퓨터와 상호작용할 수 있도록 파이썬 SDK를 제공한다. 파이썬 SDK를 사용해 작업을 원격 양자 처리 장치에 비동기식으로 제출한다. 이는 작업을 완료하기 위해 컴퓨팅 초기에 작업을 제출하고 공유 컴퓨터를 '대여rent'한 것과 유사하다. 또한 중앙 처리 장치에서 그래픽 처리 장치로의 연산을 오프로드하는 것과 유사하다. 그러나 주요 차이점은 중앙 처리 장치와 그래픽 처리 장치가 고전적인 디지털 기본 요소를 공유한다는 것이다. 양자 처리 장치는 디지털 요소를 공유하지 않는다.

다음 코드는 여러 큐비트를 포함하는 양자 회로를 빌드하는 방법을 보여준다. 이 예제는 고전적인 디지털 회로나 네트워크 케이블을 사용하지 않고 한 큐비트에서 다른 큐비트로 정보를 전송하는 '양자 순간이동quantum teleportation'을 수행하는 방법을 보여준다.

```
from braket.aws import AwsDevice
from braket.circuits import Circuit, Gate, Moments
from braket.circuits.instruction import Instruction
```

---

21 https://oreil.ly/H99mZ

```
device = AwsDevice('arn:aws:braket:::device/qpu/ionq/ionQdevice')

# 앨리스와 밥은 처음에 벨 쌍을 공유한다.
circ = Circuit();
circ.h([0]);
circ.cnot(0,1);

# 앨리스의 인코딩 체계를 정의한다.
# 가능한 네 가지 메시지와 그 게이트를 정의한다.
message = {
        '00': Circuit().i(0),
        '01': Circuit().x(0),
        '10': Circuit().z(0),
        '11': Circuit().x(0).z(0)
        }

# 앨리스는 보낼 메시지를 선택하고, '01' 값을 넣는다.
m = '01'

# 앨리스는 위에서 선언한 게이트들을 적용하여 메시지를 인코딩한다.
circ.add_circuit(message[m]);

# 그런 다음 앨리스는 밥이 두 큐비트를 모두 갖도록 엘리스의 큐비트를 밥에게 보낸다.
# 밥은 두 큐비트를 분리하여 앨리스의 메시지를 디코딩한다.

circ.cnot(0,1);
circ.h([0]);

print(circ)

### 출력 결과 ###

T  : |0|1|2|3|4|
q0 : -H-C-X-C-H-
        |   |
q1 : ---X---X---
T  : |0|1|2|3|4|
```

2.17.8 AWS 양자 컴퓨팅 센터

AWS 양자 컴퓨팅 센터[AWS Center for Quantum Computing]는 AWS가 캘리포니아 공과대학교와 함께 협력하여 2021년에 설립한 양자 컴퓨팅 연구 개발 기관이다. 이 센터는 양자 애플케이션, 오류 수정 큐비트, 양자 프로그래밍 모델, 새로운 양자 하드웨어 개발에 집중한다.

2.18 비용 절감 및 성능 향상

코드 속도를 두 배로 늘리는 동시에 서버 풀 크기를 절반으로 줄일 수 있다면 어떨까? 잠재적으로는 상당한 비용을 절약할 수 있다. 그렇다면 애플리케이션의 운영 문제를 자동으로 감지하고 가용성 향상을 위한 권장 수정 사항을 확인할 수 있다면 어떨까? 애플리케이션 다운타임을 줄이는 것은 또 다른 비용 절감의 기회이다.

이 절에서는 완전 관리형 서비스인 아마존 코드구루 리뷰어Amazon CodeGuru Reviewer, 아마존 코드구루 프로파일러Amazon CodeGuru Profiler, 아마존 데브옵스 구루Amazon DevOps Guru를 소개한다. 코드구루 리뷰어와 프로파일러는 코드 성능을 개선하고 리소스 요구 사항을 줄이는 데 도움이 되며, 아마존 데브옵스 구루는 운영 문제를 감지하고 애플리케이션 가용성을 개선하는 데 도움이 된다.

2.18.1 코드구루 리뷰로 코드 리뷰 자동화하기

코드 리뷰는 소프트웨어 개발에 잘 알려진 모범 사례다. 코드 성능, 품질, 보안에 대한 피드백을 제공하기 위해 한 개발자의 코드를 좀 더 숙련된 팀원이 검토한다는 개념이다. 경험이 많은 검토자는 전문분야 지식 외에도, 코딩 관용구들에 대한 암묵적인 지식과 코드 작성에 대한 예리한 감각을 지닌다.

그러나 경험이 많은 검토자라도 미묘한 성능의 병목 현상이나 잘못 짜여진 예외 코드 등을 놓치는 경우가 있기 마련이다. 검토자들은 보통 도메인 모델의 잘못된 구현이나 잘못 구성된 서비스 통합과 같은 특정 분야별 문제에 초점을 둔다. 또한 검토자들은 코드의 런타임에 대한 실시간 지표 대신 소스 코드의 정적 뷰로 시야가 제한되는 경우가 많다. 아마존 코드구루 리뷰어는 자동으로 코드 리뷰를 해주는 코드구루 리뷰와 코드 성능을 모니터링하는 코드구루 프로파일러로 구성된다.

코드구루 리뷰어는 소스 코드 검토 프로세스를 자동화하고 머신러닝 기반 모델을 통해 검토 제안을 할 수 있다. 이 모델은 깃허브에 있는 1만 개 이상의 오픈 소스 프로젝트뿐만 아니라 수십만 개에 달하는 아마존 내부 코드 베이스에서 읽어온 수백만 줄의 코드 라인으로 훈련되었다.

우리는 안전한 비공개 방식으로 코드구루를 소스 코드 저장소로 지정하기만 하면 된다. 코드구루는 자동으로 제안들을 우리에게 보내기 시작할 것이다. 코드구루는 소스 코드 리포지터리 repository에서 모든 풀 리퀘스트pull request를 분석하고 자격 증명 누출, 리소스 누출, 동시 경쟁 상태, AWS 리소스의 비효율적 사용 같은 중요한 결함을 자동으로 표시한다. [그림 2-19]와 같이 결함을 교정하기 위해 특정 코드 라인을 변경할 것을 제안한다.

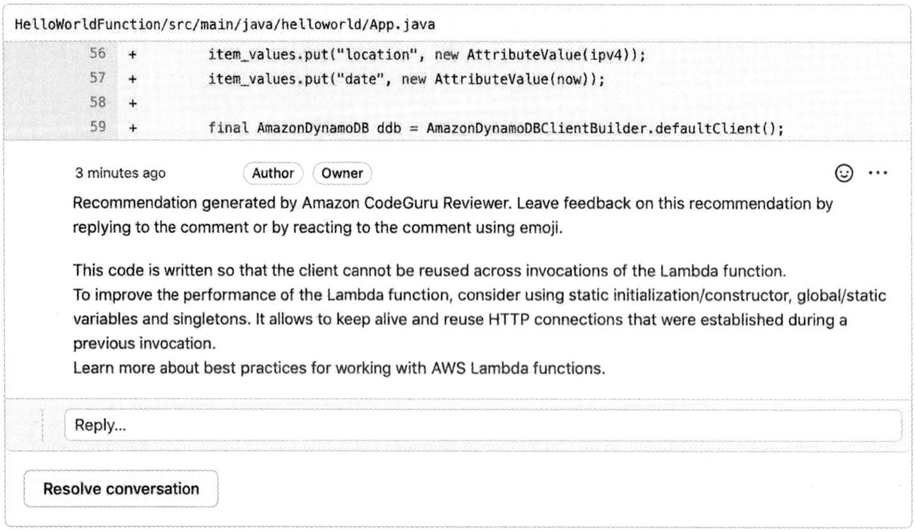

HelloWorldFunction/src/main/java/helloworld/App.java

```
56  +        item_values.put("location", new AttributeValue(ipv4));
57  +        item_values.put("date", new AttributeValue(now));
58  +
59  +        final AmazonDynamoDB ddb = AmazonDynamoDBClientBuilder.defaultClient();
```

3 minutes ago   (Author) (Owner)

Recommendation generated by Amazon CodeGuru Reviewer. Leave feedback on this recommendation by replying to the comment or by reacting to the comment using emoji.

This code is written so that the client cannot be reused across invocations of the Lambda function.
To improve the performance of the Lambda function, consider using static initialization/constructor, global/static variables and singletons. It allows to keep alive and reuse HTTP connections that were established during a previous invocation.
Learn more about best practices for working with AWS Lambda functions.

Reply...

Resolve conversation

그림 2-19 개발자 코드를 분석하여 성능 개선 및 비용 절감을 위해 제안하는 코드구루 리뷰어

이 경우 람다 함수의 원본 소스 코드는 클라이언트를 한 번 생성하고 캐싱하는 대신 모든 호출에 새로운 다이나모DB 클라이언트를 생성한다. 이는 모든 호출에 동일한 다이나모DB 클라이언트 객체를 지속적으로 다시 생성하므로 불필요한 컴퓨트 주기와 메모리 레지스터 공간을 낭비하게 된다. 코드구루의 제안대로 변경을 수정하면 람다 함수는 초당 더 많은 요청을 처리할 수 있으므로 리소스가 줄어들고 비용이 절감된다.

코드구루 리뷰어는 커넥션 풀링connection pooling 및 예외 처리를 포함한 파이썬 및 자바 언어의 모범 사례를 확인한다. 또한 리뷰어에는 운영체제 수준의 파이썬 하위 프로세스 호출에 전달된 허가되지 않은 파라미터와 같은 보안 문제를 탐지하는 시큐리티 디텍터Security Detector가 포함된다. 코드구루 리뷰어는 또한 코드 결함을 식별하고 기술 부채를 감소시키며 코드베이스 유지관리성을 개선한다.

2.18.2 코드구루 프로파일러로 애플리케이션 성능 향상하기

코드구루 프로파일러는 애플리케이션 런타임 프로파일을 분석하고, 컴퓨팅 리소스 코스트를 가장 많이 요구하는 코드 라인에 플래그를 지정한다. 지능적인 추천 시스템을 제공함으로써 런타임에 개발자 코드의 병목 현상을 탐지할 수 있다. 따라서 코드구루 프로파일러는 [그림 2-20]에서 보듯이 플레임^{flame} 그래프로 시각화함으로써 성능 최적화와 비용 절감을 위해 어디부터 확인해야 하는지 파악할 수 있게 도와준다.

그림 2-20 개발자의 코드 성능 병목 현상을 강조하기 위해 코드구루 프로파일러에 생성한 플레임 그래프 표시

플레임 그래프는 사람이 읽을 수 있도록 콜 스택에 정확한 함수 이름을 모두 프린트해서 보여준다. 플레임 그래프를 분석할 때는 발견한 모든 고원 현상[22]들을 깊이 파고들어야 한다. 고원 현상은 흔히 네트워크 또는 디스크 I/O를 기다리는 동안 리소스가 정지되었음을 나타내곤 한다. 이상적인 플레임 그래프는 많은 고원이 아닌 좁은 봉우리를 많이 보여줄 것이다.

---

22 옮긴이 2_ 위 코드구루 리뷰어 예시 그림에서 보여주는 것처럼 연산자가 쌓여 정체된 구간이 고원처럼 보이는 것을 고원 현상이라고 표현한다.

2.18.3 아마존 데브옵스 구루로 애플리케이션 가용성 향상하기

아마존 데브옵스 구루는 머신러닝 기반 운영 서비스로 애플리케이션의 운영 문제를 자동으로 감지하고 수정을 권한다. 데브옵스 구루는 애플리케이션 지표, 로그, 이벤트를 확인하여 응답 지연 시간 증가, 오류율 증가, 과도한 리소스 활용률 같은 정상적인 운영 패턴에서 벗어나는 동작을 식별한다. 이러한 패턴이 인식되면 데브옵스 구루는 관련 이상 징후, 잠재적 근본 원인 및 가능한 해결 방법에 대한 요약과 함께 경고 알림을 보낸다.

2.19 마치며

이 장에서는 다양한 AWS 인공지능과 머신러닝 서비스로 코딩 없이 해결할 수 있는 다양한 모범 사례를 살펴봤다. 애플리케이션 개발자이든 머신러닝에 대해 잘 모르는 개발자이든 어려운 머신러닝 문제에 초점을 둔 숙련된 데이터 과학자이든지 간에 아마존의 관리형 인공지능과 머신러닝 서비스는 둘러볼 가치가 있다.

머신러닝을 엣지에 도입하든, 인공지능과 머신러닝 여정의 시작 단계에 있든, 컴퓨터 비전, 강화 학습, 적대적 생성 네트워크(GAN)를 시작할 수 있는 재미있는 교육 방법을 찾고 있든지 간에 우리는 바로 사용할 수 있는 AI 서비스로 우리의 애플리케이션을 풍부하게 만들 수 있다.

우리는 이 장에서 상품 추천을 생성하는 아마존 퍼스널라이즈, 수요 예측을 위한 아마존 포캐스트 서비스 등의 아마존 AI 서비스를 작동하는 방법을 개괄적으로 살펴봤다.

그리고 머신러닝을 이미 서비스 중인 AWS 서비스에 접목한 예로 아마존 EC2 오토스케일링과 웜풀링을 포함하여 기존 AWS 서비스를 강화하는 방법도 살펴봤다. 메이시를 사용해 중요한 데이터 유출을 감지 및 방지하고, 아마존 프로드 디텍터를 사용해 사기를 방지하는 방법을 모색하기도 했다. 그리고 아마존 커넥트용 콘택트 렌즈, 컴프리헨드, 켄드라, 렉스를 통해 고객 지원 경험을 개선하는 방법까지 다루었다. 마지막으로 코드구루 리뷰어, 코드구루 프로파일러, 데브옵스 구루를 사용해 소스 코드를 자동으로 검토하고 성능과 비용 이점을 식별하는 방법을 알아보며 이 장을 마무리했다.

이제 3장에서는 AutoML의 개념을 자세히 다루고, 아마존 세이지메이커 오토파일럿과 아마존 컴프리헨드를 이용해 클릭 몇 번만으로 예측 모델을 빌드하는 방법을 소개할 것이다.

## CHAPTER 3

AutoML

이 장에서는 AI/ML 파이프라인을 위한 인프라를 자체적으로 구축하는 대신 완전 관리형 아마존 AI/ML 서비스를 활용하는 방법에 대해 살펴본다. 그리고 사용자가 가진 데이터를 이용해 클릭 몇 번만으로 매우 강력한 모델을 만들 수 있도록 도와주는 AutoML 서비스인 아마존 세이지메이커 오토파일럿^{Amazon SageMaker Autopilot}과 아마존 컴프리헨드^{Amazon Comprehend}를 소개한다. 세이지메이커 오토파일럿과 컴프리헨드를 이용하면 적은 노력과 비용만으로 기준점으로 삼을 만한 퍼포먼스를 보여주는 베이스라인 모델을 만들 수 있다.

일반적으로 머신러닝 모델을 만들거나 훈련하거나 튜닝하는 데 몇 주에서 몇 달이 걸릴 수 있다. 우선 데이터를 미리 준비하고 사용할 프레임워크와 알고리즘을 결정해야 한다. 또한 반복되는 프로세스 속에서 데이터셋과 문제 유형에 가장 우수한 성능을 발휘하는 알고리즘도 찾아야 한다. 아쉽게도 이 과정에는 정해진 지름길이 없어서 시행착오를 거쳐야 한다. 알고리즘과 데이터셋에 가장 적합한 하이퍼파라미터를 찾기 위해서는 오랜 경험, 직관력, 인내심이 필요하다. 숙련된 데이터 과학자라면 수년간의 경험과 직관력으로 주어진 데이터셋과 문제에 가장 적합한 알고리즘을 찾을 수 있다. 하지만 여전히 실제 훈련과 반복적인 모델 검증을 통해 숙련된 데이터 과학자의 직관력도 재차 검증해봐야 한다.

그렇다면 우리가 가진 데이터에 가장 잘 맞는 알고리즘을 클릭 한 번으로 찾아 모델을 훈련 및 튜닝하여 프로덕션에 배포하는 서비스를 사용할 수 있다면 어떨까? 아마존 세이지메이커 오토파일럿은 모델 훈련 및 튜닝 프로세스를 단순화하고 전체 모델 개발 라이프 사이클을 단축한다. 우리는 오토파일럿 같은 서비스를 이용해 머신러닝의 전체 라이프 사이클 중 피처 선택과 하이퍼파라미터 튜닝hyperparameter tuning(HPT)과 같은 보일러플레이트Boilerplate[1]를 작성하는 시간을 절약함으로써 비즈니스적인 문제를 해결하는 데 더 많은 시간을 할애할 수 있다.

세이지메이커 오토파일럿은 아마존에서 수년간 축적된 인공지능과 머신러닝 경험을 바탕으로 S3의 데이터를 분석하여 다양한 알고리즘과 설정들을 탐색한다. 또한 다양한 회귀 분석, 분류, 딥러닝 알고리즘을 비교하여 데이터셋과 머신러닝 유형에 가장 적합한 알고리즘을 찾는다.

세이지메이커 오토파일럿은 또한 모델 후보들을 추려낸 결과를 파이썬 주피터 노트북이나 파이썬 스크립트로 작성 및 제공한다. 우리는 이 생성된 파일들을 자유자재로 활용해 코드를 수정, 실행 및 공유하여 협업의 효율성을 높일 수 있다. 또한 이 파일이 제시하는 결과를 이용해 최종적으로 모델 정확도, 모델 크기, 예측 지연 시간을 적절하게 고려하여 가장 좋은 모델 후보를 선택할 수 있다.

3.1 세이지메이커 오토파일럿을 사용한 AutoML

AutoML 도입 첫 단계는, S3에 테이블 형식의 CSV 파일로 저장된 데이터를 세이지메이커 오토파일럿에 제공하도록 설정하는 것에서부터 시작한다. 이 과정에서 테이블 형식 데이터의 어느 컬럼이 타깃 변수인지 세이지메이커 오토파일럿에게 지정해줘야 한다. 그러면 세이지메이커 오토파일럿은 AutoML[2]을 실행해 데이터를 분석하고 데이터셋에 가장 적합한 알고리즘을 식별하며 최적의 모델 후보들을 생성한다.

세이지메이커 오토파일럿은 데이터셋을 분석하고 밸런스를 맞추며, 데이터셋을 훈련 및 검증셋으로 분할한다. 그리고 예측하려는 타깃 속성에 기초하여 회귀regression, 이진 분류binary classification, 다중 클래스 분류multiclass classification와 같은 머신러닝 문제 유형을 자동으로 식별하기도 한다. 그런 다음 문제 유형에 따라 여러 알고리즘들을 비교한다. 이러한 알고리즘에는 로지스틱 회귀logistic regression, 선형 회귀linear regression, XGBoost, 신경망neural network 등이 있다.

세이지메이커 오토파일럿은 각 모델에 특화된 모델 파이프라인들을 실행할 수 있는 코드를 생

---

1 옮긴이 1_ 컴퓨터 프로그래밍에서 보일러플레이트 코드를 줄여 보일러플레이트라고 하며, 변화가 거의 없거나 전혀 없는 여러 장소에서 반복되는 코드 영역을 말한다.

2 옮긴이 1_ AutoML은 머신러닝을 실제 문제에 적용하는 작업을 자동화하는 프로세스로, 원시 데이터셋에서 배포 가능한 머신러닝 모델에 이르는 전체 파이프라인을 다룬다.

성한다. 생성된 코드에는 데이터 변환, 모델 훈련, 모델 튜닝을 포함된다. 세이지메이커 오토파일럿은 투명하게 코드를 제공하므로, 이 코드들을 다시 재현해볼 수 있고 수정할 수 있으며 언제든지 파이프라인 코드를 재실행할 수 있다.

생성된 파이프라인을 병렬로 훈련하고 튜닝한 후 세이지메이커 오토파일럿은 훈련된 모델을 정확도, 곡선하면적$^{\text{area under the curve}}$ (AUC)[3], F1 스코어$^{\text{F1 Score}}$[4]와 같은 객관적인 지표들로 순위를 매긴다.

또한 세이지메이커 오토파일럿은 AutoML의 과정들에 대한 투명성을 원칙으로 한다. [그림 3-1]처럼 투명하지 않은 접근 방식의 경우 AutoML이 선택한 알고리즘, 적용한 데이터 변환 방법, 하이퍼파라미터의 선택 등을 확인할 방법이 없다. 다시 말해 불투명한 AutoML 서비스를 이용할 경우 우리는 데이터를 입력하고, 그 결과로 훈련된 모델만 받을 수 있다.

그림 3-1 대부분 AutoML 서비스는 AutoML이 선택한 알고리즘, 적용한 데이터 변환 방법, 하이퍼파라미터를 확인할 수 없다

이런 경우에는 모델을 이해하거나 설명하거나 재구현하는 것이 어려워진다. 실제로 수많은 AutoML 솔루션은 투명하지 않은 접근 방식으로 구현됐다. 이와는 대조적으로 세이지메이커 오토파일럿은 데이터 분석, 피처 엔지니어링, 모델 튜닝 단계 전반에 걸쳐 결과를 문서화하고 사용자에게 공유한다.

세이지메이커 오토파일럿은 모델만 공유하는 것이 아니라 관찰된 모든 지표를 기록한다. [그림 3-2]처럼 시각화하여, 모델 파이프라인을 재구현하는 코드를 주피터 노트북으로 생성한다.

---

3 옮긴이 1_ 곡선하면적(AUC)은 수신자 조작 특성(ROC)과 더불어 모델의 분류 성능을 측정할 때 사용한다.
4 옮긴이 1_ F1 스코어는 혼동 행렬에서 머신러닝 예측 및 분류 모델의 학습 평가를 위한 표현 모델로서, 정밀도와 재현율을 조화평균을 사용해 동등하게 계산한 경우를 말한다.

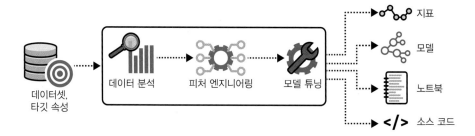

그림 3-2 세이지메이커 노트북, 피처 엔지니어링 스크립트, 모델 및 소스 코드를 생성하는 세이지메이커 오토파일럿

데이터 분석 단계에서는 모델 성능에 영향을 미칠 수 있는 결측값과 같은 잠재적인 데이터 품질 문제를 식별한다. '데이터 탐색 노트북'은 데이터 분석 단계의 결과를 우리에게 공유해준다. 세이지메이커 오토파일럿은 또한 투명성과 재현성을 위해 모든 파이프라인의 정의를 포함하는 '후보 선별 노트북'을 생성한다. 오토파일럿은 이 노트북을 통해 주어진 데이터셋을 학습하는 데 가장 적합한 알고리즘들을 추천하고, 각 알고리즘과 데이터셋을 이용해 머신러닝 작업을 우리가 직접 실행해볼 수 있는 코드와 설정 등의 정보를 제공한다.

> **TIP_** 데이터 탐색과 모델 후보 선별을 위한 두 주피터 노트북들은 첫 번째 데이터 분석 단계 이후에만 사용할 수 있다. 오토파일럿을 이 첫 번째 데이터 분석 단계 직후까지만 시운전하도록 설정함으로써 두 주피터 노트북들의 템플릿을 미리 생성해볼 수도 있다.

3.2 세이지메이커 오토파일럿을 사용한 트래킹 실험

세이지메이커 오토파일럿은 세이지네이커 익스페리먼츠$^{SageMaker\ Experiments}$를 이용해 모든 데이터 분석, 피처 엔지니어링, 모델 훈련 및 튜닝 작업을 트래킹한다. 세이지메이커 익스페리먼츠는 머신러닝 실험을 구성, 트래킹, 비교 및 평가하는 데 유용한 기능이다. 머신러닝 라이프 사이클의 모든 단계에서 모델의 버전 관리와 계보 트래킹을 가능하게 한다.

세이지메이커 익스페리먼츠는 여러 실험들로 구성된다. 각 실험은 데이터 전처리, 모델 훈련 및 튜닝 단계를 포함한다. 세이지메이커 익스페리먼츠는 또한 S3 위치, 알고리즘, 하이퍼파라미터, 훈련된 모델, 모델 성능 지표에 대한 계보 트래킹 기능을 제공한다.

아마존 세이지메이커 파이썬 SDK[5] 또는 파이썬용 AWS SDK(Boto3)[6]와 같은 SDK나 사용자 인터페이스user interface(UI)를 사용하면 세이지메이커 오토파일럿 익스페리먼츠와 실험을 탐색하고 관리할 수 있다.

> **NOTE_**세이지메이커 SDK는 Boto3를 기반으로 하는 고수준의 세이지메이커 전용 추상화 패키지이며 세이지메이커 모델 개발 및 관리를 할 때 매우 용이하다.

3.3 세이지메이커 오토파일럿을 사용한 자체 텍스트 분류기 훈련 및 배포

세이지메이커 오토파일럿 익스페리먼츠를 만들어 소셜 미디어로 수집한 사용자의 피드백을 분류하는 자체 텍스트 분류기를 빌드해보자. 상품 피드백 데이터는 아마존 웹사이트, 파트너 웹사이트, 소셜 미디어, 고객 지원 이메일과 같은 다양한 온라인 채널에서 제공하는 것을 활용한다. 사용자의 모델은 상품의 피드백을 참고하여 여러 피드백을 별점으로 나타내며 가장 높은 등급은 별 5개, 가장 낮은 등급은 별 1개로 표시한다.

입력 데이터로 아마존 고객 리뷰 데이터셋Amazon Customer Reviews Dataset[7]의 표본을 활용해보자. 이 데이터셋은 1995년부터 2015년까지의 아마존 상품 리뷰 1억 5천만 건 이상을 모은 것이다. 4장과 5장에서 이 데이터셋에 대해 훨씬 더 자세히 알아볼 것이다. 지금은 review_body 피처와 예측 레이블predicted label인 star_rating을 중점적으로 살펴보자.

3.3.1 세이지메이커 오토파일럿 UI로 모델 훈련 및 배포하기

세이지메이커 오토파일럿 UI는 세이지메이커 스튜디오에 구현되어 있다. 세이지메이커 스튜디오는 통합 개발 환경(IDE)으로 하나의 웹 기반 시각화 인터페이스를 제공한다. 이를 이용하면 우리는 머신러닝 개발을 비교적 쉽게 시작할 수 있다. 웹브라우저를 열어 AWS 콘솔에 로

---

5 *https://oreil.ly/nUN9I*
6 *https://oreil.ly/eiN8j*
7 *https://oreil.ly/LjXva*

그인하고 아마존 세이지메이커 서비스를 찾아 세이지메이커 콘솔을 실행한다. 그리고 세이지메이커 스튜디오를 클릭하고, 절차에 따라 세이지메이커 스튜디오 설정을 끝낸 다음 [Open Studio]를 클릭한다.

스튜디오 생성을 마치고 나면 여러분은 세이지메이커 스튜디오 UI를 열 수 있다. 여기서 우리는 [Experiments and trials]을 통해 세이지메이커 오토파일럿 UI를 실행할 수 있다. [Create Experiment]를 클릭하고 첫 오토파일럿 실험을 설정하고 생성해본다.

세이지메이커 오토파일럿 익스페리먼츠를 준비하는 과정에서 아마존 고객 리뷰 데이터셋의 일부를 예제로 사용해볼 것이다. 우선 단순히 리뷰 글(review_body)에 대한 별점(star_rating)을 예측하는 분류 모델을 훈련시키는 경우를 가정해보자. 상품 피드백이 포함된 review_body 컬럼과 레이블/타깃 컬럼으로서 star_rating을 포함한 CSV 파일로 갈무리되어야 한다. 아래 코드가 갈무리 후 데이터의 예를 보여준다.

```
Star_rating,review_body
5,"GOOD, GREAT, WONDERFUL"
2,"It isn't as user friendly as TurboTax."
4,"Pretty easy to use. No issues."
…
```

이 데이터셋에서 더 많은 컬럼을 이용하고, 세이지메이커 오토파일럿의 자동화된 피처(컬럼) 선택 기능을 이용해 가장 중요한 피처들을 추려내고 싶을 수 있다. 이 절의 예제에서는 일단 간단하게 star_rating과 review_body 두 컬럼만 사용해 오토파일럿 익스페리먼츠를 만드는 단계를 중점적으로 살펴볼 것이다.

다음으로는 데이터셋, 예측할 타깃 컬럼, 문제 유형(이진 분류, 다중 클래스 분류, 회귀 등)을 정의하는 몇 가지 입력 파라미터를 설정해 세이지메이커 오토파일럿 익스페리먼츠를 구성한다. 만약 우리가 문제 유형을 지정하지 않아도 세이지메이커 오토파일럿은 타깃 컬럼에서 찾은 값들의 형태를 바탕으로 머신러닝 유형을 자동으로 결정한다. 다음은 세이지메이커 오토파일럿 익스페리먼츠를 생성하는 데 설정해야 할 파라미터들이다.

Experiment name

익스페리먼츠를 식별하기 위한 이름이다(예: `amazon-customer-reviews`).

Input data location

훈련 데이터의 S3 경로. S3 버킷을 찾거나 S3 버킷 위치를 직접 입력할 수 있다(예: `s3://<MY-S3-BUCKET>/data/amazon_reviews_us_Digital_Software_v1_00_header.csv`).

Target

예측하려는 타깃 컬럼이다. 직접 입력하여 생성할 수 있다(예: `star_rating`).

Output data location

모델 및 여러 아티팩트 경로. S3 버킷 주소를 직접 입력할 수 있다. 예를 들어, `s3://<MY-S3-BUCKET>/autopilot/output`과 같이 생성된 출력을 저장하기 위한 S3 경로다.

Problem type

이진 분류, 다중 클래스 분류, 회귀와 같은 머신러닝 유형을 선택할 수 있다. 기본값인 'Auto'를 사용하면 세이지메이커 오토파일럿이 주어진 훈련 데이터의 타깃 컬럼을 기반으로 스스로 선택한다.

Run complete experiment

생성하는 오토파일럿 익스페리먼츠를 전체 실행하거나, 일부만 시운전을 하도록 설정해 데이터 탐색 및 후보 선별 노트북을 생성하도록 선택할 수 있다. 후자의 경우 세이지메이커 오토파일럿은 데이터 분석 단계 후에 중지되며 피처 엔지니어링, 모델 훈련 및 튜닝 단계를 실행하지 않는다.

이제 [Create Experiment] 버튼을 클릭하여 첫 번째 세이지메이커 오토파일럿 작업을 시작해보자. 세이지메이커 스튜디오의 오토파일럿 UI에서 전처리, 모델 선별, 피처 엔지니어링, 모델 튜닝을 통해 작업의 진행 상황을 관찰할 수 있다. 세이지메이커 오토파일럿이 후보 생성 단계를 완료하면, 앞서 알아본 데이터 탐색^{data exploration} 및 모델 선별^{candidate generation}을 위한 두 개의 주피터 노트북들을 열 수 있는 링크들을 출력한다.

이 주피터 노트북 파일들을 UI를 통해 직접 다운받거나 S3에서 다운로드할 수 있다. 생성된 노트북, 소스 코드, 변환된 데이터들은 다음과 같은 폴터 구조로 S3에 저장된다.

```
Amazon-customer-reviews/
    sagemaker-automl-candidates/
    …
            generated_module/
            candidate_data_processors/
                        dpp0.py
                        dpp1.py
                        ...
            notebooks/
                SageMakerAutopilotCandidateDefinitionNotebook.ipynb
                SageMakerAutopilotDataExplorationNotebook.ipynb
            ...
    data-processor-models/
        amazon-cus-dpp0-1-xxx/
            output/model.tar.gz
        amazon-cus-dpp1-1-xxx/
            output/model.tar.gz
        ...
    preprocessed-data/
        header/
    headers.csv
    tuning_data/
        train/
            chunk_20.csv
            chunk_21.csv
            ...
        validation/
            chunk_0.csv
            chunk_1.csv
            ...
```

피처 엔지니어링 단계가 시작되면, AWS 콘솔이나 세이지메이커 스튜디오에 세이지메이커 트레이닝이 나타나는 것을 볼 수 있다. 각각의 훈련 작업들이 나타나기 시작할 것이다. 각 트레이닝 작업은 모델 후보 하나와 데이터 프로세서 (아래 코드에 dpp*로) 코드 하나씩 짝지어진다. 이 예시의 경우 따라서 시작된 훈련 작업들을 총 10개의 머신러닝 파이프라라인들로 생각하면 된다. 세이지메이커 오토파일럿은 이렇게 자동으로 여러 개의 훈련 작업 파이프라인들을 생성해 가장 성능이 좋은 모델을 찾는다. 우리는 이 훈련 작업들 중 자유롭게 선택하고 훈련 작업 상태, 훈련 환경, 파라미터 그리고 로그 파일들을 확인할 수 있다. 피처 엔지니어링과 세이지메이커 트레이닝들에 대한 더 자세한 내용은 6장과 7장에서 다룬다.

피처 엔지니어링 단계가 완료되면 S3에서 파이프라인별로 변환된 데이터를 직접 볼 수 있다. 데이터는 다음과 같이 더 작은 조각들로 분할되고 별도의 훈련과 검증 데이터셋들로 분할된다.

```
transformed-data/
    dpp0/
        rpb/
            train/
                chunk_20.csv_out
                chunk_21.csv_out
                ...
            validation/
                chunk_0.csv_out
                chunk_1.csv_out
                ...
    dpp1/
        csv/
            train/
                chunk_20.csv_out
                chunk_21.csv_out
                ...
            validation/
                chunk_0.csv_out
                chunk_1.csv_out
                ...
    ..
    dpp9/
```

마지막으로, 세이지메이커 오토파일럿은 모델 튜닝 단계를 실행하고 스튜디오의 오토파일럿 UI에서 실험 결과를 보여준다. 모델 튜닝 단계에서는 세이지메이커 하이퍼파라미터 튜닝 SageMaker Hyperparameter Tuning (HPT)을 생성한다. 하이퍼파라미터 튜닝 또는 하이퍼파라미터 최적화Hyperparameter Optimization (HPO)라고 일반적으로 불리는 이 작업들은 아마존 세이지메이커가 기본으로 지원한다. 세이지메이커 오토파일럿의 하이퍼파라미터 튜닝 작업은 세이지메이커 환성 외부에서도 사용 가능하다. 이 부분은 8장에서 더 자세히 알아볼 것이다.

세이지메이커 하이퍼파라미터 튜닝은 우리가 지정한 하이퍼파라미터 범위 내의 다양한 값들로 여러 모델을 준비하고, 그 모델들을 우리 데이터셋에 대해 훈련시켜 가장 최적의 모델 버전을 찾아준다. 이때 세이지메이커는 무작위 검색과 베이지안 검색을 포함하여 하이퍼파라미터 튜닝 작업을 위한 여러 알고리즘을 지원한다. 무작위 검색 알고리즘의 경우 사용자가 지정한 범위에서 하이퍼파라미터의 무작위 조합을 선택하고, 베이지안 검색에서는 튜닝을 회귀 문제로 간주한다. 8장에서 세이지메이커의 자동 모델 튜닝 기능을 더 자세히 살펴볼 것이다.

하이퍼파라미터 튜닝 작업들은 세이지메이커 콘솔 혹은 세이지메이커 스튜디오에 바로 등록된다. 우리는 등록된 작업을 클릭해서 작업 상태, 환경 설정, 파라미터, 로그 파일을 볼 수 있다. 세이지메이커 오토파일럿 UI를 통해서는 훈련 실험들을 검사해볼 수 있다.

4가지 세이지메이커 오토파일럿 실험 요소trial component들은 다음과 같이 하나의 파이프라인을 구성한다.

프로세싱 작업 processing job

데이터를 훈련 및 검증 데이터로 분할하고 헤더 데이터를 따로 분리한다.

훈련 작업 training job

데이터 전처리 코드(`dpp[0-9].py`)를 사용해 각 모델 후보별로 분할된 훈련 및 검증 데이터로 일괄 변환 모델을 훈련시킨다.

일괄 변환 작업 batch transform job

원시 데이터를 피처들로 변환한다.

튜닝 작업 tunnig job

알고리즘 구성과 파라미터들을 최적화하고 전 단계에서 피처들을 사용해 가장 성능이 좋은 모델 후보를 찾는다.

이 네 가지 요소는 모든 하이퍼파라미터, 입력 데이터셋, 출력 아티팩트를 추적해 모델의 계보lineage를 보존한다. 모델 튜닝 단계가 완료되면 모델 후보 파이프라인별로 구성된 S3 버킷에서 최종 출력 및 모델 후보를 찾아볼 수 있다.

```
tuning/
    amazon-cus-dpp0-xgb/
            tuning-job-1-8fc3bb8155c645f282-001-da2b6b8b/
                output/model.tar.gz
            tuning-job-1-8fc3bb8155c645f282-004-911d2130/
                output/model.tar.gz
            tuning-job-1-8fc3bb8155c645f282-012-1ea8b599/
                output/model.tar.gz
    ...
    amazon-cus-dpp3-ll/
    ...
amazon-cus-dpp-9-xgb/
```

세이지메이커는 위의 예제에서 볼 수 있듯 파이프라인 이름을 부여할 때 설정 정보를 포함한다. dpp0는 데이터 전처리 파이프라인을 나타내고, xgb는 선택한 XGBoost 알고리즘을 나타낸다. 가장 퍼포먼스가 좋은 모델을 프로그래밍 방식으로 검색하는 것 외에도, 세이지메이커 스튜디오의 오토파일럿 UI를 사용해 최적의 모델을 시각적으로 강조할 수 있다.

Trial name에 Best로 표시된 실험명을 마우스 오른쪽 버튼으로 클릭하고, [Deploying Model] 메뉴를 선택하면 최적의 모델을 쉽게 프로덕션 환경에 배포할 수 있다. 배포 엔드포인트의 이름을 지정하고, 모델을 서빙할 인스턴스의 타입(예: ml.m5.xlarge) 및 인스턴스의 개수를 선택한다.

> **TIP_** 아마존 세이지메이커가 지원하는 AWS 인스턴스 타입과 스펙 사항을 알아보려면 아마존 세이지메이커 요금 안내 웹페이지[8]를 참조하면 된다. 세이지메이커가 지원하는 인스턴스 타입들은 모두 ml.로 시작한다.

부가적으로, 우리는 배포한 모델에 대한 모든 예측 요청 및 응답들을 데이터로 캡처할 수 있다. 이제 모델 배포deploy model를 클릭하고 모델 엔드포인트가 생성되는 것을 볼 수 있다. 엔드포인트가 **In Service**로 상태가 전환되면 엔드포인트를 호출하여 예측들을 제공할 수 있다.

다음은 세이지메이커 엔드포인트에 배포된 모델을 호출하는 방법을 보여주는 간단한 파이썬 코드 조각이다. 표본 리뷰인 'I love it!'을 전달하면 모델이 어떤 별점을 선택하는지 확인한다. 이때 가장 낮은 등급은 별 1개이고 가장 높은 등급은 별 5개라는 걸 기억하길 바란다.

---

8 _https://oreil.ly/2AJ4c_

```
import boto3
sagemaker_runtime = boto3.client('sagemaker-runtime')
csv_line_predict = """I loved it!"""
ep_name = 'reviews-endpoint'

response = sagemaker_runtime.invoke_endpoint(
        EndpointName=ep_name,
        ContentType='text/csv',
        Accept='text/csv',
        Body=csv_line_predict)

response_body = response['Body'].read().decode('utf-8').strip()
print(response_body)
```

다음은 모델이 예측한 별점이다.

```
"5"
```

성공적으로 모델은 해당 리뷰를 별 5개로 분류했다.

3.3.2 세이지메이커 오토파일럿 파이썬 SDK로 모델 훈련 및 배포하기

이전의 세이지메이커 오토파일럿 UI를 사용하는 것 외에도 파이썬 SDK를 사용해 다음과 같이 세이지메이커 오토파일럿 작업을 시작할 수 있다. 이 절에서는 AWS 파이썬 SDK인 boto3과 세이지메이커 파이썬 SDK를 이용해 코드로 텍스트 분류기를 훈련하고 배포하는 과정을 살펴본다. 우선 세이지메이커와 boto3 파이썬 SDK를 부르고 세이지메이커 세션을 시작한다.

```
import boto3
import sagemaker

session = sagemaker.Session(default_bucket="dsoaws-amazon-reviews")
bucket = session.default_bucket()
role = sagemaker.get_execution_role()
region = boto3.Session().region_name

sm = boto3.Session().client(service_name='sagemaker',
                            region_name=region)
```

다음은 탐구해볼 모델 후보 개수를 지정하고, 각 훈련 작업과 오토파일럿 작업의 최대 런타임을 초단위로 설정한다.

```
max_candidates = 3

job_config = {
    'CompletionCriteria': {
        'MaxRuntimePerTrainingJobInSeconds': 600,
        'MaxCandidates': max_candidates,
        'MaxAutoMLJobRuntimeInSeconds': 3600
    },
}
```

세이지메이커 오토파일럿 UI를 사용했을 때처럼 S3 입출력 위치를 제공하고 예측 타깃 속성을 다음과 같이 정의한다.

```
input_data_config = [
    {
    'DataSource': {
        'S3DataSource': {
            'S3DataType': 'S3Prefix',
            'S3Uri': 's3://<BUCKET>/amazon_reviews.csv'
        }
    },
    'TargetAttributeName': 'star_rating'
    }
]

output_data_config = {
    'S3OutputPath': 's3://<BUCKET>/autopilot/output/'
}
```

이제 다음과 같이 세이지메이커 오토파일럿 작업을 생성한다. 이 예제에서 볼 수 있듯이 오토파일럿 작업 이름에 타임스탬프를 추가해 작업에 고유한 이름을 부여하고 쉽게 구분 가능하도록 한다. 이제 오토파일럿 작업을 생성하는 **create_auto_ml_job()** API에 실행 역할execution role은 AWS 자격 증명 및 액세스 관리identity and access management (IAM) 서비스의 일부이며, AWS 서비스에 대한 액세스 권한을 관리한다.

```
from time import gmtime, strftime, sleep
timestamp_suffix = strftime('%d-%H-%M-%S', gmtime())

auto_ml_job_name = 'automl-dm-' + timestamp_suffix

sm.create_auto_ml_job(AutoMLJobName=auto_ml_job_name,
                      InputDataConfig=input_data_config,
                      OutputDataConfig=output_data_config,
                      AutoMLJobConfig=job_config,
                      RoleArn=role)
```

한편 세이지메이커 오토파일럿 작업은 **AutoMLJobArn**이라는 고유의 식별자와 함께 생성된다. 아마존 리소스 이름^{Amazon Resource Name} (ARN) 은 arn:partition:service:region:account-id:resource-id 형식으로 인코딩되는 경우가 많으며, 모든 AWS 서비스에 걸쳐 리소스를 명확하게 지정하는 데 사용한다.

다음 코드 샘플은 세이지메이커 오토파일럿 작업의 상태를 불러와 데이터 분석 단계가 완료되었는지 확인하는 방법을 보여준다.

```
job = sm.describe_auto_ml_job(AutoMLJobName=auto_ml_job_name)
job_status = job['AutoMLJobStatus']
job_sec_status = job['AutoMLJobSecondaryStatus']

if job_status not in ('Stopped', 'Failed'):
    while job_status in ('InProgress') and job_sec_status in ('AnalyzingData'):
        job = sm.describe_auto_ml_job(AutoMLJobName=auto_ml_job_name)
        job_status = job['AutoMLJobStatus']
        job_sec_status = job['AutoMLJobSecondaryStatus']
        print(job_status, job_sec_status)
        sleep(30)
    print("Data analysis complete")

print(job)
```

다음은 출력 결과 일부를 보여준다.

```
InProgress AnalyzingData
InProgress AnalyzingData
...
Data analysis complete
```

비슷한 방법으로 오토파일럿 작업의 다음 단계인 피처 엔지니어링과 모델 튜닝 작업들의 정보는 위 코드 샘플의 while 구문에 job_sec_status in ('FeatureEngineering')과 job_sec_status in ('ModelTuning') 조건을 이용해 쿼리할 수 있다.

세이지메이커 오토파일럿 작업이 완료되면 모든 모델 후보인 candidates를 다음 코드 샘플을 이용해 나열할 수 있다.

```
candidates = sm.list_candidates_for_auto_ml_job(AutoMLJobName=auto_ml_job_name,
        SortBy='FinalObjectiveMetricValue')['Candidates']

for index, candidate in enumerate(candidates):
    print(str(index) + "   "
        + candidate['CandidateName'] + "   "
        + str(candidate['FinalAutoMLJobObjectiveMetric']['Value']))
```

위 코드 샘플의 출력 결과는 다음과 비슷하다.

```
0   tuning-job-1-655f4ef810d441d4a8-003-b80f5233   0.4437510073184967
1   tuning-job-1-655f4ef810d441d4a8-001-7c10cb15   0.29365700483322144
2   tuning-job-1-655f4ef810d441d4a8-002-31088991   0.2874149978160858
```

다음 코드 샘플을 이용하면 가장 적합한 후보를 검색할 수 있다.

```
best_candidate = \
    sm.describe_auto_ml_job(AutoMLJobName=auto_ml_job_name)['BestCandidate']

best_candidate_identifier = best_candidate['CandidateName']

print("Candidate name: " + best_candidate_identifier)

print("Metric name: " + \
    best_candidate['FinalAutoMLJobObjectiveMetric']['MetricName'])

print("Metric value: " + \
    str(best_candidate['FinalAutoMLJobObjectiveMetric']['Value']))
```

위 코드 샘플의 출력 결과는 다음과 비슷하다.

```
Candidate name: tuning-job-1-655f4ef810d441d4a8-003-b80f5233
Metric name: validation:accuracy
Metric value: 0.4437510073184967
```

이제 REST 엔드포인트로 최적의 모델을 배포해보자. 먼저 다음과 같이 모델 객체를 생성한다.

```
model_name = 'automl-dm-model-' + timestamp_suffix

model_arn = sm.create_model(Containers=best_candidate['InferenceContainers'],
                            ModelName=model_name,
                            ExecutionRoleArn=role)

print('Best candidate model ARN: ', model_arn['ModelArn'])
```

출력 결과는 다음과 비슷하다.

```
Best candidate model ARN:
arn:aws:sagemaker:<region>:<account_id>:model/automl-dm-model-01-16-34-00
```

위의 코드에서는 사용자 인터페이스에 숨겨진 다른 세부 정보를 보여준다. 모델을 REST 엔드
포인트로 배포하면 사실상 통합된 추론 파이프라인 배포하는 것이다. 추론 파이프라인은 컨테
이너 3개로 구성된다.

데이터 트랜스폼 컨테이너

데이터 트랜스폼 컨테이너data transformation container는 기본적으로 review_body와 같이 애플리
케이션 입력을 모델이 인식하는 형식인 넘파이Numpy 배열 또는 텐서tensor와 같은 것으로 변환
하는 '요청 핸들러request handler'이다. 컨테이너는 세이지메이커 오토파일럿이 피처 엔지니어링
단계를 위해 훈련시킨 모델을 호스팅한다.

알고리즘 컨테이너

알고리즘 컨테이너algorithm container는 예측을 지원하는 실제 모델을 호스팅한다.

인버스 레이블 트랜스포머 컨테이너

인버스 레이블 트랜스포머 컨테이너inverse label transformer container는 알고리즘별 출력(즉, 넘파이

배열 또는 텐서)을 호출기가 인식하는 형식(예: star_rating)으로 변환하는 '응답 핸들러 response handler'이다.

[그림 3-3]은 추론 파이프라인의 예를 보여준다.

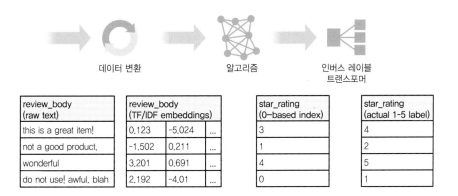

| 데이터 변환 | | 알고리즘 | 인버스 레이블
트랜스포머 | |

review_body (raw text)	review_body (TF/IDF embeddings)			star_rating (0–based index)	star_rating (actual 1-5 label)
this is a great item!	0.123	-5.024	...	3	4
not a good product.	-1.502	0.211	...	1	2
wonderful	3.201	0.691	...	4	5
do not use! awful. blah	2.192	-4.01	...	0	1

그림 3-3 추론 파이프라인으로 모델을 배포하는 세이지메이커 오토파일럿

리뷰를 원시 텍스트로 보내면 데이터 트랜스폼 컨테이너가 텍스트를 TF/IDF 벡터로 변환한다. TF/IDF 벡터는 **단어 빈도-역 문서 빈도**term frequency – inverse document frequency(TF/IDF)를 뜻한다. TF/IDF 벡터는 일반적인 어구term에 가중치weight를 낮추고, 더 많은 고유한 어구에 가중치를 높인다. 따라서 TF/IDF는 문서 컬렉션의 문서에 대한 단어의 관련성을 인코딩한다.

알고리즘 컨테이너는 입력을 처리하고 별점을 예측한다. 우리가 살펴보고 있는 [그림 3-3] 예시의 경우 알고리즘은 예측 결과를 0 기반 인덱스값으로 반환한다. 역순 레이블 트랜스포머 컨테이너의 작업은 인덱스(0, 1, 2, 3, 4)를 올바른 별점 레이블(1, 2, 3, 4, 5)에 연결하는 것이다.

추론 파이프라인을 배포하려면 엔드포인트를 다음 코드와 같이 구성해야 한다.

```
# EndpointConfig 이름
timestamp_suffix = strftime('%d %H-%M-%S', gmtime())
epc_name = 'automl-dm-epc-' + timestamp_suffix

# Endpoint 이름
ep_name = 'automl-dm-ep-' + timestamp_suffix
variant_name = 'automl-dm-variant-' + timestamp_suffix
```

```python
ep_config = sm.create_endpoint_config(
    EndpointConfigName = epc_name,
    ProductionVariants=[{
        'InstanceType': 'ml.c5.2xlarge',
        'InitialInstanceCount': 1,
        'ModelName': model_name,
        'VariantName': variant_name}])

create_endpoint_response = sm.create_endpoint(
    EndpointName=ep_name,
    EndpointConfigName=epc_name)
```

세이지메이커 오토파일럿은 이제 추론 파이프라인을 배포한다. 파이프라인을 성공적으로 사용하고 있는지 확인하기 위해 엔드포인트 상태를 쿼리해보자.

```python
response = sm.describe_endpoint(EndpointName=autopilot_endpoint_name)
status = response['EndpointStatus']

print("Arn: " + response['EndpointArn'])
print("Status: " + status)
```

코드를 실행하고 5~10분이 지나면 다음과 유사한 출력 결과를 보여준다.

```
Arn: arn:aws:sagemaker:<region>:<account_id>:endpoint/automl-dm-ep-19-13-29-52
Status: InService
```

이제 다음과 같이 엔드포인트를 호출하고 표본 예측을 실행할 수 있다. 'It's OK'라는 리뷰를 전달하여 모델에서 예측하는 별점 클래스가 무엇인지 살펴보자.

```python
sagemaker_runtime = boto3.client('sagemaker-runtime')
csv_line_predict = """It's OK."""

response = sagemaker_runtime.invoke_endpoint(
        EndpointName=ep_name,
        ContentType='text/csv',
        Accept='text/csv',
        Body=csv_line_predict)

response_body = response['Body'].read().decode('utf-8').strip()
```

response_body를 출력한다.

```
response_body
'3'
```

엔드포인트는 이 리뷰 표본을 별 3개로 성공적으로 분류했다.

> **NOTE**_생성된 모든 모델, 코드, 데이터 탐색data exploration 노트북과 후보 선별candidate definition 노트북을 포함한 그 밖의 아티팩트가 있는지 S3 출력 위치에서 다시 확인할 수 있다.

세이지메이커 SDK를 사용해 모델을 호출하는 것은 다양한 호출 방식 중 선택 가능한 하나의 방법이다. AWS에서는 훨씬 더 많은 서비스를 통합하여 사용할 수 있다. 이어지는 절에서 아마존 아테나를 사용해 SQL 쿼리로 실시간 예측을 실행하는 방법에 대해 소개한다.

3.3.3 아마존 아테나와 아마존 오토파일럿으로 예측하기

아마존 아테나는 표준 SQL을 사용해 S3에 저장된 데이터를 분석하는 대화형 쿼리 서비스다. 아테나는 서버리스여서 사용자가 인프라를 관리할 필요가 없으며 실행하는 쿼리 비용만 지불하면 된다. 아테나를 사용하면 데이터를 관계형 데이터베이스로 이동할 필요 없이 테라바이트 사이즈의 대량 데이터를 쿼리할 수 있다.

이제 우리는 세이지메이커 엔드포인트를 호출해 SQL 쿼리를 더욱 풍부하게 하고 모델 예측도 수신할 수 있다. 아테나에서 세이지메이커를 호출하려면 [그림 3-4]처럼 `USING FUNCTION` 문으로 함수를 정의해야 한다. 그런 다음 **SELECT** 문은 함수를 참조해 모델 예측을 호출한다.

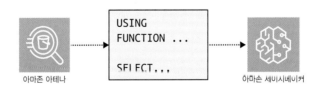

그림 3-4 사용자 정의 함수로 아마존 아테나 ML에서 세이지메이커 모델 호출

다음은 dsaws.product_reviews라는 아테나 테이블에 저장된 상품 리뷰를 조회하는 간단한 SQL 쿼리이다. predict_star_rating 함수는 reviews로 sagemaker_endpoint를 호출하여 예측을 처리한다.

```
USING FUNCTION predict_star_rating(review_body VARCHAR)
    RETURNS VARCHAR TYPE
    SAGEMAKER_INVOKE_ENDPOINT WITH (sagemaker_endpoint = 'reviews')

SELECT review_id, review_body,
         predict_star_rating(REPLACE(review_body, ',', ' '))
         AS predicted_star_rating
FROM dsoaws.product_reviews
```

결과를 표로 정리하면 다음과 같다.

review_id	review_body	predicted_star_rating
R23CFDQ6SLMET	The photographs of this book is a let down.	1
R1301KYAYKX8FU	This is my go-to commentary for all of my semi.	5
R1CKM3AKI920D7	I can't believe I get to be the first to tell.	5
RA6CYWHAHSR9H	There's Something About Christmas / Debbie Mac.	5
R1T1CCMH2N9LBJ	This revised edition by Murray Straus is an ex.	1
...	...	...

이 예제는 간단한 SQL 쿼리를 활용한 머신러닝 예측 결과로 S3 데이터를 강화하는 과정이 얼마나 쉬운지를 보여준다.

3.3.4 아마존 레드시프트 ML과 세이지메이커 오토파일럿으로 훈련 및 예측하기

아마존 레드시프트는 페타바이트 단위의 정형 데이터에 대한 복잡한 분석 쿼리를 실행할 수 있는 완전 관리형 데이터 웨어하우스다. 아마존 레드시프트 ML을 사용하면 아마존 레드시프트에 새 데이터가 도착할 때 세이지메이커 오토파일럿으로 모델을 만들고 훈련시킬 수 있다. 다음 코드 샘플은 아마존 레드시프트 쿼리로 불러온 훈련 데이터에 대해 텍스트 분류기 모델을 훈련시키는 SQL 문이다. SELECT는 모델의 훈련 데이터로 사용하는 아마존 레드시프트의 데이터를 가리키고, TARGET은 예측할 컬럼을 정의한다. FUNCTION은 예측용 아마존 레드시프트 쿼리에 대해 모델을 호출하는 데 사용되는 함수명을 정의한다.

```
CREATE MODEL dsoaws.predict_star_rating
FROM (SELECT review_body,
             star_rating
      FROM dsoaws.amazon_reviews_tsv_2015)
TARGET star_rating
FUNCTION predict_star_rating
IAM_ROLE '<ROLE_ARN>'
SETTINGS (
  S3_BUCKET '<BUCKET_NAME>'
);
```

위의 명령문은 아마존 레드시프트 쿼리를 실행하고 선택한 데이터를 S3로 내보낸 다음, 모델을 생성하고 배포하는 세이지메이커 오토파일럿 작업을 트리거한다. 그런 다음 아마존 레드시프트 ML은 predict_star_rating이라는 아마존 레드시프트 클러스터에 훈련된 모델과 함수를 배포한다.

훈련된 아마존 고객 리뷰 텍스트 분류기 모델로 예측을 실행하려면 아마존 레드시프트에서 review_body 컬럼을 쿼리하고 다음과 같이 star_rating을 예측한다.

```
SELECT review_body,
       predict_star_rating(review_body) AS "predicted_star_rating"
FROM dsoaws.amazon_reviews_tsv_2015
```

다음은 표본 쿼리 및 예측 출력 결과다.

review_body	predicted_star_rating
I love this product!	5
It's ok.	3
This product is terrible.	1

3.4 아마존 컴프리헨드를 사용한 AutoML

아마존 컴프리헨드는 데이터셋에 가장 적합한 모델을 찾기 위해 AutoML을 사용해 자연어 처리를 작업하는 완전 관리형 아마존 AI 서비스다. 아마존 컴프리헨드는 텍스트 문서를 입력으로 받아 개체[entity9], 핵심 문구[key phrase10], 구문[syntax11] 감성[sentiment12]을 인식한다. 그리고 계속해서 새로운 언어 모델이 컴프리헨드에 탑재되면서 향상된 서비스를 제공하고 있다.

3.4.1 아마존 컴프리헨드의 빌트인 모델로 예측하기

감성 분석은 주어진 입력 텍스트의 긍정, 부정, 중립의 감정을 예측하는 텍스트 분류 작업이다. 상품 리뷰를 분석하거나 소셜 스트림의 흐름을 통해 상품의 품질 문제를 식별할 때 매우 유용하다.

아마존 컴프리헨드로 이 텍스트 분류기를 구현해보자. 입력 데이터로 아마존 고객 리뷰 데이터셋의 일부를 활용한다. 아마존 컴프리헨드로 제공된 리뷰의 감성을 분류해볼 것이다. 이때 컴프리헨드 UI로 시작하는 게 가장 쉬운 방법이다. UI의 텍스트 입력 필드에 어떤 텍스트든 붙여 넣고 빌트인 모델을 사용해 실시간으로 입력을 분석할 수 있다. 'I loved it! I will recommend this to everyone(너무 마음에 들어서 모두에게 추천해주고 싶어)'와 같은 상품 리뷰로 테스트해보자. [Analyze]를 클릭하면 [Insights] 탭 아래에 긍정적인 감정 예측과 예측 신뢰도 점수[prediction confidence score]가 표시된다. 스코어는 아마존 컴프리헨드가 이 리뷰 표본이 긍정적인 감정이 있다고 99% 확신한다는 것을 말해준다. 이번에는 상품 리뷰를 별점으로 다시 분류하는 커스텀 모델을 구현해보자.

---

9   옮긴이 2_ 문서에 포함된 사람, 장소, 항목 및 위치의 이름 등을 참조한다.

10   옮긴이 2_ 문서에 나타나는 구문. 예를 들어, 농구 경기에 관한 문서는 팀 이름, 경기장 이름 및 최종 점수를 반환할 수 있다.

11   옮긴이 1_ 텍스트를 분석하고 명사, 대명사, 형용사, 동사와 같은 단어 품사를 뜻한다.

12   옮긴이 1_ 텍스트를 분석하고 각 감정에 대한 신뢰도 점수와 함께 전체 감정(긍정, 부정, 중립)의 지표를 반환할 수 있다. 아마존 컴프리헨드는 고객 의견 및 상품 리뷰를 분석하는 경우에 유용하다(출처: *https://docs.aws.amazon.com/comprehend/latest/dg/ what-is.html#what-is-insights*).

3.4.2 아마존 컴프리헨드 UI로 커스텀 모델 훈련 및 배포하기

컴프리헨드 커스텀^{Comprehend Custom}은 실무자가 아마존 컴프리헨드의 모델을 특정 데이터셋에 맞게 미세 조정^{fine-tuning}할 수 있도록 지원하는 AutoML의 예다. 이전의 세이지메이커 오토파일럿 예제에서 사용했던 아마존 고객 리뷰 데이터셋 파일을 훈련 데이터로 다시 살펴보자.

```
star_rating,review_body
5,"GOOD, GREAT, WONDERFUL"
2,"It isn't as user friendly as TurboTax"
4,"Pretty easy to use. No issues."
…
```

컴프리헨드 UI를 사용해서 다중 클래스 분류기를 훈련시킬 수 있다. 먼저, 커스텀 분류기의 이름을 지정하고 다중 클래스 모드를 선택한 다음 훈련 데이터의 경로를 입력한다. 그런 다음 훈련된 모델의 출력 결과를 저장할 S3 위치를 정의하고 해당 S3 위치에 액세스할 수 있는 권한이 있는 IAM 역할을 선택한다. 그리고 훈련 분류기를 클릭하여 훈련 프로세스를 시작한다. 이제 커스텀 분류기가 Submitted 상태로 사용자 인터페이스에 표시되고 곧 Training 상태가 된다.

만일 분류기가 Trained로 상태가 바뀌면 예측을 제공하기 위해 컴프리헨드 엔드포인트로 배포할 수 있다. 학습된 모델을 선택하고 간단하게 [Actions]를 클릭하면 된다. 그런 다음 엔드포인트에 이름을 지정하고 [Create Endpoint]를 클릭한다. 컴프리헨드 UI 화면에서 'Real-time analysis'로 이동해 'Analysis type'을 'Custom'으로 선택하고, 엔드포인트의 드롭다운 목록에서 'custom endpoint'를 선택한다. 이제 아마존 컴프리헨드는 커스텀 텍스트 분류기 모델을 사용해 입력 텍스트를 분석할 수 있다. 마지막으로, 'Really bad. I hope they don't make this anymore.'라는 리뷰 문장을 복사한 다음 [Analyze] 버튼을 클릭한다.

커스텀 모델이 입력 텍스트를 1부터 5까지의 별점(5가 최고 등급)으로 분류한 결과를 출력하는 것을 볼 수 있다. 이 단일 예측 예제의 경우 모델은 해당 리뷰가 별표 2개로 분류된다고 76% 확신한다.

여기까지 단 몇 번의 클릭만으로 아마존 고객 리뷰 데이터셋에서 컴프리헨드 커스텀 모델을 훈련시켜 리뷰 텍스트로부터 평균 별점을 예측해보는 실습을 해보았다. 이것이 바로 아마존 AI 서비스의 힘이다.

3.4.3 아마존 컴프리헨드 파이썬 SDK로 커스텀 모델 훈련 및 배포하기

아마존 컴프리헨드와 프로그래밍 방식으로 상호작용할 수도 있다. 아마존 컴프리헨드 파이썬 SDK를 사용해 커스텀 문서 분류기를 훈련시키고 배포해보자.

```python
import boto3
comprehend = boto3.client('comprehend')

# 훈련 작업 이름을 추가하기 위해 유일한 타임스탬프 ID 생성하기
import datetime
id = str(datetime.datetime.now().strftime("%s"))

# 훈련 작업 시작하기
training_job = comprehend.create_document_classifier(
    DocumentClassifierName='Amazon-Customer-Reviews-Classifier-'+ id,
    DataAccessRoleArn=iam_role_comprehend_arn,
    InputDataConfig={
        'S3Uri': 's3://<bucket>/<path>/amazon_reviews.csv'
    },
    OutputDataConfig={
        'S3Uri': 's3://<bucket>/<path>/model/outputs'
    },
    LanguageCode='en'
)
```

입력 파라미터는 다음과 같다.

DocumentClassifierName

커스텀 문서 분류 모델의 이름

DataAccessRoleArn

아마존 컴프리헨드의 입력 데이터에 대한 읽기 액세스 권한을 부여하는 IAM 역할의 ARN

InputDataConfige

훈련 데이터의 형식과 위치를 지정한다. 예를 들어, S3Uri는 훈련 데이터가 저장된 S3 경로다.

OutputDataConfig

모델 출력 위치를 지정한다(S3Uri: 모델 출력을 위한 S3 경로).

LanguageCode

훈련 데이터의 언어

이제 훈련 작업은 처리할 훈련 데이터의 양에 따라 일정 시간 동안 실행된다. 실행이 완료되면 커스텀 분류기로 엔드포인트를 배포하고 예측을 제공할 수 있다.

먼저, 커스텀 모델을 배포하기 위해 참조해야 하는 모델의 ARN을 찾아보자.

```
model_arn = training_job['DocumentClassifierArn']
```

이제 model_arn을 사용해 모델 엔드포인트를 생성한다.

```
inference_endpoint_response = comprehend.create_endpoint(
    EndpointName='comprehend-inference-endpoint',
    ModelArn = model_arn,
    DesiredInferenceUnits = 1
)
```

입력 파라미터는 다음과 같다.

EndpointName

엔드포인트 이름

ModelArn

엔드포인트가 연결될 모델의 ARN

DesiredInferenceUnits

이 엔드포인트에 연결된 모델에서 사용할 추론 단위의 수로, 각 추론 단위는 초당 100자의 처리량을 나타낸다.

모델 엔드포인트가 성공적으로 생성되고 **In Service** 상태가 되면 모델을 호출하여 표본 예측을 할 수 있다. 이때 커스텀 모델을 호출하기 위해서는 엔드포인트의 ARN을 확인해야 한다.

```
endpoint_arn = inference_endpoint_response["EndpointArn"]
```

이제 분류하려는 텍스트와 엔드포인트의 ARN으로 comprehend.classify_document()를 사용해 예측한다.

```
# 분류하기 위한 간단한 텍스트
txt = """It's OK."""

response = comprehend.classify_document(
    Text= txt,
    EndpointArn = endpoint_arn
)
```

JSON 형식 응답은 다음과 유사하다.

```
{
  "Classes": [
    {
      "Name": "3",
      "Score": 0.977475643157959
    },
    {
      "Name": "4",
      "Score": 0.021228035911917686
    },
    {
      "Name": "2",
      "Score": 0.001270478474907577
    }
  ],
  ...
}
```

커스텀 분류기는 리뷰 표본에 별점 3개를 받을 자격이 있다고 97% 확신한다. 여기까지 단 몇 줄의 파이썬 소스 코드로 아마존 고객 리뷰 데이터셋에서 아마존 컴프리헨드를 이용해 커스텀 모델을 훈련시킨 다음 리뷰 내용에 대해 평균 별점을 예측해보았다.

3.5 마치며

이번 장에서는 AutoML의 개념과 AutoML에 대한 세이지메이커 오토파일럿의 투명한 접근 방식을 살펴봤다. 오토파일럿은 자동화된 프로세스에 대한 완전한 가시성을 제공하는 동시에 머신러닝 파이프라인들을 빌드하는 부담을 덜어줄 수 있다는 것을 배웠다. 그리고 아마존 아테나를 사용해 SQL 쿼리에서 머신러닝 모델을 호출하는 방법을 시연했다. 또한 아마존 컴프리헨드가 AutoML을 활용해 대중에게 공개된 아마존 고객 리뷰 데이터셋을 기반으로 한 커스텀 텍스트 분류기 모델을 마우스 클릭 몇 번 또는 몇 줄의 파이썬 소스 코드로 훈련시키고 배포하는 방법도 알아보았다.

다음 장들에서는 아마존 세이지메이커와 텐서플로우로 커스텀 BERT 기반 텍스트 분류기를 빌드해 소셜 채널 및 파트너 웹사이트를 비롯한 다양한 데이터 소스의 상품 리뷰를 분류하는 방법을 자세히 알아볼 것이다.

## CHAPTER 4

클라우드로 데이터 수집하기

이 장에서는 클라우드로 데이터를 수집하는 방법에 대해 살펴본다. [그림 4-1]은 애플리케이션이 아마존 S3 데이터 레이크에 파일을 저장하는 일반적인 시나리오를 보여준다. 저장된 데이터는 머신러닝 엔지니어, 데이터 과학자, 비즈니스 인텔리전스/데이터 분석 팀이 사용할 수 있어야 한다.

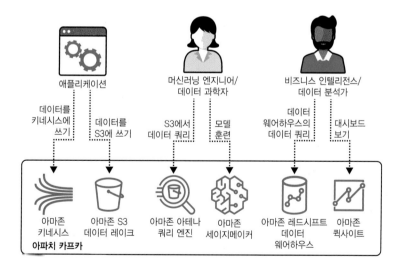

그림 4-1 애플리케이션이 데이터를 S3에 저장함으로써 데이터 과학자, 머신러닝 엔지니어, 비즈니스 인텔리선스 팀이 데이터를 사용할 수 있다

아마존 심플 스토리지 서비스^{Amazon Simple Storage Service}(아마존 S3)는 매우 저렴한 비용으로 뛰어난 내구성^{durability}, 고가용성^{high availability}, 무한 데이터 확장성을 제공하는 완전 관리형 객체 저장소다. 따라서 S3는 데이터 레이크, 훈련 데이터셋 및 모델을 위한 좋은 초석으로 삼기에 좋다. 다음 절에서 아마존 S3에 데이터 레이크를 빌드하는 것의 장점을 더 자세히 살펴볼 것이다.

애플리케이션이 지속적으로 데이터(예: 웹사이트에서 고객들과 상호작용, 상품 리뷰 메시지)를 캡처하고, 탭으로 구분된 값^{tab-separated values}(TSV) 파일 형식으로 S3에 데이터를 쓴다고 가정해보자.

원시 데이터셋을 빠르게 탐색하고 싶어 하는 데이터 과학자와 머신러닝 엔지니어에게 아마존 아테나를 추천한다. 아마존 아테나를 대화형 쿼리 서비스로 활용하면 데이터를 이동하지 않고도 표준 SQL을 사용해 S3에서 바로 데이터를 분석할 수 있다. 첫 번째 단계에서는 S3 버킷의 TSV 데이터를 아테나에 등록한 다음 데이터셋에 대한 몇 가지 즉석 쿼리를 실행한다. TSV 데이터를 좀 더 쿼리에 최적화된 컬럼 파일 형식인 아파치 파케이^{Apache Parquet}로 쉽게 변환하는 방법까지 살펴볼 것이다.

또한 비즈니스 인텔리전스 팀은 데이터 웨어하우스에서 데이터의 일부를 활용해 변환시키거나 표준 SQL 클라이언트로 쿼리하여 보고서를 작성하고 트렌드를 시각화할 수도 있다. 데이터 웨어하우스 서비스인 아마존 레드시프트를 소개하고 TSV 데이터를 아마존 레드시프트에 추가하는 방법과 데이터 웨어하우스 쿼리를 아마존 레드시프트 스펙트럼^{Amazon Redshift Spectrum}을 통해 S3 데이터 레이크에 남아 있는 액세스 빈도가 낮은 데이터와 결합하는 방법을 살펴볼 것이다. 또한 비즈니스 인텔리전스 팀은 아마존 레드시프트의 데이터 레이크 내보내기 기능을 사용해 변환됐거나 강화된 데이터셋을 파케이 파일 형식으로 S3 데이터 레이크로 데이터를 언로드할 수 있다.

마지막으로 압축 알고리즘으로 성능을 높이고 S3 인텔리전트-티어링^{S3 Intelligent-Tiering}을 활용하여 비용을 절감하는 팁과 요령을 소개하며 이 장을 마무리한다. 데이터셋 보안, 데이터 액세스 트래킹, 미사용 데이터 암호화, 전송 데이터 암호화에 대해서는 12장에서 더 자세히 살펴본다.

4.1 데이터 레이크

3장에서는 지난 몇 년간 일어났던 데이터 급증, 데이터 과학의 보편화와 인공지능의 대중화에 대해 논의해보았다. 이어서 클라우드 서비스 공급자가 대량의 데이터를 저장하고 처리하기 위해 민첩한 인프라를 어떻게 제공하는지 살펴봤다.

이 모든 데이터를 효율적으로 사용하려면 기업에서는 기존에 존재하는 데이터 사일로silo를 허물기도 해야 하고, 방대한 영역의 데이터셋을 분석하는 방법을 찾아내야 한다. 그리고 정형 및 비정형의 모든 데이터를 처리하면서 데이터 관리, 데이터 보안, 개인 정보 보호 규정 등을 최고 수준으로 보장할 수 있어야 한다. 이러한 대규모 데이터 챌린지들을 직면하게 되면 데이터 레이크를 고려할 단계라고 보면 된다.

데이터 레이크의 큰 장점 중 하나는 우리가 직접 스키마를 사전 지정할 필요가 없다는 점이다. 원시 데이터를 대규모로 저장하고 나서 어떤 방법으로 데이터를 프로세스하고 분석할지는 나중에 정하면 된다. 즉, 스키마가 정해지지 않은 특징 때문에 데이터 레이크에는 정형, 반정형, 비정형 데이터가 포함될 수 있다. [그림 4-2]는 데이터 규모와 관계 없이 실시간으로 저장, 제어, 검색 및 공유할 수 있는 중앙 집중식 데이터 레이크 저장소를 보여준다.

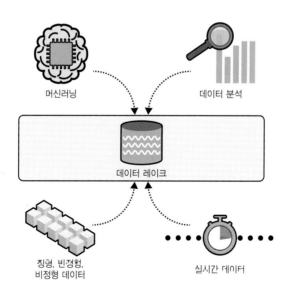

그림 4-2 모든 규모의 데이터를 저장, 제어, 검색, 공유하는 중앙 집중식 저장소인 데이터 레이크

데이터 레이크는 대규모의 다양한 데이터셋에 액세스할 수 있도록 해주며, 그 방대한 데이터에 대해 데이터 과학 및 머신러닝 작업을 수행하는 데 완벽한 기반이 된다. [그림 4-3]은 데이터 레이크 빌드 단계를 순서대로 보여준다.

1. 저장소를 설정한다.

2. 데이터를 옮긴다.

3. 데이터를 정제하고, 준비하고, 카탈로그로 분류한다.

4. 보안을 구성 및 시행하고 정책을 준수한다.

5. 데이터 분석에 사용할 수 있는 데이터를 만든다.

각각의 단계를 수행하는 데에는 여러 가지 도구와 기술들이 쓰인다. 데이터 레이크를 처음부터 수동으로 빌드할 수도 있고 AWS 레이크 포메이션AWS Lake Formation과 같이 프로세스를 간소화하는 데 도움이 되는 클라우드 서비스를 사용할 수도 있다.

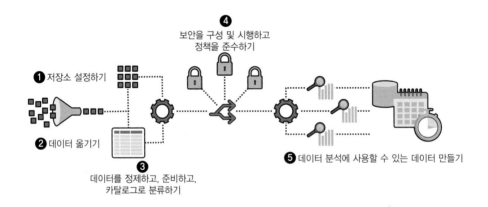

그림 4-3 여러 단계로 빌드하는 데이터 레이크

AWS 레이크 포메이션은 데이터베이스 및 객체 저장소에서 데이터를 수집 및 카탈로그로 분류하고, S3 기반 데이터 레이크로 데이터를 이동시킨다. 그리고 민감한 개인 정보 데이터에 대한 액세스 보안을 강화하고 다음 머신러닝을 사용해 데이터의 중복을 제거한다.

AWS 레이크 포메이션의 추가 기능에는 행 단위 보안, 열 단위 보안 그리고 ACID^atomic, consistent, isolated, and durable 트랜잭션을 지원하는 관리형governed 테이블이 있다. 행 및 열 단위 수준의 사용 권한을 통해 사용자는 액세스 권한이 있는 데이터만 볼 수 있다. AWS 레이크 포메이션 트랜잭션을 통해 사용자는 관리형 테이블에서 행들을 동시에 안정적으로 삽입, 수정 및 삭제할 수 있다. 또한 AWS 레이크 포메이션은 데이터 저장소를 자동으로 압축하고 관리형 테이블의 데이터 레이아웃을 최적화하여 쿼리 성능을 높인다.

S3는 비용을 최적화하면서도 데이터를 수집할 수 있는 다양한 방법(콜드 스토리지 및 아카이빙cold storage and archiving[1] 기능을 비롯한 인텔리전트 티어링intelligent tiering[2])을 제공해 데이터 레이크 서비스 중에서 가장 인기 있는 서비스가 되었다. 또한 보안 및 규정 준수를 위한 객체 수준의 제어 기능을 많이 제공한다.

AWS는 더 나아가 S3 데이터 레이크에 레이크 하우스 아키텍처Lake House Architecture를 구현한다. 레이크 하우스 아키텍처는 통합 관리 모델을 위해 S3 데이터 레이크와 아마존 레드시프트의 데이터 웨어하우스를 통합한다. 레이크 하우스 아키텍처가 사용된 예는 나중에 이 장에서 아마존 레드시프트 데이터 웨어하우스와 S3 데이터 레이크에 걸쳐 데이터를 결합하는 쿼리를 실행하는 단계에서 찾아볼 수 있다.

데이터 분석 관점에서 아마존 S3에 데이터를 저장함으로써 얻는 또 다른 장점은 S3의 데이터에 즉석으로 쿼리를 실행할 수 있어서 '통찰 기간time to insight'[3]이 크게 단축된다는 것이다. 또한 기존 엔터프라이즈 데이터 웨어하우스에 데이터를 저장하기 위해 복잡한 변환 프로세스와 데이터 파이프라인을 거칠 필요가 없다.

4.1.1 S3 데이터 레이크로 데이터 가져오기

이제 데이터를 S3로 가져올 준비가 되었다. 이 책의 주요 데이터셋으로 아마존 고객 리뷰 데이터셋[4]을 선택했다.

---

1 옮긴이 1_ 콜드 스토리지 및 아카이빙 기능은 S3의 유형에서 S3 글래시어와 S3 글래시어 아카이브 옵션을 말한다.
2 옮긴이 1_ 인텔리전트 티어링도 S3의 유형으로서 액세스 패턴을 알 수 없거나 액세스 패턴이 변경되는 데이터에 대해 자동으로 비용 절감 효과를 제공하는 유형을 의미한다.
3 옮긴이 1_ 통찰 기간은 문맥상 S3의 데이터를 쿼리하고 결과를 보고하는 과정을 반복적으로 처리해서 원하는 결과를 얻는 데 걸리는 시간 또는 기간을 의미한다.
4 https://oreil.ly/jvgLz

아마존 고객 리뷰 데이터셋은 1995년부터 2015년까지 아마존닷컴 웹사이트에서 43개의 상품 카테고리에 걸쳐 있는 1억 5천만 개 이상의 고객 리뷰로 구성되어 있다. 참고로 자연어 처리와 같은 머신러닝 개념을 시연하는 데 유용한 자료다.

아마존닷컴 마켓플레이스에서 상품의 구입 여부를 결정할 때 아마존닷컴에서 이런 고객 리뷰를 본 적이 있을 것이다. [그림 4-4]는 아마존 에코 닷Amazon Echo Dot 장치에 대한 아마존닷컴의 상품 리뷰 섹션을 보여준다.

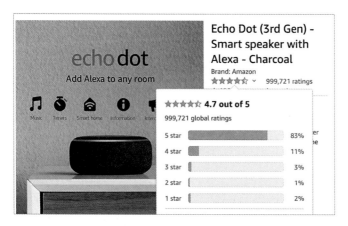

그림 4-4 아마존 에코 닷 장치에 대한 리뷰(출처: 아마존닷컴)

4.1.2 데이터셋 설명하기

고객 리뷰는 정보를 바탕으로 구매 결정을 원하는 고객을 위한 아마존닷컴의 가장 중요한 도구다. 아마존 창업자 제프 베조스Jeff Bezos는 매년 열리는 아마존 주주 서신에서 고객 유치 도구로 '입소문'이 중요하다는 점을 매번 강조한다. 제프는 '고객들의 끊임없는 불만'을 매우 좋아한다.

> 이제 우리는 고객들에게 훨씬 더 많은 리뷰, 콘텐츠, 검색 옵션 및 권장 기능을 제공합니다. 입소문은 고객을 확보하는 가장 강력한 도구입니다. 고객들의 재구매와 입소문이 결합되어 아마존닷컴은 온라인 서적 판매의 선두 주자가 될 수 있었습니다. 우리에게 신뢰를 준 고객들에게 항상 감사합니다.
>
> – 제프 베조스, 1997 주주(주식 소유자) 서한[5]

---

5 https://oreil.ly/mj8M0

다음은 아마존 고객 리뷰 데이터셋의 스키마다.

Marketplace

두 글자로 된 국가 코드(현재 데이터셋에는 모두 'US'로만 표시되어 있음)

customer_id

한 작성자가 작성한 리뷰들을 집계하는 데 사용하는 무작위로 구성된 식별자

review_id

리뷰의 고유한 ID

product_id

아마존 표준 식별 번호^{Amazon Standard Identification Number}(ASIN)

product_parent

ASIN의 상위 개념. 여러 동일한 제품의 색상 또는 형식 변형(ASIN)을 단일 상위 제품으로 넣을 수 있다.

product_title

상품 제목

product_category

그룹 리뷰로 사용될 수 있는 광범위한 상품 카테고리

star_rating

별점. 별 1개가 가장 낮고 별 5개가 가장 높다.

helpful_votes

리뷰가 도움이 된다는 투표의 수

total_votes

리뷰가 받은 총 투표 수

Vine

리뷰가 아마존 바인^{Vain} 프로그램의 일환으로 작성되었는가?

verified_purchase

검증된 구매자가 쓴 리뷰인가?

review_headline

리뷰 제목

review_body

리뷰 글

review_date

리뷰 작성 날짜

아마존 고객 리뷰 데이터셋은 모두에게 공개된 S3 버킷에서 받을 수 있으며, 파일은 두 가지 형식으로 준비되어 있다.

- TSV(텍스트 형식): s3://amazon-reviews-pds/tsv
- 파케이(최적회된 컬럼 형식의 바이너리 형식): s3://amazon-reviews-pds/parquet

파케이 데이터셋은 쿼리 성능을 더욱 개선하기 위해 **product_category** 컬럼에 대해 분할(하위 폴더로 분할)된다. 이를 통해 SQL 쿼리에서 **product_category**에 대한 **WHERE** 절을 사용해 해당 범주와 관련된 데이터만 불러올 수 있다.

AWS 커맨드라인 인터페이스^{AWS Command Line Interface}(AWS CLI)를 이용해 다음 CLI 명령문을 사용하면 S3 버킷의 파일 목록을 나열할 수 있다.

- aws s3 ls s3://amazon-reviews-pds/tsv

- aws s3 ls s3://amazon-reviews-pds/parquet

NOTE_AWS CLI 도구는 아마존 웹 서비스를 위한 통합된 커맨드라인 인터페이스다. AWS CLI 도구를 설치하고 설정하는 방법은 주석의 URL에서 확인할 수 있다.[6]

다음 목록은 사용 가능한 데이터셋 파일을 TSV 형식과 파케이 파티션 폴더 구조로 보여 준다.

다음은 TSV 형식의 데이터셋 파일이다.

```
2017-11-24 13:49:53  648641286 amazon_reviews_us_Apparel_v1_00.tsv.gz
2017-11-24 13:56:36  582145299 amazon_reviews_us_Automotive_v1_00.tsv.gz
2017-11-24 14:04:02  357392893 amazon_reviews_us_Baby_v1_00.tsv.gz
2017-11-24 14:08:11  914070021 amazon_reviews_us_Beauty_v1_00.tsv.gz
2017-11-24 14:17:41 2740337188 amazon_reviews_us_Books_v1_00.tsv.gz
2017-11-24 14:45:50 2692708591 amazon_reviews_us_Books_v1_01.tsv.gz
2017-11-24 15:10:21 1329539135 amazon_reviews_us_Books_v1_02.tsv.gz
...
2017-11-25 08:39:15   94010685 amazon_reviews_us_Software_v1_00.tsv.gz
2017-11-27 10:36:58  872478735 amazon_reviews_us_Sports_v1_00.tsv.gz
2017-11-25 08:52:11  333782939 amazon_reviews_us_Tools_v1_00.tsv.gz
2017-11-25 09:06:08  838451398 amazon_reviews_us_Toys_v1_00.tsv.gz
2017-11-25 09:42:13 1512355451 amazon_reviews_us_Video_DVD_v1_00.tsv.gz
2017-11-25 10:50:22  475199894 amazon_reviews_us_Video_Games_v1_00.tsv.gz
2017-11-25 11:07:59  138929896 amazon_reviews_us_Video_v1_00.tsv.gz
2017-11-25 11:14:07  162973819 amazon_reviews_us_Watches_v1_00.tsv.gz
2017-11-26 15:24:07 1704713674 amazon_reviews_us_Wireless_v1_00.tsv.gz
```

다음은 파케이 형식의 데이터셋 파일이다.

```
PRE product_category=Apparel/
                    PRE product_category=Automotive/
                    PRE product_category=Baby/
                    PRE product_category=Beauty/
                    PRE product_category=Books/
```

---

6 https://aws.amazon.com/cli

```
...
PRE product_category=Watches/
PRE product_category=Wireless/
```

PRE는 '접두사prefix'를 의미한다. 정확한 표현은 아니지만 우선 PRE는 S3의 폴더라고 생각해도 무방하다.

때로는 EXPLAIN으로 S3 파티션이 사용되고 있는지 확인하는 것도 좋다. 예를 들어, 스파크는 스파크 SQL에서 사용 중인 파티션을 강조하여 표시한다. 시간이 지남에 따라 쿼리 패턴이 변경되면 기존 파티션 업데이트나 비즈니스 요구 사항에 맞는 새 파티션을 추가한다.

그렇다면 어떤 데이터 형식을 선택해야 할까? 분석 쿼리를 실행할 때는 대부분의 분석 쿼리가 데이터 컬럼에 대한 요약 통계(AVG, SUM, STDDEV 등)를 수행하므로 파케이 컬럼 파일 형식을 확실히 선호한다. 반면에 많은 애플리케이션은 애플리케이션 로그 파일 같은 것들을 단순 CSV나 TSV 파일 형식으로 데이터를 작성한다. 그러므로 사용 가능한 파케이 파일이 없다는 가정을 하고 CSV나 TSV 파일로부터 파케이 파일을 얻는 과정이 얼마나 쉬운지 실습을 통해 알아보자.

첫 번째로 [그림 4-5]와 같이 아마존의 공개public S3 버킷에서 비공개private S3 버킷으로 TSV 데이터를 복사해 해당 프로세스를 시뮬레이션해본다.

그림 4-5 공개 S3 버킷에서 비공개 S3 버킷으로 데이터셋을 복사

AWS CLI 도구를 다시 사용해 다음 단계를 수행한다.

1. 새로운 비공개 S3 버킷을 생성한다.

```
aws s3 mb s3://data-science-on-aws
```

2. 공개 S3 버킷의 내용을 새로 만든 비공개 S3 버킷에 다음과 같이 복사한다(amazon_reviews_us_로 시작하는 파일만 포함한다. 즉, 해당 디렉터리의 인덱스, 다국어 및 표본 데이터 파일은 생략한다).

```
aws s3 cp --recursive s3://amazon-reviews-pds/tsv/ \
s3://data-science-on-aws/amazon-reviews-pds/tsv/ \
--exclude "*" --include "amazon_reviews_us_*"
```

이제 아마존 아테나를 사용해 데이터를 등록 및 쿼리하고 TSV 파일을 파케이 형식으로 변환할 준비가 되었다.

4.2 아마존 아테나를 사용해 아마존 S3 데이터 레이크 쿼리하기

아마존 아테나는 표준 SQL을 사용해 아마존 S3의 데이터를 쉽게 분석하는 대화형 쿼리 서비스다. 아테나를 사용하면 S3 기반 데이터 레이크에서 암호화된 데이터를 포함한 원시 데이터를 쿼리할 수 있다. 아테나는 컴퓨팅과 저장소를 분리하고, 비즈니스 통찰력을 얻는 데 걸리는 전체 시간을 줄여준다. S3 데이터와 함께 아테나 테이블을 등록하면 아테나는 테이블과 S3를 매핑하여 저장한다. 또한 아테나는 하이브 메타스토어^{Hive Metastore} 호환 서비스인 AWS 글루 데이터 카탈로그^{AWS Glue Data Catalog}를 사용해 테이블과 S3를 매핑하여 저장한다. 여기서 AWS 글루 데이터 카탈로그는 AWS 계정의 지속성을 가진 메타데이터 저장소로 생각하면 된다. 아테나와 아마존 레드시프트 스펙트럼 같은 AWS 서비스들은 데이터 카탈로그를 사용해 데이터를 찾고 쿼리할 수 있다. 아파치 스파크도 AWS 글루 데이터 카탈로그에서도 데이터를 읽는다.

데이터 카탈로그 외에도 AWS 글루는 추출–변환–적재^{extract–transform–load}(ETL) 워크플로우를 빌드하는 도구도 제공한다. ETL 워크플로우에는 다양한 소스에서 데이터를 자동으로 검색하고 추출하는 작업이 포함된다. 시각화를 제공하는 AWS 글루 스튜디오^{Glue Studio} 서비스를 활용하면 코드를 작성하지 않고도 ETL 워크플로우를 구성하고 실행할 수 있다. 또한 AWS 글루 스튜디오는 모든 ETL 작업을 모니터링할 수 있는 대시보드를 제공한다. AWS 글루는 아파치 스파크 기반 서버리스 ETL 엔진에서 워크플로우를 실행한다.

아테나 쿼리는 동적으로 확장되는 서버리스 쿼리 엔진 내에서 병렬로 동작한다. 아테나는 작업으로 제출된 쿼리 및 데이터셋에 따라 클러스터를 자동으로 확장한다. 따라서 아테나는 대규모 데이터셋에서 매우 빠르게 처리하며, 사용자가 인프라 세부 사항에 대해 걱정하지 않아도 된다.

또한 아테나는 쿼리 성능을 향상하기 위해 수천만 개의 파티션(`product_category`, `year`, `marketplace`)이 있는 파케이 컬럼 형식의 파일 형식을 지원한다. 예를 들어, `product_category`별로 결과를 그룹화하는 쿼리를 자주 실행하려는 경우 아테나에서 `product_category`에 대한 파티션을 만들어야 한다. 파티션 생성 시 아테나는 AWS 글루 데이터 카탈로그를 업데이트하여 향후 실행될 쿼리가 이 새 파티션으로 인한 성능 개선을 누릴 수 있도록 한다.

아테나는 오픈 소스인 프레스토Presto[7] 기반으로 한다. 프레스토는 빠르게 비정기적인 데이터 분석을 할 수 있도록 설계된 분산 SQL 쿼리 엔진이다. 아파치 스파크와 마찬가지로 프레스토는 높은 RAM 클러스터를 사용해 쿼리를 수행한다. 그러나 프레스토는 자동화된 반복적 쿼리에 비해 많은 양의 디스크가 필요하지 않다. 따라서 내결함성Fault Tolerance에 필요한 체크포인트를 수행하지 않는다. 오래 실행되는 아테나 작업들의 경우 아마존 클라우드워치 이벤트들을 사용해 쿼리 완료 이벤트를 수신할 수 있다. 쿼리가 완료되면 모든 수신자에게 쿼리 성공 여부, 총 실행 시간, 검색된 총 바이트를 포함한 이벤트 세부 정보가 표시된다.

아테나 통합 쿼리 Athena Federated Query라는 기능을 사용하면 아마존 RDS와 오로라 같은 관계형 데이터베이스, 다이나모DB와 같은 비관계형(NoSQL) 데이터베이스, 아마존 S3와 같은 객체 저장소 및 커스텀 데이터 소스에 저장된 데이터에서 SQL 쿼리를 실행할 수 있다. 이 기능은 데이터를 이동할 필요 없이 데이터 웨어하우스, 데이터 레이크, 운영 데이터베이스에 저장된 데이터의 통합 분석 화면을 제공한다.

아테나에 연결하는 방법에는 네 가지가 있다. AWS 관리 콘솔AWS Management Console을 통해 접속하거나, API를 이용하거나, 오픈 데이터베이스 연결Open Database Connectivity(ODBC)을 이용하거나, 자바 데이터베이스 연결Java Database Connectivity(JDBC) 드라이버를 사용할 수 있다. AWS 관리 콘솔에서 아마존 아테나를 사용하는 방법을 다음 절에서 살펴보자.

---

7 `https://oreil.ly/WKcDS`

4.2.1 AWS 콘솔에서 아테나 액세스하기

아마존 아테나를 사용하려면 먼저 서비스를 설정해야 한다. 우선 아테나를 실행하기 위해 AWS 관리 콘솔에서 아마존 아테나를 클릭한다. S3에서 아테나에 대한 '쿼리 결과' 위치를 설정하라는 메시지가 뜨면 쿼리 결과의 S3 위치를 지정한다(예: s3://〈BUCKET〉/data-science-on-aws/athena/query-results).

그런 다음 데이터베이스를 생성한다. 아테나 쿼리 편집기에서 예제 쿼리가 있는 쿼리 창을 볼 수 있다. 우리는 이 쿼리 창에 쿼리 입력을 시작할 수 있다. 데이터베이스를 생성하려면 **CREATE DATABASE** 문을 입력하고 쿼리를 실행한 다음 dsoaws가 카탈로그 대시보드의 데이터베이스 목록에 나타나는지 다음 코드로 확인한다.

```
CREATE DATABASE dsoaws;
```

AWS 글루 데이터 카탈로그를 소스로 사용해 아테나에서 **CREATE DATABASE** 및 **CREATE TABLE** 쿼리를 실행하면 AWS 글루 데이터 카탈로그에 생성되는 데이터베이스 및 테이블 메타데이터 항목이 자동으로 표시된다.

4.2.2 S3 데이터를 아테나 테이블로 등록하기

이제 데이터베이스가 있으므로 아마존 고객 리뷰 데이터셋을 기반으로 테이블을 생성할 준비가 되었다. 데이터로 매핑하는 컬럼들을 정의하고, 데이터 구분 방법을 지정한 다음 데이터의 아마존 S3 경로를 제공한다.

데이터를 쓰고 수집할 때 스키마를 미리 정의할 필요가 없도록 '데이터 읽기 스키마schema on read'[8]를 정의해보자. 아테나 콘솔에서 **DATABASE**로 dsoaws가 선택되어 있는지 확인한 다음 새 쿼리를 선택한다. 그리고 SQL 문을 실행하여 compression=gzip 옵션으로 압축 파일을 읽고, skip.header.line.count=1로 각 파일의 상단에 있는 CSV 헤더를 건너뛴다. SQL 문을 실행한 후 새로 생성된 테이블인 amazon_reviews_tsv가 왼쪽 아래 '테이블'에 나타나는지 다음 코드에서 확인한다.

---

8 옮긴이 1_ 아파치 하이브에서 데이터를 추가(insert)하는 시점에서 체크하지 않고, 읽을 때(read) 테이블의 스키마 속성대로만 데이터를 적용하는 방식으로, 아테나에서 이 기능을 제공한다. 기본 데이터를 변경하거나 다시 작성하지 않아도 된다는 장점이 있다.

```
CREATE EXTERNAL TABLE IF NOT EXISTS dsoaws.amazon_reviews_tsv(
        marketplace string,
        customer_id string,
        review_id string,
        product_id string,
        product_parent string,
        product_title string,
        product_category string,
        star_rating int,
        helpful_votes int,
        total_votes int,
        vine string,
        verified_purchase string,
        review_headline string,
        review_body string,
        review_date string
) ROW FORMAT DELIMITED FIELDS TERMINATED BY '\t'
LINES TERMINATED BY '\n'
LOCATION 's3://data-science-on-aws/amazon-reviews-pds/tsv'
TBLPROPERTIES ('compressionType'='gzip', 'skip.header.line.count'='1')
```

모든 것이 올바르게 작동하는지 확인하기 위해 아래와 같은 쿼리 예제를 실행한다.

```
SELECT *
FROM dsoaws.amazon_reviews_tsv
WHERE product_category = 'Digital_Video_Download' LIMIT 10
```

위 쿼리의 출력 결과는 다음과 같다.

marketplace	customer_id	review_id	product_id	product_title	product_category
US	12190288	R3FBDHSJD	BOOAYB23D	Fnlightened	Digital_VIdeo_Download
...	...	...	...	...	...

4.2.3 새 데이터가 도착할 때 AWS 글루 크롤러로 아테나 테이블 업데이트하기

다음 코드는 매일 밤 23:59 UTC에 S3를 크롤링하고 새 데이터가 도착하면 아테나 테이블에 업데이트하도록 작성됐다. 예를 들어, 우리가 .tar.gz 파일을 S3에 추가하고 크롤러가 예약된 실행을 완료한 뒤에 아테나 쿼리들을 확인해보면 새로운 데이터가 있는 것을 볼 수 있다.

```python
glue = boto3.Session().client(service_name='glue', region_name=region)

create_response = glue.create_crawler(
    Name='amazon_reviews_crawler',
    Role=role,
    DatabaseName='dsoaws',
    Description='Amazon Customer Reviews Dataset Crawler',
    Targets={
        'CatalogTargets': [
            {
                'DatabaseName': 'dsoaws',
                'Tables': [
                    'amazon_reviews_tsv',
                ]
            }
        ]
    },
    Schedule='cron(59 23 * * ? *)', # run every night at 23:59 UTC
     SchemaChangePolicy={
        'DeleteBehavior': 'LOG'
    },
    RecrawlPolicy={
        'RecrawlBehavior': 'CRAWL_EVERYTHING'
    }
)
```

4.2.4 아테나에서 파케이 기반 테이블 생성하기

다음 단계에서는 쿼리 성능을 향상하기 위해 해당 데이터를 아파치 파케이 컬럼 형식의 파일 형식으로 쉽게 변환하는 방법을 보여준다. 파케이는 개수, 합계, 평균 및 기타 집계 기반 요약 통계와 같은 컬럼 값들에 초점을 맞춘 컬럼 기반 쿼리를 최적화한다.

데이터를 컬럼 형식으로 저장함으로써 파케이는 컬럼 형식 요약 통계를 순차적으로 읽는다. 그 결과 디스크 컨트롤러가 행간을 이동하면서 컬럼 데이터를 찾기 위해 재검색해야 하는 것보다 훨씬 더 효율적인 데이터 액세스와 '기계적 공감^{mechanical sympathy}'을 얻을 수 있다. 대규모 데이터 분석을 수행하는 경우 파케이와 같은 컬럼 형식의 파일 형식을 사용해야 한다. 4.6절에서 파케이의 장점을 알아볼 것이다.

다시 한번, DATABASE에 대해 dsoaws가 선택되어 있는지 확인한 후 새 쿼리new query를 선택한다. 그런 다음 CREATE TABLE AS(CTAS) SQL 문을 실행한다.

```
CREATE TABLE IF NOT EXISTS dsoaws.amazon_reviews_parquet
WITH (format = 'PARQUET', \
        external_location = 's3://<BUCKET>/amazon-reviews-pds/parquet', \
        partitioned_by = ARRAY['product_category']) AS

SELECT marketplace,
        customer_id,
        review_id,
        product_id,
        product_parent,
        product_title,
        star_rating,
        helpful_votes,
        total_votes,
        vine,
        verified_purchase,
        review_headline,
        review_body,
        CAST(YEAR(DATE(review_date)) AS INTEGER) AS year,
        DATE(review_date) AS review_date,
        product_category

FROM dsoaws.amazon_reviews_tsv
```

위의 쿼리에서 볼 수 있듯이 review_date 문자열을 날짜 형식으로 변환한 다음 날짜에서 연도를 캐스팅하여 데이터셋에 새로운 year 컬럼을 추가한다. 연도 숫잣값을 정수로 저장하자. CTAS 문 쿼리를 실행하고 난 후 새로 생성된 amazon_reviews_parquet 테이블이 왼쪽 아래의 테이블에 나타나는 것을 볼 수 있다. 마지막 단계로 파케이 파티션을 불러오기 위해 다음 SQL 명령문을 실행한다.

```
MSCK REPAIR TABLE amazon_reviews_parquet;
```

다음과 같이 표본 쿼리를 다시 실행해 모든 것이 올바르게 작동하는지 확인할 수 있다.

```
SELECT *
FROM dsoaws.amazon_reviews_parquet
WHERE product_category = 'Digital_Video_Download' LIMIT 10
```

두 테이블 모두 하이브 메타스토어와 호환되는 AWS 글루 데이터 카탈로그에 메타데이터 항목들이 있다. 이 메타데이터는 아마존 일래스틱 맵리듀스$^{Elastic\ MapReduce}$(아마존 EMR), 아테나, 레드시프트, 키네시스, 세이지메이커, 아파치 스파크와 같은 쿼리 및 데이터 처리 엔진에서 사용되는 스키마를 정의한다.

몇 단계만으로 TSV 데이터셋 파일을 아파치 파케이 파일 형식으로 변환하도록 아마존 아테나를 설정하는 법을 살펴보았다. 파케이 파일의 쿼리는 TSV 파일의 쿼리에 비해 훨씬 짧은 시간 내에 완료될 수 있고, 컬럼형 파케이 파일 형식과 **product_category** 파티션의 장점을 활용하여 쿼리 응답 시간을 단축할 수 있다는 것을 알아봤다.

4.3 AWS 글루 크롤러를 통해 지속적으로 새 데이터 수집하기

애플리케이션을 통해 항상 새로운 데이터가 들어오고, 우리는 이 새 데이터들을 분석 및 모델 훈련의 목적에 맞게 우리의 시스템에 등록시킬 방법이 필요하다. AWS 글루는 머신러닝 기반 **퍼지**^{Puzzy} 레코드 중복 제거 기능을 포함하여 정교한 데이터 정리 및 머신러닝 변환 기능을 제공한다. S3의 새 데이터를 AWS 글루 데이터 카탈로그에 등록하는 한 가지 방법은 [그림 4-6]과 같이 글루 크롤러를 사용하는 것이다.

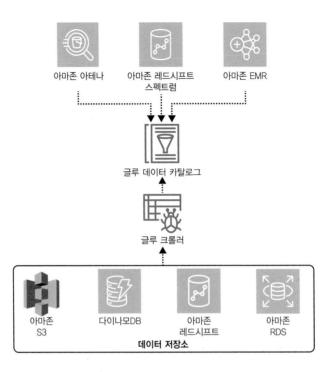

아마존 아테나   아마존 레드시프트   아마존 EMR
              스펙트럼

글루 데이터 카탈로그

글루 크롤러

아마존   다이나모DB   아마존   아마존
S3   레드시프트   RDS

데이터 저장소

그림 4-6 다양한 데이터 소스로부터 데이터를 수집 및 등록하는 AWS 글루 크롤러

일정에 따라 주기적으로 또는 S3 트리거를 사용해 크롤러를 트리거할 수 있다. 다음 코드는 크롤러를 생성하고 매일 밤 23:59 UTC마다 새 데이터가 수집될 새 S3 폴더(접두사)를 예약한다.

```python
create_response = glue.create_crawler(
    Name='amazon_reviews_crawler',
    Role=role,
    DatabaseName='dsoaws',
    Description='Amazon Customer Reviews Dataset Crawler',
    Targets={
        'CatalogTargets': [
            {
                'DatabaseName': 'dsoaws',
                'Tables': [
                    'amazon_reviews_tsv',
                ]
            }
        ]
    },
```

```
            Schedule='cron(59 23 * * ? *)',
            SchemaChangePolicy={
                'DeleteBehavior': 'LOG'
            },
            RecrawlPolicy={
                'RecrawlBehavior': 'CRAWL_NEW_FOLDERS_ONLY'
            }
    )
```

이 크롤러는 새로운 데이터가 새 폴더에 저장된다는 가정을 하도록 설정됐다. 일반적으로 연, 월, 일, 시, 분 등을 포함하는 S3 접두사를 사용한다. 예를 들어, S3 경로를 s3://<S3_BUCKET>/<YEAR>/<MONTH>/<DAY>/<HOUR>/와 같은 명명 규칙을 적용해 새 폴더를 만들면 시간별 S3 폴더에 애플리케이션 로그를 저장할 수 있다. 모든 데이터를 크롤링하는 경우 RecrawlBehavior에 CRAWL_EVERYTHING 옵션을 사용한다. 또한 cron() 트리거를 사용해 일정을 변경할 수도 있다. 또한 예약된 글루 크롤러가 SUCCEEDED 상태에 도달하면 새 데이터를 변환하고 불러오는 ETL 작업을 시작하도록 또 다른 트리거를 추가할 수 있다.

4.4 아마존 레드시프트 스펙트럼으로 레이크 하우스 구축하기

데이터 레이크와 데이터 웨어하우스의 근본적인 차이는 가공되지 않은 엄청난 양의 원시 데이터를 데이터 레이크에 수집하고 저장하는 반면, 데이터 웨어하우스에는 최근 데이터 중 일부만 저장한다는 데에 있다. 비즈니스 및 분석 사용 사례에 따라 지난 2개월, 1년 또는 2년의 데이터를 사용할 수 있다. 이 절에서는 전년 대비 고객 행동을 분석하고 트렌드를 검토하기 위해 지난 2년간의 아마존 고객 리뷰 데이터셋을 필요로 하는 상황을 가정하고, 데이터 웨어하우스로 아마존 레드시프트를 사용해볼 것이다.

아마존 레드시프트는 페타바이트 규모의 정형, 반정형 및 JSON 형식의 데이터에 대해 복잡한 분석 쿼리를 실행할 수 있는 완전 관리형 데이터 웨어하우스다. 레드시프트로 보내진 쿼리들은 여러 노드에 분산되고 병렬화된다. 또한 데이터를 각 행에 저장하는 데 최적화되고 주로 트랜잭션 데이터를 처리하는 애플리케이션에서 사용하는 관계형 데이터베이스와 반대로, 아마존 레드시프트는 컬럼 형식의 데이터 저장소를 구현해 각 컬럼들의 데이터에 더 초점을 맞추는 분석 애플리케이션에 최적화됐다.

또한 아마존 레드시프트는 아마존 레드시프트 스펙트럼이라는 부가 기능을 제공한다. 레드시프트 스펙트럼은 아마존 레드시프트를 통해 S3 데이터 레이크의 엑사바이트exabyte 규모의 비정형 데이터에 대해 SQL 쿼리를 직접적으로 실행할 수 있도록 해주는 기능이다. 데이터를 물리적으로 저장소 간에 옮길 필요가 없는 것이다. 아마존 레드시프트 스펙트럼은 S3 데이터 레이크와 아마존 레드시프트 데이터 웨어하우스를 통합하는 레이크 하우스 아키텍처의 일부이며, 제공자(AWS)와 사용자 간의 클라우드 공유 보안과 행 또는 열 기반의 액세스 컨트롤 기능을 갖추고 있다. 또한 아마존 레드시프트 스펙트럼은 아파치 후디Apache Hudi 및 델타 레이크Delta Lake 를 비롯한 다양한 오픈 소스 저장소 프레임워크를 지원한다.

아마존 레드시프트 스펙트럼은 데이터의 전체 사이즈보다는 얼마나 많은 양의 데이터가 들어오고 있는가, 아마존 S3에 대한 쿼리들이 빠르게 실행되는가에 따라 컴퓨팅 리소스의 스케일을 조정한다. 아마존 레드시프트 스펙트럼은 푸시다운 필터pushdown filter, 블룸 필터bloom filter, 구체화 뷰materialized view를 사용해 검색 시간을 줄이고 S3와 같은 외부 데이터 스토리지에 대해 쿼리 성능을 향상한다. 4.6절에서 더 많은 성능 팁에 대해 다룬다.

또한 아마존 레드시프트 스펙트럼은 데이터가 아마존 레드시프트에 로딩이 된 후에 변환하고 정제함으로써 전통적인 방식의 ETL을 추출-적재-변환extract-load-transform(ELT) 형태로 순서를 바꾼다. 이제 아마존 레드시프트 스펙트럼을 사용해 S3의 데이터에 액세스한 다음, 아마존 레드시프트에 저장된 데이터를 S3에 남아 있는 데이터와 결합하는 방법을 살펴보자.

앞서 다룬 아마존 아테나에서 보여준 데이터 분석 접근 방식과 비슷해 보이지만, 아마존 레드시프트 스펙트럼을 활용하면 데이터 웨어하우스 자체에 저장되지 않은 데이터들로부터 쿼리를 더 풍부하게 만들 수 있는 점에 주목해야 한다. 레드시프트 클러스터를 환경 설정하고 구성을 마치고 나면, AWS 콘솔을 통해 아마존 레드시프트로 이동해 쿼리 편집기를 클릭하여 명령문들을 실행할 수 있다.

S3에 있는 데이터를 아마존 레드시프트 스펙트럼을 통해 액세스하려면, 앞서 아마존 아테나를 이용해 생성했던 테이블을 이용하면 된다. 참고로 아마존 아테나로 생성한 테이블은 메타데이터와 스키마 정보로 구성됐으며 AWS 글루 데이터 카탈로그에 저장되었다. 아마존 레드시프트에 외부 스키마를 생성하고, 이 스키마를 AWS 글루 데이터 카탈로그로 연결시키고 아마존 레드시프트를 우리가 만든 데이터베이스에 연결시키면 된다. 아마존 레드시프트 쿼리 편집기 또는 ODBC/JDBC SQL 클라이언트를 통해 다음 SQL 명령문을 실행한다.

```
CREATE EXTERNAL SCHEMA IF NOT EXISTS athena FROM DATA CATALOG
    DATABASE 'dsoaws'
    IAM_ROLE '<IAM-ROLE>'
    CREATE EXTERNAL DATABASE IF NOT EXISTS
```

이 명령문은 아마존 레드시프트에 **athena**라는 새로운 스키마를 생성한다. **athena** 스키마는 아마존 아테나의 테이블을 통해 우리가 설정했던 데이터 액세스 설정을 강조 표시한다.

- **FROM DATA CATALOG**는 외부 데이터베이스가 AWS글루 데이터 카탈로그에 정의되어 있는 것을 나타낸다.
- **DATABASE**는 AWS글루 데이터 카탈로그에서 이전에 생성된 데이터베이스를 나타낸다.
- **IAM_ROLE** 쿼리문에는 우리가 쓰는 데이터 클러스터가 인증 및 권한 부여에 사용하는 IAM 역할에 고유 부여된 아마존 리소스 이름^{Amazon Resource Name}(ARN)을 입력해줘야 한다.

AWS 자격 증명 및 액세스 관리(IAM) 서비스는 계정 내의 AWS 서비스 및 리소스에 대한 액세스를 관리하고 제어할 수 있게 해준다. IAM 역할을 사용해 사용자 또는 서비스에 액세스 권한을 부여한다. 이 절의 예제에 필요한 IAM 역할은 **LIST** 연산을 S3 버킷에 대해 실행할 권한 및 **GET** 연산을 S3 객체들에 대해 실행할 권한을 가지고 있어야 한다. 만약 외부 데이터베이스가 아마존 아테나 데이터 카탈로그에 정의된 경우, IAM 역할은 아테나에 액세스할 수 있어야 한다. 아니면 **CATALOG_ROLE** 문을 별도로 지정해줘야 한다. 이 장에서 나중에 데이터를 안전하게 보관하는 법에 대해 더 자세히 알아볼 것이다.

이제 아마존 레드시프트 쿼리 편집기의 스키마 드롭다운 메뉴에서 **athena**를 선택해보자. 아마존 아테나에서 생성한 테이블 **amazon_reviews_tsv**, **amazon_reviews_parquet**를 확인할 수 있다. 정상적으로 실행되는지 확인하기 위해 다음 쿼리문을 실행해본다. 쿼리 편집기에 다음 명령문을 직접 쓰거나 복사해서 붙여 넣고 실행하면 된다.

```
SELECT
    product_category,
    COUNT(star_rating) AS count_star_rating
FROM
    athena.amazon_reviews_tsv
GROUP BY
    product_category
ORDER BY
    count_star_rating DESC
```

위 예제를 실행하면 다음 표와 유사한 결과가 나온다.

product_category	count_star_rating
Books	19531329
Digital_Ebook_Purchase	17622415
Wireless	9002021
...	...

이제 하나의 명령문으로 데이터를 데이터 웨어하우스로 이동하지 않고도 아마존 레드시프트에서 S3 데이터 레이크에 액세스하고 쿼리할 수 있다. 이것이 바로 아마존 레드시프트 스펙트럼의 힘이다.

이번에는 S3에서 아마존 레드시프트로 일부 데이터를 복사해보자. 2015년의 고객 리뷰 데이터를 불러온다. 일단 다음 SQL 명령문으로 **redshift**라는 또 다른 아마존 레드시프트 스키마를 생성한다.

```
CREATE SCHEMA IF NOT EXISTS redshift
```

그런 다음 고객 리뷰 데이터를 나타내는 새 테이블을 만들어보자. 또한 테이블에 새 컬럼을 추가하고 **year**를 추가해보자.

```
CREATE TABLE IF NOT EXISTS redshift.amazon_reviews_tsv_2015(
    marketplace varchar(2) ENCODE zstd,
    customer_id varchar(8) ENCODE zstd,
    review_id varchar(14) ENCODE zstd,
    product_id varchar(10) ENCODE zstd DISTKEY,
    product_parent varchar(10) ENCODE zstd,
    product_title varchar(400) ENCODE zstd,
    product_category varchar(24) ENCODE raw,
    star_rating int ENCODE az64,
    helpful_votes int ENCODE zstd,
    total_votes int ENCODE zstd,
    vine varchar(1) ENCODE zstd,
    verified_purchase varchar(1) ENCODE zstd,
    review_headline varchar(128) ENCODE zstd,
    review_body varchar(65535) ENCODE zstd,
    review_date varchar(10) ENCODE bytedict,
```

```
year int ENCODE az64)   SORTKEY (product_category)
```

나중에 성능에 대해 살펴볼 절에서 **SORTKEY**, **DISTKEY**, **ENCODE** 속성에 대해 자세히 살펴볼 것이다. 지금은 S3의 데이터를 새 아마존 레드시프트 테이블로 복사하고 몇 가지 예제 쿼리를 실행해본다.

이런 대량 입력 작업에는 **COPY** 명령 또는 **INSERT INTO** 명령을 사용할 수 있다. 일반적으로 **COPY** 명령은 아마존 S3 또는 다른 (레드시프트가 지원하는) 데이터 소스에서 데이터를 병렬 처리로 좀 더 효율적으로 불러오기 때문에 두 명령 중에서도 더 선호되는 명령이다.

데이터 또는 데이터 일부를 한 테이블에서 다른 테이블로 불러올 경우, 고성능 데이터 입력을 위해 고안된 **SELECT** 절과 함께 **INSERT INTO** 명령문을 사용한다. `athena.amazon_reviews_tsv` 테이블에서 데이터를 불러올 때 이 옵션을 선택한다.

```
INSERT
INTO
    redshift.amazon_reviews_tsv_2015
    SELECT
        marketplace,
        customer_id,
        review_id,
        product_id,
        product_parent,
        product_title,
        product_category,
        star_rating,
        helpful_votes,
        total_votes,
        vine,
        verified_purchase,
        review_headline,
        review_body,
        review_date,
        CAST(DATE_PART_YEAR(TO_DATE(review_date,
        'YYYY-MM-DD')) AS INTEGER) AS year
    FROM
        athena.amazon_reviews_tsv
    WHERE
        year = 2015
```

날짜 변환을 사용해 review_date 컬럼에서 연도를 추출하고 별도의 **year** 컬럼에 저장한다. 이 연도 컬럼은 2015년도 기록을 필터링하는 데 쓰인다. 이는 데이터 변환 로직을 **SELECT** 쿼리에 직접 넣고 그 결과를 아마존 레드시프트로 수집하므로 ETL 작업을 단순화할 수 있는 예제다.

테이블을 최적화하는 또 다른 방법은 일련의 시계열 테이블로 변형하는 것이다. 특히 데이터에 고정된 보존 기간이 있는 경우에 적용할 수 있다. 예를 들어, 지난 2년 동안 모은 데이터를 데이터 웨어하우스에 저장하고 한 달에 한 번 새 데이터로 업데이트한다고 가정해보자.

한 달에 하나의 테이블을 생성하면, 해당 테이블에서 **DROP TABLE** 명령문을 실행해 오래된 데이터를 쉽게 제거할 수 있다. 이 접근 방식은 대규모 **DELETE** 프로세스를 실행하는 것보다 훨씬 빠르며 공간을 확보하고 행을 재지정하기 위해 후속 **VACUUM** 프로세스를 실행하지 않아도 된다.

여러 테이블에서 쿼리 결과를 합치기 위해 **UNION ALL** 뷰를 사용할 수도 있다. 마찬가지로 이전 데이터를 삭제해야 하는 경우 **UNION ALL** 뷰에서 삭제된 테이블을 제거한다.

다음은 2014년과 2015년의 고객 데이터로 구성된 두 테이블에 대한 **UNION ALL** 뷰의 예시를 보여준다.

```
SELECT
    product_category,
    COUNT(star_rating) AS count_star_rating,
    year
FROM
    redshift.amazon_reviews_tsv_2014
GROUP BY
    redshift.amazon_reviews_tsv_2014.product_category,
    year
UNION
ALL SELECT
    product_category,
    COUNT(star_rating) AS count_star_rating,
    year
FROM
    redshift.amazon_reviews_tsv_2015
GROUP BY
    redshift.amazon_reviews_tsv_2015.product_category,
    year
ORDER BY
```

```
    count_star_rating DESC,
    year ASC
```

다음 표는 쿼리 결과를 보여준다.

product_category	count_star_rating	year
Digital_Ebook_Purchase	6615914	2014
Digital_Ebook_Purchase	4533519	2015
Books	3472631	2014
Wireless	2998518	2015
Wireless	2830482	2014
Books	2808751	2015
Apparel	2369754	2015
Home	2172297	2015
Apparel	2122455	2014
Home	1999452	2014

이제 SQL 쿼리를 실행하고 아마존 레드시프트의 데이터를 S3에 있는 데이터와 결합해보자. 다음 명령을 실행해 앞서 2014년과 2015년 고객 리뷰에 대한 쿼리에서 얻은 데이터를 가져와 2013년과 1995년 사이의 아테나/S3 데이터를 쿼리해본다.

```
SELECT
    year,
    product_category,
    COUNT(star_rating) AS count_star_rating
FROM
    redshift.amazon_reviews_tsv_2015
GROUP BY
    redshift.amazon_reviews_tsv_2015.product_category,
    year
UNION
ALL SELECT
    year,
    product_category,
    COUNT(star_rating) AS count_star_rating
FROM
```

```
    redshift.amazon_reviews_tsv_2014
GROUP BY
    redshift.amazon_reviews_tsv_2014.product_category,
    year
UNION
ALL SELECT
    CAST(DATE_PART_YEAR(TO_DATE(review_date,
    'YYYY-MM-DD')) AS INTEGER) AS year,
    product_category,
    COUNT(star_rating) AS count_star_rating
FROM
    athena.amazon_reviews_tsv
WHERE
    year <= 2013
GROUP BY
    athena.amazon_reviews_tsv.product_category,
    year
ORDER BY
    product_category ASC,
    year DESC
```

year	product_category	count_star_rating
2015	Apparel	4739508
2014	Apparel	4244910
2013	Apparel	854813
2012	Apparel	273694
2011	Apparel	109323
2010	Apparel	57332
2009	Apparel	42967
2008	Apparel	33761
2007	Apparel	25986
2006	Apparel	7293
2005	Apparel	3533
2004	Apparel	2357
2003	Apparel	2147
2002	Apparel	907
2001	Apparel	5

year	product_category	count_star_rating
2000	Apparel	6
2015	Automotive	2609750
2014	Automotive	2350246

4.4.1 아마존 레드시프트 데이터를 S3 데이터 레이크에 파케이로 내보내기

아마존 레드시프트의 데이터 레이크 익스포트^{Data Lake Export}를 사용하면, 아마존 레드시프트 쿼리 결과를 최적화된 아파치 파케이 컬럼 형식으로 S3 데이터 레이크에 업로드할 수 있다. 따라서 아마존 레드시프트에서 변환하고 풍부하게 만든 데이터를 S3 데이터 레이크의 오픈 파일 형식으로 다시 공유할 수 있다. 업로드된 데이터는 AWS 글루 데이터 카탈로그에 자동으로 등록되어 아마존 아테나, EMR, 키네시스, 세이지메이커, 아파치 스파크를 비롯한 하이브 메타스토어와 호환되는 쿼리 엔진에서 사용할 수 있다.

우리는 파티션 컬럼을 지정해 업로드된 데이터를 자동으로 아마존 S3 버킷의 여러 폴더에 분할되도록 할 수 있다. 예를 들어, 고객 리뷰 데이터를 업로드하고 product_category별로 분할하도록 선택할 수 있다. 다음 SQL 명령문을 이용하면 2015년 고객 리뷰 데이터를 파케이 파일 형식으로 S3에 업로드하고 product_category별로 분할할 수 있다.

```
UNLOAD (
    'SELECT marketplace, customer_id, review_id, product_id, product_parent,
        product_title, product_category, star_rating, helpful_votes, total_votes,
        vine, verified_purchase, review_headline, review_body, review_date, year
        FROM redshift.amazon_reviews_tsv_2015')
TO 's3://data-science-on-aws/amazon-reviews-pds/parquet-from-redshift/2015'
IAM_ROLE '<IAM_ROLE>'
PARQUET PARALLEL ON
PARTITION BY (product_category)
```

다음 AWS CLI 명령문을 실행해 S3 폴더 목록을 나열하고 업로드된 2015년 데이터를 확인할 수 있다.

```
aws s3 ls s3://data-science-on-aws/amazon-reviews-pds/parquet-from-redshift/2015
```

4.4.2 아마존 레드시프트 클러스터 간에 데이터 공유하기

아마존 레드시프트는 데이터를 이동할 필요 없이 아마존 레드시프트 클러스터 간에 라이브 데이터를 안전하게 공유하는 데이터 공유 기능을 구현한다. 그 방편으로, 우리는 '데이터 공유data share' 객체를 생성해 공유할 데이터를 지정하고 데이터에 액세스할 수 있는 아마존 레드시프트 클러스터들을 지정할 수 있다. 소비성consuming 아마존 레드시프트 클러스터에는 데이터 공유 객체로부터 새 데이터베이스를 생성 및 저장하고 관련된 IAM 사용자들과 그룹들에게 액세스 권한을 부여할 수 있다. 데이터 공유 기능은 여러 사업부 간에 데이터를 공유하거나 중앙 데이터 웨어하우스 클러스터의 데이터를 추가적인 비즈니스 인텔리전스 및 분석 클러스터와 공유하는 경우에 유용하다.

4.5 아마존 아테나와 아마존 레드시프트 중에서 선택하기

아마존 아테나는 S3에 저장된 데이터에 대해 임시로 SQL 쿼리를 실행할 때 선호하는 옵션이다. 인프라 리소스를 설정하거나 관리할 필요가 없으며 데이터를 이동할 필요도 없다. 또한 정형, 비정형, 반정형 형식의 데이터를 지원한다. 아테나를 사용해 '데이터 읽기 스키마'를 정의하면 되므로 로그인하고, 테이블을 만들고, 쿼리 실행을 시작하기만 하면 된다.

아마존 레드시프트는 페타바이트 규모의 정형 데이터의 최신 데이터 분석을 대상으로 한다. 여기에 미리 정의된 '데이터 쓰기 스키마schema on write'가 필요하다. 아마존 레드시프트는 서버리스 아테나와 달리 쿼리를 시작하기 전에 컴퓨팅 및 저장소 리소스와 같은 클러스터를 생성해야 하고, 데이터 수집 및 테이블 생성 작업을 선행적으로 요구하는 대신, 성능과 확장성을 제공해준다. 따라서 계속 업데이트되는 고도의 관계형 데이터를 다뤄야 할 경우 복잡한 연결 작업들이나 1초 미만의 지연 시간이 요구되는 경우에는 아마존 레드시프트가 올바른 선택이다.

또한 아테나 및 아마존 레드시프트는 읽기 작업에 과중된read-heavy 분석 워크로드에 최적화되어 있다. 즉, 아마존 관계형 데이터베이스 서비스Relational Database Service (RDS)인 아마존 오로라와 같이 쓰기 작업이 많은 관계형 데이터베이스를 아마존 레드시프트가 대체할 수는 없다. 요약하자면, 데이터의 탐색적 분석 및 연산적 디버깅에는 아테나 사용을 권한다. 반면에 비즈니스적으로 중요한 보고서나 대시보드를 생성하는 데에는 아마존 레드시프트를 추천한다.

4.6 비용 절감 및 성능 향상

이번 절에서는 파일 포맷, 파티션, 압축, 정렬 및 분배 등의 데이터 수집 작업의 성능을 향상시키면서 비용은 줄이는 몇 가지 팁들을 소개한다. 또한 아마존 S3 인텔리전트-티어링을 사용해 저장소 요금을 낮추는 방법도 알아볼 것이다.

4.6.1 S3 인텔리전트-티어링

앞서 아마존 S3가 클라우드상의 데이터 레이크 같은 공유 데이터셋을 구축하는 데 확장 가능하고 안정적인 스토리지 서비스라고 소개했다. 여기까지 S3 사용법 중 간단한 사례들만 살펴봤지만, 사실 S3는 우리의 데이터가 증가함에 따라 저장소 비용을 최적화할 수 있도록 해주는 다양산 기능을 제공한다.

데이터의 액세스 빈도 패턴과 서비스 수준 협약서service-level agreement(SLA) 요구 사항에 따라 다양한 아마존 S3 저장소 클래스 중에서 선택할 수 있다. [표 4-1]은 데이터 액세스 빈도 및 데이터 검색 시간 측면에서 아마존 S3 저장소 클래스를 비교해서 보여준다.

표 4-1 아마존 S3 저장소 클래스 비교

자주 액세스하는 것부터 S3 스탠다드 (기본 저장소 클래스)	S3 인텔리전트-티어링	S3 스탠다드-IA	자주 액세스하지 않는 것까지 S3 1Z-IA	아마존 S3 글레이셔	아마존 S3 글레이셔 딥 아카이브
범용 저장소	알 수 없거나 액세스 패턴이 변경된 데이터	자주 액세스하지 않는(IA) 데이터	낮은 내구성 (1Z 가용성 영역)	데이터 보관	장기 보관 데이터
활동적으로 자주 액세스하는 데이터	밀리초 단위 액세스	밀리초 단위 액세스	재사용 가능한 데이터	분 또는 시간 단위 액세스	시간 단위 액세스
밀리초 단위 액세스	자동 아카이브 데이터 선택		밀리초 단위 액세스		

그러나 어떤 객체를 움직여야 하는지 어떻게 알 수 있을까? 시간이 지남에 따라 S3 데이터 레이크가 성장했다고 상상해보자. S3 스탠다드S3 Standard 저장소 클래스의 여러 S3 버킷에 수십억

개의 객체가 있을 수 있다. 이런 객체 중 일부는 매우 중요하지만, 다른 객체는 몇 달 또는 몇 년 동안 액세스하지 않은 것들도 있을 것이다. 이러한 경우에 S3 인텔리전트-티어링을 사용한다.

아마존 S3 인텔리전트-티어링은 자주 쓰이는 데이터를 위한 '잦은 액세스 계층frequent-access tier'과 자주 쓰이지 않는 데이터를 위한 '드문 액세스 계층infrequent-access tier' 간에 데이터 객체들을 옮기면서 데이터 액세스 패턴의 변화에 따라 저장소 비용을 자동으로 최적화한다. 즉, 인텔리전트-티어링은 우리가 데이터에 액세스하는 방식을 모니터링하고 각 객체 수준에서 자동으로 계층을 지정한다. 이 과정에서 성능저하나 전산적 오버헤드를 발생시키지 않는다.

4.6.2 파케이 파티션 및 압축

아테나는 대규모 분석 워크로드의 파케이 컬럼 형식을 지원한다. 파케이는 쿼리에 대해 다음과 같은 성능을 최적화해준다.

파티션과 푸시다운

파티션은 예를 들어 `SELECT * FROM reviews WHERE product_category='Books'`와 같은 쿼리 패턴에 맞도록 디스크의 데이터를 물리적으로 그룹화하는 것을 일컫는다. 아테나, 아마존 레드시프트, 아파치 스파크와 같은 최신 쿼리 엔진은 `WHERE` 조건절을 물리적 저장소 시스템으로 '푸시다운pushdown[9]'하여 디스크 컨트롤러가 디스크의 다른 영역으로 무작위로 건너뛰지 않고 한 번의 스캔으로 모든 관련 데이터를 검색하고 읽을 수 있도록 한다. 이 테크닉들은 기존의 미디어 기반 디스크보다 탐색이 빠른 솔리드 스테이트 드라이브solid state drive(SSD)에서도 쿼리 성능을 향상시킨다.

사전 형식의 인코딩/압축

디스크에 카테고리 값들이 문자열string 형식으로 함께 저장되어 있는 경우, 각 값들을 몇 비트짜리 정수로 지정해 용량을 다소 줄일 수 있다. 예를 들면, 상품 카테고리(`product_category`)에 책, 정원 용품, 소프트웨어 등 다양한 카테고리를 나타내는 총 43가지의 값이 있다면, 각 문자열을 43개의 정수로 대체해 정보를 압축한다.

---

9 옮긴이 1_ 데이터 분야에서 푸시다운은 데이터를 전송하기 전에 데이터를 필터링하거나, 메모리에 로드하기 전에 데이터를 필터링하거나, 읽을 필요가 없는 전체 파일이나 블록을 잘라내어 SQL문 처리 시간을 크게 줄이는 SQL 쿼리의 성능을 향상하기 위한 최적화를 말한다.

유사한 유형의 값 `String`, `Date`, `Integer` 등이 디스크에 함께 저장되면 (`String`, `String`), (`Date`, `Date`), (`Integer`, `Integer`)와 같이 값을 함께 압축할 수 있다. 이 압축은 값이 (`String`, `Date` , `Integer`), (`String`, `Date` , `Integer`)와 같이 행 단위로 디스크에 별도로 저장된 경우보다 더 효율적이다.

컬럼값이 디스크에 함께 저장되므로 디스크 컨트롤러는 데이터의 시작 부분을 찾기 위해 하나의 디스크 탐색만 수행한다. 디스크 컨트롤러는 이 시점부터 데이터를 스캔하여 집계를 수행한다. 최신 칩/프로세서는 다양한 데이터 캐시(L1, L2) 또는 주 메모리 안팎으로 데이터를 플러시flush하는 대신 고성능 벡터화 명령을 제공하여 대용량 데이터를 처리한다.

다음 [그림 4-7]에서 행 대 컬럼 데이터 형식의 예를 참조하라.

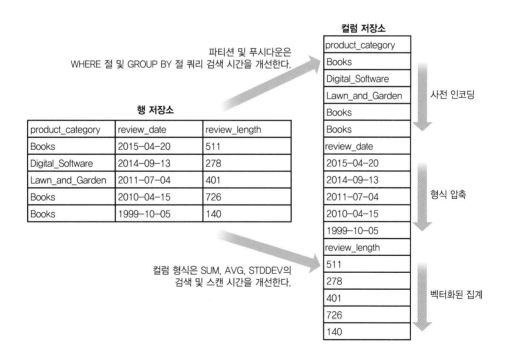

그림 4-7 파케이와 같은 컬럼 데이터 형식을 사용해 쿼리 실행 및 데이터 인코딩을 다양한 방법으로 최적화할 수 있다

4.6.3 아마존 레드시프트 테이블 설계 및 압축

다음은 CREATE TABLE 문을 사용하여 아마존 레드시프트 테이블을 생성하는 예제 코드다.

```
CREATE TABLE IF NOT EXISTS redshift.amazon_reviews_tsv_2015(
        marketplace varchar(2) ENCODE zstd,
        customer_id varchar(8) ENCODE zstd,
        review_id varchar(14) ENCODE zstd,
        product_id varchar(10) ENCODE zstd DISTKEY,
        product_parent varchar(9) ENCODE zstd,
        product_title varchar(400) ENCODE zstd,
        product_category varchar(24) ENCODE raw,
        star_rating int ENCODE az64,
        helpful_votes int ENCODE zstd,
        total_votes int ENCODE zstd,
        vine varchar(1) ENCODE zstd,
        verified_purchase varchar(1) ENCODE zstd,
        review_headline varchar(128) ENCODE zstd,
        review_body varchar(65535) ENCODE zstd,
        review_date varchar(10) ENCODE bytedict,
        year int ENCODE az64)  SORTKEY (product_category)
```

테이블을 생성할 때 하나 이상의 컬럼들을 SORTKEY로 지정할 수 있다. 아마존 레드시프트는 데이터를 SORTKEY에 따라 정렬된 순서대로 디스크에 저장한다. 따라서 우리가 가장 자주 사용하는 쿼리 유형을 반영하는 SORTKEY를 선택해 테이블을 최적화할 수 있다. 최근 데이터에 대해 자주 쿼리하는 경우 타임스탬프 컬럼을 SORTKEY로 지정하면 된다. 다른 예로, 한 컬럼에 대해 범위를 지정하여 필터링하거나 일치하는 값을 기반으로 필터링할 경우 해당 열을 SORTKEY로 선택한다. 다음 장에서 product_category의 필터링에 대해 많은 쿼리를 실행할 것이므로 앞으로의 예제들에서도 이 카테고리 묶음을 SORTKEY로 쓸 것이다.

TIP_ 아마존 레드시프트 어드바이저Amazon Redshift Advisor는 자주 쿼리하는 테이블에 대해 SORTKEY를 지속적으로 추천한다. 레드시프트 어드바이저가 생성하는 ALTER TABLE 명령어는 동시 읽기 쓰기에 영향을 미치거나 테이블 재생성을 하지 않고도 실행 가능하다. 데이터 쿼리가 충분하지 않거나 이득이 상대적으로 적다고 판단하는 경우에는 추천 사항을 제공하지 않는다.

또한 모든 테이블의 분산 스타일을 정의할 수 있다. 테이블에 데이터를 로드할 때 아마존 레드시프트는 테이블의 분산 스타일에 따라 테이블의 행들을 클러스터 노드들로 배포한다. 쿼리를 수행할 때 쿼리 최적화 알고리즘은 연결 및 집계 작업을 실행할 필요가 있을 때만 테이블의 행들을 클러스터 노드들로 재분배한다. 여기서 우리의 목표는 데이터 이동을 최소화하기 위해 행 분산을 최적화하는 것이다. 다음과 같이 세 가지 선택 가능한 분산 스타일이 있다.

KEY 분산

한 컬럼의 값에 따라 행을 분산한다.

ALL 분산

전체 테이블의 복사본을 모든 노드에 분산한다.

EVEN 분산

행들은 기본 분산 스타일인 라운드 로빈 방식[10]으로 모든 노드에 분산한다.

우리가 예로 쓰고 있는 고객 리뷰 데이터의 테이블의 경우, 우리는 KEY 분산을 product_id를 기반으로 설정했다. 이 컬럼은 높은 카디널리티^{cardinality}[11]와 균등한 분산을 보여주며 다른 테이블과 병합하는 데 사용할 수 있기 때문이다.

우리는 언제든지 아마존 레드시프트 쿼리에서 EXPLAIN을 사용해 DISTKEY와 SORTKEY가 활용되고 있는지 확인할 수 있다. 만일 쿼리 패턴이 시간에 따라 바뀌면, 우리는 이 키들을 다시 검토하고 수정하고 싶을 수 있다.

또한 전체 저장소 공간과 비용을 줄이기 위해 대부분의 컬럼에 압축을 사용한다. [표 4-2]는 스키마의 각 아마존 레드시프트 컬럼에 사용된 압축을 분석한다.

---

10 옮긴이 2_ 프로세시에 우선순위를 지정하지 않고 먼지 기능힌 프로세시에 비로 데이더니 연산작업 동을 할당히는 방식

11 옮긴이 2_ 카디널리티는 데이터베이스 테이블의 컬럼에 등록된 고윳값의 개수를 말한다. 상품 아이디는 비즈니스가 제공하는 모든 상품별로 고유하므로 product_ id 컬럼의 카디널리티가 매우 높다고 표현한다. [표 4-2]에는 product_ id의 카디널리티는 사실상 무제한이라고 표현했다. 한편 상품 아이디(product_ id)는 여러 데이터베이스의 테이블에 걸쳐 공통으로 적용되는 컬럼이기도 하므로 테이블 간 연결성이 높아 분산을 위한 KEY로 지정한 것이다.

표 4-2 아마존 레드시프트 테이블에 사용된 압축 유형

컬럼	데이터 유형	인코딩	설명
marketplace	varchar(2)	zstd	낮은 카디널리티, 고압축 오버헤드에 비해 너무 작음
customer_id	varchar(8)	zstd	높은 카디널리티, 상대적으로 적은 반복값
review_id	varchar(14)	zstd	고유한, 무제한 카디널리티, 반복값 없음
product_id	varchar(10)	zstd	무제한 카디널리티, 상대적으로 적은 수의 반복값
product_parent	varchar(10)	zstd	무제한 카디널리티, 상대적으로 적은 수의 반복 단어
product_title	varchar(400)	zstd	무제한 카디널리티, 상대적으로 적은 수의 반복 단어
product_category	varchar(24)	raw	낮은 카디널리티, 많은 반복값, 그러나 첫 번째 SORT 키는 원시
star_rating	int	az64	낮은 카디널리티, 많은 반복값
helpful_votes	int	zstd	상대적으로 높은 카디널리티
total_votes	int	zstd	상대적으로 높은 카디널리티
vine	varchar(1)	zstd	낮은 카디널리티, 너무 작아서 고압축 오버헤드가 발생하지 않음
verified_purchase	varchar(1)	zstd	낮은 카디널리티, 너무 작아서 고압축 오버헤드가 발생하지 않음
review_headline	varchar(128)	zstd	다양한 길이의 텍스트, 높은 카디널리티, 낮은 반복 단어
review_body	varchar(65535)	zstd	다양한 길이의 텍스트, 높은 카디널리티, 낮은 반복 단어
review_date	varchar(10)	bytedict	고정 길이, 상대적으로 낮은 카디널리티, 많은 반복값
year	int	az64	낮은 카디널리티, 많은 반복값

NOTE_ 전 AWS CEO 앤디 제시는 '경험을 압축하는 알고리즘은 없다'라고 주장하지만 데이터의 압축 알고리즘은 있다. 압축은 끊임없이 성장하는 빅데이터 세계를 위한 강력한 도구다. 아마존 아테나 및 레드시프트, 파케이, 판다스, 아파치 스파크를 포함한 모든 최신 빅데이터 처리 도구는 압축에 친화적이다. varchar(1)과 같은 작은 값에 압축을 사용하면 성능이 향상되지 않을 수 있다. 그러나 기본 하드웨어 지원으로 압축 사용의 단점이 거의 사라졌다.

zstd는 다양한 데이터 유형과 컬럼 크기에서 작동하는 일반적인 압축 알고리즘이다. star_rating 및 year 필드는 대부분의 숫자 및 날짜 필드에 적용되는 기본 az64 인코딩으로 설정됐다. 대부분의 컬럼에서는 정수용 기본 az64 인코딩을 사용하고, 텍스트를 포함한 다른 모든 데이터 타입에는 유연한 zstd 인코딩의 잇점을 취하기 위해 기본 lzo 인코딩을 덮어쓴다.

review_date에 bytedict 인코딩을 사용해 문자열 기반의 날짜(YYYY-MM-DD)에 대한 사전 인코딩을 수행한다. 많은 수의 고유한 값이 있는 것처럼 보이지만 review_date는 7,300(연간 365일 × 20년)일밖에 없기 때문에 실질적으로 적은 수의 고윳값이다. bytedict 인코딩을 적용한 review_date의 카디널리티는 낮은 편이다. 모든 가능한 날짜를 10자리 변수(varchar(10))가 아닌 인코딩으로 압축된 단 몇 비트만으로도 캡처가 가능하기 때문이다.

product_category는 bytedict의 사전 인코딩을 위한 훌륭한 후보이지만, 우리는 이 컬럼을 주된 그리고 유일한 SORTKEY로 쓰고 있으므로 압축하지 않는다. 성능 모범 사례에 의하면 주요 SORTKEY는 압축하지 않는 것이 좋다.

marketplace, product_category, vine, verify_purchase 컬럼들도 bytedict 인코딩의 좋은 후보인 것처럼 보인다. 하지만 이 컬럼들은 너무 작아서 인코딩 과정에 발생하는 오버헤드를 상쇄할 수 없어 효율을 낼 수 없다. 그러므로 당분간 zstd 인코딩으로 남겨둔다.

최적화할 아마존 레드시프트 테이블이 기존에 있는 경우 아마존 레드시프트에서 ANALYZE COMPRESSION 명령을 실행해 압축 인코딩을 추천해주는 레포트를 생성할 수 있다.

```
ANALYZE COMPRESSION redshift.customer_reviews_tsv_2015
```

추천 레포트는 다음과 같이 테이블 형식으로 출력되며, 추천된 인코딩을 적용할 경우 얼마나 압축 성능이 향상되는지 백분율 단위로 향상율을 분석해 보여준다.

컬럼	인코딩	예상 감소율(%)
marketplace	zstd	90.84
customer_id	zstd	38.88
review_id	zstd	36.56
product_id	zstd	44.15
product_parent	zstd	44.03

컬럼	인코딩	예상 감소율(%)
product_title	zstd	30.72
product_category	zstd	99.95
star_rating	az64	0
helpful_votes	zstd	47.58
total_votes	zstd	39.75
vine	zstd	85.03
verified_purchase	zstd	73.09
review_headline	zstd	30.55
review_body	zstd	32.19
review_date	bytedict	64.1
year	az64	0

한편 위 추천 레포트는 ENCODE 속성을 지정하지 않은 CREATE TABLE 버전에 대해 인코딩 추천 분석을 수행한 결과다. 기본적으로 아마존 레드시프트는 숫자/날짜에 az64 인코딩을 사용하고 다른 모든 항목에 lzo를 사용한다. 따라서 star_rating과 year 컬럼에는 제안된 인코딩이 기본값과 같아 감소율 0%로 결과를 보여준다. 그리고 az64 인코딩 제안에 대해 0%를 획득한다. ALTER TABLE 문을 사용된 인코딩 방식을 바꿀 수 있다.

이 추천 레포트는 제안일 뿐이며 항상 적용하기에 적합한 것은 아니다. 데이터셋에 여러 가지 인코딩을 시도하고 STV_BLOCKLIST 테이블을 쿼리하여 물리적 블록 수의 감소율(%)을 비교해야 한다. 예를 들어 추천 레포트의 결과는 우리가 SORTKEY로 쓰는 product_category에 zstd에 인코딩을 사용하는 것이 좋다고 추천했다. 하지만 앞서 언급했듯이 SORTKEY를 압축하면 쿼리 성능이 저하될 수도 있다. 따라서 쿼리 성능을 향상하기 위해 이 컬럼에 대해서는 인코딩 추천을 무시하고 디스크를 추가로 사용하는 방향으로 가야한다.

아마존 레드시프트는 피크 타임에 대한 성능 최적화 및 워크로드 변경에 대응하기 위해 머신러닝을 활용한다. 이 지원에는 자동 테이블 최적화 및 자체 튜닝 기원을 포함한다. 성능 최적화에는 VACUUM 자동 삭제, 지능형 워크로드 관리, 자동 테이블 정렬, 분산 및 정렬 키 자동 선택 등이 포함된다.

4.6.4 블룸 필터를 사용한 쿼리 성능 향상

아마존 레드시프트는 분산 쿼리 엔진이고 S3는 분산 객체 저장소다. 분산 시스템은 많은 클러스터 인스턴스로 구성된다. 분산 쿼리 성능을 향상하려면 스캔되는 인스턴스의 수와 인스턴스 간에 전송되는 데이터의 양을 최소화해야 한다.

'블룸 필터'는 확률적이고 메모리 효율적인 관리 데이터 구조이다. 블룸 필터는 우리가 '특정 클러스터 인스턴스에 저장된 데이터가 이 쿼리 결과에 포함됐는가?'에 대한 대답을 할 수 있도록 도와준다. 블룸 필터는 명확한 'NO' 또는 'MAYBE'로 응답한다. 블룸 필터가 'NO'로 응답하면 쿼리 엔진은 해당 클러스터 인스턴스를 완전히 건너뛰고 블룸 필터가 'MAYBE'로 응답한 나머지 인스턴스를 스캔한다.

주어진 쿼리와 일치하지 않는 데이터 행을 필터링함으로써 블룸 필터는 JOIN 쿼리의 성능을 크게 향상한다. 블룸 필터링이 데이터 소스 근처에서 실행되기 때문에 JOIN 쿼리 중에 분산 클러스터의 노드 간 데이터 전송이 최소화된다. 궁극적으로 S3와 같은 데이터 저장소의 쿼리 성능을 향상한다.

아마존 레드시프트 스펙트럼은 실제로 S3와 같은 외부 데이터에 대한 블룸 필터를 자동으로 생성하고 관리한다. 한편으로 우리는 분산 데이터 저장소에 대한 쿼리 성능을 향상시키는 것 또한 중요하다는 것을 염두에 두어야 한다. 블룸 필터는 분산 쿼리 엔진을 비롯한 모든 분산 컴퓨팅에 이용되는 패턴이다.

4.6.5 아마존 레드시프트 스펙트럼의 구체화 뷰

구체화 뷰는 S3와 같은 외부 데이터 소스에 대한 반복 및 예측 가능한 쿼리 성능을 제공한다. SQL 쿼리가 실행되기 전에 데이터를 사전 변환pretransform 및 사전 결합prejoin한다. 구체화 뷰는 아마존 레드시프트 스펙트럼을 사용해 수동으로 또는 사전 정의한 일정에 따라 업데이트할 수 있다.

4.7 마치며

이 장에서는 데이터를 아마존 S3에 로드하는 방법에 대한 개요를 살펴보고, S3 데이터 레이크의 가치를 알아보았다. 아마존 아테나와 같은 서비스를 활용하여 데이터를 물리적으로 옮기지 않고서도 S3의 데이터에 직접 임시로 SQL 쿼리를 실행하는 방법을 알아보았다. 이어서 AWS 글루 크롤러를 사용해 새로운 애플리케이션 데이터를 지속적으로 수집하는 방법을 살펴봤다. 또한 이 책에서 앞으로도 계속 사용할 데이터셋인 아마존 고객 리뷰 데이터셋도 소개했다.

다양한 사용 사례에는 다양한 형식의 데이터가 필요하므로 아테나를 사용해 탭으로 구분된 데이터를 쿼리에 최적화된 컬럼 형식의 파케이 데이터로 변환하는 방법을 자세히 다루기도 했다.

S3 데이터 레이크의 데이터는 데이터 과학 및 머신러닝 팀뿐만 아니라 비즈니스 인텔리전스 팀에서도 액세스해야 하는 경우가 많다. 이러한 요구에 대응하기 위해 AWS의 페타바이트 규모 클라우드 데이터 웨어하우스인 아마존 레드시프트를 기반으로 하는 레이크 하우스 아키텍처를 소개했다. 또, 아마존 레드시프트 스펙트럼을 사용해 아마존 레드시프트 및 S3를 비롯한 데이터 저장소 전반에서 쿼리를 결합하는 방법을 알아보았다. 마지막 절에서는 다양한 데이터 압축 형식과 S3 계층화 옵션에 대해 논의하여 비용을 줄이고 쿼리 성능을 향상하는 방법을 보여줬다.

다음 장에서는 데이터셋을 더 자세히 살펴볼 것이다. 데이터셋을 이해하고 시각화하기 위해 쿼리를 실행해보고, 아파치 스파크 및 아마존 세이지메이커 프로세싱으로 데이터 변칙을 감지하는 방법까지 배워볼 것이다.

## CHAPTER 5

데이터셋 탐색하기

4장에서는 아마존 아테나 및 레드시프트를 사용해 클라우드로 데이터를 수집하는 방법을 살펴 봤다. 아마존 아테나는 클러스터를 설정, 확장 및 관리할 필요 없이 S3의 데이터에 대한 애드 혹 서버리스 SQL 쿼리를 제공한다는 것을 배웠다. 아마존 레드시프트는 엔터프라이즈 보고 및 비즈니스 인텔리전스 워크로드, 특히 관계형 데이터베이스와 플랫 파일을 비롯한 많은 데이터 소스에 다중 조인multiple join 및 하위 쿼리가 포함된 복잡한 SQL과 관련된 워크로드에 가장 빠른 쿼리 성능을 보여준다는 것도 알아봤다. 그리고 AWS 글루 카탈로그를 사용해 S3에서 S3 기반 데이터 레이크의 데이터 카탈로그 매핑 방법, 아마존 아테나를 사용해 데이터 레이크에서 애드 혹Ad Hoc[1] 쿼리를 실행하는 방법과 아마존 레드시프트를 사용해 데이터 웨어하우스에서 쿼리를 실행하는 방법을 살펴봤다.

그리고 4장에서 살펴본 아마존 고객 리뷰 데이터셋은 1995년부터 2015년까지 아마존닷컴 웹 사이트의 상품 카테고리 43개에 걸쳐 등록된 1억 5천만 개 이상의 상품에 대한 고객 리뷰 데이 터로 구성되어 있다. 이 데이터셋은 실제 고객 리뷰 텍스트를 포함하고, 행 기반 탭으로 구분된 값(TSV)과 컬럼 기반 아파치 파케이라는 두 가지 형식으로 제공된다.

이번 장에서는 데이터 분석 및 모델 개발 라이프 사이클을 위해 기본 작업 공간으로 세이지메 이커 스튜디오와 같은 통합 개발 환경integrated development environment(IDE)을 사용한다. 세이지메 이커 스튜디오는 완전 관리형 세이지메이커 노트북 서버를 제공한다. 따라서 클릭 몇 번만으로

---

1 옮긴이 1_ 애드혹(ad hoc)의 본래 의미는 사전 계획 없이 특별하고 즉각적인 목적을 위해 형성되거나 사용하는 것을 말한다. 데이터 분 석이나 데이터 쿼리에 애드혹을 자주 사용한다

세이지메이커 스튜디오 IDE를 프로비저닝하고, 세이지메이커 노트북에서 임시 데이터를 분석하고, 아파치 스파크 기반 데이터 품질 작업을 시작할 수 있다.

이어서 6장에서는 세이지메이커 스튜디오를 사용해 데이터 처리 및 피처 엔지니어링 작업을 실행하고 7장에서는 모델을 훈련시킨다. 그런 다음 8장에서는 모델을 최적화하고, 9장에서는 모델을 배포하며, 10장에서는 파이프라인을 빌드한다. 11장에서는 스트리밍 데이터 애플리케이션을 개발하는 방법과 12장에서는 데이터 과학 프로젝트를 보호하는 방법을 배운다.

다음 내용을 이어서 계속 탐색하기 위해, 이번 장에서는 데이터셋을 더 깊이 탐색하고 상관관계, 이상치, 편향, 불균형과 유용한 비즈니스 통찰력 등을 발견하기 위한 데이터를 분석해본다. 이번 장에서 살펴보는 데이터 분석 및 탐색은 6장의 데이터 편향, 피처 선택, 피처 엔지니어링과 7장 및 9장의 모델 편향, 공정성, 설명 가능성 분석을 이해하는 데 큰 도움이 될 것이다.

5.1 데이터 탐색을 위한 AWS 도구

이 절에서는 데이터 탐색 작업에 도움이 되는 몇 가지 도구와 서비스를 소개한다. 사용 목적에 적합한 도구를 선택하기 위해 AWS 내에서 사용 가능한 도구에 대해 자세히 알아보고, 이러한 도구를 사용해 아마존 고객 리뷰 데이터셋에 관련된 질문에 대한 해답을 찾아가볼 것이다.

만일 세이지메이커 스튜디오 IDE에서 실행하는 주피터 노트북의 AWS 리소스와 상호작용하려면 AWS 파이썬 SDK인 Boto3[2] 및 파이썬 DB 클라이언트인 파이아테나PyAthena[3]를 활용하여 아테나에 연결한다. 그런 다음 파이썬 SQL 도구인 SQLAlchemy[4]를 사용해 아마존 레드시프트에 연결하고, 오픈 소스인 AWS 데이터 랭글러 라이브러리[5]를 활용하여 판다스Pandas와 아마존 S3, 아테나, 레드시프트, 글루, 일래스틱 맵리듀스Elastic MapReduce (EMR) 간 데이터 이동을 용이하게 한다.

---

2 https://oreil.ly/byebi
3 https://oreil.ly/DTQS8
4 https://oreil.ly/q0DC0
5 https://oreil.ly/rUvry

아마존 EMR은 아파치 스파크와 하둡같이 유연하고 고도로 분산된 데이터 처리 및 분석 프레임워크를 지원한다. 그리고 자동화된 클러스터 설정 및 자동 확장 기능이 있는 관리형 서비스로 스팟 인스턴스까지 지원하기도 한다. 이러한 아마존 EMR을 사용하면 특정 연산, 메모리, 스토리지 파라미터로 커스텀 작업을 실행하여 분석 쿼리를 최적화할 수 있다. 아마존 EMR 스튜디오는 AWS에서의 데이터 처리를 위한 IDE이다. 세이지메이커 스튜디오는 파이스파크 PySpark를 비롯한 EMR용 주피터 커널을 통해 아마존 EMR을 지원한다.

아마존 퀵사이트는 여러 장치를 다양한 데이터 소스로부터 시각화를 빌드하고, 애드혹 분석을 수행하고, 대시보드를 빌드하는 빠르고 사용하기 쉬운 비즈니스 인텔리전스 서비스다.

5.2 세이지메이커 스튜디오를 사용한 데이터 레이크 시각화

이번 절에서는 4장에서 소개한 아마존 고객 리뷰 데이터셋과 관리형 주피터 노트북을 제공하는 아마존 세이지메이커 스튜디오 IDE를 사용해볼 것이다. 다음은 데이터셋 스키마의 개요이다.

Marketplace

두 글자로 된 국가 코드(현재 데이터셋에는 모두 'US'로만 표시되어 있음)

customer_id

작성자 한 명이 작성한 리뷰를 집계하는 데 사용하는 무작위로 구성된 식별자

---

6 *https://oreil.ly/5Eq4H*

review_id

리뷰를 위한 고유한 ID

product_id

아마존 표준 식별 번호(ASIN)

product_parent

`product_id`의 부모, 즉 상위 개념이다. 동일한 상품의 색상 또는 형식 변형(ASIN)을 단일 상위 상품으로 넣을 수 있다.

product_title

상품 제목

product_category

그룹 리뷰로 사용하는 광범위한 상품 카테고리

star_rating

별점으로 등급을 나누며, 별 1개가 가장 낮고 별 5개가 가장 높다.

helpful_votes

리뷰가 도움이 됐는지에 대한 투표 수

total_votes

리뷰가 받은 총 투표의 수

Vine

리뷰가 아마존 바인 프로그램의 일환으로 작성되었는가?

verified_purchase

검증된 구매로부터 받은 리뷰인가?

review_headline

리뷰 제목

review_body

텍스트 형태로 되어 있는 리뷰 문장

review_date

리뷰 작성 날짜

5.2.1 데이터셋을 시각화하기 위해 세이지메이커 스튜디오 준비하기

주피터 노트북의 탐색적 데이터 분석을 위해 파이썬에서 데이터 분석 및 데이터 시각화에 가장 유명한 라이브러리인 판다스^{pandas}[7], 넘파이^{NumPy}[8], 맷플롯립^{Matplotlib}[9], 시본^{Seaborn}[10]을 사용한다. 시본은 맷플롯립 기반으로 빌드되었으며 판다스와도 호환 가능하여 능률적인 API를 통해 고급 시각화를 제공한다. 아마존 아테나용 파이썬 DB 클라이언트인 파이아테나[11]를 사용해 주피터 노트북에서 아테나 쿼리를 다음과 같이 실행한다.

```
import pandas as pd

import numpy as np

import matplotlib.pyplot as plt
%matplotlib inline
%config InlineBackend.figure_format='retina'
```

---

7 *pandas.pydata.org*

8 *numpy.org*

9 *matplotlib.org*

10 *https://oreil.ly/ysj3B*

11 *https://oreil.ly/d5wwh*

```
import seaborn as sns
```

> **TIP_** 레티나 디스플레이[Retina display]가 있는 맥을 사용하는 경우 맥의 맷플롯립으로 해상도가 훨씬 더 높은
> 이미지에 대한 **retina** 설정을 반드시 지정해야 한다.

아마존 아테나의 아마존 고객 리뷰 데이터셋 정보를 담은 데이터베이스와 테이블을 정의해
보자.

```
database_name = 'dsoaws'
table_name = 'amazon_reviews_parquet'
```

이제 노트북에서 바로 첫 번째 SQL 쿼리를 실행할 준비를 마쳤다.

5.2.2 세이지메이커 스튜디오에서 아테나의 표본 쿼리 실행하기

다음은 데이터셋을 쿼리하여 고유한 상품 카테고리 목록을 보여주는 예제 코드다. 파이아테
나는 데이터 소스에 대한 연결을 설정한다. 그런 다음 판다스로 SQL 명령을 실행하고 실행할
SQL 문과 파이아테나 연결 객체를 전달한다.

```
# 데이터 소스를 연결하기 위한 파이아테나의 connect 컴포넌트 추가
from pyathena import connect

# 아테나 쿼리 결과를 S3 버킷에 설정
s3_staging_dir = 's3://{0}/athena/staging'.format(bucket)

# connect 메서드로 S3 버킷의 리전명과 스테이징명을 conn 객체에 할당
conn = connect(region_name=region, s3_staging_dir=s3_staging_dir)

# SQL 문
sql_statement="""
SELECT DISTINCT product_category from {0}.{1}
ORDER BY product_category
""".format(database_name, table_name)

# 판다스로 SQL 문 실행
```

```
import pandas as pd
pd.read_sql(sql_statement, conn)
```

다음은 모든 상품 카테고리를 쿼리하는 read_sql() 호출 결과다.

product_category	product_category(계속)
Apparel	Luggage
Automotive	Major Appliances
Baby	Mobile_Apps
Beauty	Mobile_Electronics
Books	Music
Camera	Musical Instruments
Digital_Ebook_Purchase	Office Products
Digital_Music_Purchase	Outdoors
Digital_Software	PC
Digital_Video_Download	Personal_Care_Appliances
Digital_Video_Games	Pet Products
Electronics	Shoes
Furniture	Software
Gift Card	Sports
Grocery	Tools
Health & Personal Care	Toys
Home	Video
Home Entertainment	Video DVD
Home Improvement	Video Games
Jewelry	Watches
Kitchen	Wireless
Lawn and Garden	

NOTE_세이지메이커 스튜디오의 주피터 노트북 서버에서 사용할 수 있는 메모리를 초과하는 큰 데이터셋으로 작업하는 경우 판다스 커서를 사용해야 할 수도 있다. 판다스를 이용해 데이터프레임으로 읽어올 때는 파일 크기에 주의해야 한다. 큰 데이터셋으로 작업할 때 사용 가능한 메모리를 초과하기 쉽기 때문이다.

5.2.3 아테나와 세이지메이커로 데이터셋 심층 분석하기

다음 단계인 피처 선택 및 피처 엔지니어링으로 넘어가기 전에 먼저 데이터를 이해해야 한다. 데이터에 대한 쿼리를 실행하여 데이터 상관관계를 배우고 데이터 이상치 및 클래스 불균형을 식별해본다. 아테나, 세이지메이커 스튜디오, 맷플롯립 및 시본 라이브러리를 사용해 전체 데이터셋에서 다음 질문에 대한 답을 살펴보자.

1. 평균 별점이 가장 높은 상품 카테고리는 무엇인가?

2. 리뷰가 가장 많은 상품 카테고리는 무엇인가?

3. 각 상품 카테고리는 언제 아마존 카탈로그에서 사용할 수 있게 되었는가?

4. 상품 카테고리별 별점은 어떻게 분류하는가?

5. 시간이 지남에 따라 별점은 어떻게 변하는가? 연중 특정 상품 카테고리가 하락한 지점이 있는가?

6. 어떤 별점이 가장 도움이 되는가?

7. 리뷰 길이(단어 수)의 분포는 무엇인가?

> **NOTE**_이제부터는 아테나 쿼리와 결과만 살펴본다. 결과를 실행하고 렌더링하는 전체 소스 코드는 이 책의 예제 소스 코드 깃허브 리포지터리에 수록되어 있다.

1. 평균 별점이 가장 높은 상품 카테고리는 무엇인가?

이 질문에 답할 SQL 쿼리는 다음과 같다.

```
SELECT product_category, AVG(star_rating) AS avg_star_rating
FROM dsoaws.amazon_reviews_parquet
GROUP BY product_category
ORDER BY avg_star_rating DESC
```

맷플롯립 및 시본 라이브러리를 활용해 어떤 상품 카테고리가 인기 있는지 시각적으로 잘 보여주기 위해 수평 막대 그래프로 시각화해보자. 다음 장들에서 훈련 데이터셋을 선택할 때 이 분포를 고려할 것이다. [그림 5-1]은 아마존 카테고리의 평균 평점을 가장 높은 순으로 나열한 수평 막대 그래프다. 평균 평점 4.73으로 가장 높은 평가를 받은 카테고리는 'Gift_Card'다. 그다음은 'Digital_Music_Purchase(평균 4.64)'이고, 'Music(평균 4.44)'이 그 뒤를 잇는다.

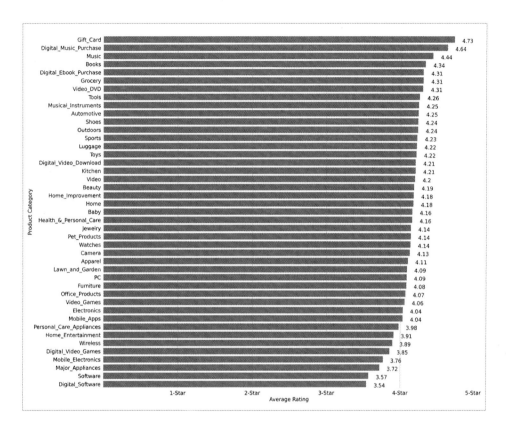

그림 5-1 아마존닷컴 마켓플레이스에서 평균 별점이 가장 높은 상품 카테고리는 Gift_Card

2. 리뷰가 가장 많은 상품 카테고리는 무엇인가?

이 질문에 답할 SQL 쿼리는 다음과 같다.

```
SELECT product_category,
       COUNT(star_rating) AS count_star_rating
FROM dsoaws.amazon_reviews_parquet
GROUP BY product_category
ORDER BY count_star_rating DESC
```

[그림 5-2]는 맷플롯립 및 시본 라이브러리를 활용해 수평 막대 그래프로 결과를 보여준다.

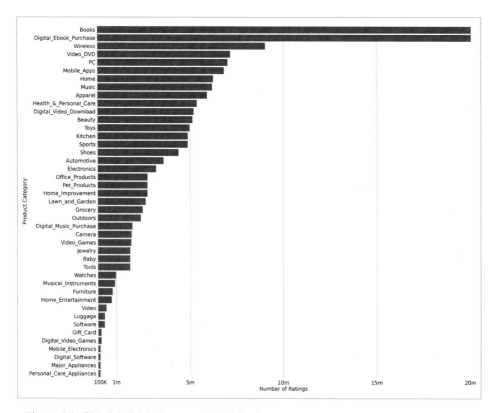

그림 5-2 대략 2천만 개의 리뷰가 있는 Books 상품 카테고리

'Books' 상품 카테고리에는 2천만 개에 가까운 리뷰가 있다. 아마존닷컴은 1995년부터 '지구 상에서 가장 큰 서점Earth's Biggest Bookstore'[12]으로 온라인 사업을 시작했기 때문이다.

두 번째로 리뷰가 많은 카테고리는 아마존 킨들 서적에 대한 리뷰를 대표하는 'Digital_ Ebook_Purchase'다. 종이책이든 전자책이든 종류에 상관없이 리뷰가 가장 많은 카테고리는 책과 관련이 있다는 사실을 알 수 있다.

'Personal Care Appliances' 카테고리의 리뷰 수가 가장 적은 데, 그 이유는 최근에 카테고리

---

12 *https://oreil.ly/q11mI*

에 추가되었기 때문이라고 추측해볼 수 있다. 상품 카테고리가 도입된 대략적인 일정을 알려주는 각 카테고리의 첫 번째 리뷰를 쿼리하여 확인해보자.

3. 각 상품 카테고리는 언제 아마존 카탈로그에서 사용할 수 있게 되었는가?

최초 리뷰 날짜는 각 상품 카테고리가 아마존닷컴에 게시된 시점을 나타내는 강력한 지표다. 이 질문에 답할 SQL 쿼리는 다음과 같다.

```
SELECT product_category,
       MIN(year) AS first_review_year
FROM dsoaws.amazon_reviews_parquet
GROUP BY product_category
ORDER BY first_review_year
```

결과는 다음과 같다.

product_category	first_review_year
Books	1995
Video Games	1997
Office Products	1998
Pet Products	1998
Software	1998
Gift Card	2004
Digital_Video_Games	2006
Digital_Software 2008	Digital_Software 2008
Mobile_Apps	2010
Personal Care Appliances	2013

위의 결괏값에서 보듯이 'Personal_Care_Appliances' 상품 카테고리가 실제로 아마존닷컴 카탈로그에 늦게 추가되었다. 그러나 리뷰 수가 적은 이유가 그것만은 아니다. 'Mobile_Apps' 카테고리는 2010년에 추가되었음에도 불구하고 상위권을 차지하고 있기 때문이다.

[그림 5-3]은 카테고리별 연간 첫 리뷰 수를 시각화해서 보여준다.

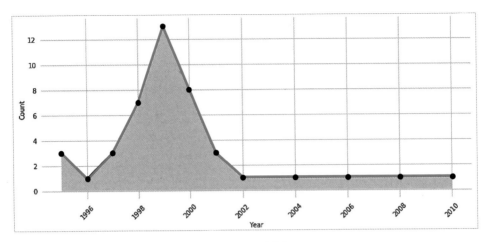

그림 5-3 1999년 첫 번째 상품 카테고리 리뷰 13개가 있는 데이터셋

첫 번째 상품 카테고리 리뷰(13개)는 1999년에 많이 발생했다. 실제로 이 시기에 해당 상품 카테고리가 도입된 것과 관련이 있는지 아니면 데이터셋에서 사용 가능한 데이터에 의해 생성된 우연의 일치인지는 확실하지 않다.

4. 상품 카테고리별 별점은 어떻게 분류하는가?

다음 SQL 쿼리문으로 질문에 대한 답을 찾을 수 있다.

```
SELECT product_category,
       star_rating,
       COUNT(*) AS count_reviews
FROM dsoaws.amazon_reviews_parquet
GROUP BY  product_category, star_rating
ORDER BY  product_category ASC, star_rating DESC,
    count_reviews
```

결과는 다음과 같다.

product_category	star_rating	count_reviews
Apparel	5	3320566
Apparel	4	1147237
Apparel	3	623471

product_category	star_rating	count_reviews
Apparel	2	369601
Apparel	1	445458
Automotive	5	2300757
Automotive	4	526665
Automotive	3	239886
Automotive	2	147767
Automotive	1	299867
...	...	...

이 정보를 사용해 별점으로 등급을 빠르게 그룹화하고 각 등급(5, 4, 3, 2, 1)에 대한 리뷰를 계산한다.

```
SELECT star_rating,
       COUNT(*) AS count_reviews
FROM dsoaws.amazon_reviews_parquet
GROUP BY  star_rating
ORDER BY  star_rating DESC, count_reviews
```

결과는 다음과 같다.

star_rating	count_reviews
5	93200812
4	26223470
3	12133927
2	7304430
1	12099639

모든 리뷰의 약 62%가 별점 5점을 받았다. 나중에 이 데이터로 모델 훈련을 준비하기 위한 피처 엔지니어링을 수행할 때 별점 간 불균형을 다룰 것이다.

[그림 5-4]처럼 상품 카테고리별 각 별점의 비율을 보여주는 누적 백분율 수평 막대 플롯을 시각화할 수 있다.

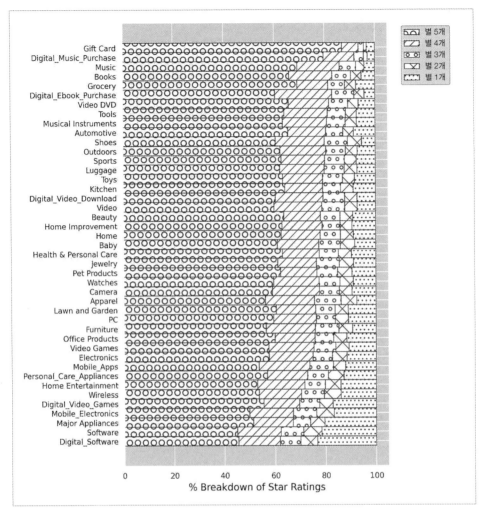

그림 5-4 상품 카테고리별 별점 리뷰 분포

별 5개 및 4개 등급은 각 상품 카테고리 내에서 가장 큰 비율을 차지한다. 이제 시간이 지남에 따라 상품 만족도의 차이를 발견할 수 있는지 살펴보자.

5. 시간이 지남에 따라 별점은 어떻게 변하는가? 연중 특정 상품 카테고리가 하락한 지점이 있는가?

먼저 몇 년 동안 모든 상품 카테고리의 평균 별점을 살펴보자. 다음 SQL 쿼리문으로 질문에 대한 답을 찾을 수 있다.

```
SELECT year, ROUND(AVG(star_rating), 4) AS avg_rating
FROM dsoaws.amazon_reviews_parquet
GROUP BY year
ORDER BY year;
```

결과는 다음과 같다.

year	avg_rating
1995	4.6169
1996	4.6003
1997	4.4344
1998	4.3607
1999	4.2819
2000	4.2569
...	...
2010	4.069
2011	4.0516
2012	4.1193
2013	4.1977
2014	4.2286
2015	4.2495

곡선으로 표현하면 [그림 5-5]처럼 보인다. 2004년과 2011년의 두 저점으로 일반적인 상승 추세를 예측할 수 있다.

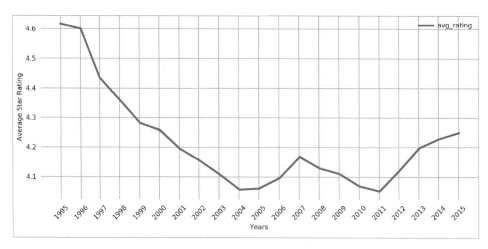

그림 5-5 시간 경과에 따른 모든 상품 카테고리의 평균 별점

이제 등급별 상위 5개 상품 카테고리(Books, Digital_Ebook_Purchase, Wireless, PC, Home)를 살펴보자. 이 질문에 답할 SQL 쿼리는 다음과 같다.

```sql
SELECT
    product_category,
    year,
    ROUND(AVG(star_rating), 4) AS avg_rating_category
FROM dsoaws.amazon_reviews_parquet
WHERE product_category IN
    ('Books', 'Digital_Ebook_Purchase', 'Wireless', 'PC', 'Home')
GROUP BY product_category, year
ORDER BY year
```

결과는 다음과 같다.

product_category	year	avg_rating_category
Books	1995	4.6111
Books	1996	4.6024
Books	1997	4.4339
Home	1998	4.4
Wireless	1998	4.5
Books	1998	4.3045

product_category	year	avg_rating_category
Home	1999	4.1429
Digital_Ebook_Purchase	1999	5.0
PC	1999	3.7917
Wireless	1999	4.1471

그래프로 나타내면 [그림 5-6]과 같은 흥미로운 결과를 확인할 수 있다.

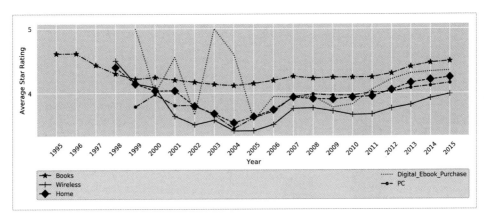

그림 5-6 시간 경과에 따른 상품 카테고리별 평균 별점(상위 5개)

'Books'는 star_rating에서 4.1과 4.6의 사잇값으로 상대적으로 일관성이 있었지만, 그 밖의 카테고리는 고객 만족도의 영향을 더 많이 받는다. 'KindleBooks'와 같은 'Digital_Ebook_Purchase'는 2003년에 5개까지 증가했다가 2005년에 3.5개까지 떨어진 모습을 보여준다. 그 원인이 해당 시간에 제한된 리뷰 때문인지, 왜곡된 데이터 때문인지, 혹은 실제로 고객의 목소리가 반영되어서 인지를 알아내려면 데이터셋을 통해 자세히 살펴봐야 한다.

6. 어떤 별점이 가장 도움이 되는가?

이 질문에 답할 SQL 쿼리는 다음과 같다.

```
SELECT star_rating,
       AVG(helpful_votes) AS avg_helpful_votes
FROM dsoaws.amazon_reviews_parquet
GROUP BY  star_rating
ORDER BY  star_rating DESC
```

결과는 다음과 같다.

star_rating	avg_helpful_votes
5	1.672697561905362
4	1.6786973653753678
3	2.048089542651773
2	2.5066350146417995
1	3.6846412525200134

[그림 5-7]의 시각화된 자료를 통해 고객들이 긍정적인 리뷰보다 부정적인 리뷰를 더 유용하다고 생각한다는 사실을 알 수 있다.

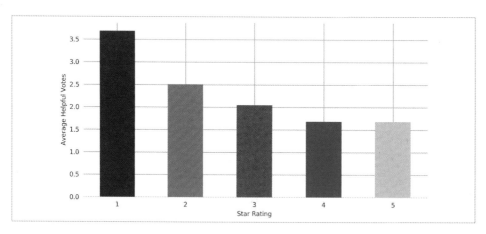

그림 5-7 고객은 부정적인 리뷰(별점 1개)가 가장 유용하다고 생각한다

7. 리뷰 길이(단어 수)의 분포는 무엇인가?

다음 SQL 쿼리문으로 질문에 대한 답을 찾을 수 있다.

```
SELECT CARDINALITY(SPLIT(review_body, ' ')) as num_words
  FROM dsoaws.amazon_reviews_parquet
```

백분위수를 통해 결과 분포 결과를 설명할 수 있다.

```
summary = df['num_words']\
    .describe(percentiles=\
        [0.10, 0.20, 0.30, 0.40, 0.50, 0.60, 0.70, 0.80, 0.90, 1.00])
```

요약 결과는 다음과 유사해야 한다.

```
count    396601.000000
mean         51.683405
std         107.030844
min           1.000000
10%           2.000000
20%           7.000000
30%          19.000000
40%          22.000000
50%          26.000000
60%          32.000000
70%          43.000000
80%          63.000000
90%         110.000000
100%       5347.000000
max        5347.000000
```

플롯 그래프로 그리면, [그림 5-8]처럼 리뷰의 80%가 63개 단어 이하를 포함한다는 사실을
알 수 있다.

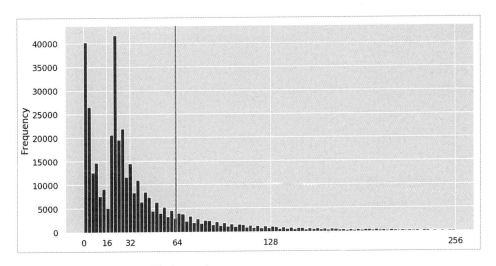

그림 5-8 리뷰 길이 분포를 시각화한 히스토그램

5.3 데이터 웨어하우스 쿼리하기

이번에는 아마존 레드시프트를 활용해 사용 사례를 쿼리하고 시각화한다. 아테나 예제와 마찬가지로, 먼저 세이지메이커 스튜디오 환경을 준비한다.

5.3.1 세이지메이커 스튜디오에서 아마존 레드시프트 표본 쿼리 실행하기

다음 예제에서는 데이터셋을 쿼리하여 상품 카테고리당 고유한 고객 수를 제공한다. 판다스의 read_sql_query() 함수를 사용해 SQLAlchemy 쿼리를 실행하고 쿼리 결과를 판다스 데이터프레임으로 저장한다.

```
df = pd.read_sql_query("""
        SELECT product_category, COUNT(DISTINCT customer_id) as num_customers
        FROM redshift.amazon_reviews_tsv_2015
        GROUP BY product_category
        ORDER BY num_customers DESC
""", engine)
```

```
df.head(10)
```

출력 결과는 다음과 같다.

product_category	num_customers
Wireless	1979435
Digital_Ebook_Purchase	1857681
Books	1507711
Apparel	1424202
Home	1352314
PC	1283463
Health & Personal Care	1238075
Beauty	1110828
Shoes	1083406
Sports	1024591

'Wireless' 상품 카테고리에 리뷰를 제공하는 고유한 고객이 가장 많고, 'Digital_Ebook_Purchase'와 'Books' 카테고리가 그 뒤를 잇는다. 이제 고객에 대해 더 깊이 통찰하기 위해 아마존 레드시프트에 쿼리할 준비를 갖췄다.

5.3.2 아마존 레드시프트 및 세이지메이커로 데이터셋 심층 분석하기

이제 우리는 2015년에 우리 고객에 대한 더 깊은 통찰을 얻기 위해 아마존 레드시프트에서 데이터를 쿼리하여 다음과 같은 질문에 대한 답을 찾아보자.

1. 2015년에 어떤 상품 카테고리가 가장 많은 리뷰를 받았는가?

2. 2015년에 가장 도움이 된 상품 리뷰는 무엇인가? 그 리뷰의 길이는 얼마나 길었는가?

3. 2015년 한 해 동안 별점은 어떻게 바뀌었는가? 하락 지점이 있던 상품 카테고리는 무엇인가?

4. 2015년에 가장 도움이 된 리뷰를 작성한 고객들은 누구인가? 고객들이 얼마나 많은 리뷰를 작성했는가? 그러한 고객들이 작성한 리뷰들이 얼마나 많은 카테고리에 있는가? 고객들의 평균 별점은 얼마였는가?

5. 2015년에 동일한 상품에 2개 이상의 리뷰를 작성한 고객은 누구인가? 각 상품의 평균 별점은 몇 점인가?

> **NOTE**_아테나 예제와 마찬가지로 아마존 레드시프트 SQL 쿼리와 결과만 표시한다. 결과를 실행하고 렌더링하는 전체 소스 코드는 깃허브 리포지터리에서 사용할 수 있다.

자, 그렇다면 쿼리를 실행하여 그 답을 찾아보자!

1. 2015년에 어떤 상품 카테고리가 가장 많은 리뷰를 받았는가?

다음 SQL 쿼리문으로 질문에 대한 답을 찾을 수 있다.

```
SELECT
    year,
```

```
    product_category,
    COUNT(star_rating) AS count_star_rating
FROM
    redshift.amazon_reviews_tsv_2015
GROUP BY
    product_category,
    year
ORDER BY
    count_star_rating DESC,
    year DESC
```

출력 결과는 다음과 같다.

year	product_category	count_star_rating
2015	Digital_Ebook_Purchase	4533519
2015	Wireless	2998518
2015	Books	2808751
2015	Apparel	2369754
2015	Home	2172297
2015	Health & Personal Care	1877971
2015	PC	1877971
2015	Beauty	1816302
2015	Digital_Video_Download	1593521
2015	Sports	1571181

여전히 'Books'는 리뷰가 많은 상품 카테고리다. 하지만 지금은 'Digital_Ebook_Purchase (KindleBooks)'의 리뷰가 가장 많다. [그림 5-9]는 수평 막대 플롯으로 결과를 시각화해서 보여준다.

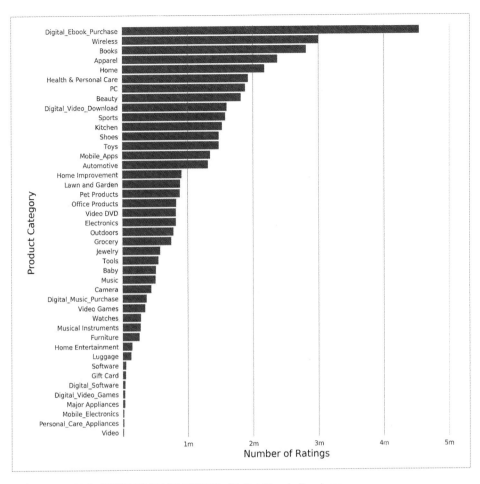

그림 5-9 2015년에 가장 많은 리뷰를 받은 카테고리는 Digital_Ebook_Purchase

2. 2015년에 가장 도움이 된 리뷰는 무엇인가? 그 리뷰의 길이는 얼마나 길었는가?

다음 SQL 쿼리문으로 질문에 대한 답을 찾을 수 있다.

```
SELECT
    product_title,
    helpful_votes,
    LENGTH(review_body) AS review_body_length,
    SUBSTRING(review_body, 1, 100) AS review_body_substring
FROM
    redshift.amazon_reviews_tsv_2015
```

```
ORDER BY
    helpful_votes DESC LIMIT 10
```

출력 결과는 다음과 같다.

product_title	Helpful_votes	review_body_length	review_body_substring
Fitbit Charge HR Wireless Activity Wristband	16401	2824	Full disclosure, I ordered the Fitbit Charge HR only after I gave up on Jawbone fulfilling my preord
Kindle Paperwhite	10801	16338	Review updated September 17, 2015⟨br /⟩⟨br /⟩As a background, I am a retired Information Systems pro
Kindle Paperwhite	8542	9411	[[VIDEOID:755c0182976ece27e407ad23676f3ae8]]If you're reading reviews of the new 3rd generation Pape
Weslo Cadence G 5.9 Treadmill	6246	4295	I got the Weslo treadmill and absolutely dig it. I'm 6'2", 230 lbs. and like running outside (ab
Haribo Gummi Candy Gold-Bears	6201	4736	It was my last class of the semester, and the final exam was worth 30% of our grade. ⟨br /⟩After a la
FlipBelt World's Best Running Belt & Fitness Workout Belt	6195	211	The size chart is wrong on the selection. I've attached a photo so you can see what you really need.
Amazon.com eGift Cards	5987	3498	I think I am just wasting time writing this, but this must have happened to someone else. Something
Melanie's Marvelous Measles	5491	8028	If you enjoyed this book, check out these other fine titles from the same author:⟨br /⟩⟨br /⟩Abby's
Tuft & Needle Mattress	5404	4993	tl;dr: Great mattress, after some hurdles that were deftly cleared by stellar customer service. The
Ring Wi-Fi Enabled Video Doorbell	5399	3984	First off, the Ring is very cool. I really like it and many people that come to my front door (sale

위의 표에서 보듯이, 2015년 'Fitbit Charge HR Wireless Activity Wristband' 항목은 총 16,401표와 2,824자로 가장 도움이 된 리뷰를 받았다. 각각 16,338자와 9,411자의 긴 리뷰를 작성했던 'Kindle Paperwhite' 항목의 리뷰 2개가 그 뒤를 잇는다.

3. 2015년 한 해 동안 별점은 어떻게 바뀌었는가? 하락 지점이 있던 상품 카테고리는 무엇인가?

다음 SQL 쿼리문으로 질문에 대한 답을 찾을 수 있다.

```sql
SELECT
    CAST(DATE_PART('month', TO_DATE(review_date, 'YYYY-MM-DD')) AS integer)
    AS month,
    AVG(star_rating ::FLOAT) AS avg_rating
FROM redshift.amazon_reviews_tsv_2015
GROUP BY month
ORDER BY month
```

출력 결과는 다음과 같다.

month	avg_rating
1	4.277998926134835
2	4.267851231035101
3	4.261042822856084
4	4.247727865199895
5	4.239633709986397
6	4.235766635971452
7	4.230284081689972
8	4.231862792031927

2015년 8월까지만 데이터가 있고, [그림 5-10]은 평균 등급이 천천히 떨어지고 있는 모습을 보여준다. 정확한 설명은 없지만 이러한 하락세는 2015년에 조사된 자료라는 것을 추측할 수 있다.

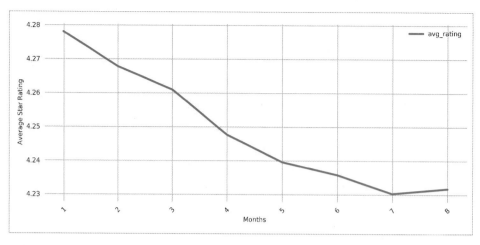

그림 5-10 2015년 모든 상품 카테고리에서의 평균 별점

이제 고객 만족도가 급격히 떨어지는 이유가 특정 상품 카테고리 때문인지 아니면 모든 카테고리에 걸쳐 나타나는 추세에 가까운 것인지 살펴보겠다. 다음 SQL 쿼리는 이 질문에 대한 답을 하는 코드다.

```sql
SELECT
    product_category,
    CAST(DATE_PART('month', TO_DATE(review_date, 'YYYY-MM-DD')) AS integer)
    AS month,
    AVG(star_rating ::FLOAT) AS avg_rating
FROM redshift.amazon_reviews_tsv_2015
GROUP BY month
ORDER BY month
```

결과는 다음과 같다.

product_category	month	avg_rating
Apparel	1	4.159321618698804
Apparel	2	4.123969612021801
Apparel	3	4.109944336469443
Apparel	4	4.094360325567125
Apparel	5	4.0894595692213125
Apparel	6	4.09617799917213

product_category	month	avg_rating
Apparel	7	4.097665115845663
Apparel	8	4.112790034578352
Automotive	1	4.325502388403887
Automotive	2	4.318120214368761
...	...	...

[그림 5-11]은 추세를 쉽게 파악할 수 있도록 결과를 시각화해서 보여준다.

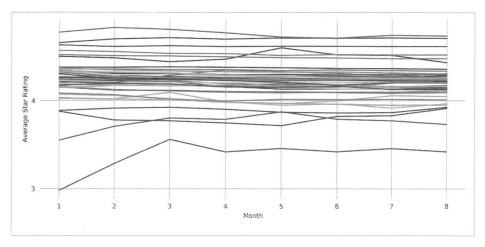

그림 5-11 2015년 상품 카테고리별 시간 경과에 따른 평균 별점

[그림 5-11] 그래프가 약간 복잡해 보일 수 있지만, 해당 그래프를 통해 대부분의 카테고리가 몇 달에 걸쳐 동일한 평균 등급을 따른다는 사실을 알 수 있다. 하지만 'Digital Software', 'Software', 'Mobile Electronics' 카테고리는 다른 카테고리보다 더 많은 변동의 모습을 보여주고 있다.

4. 2015년에 가장 도움이 된 리뷰를 작성한 고객들은 누구인가? 고객들이 얼마나 많은 리뷰를 작성했는가? 그러한 고객들이 작성한 리뷰들이 얼마나 많은 카테고리에 있는가? 고객들의 평균 별점은 얼마였는가?

다음 SQL 쿼리문으로 질문에 대한 답을 찾을 수 있다.

```
SELECT
    customer_id,
    AVG(helpful_votes) AS avg_helpful_votes,
    COUNT(*) AS review_count,
    COUNT(DISTINCT product_category) AS product_category_count,
    ROUND(AVG(star_rating::FLOAT), 1) AS avg_star_rating
FROM
    redshift.amazon_reviews_tsv_2015
GROUP BY
    customer_id
HAVING
    count(*) > 100
ORDER BY
    avg_helpful_votes DESC LIMIT 10;
```

결과는 다음과 같다.

customer_id	avg_helpful_votes	review_count	product_category_count	avg_star_rating
35360512	48	168	26	4.5
52403783	44	274	25	4.9
28259076	40	123	7	4.3
15365576	37	569	30	4.9
14177091	29	187	15	4.4
28021023	28	103	18	4.5
20956632	25	120	23	4.8
53017806	25	549	30	4.9
23942749	25	110	22	4.5
44834233	24	514	32	4.4

다양한 카테고리에서 평균적으로 가장 도움이 되는 투표(100개 이상의 리뷰 제공)를 한 리뷰를 작성한 고객들을 볼 수 있다. 일반적으로 리뷰는 긍정적인 감정을 반영했다.

5. 2015년에 동일한 상품에 대해 2개 이상의 리뷰를 작성한 고객은 누구인가? 각 상품의 평균 별점은 몇 점인가?

다음 SQL 쿼리문으로 질문에 대한 답을 찾을 수 있다.

```
SELECT
    customer_id,
    product_category,
    product_title,
    ROUND(AVG(star_rating::FLOAT), 4) AS avg_star_rating,
    COUNT(*) AS review_count
FROM
    redshift.amazon_reviews_tsv_2015
GROUP BY
    customer_id,
    product_category,
    product_title
HAVING
    COUNT(*) > 1
ORDER BY
    review_count DESC LIMIT 5
```

결과는 다음과 같다.

customer_id	product_category	product_title	avg_star_rating	review_count
2840168	Camera	(Create a generic Title per Amazon's guidelines)	5.0	45
9016330	Video Games	Disney INFINITY Disney Infinity: Marvel Super Heroes (2.0 Edition) Characters	5.0	23
10075230	Video Games	Skylanders Spyro's Adventure: Character Pack	5.0	23
50600878	Digital_Ebook_Purchase	The Art of War	2.35	20
10075230	Video Games	Activision Skylanders Giants Single Character Pack Core Series 2	4.85	20

avg_star_rating은 항상 정수가 아니다. 이는 일부 고객들이 시간이 지남에 따라 상품을 다르게 평가했다는 것을 의미한다. 위의 표에서 보여주듯이, 고객 ID가 9016330인 고객은 'Disney Infinity: Marvel Super Heroes' 비디오 게임을 23번 플레이한 후에도 별 5개라는 사실을 알게 되었다. 고객 ID가 50600878인 고객은 'The Art of War'를 20번 리뷰할 정도로 관심이 높아 보이지만 긍정적인 감정을 찾는 데는 어려움을 겪고 있는 것을 낮은 ave_star_rating을 통해 알 수 있다.

5.4 아마존 퀵사이트를 사용한 대시보드 생성

퀵사이트QuickSight는 강력한 시각화를 신속하게 빌드하는 데 활용할 수 있는 사용하기 쉬운 관리형 서버리스 비즈니스 분석 서비스다. 퀵사이트는 MySQL, 세일즈포스Salesforce, 아마존 레드시프트, 아테나, S3, 오로라, RDS 등 AWS 계정의 데이터 소스를 자동으로 감지한다.

퀵사이트를 사용해 아마존 고객 리뷰 데이터셋으로 대시보드를 생성해보자. 몇 번의 클릭만으로 우리는 제품 카테고리별 리뷰 개수를 시각화할 수 있고, 모바일 폰을 비롯한 모든 장치에서 이 대시보드에 접근할 수 있다. 데이터 수집 후, 퀵사이트 파이썬 SDK를 이용해 대시보드를 자동으로 새로고침 할 수 있다. 퀵사이트 UI를 사용해 [그림 5-12]와 같이 데이터셋의 불균형을 확인할 수 있다.

그림 5-12 퀵사이트에서 상품 카테고리별 리뷰 수 시각화

'Books'와 'Digital_Ebook_Purchase' 두 상품 카테고리가 단연 가장 많은 리뷰를 받은 것을 확인할 수 있다. 다음 장에서 모델을 훈련시키기 위해 데이터셋을 준비할 때 이 불균형에 대해 더 자세히 분석하고 해결해볼 것이다.

5.5 아마존 세이지메이커 및 아파치 스파크를 사용한 데이터 품질 문제 감지

데이터는 결코 완벽하지 않다. 특히, 20년에 걸쳐 1억 5천만 개 이상의 행으로 이루어진 데이터셋인 경우에는 더욱 그렇다. 추가적으로, 데이터 품질은 새로운 응용 프로그램 기능이 도입되거나 다른 기능들이 폐기되면서 시간이 지남에 따라 실제로 저하될 수 있다. 스키마들은 점점 발전하지만 코드는 오래되어가고 쿼리는 느려진다.

데이터 품질이 항상 업스트림 애플리케이션 팀의 우선순위는 아니기 때문에 다운스트림 데이터 엔지니어링 및 데이터 과학 팀은 누락된 데이터나 불량 데이터를 처리할 필요가 있다. 우리는 비즈니스 인텔리전스, 머신러닝 엔지니어링 및 데이터 과학 팀을 포함한 다운스트림 고객들을 위해 양질의 데이터를 제공해야 한다.

[그림 5-13]은 머신러닝 엔지니어, 데이터 과학자, 데이터 분석가를 위해 애플리케이션이 데이터를 생성하는 과정을 보여주고, 각 팀에서 해당 데이터에 액세스할 때 필요한 도구와 서비스를 소개한다.

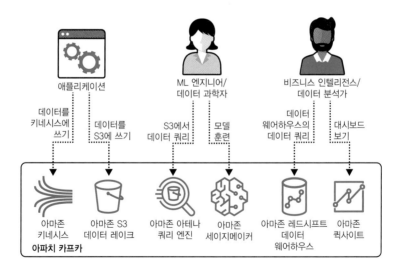

그림 5-13 다양한 도구와 서비스를 사용해 데이터에 액세스하는 엔지니어, 과학자, 분석가

데이터 품질은 트랙에서 데이터 처리 파이프라인을 중단시킬 수 있다. 이러한 문제를 초기에 포착하지 않으면 오해의 소지가 있는 보고서(예: 수익 이중 계산서[double-counted revenue][13]), 편향된 AI/ML 모델(예: 단일 성별 또는 인종에 대한 편향), 의도하지 않은 데이터 상품 등의 문제가 발생한다.

이러한 데이터 문제를 조기에 파악하기 위해 AWS 오픈 소스 라이브러리 디큐[Deequ][14]와 파이디큐[PyDeequ][15]를 사용한다. 이 라이브러리들은 아파치 스파크로 데이터 품질을 분석하고 이상치를 감지하여 데이터 문제에 대해 오전 3시에 데이터 과학자에게 알릴 수 있다. 디큐에 대해 좀 더 자세히 살펴보도록 하자. 디큐는 피처 엔지니어링부터 모델 훈련, 프로덕션에서 제공하는 모델에 이르기까지 모델의 전체 라이프 사이클 동안 데이터를 지속적으로 분석한다. [그림 5-14]는 디큐 아키텍처 및 컴포넌트에 대한 고수준의 개요를 잘 보여준다.

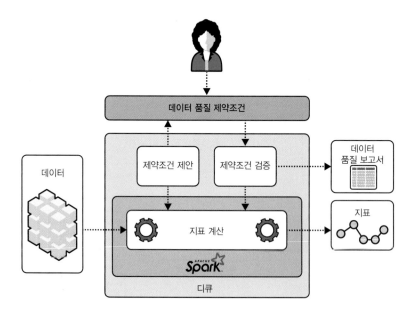

그림 5-14 디큐 컴포넌트: 제약 조건, 지표, 제안

---

13 옮긴이 1_ 회계 분야에서 수익 이중 계산서(double-counted revenue)는 어떤 이유로든 거래가 두 번 이상 계수되는 오류다.
14 *https://oreil.ly/CVaTM*
15 *https://oreil.ly/K9Ydj*

디큐는 각 데이터 분석 실행마다 학습을 하며 다음 데이터셋을 처리하는 동안 적용할 새로운 규칙을 제안하기도 한다. 예를 들어, 디큐는 모델 훈련 시간에 데이터셋의 기준 통계를 학습한 다음 모델을 예측하기 위해 새 데이터가 도착하면 이상치를 감지한다. 이 문제는 일반적으로 '트레이닝–서빙 비대칭training–serving skew'이라고 한다. 이는 모델이 한 세트의 제약 조건을 기반으로 훈련되는데, 새로 들어오는 데이터가 모델이 훈련된 그 제약 조건에 부합하지 않을 때 생기는 문제를 말한다. 이는 데이터가 훈련 중에 사용된 원래 예상 분포에서 이동했거나 비대칭되었다는 신호다.

우리가 사용하는 데이터셋에는 1억 5천만 개 이상의 리뷰가 있으므로 디큐를 세이지메이커 노트북 내부가 아닌 클러스터에서 실행해야 한다. 이는 대규모 데이터 작업의 절충점이다. 주피터 노트북은 작은 데이터셋에 대한 탐색적 분석에는 잘 작동하지만, 큰 데이터셋을 처리하거나 큰 모델을 훈련시키는 데는 적합하지 않다. 따라서 주피터 노트북에서 세이지메이커 프로세싱 서비스를 사용해 별도의 애드혹 서버리스 형태의 아파치 스파크 클러스터에서 디큐 스파크Deequ Spark 작업을 시작한다.

5.5.1 세이지메이커 프로세싱

서비스는 우리가 모든 파이썬 스크립트와 커스텀 도커 이미지를 완전 관리형 AWS 인프라에 종량제 형식으로 실행할 수 있게 하고, 사이킷런과 아파치 스파크 같은 친숙한 오픈 소스 도구들을 사용할 수 있게 해준다. [그림 5-15]는 세이지메이커 프로세싱 컨테이너를 보여준다.

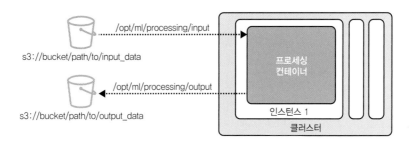

그림 5-15 아마존 세이지메이커 프로세싱 컨테이너

다행히 디큐는 아파치 스파크를 기반으로 하는 고수준 API이므로, 우리는 세이지메이커 프로세싱 서비스를 사용해 대규모 분석 작업을 실행할 수 있다.

> **NOTE_** 디큐는 개념적으로 텐서플로우 익스텐디드^{TensorFlow Extended}, 특히 텐서플로우 데이터 검증^{TensorFlow Data Validation} 컴포넌트와 유사하다. 그러나 디큐는 사용성, 디버그 능력, 확장성을 높이기 위해 널리 사용되는 오픈 소스 아파치 스파크를 기반으로 한다. 또한 아파치 스파크 및 디큐는 기본적으로 분석을 위해 선호하는 파일 형식인 파케이 형식을 지원한다.

5.5.2 디큐 및 아파치 스파크로 데이터셋 분석하기

[표 5-1]은 디큐가 지원하는 몇 가지 지표를 보여준다.

표 5-1 디큐 표본 지표

지표	설명	사용 예
ApproxCountDistinct	HLL++를 사용한 대략적인 고윳값의 개수	ApproxCountDistinct("review_id")
ApproxQuantiles	분포의 대략적인 분위수	ApproxQuantiles("star_rating", quantiles = Seq(0.1, 0.5, 0.9))
Completeness	열에서 null이 아닌 값의 비율	Completeness("review_id")
Compliance	주어진 열의 제약 조건을 준수하는 행 비율	Compliance("top star_rating", "star_rating >= 4.0")
Correlation	피어슨 상관 계수	Correlation("total_votes", "star_rating")
Maximum	최댓값	Maximum("star_rating")
Mean	평균값; null 값 제외	Mean("star_rating")
Minimum	최솟값	Minimum("star_rating")
MutualInformation	한 열에 대한 정보를 다른 열에서 추론할 수 있는 양	MutualInformation(Seq("total_votes", "star_rating"))
Size	데이터프레임의 행 수	Size()
Sum	열의 모든 값 합계	Sum("total_votes")
Uniqueness	고윳값의 비율	Uniqueness("review_id")

세이지메이커 스튜디오에서 주피터 노트북을 통해 10개의 노드로 구성된 아파치 스파크 클러스터를 구동하고, 파이스파크 프로세서(PySparkProcessor)를 호출해 아파치 파이스파크 기반 디큐 분석기 작업을 시작해보자. 스파크는 일반적으로 메모리가 많을수록 성능이 더 좋기 때문에 고용량 r5 인스턴스 유형을 선택했다.

```python
s3_input_data='s3://{}/amazon-reviews-pds/tsv/'.format(bucket)
s3_output_analyze_data='s3://{}/{}/output/'.format(bucket, output_prefix)

from sagemaker.spark.processing import PySparkProcessor

processor =
    PySparkProcessor(base_job_name='spark-amazon-reviews-analyzer',
                     role=role,
                     framework_version='2.4',
                     instance_count=10,
                     instance_type='ml.r5.8xlarge',
                     max_runtime_in_seconds=300)

processor.run(submit_app='preprocess-deequ-pyspark.py',
              submit_jars=['deequ-1.0.3-rc2.jar'],
              arguments=['s3_input_data', s3_input_data,
                         's3_output_analyze_data', s3_output_analyze_data,
              ],
              logs=True,
              wait=False
)
```

다음은 TSV 데이터셋에 적용할 다양한 제약 조건을 지정하는 디큐 코드다. 이후의 예제와 일관성을 유지하기 위해 이 예제에서는 TSV를 사용한다. 필요하다면 코드 한 줄만 바꾸면 파케이로 쉽게 전환할 수 있다.

```python
dataset = spark.read.csv(s3_input_data,
                         header=True,
                         schema=schema,
                         sep="\t",
                         quote="")
```

분석기(AnalysisRunner) 객체를 다음과 같이 정의한다.

```
from pydeequ.analyzers import *

analysisResult = AnalysisRunner(spark) \
                    .onData(dataset) \
                    .addAnalyzer(Size()) \
                    .addAnalyzer(Completeness("review_id")) \
                    .addAnalyzer(ApproxCountDistinct("review_id")) \
                    .addAnalyzer(Mean("star_rating")) \
                    .addAnalyzer(Compliance("top star_rating", \
                                            "star_rating >= 4.0")) \
                    .addAnalyzer(Correlation("total_votes", \
                                             "star_rating")) \
                    .addAnalyzer(Correlation("total_votes",
                                             "helpful_votes")) \
                    .run()
```

다음과 같이 검사할 지표를 정의한 다음에 그 지표를 계산하여 검사 조건을 확인한다.

```
from pydeequ.checks import *
from pydeequ.verification import *

verificationResult = VerificationSuite(spark) \
        .onData(dataset) \
        .addCheck(
            Check(spark, CheckLevel.Error, "Review Check") \
                .hasSize(lambda x: x >= 150000000) \
                .hasMin("star_rating", lambda x: x == 1.0) \
                .hasMax("star_rating", lambda x: x == 5.0) \
                .isComplete("review_id") \
                .isUnique("review_id") \
                .isComplete("marketplace") \
                .isContainedIn("marketplace", ["US", "UK", "DE", "JP", "FR"])) \
        .run()
```

위 코드 예제에서는 데이터셋에 적용할 제약 조건과 어설션[assertion] 집합을 정의했다. 이제 작업을 실행하여 데이터가 예상한 결괏값을 도출하는지 확인해보자. [표 5-2]는 디큐 작업의 결과를 보여주며, 지정한 제약 조건과 검사의 결과를 요약한다.

표 5-2 디큐 작업 결과

check_name	columns	value
ApproxCountDistinct	review_id	149075190
Completeness	review_id	1.00
Compliance	US, UK, DE, JP, FR을 포함한 마켓플레이스	1.00
Compliance	top star_rating	0.79
Correlation	helpful_votes, total_votes	0.99
Correlation	total_votes, star_rating	−0.03
Maximum	star_rating	5.00
Mean	star_rating	4.20
Minimum	star_rating	1.00
Size	*	150962278
Uniqueness	review_id	1.00

이 디큐 작업 결과로부터 우리는 다음과 같은 결론을 얻을 수 있다.

- review_id에는 결측값이 없으며 약 2% 정도의 정확도 내에서 149, 075, 149개의 고윳값이 있다.

- 리뷰의 79%는 4점 이상의 '최상위' star_rating을 갖는다.

- total_votes와 star_rating은 약한 상관성을 갖는다.

- helpful_votes와 total_votes는 강한 상관성을 갖는다.

- star_rating 평균은 4.20이다.

- 데이터셋에는 정확히 150,962,278개의 리뷰가 포함된다(ApproxCountDistinct와 1.27% 다름).

디큐는 시간이 지남에 따라 이러한 지표를 추적하고 데이터 품질의 저하를 감지하여 파이프라인을 중단할 수 있는 MetricsRepository의 개념을 지원한다. 다음은 FileSystemMetricsRepository를 만들고, 수정된 AnalysisRunner로 지표를 추적하고, 그 지표들을 비교하기 위한 코드 예제다.

```
from pydeequ.repository import *

metrics_file = FileSystemMetricsRepository.helper_metrics_file(spark,
    'metrics.json')
```

```
repository = FileSystemMetricsRepository(spark, metrics_file)
resultKey = ResultKey(spark, ResultKey.current_milli_time())

analysisResult = AnalysisRunner(spark) \
                    .onData(dataset) \
                    .addAnalyzer(Size()) \
                    .addAnalyzer(Completeness("review_id")) \
                    .addAnalyzer(ApproxCountDistinct("review_id")) \
                    .addAnalyzer(Mean("star_rating")) \
                    .addAnalyzer(Compliance("top star_rating", \
                                            "star_rating >= 4.0")) \
                    .addAnalyzer(Correlation("total_votes", \
                                            "star_rating")) \
                    .addAnalyzer(Correlation("total_votes", \
                                            "helpful_votes")) \
                    .useRepository(repository) \
                    .run()

df_result_metrics_repository = repository.load() \
    .before(ResultKey.current_milli_time()) \
    .forAnalyzers([ApproxCountDistinct("review_id")]) \
    .getSuccessMetricsAsDataFrame()
```

또한 디큐는 데이터셋의 현재 특성을 기반으로 유용한 제약 조건을 제안한다. 이것은 원래 데이터셋과 통계적으로 다를 수 있는 새 데이터가 시스템에 입력될 때 매우 유용하다. 실질적으로 새로운 데이터가 항상 들어오기 때문에 이런 상황은 매우 일반적이다. [표 5–3]은 새로운 데이터가 시스템에 도착할 때 이상 징후를 감지하기 위해 디큐가 추가할 것을 제안하는 검사 목록을 코드 샘플과 함께 보여준다.

표 5-3 추가 검사에 대한 디큐 추천

column	check	deequ_code
customer_id	'customer_id' has type Integral	`.hasDataType(\"customer_id\", ConstrainableDataTypes.Integral)"`
helpful_votes	'helpful_votes' has no negative values	`.isNonNegative(\"helpful_votes\")"`
review_headline	'review_headline' has less than 1% missing values	`.hasCompleteness(\"review_headline \", lambda x: x >= 0.99, Some(\"It should be above 0.99!\"))"`

column	check	deequ_code

product_
category
	'product_category' has value range
	'Books',
	'Digital_Ebook_Purchase',
	'Wireless', 'PC', 'Home',
	'Apparel',
	'Health & Personal Care',
	'Beauty', 'Video DVD',
	'Mobile_Apps', 'Kitchen', 'Toys',
	'Sports', 'Music', 'Shoes',
	'Digital_Video_Download',
	'Automotive', 'Electronics',
	'Pet Products',
	'Office Products',
	'Home Improvement',
	'Lawn and Garden', 'Grocery',
	'Outdoors', 'Camera',
	'Video Games', 'Jewelry', 'Baby',
	'Tools',
		`.isContainedIn(\"product_category`
		`\", Array(\"Books\", \"Digi`
		`tal_Ebook_Purchase\", \"Wireless\",`
		`\"PC\", \"Home\", \"Apparel\",`
		`\"Health & Personal Care\", \"Beauty`
		`\", \"Video DVD\", \"Mobile_Apps\",`
		`\"Kitchen\", \"Toys\", \"Sports\",`
		`\"Music\", \"Shoes\", \"Digi`
		`tal_Video_Download\", \"Automotive`
		`\", \"Electronics\", \"Pet Products`
		`\", \"Office Products\", \"Home`
		`Improvement\", \"Lawn and Garden\",`
		`\"Grocery\", \"Outdoors\", \"Camera`
		`\", \"Video Games\", \"Jewelry\",`
		`\"Baby\", \"Tools\", \"Digi`
		`tal_Music_Purchase\", \"Watches\",`
		`\"Musical Instruments\", \"Furniture`
		`\", \"Home Entertainment\", \"Video`

	'Digital_Music_Purchase',
	'Watches',
	'Musical Instruments',
	'Furniture',
	'Home Entertainment', 'Video',
	'Luggage', 'Software',
	'Gift Card',
	'Digital_Video_Games',
	'Mobile_Electronics',
	'Digital_Software',
	'Major Appliances',
	'Personal_Care_Appliances'
		`\", \"Luggage\", \"Software\",`
		`\"Gift Card\", \"Digital_Video_Games`
		`\", \"Mobile_Electronics\", \"Digi`
		`tal_Software\", \"Major Appliances`
		`\", \"Personal_Care_Appliances\"))"`

vine	'vine' has value range 'N' for at least
	99.0% of values
		`.isContainedIn(\"vine\", Array(\"N`
		`\"), lambda x: x >= 0.99, Some(\"It`
		`should be above 0.99!\"))"`

customer_id가 Integral 타입인지, helpful_votes가 음수가 아닌지 등의 검사뿐만 아니라, 디큐는 product_category를 Books와 Software 등을 포함하여 현재 알려진 43개의 값으로 제한할 것을 제안한다. 또한 디큐는 최소 99%의 vine 값은 N이고, review_headline 값의 〈 1%는 비어 있어서 앞으로 이러한 조건에 대한 검사를 추가하는 것이 좋다고 제안한다.

5.6 데이터셋에서 편향 감지하기

다음과 같이 판다스 데이터프레임의 다섯 가지 별점(star_rating) 클래스를 기준으로 세 가지 샘플 제품 카테고리의 리뷰 수에 대한 불균형을 시본Seaborn 라이브러리를 이용해 몇 줄의 파이썬 코드로 식별해낼 수 있다. [그림 5-16]은 이 데이터 표본에 대한 이러한 불균형을 시각화한다.

```
import seaborn as sns

sns.countplot(data=df,
    x="star_rating",
    hue="product_category")
```

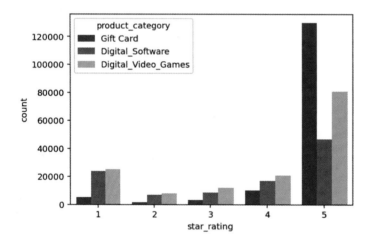

그림 5-16 데이터셋은 별점 클래스들과 상품 카테고리 전반에 걸쳐 리뷰 수가 불균형하다

이제 세이지메이커 데이터 랭글러SageMaker Data Wrangler 및 클래리파이Clarify를 사용해 데이터셋의 불균형 및 다른 잠재적 편향을 대규모로 분석한다.

5.6.1 세이지메이커 데이터 랭글러로 편향 보고서 생성 및 시각화하기

세이지메이커 데이터 랭글러는 세이지메이커 스튜디오와 통합되어 머신러닝, 데이터 분석, 피처 엔지니어링, 피처 중요도 분석 및 편향 감지를 위해 특별히 설계됐다. 데이터 랭글러를 사용하면 커스텀 아파치 스파크의 사용자 정의 함수, 판다스 소스 코드 및 SQL 쿼리를 지정할 수 있다. 이러한 데이터 랭글러는 피처 엔지니어링 및 편향 완화를 위해 300개 이상의 빌트인 데이터 변환을 제공하기도 한다. 6장에서 피처 엔지니어링을 위한 세이지메이커 데이터 랭글러에 대해 더 자세히 알아볼 것이다. 지금은 아마존 세이지메이커의 기능인 데이터 랭글러 및 세이지메이커 클래리파이를 사용해 데이터셋을 분석해본다. 한편, 세이지메이커 클래리파이는 편향, 통계적 드리프트/시프트, 공정성, 설명 가능성을 평가하는 데 사용한다.

> **NOTE**_세이지메이커 데이터 랭글러 서비스는 오픈 소스인 AWS 데이터 랭글러 프로젝트와 다르다. AWS 데이터 랭글러는 주로 데이터 수집 및 AWS 서비스 간 데이터 이동에 사용된다. 세이지메이커 데이터 랭글러는 머신러닝 파이프라인 전체에 걸쳐 완전한 데이터 계보를 유지하면서 ML에 중점을 둔 데이터 수집, 분석 및 변환에 최적화된 도구다.

세이지메이커 데이터 랭글러를 사용해 product_category 측면(패싯[facet])의 클래스 불균형을 분석해보자. 일반적으로 연령과 인종 같은 민감한 측면의 불균형을 분석한다. 예를 들어, 'Gift Card' 리뷰와 'Software' 리뷰를 작성할 때 사용되는 언어가 다를 수 있으므로 product_category 측면을 분석하기로 결정했다.

클래스 불균형은 데이터 편향의 한 예이며, 완화되지 않으면 모델이 'Digital_Software'와 같이 과소 평가되는 클래스를 희생시키면서 'Gift Card'와 같이 과대 평가되는 클래스를 불균형적으로 선호하는 모델 편향으로 이어질 수 있다. 이로 인해 과소 평가되고 불리한 클래스에 대해 더 높은 훈련 오류가 발생할 수 있다.

다시 말해, 데이터셋에는 'Software' 리뷰보다 'Gift Card' 리뷰가 더 많기 때문에 모델은 'Software'에 비해 'Gift Card'에 대한 star_rating을 더 정확하게 예측할 수 있다. 따라서 예를 들면 product_category와 같은 측면으로 인해 발생하는 예측 정확도의 차이를 '선택 편향[selection bias]'이라고 부른다. 우리는 세이지메이커 데이터 랭글러와 클래리파이를 이용해 글래스 불균형^{class imbalance}(CI)[16], 레이블의 양수 비율 차이^{difference in positive proportions labels}(DPL)[17], 젠슨–섀넌 발산^{Jensen–Shannon divergence}(JS)[18] 등 많은 지표가 포함된 편향 보고서를 생성할 수 있다. [그림 5-17]은 'Gift Card' 상품 카테고리와 대상 `star_rating` 레이블이 5와 4인 데이터셋의 하위 집합에 대한 클래스 불균형을 보여준다.

이 편향 보고서는 'Gift Card' 상품 카테고리 측면에 대해 0.45의 클래스 불균형을 보여준다. 클래스 불균형 값의 범위는 [−1, 1]이다. 값이 0에 가까울수록 분석 중인 측면을 기준으로 균형 잡힌 표본 분포를 나타낸다. 반대로 −1 및 1에 가까운 값은 불균형한 데이터셋을 나타내며 피처 선택, 피처 엔지니어링 및 모델 훈련을 진행하기 전에 균형 조정이 필요할 수 있다.

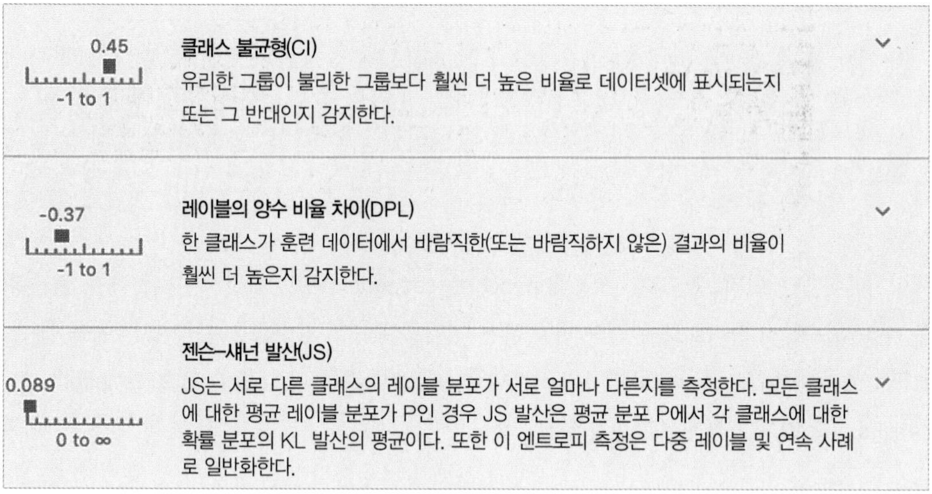

0.45 ‖‖‖‖‖‖‖‖‖‖‖ -1 to 1	**클래스 불균형(CI)** 유리한 그룹이 불리한 그룹보다 훨씬 더 높은 비율로 데이터셋에 표시되는지 또는 그 반대인지 감지한다.	⌄
-0.37 ‖‖‖‖‖‖‖‖‖‖‖ -1 to 1	**레이블의 양수 비율 차이(DPL)** 한 클래스가 훈련 데이터에서 바람직한(또는 바람직하지 않은) 결과의 비율이 훨씬 더 높은지 감지한다.	⌄
0.089 ‖‖‖‖‖‖‖‖‖‖‖ 0 to ∞	**젠슨–섀넌 발산(JS)** JS는 서로 다른 클래스의 레이블 분포가 서로 얼마나 다른지를 측정한다. 모든 클래스 에 대한 평균 레이블 분포가 P인 경우 JS 발산은 평균 분포 P에서 각 클래스에 대한 확률 분포의 KL 발산의 평균이다. 또한 이 엔트로피 측정은 다중 레이블 및 연속 사례 로 일반화한다.	⌄

그림 5-17 세이지메이커 편향 보고서를 통해 클래스 불균형을 감지한다

세이지메이커 데이터 랭글러로 데이터 편향을 감지하는 것 외에도 세이지메이커 클래리파이는 모델 훈련에 가장 적합한 '피처^{feature}'라고 부르는 컬럼을 선택한다. 훈련을 마친 뒤 모델의 편향

---

16 옮긴이 1_ 클래스 불균형(CI)은 데이터셋의 멀티 클래스에 분배된 레이블의 수가 큰 차이를 보이는 경우를 말한다. 예를 들어, 고객 리뷰 데이터셋의 별점은 1부터 5까지 5개의 클래스로 구성되며, 이때 각 클래스에 별점이 5개가 가장 우세하고 1개가 가장 열세일 경우 클래스 간 데이터 불균형이 있다고 한다. 더 자세한 내용은 6장에서 다룬다.

17 옮긴이 1_ 데이터 편향을 측정할 때, 레이블의 양수 비율 차이(DPL)는 모델이 각 측면에 대해 레이블 균형이 다른지 감지한다. 더 자세한 데이터 편향 예제는 6장에서 다룬다.

18 옮긴이 1_ 젠슨–섀넌 발산은 확률 이론과 통계에서 두 확률 분포 간의 유사성을 측정하는 방법이다. 정보 반경 또는 평균에 대한 총 발산이라고도 한다.

을 감지하고, 모델 예측을 설명한다. 또한 모델 예측 입출력의 통계적 드리프트를 감지하는 데 도움을 준다. [그림 5-18]은 세이지메이커 클래리파이가 모델 훈련, 튜닝 및 배포를 포함하여 머신러닝 파이프라인의 나머지 단계에서 사용되는 위치를 보여준다.

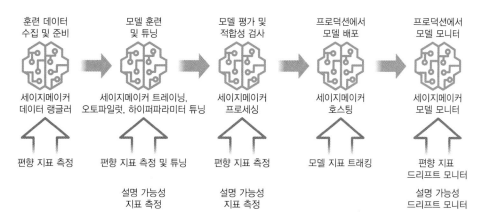

그림 5-18 데이터 편향, 모델 편향, 기능 중요도, 모델 설명 가능성을 측정한 세이지메이커 클래리파이

7장에서 비슷한 방식으로 모델 예측들의 편향을 감지하는 '훈련 후post-training'[19] 지표들을 평가한다. 9장에서는 모델이 배치되기 전에 라이브로 지표를 훈련된 모델에서 생성한 베이스라인 지표 집합과 비교한다. 모델이 배포된 후 임곗값이 초과되면 경고 메시지와 함께 다양한 분포-거리distribution-distance[20] 지표에 대한 임곗값을 설정하여 프로덕션에서 라이브 모델에 대한 데이터 분포 및 모델 설명 가능성의 드리프트drift[21]를 평가한다.

5.6.2 세이지메이커 클래리파이 프로세싱으로 편향 감지하기

클래리파이를 세이지메이커 프로세싱으로 실행하여 대규모 데이터셋을 지속적으로 분석하고 새 데이터가 도착하면 편향 지표를 평가하도록 할 수 있다. 다음은 SageMakerClarify

---

19 옮긴이 1_ 훈련 후 최적화는 모델 훈련이 끝난 후 모델을 예측용으로 사용하는 단계에서 사용하는 최적화 방법이다. 크게 GPU나 TPU 같은 하드웨어를 사용하는 방법과 딥러닝 컴파일러나 타깃에 맞춘 쇠식화 라이브러리를 시용하는 ㅗ프트웨어 방법과 프루닝 (pruning)과 네트워크 양자화(network quantization) 같은 알고리즘을 이용해 훈련 후 모델을 최적화할 수 있다.

20 옮긴이 1_ 분포-거리 지표는 2개의 분포 사이가 얼마나 가까운지, 멀리 있는지를 측정하는 지표를 말한다.

21 옮긴이 1_ 모델 드리프트는 새로운 입력값에서 생성된 예측의 정확도가 훈련 기간 동안 성능에서 '표류'될 때 발생한다. 참고로 모델 드리프트는 컨셉 드리프트와 데이터 드리프트로 나뉜다.

Processor 작업의 환경 설정을 구성하고 실행하는 코드다. 입력 데이터셋을 지정하는 데에는 DataConfig를 사용한다. 또한 분석할 측면으로 product_category를 지정하는 데에는 Bias Config를 사용한다.

```python
from sagemaker import clarify
import pandas as pd

df = pd.read_csv('./amazon_customer_reviews_dataset.csv')
bias_report_output_path = 's3://{}/clarify'.format(bucket)

clarify_processor = clarify.SageMakerClarifyProcessor(
        role=role,
        instance_count=1,
        instance_type='ml.c5.2xlarge',
        sagemaker_session=sess)

data_config = clarify.DataConfig(
    s3_data_input_path=data_s3_uri,
    s3_output_path=bias_report_output_path,
    label='star_rating',
    headers=df.columns.to_list(),
    dataset_type='text/csv')

data_bias_config = clarify.BiasConfig(
    label_values_or_threshold=[5, 4],
    facet_name='product_category',
    facet_values_or_threshold=['Gift Card'],
    group_name=product_category)

clarify_processor.run_pre_training_bias(
    data_config=data_config,
    data_bias_config=data_bias_config,
    methods='all',
    wait=True)
```

'훈련 전[pre-training]' 단계에서 모든 데이터 편향 지표를 계산하기 위해 methods='all'을 사용한다. 편향 지표에는 클래스 불균형(CI), 레이블의 양수 비율 차이(DPL), 젠슨–섀넌 발산[Jensen–Shannon divergence](JS), 쿨백–라이블러 발산[Kullback–Leibler divergence](KL)[22], Lp 공간[Lp-

----

22 옮긴이 1_ 두 확률 분포의 차이를 계산하는 데 사용하는 함수다.

norm(LP)[23], 총 변동 거리$^{\text{total variation distance}}$$(TVD)$[24], 콜모고로프–스미르노프 지표$^{\text{Kolmogorov–}}$$^{\text{Smirnov metric}}$$(KS)$[25], 조건부 인구통계학적 격차$^{\text{conditional demographic disparity}}$$(CDD)$[26]가 있고, 이 중에서 관심 있는 지표만 선택해 리스트[27]로 지정할 수도 있다. `SageMakerClarifyProcessor` 작업이 데이터셋의 편향 분석을 마치면, [그림 5-19]와 같이 세이지메이커 스튜디오에서 생성된 편향 보고서를 확인할 수 있다. 또한 세이지메이커 클래리파이는 편향 지표 정보를 담은 analysis.json을 생성하고 편향 지표를 시각화하고 협업용으로 사용할 수 있는 주피터 노트북 (`report.ipynb`)을 생성한다.

-0.38 −1 to 1	**레이블의 조건부 인구통계학적 격차(CDDL)** 지표는 훈련 데이터에서 불리한 클래스에 대해 수용된 결과의 비율보다 거부된 결과의 비율이 더 큰지 여부를 검사한다.
0.59 −1 to 1	**클래스 불균형(CI)** 유리한 그룹이 불리한 그룹보다 훨씬 더 높은 비율로 데이터셋에 표시되는지 또는 그 반대인지 감지한다.
-0.37 −1 to 1	**레이블의 양수 비율 차이(DPL)** 한 클래스가 훈련 데이터에서 바람직한(또는 바람직하지 않은) 결과의 비율이 훨씬 더 높은지 감지한다.

그림 5-19 세이지메이커 프로세싱에서 생성된 세이지메이커 클래리파이 편향 보고서로부터 추출한다

5.6.3 세이지메이커 클래리파이 오픈 소스로 커스텀 스크립트에 편향 감지 통합하기

세이지메이커는 클래리파이를 독립형 오픈 소스 파이썬 라이브러리[28]로 제공해 커스텀 파이썬 스크립트에 편향 및 드리프트 감지 기능을 추가할 수 있도록 해준다. 다음은 CSV 파일을 사

---

23 옮긴이 1_ 통계에서 평균, 중앙값, 표준편차와 같은 중심 경향 및 통계적 분산의 척도는 Lp 지표로 정의되며 중심 경향의 척도는 변이 문제에 대한 솔루션으로 특성화될 수 있다.

24 옮긴이 1_ 확률 이론에서 총 변동 거리(TVD)는 확률 분포에 대한 거리 측정이다.

25 옮긴이 1_ 통계에서 콜모고로프–스미르노프 지표(KS)는 표본을 참조 확률 분포 또는 2개의 표본으로 비교하는 연속 일차원 확률 분포들의 등식들을 비모수 검정을 할 때 사용한다.

26 옮긴이 1_ 한 차원의 패싯이 허용된 결과보다 데이터셋에서 거부된 결과의 비율이 더 큰지를 설정한다. 예를 들어, 대학에 입학 및 불합격한 전체 지원자 중 여성 지원자의 불합격률은 60%이고 합격률은 50%라면 여성 지원자의 불합격률은 합격률보다 높으므로 인구통계학적 격차가 있다고 한다.

27 옮긴이 1_ https://docs.aws.amazon.com/sagemaker/latest/dg/clarify-measure-data-bias.html

28 https://oreil.ly/9qIUn

용해 파이썬 스크립트로부터 편향 및 클래스 불균형을 감지하기 위해 smclarify 파이썬 라이브러리를 사용하는 예제 코드다. 참고로 다음 스크립트를 실행시키기 위해 먼저 `pip install smclarify`를 사용해 라이브러리를 설치해야 한다.

```python
from smclarify.bias import report
import pandas as pd

df = pd.read_csv('./amazon_customer_reviews_dataset.csv')

facet_column = report.FacetColumn(name='product_category')

label_column = report.LabelColumn(
    name='star_rating',
    data=df['star_rating'],
    positive_label_values=[5, 4]
)
group_variable = df['product_category']

report.bias_report(
    df,
    facet_column,
    label_column,
    stage_type=report.StageType.PRE_TRAINING,
    group_variable=group_variable
)
```

출력 결과는 다음과 같다.

```
[{'value_or_threshold': 'Gift Card',
  'metrics': [{'name': 'CDDL',
    'description': 'Conditional Demographic Disparity in Labels (CDDL)',
    'value': -0.3754164610069102},
   {'name': 'CI',
    'description': 'Class Imbalance (CI)',
    'value': 0.4520671273445213},
   {'name': 'DPL',
    'description': 'Difference in Positive Proportions in Labels (DPL)',
    'value': -0.3679426717770344},
   {'name': 'JS',
    'description': 'Jensen-Shannon Divergence (JS)',
    'value': 0.11632161004661548},
```

```
   {'name': 'x',
    'description': 'Kullback-Leibler Divergence (KL)',
    'value': 0.3061581684888518},
   {'name': 'KS',
    'description': 'Kolmogorov-Smirnov Distance (KS)',
    'value': 0.36794267177703444},
   {'name': 'LP', 'description': 'L-p Norm (LP)', 'value': 0.5203495166028743},
   {'name': 'TVD',
    'description': 'Total Variation Distance (TVD)',
    'value': 0.36794267177703444}]},
}]
```

5.6.4 데이터 균형을 조정하여 데이터 편향 완화하기

다음 코드 예제는 별점 클래스 및 상품 카테고리 전반에 걸쳐 리뷰 수의 균형을 맞춰 데이터셋의 불균형을 완화하는 법을 보여준다. [그림 5-20]은 시본 라이브러리를 사용해 세 가지 표본 상품 카테고리에 대한 결과를 시각화한다.

```
df_grouped_by = df.groupby(
  ["product_category", "star_rating"]
)[["product_category", "star_rating"]]

df_balanced = df_grouped_by.apply(
        lambda x: x.sample(df_grouped_by.size().min())\
        .reset_index(drop=True)
        )

import seaborn as sns

sns.countplot(data=df_balanced,
                      x="star_rating",
                      hue="product_category")
```

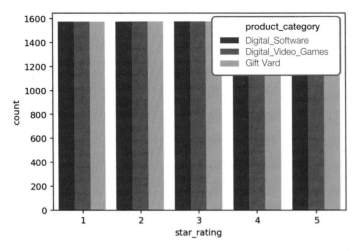

그림 5-20 별점 클래스 및 상품 카테고리에 걸쳐 리뷰 개수가 균형을 이룬 것을 볼 수 있다

균형 잡힌 데이터셋에 대해 세이지메이커 클래리파이의 편향 분석을 다시 실행해보자. 다음은 'Gift Card' 카테고리 측면에 대한 표본 결과다.

```
[{'value_or_threshold': 'Gift Card',
  'metrics': [{'name': 'CDDL',
    'description': 'Conditional Demographic Disparity in Labels (CDDL)',
    'value': 0.0},
  {'name': 'CI',
    'description': 'Class Imbalance (CI)',
    'value': 0.3333333333333333},
  {'name': 'DPL',
    'description': 'Difference in Positive Proportions in Labels (DPL)',
    'value': 0.0},
  {'name': 'JS',
    'description': 'Jensen-Shannon Divergence (JS)',
    'value': 0.0},
  {'name': 'KL',
    'description': 'Kullback-Leibler Divergence (KL)',
    'value': 0.0},
  {'name': 'KS',
    'description': 'Kolmogorov-Smirnov Distance (KS)',
    'value': 0.0},
  {'name': 'LP', 'description': 'L-p Norm (LP)', 'value': 0.0},
```

```
{'name': 'TVD',
 'description': 'Total Variation Distance (TVD)',
 'value': 0.0}]}]
```

편향 지표들의 값 중 하나를 제외한 모든 값이 0인 것을 볼 수 있다. 이는 세 가지 상품 카테고리에 걸쳐 데이터 분포가 균등하다는 것을 보여준다. 0.33 값을 보여주는 클래스 불균형 지표 (**Class Imbalance**)도 총 3개의 상품 카테고리 사이에 균등하게 밸런스가 맞춰진 것을 보여준다. 다른 두 상품 카테고리인 'Digital_Software'와 'Digital_Video_Games'의 클래스 불균형 지푯값도 0.33이다.

```
[{'value_or_threshold': 'Digital_Software',
  'metrics': [
   ...
   {'name': 'CI',
    'description': 'Class Imbalance (CI)',
    'value': 0.3333333333333333},
   ...
   ]}
 ]

[{'value_or_threshold': 'Digital_Video_Games',
  'metrics': [
   ...
   {'name': 'CI',
    'description': 'Class Imbalance (CI)',
    'value': 0.3333333333333333},
   ...
   ]}
 ]
```

다시 말해, 세 개의 클래스 간 데이터셋 분포가 균형을 이루면 클래스 불균형 지푯값은 0.33이 되고, 네 개의 클래스 간에 균형을 이루면 클래스 불균형 지푯값은 0.25가 된다.

5.7 세이지메이커 클래리파이로 다양한 유형의 드리프트 감지

데이터 분포의 통계적 변화는 통계 용어로 '시프트^{shift}', 응용 데이터 과학 용어로 '드리프트^{drift}'라고 한다. '공변량 시프트$^{covariate\ shift}$', '레이블 시프트$^{label\ shift}$', '컨셉 시프트$^{concept\ shift}$'를 비롯한 여러 유형의 드리프트가 있다. 공변량 시프트는 모델 입력(독립 변수)의 데이터 분포에서 발생한다. 레이블 시프트는 모델 출력(종속 변수)의 데이터 분포에서 발생한다. 컨셉 시프트는 레이블의 실제 정의가 지리적 위치 또는 연령 그룹과 같은 특정 피처에 따라 변경될 때 발생한다.

> **NOTE_**이 책에서는 통계적 분포의 변화를 나타내기 위해 '드리프트'와 '시프트'라는 용어를 혼용해서 사용한다. 분포 드리프트/시프트 유형에 대한 자세한 내용은 d2l.ai[29]를 참조하길 바란다.

미국의 여러 지역에서 'soft drink'를 부르는 이름이 어떻게 다른지 분석하면서 컨셉 드리프트를 분석해보자. 미국 동부 지역에서는 'soft drink'를 'soda'라고 부른다. 중북부 지역에서는 'pop'이라 부르고, 남부 지역은 'coke'라고 부른다. [그림 5-21]은 지리적 위치에 따라 레이블이 변화하는 컨셉 드리프트를 보여준다.

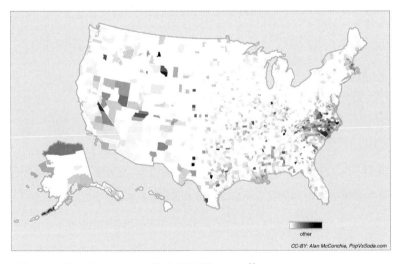

그림 5-21 미국에서 'soft drink' 이름에 대한 컨셉 드리프트[30]

....

29 *https://oreil.ly/HjtbC*
30 *http://popvssoda.com*

컨셉 드리프트의 또 다른 예로 이 책을 리뷰한 초기 리뷰어 중 한 명이 이 책의 9장을 표현하는데 'beef'라는 단어를 쓴 일화가 있다. 미국 및 독일에 기반을 둔 이 책의 저자들은 'beef'라는 어구를 처음에는 부정적인 것으로 해석했지만, 리뷰어들의 다른 지리적 위치와 연령대에 따라 긍정적으로 해석한다는 사실을 알게 되었다. 만일 우리가 이 책에 대한 리뷰를 분류하는 모델을 빌드한다면, 리뷰어의 위치와 연령을 고려하여 이 컨셉 드리프트를 조정하거나 다른 위치와 연령에 대해 별도의 모델을 빌드해야 할 것이다.

공변량 및 레이블 드리프트를 감지하기 위해 우리는 모델 훈련 중에 기준 통계를 산정한다. 그런 다음 앞서 설명한 쿨백-라이블러 발산(KL), 콜모고로프-스미르노프 지표(KS), 쿨백-라이블러 LP 공간(LP), L 무한대 공간$^{L-infinity norm}$[31] 같은 다양한 통계적 분포-거리 지표를 사용해 임곗값을 설정한다. 이러한 지표는 편향에 대한 다양한 질문에 답을 제시한다. 예를 들어, KL 지표는 '다른 상품 카테고리에 대한 별점 분포가 얼마나 다른가?'에 대한 답을 제시한다. 반면에 KS 지표는 '상품 카테고리별로 가장 큰 격차를 유발하는 별점은 무엇인가?'라는 질문에 답을 제시한다.

계산된 드리프트가 주어진 임곗값보다 큰 경우 세이지메이커는 사용자에게 알리고 자동으로 재훈련 작업을 시작할 수 있다. 특정 피처와 관련된 레이블 예측이 변화하는지 컨셉 드리프트를 감지하려면 세이지메이커 모델 모니터를 사용해 라이브 모델의 입출력을 캡처한다. 또 한편으로 모델 입력을 정답 레이블$^{ground-truth label}$을 생성하기 위한 오프라인 휴먼 레이블 지정 워크플로우[32]에 보낸다. 모델의 예측 레이블값을 세이지메이커 클래리파이를 사용해 사람이 제공한 정답 레이블과 비교한다. 모델이 예측한 레이블의 분포가 사람이 제공한 정답과 멀어질 경우, 세이지메이커는 사용자에게 이를 알리고 자동으로 모델 재훈련을 트리거할 수 있다. 9장에서 세이지메이커 모델 모니터$^{SageMaker Model Monitor}$ 및 클래리파이를 사용해 예측을 실시간으로 모니터링하는 방법을 소개한다.

또한 9장에서는 세이지메이커 모델 모니터가 라이브 모델 입출력을 샘플링하고 모델 피처 중요도$^{model feature importance}$ 및 모델 설명 가능성$^{model explainability}$에 대한 통계를 산정하는지 알아볼 것이다. 이 통계들을 우리가 훈련시킨 베이스라인 모델과 비교해보기도 할 것이다. 세이지메이커

31　옮긴이 1_ 벡터 공간에서 가장 큰 크기를 제공하는 공간이다. 예를 들어, 벡터가 건물 건설 비용을 나타내는 경우 L 무한대 공간을 최소화하여 가장 비싼 건물의 비용을 줄일 수 있다. 참고로, 공간(norm)이란 선형대수에서 공간이 있는 모든 벡터의 총 길이를 뜻한다.

32　옮긴이 2_ 사람이 직접 각 데이터의 정답 레이블을 수동으로 지정하는 워크플로우를 말한다. 참고로 나중에 이 수동 워크플로우를 머신러닝으로 강화해 레이블링 작업을 반자동화시키는 세이지메이커 그라운드 트루스 서비스도 소개할 것이다.

모델 모니터는 베이스라인에 대해 상대적으로 피처 중요도와 모델 설명 가능성에 차이가 감지되면 자동으로 모델 재훈련을 시작하고 머신러닝 과학자나 엔지니어에게 알림을 보낸다.

5.8 AWS 글루 데이터브루를 사용한 데이터 분석

우리는 또한 글루 데이터브루^{Glue DataBrew} 서비스로도 데이터를 분석할 수 있다. 세이지메이커 계보 및 아티팩트 트래킹과 기본적으로 통합되지는 않지만 데이터브루는 코드를 작성하지 않고도 데이터를 수집하고 분석할 수 있는 매끄러운 대화형 시각적 인터페이스를 제공한다. 데이터 레이크, 데이터 웨어하우스, 데이터베이스로부터 데이터 소스를 연결할 수 있다. 이제 아마존 고객 리뷰 데이터셋(파케이 형식)을 데이터브루에 로드하고, 도출되는 그래프를 분석해보자.

```
db.create_dataset(
    Name='amazon-reviews-parquet',
    Input={
        'S3InputDefinition': {
            'Bucket': 'amazon-reviews-pds',
            'Key': 'parquet/'
        }
    }
)
```

데이터브루 내에서 데이터셋이 생성되면 [그림 5-22]와 같이 상관관계 및 여러 요약 통계 결과를 확인할 수 있다. 그림에서 참조할 수 있듯이, 이 예제의 경우 help_votes와 total_votes 사이에 강한 상관관계를 볼 수 있지만, star_rating은 help_votes 또는 total_votes와 상관관계가 없는 것을 알 수 있다.

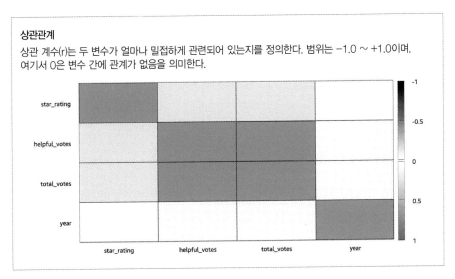

그림 5-22 데이터셋 컬럼 간의 상관관계를 보여주는 글루 데이터브루

상관관계 외에도 데이터브루는 [그림 5-23]과 같이 누락된 셀, 중복된 행 및 클래스 불균형을 강조한다.

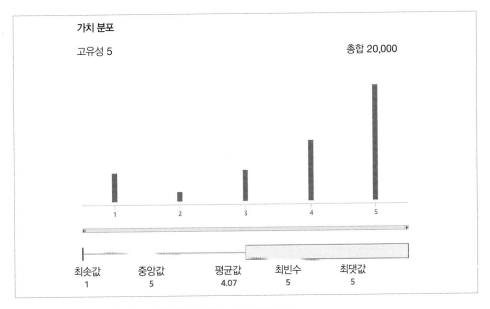

그림 5-23 별점 1~5 사이의 등급 불균형을 강조하는 글루 데이터브루

많은 데이터 분석 및 변환 사용 사례에 글루 데이터브루를 사용할 수 있지만, 파이프라인 전체에 걸쳐 데이터 및 모델 계보를 더 잘 추적하기 위한 머신러닝 기반 워크로드에는 세이지메이커 데이터 랭글러를 사용해야 한다.

5.9 비용 절감 및 성능 향상

이번 절에서는 데이터 탐색 중에 비용을 줄이고 성능을 향상하기 위한 팁을 제공한다. 우리는 대략적인 카운팅을 통해 대규모 데이터셋에 대한 SQL COUNT 쿼리를 최적화할 수 있다. 레드시프트 AQUA를 활용하여 네트워크 I/O를 줄이고 쿼리 성능을 높여볼 것이다. 또한 퀵사이트 대시보드가 성능 향상의 이점을 얻을 수 있다고 생각되면 퀵사이트 SPICE 활성화를 고려해야 한다.

5.9.1 민감하지 않은 아테나 쿼리 결과에 공유 S3 버킷 사용하기

아테나 쿼리 결과를 저장하고 팀원끼리 공유하기 위한 저장소로 공유 S3 위치를 정함으로써, 우리는 쿼리 결과를 캐시하고 쿼리 성능을 향상해 데이터 전송 비용을 아낄 수 있다. 다음 코드 샘플은 그 예를 보여준다.

```python
from pyathena import connect
import pandas as pd

# 아테나 쿼리 결과를 S3 버킷에 설정하기
s3_staging_dir = 's3://{0}/athena/staging'.format(bucket)

conn = connect(region_name=region, s3_staging_dir=s3_staging_dir)

sql_statement="""
SELECT DISTINCT product_category from {0}.{1}
ORDER BY product_category
""".format(database_name, table_name)

pd.read_sql(sql_statement, conn)
```

5.9.2 하이퍼로그로그로 대략적인 카운트하기

카운팅^{counting}은 분석에서 매우 중요하다. 항상 사용자(일일 활성 사용자), 주문, 반품, 지원 전화 등을 카운팅해야 한다. 계속 증가하는 데이터셋에서 초고속 카운팅을 유지한다는 건 경쟁 시장에서 매우 중요한 이점으로 작용한다.

아마존 레드시프트와 아테나는 하이퍼로그로그^{HyperLogLog}(HLL)를 지원한다. HLL은 '카디널리티 추산' 혹은 COUNT DISTINCT 알고리즘의 일종으로, 초 단위의 짧은 시간 안에 초 저용량(약 1.2KB)의 저장소에 1억 5천만 개 이상의 개별 카운트를 저장하고, 2퍼센트의 카운트 오차율을 보이는 매우 정확도 높은 카운팅 기능을 제공한다. HLL은 좋아요 수, 페이지 방문 수, 클릭 수 등과 같은 사례를 카운트할 때 일반적으로 사용되는 확률적 데이터 구조다.

> **NOTE**_ 다른 형태의 하이퍼로그로그에는 HyperLogLog++, Streaming HyperLogLog, HLL-TailCut+ 등이 있다. 카운트 민 스케치$^{Count-Min \ Sketch}$[33] 및 블룸 필터는 각각 카운트 및 집합 구성원을 근사화하기 위한 알고리즘이다. LSH$^{Locality \ Sensitive \ Hashing}$[34]는 작은 공간을 차지하는 대규모 데이터셋에서 '퍼지^{fuzzy}' 유사도 지표를 계산하기 위한 인기 있는 알고리즘이다.

작동 방식은 아마존 레드시프트와 아테나가 새 데이터를 데이터베이스에 삽입할 때 작은 하이퍼로그로그(HLL) 데이터 구조를 업데이트하는 것이다. 작은 해시 테이블을 생각하면 된다. 다음 사용자로부터 카운트 쿼리가 도착하면 아마존 레드시프트와 아테나는 하이퍼로그로그(HLL) 데이터 구조에서 값을 조회하고 카운트를 수행하기 위해 클러스터의 모든 디스크를 물리적으로 스캔할 필요 없이 값을 신속하게 반환한다.

아마존 레드시프트에서 SELECT APPROXIMATE COUNT()와 SELECT COUNT()의 실행 시간을 비교해보자. 다음은 SELECT APPROXIMATE COUNT() 쿼리를 실행하는 코드 예제다.

```
%%time
df = pd.read_sql_query("""
SELECT APPROXIMATE COUNT(DISTINCT customer_id)
FROM {},{}
```

---

33 옮긴이 1_ 컴퓨팅 분야의 데이터 스트림에서 이벤트의 빈도 테이블 역할을 하는 확률적 데이터 구조다. 해시 함수를 사용해 이벤트를 빈도에 매핑하지만 해시 테이블과 달리 충돌로 인해 일부 이벤트를 과도하게 카운트하는 대신 하위 선형 공간만 사용한다.

34 옮긴이 1_ 컴퓨터 과학에서 유사한 입력 항목을 높은 확률로 동일한 '버킷(bucket)'들을 해싱하는 알고리즘이다. 유사한 항목이 동일한 버킷에 있으므로 데이터 클러스터링 및 최근접 이웃 검색(nearest neighbor search)에 사용한다.

```
GROUP BY product_category
""".format(redshift_schema, redshift_table_2015), engine)
```

이 쿼리의 경우 다음과 유사한 출력을 표시한다.

```
CPU times: user 3.66 ms, sys: 3.88 ms, total: 7.55 ms
    Wall time: 18.3 s
```

SELECT COUNT() 문장을 다음과 같이 실행한다.

```
%%time
df = pd.read_sql_query("""
SELECT COUNT(DISTINCT customer_id)
FROM {}.{}
GROUP BY product_category
""".format(redshift_schema, redshift_table_2015), engine)
```

이 쿼리의 경우 다음과 유사한 출력을 표시한다.

```
CPU times: user 2.24 ms, sys: 973 µs, total: 3.21 ms
    Wall time: 47.9 s
```

> **NOTE**_쿼리 캐시의 성능을 향상하기 위해 먼저 **APPROXIMATE COUNT**를 실행한다. **COUNT**는 훨씬 느리다.
> 다시 실행하면 쿼리 캐시로 인해 두 쿼리 속도가 매우 빨라진다.

이 경우 APPROXIMATE COUNT DISTINCT가 일반 COUNT DISTINCT보다 160% 더 빠르다. 카운팅 결과는 약 1.2% 차이로, HLL이 보장하는 2% 미만 오차를 만족시키는 결과다.

하이퍼로그로그(HLL)는 근사치이며 재무 보고와 같이 정확한 숫자가 필요한 사용 사례에는 적합하지 않다는 것을 기억하자.

5.9.3 아마존 레드시프트용 AQUA로 데이터 웨어하우스를 동적으로 확장하기

기존 데이터 웨어하우스는 쿼리 실행 중에 스토리지 노드에서 컴퓨팅 노드로 데이터를 이동한다. 이를 진행하기 위해서는 노드 간에 높은 네트워크 I/O가 필요한데, 이때 전체 쿼리 성능이 저하된다. AQUA^{Advanced Query Accelerator}는 아마존 레드시프트 데이터 웨어하우스를 기반으로 하드웨어 가속 및 분산된 캐시다. AQUA는 AWS가 설계한 커스텀 칩을 사용해 캐시에서 직접 계산한다. 따라서 스토리지 노드에서 컴퓨팅 노드로 데이터를 이동할 필요가 줄어들기 때문에 네트워크 I/O가 감소하고 쿼리 성능이 향상된다. 이 AWS가 설계한 칩은 필드 프로그래밍 게이트 배열에 구현되며, 데이터의 보안을 극대화하기 위해 데이터 암호화 및 압축을 가속화한다. 또한 AQUA는 더 많은 용량을 동적으로 확장할 수 있다.

5.9.4 퀵사이트 SPICE로 대시보드 성능 향상하기

퀵사이트는 '매우 빠르고, 병렬로 처리하고, 인-메모리로 계산하는 엔진^{Super-fast, Parallel, In-memory Calculation Engine}'으로 빌드된다. 줄여서 SPICE라고 부르는데, 컬럼형 스토리지, 인-메모리 스토리지 및 머신 코드 생성의 조합을 사용해 대용량 데이터셋에 대해 저지연 쿼리들을 실행한다. 퀵사이트는 아마존 S3 및 레드시프트를 포함한 기저 데이터 소스의 데이터 변화에 따라 캐시를 업데이트한다.

5.10 마치며

이 장에서는 아마존 아테나 및 레드시프트를 비롯한 AWS 분석 도구 모음을 사용해 데이터에 대한 다양한 질문에 답을 도출했다. 퀵사이트를 사용해 비즈니스 인텔리전스 대시보드를 생성하고 오픈 소스 AWS 디큐 및 아파치 스파크를 사용해 데이터 품질을 지속적으로 모니터링하고 새로운 데이터가 도착할 때 이상치를 감지하기 위해 세이지메이커 프로세싱을 배포해봤다. 이 지속적인 데이터 품질 모니터링은 데이터 파이프라인에 대한 확신을 주며, 데이터 과학자와 AI/머신러닝 엔지니어를 비롯한 다운스트림 팀은 이제 애플리케이션을 위해 높은 정확성과 관련성을 갖는 모델을 개발할 수 있다. 또한 글루 데이터브루 및 세이지메이커 데이터 랭글러를 사용해 상관관계, 이상치, 불균형, 편향에 대한 데이터를 분석해봤다.

6장에서는 데이터셋의 피처를 선택하고 준비하는 법을 알아볼 것이다. 그리고 이어서 7장과 8장에서는 6장에서 피처 엔지니어링을 마친 데이터셋을 이용해 모델 훈련과 최적화 단계에 활용하는 법을 각각 알아볼 것이다.

## CHAPTER 6

모델 훈련을 위한 데이터셋 준비

5장에서는 세이지메이커 스튜디오와 파이썬 기반 시각화 라이브러리를 활용해 아마존 고객 리뷰 데이터셋을 살펴봤다. 그리고 이 데이터셋을 활용해 상품 카탈로그에 대한 몇 가지 주요 비즈니스 통찰력을 얻었다. 또한 세이지메이커 프로세싱 서비스, 아파치 스파크, AWS 디큐 오픈 소스 라이브러리로 요약 통계를 분석하고 데이터셋에 대한 품질을 점검했다.

이 장에서는 '피처 엔지니어링feature engineering'이라는 프로세스를 통해 사람이 읽을 수 있는 텍스트를 기계가 읽을 수 있는 벡터로 변환하는 방법에 대해 살펴볼 것이다. 특히 아마존 고객 리뷰 원시 데이터셋의 review body 컬럼을 BERT 벡터로 변환해볼 것이다. 7장과 8장에서는 이러한 BERT 벡터를 사용해 review-classifier 모델을 훈련시키고 최적화하는 법을 알아볼 것이다.

7장에서는 자연어 처리와 BERT의 기원에 대해 자세히 살펴본다. 그리고 review-classifier 모델을 활용하여 소셜 채널, 파트너 웹사이트 등으로부터 상품 리뷰의 star_rating을 예측한다. 상품 관리 및 고객 서비스 팀은 웹상의 리뷰에 대한 star_rating을 예측함으로써 인바운드 이메일이나 전화에 의존하지 않고도 공론화되고 있는 품질 이슈에 빠르게 대응할 수 있다. 이를 통해 품질 문제를 탐지하는 데 소요되는 평균 시간은 '월, 일'에서 '시간, 분'으로 단축된다.

6.1 피처 선택 및 엔지니어링 실행

인공지능과 머신러닝 알고리즘은 원문이나 이미지 대신 숫자와 벡터로 동작하는 수치 최적화 방법이다. 이 벡터들은 '임베딩embedding'이라고 불리며 고차원 벡터 공간에 투영된다. 머신러닝 알고리즘은 이 고차원 벡터 공간에서 최적화를 수행한다.

원핫 인코딩one-hot encoding은 표 형식의 데이터셋에 범주형 데이터를 포괄하기 위한 임베딩의 한 종류이다. 원핫 인코딩에서는 0과 1의 고유 벡터로 각 범주형 값을 나타낸다. 각 벡터의 크기를 나타내는 차원의 수는 고유한 범주형 값의 수와 동일하다.

인공지능과 머신러닝의 가장 중요한 측면인 피처 공학은 일반적으로 머신러닝 파이프라인의 다른 단계보다 더 많은 시간을 투자해야 한다. 피처 엔지니어링은 데이터 차원을 줄이고 특정한 피처가 알고리즘을 통계적으로 지배하지 못하게 한다. 또한 모델 훈련 시간을 단축하고 수치적 불안정성을 줄여 모델 예측 정확도를 향상하는 데 도움이 된다.

많은 피처 엔지니어링의 반복과 시각화를 통해 우리는 데이터셋의 이상치, 상관관계 및 주성분에 대해 이해할 수 있다. 또한 우리가 사용하는 모델의 관점에서 피처들을 분석하여 어떤 피처들이 다른 피처보다 더 중요한지 직관적으로 파악할 수 있다. 모델 성능을 향상시키는 피처가 있는가 하면, 전혀 향상을 보이지 않거나 모델 성능을 하락시키는 피처도 있다.

부주의한 피처 엔지니어링은 부정적인 결과를 초래할 수도 있다. 최악의 경우 잘못된 피처 엔지니어링으로 인해 인종, 성별, 연령에 대한 편향을 전파하고 사회적인 이슈를 불러일으킬 수 있는 모델을 생성하는 문제가 생길 수 있다. 결함이 있는 피처 엔지니어링은 기껏해야 부실한 영화 추천 시스템을 만들거나 수익을 과장해서 예측하는 모델을 만들거나, 초과 재고를 만드는 모델을 생성할 뿐이다.

관련 분야 전문가가 어떤 피처를 포함하고 어떻게 피처를 엔지니어링하는지에 대한 데이터 과학자의 판단에 도움을 줄 수 있다. 하지만 데이터셋에는 보통 사람의 판단으로는 바로 인식할 수 없는 '잠재적' 피처가 숨어 있다. 예를 들어 넷플릭스의 추천 시스템은 드라마, 공포, 로맨틱 코미디와 같은 일반적인 장르가 아닌 새로운(혹은 잠재적) 영화 장르를 찾아내는 것으로 유명하다. 예를 들어 '고리 캐나다 복수극 영화Gory Canadian Revenge Movies', '11~12세를 위한 말에 관한 감성적인 영화Sentimental Movies About Horses for Ages 11-12', '고전 문학을 바탕으로 한 로맨틱 범죄 영화Romantic Crime Movies Based on Classic Literature', '야비한 미친 과학자 코미디Raunchy Mad Scientist Comedies'와 같은 매우 특이한 장르가 있다.

고수준에서 피처 엔지니어링은 선택, 생성 및 변환이라는 세 가지 논리 유형으로 나뉜다. 이 유형들이 사용 사례에 모두 적용되는 것은 아니지만 항상 모든 유형을 고려하고 탐색해야 한다.

피처 선택은 데이터셋을 가장 잘 나타내는 데이터 속성들을 식별한다. 또한 통계적 방법들을 사용해 관련성이 적고 불필요한 속성을 걸러낸다. 예를 들어 total_votes와 helpful_votes 같이 상관관계가 높은 변수들의 경우 모델을 훈련시키는 데 둘 중 하나만 필요할 수 있다. 이런 식으로 실질적으로 모델 훈련에 도움이 되는 속성들을 추려내 피처 차원을 줄이고 모델 정확도를 유지하면서 모델을 빠르게 훈련시킬 수 있다.

피처 생성은 기존의 데이터를 새 피처로 병합시켜 모델의 예측 능력을 향상시킨다. 예를 들어, review_headline과 review_body를 단일 피처로 결합하면 개별적으로 사용하는 것보다 더 정확한 예측이 이루어질 수 있다.

피처 변환은 데이터를 한 표현에서 다른 표현으로 변환하여 머신러닝을 쉽게 사용할 수 있도록 한다. 타임스탬프와 같은 연속 값을 시간, 일, 월과 같은 범주형 데이터 비닝^{data binning}[1]으로 변환하면 차원을 줄일 수 있다. 데이터 비닝 변환으로 데이터의 세분성을 잃게 되는 반면, 비닝으로 인한 일반화^{generalization}[2]라는 장점을 얻을 수 있다. 참고로, 일반적인 통계의 피처 변환 두 가지는 정규화^{normalization}와 표준화^{standardization}이다. 정규화는 특정 데이터 포인트의 모든 값을 0에서 1 사이의 값으로 스케일링하는 반면, 표준화는 데이터값들이 평균 0과 표준편차 1의 정규분포곡선 형태를 보이도록 스케일링한다. 표준화는 정규화보다 이상치를 더 잘 감지하고 다양한 단위와 스케일의 피처들을 비교할 수 있게 해준다. 이러한 피처 변환 기법은 천 단위의 리뷰 횟수와 같은 큰 값의 데이터 포인트와 10단위로 표시하는 helpful_votes와 같은 상대적으로 값의 데이터 포인트들의 차이에서 생기는 영향을 줄이는 데 도움이 된다. 이러한 기법을 사용하지 않을 경우 모델은 잠재적으로 helpful_votes보다 몇 백배 큰 값들로 이루어진 리뷰 횟

---

1 옮긴이 1_ 이산 비닝(discrete binning) 또는 버킷팅(bucketing)이라고도 하는 데이터 비닝(data binning)은 필요에 따라 연속성을 갖는 데이터를 일정 간격으로 담아 정보를 간소화하는 데 사용되는 데이터 전처리 기술이다. 각 간격(bin)에 속하는 원래 데이터값은 해당 간격을 나타내는 값(중심값)으로 대체한다.

2 옮긴이 2_ 여기서 일반화는 비닝된 데이터의 통계적 일반화를 말한다. 어떤 시간 간격의 데이터를 취합해 하나의 대표 데이터 포인트로 변환함으로써 통계적으로 일반화된 값을 얻는다는 개념이다.

수를 선호하게 될 수 있다. [그림 6-1]은 피처 선택에서 피처 변환에 이르는 피처 엔지니어링 파이프라인의 전체 단계를 보여준다.

그림 6-1 일반적인 피처 엔지니어링 파이프라인의 단계

6.1.1 피처 중요도에 따른 훈련 기능 선택

세이지메이커 데이터 랭글러의 '퀵 모델Quick Model' 분석을 사용해 주어진 레이블에 대한 예측에 가장 유용한 데이터 컬럼들이 무엇인지 평가할 수 있다. 아마존 고객 리뷰 데이터셋의 경우 `star_rating`을 레이블로 사용한다. 우리는 데이터 랭글러가 분석할 데이터를 예측하고자 하는 `star_rating` 레이블과 함께 선택하면 된다. 데이터 랭글러는 자동으로 데이터를 전처리하고, '퀵 모델'을 훈련하고, 모델을 평가하여 각 피처에 대한 피처 중요도 점수를 계산한다. [그림 6-2]는 데이터 랭글러의 퀵 모델 분석 피처를 사용한 아마존 고객 리뷰 데이터셋의 피처 중요도 결과를 보여준다.

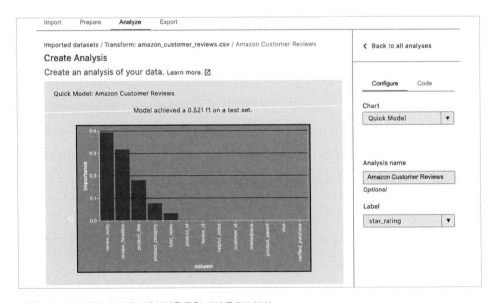

그림 6-2 데이터 랭글러의 퀵 모델 분석을 통한 피처 중요도 분석

퀵 모델 분석에 이어 데이터셋에서 가장 중요한 피처는 review_body이다. 그다음으로 review_headline, product_title, product_category가 중요하다.

우리는 모델이 소셜 채널과 파트너 웹사이트 등의 웹상에 개제된 원시 리뷰 텍스트로부터 상품 리뷰를 분류하도록 계획한다고 가정해보자. 이에 따라 star_rating을 예측하는 데 review_body 컬럼만 사용하기로 한다. 즉, 이 경우 star_rating은 '레이블label'이고 변환된 버전의 review_body가 '피처feature'다. star_rating 레이블은 훈련 데이터셋의 실제로 사람에 의해 매겨진 star_rating 값(1~5)이다. 또한 7장에서 훈련받은 모델이 예측하기 위해 학습할 피처값이기도 하다. 원시 텍스트에서 일련의 BERT 벡터들로 변환된 review_body 피처는 훈련 프로세스를 위한 입력값이다. 이 장의 후반부에서 원시 텍스트를 BERT 벡터로 변환하는 방법을 살펴볼 것이다.

피처와 레이블을 모두 사용해 소셜 채널 및 파트너 웹사이트의 review_body 텍스트에서 하나의 star_rating 레이블을 예측하도록 모델을 훈련한다. 다음은 판다스의 데이터프레임으로 star_rating 및 review_body 컬럼들을 보여주는 소스 코드다.

```
df = pd.read_csv('./data/amazon_reviews_us_Digital_Software_v1_00.tsv.gz',
        delimiter='\t',
        quoting=csv.QUOTE_NONE,
        compression='gzip')

df.head(5)
```

star_rating	review_body
1	Poor business decision to strip away user abil...
5	Avast is an easy to use and download. I feel i...
2	Problems from the start. It has been 30 days,...
4	Works well.
3	Hard to use

star_rating 레이블은 이산적이고 카테고리 형태(1, 2, 3, 4, 5)이므로 '분류classification' 알고리즘을 사용한다. star_rating을 5개의 가능한 값들(1, 2, 3, 4, 5)만 있는 범주형 피처로 사용하기 때문에 회귀 문제로 취급하지 않는다. 예를 들면, star_rating이 3.14, 4.20 또는 1.69와 같은 연속 값을 포함할 경우 star_rating을 회귀 모델을 위한 연속적인 피처로 이용할 수 있다.

전통적인 머신러닝 분류 알고리즘 대신 텐서플로우 2.x와 케라스 API를 사용해 신경망 기반 분류 모델을 훈련시켜 볼 것이다. 이어지는 절에서 모델 훈련에 대해 자세히 알아볼 것이다. review_body 텍스트에서 star_rating 값(1~5)을 예측하는 모델을 훈련하기 위해 아마존 고객 리뷰 데이터셋을 준비해보자.

6.1.2 모델 정확도 향상을 위한 데이터셋 균형 맞추기

앞에서 데이터셋의 모든 리뷰에 대한 star_rating의 분석을 살펴봤고, 리뷰의 약 62%가 [그림 6-3]처럼 star_rating이 5점에 집중된 것을 확인했다.

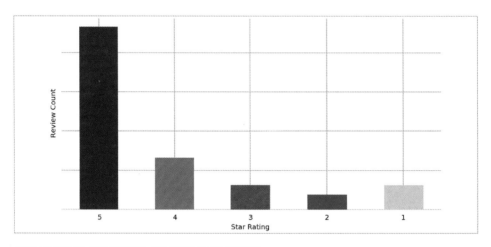

그림 6-3 별점 등급별로 불균형한 수의 리뷰가 포함된 데이터셋

이 불균형 데이터에 대해 분류기 모델을 무작정 훈련시키면, 분류기는 별점 5점이 62%를 차지하는 훈련 데이터셋을 학습해 5점의 star_rating만 예측할 수도 있다. 다시 말해, 불균형적인 훈련 데이터셋은 인위적으로 높은 정확도를 가진 모델을 생성하며, 실질적으로 모델이 모든 입력값에 대해 항상 별점 5점으로 예측하게 만든다. 따라서 이 분류기는 프로덕션 환경에서 잘 작동하지 않는 모델이 된다.

> **NOTE_** XGBoost와 같은 일부 알고리즘은 불균형 클래스 문제에 대응하기 위해 스케일링 팩터scaling factor 를 지원한다. 일반적으로 이러한 피처를 오용하지 않도록 피처 엔지니어링 프로세스 중에 클래스 불균형을 처리하는 것이 좋다.

데이터셋의 균형을 맞추고 특정 클래스에 대한 편향을 방지하는 두 가지 일반적인 방법이 있다. 다수 클래스(star_rating의 5)를 언더샘플링^{undersampling}하고 소수 클래스(star_rating의 2와 3)를 오버샘플링^{oversampling}하는 것이다. 샘플링 전략을 선택할 때는 샘플링이 피처의 데이터 분포의 전체 평균과 표준편차에 어떤 영향을 미치는지 신중하게 고려해야 한다. [그림 6-4]는 언더샘플링의 예를, [그림 6-5]는 오버샘플링의 예를 보여준다.

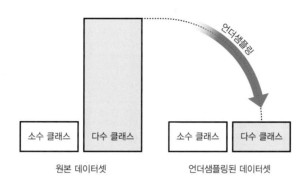

그림 6-4 다수 클래스를 소수 클래스로 언더샘플링

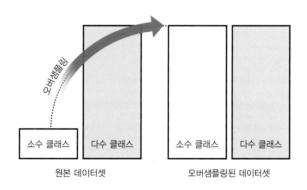

그림 6-5 소수 클래스를 다수 클래스로 오버샘플링

이 아이디어는 일반적으로 호출되는 특정 레이블 또는 '클래스^{class}'를 따라 데이터를 그룹에 배분하는 것이다. 우리 예제의 경우 클래스는 범주형 star_rating 필드다. 훈련 데이터셋에 각 star_rating 클래스에 일관된 수의 리뷰를 포함해보자. 다음 코드는 star_rating을 사용해 원본 데이터셋을 언더샘플링하는 예제이다.

```
df_grouped_by = df.groupby(["star_rating"])

df_balanced = df_grouped_by.apply(
        lambda x: x.sample(df_grouped_by.size().min())\
        .reset_index(drop=True)
)
```

[그림 6-6]은 균형 잡힌 데이터셋을 보여준다.

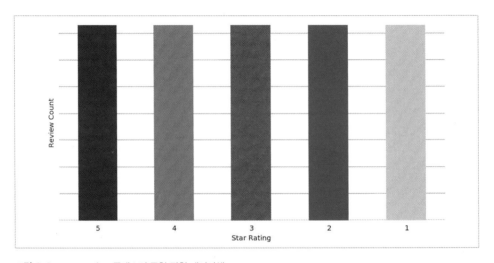

그림 6-6 star_rating 클래스의 균형 잡힌 데이터셋

언더샘플링의 단점 한 가지는 데이터 수가 가장 적은 클래스에 맞춰 모든 클래스의 데이터를 축소하는 데 있다. 이는 언더샘플링된 클래스들로부터 시그널이 줄어들어 모델의 예측력과 견고성도 줄일 수 있다. 이 예제에서는 리뷰 수를 약 10만 개에서 3만 5,000개로 65% 줄였다.

오버샘플링은 과소대표되는 클래스에 대한 새 데이터를 인위적으로 생성한다. 우리가 사용하는 데이터셋의 경우 **star_rating** 2와 3이 과소대표된 클래스들이다. 한 가지 일반적인 기술로는 통계적 방법을 사용해 기존 데이터에서 새 데이터를 합성적으로 생성하는 **합성 소수 오버 샘플링 기법**synthetic minority oversampling technique이 있다. 이 기법은 큰 데이터셋에 더 잘 작동하는 경향이 있으므로 언더샘플링된 클래스의 데이터에 오버샘플링을 사용할 때 주의해야 한다.

6.1.3 데이터셋을 훈련, 검증, 테스트 데이터셋으로 분할하기

[그림 6-7]은 모델 개발의 세 단계인 모델 **훈련**, 모델 **검증**, 모델 **테스트**를 보여준다.

그림 6-7 일반적인 모델 개발 라이프 사이클 단계

각 단계를 위해 균형 잡힌 데이터를 훈련, 검증, 테스트 데이터셋으로 분할한다. 훈련 데이터셋은 모델 훈련에 사용된다. 검증 데이터셋은 **하이퍼파라미터**hyperparameter라고 하는 모델 훈련 구성을 검증하는 데 사용한다.[3] 테스트 데이터셋은 선택한 하이퍼파라미터를 테스트하는 데 사용한다. 이 모델의 경우 [그림 6-8]처럼 표시된 분석이 데이터셋 및 모델에 잘 작동하므로 훈련 90%, 검증 5%, 테스트 5%를 선택했다.

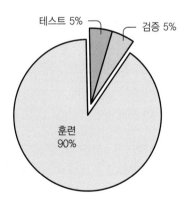

그림 6-8 모델 개발 라이프 사이클의 일반적인 단계에 대한 데이터셋 분할

....

3   옮긴이 2_ 좀 더 보강하자면, 검증 데이터셋은 모델 훈련 과정에서 모델의 예측 정확도가 훈련이 진행되는 동안에 함께 향상되는지 '검증'하기 위한 목적으로 사용되고, 테스트 데이터셋은 훈련이 끝난 다음에 모델에 수집해 예측하는 값과 참값이 일치하는지 분석해 모델의 최종 정확도를 가늠하기 위한 것이다. 모델 훈련 과정은 하이퍼파라미터에 따라 효율이나 진척도가 달라지며, 그 과정에 모델의 예측 성능이 향상되는지 확인하기 위해 데이터셋을 분할하여 검증 및 테스트 과정들을 통해 이중 검증을 한다. 검증 데이터셋과 테스트 데이터셋을 혼용하여 이해하지 않도록 주의해야 한다.

사이킷런의 train_test_split 함수를 사용해 데이터셋을 분할해보자. stratify 파라미터에 star_rating을 지정해 앞서 불균형을 맞춘 과정이 고려되도록 한다. star_rating 파라미터를 지정하지 않으면 split 함수는 주어진 데이터셋의 데이터를 자유롭게 선택하고 분할하게 된다. 이는 다시 데이터에 불균형을 가져올 수 있다.

```
from sklearn.model_selection import train_test_split

# 전체 데이터를 90% 훈련 데이터와 10% 홀드아웃으로 나눈다.
df_train, df_holdout = train_test_split(
        df_balanced,
        test_size=0.10,
        stratify=df_balanced['star_rating'])

# 홀드아웃 데이터를 50% 검증과 50% 테스트로 나눈다.
df_validation, df_test = train_test_split(
        df_holdout,
        test_size=0.50,
        stratify=df_holdout['star_rating'])
```

여기서 우리는 k-겹 교차 검증K-fold cross-validation 기술을 사용하지 않는다. k-겹 교차 검증 시에는 세 개로 분할된 데이터셋에 걸쳐 재사용되는 (중복된) 데이터들이 발생한다. K-겹 교차 검증은 전통적으로 더 작은 데이터셋에 적용된다. 우리가 살펴보는 예제용 데이터셋의 경우 데이터량이 충분하므로 k-겹 교차 검증을 쓸 필요가 없다. 앞서 설명한 k-겹 교차 검증의 중복 데이터는 '데이터 누수'가 되어 모델의 정확도를 인위적으로 부풀릴 수 있다.[4] 이러한 모델은 실험실 외부의 실제 데이터에서 성능을 잘 발휘하지 못한다. 요약하면 학습, 검증, 테스트의 3단계 각각은 별도의 독립적인 데이터셋을 사용해야 한다. 그렇지 않으면 누수가 발생할 수 있다.

이와 관련하여 시계열 데이터는 분할된 데이터 사이에서 데이터가 누수되는 경우가 더 많이 발생한다. 기업들은 보통 새로운 모델을 검증하고 프로덕션 환경으로 내보내는 데 '시간을 거슬러 올라가back in time'는 식의 과거 정보를 쓰고 싶어 한다. 이 시계열 데이터를 분할할 때 모델이 미래 데이터를 뜻하지 않게 엿보지 못하도록 확실히 해야 한다. 그렇지 않으면 모델은 실제보

4　옮긴이 2_ 좀 더 보강하자면, 훈련 데이터셋에 있는 데이터를 똑같이 검증과 테스트 단계에 중복해서 쓰면, 모델은 그 중복된 데이터에 대해 100퍼센트 정답인 예측값을 내놓는다. 따라서 모델의 본래 성능보다 더 과대평가되는 오류가 생길 수 있다. 모델을 제대로 검증하고 테스트하려면 분할된 데이터셋 간에 중복된 데이터가 단 하나도 없어야 한다.

다 더 좋은 퍼포먼스를 보이는 것으로 판단될 수 있다.[5]

NOTE_ 시간여행을 소재로 한 〈백 투 더 퓨처〉 영화의 주인공들이 미래를 엿봄으로써 재앙을 불러올 뻔한 순간을 경험한다. 머신러닝에서도 모델이 미래를 엿보는 것은 문제를 일으킬 수 있다.

한편으로, 우리는 동일한 고객에 대한 데이터를 분할된 데이터셋 중 한 곳에 모두 같이 모아두고 싶을 수 있다. 그렇지 않으면 개인의 고객 데이터가 여러 분할에 분산되어 문제가 발생할 수 있다. 이를 해결하려면 분할을 생성하기 전에 `customer_id`별로 데이터를 그룹화하면 된다. 하지만 우리의 예제에서 훈련시킬 모델은 `customer_id`별로 데이터를 그룹화하는 것을 필요로 하지 않기 때문에 이 그룹화 과정은 생략한다.

세이지메이커로 대규모 데이터셋을 처리할 때 클러스터의 여러 인스턴스에 걸쳐 데이터를 분할할 수 있다. 이것을 **샤딩**sharding이라고 하는데 나중에 사이킷런, 아파치 스파크, 텐서플로우를 사용해 세이지메이커 클러스터의 여러 인스턴스에서 데이터 변환 작업을 할 때 더 자세히 살펴볼 것이다.

6.1.4 원시 텍스트를 BERT 임베딩으로 변환하기

이번 절에서는 텐서플로우와 최신 자연어 처리natural language processing 알고리즘인 BERT[6]를 소개한다. 나중에 BERT에 대해 좀 더 깊이 살펴볼 것이다. 고수준에서 보면 BERTBidirectional Encoder Representations from Transformers는 Word2Vec[7]과 같은 이전 세대의 NLP 모델과 달리 문장에서 각 단어의 양방향(왼쪽에서 오른쪽 또는 오른쪽에서 왼쪽 모두) 문맥을 캡처한다. 이를 통해 BERT는 다른 문장에서 동일한 단어의 다른 의미를 학습할 수 있다. 'bank'라는 단어가 있는 문장으로 예를 들어보자. 'A thief stole money from the bank vault(도둑이 은행 금고에서 돈을 훔쳤다)'에서 'bank'는 '은행'을 의미한다. 'Later, he was arrested while fishing on a river bank(강둑에서 낚시를 하다가 체포되었다)'에서 'bank'는 '강둑'을 의미한다. 'bank'라

---

5 옮긴이 2_ 여기서 저자가 모델이 미래의 데이터를 엿보지 못하도록 하라고 주의를 준 것은, 시계열 데이터를 세 가지 데이터셋으로 분할할 때 가장 최근의 데이터를 훈련 데이터셋에 포함시키지 않도록 주의하라는 의미이다.

6 _https://oreil.ly/HBic8_

7 _https://oreil.ly/nKuFP_

는 같은 단어를 사용하지만 문맥에 따라 그 의미가 달라진다.

아마존 고객 리뷰 데이터셋으로 돌아오면, 우리는 각 review_body에 BERT를 이용해 선행 학습된, 그리고 3만 개의 단어 혹은 '토큰'으로 이루어진 고차원 벡터 공간을 생성한다. BERT는 위키피디아Wikipedia나 구글 북스Google Books를 포함한 수백만 개의 문서에 대한 훈련을 통해 토큰을 학습해왔다.

[그림 6-9]는 BERT가 원시 입력 텍스트를 최종 BERT 임베딩으로 변환하는 방법을 보여준다. 또한 BERT 모델의 실제 아키텍처와 이를 거쳐 변환되는 텍스트 임베딩 과정을 보여준다.

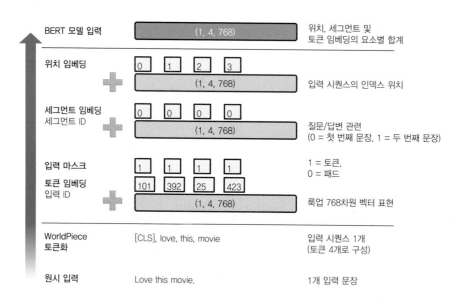

그림 6-9 원시 입력 텍스트를 임베딩으로 변환하는 BERT

BERT는 먼저 원시 입력 텍스트에 WordPiece 토큰화를 적용한다. WordPiece는 약 3만 개 토큰의 어휘 차원을 이용한 자연어 처리 작업을 통해 단어들을 하위 레벨로 분할하는 기술이다. BRT는 분류 작업을 표시하기 위해 입력 시퀀스의 시작 부분에 [CLS]와 같은 특수 토큰을 추가한다.

다음 단계에서 BERT는 입력 토큰의 768차원 벡터 표현vector representation을 조회하여 토큰 임베딩을 생성한다. 이 절의 예제에서 앞으로 정의할 토큰 임베딩 정보를 담기 위한 객체에 대해 개괄적으로 짚고 넘어가보자. input_ids는 관련 토큰 임베딩 벡터를 가리키는 고유 ID 집합이다. `input_mask`는 BERT가 어떤 토큰들에 관심을 가져야 하는지 0 또는 1로 지정한 정보를 담는다. 여러 문장을 BERT에 전달하는 경우 세그먼트 임베딩^{segment embedding}은 각 토큰을 그에 대응하는 입력 문장으로 매핑한다. 예를 들면, 0 값을 첫 번째 문장에, 1 값을 두 번째 문장에 매핑한다. 그런 다음 위치 임베딩은 입력 시퀀스에서 각 토큰의 위치(0, 1, 2 등)를 트래킹한다. BERT에서 가장 중요한 하이퍼파라미터는 표본당 BERT에 전달할 수 있는 최대 입력 토큰 수를 정의하는 `max_seq_length`다. 이 파라미터의 최댓값은 512이므로 위치 임베딩은 (512, 768) 차원의 조회 테이블이 된다.

마지막 단계에서 BERT는 토큰 임베딩, 세그먼트 임베딩, 위치 임베딩의 요소별 합계를 생성한다. (n, 768) 차원의 결과 임베딩(n은 입력 토큰 수를 나타냄)은 BERT의 입력 임베딩으로 전달된다.

BERT의 변형인 DistilBERT[8]를 사용해보자. DistilBERT는 BERT 언어 이해 능력을 97% 정도 보존하면서 60% 더 빠르고, 40% 더 작은 BERT의 경량 버전이다. 변환을 수행하기 위해 인기 있는 허깅 페이스^{Hugging Face} 커뮤니티의 트랜스포머^{transformer}라는 파이썬 라이브러리를 사용한다. 먼저 라이브러리를 설치하기 위해 `pip install transformers`를 입력한다. 다음은 `transformers` 라이브러리의 `DistilBert` 토크나이저를 이용해 문장을 토큰화하는 법을 보여주는 예제 코드다.

```python
from transformers import DistilBertTokenizer

tokenizer = DistilBertTokenizer.from_pretrained('distilbert-base-uncased')

tokens = tokenizer.tokenize("""I needed an antivirus application and know
    the quality of Norton products. This was a no brainer for me and I am
    glad it was so simple to get.""")
```

토크나이저^{tokenizer}는 문장의 대문자들을 소문자로 변환하고 텍스트를 사전 훈련된 DistilBERT 어휘에 포함되는 단어 집합으로 구문 분석한다. 트랜스포머 라이브러리는 WordPiece라는 또 다른 인기 있는 라이브러리를 사용해 텍스트를 단어 토큰으로 구문 분석한다. 다음은 위의 코드 예제를 실행한 후 토큰을 출력했을 때의 결과를 보여준다. 입력된 문장을 분해해 리스트 형태의 집합으로 변환한 것을 확인할 수 있다.

---

8 *https://oreil.ly/t90gS*

```
print(tokens)

['i', 'needed', 'an', 'anti', '##virus', 'application', 'and', 'know', 'the',
'quality', 'of', 'norton', 'products', '.', 'this', 'was', 'a', 'no',
'brain', '##er', 'for', 'me', 'and', 'i', 'am', 'glad', 'it', 'was', 'so',
'simple', 'to', 'get', '.']
```

DistilBERT를 포함한 대부분의 BERT 변형에는 각 텍스트 입력을 나타내는 데 사용되는 최대 토큰 수를 정의하는 '최대 시퀀스 길이$^{maximum\ sequence\ length}$'라는 개념이 있다. 우리가 살펴보는 예제의 경우 max_seq_length를 64로 정해 토큰화 이후에 64 토큰을 초과하는 리뷰의 경우 64 토큰으로 길이를 줄인다. 반대로 64개 미만의 토큰으로 끝나는 리뷰는 길이가 64로 채워진다. 여기서 64개의 토큰은 우리의 리뷰 데이터셋의 80%가 64 단어 미만의 길이임을 관찰한 데에서 정한 숫자다. 이는 5장에서도 확인할 수 있다. 정확하지는 않지만 단어 수는 대략적으로 토큰 수를 가늠하기 좋은 지표다. 다음은 5장에서 살펴봤던 리뷰당 단어 수 분포다.

```
10%          2.000000
20%          7.000000
30%         19.000000
40%         22.000000
50%         26.000000
60%         32.000000
70%         43.000000
80%         63.000000 <===
90%        110.000000
100%      5347.000000
```

피처 엔지니어링 및 모델 훈련에도 이와 동일한 최대 시퀀스 길이를 사용해야 한다. 다른 시퀀스 길이를 시도하려면 업데이트된 값으로 BERT 임베딩을 재생성해야 한다. 어떤 값을 선택할지 잘 모르겠다면 128, 256, 512를 최대 시퀀스 길이로 사용해 여러 버전의 임베딩을 생성한다. 이들 대부분은 BERT 작업에 잘 작동한다. 값이 클수록 차원도 늘어나므로 모델 훈련 시간이 늘어날 수 있다. 한편 우리의 예제로 돌아가면, DistilBERT 모델이 앞의 텍스트 기반 토큰에서 파생된 길이 64의 숫자 배열을 사용하기 때문에 이에 맞춰 처리해야 할 작업이 몇 가지 있다. 다음 세 가지 배열을 준비해야 한다.

input_ids

BERT 어휘 목록에서 색인되는 토큰의 ID 넘버

input_mask

BERT가 마스킹 (0으로 지정) 혹은 어텐션(1로 지정)해야 하는 토큰을 지정

segment_ids

본 예제에서는 단일 문장 시퀀스 자연어 처리 작업을 수행하기 때문에 항상 0을 사용한다
(다음 문장을 예측하는 두 문장 시퀀스 자연어 처리 작업의 경우 segment_ids는 0과 1로
구성된다).

다행히도 트랜스포머 토크나이저는 3개의 배열 중 2개를 생성하고 최대 시퀀스 길이에 따라
배열을 채워주는 기능들을 제공한다.

```python
MAX_SEQ_LENGTH = 64

encode_plus_tokens = tokenizer.encode_plus(
    text_input.text,
    pad_to_max_length=True,
    max_length=MAX_SEQ_LENGTH)

# 사전 훈련된 BERT 어휘들로부터 토큰들을 ids로 변환

input_ids = encode_plus_tokens['input_ids']
print(input_ids)
```

결과는 다음과 같다.

```
[101, 1045, 2734, 2019, 3424, 23350, 4646, 1998, 2113, 1996, 3737, 1997, 10770,
3688, 1012, 2023, 2001, 1037, 2053, 4167, 2121, 2005, 2033, 1998, 1045, 2572,
5580, 2009, 2001, 2061, 3722, 2000, 2131, 1012, 102, 0, 0, 0, 0, 0, 0, 0, 0, 0,
0, 0, 0, 0, 0, 0, 0, 0, 0, 0, 0, 0, 0, 0, 0, 0, 0, 0, 0, 0, 0, 0, 0, 0, 0, 0,
0, 0, 0, 0, 0, 0, 0, 0, 0, 0, 0, 0, 0, 0, 0, 0, 0, 0, 0, 0, 0, 0, 0, 0, 0, 0,
0, 0, 0, 0, 0, 0, 0, 0, 0, 0, 0, 0, 0, 0, 0, 0, 0, 0, 0, 0, 0, 0, 0, 0, 0, 0,
0, 0, 0, 0, 0, 0]
```

다음은 각 토큰에 어텐션값을 0 또는 1로 지정하여 input_mask 객채로 정의하는 코드 예제이다.

```
# BERT가 0 또는 1로 어텐션을 지정한다.
input_mask = encode_plus_tokens['attention_mask']
print(input_mask)
```

결과는 다음과 같다.

```
[1, 1, 1, 1, 1, 1, 1, 1, 1, 1, 1, 1, 1, 1, 1, 1, 1, 1, 1, 1, 1, 1, 1, 1, 1, 1,
 1, 1, 1, 1, 1, 1, 1, 1, 1, 0, 0, 0, 0, 0, 0, 0, 0, 0, 0, 0, 0, 0, 0, 0, 0, 0,
 0, 0, 0, 0, 0, 0, 0, 0, 0, 0, 0, 0, 0, 0, 0, 0, 0, 0, 0, 0, 0, 0, 0, 0, 0, 0,
 0, 0, 0, 0, 0, 0, 0, 0, 0, 0, 0, 0, 0, 0, 0, 0, 0, 0, 0, 0, 0, 0, 0, 0, 0, 0,
 0, 0, 0, 0, 0, 0, 0, 0, 0, 0, 0, 0, 0, 0, 0, 0, 0, 0, 0, 0, 0, 0, 0, 0, 0, 0]
```

세 번째 배열 객체인 segment_ids는 우리 예제의 경우 단일 시퀀스 분류 NLP 작업이기 때문에 모두 0을 포함하므로 자체적으로 생성하기 쉽다. 두 문장 시퀀스 NLP 작업의 경우, 예를 들어 질문 및 답변과 같은 NLP 작업에는 sequence_id를 0(질문) 또는 1(답변)로 지정해줘야 한다. 다음 코드 예제는 segment_ids 배열을 64개의 0으로 채운다.

```
segment_ids = [0] * MAX_SEQ_LENGTH
print(segment_ids)
```

결과는 다음과 같다.

```
[0, 0, 0, 0, 0, 0, 0, 0, 0, 0, 0, 0, 0, 0, 0, 0, 0, 0, 0, 0, 0, 0, 0, 0, 0, 0,
 0, 0, 0, 0, 0, 0, 0, 0, 0, 0, 0, 0, 0, 0, 0, 0, 0, 0, 0, 0, 0, 0, 0, 0, 0, 0,
 0, 0, 0, 0, 0, 0, 0, 0, 0, 0, 0, 0, 0, 0, 0, 0, 0, 0, 0, 0, 0, 0, 0, 0, 0, 0,
 0, 0, 0, 0, 0, 0, 0, 0, 0, 0, 0, 0, 0, 0, 0, 0, 0, 0, 0, 0, 0, 0, 0, 0, 0, 0,
 0, 0, 0, 0, 0, 0, 0, 0, 0, 0, 0, 0, 0, 0, 0, 0, 0, 0, 0, 0, 0, 0, 0, 0, 0, 0]
```

6.1.5 피처 및 레이블을 최적화된 텐서플로우 파일 형식으로 변환하기

피처 엔지니어링의 마지막 여정은 새로 엔지니어링된 피처들을 TFRecord 파일 형식 (**.tfrecord** 파일 확장자)으로 저장하는 것이다. **TFRecord**는 텐서플로우 데이터 처리에 최적화된 바이너리 경량 파일 형식이며 프로토콜 버퍼[protobuf]를 기반으로 한다. **TFRecord**들은 크로스 플랫폼 및 크로스 언어이며, 데이터 처리 워크로드에 매우 효율적이다. **TFRecord**는 모델 훈련 중에 사용되는 순차적 행 기반 액세스를 위해 인코딩되고 최적화된다. 이 인코딩에는 피처 및 레이블은 물론이고 각 예제에 대한 해당 메타데이터가 포함된다.

> **NOTE**_여기서 '예제'라는 용어는 레이블을 포함한 모델 훈련 데이터와 예측용으로 쓸 데이터의 각 행을 의미한다.

TFRecord가 파일 형식으로 저장되는 가장 일반적인 데이터 구조는 `tf.train.Example`과 `tf.train.Feature` 도구들을 이용해 구성할 수 있다. `tf.train.Feature`[9]는 더 세부적으로 byte, float, int64 타입의 리스트를 생성하는 도구인 `tf.train.BytesList`, `tf.train.FloatList`, `tf.train.Int64List`를 이용해 구성할 수 있다.

다음은 텐서플로우 API를 사용해 우리가 앞서 준비했던 세 가지 배열(피처)을 **TFRecord**로 변환하는 코드다.

```
import tensorflow as tf
import collections
tfrecord_writer = tf.io.TFRecordWriter(output_file)

tfrecord_features = collections.OrderedDict()

tfrecord_features['input_ids'] =
    tf.train.Feature(int64_list=tf.train.Int64List(
        value=input_ids))
tfrecord_features['input_mask'] =
    tf.train.Feature(int64_list=tf.train.Int64List(
        value=input_mask))
tfrecord_features['segment_ids'] =
```

---

9 옮긴이 2_ `tf.train.Feature`는 토크나이저 등으로 데이터를 변환하는 등의 작업을 거쳐 준비한 피처들을 TFRecord 형식의 파일에 등록하는 기능을 제공한다.

```
    tf.train.Feature(int64_list=tf.train.Int64List(
        value=segment_ids))

# 타깃 레이블(star_rating)
tfrecord_features['label_ids'] =
    tf.train.Feature(int64_list=tf.train.Int64List(
        value=[label_id]))

tfrecord = tf.train.Example(
        features=tf.train.Features(feature=tfrecord_features))

tfrecord_writer.write(tfrecord.SerializeToString())

tfrecord_writer.close()
```

`tf.train.Example.SerializeToString()`은 다음과 같이 사람이 읽을 수 없는 직렬화 및 이진화로 변환된 문자열을 생성한다.

```
b'\n\xfe\x03\n\x96\x01\n\x0bsegment_ids\x12\x86\x01\x1a\x83\x01\n\x80\x01\n\
xb6\x01\n\tinput_ids\x12\xa8\x01\x1a\xa5\x01\n\xa2\x01e\x95\x08\x8d\x10\x8a\
x1d\xd0\x0f\xd3\x10\xf4\x07f\n\x95\x01\n\ninput_mask\x12\x01\x01\x01\x01\x01\
x01\x01\n\tlabel_ids\x12\x05\x1a\x03\n\x01\x04']
```

6.2 세이지메이커 프로세싱을 통한 피처 엔지니어링 확장

지금까지 세이지메이커 노트북에서 데이터셋 표본을 이용해 작업했다. 이제 커스텀 파이썬 코드를 세이지메이커 프로세싱 서비스로 이동시켜 피처 엔지니어링을 1억 5천만 개의 리뷰 데이터셋으로 확장해보자. 세이지메이커 프로세싱 서비스는 [그림 6-10]과 같이 사용자가 제공하는 커스텀 스크립트(스크립트 모드 옵션) 또는 도커 이미지(자체 컨테이너 작성하기[Bring Your Own Container] 옵션)를 여러 세이지메이커 인스턴스에 병렬 실행한다.

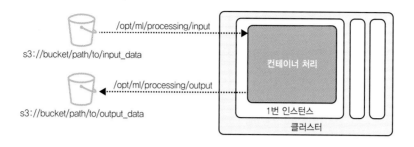

그림 6-10 클러스터의 여러 세이지메이커 인스턴스에서 코드와 도커 이미지를 병렬화하는 세이지메이커 프로세싱 서비스

이후의 장에서는 엔드투엔드 파이프라인을 활용해 이 단계를 자동화하는 법을 살펴볼 것이다. 지금은 프로세싱 서비스로 피처 엔지니어링 단계를 세이지메이커 클러스터로 확장하는 데 집중할 것이다.

6.2.1 사이킷런 및 텐서플로우로 변환하기

[그림 6-11]과 같이 텐서플로우, 사이킷런, BERT, 세이지메이커 프로세싱 서비스를 사용하여 클러스터에서 전체 데이터셋의 균형을 맞추고 분할하고 변환해보자.

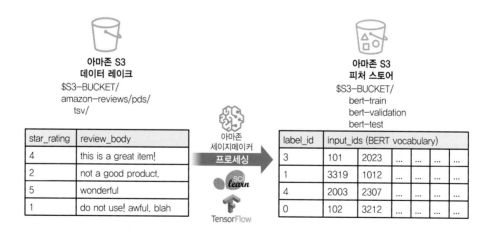

그림 6-11 사이킷런 및 세이지메이커 프로세싱 서비스를 사용해 원시 텍스트를 BERT 임베딩으로 변환

사이킷런 프로세싱 작업 설정에는 사이킷런 패키지의 버전, 인스턴스 유형 및 클러스터에서 사

용할 인스턴스의 개수 정보가 필요하다. 변환 작업은 스테이트리스stateless[10]하기 때문에 사용하는 인스턴스가 많으면 많을수록 처리 속도가 빨라진다. 여기서 우리는 데이터의 균형을 맞추거나 데이터셋을 나누는 작업에 사이킷런만 사용한다. 중요하고 무거운 변환 작업은 텐서플로우와 트랜스포머를 사용해 수행한다.

```python
from sagemaker.sklearn.processing import SKLearnProcessor
from sagemaker.processing import ProcessingInput, ProcessingOutput

processor = SKLearnProcessor(framework_version='<SCIKIT_LEARN_VERSION>',
                             role=role,
                             instance_type='ml.c5.4xlarge',
                             instance_count=2)
```

> **TIP_** 세이지메이커 프로세싱 설정에 instance_type='local'을 지정해 로컬 주피터 노트북 서버나 로컬 컴퓨터 스크립트를 실행할 수 있다. 이를 통해 세이지메이커 프로세싱을 본격적으로 시작하기 전에 데이터셋 일부를 취해 프로세싱 작업을 '로컬'로 테스트 및 프로토타입 목적으로 수행해볼 수도 있다.

다음으로 넘어가, 변환된 피처의 위치를 지정하고 프로세싱 클러스터의 두 인스턴스에 걸쳐 데이터를 분할하여 데이터 변환에 필요한 시간을 줄이도록 변환 작업 환경을 설정한다. 입력 데이터셋의 S3 위치를 지정한다. arguments에는 훈련, 검증 및 테스트 데이터셋으로 일정 비율에 따라 분할하기 위한 파라미터 같은 것들을 지정해준다. 또한 arguments에 BERT를 위한 텍스트 토큰화에 쓰이는 max_seq_length 파라미터도 제공한다.

```python
processor.run(code='preprocess-scikit-text-to-bert.py',
  inputs=[
    ProcessingInput(input_name='raw-input-data',
                    source=raw_input_data_s3_uri,
                    destination='/opt/ml/processing/input/data/',
                    s3_data_distribution_type='ShardedByS3Key')
  ],
  outputs=[
    ProcessingOutput(output_name='bert-train',
                    s3_upload_mode='EndOfJob',
```

---

10 옮긴이 2_ 클라우드 서버가 요청에 대한 응답만 처리하는 방식이다.

```
                        source='/opt/ml/processing/output/bert/train'),
        ProcessingOutput(output_name='bert-validation',
                    s3_upload_mode='EndOfJob',
                        source='/opt/ml/processing/output/bert/validation'),
        ProcessingOutput(output_name='bert-test',
                    s3_upload_mode='EndOfJob',
                        source='/opt/ml/processing/output/bert/test'),
    ],
    arguments=['--train-split-percentage',
                str(train_split_percentage),
                '--validation-split-percentage',
                str(validation_split_percentage),
                '--test-split-percentage',
                str(test_split_percentage),
                '--max-seq-length', str(max_seq_length)],
    logs=True,
    wait=False)
```

작업이 완료되면 다음과 같이 S3 출력 위치를 검색할 수 있다.

```
output_config = processing_job_description['ProcessingOutputConfig']

for output in output_config['Outputs']:
  if output['OutputName'] == 'bert-train':
    processed_train_data_s3_uri = output['S3Output']['S3Uri']
  if output['OutputName'] == 'bert-validation':
    processed_validation_data_s3_uri = output['S3Output']['S3Uri']
  if output['OutputName'] == 'bert-test':
    processed_test_data_s3_uri = output['S3Output']['S3Uri']
```

6.2.2 아파치 스파크 및 텐서플로우로 변환하기

아파치 스파크는 세이지메이커 프로세싱 서비스가 지원하는 강력한 데이터 처리 및 피처 변환
엔진이다. 아파치 스파크는 기본적으로 BERT를 지원하지 않지만 파이스파크 애플리케이션
이 제공하는 파이썬 기반 BERT 트랜스포머 라이브러리를 사용해 분산 스파크 클러스터에서
BERT 변환 작업을 확장할 수 있다. 이 경우 [그림 6-12]와 [그림 6-13]처럼 스파크를 분산
처리 엔진으로 사용하고 트랜스포머를 클러스터에 설치된 또 다른 파이썬 라이브러리로 사용
한다.

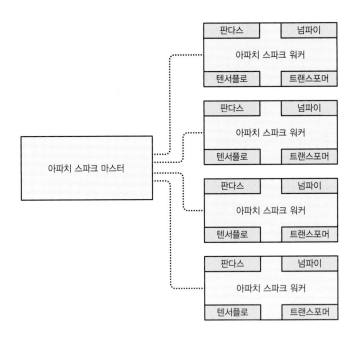

그림 6-12 텐서플로우 및 BERT를 포함하여 여러 인기 라이브러리가 설치된 아파치 스파크 클러스터

아파치 스파크 ML 라이브러리는 텍스트 기반 피처 엔지니어링을 위해 고도로 병렬화되고 분산화된 단어 빈도-역 문서 빈도^{Term Frequency–Inverse Document Frequency}(TF-IDF) 연산 기능을 제공한다. 1980년대로 거슬러 올라가, TF-IDF는 단어 빈도를 계산하고 주어진 데이터셋에 대해 '어휘'를 빌드하기 위해 스테이트풀한 사전 훈련 단계를 필요로 한다. 이는 TF-IDF가 주어진 데이터셋에서 벗어나 더 광범위한 언어 모델을 학습하는 능력을 제한한다.

반면에 BERT는 수백만 개의 문서에 대해 사전 훈련되었으며 일반적으로 TF-IDF보다 자연어 데이터셋에 대해 더 나은 성능을 보이므로 피처 엔지니어링 작업에 BERT를 사용해볼 것이다.

star_rating	review_body
4	this is a great item!
2	not a good product.
5	wonderful
1	do not use! awful. blah

Amazon S3
data lake
$S3-BUCKET/
amazon-reviews/pds/
tsv/

아마존
세이지메이커
프로세싱

Amazon S3
Feature Store
$S3-BUCKET/
bert-train
bert-validation
bert-test

label_id	input_ids (BERT vocabulary)					
3	101	2023	...	...	...	...
1	3319	1012	...	...	...	...
4	2003	2307	...	...	...	...
0	102	3212	...	...	...	...

그림 6-13 아파치 스파크를 사용해 원시 텍스트를 BERT 임베딩으로 변환

이미 스파크 기반 피처 엔지니어링 파이프라인이 있기 때문에 아파치 스파크 사용을 선호할 경우 클라우드 네이티브, 서버리스, 종량제 방식의 아파치 스파크 클러스터를 가동하여 세이지메이커 프로세싱 서비스를 이용해 원시 **review_body** 데이터로부터 BERT 벡터를 생성한다.

우리는 파이스파크 스크립트를 제공하고, 인스턴스 유형을 지정하고, 클러스터 인스턴스 수를 결정하기만 하면 된다. 세이지메이커는 우리가 제공한 파라미터를 바탕으로 클러스터에 스파크 작업을 실행한다. 스파크는 RAM 용량이 높을수록 성능이 더 우수하므로 고용량 RAM을 탑재한 r5 인스턴스 유형을 사용해보자.

```
from sagemaker.spark.processing import PySparkProcessor

processor = PySparkProcessor(base_job_name='spark-amazon-reviews-processor',
                             role=role,
                             framework_version='<SPARK_VERSION>',
                             instance_count=2,
                             instance_type='ml.r5.xlarge',
                             max_runtime_in_seconds=7200)
```

이제 프로세싱 작업을 실행해보자. 아파치 스파크는 효율적으로 S3를 직접 읽고 쓰기 때문에 **ProcessingInput** 및 **ProcessingOutput** 파라미터를 run() 함수에 지정할 필요 없다. 대신

에 원시 TSV 파일 1개와 훈련, 검증, 테스트 분할을 위해 생성된 BERT 벡터가 저장될 S3 위치 3개, 총 4개의 S3 위치를 지정하기 위해 arguments 파라미터를 사용한다. 또한 데이터셋 분할을 위한 백분율 비율과 BERT를 위한 max_seq_length도 지정한다.

```
train_data_bert_output = 's3://{}/{}/output/bert-train'.format(bucket,
                                    output_prefix)
validation_data_bert_output = 's3://{}/{}/output/bert-validation'.format(bucket,
                                    output_prefix)
test_data_bert_output = 's3://{}/{}/output/bert-test'.format(bucket,
                                    output_prefix)
processor.run(submit_app='preprocess-spark-text-to-bert.py',
            arguments=['s3_input_data',
                        s3_input_data,
                        's3_output_train_data',
                        train_data_bert_output,
                        's3_output_validation_data',
                        validation_data_bert_output,
                        's3_output_test_data',
                        test_data_bert_output,
                        'train_split_percentage',
                        str(train_split_percentage),
                        'validation_split_percentage',
                        str(validation_split_percentage),
                        'test_split_percentage',
                        str(test_split_percentage),
                        'max_seq_length',
                        str(max_seq_length)
            ],
            outputs=[
              ProcessingOutput(s3_upload_mode='EndOfJob',
                output_name='bert-train',
                source='/opt/ml/processing/output/bert/train'),
              ProcessingOutput(s3_upload_mode='EndOfJob',
                output_name='bert-validation',
                source='/opt/ml/processing/output/bert/validation'),
              ProcessingOutput(s3_upload_mode='EndOfJob',
                output_name='bert-test',
                source='/opt/ml/processing/output/bert/test'),
            ],
            logs=True,
            wait=False
    )
```

위의 코드 예제는 세이지메이커 스튜디오에서 주피터 노트북을 통해 실행할 수 있고, 아파치 스파크를 구동하고 있는 세이지메이커 프로세싱 인스턴스 클러스터에 preprocess-spark-text-to-bert.py 스크립트를 실행한다. 다음 코드 예제는 파이스파크 스크립트 일부를 발췌한 것이다.

```python
def transform(spark, s3_input_data, s3_output_train_data,
              s3_output_validation_data, s3_output_test_data):

    schema = StructType([
        StructField('marketplace', StringType(), True),
        StructField('customer_id', StringType(), True),
        StructField('review_id', StringType(), True),
        StructField('product_id', StringType(), True),
        StructField('product_parent', StringType(), True),
        StructField('product_title', StringType(), True),
        StructField('product_category', StringType(), True),
        StructField('star_rating', IntegerType(), True),
        StructField('helpful_votes', IntegerType(), True),
        StructField('total_votes', IntegerType(), True),
        StructField('vine', StringType(), True),
        StructField('verified_purchase', StringType(), True),
        StructField('review_headline', StringType(), True),
        StructField('review_body', StringType(), True),
        StructField('review_date', StringType(), True)
    ])

    df_csv = spark.read.csv(path=s3_input_data,
                            sep='\t',
                            schema=schema,
                            header=True,
                            quote=None)
```

다음은 트랜스포머 파이썬 라이브러리를 사용해 원시 텍스트를 BERT 임베딩으로 변환하는 스파크 사용자 정의 함수^{user-defined function} (UDF)다.

```python
MAX_SEQ_LENGTH = 64
DATA_COLUMN = 'review_body'
LABEL_COLUMN = 'star_rating'
LABEL_VALUES = [1, 2, 3, 4, 5]
```

```
label_map = {}
for (i, label) in enumerate(LABEL_VALUES):
    label_map[label] = i

def convert_input(label, text):
    encode_plus_tokens = tokenizer.encode_plus(
        text,
        pad_to_max_length=True,
        max_length=MAX_SEQ_LENGTH)

    # 텍스트 기반 토큰을 사전 훈련된 BERT 어휘의 id로 변환
    input_ids = encode_plus_tokens['input_ids']
    # BERT를 위한 (0 또는 1) 어텐션 토큰을 지정
    input_mask = encode_plus_tokens['attention_mask']
    # 세그먼트 ID들은 1개의 시퀀스 작업은 항상 0 값
    # 또는 2개의 쌍 시퀀스 작업인 경우 1 값으로 지정
    segment_ids = [0] * MAX_SEQ_LENGTH

    # 훈련 데이터용 레이블 지정(star_rating 1부터 5까지)
    label_id = label_map[label]

    return {'input_ids': input_ids, 'input_mask': input_mask,
            'segment_ids': segment_ids, 'label_ids': [label_id]}
```

다음은 클러스터의 각 작업자에서 UDF를 호출하는 스파크 코드다. **TFRecord** 작성을 준비하는 과정을 포함하며, 원하는 **TFRecord** 형식과 일치하는 파이스파크 스키마를 설정하면 된다.

```
tfrecord_schema = StructType([
    StructField("input_ids", ArrayType(IntegerType(), False)),
    StructField("input_mask", ArrayType(IntegerType(), False)),
    StructField("segment_ids", ArrayType(IntegerType(), False)),
    StructField("label_ids", ArrayType(IntegerType(), False))
])

bert_transformer = udf(lambda text, label: convert_input(text, label), \
                       tfrecord_schema)
```

그런 다음 데이터를 훈련, 검증 및 테스트로 분할하고, 그 분할을 **TFRecord** 형식으로 S3에 저장한다.

```
train_df, validation_df, test_df = features_df.randomSplit(
        [
         train_split_percentage,
         validation_split_percentage,
         test_split_percentage
        ]
)

train_df.write.format('tfrecord').option('recordType', 'Example')\
                                    .save(path=s3_output_train_data)

validation_df.write.format('tfrecord').option('recordType', 'Example')\
                                    .save(path=s3_output_validation_data)

test_df.write.format('tfrecord').option('recordType', 'Example')\
                                    .save(path=s3_output_test_data)
```

TIP_ 우리는 TFRecord용 아파치 스파크 **DataFrameReader** 및 **DataFrameWriter** 인터페이스를 도입한 오픈 소스 라이브러리의 format('tfrecord')를 사용한다. 이 라이브러리에 대한 참조는 이 책의 예제 소스가 있는 깃허브에 있다.

6.3 세이지메이커 피처 스토어를 통한 피처 공유

피처 엔지니어링에는 직관, 인내, 시행착오 및 오류 등의 과정을 거쳐야 한다. 더 많은 팀이 비즈니스 사용 사례를 해결하기 위해 인공지능과 머신러닝을 활용할수록, 검색할 수 있고 재사용할 수 있는 중앙 집중식 피처 리포지터리가 필요하다. 이러한 리포지터리를 **피처 스토어**[feature store]라고 부른다.

피처 스토어는 머신러닝의 피처를 위한 데이터 레이크다. 앞서 세이지메이커 프로세싱 서비스를 이용해 BERT 모델을 위한 피처 엔지니어링하는 법을 살펴봤듯이, 피처 엔지니어링에는 많은 컴퓨팅처리를 요구하곤 한다. 따라서 가능하다면 엔지니어링이 된 피처들을 저장하고 회사 조직 내에서 모두 재사용할 수 있도록 하는 것이 좋다

세이지메이커를 사용하는 머신러닝 워크플로우에 사용될 피처 스토어를 만드는 변환과, 아마

존 레드시프트를 사용하는 비즈니스 인텔리전스 보고서나 대시보드에 사용될 데이터 웨어하우스에서 필요한 변환은 그 성격이 다를 수 있다. 예를 들어 [그림 6-14]와 같이 BERT 임베딩은 피처 스토어에 저장하는 것이 적절하고 정제 및 보강 작업을 거친 데이터는 데이터 웨어하우스에 저장하는 것이 적절하다.

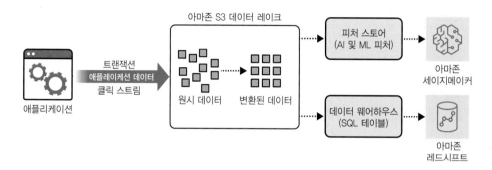

그림 6-14 피처 스토어, 데이터 레이크, 데이터 웨어하우스의 관계

피처 스토어를 직접 빌드하는 대신 아마존 세이지메이커가 제공하는 관리형 피처 스토어를 활용할 수 있다. 세이지메이커 피처 스토어는 오프라인 및 온라인 피처를 모두 저장한다. 오프라인 피처는 모델 훈련처럼 높은 처리량 및 일괄 검색 워크로드에 최적화된 리포지터리에 저장된다. 온라인 피처는 모델 추론처럼 저지연 및 실시간 요청에 최적화된 리포지터리에 저장한다.

또한 BERT 피처들을 생성하는 데 상당한 시간이 투자됐기 때문에 회사 조직의 여러 팀 간에 이 피처들을 공유하는 것이 바람직하다. 여러 팀들이 피처를 사용하면서 전에는 발견하지 못했던 새로운 피처 조합을 발견할 수도 있다. 우리는 피처 스토어를 사용해 안전하게 '시간 여행'을 하고 데이터 누수를 방지할 수 있다.

피처 스토어를 통해 자주 액세스하는 피처를 메모리에 캐싱하여 모델 훈련 시간을 줄이거나 거버넌스 및 액세스 제어를 제공하여 피처를 규제할 수 있다. 마지막으로, 피처 스토어는 일괄 훈련과 실시간 예측 모두에 동일한 피처가 있는지 확인하여 모델 훈련과 추론 간에 일관성을 제공한다.

6.3.1 피처를 세이지메이커 피처 스토어에 수집하기

DistilBERT를 사용해 최대 시퀀스 길이 64로 처리된 BERT 피처들을 판다스 데이터 프레임 형태로 df_records 객체에 지정한다고 가정해보자. 다음은 df_records 데이터 프레임의 예시를 보여준다.

input_ids	input_mask	Segment_ids	label_id	review_id	date	label	split_type
[101, 1045, 2734, 2019, 1000, 3424, 23350, 100...	[1, 1, 1, 1, 1, 1, 1, 1, 1, 1, 1, 1, 1, 1, ...	[0, 0, 0, 0, 0, 0, 0, 0, 0, 0, 0, 0, 0, 0, 0, ...	4	ABCD12345	2021-01-30 T20:55:33Z	5	train
[101, 1996, 3291, 2007, 10777, 23663, 2003, 20..	[1, 1, 1, 1, 1, 1, 1, 1, 1, 1, 1, 1, 1, ...	[0, 0, 0, 0, 0, 0, 0, 0, 0, 0, 0, 0, 0, 0, 0, ...	2	EFGH12345	2021-01-30 T20:55:33Z	3	train
[101, 6659, 1010, 3904, 1997, 2026, 9537, 2499...	[1, 1, 1, 1, 1, 1, 1, 1, 1, 1, 1, 1, 1, ...	[0, 0, 0, 0, 0, 0, 0, 0, 0, 0, 0, 0, 0, 0, 0, ...	0	IJKL2345	2021-01-30 T20:55:33Z	1	train

이제 BERT 피처들을 담은 df_records 판다스 데이터 프레임 객체를 피처 스토어에 review_distilbert_64_max_seq_length라는 이름으로 저장한다.

```
from sagemaker.feature_store.feature_group import FeatureGroup

reviews_feature_group_name = "reviews_distilbert_max_seq_length_64"

reviews_feature_group = FeatureGroup(name=reviews_feature_group_name,
    sagemaker_session=sagemaker_session)
```

그 다음은 고유한 레코드 식별자 컬럼인 review_id를 지정해야 한다. 그리고 피처 스토어에 레코드가 생성되거나 업데이트된 시간에 해당하는 이벤트 시간을 지정해야 한다. 즉, 데이터 수집 시각의 타임스탬프를 생성해야 한다. 결과적으로 모든 레코드가 고유 ID와 이벤트 시간으로 구성되어야 한다.

```
record_identifier_feature_name = "review_id"
event_time_feature_name = "date"

reviews_feature_group.load_feature_definitions(data_frame=df_records)
```

세이지메이커 피처 스토어의 파이썬 SDK는 입력 데이터를 기반으로 데이터 스키마를 자동으로 감지한다. 감지된 스키마는 다음과 같다.

```
FeatureGroup(
    feature_definitions=[
        FeatureDefinition(feature_name='input_ids', \
        feature_type=<FeatureTypeEnum.STRING: 'String'>),
        FeatureDefinition(feature_name='input_mask', \
        feature_type=<FeatureTypeEnum.STRING: 'String'>),
        FeatureDefinition(feature_name='segment_ids', \
        feature_type=<FeatureTypeEnum.STRING: 'String'>),
        FeatureDefinition(feature_name='label_id', \
        feature_type=<FeatureTypeEnum.INTEGRAL: 'Integral'>),
        FeatureDefinition(feature_name='review_id', \
        feature_type=<FeatureTypeEnum.STRING: 'String'>),
        FeatureDefinition(feature_name='date', \
        feature_type=<FeatureTypeEnum.STRING: 'String'>),
        FeatureDefinition(feature_name='label', \
        feature_type=<FeatureTypeEnum.INTEGRAL: 'Integral'>),
        FeatureDefinition(feature_name=split_type, \
        feature_type=<FeatureTypeEnum.STRING: 'String'>),
        ...
    ]
)
```

피처 그룹을 생성하려면 df_records를 저장할 S3 버킷과 추론을 위한 온라인 피처 스토어를 활성화할 것인지 표시하는 플래그도 지정해야 한다.

```
reviews_feature_group.create(
    s3_uri="s3://{}/{}".format(bucket, prefix),
    record_identifier_name=record_identifier_feature_name,
    event_time_feature_name=event_time_feature_name,
    role_arn=role,
    enable_online_store=True)
```

이제 피처 스토어에 데이터를 수집해보자. 저장 설정이 별도로 지정되지 않는 한, 데이터는 오프라인 및 온라인 리포지터리 모두에 수집된다.

```
reviews_feature_group.ingest(
    data_frame=df_records, max_workers=3, wait=True)
```

6.3.2 세이지메이커 피처 스토어에서 피처 검색하기

아테나를 사용해 오프라인 피처 스토어에서 피처를 검색할 수 있다. 모델 훈련에서 다음과 같이 피처를 사용할 수 있다.

```
reviews_feature_store_query = reviews_feature_group.athena_query()

reviews_feature_store_table = reviews_feature_store_query.table_name

query_string = """
SELECT review_body, input_ids, input_mask, segment_ids, label_id FROM "{}"
""".format(reviews_feature_store_query)

reviews_feature_store_query.run(query_string=query_string, ...)
```

다음은 BERT 피처를 보여주는 피처 스토어 쿼리 출력 결과다.

review_body	input_ids	input_mask	segment_ids	label_id
I needed an "antivirus" application and know t...	[101, 1996, 3291, 2007, 10777, 23663, 2003, 20...	[1,1,1,1,1,1,1,1,1,1,1,1,1, 1, 1, 1, ...	[0,0,0,0,0,0,0,0,0,0,0,0,0,0,0,0, ...	2
The problem with ElephantDrive is that it requ...	[101, 6659, 1010, 3904, 1997, 2026, 9537, 2499...	[1,1,1,1,1,1,1,1,1,1,1,1,1, 1, 1, 1, ...	[0,0,0,0,0,0,0,0,0,0,0,0,0,0,0, ...	0
Terrible, none of my codes work.	[101, 1045, 2734, 2019, 1000, 3424, 23350, 100...	[1,1,1,1,1,1,1,1,1,1,1,1,1, 1, 1, 1, ...	[0,0,0,0,0,0,0,0,0,0,0,0,0,0, 0, 0, ...	4

label_id는 0부터 인덱싱된다. label_id 0이면 별점 1점에 해당하고, label_id가 4이면 별점 5점에 해당한다.

다음과 같이 레코드 식별자로 모델 예측에 사용할 피처 그룹의 특정 피처들을 쿼리할 수도 있다.

```python
featurestore_runtime = boto3.Session()\
                           .client(
                               service_name='sagemaker-featurestore-runtime',
                               region_name=region)

record_identifier_value = 'IJKL2345'

featurestore_runtime.get_record(
    FeatureGroupName=reviews_feature_group_name,
    RecordIdentifierValueAsString=record_identifier_value)
```

6.4 세이지메이커 데이터 랭글러를 사용한 데이터 수집 및 변환

데이터 랭글러는 세이지메이커가 자체적으로 제공하는 서비스로, 머신러닝의 사용 사례에 중점을 두고 데이터 수집, 피처 엔지니어링, 모델 훈련, 모델 최적화, 모델 배포를 포함한 전체 **모델 개발 라이프 사이클**model development life cycle(MDLC)에 걸쳐 아티팩트 계보를 보존한다. 5장에서 다뤘던 데이터 분석 외에도 세이지메이커 데이터 랭글러는 300여 가지의 빌트인 변환 기능들을 지원하고 커스텀 SQL, 판다스, 아파치 스파크 코드를 지원해 머신러닝 피처를 준비하고 변환해준다. 또한 컬럼 데이터 유형 변환, 누락된 데이터값 대치, 데이터셋을 훈련/검증/테스트로 분할, 컬럼 크기 조정 및 정규화, 컬럼 삭제와 같은 다양한 용도로 사용된다.

데이터 변환 단계는 데이터 랭글러 정의 파일definition file(.flow 확장자)로 저장되며, 새 데이터가 시스템에 도착할 때마다 재사용된다.

우리는 이 데이터 랭글러 정의 파일(플로우 파일이라고도 부른다)을 세이지메이커 프로세싱, 파이프라인, 피처 스토어 또는 원시 파이썬 스크립트로 내보낼 수도 있다. 데이터 랭글러 플로우 파일을 세이지메이커 파이프라인으로 내보내 변환을 자동화하고 세이지메이커 계보 서비스로 계보를 트래킹해보자. 6.5절에서 이 계보 트래킹에 대해 더 자세히 알아보고, 10장에서 세이지메이커 파이프라인에 대해 자세히 알아볼 것이다. 다음 코드 예제는 플로우 파일을 세이지메이커 파이프라인으로 내보낼 때 데이터 랭글러가 생성한 파이썬 코드 일부를 발췌했다.

```python
import time
from sagemaker.workflow.parameters import (
    ParameterInteger,
    ParameterString,
)
from sagemaker.workflow.pipeline import Pipeline

with open(flow_file_name) as f:
    flow = json.load(f)

s3_client = boto3.client("s3")
s3_client.upload_file(flow_file_name, bucket,
        f"{prefix}/{flow_name}.flow")

pipeline_name = f"datawrangler-pipeline-{int(time.time() * 10**7)}"
instance_type = ParameterString(name="InstanceType",
                                    default_value="ml.m5.4xlarge")
instance_count = ParameterInteger(name="InstanceCount",
                                    default_value=1)

step_process = Step(
    name="DataWranglerProcessingStep",
    step_type=StepTypeEnum.PROCESSING,
    step_args=processing_job_arguments
)

pipeline = Pipeline(
    name=pipeline_name,
    parameters=[instance_type, instance_count],
    steps=[step_process],
    sagemaker_session=sess
)
pipeline.create(role_arn=role)

pipeline.start()
```

6.5 아마존 세이지메이커를 사용한 아티팩트 및 익스페리먼트 계보 트래킹

사람은 본능적으로 호기심이 많다. 어떤 물건을 보여주면 그 물건이 어떻게 만들어졌는지 알고 싶어 한다. 머신이 학습한 예측 모델만큼 강력하고 신비한 대상을 떠올려보자. 우리는 자연스럽게 이 모델이 어떻게 만들어졌는지 알고 싶고 다음과 같은 의문이 생길 것이다. '어떤 데이터셋을 사용하는가?', '어떤 하이퍼파라미터가 선택되었는가?', '다른 하이퍼파라미터를 탐색했는가?', '이 버전의 모델은 이전 버전과 어떻게 비교했는가?' 이런 모든 질문은 세이지메이커 계보 트래킹Lineage Tracking 및 세이지메이커 익스페리먼츠SageMaker Experiments 서비스로 해결 가능하다.

피처 엔지니어링에서 모델 훈련 및 모델 배포에 이르기까지 전체 MDLC에서 사용되는 데이터 변환 계보를 트래킹해야 한다. 세이지메이커의 데이터 랭글러는 수집하거나 변환하는 모든 데이터의 계보를 자동으로 트래킹한다. 또한 세이지메이커 프로세싱, 트레이닝, 엔드포인트endpoint도 각각 해당 계보를 트래킹한다. 세이지메이커 스튜디오 IDE 또는 세이지메이커 계보 API를 직접 사용해 언제든지 다양한 작업들의 계보를 조사할 수 있다. 워크플로우의 각 단계에 입력 아티팩트, 작업 및 생성된 출력 아티팩트를 저장할 수도 있다. 또한 세이지메이커 계보 API를 사용해 계보 그래프를 출력받아 스텝, 액션 및 아티팩트 간의 관계를 분석할 수 있다. 세이지메이커 계보 API 및 계보 그래프를 이용해 모델 실험 기록 유지, 동료와 작업 공유, 모델 향상을 위한 워크플로우 재생산, 프로덕션에서 각 모델을 훈련하는 데 사용된 데이터셋 트래킹, 모델이 배포된 위치, 규제 표준, 감사 준수와 같은 다양한 용도로 활용할 수 있다.

6.5.1 계보 트래킹 개념

세이지메이커 계보 트래킹 API는 다음과 같은 주요 개념을 활용한다.

계보 그래프lineage graph

연결된 그래프로, 엔드투엔드 머신러닝 워크플로우를 트래킹한다.

아티팩트artifact

URI 주소로 표현할 수 있는 객체나 데이터를 표현한다. 아티팩트는 일반적으로 액션의 입·출력값이다.

액션 *action*

컴퓨트, 변환, 작업과 같이 수행된 작업을 나타낸다.

컨텍스트 *context*

여러 개체를 논리적으로 그룹화하는 방법을 제공한다.

어소시에이션 *association*

두 개체를 연결하는 계보 그래프의 방향성 엣지*directed edge*를 말한다. 어소시에이션의 유형은 `Produced`(생성된), `DerivedFrom`(유도된), `AssociatedWidth`(연관된), `ContributedTo`(기여한)가 있다.

계보 트래버설 *lineage traversal*

임의의 지점에서 시작해 계보 그래프를 트래킹한 업스트림 또는 다운스트림 워크플로우의 단계 간의 관계를 발견하고 분석한다.

익스페리먼트 *experiment* **11**

머신러닝 워크플로우의 단계별 머신러닝 실험들을 포함한 익스페리먼트 개체들은 계보 그래프의 일부다. 이 객체들은 아티팩스, 액션, 컨텍스트를 포함한 세이지메이커 계보 핵심 컴포넌트와 연결된다.

세이지메이커는 세이지메이커 프로세싱, 트레이닝 서비스, 모델, 모델 패키지, 엔드포인트를 포함하여 세이지메이커 파이프라인의 모든 단계에 대해 계보 트래킹 개체를 자동으로 생성한다. 각 파이프라인 단계는 입력 아티팩트, 액션, 출력 아티팩트, 메타데이터와 연결된다. 7, 8, 9장에서 모델을 훈련, 튜닝, 배포하면서 계보 그래프를 계속 빌드할 것이다. 그런 다음 10장에서 모든 것을 하나로 묶어 완전한 엔드투엔드 계보 그래프로 구성된 파이프라인을 생성할 것이다.

---

11 옮긴이 2_ 참고로 '세이지메이커 익스페리먼츠'는 실험 객체를 관리를 도와주는 세이지메이커 서비스를 의미하고, '익스페리먼트'는 이 서비스 플랫폼에 등록되는 개인의 실험 객체를 의미한다. 즉, '세이지메이커 익스페리먼츠' 서비스를 통해 '익스페리먼트 객체'를 생성한다.

6.5.2 피처 엔지니어링 프로세싱 서비스의 계보 확인하기

우리가 앞서 원시 텍스트로 된 리뷰에서 BERT 임베딩을 생성하는 데 실행했던 세이지메이커 프로세싱에서 캡처된 계보 트래킹 정보를 다음 코드 예제를 통해 출력할 수 있다.

```
import time
import sagemaker
from sagemaker.lineage.visualizer import LineageTableVisualizer

viz = LineageTableVisualizer(sagemaker.session.Session())

viz.show(processing_job_name='<sm_processing_job_name>')
```

출력 결과는 다음과 유사하다.

Name/Source	Direction	Type	Association Type	Lineage Type
s3://../amazon–reviews–pds/tsv/	Input	DataSet	ContributedTo	artifact
68331.../sagemaker–scikit–learn:0.20.0–cpu–py3	Input	Image	ContributedTo	artifact
s3://../output/bert–test	Output	Dataset	Produced	artifact
s3://../output/bert–validation	Output	DataSet	Produced	artifact
s3://../output/bert–train	Output	DataSet	Produced	artifact

위의 출력 예시에서 볼 수 있듯이 세이지메이커 계보 트래킹은 입력 데이터(TSV), 출력 데이터(TFRecords), 세이지메이커 컨테이너 이미지를 자동으로 기록했다. 어소시에이션 유형의 'ContributedTo'는 입력 데이터가 이 파이프라인 단계에 기여했음을 표시한다.

훈련, 검증, 테스트 데이터셋으로 분할한 생성된 훈련 데이터는 이 단계의 출력으로 기록되었다. 이들의 어소시에이션 유형은 **Produced**로 이 파이프라인 단계에서 '생성'됐음을 표시한다.

6.5.3 세이지메이커 익스페리먼츠 API 이해하기

세이지메이커 익스페리먼츠는 모델 훈련 및 튜닝 프로세스를 진행할 때 통찰력을 얻는 데 많은 도움을 주는 도구가 될 수 있다. 익스페리먼츠를 통해 피처 엔지니어링, 모델 훈련, 모델 튜닝,

모델 배포를 포함하는 모델 개발 라이프 사이클의 모든 단계에 걸쳐 AI/ML 모델을 트래킹할 수 있고 정비할 수 있으며 시각화하거나 비교할 수 있다. 익스페리먼츠는 세이지메이커 스튜디오, 프로세싱, 트레이닝, 엔드포인트와 원활하게 통합될 수 있다. 세이지메이커 익스페리먼츠 API는 다음과 같은 요소들로 구성된다.

익스페리먼트 experiment

익스페리먼츠 런 그룹^{Experiments run group} 모음이다. 익스페리먼트에 서로 비교하고자 하는 런 그룹^{run group} 및 런^{run}을 추가할 수 있다.[12]

런 그룹 run group (트라이얼 trial)

여러 머신러닝 워크플로우 스텝들의 익스페리먼츠 런^{Experiments run}의 집합이다.

런 run (트라이얼 컴포넌트 trial component)

데이터 변환, 피처 엔지니어링, 모델 훈련, 모델 평가 같은 머신러닝 워크플로우의 개별 단계들을 정의한다.

트래커 tracker

단일 런에 대한 로깅 정보다.

세이지메이커 익스페리먼츠는 기본적으로 세이지메이커 플랫폼에 통합되어 있지만, 세이지메이커 익스페리먼츠 API와 코드 몇 줄을 우리가 작성한 코드에 추가해 주피터 노트북이나 파이썬 스크립트로부터 익스페리먼츠를 트래킹할 수도 있다.

[그림 6-15]는 단일 실험의 런 그룹 A, B, C가 어떻게 구조적으로 구성되는지 보여준다. 모든 런 그룹은 각기 다른 조합의 하이퍼파라미터를 사용해 세 가지 다른 모델을 훈련시키기 위해 동일한 피처 엔지니어링 단계의 런인 '준비^{prepare} A'를 재사용한다. 런 그룹 C는 최고의 정확도를 제공하므로 모델을 배포하고 '배포^{deploy} C'라는 배포 런을 트래킹한다.

---

12 **옮긴이 2_** 2022년 12월 세이지메이커 익스페리먼츠가 대대적으로 리뉴얼되면서 용어들이 개편되었다. 트라이얼(trial)은 런 그룹 (run group)으로, 트라이얼 컴포넌트(trial component)는 런(run)으로 변경되었다. 아마존 세이지메이커 공식 기술 문서를 참조하자. https://docs.aws.amazon.com/ko_kr/sagemaker/latest/dg/experiments-view-compare.html

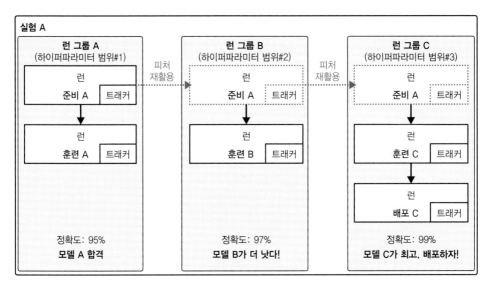

그림 6-15 세이지메이커 익스페리먼츠를 사용해 다른 하이퍼파라미터로 훈련 실행 비교

세이지메이커 익스페리먼츠 API를 사용하면 모델 A,B,C를 재현하기 위해 사용된 모든 단계의 작업과 하이퍼파라미터에 관한 기록을 남길 수 있다. 어떤 단계에서도 모델이 어떻게 훈련되었는지를 데이터셋과 하이퍼파라미터를 정확하게 확인할 수 있다. 이 추적성은 모델을 검수 및 설명하고 개선하기 위해 필수적이다. 7, 8, 9장에서 각각 모델 훈련, 최적화, 배포 단계를 트래킹하는 방법을 자세히 알아볼 것이다. 이 장에서는 세이지메이커 익스페리먼츠 API를 사용해 피처 엔지니어링 단계의 수행 이력을 트래킹해본다.

우선, 다음과 같이 익스페리먼트 객체를 만든다.

```
import time
from smexperiments.experiment import Experiment

experiment_name = 'Experiment-{}'.format(int(time.time()))

experiment = Experiment.create(
            experiment_name=experiment_name,
            description='Amazon Customer Reviews BERT Experiment',
             sagemaker_boto_client=sm)
```

그다음 앞서 BERT 임베딩을 생성할 때 만들었던 프로세서에 전달할 **experiment_config** 파라미터를 준비한다. 다음 코드 예제에서 볼 수 있듯, 프로세서 실행 코드에 익스페리먼츠 설정을 추가함으로써 추적을 활성화할 수 있다. 이 예제의 경우 **prepare**라고 명명된 런을 프로세싱 작업에 추가해 S3 위치의 원시 리뷰 입력 데이터들과 훈련, 검증 및 테스트 데이터로의 변환 및 출력 과정을 추적하도록 설정한 것이다.

```
experiment_config = {
        'ExperimentName': experiment_name,
        'TrialName': trial.trial_name,
        'TrialComponentDisplayName': 'prepare'
}

processor.run(code='preprocess-scikit-text-to-bert.py',
              ...
              experiment_config=experiment_config)
```

다음 코드 예제는 세이지메이커 익스페리먼츠 API를 사용해 **prepare** 단계에서 사용된 파라미터를 출력하는 법을 보여준다. 7, 8, 9장에서는 모델 훈련, 하이퍼파라미터 튜닝, 모델 배포를 통해 익스페리먼트 계보를 계속 추적해볼 것이다.

```
from sagemaker.analytics import ExperimentAnalytics

lineage_table = ExperimentAnalytics(
    sagemaker_session=sess,
    experiment_name=experiment_name,
    sort_by="CreationTime",
    sort_order="Ascending",
)

lineage_df = lineage_table.dataframe()
lineage_df
```

TrialComponent Name	Display Name	max_seq_ length	train_split_ percentage	validation_split_ percentage	test_split_ percentage
bert-transformation- prepare 64.0 0.90 0.05 0.05 2021-01-09-062410-pxuy	prepare	64.0	0.90	0.05	0.05

6.6 AWS 글루 데이터브루를 사용한 데이터 수집 및 변환

빌트인 글루 데이터브루 데이터 변환을 사용해 데이터를 병합^{combine}, 피벗^{pivot} 및 전치^{transpose}할 수 있다. 적용된 데이터 변환의 순서는 새로운 데이터가 도착하는 즉시 적용할 수 있는 레시피로 캡처된다. 데이터 랭글러가 세이지메이커와 통합된 잇점과 모델 개발 라이프 사이클의 모든 단계에서 전체 계보를 트래킹할 수 있는 장점이 있기 때문에 머신러닝 사용 사례에서 보통 세이지메이커 데이터 랭글러가 글루 데이터브루보다 더 선호된다. 그런데 데이터 랭글러는 머신러닝 사용 사례에 중점을 두고 데이터 변환을 프로세싱 코드로 추출할 수도 있다. 반면에 예약된 초기 데이터 정리 및 변환에는 글루 데이터브루도 활용할 수 있다.

데이터브루는 기존의 추출-변환-로드(ETL) 고전적인 워크플로우에 중점을 두고 있지만, 아마존 고객 리뷰 데이터셋 같은 텍스트 기반 데이터를 포함한 데이터를 분석하고 변환에 쓸 수 있는 몇 가지 매우 강력한 통계 함수들을 제공한다.

데이터브루 UI를 통해 `amzon-reviews-dataset-recipe`라는 레시피를 생성하여 데이터셋에서 사용하지 않는 일부 필드를 제거하는 간단한 레시피를 만들어보겠다. UI에서 recipe.json을 추출한 후 데이터브루 파이썬 SDK를 사용해 프로그래밍 방식으로 컬럼들을 삭제할 수 있다. 다음은 데이터셋에서 사용하지 않는 컬럼들을 삭제하는 recipe.json이다.

```
[
    {
        "Action": {
            "Operation": "DELETE",
            "Parameters": {
                "sourceColumns": "[\"marketplace\",\"customer_id\", \
                    \"product_id\",\"product_parent\",\"product_title\", \
                    \""total_votes\",\"vine\",\"verified_purchase\", \
                    \"review_headline\",\"year\"]"
            }
        }
    }
]
```

그다음 데이터셋과 레시피에 대한 데이터브루 프로젝트를 생성한다.

```
project_name = 'amazon-customer-reviews-dataset-project'
```

```
recipe_name='amazon-customer-reviews-dataset-recipe'

response = db.create_project(
    Name=project_name,
    DatasetName=dataset_name,
    RecipeName=recipe_name,
    Sample={
        'Size': 500,
        'Type': 'FIRST_N'
    },
    RoleArn=<ROLE_ARN>
)
```

이제 데이터브루 파이썬 SDK를 호출하여 앞서 나열된 recipe.json을 기반으로 변환 작업을 생성해보자.

```
job_name = 'amazon-customer-reviews-dataset-recipe-job'

response = db.create_recipe_job(
    Name=job_name,
    LogSubscription='ENABLE',
    MaxCapacity=10,
    MaxRetries=0,
    Outputs=[
        {
            'Format': 'CSV',
            'PartitionColumns': [],
            'Location': {
                'Bucket': <S3_BUCKET>,
                'Key': <S3_PREFIX>
            },
            'Overwrite': True
        },
    ],
    ProjectName=project_name,
    RoleArn=<IAM_ROLE>,
    Timeout=2880
)
```

다음 코드를 실행해 데이터 변환 작업을 시작한다.

```
response = db.start_job_run(
    Name=job_name
)
```

데이터브루는 [그림 6-16]과 같이 각 데이터 변환 단계의 계보를 트래킹한다. 데이터브루 작업이 완료되면 변환된 데이터는 S3에 저장된다. 다음은 판다스 데이터프레임 형식의 데이터 표본이다. `star_rating`과 `review_body` 컬럼만 남기고 나머지 모든 컬럼이 삭제된 것을 확인할 수 있다.

star_rating	review_body
5	After attending a few Qigong classes, I wanted...
4	Krauss traces the remarkable transformation in...
4	Rebecca, a dental hygienist, receives a call a...
5	Good characters and plot line. I spent a pleas...

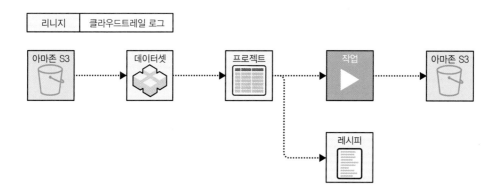

그림 6-16 데이터셋에 적용된 데이터 변환 단계를 보여주는 글루 데이터브루 계보

6.7 마치며

이 장에서는 BERT 및 텐서플로우를 활용해 원시 아마존 고객 리뷰를 머신러닝 피처로 변환하는 피처 엔지니어링의 실전 예제를 살펴봤다. 그리고 세이지메이커 데이터 랭글러를 사용해 피처를 선택하고 데이터 변환을 수행해 모델 훈련을 준비하는 방법까지 소개했다. 또한 세이지메

이커 계보 및 익스페리먼츠 API를 사용해 데이터 변환 계보를 트래킹하고 분석하는 방법도 알아봤다. 마지막으로 세이지메이커 외부에서 데이터 분석 및 변환을 위한 또 다른 옵션으로 글루 데이터브루를 사용하는 방법을 설명하며 이 장을 마무리했다.

7장에서는 변환된 피처를 사용해 소셜 채널, 파트너 웹사이트 및 다른 상품 리뷰 소스에서 캡처한 리뷰 텍스트에서 star_rating을 예측하는 리뷰 분류 모델을 훈련시킬 것이다. 그리고 텐서플로우, 파이토치, 아파치 MXNet, 자바를 포함한 다양한 모델 훈련 및 딥러닝 옵션에 대해 자세히 살펴볼 것이다. 이어서 세이지메이커 디버거로 훈련 작업을 프로파일링하고, 모델 편향을 감지하고, 모델 예측을 설명하는 방법을 알아볼 것이다.

## CHAPTER 7

나의 첫 모델 훈련시키기

6장에서는 '피처 엔지니어링$^{feature\ engineering}$' 프로세스를 통해 원시 데이터셋을 머신에서 사용할 수 있는 피처로 변환하는 데 세이지메이커 프로세싱 서비스를 사용해봤다. 이번 장에서는 변환한 피처들과 텐서플로우, 파이토치, BERT[1] 및 세이지메이커를 이용해 소셜 채널, 파트너 웹사이트 등에서 고객들이 웹상에 작성한 리뷰를 분류하는 커스텀 리뷰 분류기를 훈련시키는 방법과 자바로 BERT 모델을 훈련시키는 방법을 살펴본다.

또한 트랜스포머 아키텍처, BERT, 사전 훈련된 모델 미세 조정$^{fine-tuning}$과 같은 주요 개념을 설명한다. 세이지메이커 기본 빌트인 알고리즘이나 사용자 알고리즘을 이용하는 옵션 등 세이지메이커가 제공하는 다양한 훈련 옵션에 대해서도 알아본다. 또한 컨테이너, 네트워킹, 보안을 포함한 세이지메이커 인프라에 대해서도 알아볼 것이다. 세이지메이커를 사용해 모델을 훈련 및 평가, 프로파일링할 수 있으며, 프로파일링을 통해 모델을 디버깅하고 훈련 시간을 단축함으로써 비용을 절감할 수 있다. 마지막으로, 세이지메이커를 사용해 모델을 개발할 때 비용을 더욱 절감하고 성능을 높일 수 있는 팁을 제공하며 이 장을 마무리한다.

---

1 *https://oreil.ly/eu9G1*

7.1 세이지메이커 인프라 이해하기

세이지메이커는 컨테이너를 기반으로 구동하고 인프라를 관리해 우리가 특정한 머신러닝 작업에 집중할 수 있도록 도와준다. 세이지메이커가 제공하는 기능들을 바로 사용해 자연어 처리, 분류, 회귀 분석, 컴퓨터 비전, 강화 학습과 같은 모범 사례에 쓰이는 여러 빌트인 알고리즘을 직접 활용할 수 있다. 빌트인 알고리즘 외에도 세이지메이커는 텐서플로우, 파이토치, 아파치 MXNet, XGBoost, 사이킷런처럼 인기 있는 인공지능이나 머신러닝 프레임워크용으로 사전 빌드된 컨테이너를 제공한다. 그리고 사용자가 선택한 라이브러리와 프레임워크로 자체 도커 컨테이너를 구동하는 옵션도 지원한다. 이 절에서 환경 변수, S3 위치, 보안 및 암호화를 비롯한 세이지메이커 인프라에 대해 자세히 살펴볼 것이다.

사용자는 단일 인스턴스나 다중 분산 인스턴스 클러스터 중 하나를 선택해 훈련할 수 있다. 아마존 세이지메이커는 인프라 관리 부담을 없애고, 단순화할 수 없는 어려운 작업들을 처리한다.

7.1.1 세이지메이커 컨테이너 소개

훈련 작업을 실행할 때 세이지메이커는 아마존 S3의 입력 데이터를 읽고 해당 데이터를 사용해 모델을 훈련한다. 그런 다음 최종으로 모델 아티팩트를 아마존 S3에 다시 쓴다. [그림 7-1]은 세이지메이커가 훈련 및 추론용 컨테이너들을 어떻게 구동하는지 보여준다. [그림 7-1]의 왼쪽 아래부터 시작해 훈련 데이터를 S3에서 불러오고 모델 훈련 인스턴스 컨테이너를 아마존 일래스틱 컨테이너 레지스트리에서 불러온다. 이 훈련 작업은 모델 아티팩트를 다시 S3의 출력 디렉터리에 저장한다. 이 디렉터리는 훈련 작업 이름과 매치되는 S3 폴더로 지정되거나 혹은 사용자가 직접 지정할 수 있다. 모델을 배포할 준비가 되었다면, 세이지메이커는 새로운 머신러닝 인스턴스를 실행하여 일괄적으로 또는 실시간으로 모델을 추론에 쓰기 위해 모델 아티팩트를 다시 불러온다.

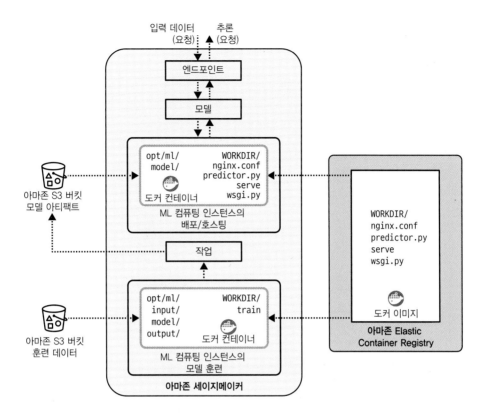

그림 7-1 세이지메이커 컨테이너와 입출력 구조[2]

세이지메이커는 소프트웨어 프레임워크와 마찬가지로 훈련 스크립트가 활용할 수 있는 여러 '핫스팟hotspot'을 제공한다. 이중 두 가지 핫스팟을 언급하자면 입출력 데이터 위치와 환경 변수가 있다.

세이지메이커는 컨테이너에 훈련용 입출력 파일의 위치를 제공한다. 예를 들어, 일반적인 훈련 작업은 데이터 파일을 읽고 모델을 훈련시키며 모델 파일을 작성한다. 어떤 AI/ML 프레임워크는 훈련 작업이 실패하거나 최신 모델보다 예측 성능이 더 나은 이전 버전의 모델을 사용하고 싶은 경우를 위해 모델 체크포인트를 지원한다. 이때 해당 체크포인트를 불러와 그 시점부터 훈련 작업을 시작할 수 있다. 이런 입출력 및 체크포인트 파일들은 도커 컨테이너와 S3 같은 내구성 있는 스토리지 사이에서 수시로 전달되어야 한다. 그렇지 않으면 훈련 작업이 종료

---

2 https://oreil.ly/eu9G1

될 때 도커 컨테이너가 사라지게 되어 데이터가 손실된다.

겉보기엔 단순해 보이지만, 이러한 매핑은 모델 훈련 인프라를 완성하는 데 매우 중요한 역할을 한다. 만약 이러한 레이어 매핑이 최적화되지 않으면 훈련 시간이 더 오래 걸릴 것이다. 나중에 세이지메이커의 기능 중 하나인 파이프 모드에 대해서도 알아볼 것이다. 파이프 모드는 이런 훈련 레이어에서 데이터의 이동을 최적화하는 데 도움된다. [그림 7-2]는 도커 컨테이너 내부의 파일 위치와 컨테이너 외부의 S3 위치 사이의 매핑을 보여준다.

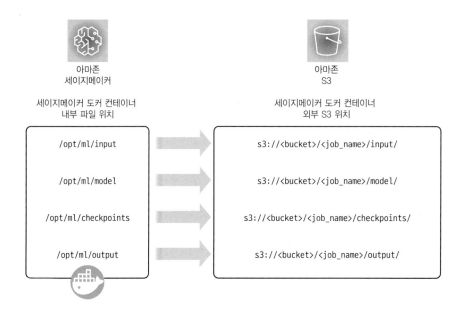

그림 7-2 S3 위치로 매핑된 컨테이너 파일 위치

세이지메이커는 컨테이너를 구동할 수 있는 GPU 개수 및 로그 수준과 같은 환경 변수를 훈련용 컨테이너에 자동으로 제공한다. 훈련 스크립트는 세이지메이커가 제공한 환경 변수를 사용해 훈련 작업의 설정을 수정할 수 있다. 다음은 세이지메이커가 주피터 노트북 또는 파이프라인 등으로부터 훈련 스크립트로 전달하는 환경 변수의 일부를 나열한 것이다.

- `SM_MODEL_DIR`: 훈련 또는 프로세싱 스크립트와 관련된 종속 라이브러리 및 애셋[asset] 파일들이 포함된 디렉터리(/opt/ml/model)
- `SM_INPUT_DIR`: 입력 데이터가 포함된 디렉터리(/opt/ml/input)

- SM_INPUT_CONFIG_DIR: 입력 환경 설정이 포함된 디렉터리(/opt/ml/input/config)

- SM_CHANNELS: '훈련', '검증', '테스트'를 포함한 데이터 분할용 S3 위치

- SM_OUTPUT_DATA_DIR: 평가 결과 및 기타(훈련 작업과 관련되지 않은) 출력 애셋을 저장하는 디렉터리(/opt/ml/output/data)

- SM_HPS: 알고리즘에 사용되는 모델 하이퍼파라미터

- SM_CURRENT_HOST: 현재 인스턴스의 고유 호스트명

- SM_HOSTS: 클러스터에 있는 모든 인스턴스의 호스트명

- SM_NUM_GPUS: 현재 인스턴스의 GPU 수

- SM_NUM_CPUS: 현재 인스턴스의 CPU 수

- SM_LOG_LEVEL: 훈련 스크립트에서 사용하는 로깅 수준

- SM_USER_ARGS: 훈련 또는 처리 스크립트에서 구문 분석된 또는 사용자에 의해 지정된 추가 인수

_DIR 변수 맵은 훈련 코드를 실행하는 도커 컨테이너 내부의 로컬 파일 경로다. 즉, 이 로컬 파일 경로들은 세이지메이커가 제공하거나 사용자에 의해 지정된 S3 같은 외부 스토리지의 입출력 파일 위치로 매핑된다. 그리고 훈련 스크립트는 파일 입출력 시에 도커 컨테이너의 로컬 파일 경로를 참조한다.

7.1.2 컴퓨트 및 네트워크 격리로 가용성 향상하기

네트워크 격리는 고가용성 관점에서도 중요하다. 일반적으로 마이크로서비스와 실시간 시스템 측면에서 고가용성에 대해 논의하지만, 모델의 훈련 작업 가용성을 높이기 위해 많은 시도를 해야 한다.

훈련 스크립트는 보통 PyPI에서 파이썬 라이브러리를 설치하는 pip install 명령문을 포함하거나 서드파티third party 모델 저장소에서 사전 훈련된 모델을 다운로드하도록 스크립팅된다. 외부 리소스에 대한 종속성을 생성함으로써 사용자의 훈련 작업은 이러한 서드파티 서비스의 가용성에 따라 달라진다. 이러한 서비스 중 하나가 일시적으로 중단되면 훈련 작업이 시작되지 않을 수 있다.

가용성을 높이려면 이러한 리소스를 도커 이미지 또는 자체 S3 버킷에 복사하여 가능한 한 많은 외부 종속성을 줄이는 것이 좋다. 이를 통해 네트워크 지연 시간을 줄이고 훈련 작업을 더 빠르게 시작할 수 있다는 장점이 있다. 아래의 IAM 정책은 네트워크 격리가 비활성화 상태이면 세이지메이커 트레이닝을 시작하지 않도록 설정하는 예를 보여준다. 만일 네트워크 격리를 활성화하지 않으면, 우리가 의도한 바와 같이 훈련 작업은 실패한다.

```
{
  "Sid": "SageMakerNetworkIsolation",
  "Effect": "Deny",
  "Action": [
    "sagemaker:CreateTrainingJob"
  ],
  "Resource": "*",
  "Condition": {
    "Bool": {
      "sagemaker:NetworkIsolation": "false"
    }
  }
}
```

컴퓨터 및 네트워크 분리는 보안을 강화하여 침입자가 데이터에 액세스하는 위험을 줄여준다. 보안 모범 사례에서 모든 세이지메이커 컴포넌트는 인터넷에 직접 연결하지 않고 가상 사설 클라우드Virtual Private Cloud(VPC)에서 사용되어야 한다. 따라서 IAM 역할, VPC 엔드포인트, 서브넷, 보안 그룹에 대한 신중한 설정을 요구한다. 이는 아마존 S3, 세이지메이커, 레드시프트, 아테나, 클라우드, 기타 AWS 서비스로 접근 권한을 제어하기 위한 것이다. 12장에서 데이터 과학 작업 환경을 보호하기 위해 컴퓨터 격리, 네트워크 격리, VPC 엔드포인트 및 IAM 정책을 사용하는 방법을 자세히 살펴볼 것이다.

7.2 세이지메이커 점프스타트를 사용해 사전 훈련된 BERT 모델 배포하기

세이지메이커 점프스타트^{SageMaker JumpStart}는 사기 감지, 예측 유지 관리, 수요 예측, 자연어 처리, 객체 감지, 이미지 분류와 같은 사용 사례와 작업에 걸쳐 이용 가능한 AWS, 텐서플로우 허브^{Tensorflow Hub} 및 파이토치 허브^{PyTorch Hub}의 사전 빌드된 머신러닝 솔루션과 사전 훈련된 모델에 대한 액세스를 제공한다.

그림 7-3 사전 훈련된 모델을 배포하는 세이지메이커 점프스타트

세이지메이커 점프스타트는 데이터셋에서 솔루션 또는 모델을 신속하게 테스트하고 모델 성능 평가를 위한 지표에 베이스라인을 생성하려는 경우에도 유용하다. 데이터에 잘 작동하지 않는 모델을 신속하게 배제하고, 잘 작동하는 솔루션과 모델을 더 깊이 조사할 수 있다.

[그림 7-4]와 같이 세이지메이커 스튜디오를 이용해 몇 번의 클릭만으로 사전 훈련된 BERT 모델을 우리가 사용하는 아마존 고객 리뷰 데이터셋에 대해 미세 조정 훈련을 시키고 프로덕션 환경으로 배포해볼 것이다.

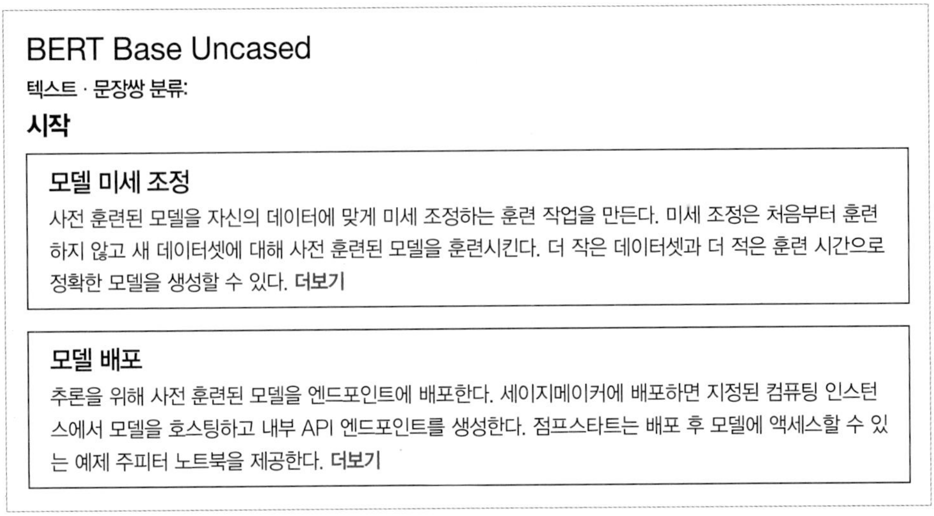

BERT Base Uncased

텍스트 · 문장쌍 분류:

시작

모델 미세 조정

사전 훈련된 모델을 자신의 데이터에 맞게 미세 조정하는 훈련 작업을 만든다. 미세 조정은 처음부터 훈련하지 않고 새 데이터셋에 대해 사전 훈련된 모델을 훈련시킨다. 더 작은 데이터셋과 더 적은 훈련 시간으로 정확한 모델을 생성할 수 있다. **더보기**

모델 배포

추론을 위해 사전 훈련된 모델을 엔드포인트에 배포한다. 세이지메이커에 배포하면 지정된 컴퓨팅 인스턴스에서 모델을 호스팅하고 내부 API 엔드포인트를 생성한다. 점프스타트는 배포 후 모델에 액세스할 수 있는 예제 주피터 노트북을 제공한다. **더보기**

그림 7-4 클릭 몇 번으로 사전 훈련된 BERT 모델을 미세 조정하고 배포하는 기능을 제공하는 세이지메이커 점프스타트

아마존 고객 리뷰 데이터셋으로 미세 조정한 BERT 모델을 세이지메이커 점프스타트를 이용해 배포하여 즉시 예측을 시작할 수 있다.

```python
import json
import boto3

text1 = 'i simply love this product'
text2 = 'worst product ever'

label_map = {0: "1", 1: "2", 2: "3", 3: "4", 4: "5"}

def query_endpoint(encoded_text):
    endpoint_name = 'jumpstart-tf-tc-bert-en-uncased-l-12-h-768-a-12-2'
    client = boto3.client('runtime.sagemaker')
    response = client.invoke_endpoint(
                    EndpointName = endpoint_name,
                    ContentType = 'application/x-text',
                    Body = encoded_text)
    model_predictions = json.loads(response['Body'].read())['predictions'][0]
    return model_predictions

for text in [text1, text2]:
    model_predictions = query_endpoint(text.encode('utf-8'))
    class_index = model_predictions.index(max(model_predictions))
```

출력 결과는 다음과 같다.

```
Review text: 'i simply love this product'
Predicted star_rating: 5

Review text: 'worst product ever'
Predicted star_rating: 1
```

7.3 세이지메이커 모델 개발

아마존닷컴이 아마존닷컴 마켓플레이스를 통해 고객에게 많은 옵션을 제공하는 것처럼 아마존 세이지메이커도 모델 빌드, 훈련, 튜닝 및 배포를 위한 다양한 옵션을 제공한다. 8장에서 모델 튜닝, 9장에서 모델 배포에 대해 자세히 살펴볼 것이다. [그림 7-5]는 커스터마이징 정도에 따라 세 가지 주요 옵션을 보여준다.

그림 7-5 모델을 빌드, 훈련, 최적화 및 배포하기 위한 세 가지 옵션을 제공하는 세이지메이커

7.3.1 빌트인 알고리즘

세이지메이커는 자연어 처리, 컴퓨터 비전, 이상 탐지, 추천 시스템과 같은 다양한 도메인에 걸쳐 즉시 사용할 수 있는 빌트인 알고리즘을 제공한다. 고도로 최적회된 이러한 알고리즘을 사용자의 데이터에 지정만 하면 데이터에 맞춰 훈련된 모델을 얻을 수 있고, 그 모델을 사용자 애플리케이션에 배포할 수 있다. 다음 차트에 열거된 알고리즘은 인프라를 관리할 필요 없이 대

량의 데이터셋에 잘 작동하도록 디자인된, 그리고 수만 명의 사용자의 사용 사례에 사용됐던 '배틀 테스트 알고리즘battle-tested algorithm'[3]이다. 또한 대규모 분산 훈련을 통해 학습 시간을 줄이고 혼합 정밀 부동소수점mixed-precision floating-point을 지원해 모델 예측 지연을 개선하는 등의 편의성을 제공한다.

분류	컴퓨터 비전	텍스트 작업
• 선형 학습기 • XGBoost • KNN	• 이미지 분류 • 객체 감지 • 시맨틱 검출	• 블레이징텍스트 • 지도 학습 • 비지도 학습
회귀	**이상 감지**	**토픽 모델링**
• Linear learner • XGBoost • KNN	• 랜덤 컷 포레스트 • IP 인사이트	• LDA • NTM
시퀀스 번역	**추천 시스템**	**클러스터링**
• Seq2Seq	• 팩토리제이션 머신	• K평균
피처 감소	**시계열 분석용 포캐스팅**	
• PCA • Object2Vec	• DeepAR	

7.3.2 자체 스크립트 작성하기

세이지메이커는 **스크립트 모드**script mode라고 하는 '자체 스크립트 작성하기bring your own script'로 커스터마이징할 수 있는 옵션을 제공한다. 우리는 스크립트 모드를 사용함으로써 훈련 스크립트에 집중할 수 있으며, 세이지메이커는 [그림 7-6]처럼 텐서플로우, 파이토치, 아파치 MXNet, XGBoost, 사이킷런과 같은 익숙한 오픈 소스 프레임워크 각각에 고도로 최적화된 도커 컨테이너를 제공한다.

그림 7-6 아마존 세이지메이커에서 지원하고 널리 사용되는 AI/ML 프레임워크

---

3 옮긴이 1_ 다수의 유저를 대상으로 사용하는 빅데이터 기반으로 학습된 실전 경험이 있는 알고리즘

'자체 스크립트 작성하기'는 커스터마이징 자유도와 낮은 유지 비용 사이를 절충하는 옵션이다. 이 책에서 앞으로 다룰 세이지메이커 예제 대부분은 [그림 7-7]처럼 자연어 처리(NLP) 및 자연어 이해natural language understanding(NLU)의 사용 사례를 실습해보기 위해 텐서플로우 및 BERT와 함께 스크립트 모드를 사용한다.

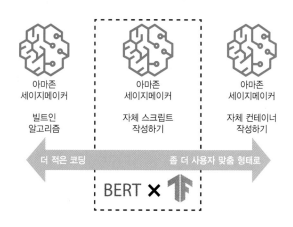

그림 7-7 스크립트 모드, BERT 모델 및 텐서플로우는 높은 커스터마이징 자유도와 낮은 유지 비용의 균형을 이루는 조합

7.3.3 자체 컨테이너 작성하기

최고의 커스텀 옵션은 **자체 컨테이너 작성하기**bring your own container다. 이 옵션을 이용해 우리는 자체 도커 컨테이너를 빌드하고 세이지메이커에 배포할 수 있다. 실질적으로 도커 컨테이너에 필요한 모든 라이브러리나 프레임워크를 자유롭게 추가할 수 있다. 우리가 훈련 스크립트 및 해당 종속성의 세부 정보를 제어하는 동안 세이지메이커는 로깅, 모니터링, 환경 변수 추가, 하이퍼파라미터 추가, 데이터셋 입출력 위치 매핑 등의 저수준 인프라를 관리한다. 이 옵션은 규정준수 및 보안상의 이유로 자체 도커 컨테이너를 사용해야 하는 경우 혹은 시스템에 대해 전문성을 가지고 저수준 머신러닝을 수행하고자 하는 경우에 유용하다. 또한 세이지메이커 내에서 실행할 기존 도커 이미지를 변환하는 것도 간단하고 편리하다. AWS 오픈 소스 프로젝트[4]에 나열된 단계를 따라 하면 된다.

....

4 *https://oreil.ly/7Rn86*

7.4 자연어 처리 역사

이전 장에서 우리는 review_body 텍스트로부터 star_rating을 예측하는 리뷰 분류기 모델을 빌드하기 위해 아마존 고객 리뷰를 BERT 피처 벡터로 변환했다. 자연어 모델을 빌드하기 전에 먼저 자연어 처리의 배경을 살펴보자.

1935년 영국의 유명한 언어학자인 J. R. 퍼스[J. R. Firth]는 '단어의 의미는 문맥에 따라 달라서 문맥을 파악하지 않고 단어만 연구하는 건 의미가 없다'라는 말을 남겼다. [그림 7–8]에서 볼 수 있듯이, 2013년부터 워드 벡터[word vector] 또는 '워드 임베딩[word embedding]'이 언어 표현을 지배하기 시작했다. 이러한 워드 임베딩은 일반적으로 호출되는 문서들의 집합 또는 '말뭉치[corpus]'에 있는 단어 간의 문맥 관계를 보여준다.

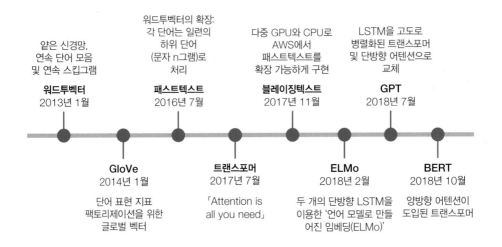

그림 7-8 NLP 알고리즘 및 아키텍처의 진화

워드투벡터[Word2Vec] 및 GloVe는 지난 10년간 가장 큰 인기를 끈 자연어 처리 알고리즘이다. 둘 다 문맥 정보를 사용해 벡터 공간에 텍스트 데이터의 벡터 표현을 생성하고 단어 유사성 및 단어 간의 의미 차이를 수학적으로 계산한다.

패스트텍스트[FastText]는 문맥을 고려한 자연어 처리 알고리즘의 혁신을 이어가며, 서브워드 토큰화를 사용하여 워드 임베딩을 구축한다. 이를 통해 패스트텍스트는 다른 모델에 비해 상대적으로 적은 양의 데이터로도 비영어 언어 모델을 학습할 수 있다. 세이지메이커는 패스트텍스트를 AWS에 최적화한 버전인 블레이징텍스트^{BlazingText}를 빌트인 알고리즘으로 제공한다. 이 알고리즘은 종량제 형식의 요금정책을 따른다.

모든 형태의 정적 워드 임베딩이 그러하듯이 이 세대의 자연어 처리 모델에는 몇 가지 단점이 있다. 정적 워드 임베딩은 단어의 의미는 캐치하지만 실제로는 고급 언어 개념을 이해하지 못한다. 실제로 임베딩이 생성되면, 실제 모델(예: 워드투벡터, GloVe)은 훈련 후 폐기되며 단순히 워드 임베딩만 보존해 고전적인 머신러닝 알고리즘(예: 로지스틱 회귀, XGBoost)의 피처로 사용한다.

한편 언어 모델로 만들어진 임베딩^{embeddings from language model}(ELMo)은 훈련된 모델을 보존하고 2개의 장단기 메모리^{long short-term memory}(LSTM) 네트워크 분기들을 사용한다. 2개의 네트워크 분기 중 하나는 왼쪽에서 오른쪽으로 학습하고, 다른 하나는 오른쪽에서 왼쪽으로 학습한다. 문맥은 장단기 메모리(LSTM) 상태에 보존되고, 단어 학습이 진행될 때마다 업데이트된다. 이 과정은 2개의 네트워크 분기 모두에서 진행된다. ELMo는 말뭉치에 있는 단어들과 구에 대해 진짜 양방향 문맥적 표현을 학습하는 것은 아니지만 매우 유용하게 사용할 수 있다.

> **NOTE**_ELMo는 기억할 정보와 잊을 정보를 골라서 선택하는 특별한 유형의 **순환 신경망**^{recurrent neural} ^{network}(RNN)이다. 이를 통해 장단기 메모리(LSTM)를 효율적으로 이용하고 계산할 수 있으며, 기울기 소실 문제^{vanishing gradient problem}를 방지하고 매우 우수한 예측력을 유지할 수 있다. 게이트 순환 유닛^{Gated Recurrent} ^{Unit}(GRU)은 LSTM보다 간단한 순환 신경망 변형 중 하나이며, 이 또한 매우 우수한 성능을 발휘한다. ELMo 는 특별히 LSTM을 사용한다.

GPT, GPT-2, GPT-3 모델과 같은 GPT-n(n은 숫자)은 훈련된 모델들을 보존하고 '트랜스포머'라는 신경망 아키텍처를 사용해 문맥상의 단어 표현들을 학습한다. 2017년에 「Attention Is All You Need」[5]라는 논문으로 어텐션 메커니즘과 함께 대중화되었다. 트랜스포머는 높은 처리량, 더 나은 성능 및 컴퓨팅 리소스의 더 효율적인 활용을 가능하게 하는 고도의 병렬 계산을 제공한다. 그러나 LSTM 및 LEMo는 병렬 계산을 지원하지 않는다.

GPT-n 트랜스포머는 [그림 7-9]처럼 왼쪽에서 오른쪽으로 '마스킹된 셀프 어텐션^{masked self-}

---

5 *https://oreil.ly/mHHL0*

attention' 메커니즘을 사용해 왼쪽에서 오른쪽으로 문맥 표현을 학습한다. 이 메커니즘은 모델이 문장의 다음 단어를 미리 보는 것을 방지할 수 있다. 이러한 제한에도 GPT-n은 좌에서 우로 진행하는 메커니즘 때문에 텍스트 생성 작업에 매우 잘 동작한다.

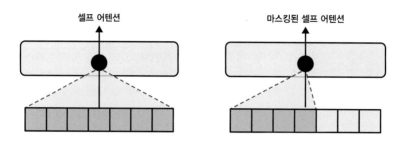

그림 7-9 GPT-n의 마스킹된 셀프 어텐션 메커니즘

2018년에 **BERT**Bidirectional Encoder Representations from Transformers라는 새로운 신경망 기반 알고리즘이 출시되면서 자연어 처리와 자연어 이해의 분야에 혁명을 일으켰으며 현재는 페이스북, 링크드인, 넷플릭스, 아마존 등 인공지능 선두 기업에서 널리 사용되고 있다. BERT는 고도로 병렬 가능한 트랜스포머 아키텍처를 기반으로 빌드하고, 포워드와 백워드를 모두 바라보는 진정한 양방향 셀프 어텐션을 추가한다. BERT의 셀프 어텐션 메커니즘은 GPT-n 백워드 마스킹된 셀프 어텐션 메커니즘을 개선한다.

7.5 BERT 트랜스포머 아키텍처

BERT 트랜스포머 아키텍처의 핵심은 말뭉치를 좌우로 탐색하면서 흥미로운 단어나 구문에 '집중'하는 어텐션 메커니즘을 사용하는 데 있다. 특히 BERT 트랜스포머는 '셀프 어텐션self-attention'을 사용해 각각의 토큰을 입력 시퀀스의 모든 다른 토큰에 대해 참조한다. 또한 BERT는 **폴리세미**polysemy(그리스어로 poly = many, sema = sign)라고도 하는 '멀티헤드 어텐션multihead attention'을 사용한다. 멀티 어텐션은 단어의 의미에서의 모호성을 다루기 위해 도입된 테크닉이다. [그림 7-10]은 셀프 어텐션의 예를 보여준다. 단어 'it'은 'movie', 'funny', 'great'에 높은 어텐션을 보이는데, 'movie'에 가장 높은 어텐션을 준 것을 볼 수 있다.

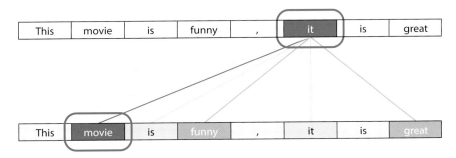

그림 7-10 데이터의 모든 토큰을 입력 시퀀스의 다른 모든 토큰에 참조하는 '셀프 어텐션' 메커니즘

이러한 양방향 어텐션[bidirectional attention]이 없으면 알고리즘은 'A thief stole money from the bank vault'와 'Later, he was arrested while fishing on a river bank'라는 두 문장에서 'bank'라는 단어의 동일한 임베딩을 생성한다. 그러나 'bank'라는 단어가 전자에서는 '은행'을 의미하고, 후자에서는 '강둑'을 의미한다. 사람들은 자연스러운 '사전 훈련' 때문에 쉽게 구분할 수 있지만, 사전 훈련이 없는 머신에게는 쉽지 않다. BERT는 특정 시퀀스의 문맥 안에 있는 각각의 토큰에 대해 다른 벡터를 학습함으로써 동음이의어를 두 토큰으로 나눠 구분할 수 있다. 학습된 토큰 벡터를 '입력 토큰 벡터 표현[input token vector representation]', 학습된 문장 벡터를 '풀링된 텍스트 벡터 표현[pooled text vector representation]'이라고 한다.

BERT의 트랜스포머 기반 시퀀스 모델은 서로 겹겹이 쌓인 여러 트랜스포머 블록으로 구성된다. 사전 훈련된 $BERT_{Base}$ 모델은 트랜스포머 블록 12개로, $BERT_{Large}$ 모델은 트랜스포머 블록 24개로 구성된다. 각 트랜스포머 블록은 멀티헤드 어텐션 레이어와 완전히 연결된 피드포워드[feed-forward] 레이어를 구현한다. 각 레이어는 스킵 커넥션[skip connection](레지듀얼 커넥션[residual connection][6])과 레이어 정규화[layer normalization] 모듈로 감싼다.

여기에 특정 자연어 처리 작업에 맞게 모델을 미세 조정하기 위해 또 다른 레이어를 추가해야 한다. 텍스트 분류를 위해 분류기[classifier] 레이어를 추가한다. 훈련 데이터가 모든 트랜스포머 블록에서 처리된 후, 데이터는 미세 조정 레이어를 통과하고 자연어 처리 작업 및 데이터셋에 특

---

6 옮긴이 1_ 트랜스포머의 인코더와 디코더에서 레지듀얼 커넥션을 사용한다. 인코더에서는 워드 임베딩 벡터에 포지셔널 인코딩 벡터를 추가할 때 포지셔널 인코딩을 하게 되면 단어들의 위치 정보를 기억한다. 이때 딥러닝의 역전파에 의해 손실될 수 있다. 이를 보완하기 위해 레지듀얼 커넥션으로 입력값을 다시 더해 사용한다.

화된 파라미터들을 학습한다. [그림 7-11]은 BERT 아키텍처를 보여준다.

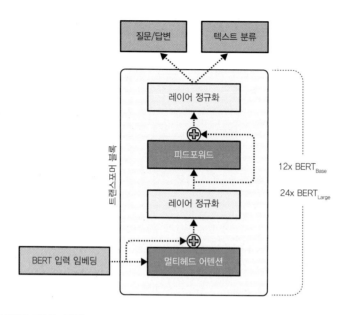

그림 7-11 BERT 모델 아키텍처

BERT가 어텐션을 구현하는 방법을 자세히 살펴보자. 어텐션은 해결할 자연어 처리 작업의 중요도에 따라 입력 토큰에 가중치를 할당하는 프로세스로 생각할 수 있다. [그림 7-12]는 가중치 할당 프로세스의 수학적 개념을 보여준다. 어텐션은 입력 시퀀스 X를 사용하고 X와 동일한 길이의 벡터로 구성된 다른 시퀀스 Y를 반환하는 함수다. Y의 각 벡터는 X에 있는 벡터의 가중치 평균이다.

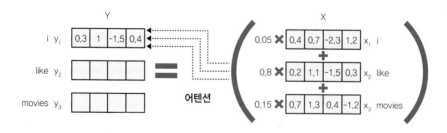

그림 7-12 어텐션은 입력 벡터의 가중치 평균이다

가중치weight는 가중 평균을 계산할 때 모델이 X의 각 입력 벡터에 얼마나 어텐션을 주는지를 나타낸다. 그렇다면 BERT는 어텐션 가중치를 어떻게 계산하는가? 호환성compatibility 함수는 각 단어 쌍에 스코어를 할당하여 서로 얼마나 밀접하게 관련이 있는지를 나타난다. 첫 번째 단계에서 모델은 어텐션을 주는 단어에 대한 쿼리 벡터와 어텐션을 받는 단어에 대한 키Key 벡터를 실제 벡터값들로부터 선형 변환하여 생성한다. 그런 다음 호환성 스코어는 한 단어의 쿼리 벡터와 다른 단어의 키 벡터의 내적dot project으로 계산한다. 그리고 소프트맥스softmax 함수를 적용하여 스코어를 정규화한다. 그 결과는 [그림 7-13]과 같이 어텐션 가중치가 된다.

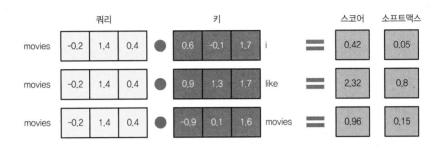

그림 7-13 어텐션 가중치는 쿼리와 키 벡터들의 정규화된 내적이다

7.6 처음부터 BERT 훈련시키기

우리는 사전 훈련된 BERT 모델을 사용함으로써 처음부터 새로 훈련시켜 쓸 필요는 없지만, BERT가 단어 마스킹과 다음 문장 예측을 병행해 언어를 배우고 이해하는지 알아두면 유용하다.

7.6.1 마스킹된 언어 모델

BERT는 새 텍스트를 볼 때 각 문장 혹은 시퀀스의 15%에 해당하는 단어를 마스킹한다. 그런 다음 BERT는 마스킹된 단어를 예측한다. 만일 잘못 예측할 경우 '모델 가중치 업데이트updates the model weight'를 통해 스스로 수정한다. 이를 **마스킹된 언어 모델**masked language model 또는 줄여서 마스킹된 LMMasked LM이라고 한다. [그림 7-14]처럼 마스킹은 모델이 각 시퀀스의 주변 단어를 학습하도록 한다.

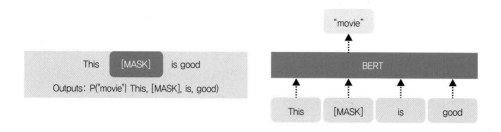

그림 7-14 BERT 마스킹된 언어 모델은 입력 토큰의 15%를 마스킹하고, 마스킹된 단어를 잘못 예측할 때 스스로 수정하는 방식으로 학습한다

다시 말하면 BERT는 문장에서 마스킹된 단어인 (실제로는) 토큰을 예측하도록 강제하는 방식으로 셀프 훈련을 한다. 예를 들어, 이 책의 원서 제목 'Data Science on AWS'를 입력하고 BERT에게 'This book is called Data ＿＿＿ on AWS'라는 문장에서 누락된 단어를 예측하도록 요청한다. 그러면 문장에서 누락된 단어가 'Science'라는 걸 찾아낸다. 태어날 때부터 수백만 개의 문서를 통해 사전 훈련을 받은 사람에게는 쉽지만, 머신이 사전 훈련 없이 예측하는 건 쉽지 않다.

7.6.2 다음 문장 예측

BERT는 입력 토큰을 마스킹하고 예측과 동시에 입력 시퀀스 쌍에 대해 다음 문장 예측[next sentence prediction](NSP)도 수행한다. 이 두 개의 훈련 작업이 결합되고 최적화되어 단일 정확도 점수를 생성한다. 이는 단어 및 문장 예측 작업을 수행할 수 있는 좀 더 강력한 모델로 귀결된다.

다음 문장 예측(NSP)을 수행하기 위해 BERT는 문장 쌍의 50%를 임의로 선택하고 두 문장 중 하나를 문서의 다른 부분에서 임의의 문장으로 교체한다. 그런 다음 [그림 7-15]처럼 BERT는 두 문장이 유효한 문장 쌍인지 여부를 예측한다. BERT가 잘못 예측할 경우 스스로 문장을 바로잡는다.

그림 7-15 모델 훈련 동안 입력 시퀀스 쌍에 대해 마스킹과 NSP를 병렬로 수행하는 BERT

BERT에 대한 자세한 내용은 2018년 논문 「BERT: Pre-training of Deep Bidirectional Transformers for Language Understanding」[7]을 참고하기 바란다.

대개는 BERT를 처음부터 훈련할 필요가 없다. 신경망은 새로운 데이터가 시스템에 도착할 때 재사용하고 지속적으로 훈련되도록 설계된다. BERT는 이미 위키피디아와 **구글 북스 말뭉치** Google Books Corpus의 공개된 수백만 개 문서에 대해 사전 훈련을 받았기 때문에, BERT의 어휘와 학습된 표현은 다양한 분야에 걸쳐 수많은 자연어 처리 및 자연어 이해 작업으로 이전할 수 있다.

BERT를 처음부터 훈련시키려면 많은 데이터와 계산이 필요하지만, BERT는 고도로 전문화된 어휘를 사용해 커스텀 데이터셋의 표현을 학습할 수 있다는 것도 이점이 될 수 있다. 아마존과 링크드인 같은 회사는 분야별 언어 표현을 배우기 위해 처음부터 BERT의 내부 버전을 사전 훈련시켰다. 예를 들어 링크드인의 BERT 변형 모델은 직함, 이력서, 회사, 비즈니스 뉴스에 특화되어 훈련됐다.

7.7 사전 훈련된 BERT 모델 미세 조정하기

ELMo, GPT/GPT-2 및 BERT는 '사전 훈련된 모델'로 불리는 특정하게 훈련된 모델을 보존한다. 여러 분야에 걸쳐 수백만 개의 문서에 대해 사전 훈련된 모델들은 누락된 단어를 예측할 뿐만 아니라 단어, 문장 구조, 문장 상관관계의 의미도 학습하는 데 능숙하다. 의미 있고, 관련성 있고 현실적인 텍스트를 생성하는 모델들의 능력은 놀랍기도 하지만, 때론 무섭기도 하다.

---

7 *https://oreil.ly/LP4yX*

BERT의 사전 훈련된 모델을 자세히 살펴보자.

BERT의 사전 훈련된 모델은 신경망 모델과 마찬가지로 훈련되던 시점까지의 데이터에 대해 훈련된 모델의 가중치 값을 기록한 스냅샷에 불과하다. 그리고 대부분의 모델과 마찬가지로 BERT도 훈련 데이터가 많을수록 그 가치가 더욱 높아진다.

코어 BERT 사전 훈련된 모델은 다음 표에 표시된 것처럼 레이어^{layer}, 어텐션 헤드$^{attention\ head}$, 히든 유닛$^{hidden\ unit}$, 파라미터^{parameter}의 개수에 따라 BERT 변형 모델인 BERT$_{Base}$와 BERT$_{Large}$로 제공한다. 특히 BERT$_{Base}$ 모델은 어텐션 헤드 12개와 파라미터 1억 1천만 개로 BERT$_{Large}$ 모델보다 사이즈가 작지만 매우 우수한 성능을 보여준다.

	레이어	히든 유닛	파라미터
BERT$_{Base}$	12	768	110M
BERT$_{Large}$	24	1024	340M

전 세계 인공지능 커뮤니티는 미국 특허 데이터(PatentBERT), 헬스케어 데이터(Clinical BERT), 프랑스어(CamemBERT), 독일어(GermanBERT), 네덜란드어(BERTje), 한국어 (KoBERT)[8]를 포함한 분야별 및 언어별 데이터셋을 사용해 사전 훈련된 BERT 버전들을 많이 만들었다.

이러한 BERT 변형 모델들은 위키피디아와 구글 북스의 영어 버전에서 훈련된 기본 BERT 모델이 커스텀 데이터셋과 동일한 어휘를 공유하지 않아서 처음부터 사전 훈련시켜 만들어졌다 (예: 프랑스어용 CamemBERT 모델, 의료 용어용 ClinicalBERT 모델, 한국어용 KoBERT 모델). 처음부터 훈련시킬 때, BERT의 신경망 트랜스포머 아키텍처는 재사용할 수 있지만 위키피디아와 구글 북스에서 학습한 사전 훈련된 기본 모델 가중치는 버려야 한다.

우리가 실습용으로 쓰고 있는 아마존 고객 리뷰 데이터셋의 경우 기본 BERT 모델은 유사한 어휘 및 언어 표현을 공유하므로 문제없이 재사용할 수 있다. BERT를 처음부터 훈련시켜 특정한 아마존닷컴의 상품 카탈로그를 학습시키면 개체 인식과 같은 일부 작업에서 정확성이 향상될 수 있다. 그러나 기본 BERT 모델도 리뷰 텍스트에서 매우 우수한 성능을 발휘하므로, 간단하게 기본 BERT 모델을 '미세 조정'하여 아마존 고객 리뷰 데이터셋에 대한 커스텀 텍스트 분류기를 만들어볼 것이다.

----

8 옮긴이 1_ *https://github.com/SKTBrain/KoBERT*

사전 훈련된 BERT 모델의 언어 이해 및 의미론을 재사용하여 아마존 고객 리뷰 데이터셋으로
새로운 도메인별 자연어 처리 작업을 학습시켜보자. [그림 7-16]에서 '미세 조정' 프로세스를
잘 보여준다.

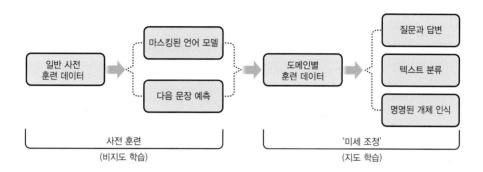

그림 7-16 커스텀 데이터셋을 사용해 도메인별 작업에 사전 훈련된 BERT 모델을 미세 조정한다

[그림 7-17]에서 보여주듯이 BERT의 셀프 어텐션 메커니즘의 간단함과 양방향성은 우리가
BERT_{Base} 모델을 다양한 '하위' 자연어 처리 및 이해 작업에 맞게 세밀하게 조정할 수 있도록
해준다. 이러한 작업은 감성 분석을 위한 텍스트 분류, 제품 이름을 감지하기 위한 개체 인식,
자연어 질문에 대한 답변을 제공하기 위한 다음 문장 예측 등을 포함한다.

그림 7-17 기본 BERT 모델을 하위 자연어 처리 및 이해 작업으로 미세 조정한다

미세 조정 작업은 지도 학습으로, 사전 학습 시에 비지도 학습 방식으로 셀프 마스킹 및 예측 과정을 거치는 것과 상반된다. 다시 말해, 미세 조정 작업에는 셀프 마스킹 및 예측 과정이 없다. 결과적으로 미세 조정은 매우 빠르며 상대적으로 적은 수의 표본이나 리뷰만 있으면 된다. 따라서 처리 능력을 크게 요하지 않고, 더 낮은 비용으로 더 빠른 훈련 및 튜닝 과정을 반복할 수 있다.

또한 세이지메이커 점프스타트를 사용해 이러한 사전 훈련된 모델을 신속하게 테스트해보고 머신러닝 작업을 위한 솔루션으로 사용성을 증명한다. 사전 훈련된 BERT 모델을 데이터셋에 빠르게 미세 조정하면 BERT를 사용할 수 있는지 확인할 수 있다.

6장에서 생성한 review_body로 시작할 준비는 이미 끝냈다. [그림 7–18]의 흐름처럼 데이터셋을 사용해 review_body에서 star_rating을 예측하는 커스텀 텍스트 분류기를 만들도록 BERT를 미세 조정해보자.

그림 7-18 BERT 모델을 미세 조정하여 리뷰 데이터셋으로 커스텀 텍스트 분류기를 만든다

예를 들어, 이 분류기를 사용해 수신 고객 서비스 이메일 또는 트위터 코멘트의 감정을 예측할 수 있다. 따라서 새로운 이메일이나 의견이 시스템에 입력되면 먼저 이메일을 부정(star_rating 1), 중립(star_rating 3) 또는 긍정(star_rating 5)으로 분류한다. 이를 통해 응답의 긴급성을 확인하거나 [그림 7–19]에 표시된 것처럼 적합한 담당자에게 메시지를 전달하는 데 도움이 된다.

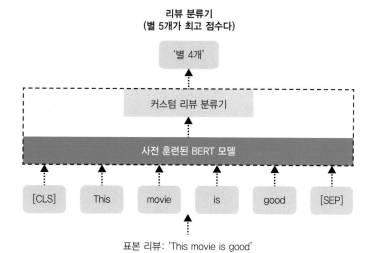

리뷰 분류기
(별 5개가 최고 점수다)

'별 4개'

커스텀 리뷰 분류기

사전 훈련된 BERT 모델

[CLS] This movie is good [SEP]

표본 리뷰: 'This movie is good'

그림 7-19 BERT를 미세 조정하여 리뷰 텍스트를 1(최저)~5(최고)의 star_rating 카테고리로 분류

7.8 훈련 스크립트 생성

텐서플로우 및 케라스를 사용해 분류기를 생성하는 `tf_bert_reviews.py`라는 훈련 스크립트를 생성해보자. 그런 다음 6장에서 생성한 피처들을 분류기 모델에 전달해 훈련을 시작해볼 것이다.

7.8.1 훈련, 검증, 테스트 데이터셋 분할 설정하기

6장에서는 [그림 7-20]처럼 세이지메이커 프로세싱 서비스를 사용해 아마존 고객 리뷰의 원시 데이터를 BERT 임베딩으로 변환했다.

아마존 S3
데이터 레이크

$S3-BUCKET/
amazon-reviews/pds/
tsv/

star_rating	review_body
4	this is a great item!
2	not a good product.
5	wonderful
1	do not use! awful. blah

아마존
세이지메이커
프로세싱

learn

TensorFlow

아마존 S3
피처 스토어

$S3-BUCKET/
bert-train
bert-validation
bert-test

label_id	input_ids (BERT vocabulary)					
3	101	2023	...	...	...	...
1	3319	1012	...	...	...	...
4	2003	2307	...	...	...	...
0	102	3212	...	...	...	...

그림 7-20 텐서플로우를 사용하여 모델 훈련을 위한 입력으로 사용하는 BERT 임베딩

이번 절에서는 훈련을 위해 모델에 공급할 훈련, 검증, 테스트 데이터셋을 로드한다. 텐서플로우의 `TFRecordDataset` 구현을 사용해 `TFRecord`를 병렬로 로드하고 모델이 데이터의 패턴을 학습하는 것을 방지하기 위해 데이터를 뒤섞는다.

> **NOTE**_인공지능과 머신러닝에서는 무작위성이 중요하다. 훈련 데이터의 적절한 셔플링^{shuffling}은 데이터가 디스크에 저장되거나 모델에 제공되는 방식에 대한 패턴을 모델이 학습하지 못하도록 하는 임의성을 충분히 제공해야 한다. '부트스트래핑^{bootstrapping}'은 무작위 샘플링을 사용하는 일반적인 기술이다. 부트스트래핑은 편향, 분산, 신뢰 구간 및 다른 지표를 샘플링 프로세스에 추가한다.

6장에서 허깅 페이스 트랜스포머$^{Hugging Face Transformer}$ 라이브러리를 사용해 원시 데이터의 `review_body` 컬럼을 BERT 임베딩으로 변환하는 세이지메이커 프로세싱을 생성했었다. 이 프로세싱 작업은 훈련 작업에 사용할 `TFRecord` 파일 형식을 사용해 S3에 임베딩을 저장한다. `TFRecord`는 텐서플로우에 최적화된 파일 형식이다. `TFRecord` 데이터를 읽고, 구문 분석하고, 무작위로 추출하는 헬퍼 함수를 만들어보자. 먼저 6장에서 사용한 `input_ids`, `input_mask`, `segment_ids`, `label_ids` 필드 이름을 헬퍼 함수에 인식시켜야 한다.

```
def file_based_input_dataset_builder(channel,
                                     input_filenames,
                                     pipe_mode,
                                     is_training,
```

```
                              drop_remainder,
                              batch_size,
                              epochs,
                              steps_per_epoch,
                              max_seq_length):

    dataset = tf.data.TFRecordDataset(input_filenames)
    dataset = dataset.repeat(epochs * steps_per_epoch * 100)
    dataset = dataset.prefetch(tf.data.experimental.AUTOTUNE)

    name_to_features = {
      "input_ids": tf.io.FixedLenFeature([max_seq_length], tf.int64),
      "input_mask": tf.io.FixedLenFeature([max_seq_length], tf.int64),
      "segment_ids": tf.io.FixedLenFeature([max_seq_length], tf.int64),
      "label_ids": tf.io.FixedLenFeature([], tf.int64),
    }

    def _decode_record(record, name_to_features):
        """Decodes a record to a TensorFlow example."""
        record = tf.io.parse_single_example(record, name_to_features)
        return record

    dataset = dataset.apply(
        tf.data.experimental.map_and_batch(
          lambda record: _decode_record(record, name_to_features),
          batch_size=batch_size,
          drop_remainder=drop_remainder,
          num_parallel_calls=tf.data.experimental.AUTOTUNE))

    dataset.cache()

    if is_training:
        dataset = dataset.shuffle(seed=42,
                                  buffer_size=steps_per_epoch * batch_size,
                                  reshuffle_each_iteration=True)

    return dataset
```

마지막 if 구문에서 is_training은 모델 훈련 과정 중에 실행되면 참값으로 인식되고 데이터 셔플링을 수행한다. 셔플링은 훈련 과정의 반복적인 스텝 사이에서 이루어진다. 모델은 데이터가 디스크에 저장되고 모델에 표시되는 방식의 패턴을 인식하게 될 수 있다. 리뷰 데이터가 별점을 내림차순으로 정렬할 경우, 별점 5점 기준으로 5점부터 1점으로 나열되는 경우를 예로 들 수 있다. 모델이 이런 패턴을 학습하지 못하게 하려고 데이터를 섞어야 하는 것이다. is_training이 거짓이라면 검증 또는 테스트 단계의 셔플링을 비활성화해 셔플링으로부터 발생하는 오버헤드를 줄일 수 있다. 이제 앞에서 만든 헬퍼 함수로 훈련, 검증, 테스트 데이터셋을 읽어보자.

```python
# 데이터셋 훈련
train_data_filenames = glob(os.path.join(train_data,
                                         '*.tfrecord'))
train_dataset = file_based_input_dataset_builder(
    channel='train',
    input_filenames=train_data_filenames,
    pipe_mode=pipe_mode,
    is_training=True,
    drop_remainder=False,
    batch_size=train_batch_size,
    epochs=epochs,
    steps_per_epoch=train_steps_per_epoch,
    max_seq_length=max_seq_length)\
        .map(select_data_and_label_from_record)

# 데이터셋 검증
validation_data_filenames = glob(os.path.join(validation_data,
                                              '*.tfrecord'))
validation_dataset = file_based_input_dataset_builder(
    channel='validation',
    input_filenames=validation_data_filenames,
    pipe_mode=pipe_mode,
    is_training=False,
    drop_remainder=False,
    batch_size=validation_batch_size,
    epochs=epochs,
    steps_per_epoch=validation_steps,
    max_seq_length=max_seq_length)\
        .map(select_data_and_label_from_record)
```

우리는 곧 훈련, 검증, 테스트 데이터셋을 모델 훈련 프로세스에 전달해볼 것이다. 그에 앞서, 텐서플로우, 케라스, BERT, 허깅 페이스를 사용해 커스텀 리뷰 분류기를 설정해보자.

7.8.2 커스텀 분류기 모델 설정하기

[그림 7-21]처럼 BERT 모델을 미세 조정하고 커스텀 리뷰 분류기를 훈련시키기 위해 review_body 임베딩 및 star_rating 레이블을 신경망에 공급한다. [그림 7-21]에 표시된 단어는 토큰화 과정에서 더 작은 단위의 토큰으로 분할될 수도 있지만, 그림 설명을 위해 전체 단어로 표시했다.

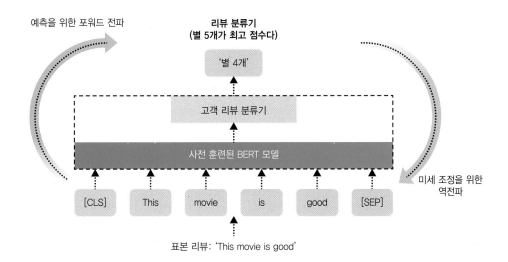

그림 7-21 커스텀 분류기로 리뷰를 별점 1(최저)~5(최고)로 분류하기 위한 훈련 과정을 보여주는 모식도

이를 위해 텐서플로우 2.x와 함께 케라스 API로 사전 훈련된 BERT 모델에 신경망 분류 기 레이어를 추가해 star_rating(1~5)을 학습시킨다. 우리는 BERT의 가벼운 버전인 DistilBERT을 사용해볼 것이다. DistilBERT는 메모리와 연산이 적게 필요하면서 데이터에 대한 정확도가 매우 높은 모델이다. 한편 DistilBERT처럼, 모델의 크기를 줄이는 데에는 [그림 7-22]와 같이 **지식 증류**knowledge distillation라는 프로세스가 이용된다. 이 프로세스는 '학생 신경 망student neural network'이 더 큰 규모의 BERT 모델인 '교사 신경망teacher neural network'의 학습 결과를 통해 학습하도록 설계된다.

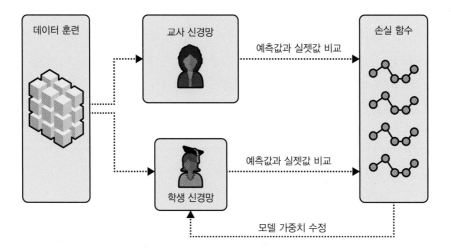

그림 7-22 교사 신경망으로 학생 신경망을 훈련시키는 지식 증류 과정

이제 `DistilBertConfig` 클래스를 불러와 `DistilBERT` 모델이 인식할 데이터의 구조를 설정하는 `config` 객체를 생성해보자. 이 설정 객체는 1부터 인덱싱된 `star_rating` 레이블을 0부터[9] 인덱싱된 모델의 내부적 클래스와 매핑한다. 그리고 사전 훈련된 `DistilBERT` 모델을 불러올 때 이 데이터 설정 객체 `config`를 모델에 전달한다.

```
from transformers import DistilBertConfig
from transformers import TFDistilBertForSequenceClassification

CLASSES=[1, 2, 3, 4, 5]

config = DistilBertConfig.from_pretrained('distilbert-base-uncased',
                          num_labels=len(CLASSES),
                          id2label={
                          0: 1, 1: 2, 2: 3, 3: 4, 4: 5
                          },
                          label2id={
                          1: 0, 2: 1, 3: 2, 4: 3, 5: 4
                          })
```

....
9 옮긴이 2_ Transformers 라이브러리가 파이썬 기반이라서 수치 카운팅이 0부터 시작한다. '사람이 읽을 수 있는 레이블'과 '0부터 시작하는 정수로 간략화한 레이블'을 매핑해줌으로써(config 객체 설정에서 label2id), 모델은 정수 레이블에 대해 학습을 진행하고, 예측 값을 우리에게 다시 제공할 때는 정수에서 다시 역변환(config 객체 설정에서 id2label)하여 그 결과를 보여준다.

```
transformer_model = TFDistilBertForSequenceClassification.from_pretrained(
            "distilbert-base-uncased", config=config
        )
```

중요한 것은, 위 코드에서 모델을 불러올 때 쓰인 from_pretrained() 함수 호출이 허깅 페이스 서비스로부터 큰 모델을 다운로드한다는 점이다. 우리는 모델을 S3 버킷에 다운로드하고 S3 URI를 from_pretrained() 함수 호출에 전달하는 방법을 고려해야 한다. 이는 모델 훈련 작업을 허깅 페이스 서비스로부터 분리하고, 잠재적인 실패를 없앤다. 또한 네트워크 격리를 활성화할 수 있고 모델 훈련 작업의 시작 시간을 단축한다. 이제 다음과 같이 입력 및 모델 레이어를 설정해보자.

```
input_ids = tf.keras.layers.Input(shape=(max_seq_length,),
        name='input_ids',
        dtype='int32')
input_mask = tf.keras.layers.Input(shape=(max_seq_length,),
        name='input_mask',
        dtype='int32')

embedding_layer = transformer_model.distilbert(input_ids,
        attention_mask=input_mask)[0]
X = tf.keras.layers.Bidirectional(tf.keras.layers.LSTM(50,
        return_sequences=True,
        dropout=0.1,
        recurrent_dropout=0.1))(embedding_layer)
X = tf.keras.layers.GlobalMaxPool1D()(X)
X = tf.keras.layers.Dense(50, activation='relu')(X)
X = tf.keras.layers.Dropout(0.2)(X)
X = tf.keras.layers.Dense(len(CLASSES), activation='softmax')(X)

model = tf.keras.Model(inputs=[input_ids, input_mask], outputs = X)

for layer in model.layers[:3]:
    layer.trainable = not freeze_bert_layer
```

위 코드 예제의 마지막 두 줄 for 구문은 실질적으로 모델의 상위 4개의 레이어(0부터 3까지)에 대해 layer.trainable 값을 False로 지정한다. 이를 통해 BERT 레이어를 훈련시키지 않도록 설정한다. 기본 BERT 모델이 변경되는 것을 방지하기 위해 의도적으로 이 작업을 수행한다. BERT 레이어를 훈련시키면 정확도가 향상되지만 훈련 작업은 더 오래 걸린다. 기본

BERT 모델을 훈련시키지 않고도 정확도가 꽤 높기 때문에 분류기 레이어 훈련에만 집중한다. 그런 다음 케라스 기반 신경 분류기^{Keras-based neural classifier}를 추가해 신경망을 완성하고 모델 훈련을 준비한다.

```
loss=tf.keras.losses.SparseCategoricalCrossentropy(from_logits=True)
metric=tf.keras.metrics.SparseCategoricalAccuracy('accuracy')

optimizer=tf.keras.optimizers.Adam(learning_rate=learning_rate, epsilon=epsilon)

model.compile(optimizer=optimizer, loss=loss, metrics=[metric])

model.summary()
```

다음은 위 코드의 `model.summary()` 메서드 출력 결과로, 학습 가능한 파라미터와 학습할 수 없는 파라미터를 보여준다.

```
--------------------------------------------------------------------------
Layer (type)                      Output              Shape Param #
==========================================================================
input_ids (InputLayer) )          [(None, 64)]             0
--------------------------------------------------------------------------
input_mask (InputLayer)           [(None, 64)]             0
--------------------------------------------------------------------------
distilbert (TFDistilBertMainLay   ((None, 64, 768),)   66362880
--------------------------------------------------------------------------
bidirectional (Bidirectional)     (None, 64, 100)        327600
--------------------------------------------------------------------------
global_max_pooling1d              (GlobalMax (None, 100)      0
--------------------------------------------------------------------------
dense (Dense)                     (None, 50)             5050
--------------------------------------------------------------------------
dropout_19                        (Dropout) (None, 50)       0
--------------------------------------------------------------------------
dense_1                           (Dense) (None, 5)        255
==========================================================================
Total params: 66,695,785
Trainable params: 332,905
Non-trainable params: 66,362,880
--------------------------------------------------------------------------
```

7.8.3 모델 훈련 및 검증하기

여기까지 우리는 훈련, 검증, 테스트 데이터셋을 입력 데이터로 준비하고 커스텀 분류기 모델 (model)을 정의했다. (7.8.1절에서 생성했던) train_dataset 및 validation_dataset 을 사용해 모델의 fit() 메서드를 호출해보자. validation_dataset 객체를 validation_ data 파라미터에 전달함으로써 텐서플로우 2.x와 케라스 API로 훈련과 검증을 동시에 수행한다.

```
train_and_validation_history = model.fit(train_dataset,
                                         shuffle=True,
                                         epochs=5,
                                         ...
                                         validation_data=validation_dataset)
```

shuffle=True로 설정해 데이터셋을 섞고 epochs=5로 설정해 전체 데이터셋에 대해 훈련을 5번 실행한다. epochs('에폭'으로 발음) 수는 환경 설정과 모델 튜닝에서 지정할 수 있다. 8장에서 모델 튜닝에 대해 좀 더 자세히 살펴볼 것이다.

7.8.4 훈련 및 검증한 모델 저장하기

자, 이제 우리는 예측 애플리케이션이 사용하게 될 모델을 텐서플로우의 SavedModel 형식으로 저장해보자.

```
model.save('./tensorflow/', save_format='tf')
```

9장에서는 텐서플로우 서빙^{TensorFlow Serving}을 이용해 **./tensorflow/**에 저장된 모델을 배포하고, 세이지메이커 일괄 변환의 일괄 예측 기능(오프라인, 일괄 예측)과 세이지메이커 엔드포인트^{SageMaker Endpoint} 서비스(온라인, 실시간 단일 예측)를 이용해 리뷰 분류 예측 결과를 받아볼 것이다.

7.9 세이지메이커 노트북에서 훈련 스크립트 시작하기

세이지메이커 노트북에서 훈련 스크립트를 실행하는 데 필요한 단계를 살펴보자. 이 훈련 스크립트는 나중에 자동화된 파이프라인에서 실행할 때도 사용할 수 있다. 지금은 세이지메이커 노트북에서 스크립트를 실행하는 법을 살펴보자. 먼저 훈련 작업을 모니터링하는 데 필요한 지표를 설정한다. 그리고 알고리즘용 하이퍼파라미터를 구성하고 클러스터의 인스턴스 유형과 인스턴스 수를 선택한다. 끝으로 훈련 작업을 시작한다.

7.9.1 모니터링할 지표 정의 및 캡처하기

우리는 훈련 스크립트가 콘솔에 로그를 기록하거나 출력하는 모든 것에 대한 지표를 생성할 수 있다. 텐서플로우 모델이 훈련 손실(loss), 훈련 정확도(accuracy), 검증 손실(validation loss) 및 검증 정확도(validation accuracy)를 출력하는 로그를 다음의 출력 예제처럼 생성한다고 가정해보자.

```
5000/10000 [>...................] - loss: 0.1420 - accuracy: 0.800103
6000/10000 [>...................] - loss: 0.1081 - accuracy: 0.939455
...
10000/10000 [>..................] - val_loss: 0.1420 - val_accuracy: 0.512193
```

각 로그 줄의 값을 구문 분석하여 지표 4개를 채우는 정규 표현식 4개를 정의해보자. 프레임워크를 업그레이드하거나 새 프레임워크로 전환하는 경우 이러한 정규 표현식을 조정해야 할 수 있다. 클라우드워치 대시보드에서 갑자기 모델 지표 기록이 확인되지 않을 때 프레임워크의 업데이트 사항 등에 따라 정규 표현식을 조정해야 한다고 짐작할 수 있다.

```
metrics_definitions = [
    {'Name': 'train:loss', 'Regex': 'loss: ([0-9\\.]+)'},
    {'Name': 'train:accuracy', 'Regex': 'accuracy: ([0-9\\.]+)'},
    {'Name': 'validation:loss', 'Regex': 'val_loss: ([0-9\\.]+)'},
    {'Name': 'validation:accuracy', 'Regex': 'val_accuracy: ([0-9\\.]+)'},
]
```

7.9.2 알고리즘에 대한 하이퍼파라미터 구성하기

가중치와 같은 '파라미터'는 모델이 훈련 중에 학습하는 것이고, '하이퍼파라미터'는 모델이 파라미터를 학습하는 알고리즘 동작 방식을 지도하기 위한 파라미터이다. 모든 알고리즘은 데이터셋을 학습하는 동안 알고리즘의 동작을 조정하는 하이퍼파라미터를 지원한다. 하이퍼파라미터는 의사 결정 트리의 깊이부터 신경망의 레이어 수까지 무엇이든 될 수 있다.[10]

하이퍼파라미터 선택에는 지연 시간과 정확도 사이의 절충점을 찾는 과정을 포함한다. 예를 들어 많은 레이어가 있는 깊은 신경망은 얕은 신경망보다 더 높은 정확도를 제공할 수 있다. 하지만 깊은 신경망은 예측 작업을 수행할 때에도 모든 레이어를 거쳐야 하므로 추론에도 지연을 발생시킬 수 있다.

대부분의 하이퍼파라미터는 경험적 테스트empirical test[11]를 기반으로 하는 적절한 기본값이 있으며, 조정도 얼마든지 가능하다. 실제로 머신러닝에는 하이퍼파라미터 튜닝과 하이퍼파라미터 최적화에만 집중하는 세부 분야가 존재한다.

8장에서 최상 하이퍼파라미터 조합을 찾기 위한 하이퍼파라미터 선택과 최적화에 대해 더 자세히 다뤄볼 것이다. 지금은 경험과 직관으로만 하이퍼파라미터를 수동으로 설정하고 특정 데이터셋 및 알고리즘을 통해 임시로 경험적 테스트를 수행하는 법을 알아보자.

```
epochs=500
learning_rate=0.00001
epsilon=0.00000001
train_batch_size=128
validation_batch_size=128
train_steps_per_epoch=100
validation_steps=100
test_steps=100
train_volume_size=1024
use_xla=True
use_amp=True
freeze_bert_layer=True
```

---

10 옮긴이 2_ 수학적으로 말하면, 하이퍼파라미터는 모델의 특성과 gradient descent 프로세스의 동작을 결정짓는 수학적 변수들을 일컫는다. 사용자가 훈련 작업을 시작할 때 하이퍼파라미터에 초깃값을 주고, 모델은 학습을 진행하면서 사용자가 지정한 설정에 따라 하이퍼파라미터를 조정 또는 고정하도록 고안된다.

11 옮긴이 1_ 경험적 테스트는 경험이나 관찰에 의존하는 실험적 형태로 검증하는 방법을 뜻한다.

알고리즘을 평가할 때에는 사용 가능한 모든 하이퍼파라미터를 이해해야 한다. 이러한 하이퍼파라미터를 최적화하지 않으면 모델 훈련이 제대로 되지 않아 데이터 과학 프로젝트를 망칠 수 있다. 이것이 하이퍼파라미터 최적화 작업이 중요한 이유다.

7.9.3 인스턴스 유형 및 인스턴스 수 선택하기

인스턴스 유형 및 인스턴스 수의 선택은 워크로드와 예산에 따라 다르다. 다행히 AWS는 초고속 GPU, 테라바이트 RAM, 기가비트 네트워크 대역폭을 갖춘 AI/ML 최적화 인스턴스를 포함하여 다양한 인스턴스 유형을 제공한다. AWS 클라우드를 이용하면 훈련 작업을 더 큰 용량과 성능을 갖춘 인스턴스들로 쉽게 한 줄의 코드만으로 수십, 수백, 수천 개의 인스턴스로 확장할 수 있다.

[그림 7-23]처럼 엔비디아 테슬라^Tesla A100 GPU 8개, CPU 96개, 1.1테라바이트의 RAM, 초당 400기가비트의 네트워크 대역폭, 초당 600기가바이트의 GPU 간 통신을 지원하는 엔비디아 NV스위치 메시^NVSwitch mesh 네트워크 하드웨어를 갖춘 `ml.p4d.24xlarge` 인스턴스 유형으로 모델을 훈련시켜보자.

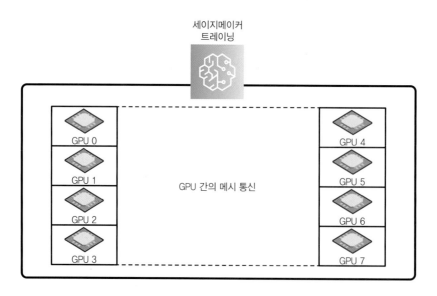

그림 7-23 단일 인스턴스에서 GPU 간의 메시 통신 모식도

클라우드 컴퓨팅 비용을 절약하려면 훈련 작업을 소규모로 시작해 특정 워크로드에 적합한 컴퓨팅 리소스를 천천히 늘려가며 '클러스터 크기 조정' 단계를 거쳐야 한다. 참고로, 우리가 예제로 사용하는 모델과 데이터셋, 예산에 가장 적정한 스펙을 갖춘 인스턴스는 `ml.p4d.24xlarge`이다. 우리는 이 인스턴스 하나만 필요하기 때문에 다음 코드 예제에서 `train_instance_count`를 1로 설정한다.

```
train_instance_type='ml.p4d.24xlarge'
train_instance_count=1
```

> **NOTE_**트레이닝의 파라미터 `instance_type`에 'local' 값을 지정해(`instance_type='local'`) 세이지메이커 스튜디오나 노트북 인스턴스에 구동 중인 주피터 노트북 서버 또는 로컬 노트북에서 스크립트를 실행할 수도 있다. 이는 로컬모드[local mode]라고도 하며, 훈련 작업을 높은 스펙의 인스턴스나 클러스터로 확장하기 전에 프로토타이핑 단계에서 쓰기에 적절한 옵션이다. 자세한 내용은 7.15절을 참조하기 바란다.

또한 여러 인스턴스로 구성된 클러스터의 장점을 취하기 위해 병렬화가 가능한 알고리즘을 선택하는 것도 중요하다. 알고리즘을 병렬화할 수 없는 경우 인스턴스를 더 추가하면 안 된다. 그리고 너무 많은 인스턴스를 추가하면 인스턴스 간에 통신 오버헤드가 발생해 훈련 속도가 느려질 수 있다. BERT와 같은 대부분의 신경망 기반 알고리즘은 병렬화할 수 있으며, 대규모 데이터셋에서 훈련하거나 미세 조정할 때 분산 클러스터의 이점을 활용하도록 고안됐다.

7.9.4 세이지메이커 노트북에 모두 담기

다음은 세이지메이커 스크립트 모드를 사용해 텐서플로우 기반 훈련 작업을 설정하고 호출하는 주피터 노트북 코드 예제다.

```
from sagemaker.tensorflow import TensorFlow

epochs=500
learning_rate=0.00001
epsilon=0.00000001
train_batch_size=128
validation_batch_size=128
```

```
test_batch_size=128
train_steps_per_epoch=100
validation_steps=100
test_steps=100
train_instance_count=1
train_instance_type='ml.p4d.24xlarge'
train_volume_size=1024
use_xla=True
use_amp=True
freeze_bert_layer=False
enable_sagemaker_debugger=True
enable_checkpointing=False
enable_tensorboard=True
input_mode='File'
run_validation=True
run_test=True
run_sample_predictions=True
max_seq_length=64

hyperparameters={'epochs': epochs,
                 'learning_rate': learning_rate,
                 'epsilon': epsilon,
                 'train_batch_size': train_batch_size,
                 'validation_batch_size': validation_batch_size,
                 'test_batch_size': test_batch_size,
                 'train_steps_per_epoch': train_steps_per_epoch,
                 'validation_steps': validation_steps,
                 'test_steps': validation_steps,
                 'use_xla': use_xla,
                 'use_amp': use_amp,
                 'max_seq_length': max_seq_length,
                 'freeze_bert_layer': freeze_bert_layer,
                 'run_validation': run_validation,
                 'run_sample_predictions': run_sample_predictions}

estimator = TensorFlow(entry_point='tf_bert_reviews.py',
                       instance_count=train_instance_count,
                       instance_type=train_instance_type,
                       volume_size=train_volume_size,
                       py_version='<PYTHON_VERSION>',
                       framework_version='<TENSORFLOW_VERSION>',
                       hyperparameters=hyperparameters,
                       metric_definitions=metrics_definitions,
                       max_run=7200)
```

마지막으로 훈련, 검증, 테스트 데이터셋 분할과 함께 estimator.fit() 메서드를 호출하여 다음과 같이 세이지메이커 주피터 노트북으로부터 ml.p4d.24xlarge 인스턴스로 훈련 작업 요청을 보낸다.

```python
from sagemaker.inputs import TrainingInput

s3_input_train_data = \
        TrainingInput(s3_data=processed_train_data_s3_uri,
                      distribution='ShardedByS3Key')

s3_input_validation_data = \
        TrainingInput(s3_data=processed_validation_data_s3_uri,
                      distribution='ShardedByS3Key')

s3_input_test_data = \
        TrainingInput(s3_data=processed_test_data_s3_uri,
                      distribution='ShardedByS3Key')

estimator.fit(inputs={'train': s3_input_train_data,
                      'validation': s3_input_validation_data,
                      'test': s3_input_test_data
                     },
              wait=False)
```

7.9.5 S3에서 훈련된 모델 다운로드하고 검사하기

AWS CLI를 사용해 S3에서 모델을 다운로드하고 텐서플로우의 stored_model_cli 스크립트로 검사해보자.

```
aws s3 cp s3://$bucket/$training_job_name/output/model.tar.gz \
        ./model.tar.gz
mkdir -p ./model/
tar -xvzf ./model.tar.gz -C ./model/
saved_model_cli show --all --dir ./model/tensorflow/saved_model/0/

### 출력 결과 ###

signature_def['serving_default']:
  The given SavedModel SignatureDef contains the following input(s):
```

```
    inputs['input_ids'] tensor_info:
        dtype: DT_INT32
        shape: (-1, 64)
        name: serving_default_input_ids:0
    inputs['input_mask'] tensor_info:
        dtype: DT_INT32
        shape: (-1, 64)
        name: serving_default_input_mask:0
  The given SavedModel SignatureDef contains the following output(s):
    outputs['dense_1'] tensor_info:
        dtype: DT_FLOAT
        shape: (-1, 5)
        name: StatefulPartitionedCall:0
```

우리는 모델이 max_seq_length=64인 input_ids와 input_mask 벡터를 입력값으로 수용하는 것과, 사이즈 5(별점 1점부터 5점까지 클래스 개수에 대응하는 크기)의 출력 벡터 하나를 반환하는 것을 볼 수 있다. 그리고 출력 벡터는 5개 클래스에 대한 신뢰 분포 값을 보여주고, 신뢰도가 가장 높게 계산된 클래스는 우리가 최종적으로 취할 별점 예측값이 된다.

Saved_model_cli를 통해 값이 모두 0인 표본 데이터를 입력해 초간단 추론 테스트를 해보자. 실제 입출력값은 여기에서 중요하지 않다. 여기서는 단순히 네트워크를 테스트하여 모델이 크기 64의 두 벡터를 받아들이고 예측된 출력 크기의 벡터 하나를 반환하는지 확인만 한다. 즉, 위에서 설명한 모델이 제대로 동작하는지 확인하기 위해 간단하게 신경망을 테스트해본다.

```
saved_model_cli run --dir '$tensorflow_model_dir' \
        --tag_set serve \
        --signature_def serving_default \
        --input_exprs \ 'input_ids=np.zeros((1,64));input_mask=np.zeros((1,64))'

### 출력 결과 ###

Result for output key dense_1:
[[0.5148565  0.50950885 0.514237   0.5389632  0.545161  ]]
```

텅 빈 0으로만 된 입력값에 대한 별점 예측으로 5개 클래스에 약 0.5 정도의 신뢰도 값이 균일하게 매겨진 것을 확인함으로써 모델이 제대로 구동하는 것을 확인하였다.

7.9.6 세이지메이커 트레이닝을 위한 실험 계보 확인하기

모델 훈련 작업이 완료되면 주피터 노트북이나 세이지메이커 스튜디오에서 결과를 분석할 수 있다.

이번 절에서는 지금까지 거쳐온 과정들에 대한 실험 계보를 살펴볼 것이다. 8장에서는 하이퍼파라미터 튜닝 및 최적화 작업을 포함하도록 실험 계보를 확장하고, 9장에서는 모델을 배포하고 배포한 모델을 포함하도록 실험 계보를 확장해볼 것이다. 그런 다음 10장에서 전체 실험 계보를 통해 모든 것을 엔드투엔드 파이프라인으로 묶을 것이다.

다음은 우리가 실행했던 훈련 작업에 대한 정보가 실험 계보에 저장된 것을 데이터 프레임 형태로 불러오는 코드 및 출력 예제다.

```
from sagemaker.analytics import ExperimentAnalytics

lineage_table = ExperimentAnalytics(
    sagemaker_session=sess,
    experiment_name=experiment_name,
    metric_names=['validation:accuracy'],
    sort_by="CreationTime",
    sort_order="Ascending",
)

lineage_table.dataframe()
```

TrialComponentName	DisplayName	max_seq_length	learning_rate	train_accuracy	...
TrialComponent-2021-01-09-062410-pxuy	prepare	64	NaN	NaN	...
tensorflow-training-2021-01-09-06-24-12-989	train	64	0.00001	0.9394	...

7.9.7 세이지메이커 트레이닝의 아티팩트 계보 확인하기

상품 리뷰 분류기를 미세 조정하는 훈련 작업을 캡처한 아티팩트 계보 정보를 다음과 같이 확인할 수 있다.

```
import time
Import sagemaker
from sagemaker.lineage.visualizer import LineageTableVisualizer

viz = LineageTableVisualizer(sagemaker.session.Session())
df = viz.show(training_job_name='<TRAINING_JOB_NAME>')
```

출력 결과는 다음과 유사하다.

Name/source	Direction	Type	Association Type	Lineage Type
s3://.../output/bert–test	Input	DataSet	ContributedTo	artifact
s3://.../output/bert–validation	Input	DataSet	ContributedTo	artifact
s3://.../output/bert–train	Input	DataSet	ContributedTo	artifact
76310.../tensorflow–training: 2.3.1–gpu–py37	Input	Image	ContributedTo	artifact
s3://.../output/model.tar.gz	Output	Model	Produced	artifact

세이지메이커 계보 트래킹^{SageMaker Lineage Tracking}은 입력 데이터, 출력 아티팩트, 세이지메이커 컨테이너 이미지를 자동으로 기록하는 서비스다. 어소시에이션 유형^{Association Type}은 입력 데이터들이 이 훈련 파이프라인 단계에 **ContributeTo** 형태로 사용된 것을 보여준다. 8장과 9장에서 모델을 튜닝하고 배포하면서 모델 계보 그래프를 빌드해볼 것이다. 그리고 10장에서는 전체 계보 트래킹을 사용해 전체 모델 개발, 훈련 및 배포 과정을 엔드투엔드 파이프라인으로 합쳐볼 것이다.

7.10 모델 평가하기

모델을 훈련시키고 검증한 후에는 테스트 데이터셋을 사용해 예측을 수행하고 모델의 성능을 측정해야 한다. 테스트 데이터셋으로 모델을 테스트하면 모델이 훈련 과정에 이용된 적이 없는 새로운 데이터에도 예측을 잘 수행하는지 확인할 수 있다. 그러므로 훈련 또는 검증에 홀드아웃 테스트 데이터셋holdout test dataset을 사용하지 않는 것이 매우 중요하다. 테스트 결과에 따라 알고리즘, 하이퍼파라미터 또는 훈련 데이터를 수정해야 할 수도 있다. 또한 더 많은 훈련 데이터와 더 다양한 피처 엔지니어링이 평가 결과를 개선하는 데 도움이 된다.

다음은 텐서플로우의 케라스 API를 사용해 모델을 평가하는 코드다. 이전 절에서 모델을 훈련시키고 검증한 방법과 유사하다.

```
test_batch_size = 128
test_steps = 1000

test_data_filenames = glob(os.path.join(test_data, '*.tfrecord'))

test_dataset = file_based_input_dataset_builder(
                    channel='test',

input_filenames=test_data_filenames,
                    pipe_mode=pipe_mode,
                    is_training=False,
                    drop_remainder=False,
                    batch_size=test_batch_size,
                    epochs=epochs,
                    steps_per_epoch=test_steps,
                    max_seq_length=max_seq_length)\
                .map(select_data_and_label_from_record)

test_history = model.evaluate(test_dataset,
                              steps=test_steps,
                              callbacks=callbacks)
print(test_history)
```

test_history 객체를 출력하면 다음과 같이 **test_loss**와 **test_accuracy** 결괏값을 확인할 수 있다.

```
[0.17315794393, 0.50945542373]
```

7.10.1 세이지메이커 노트북에서 애드혹 예측 실행하기

우리는 모델 상태가 어떠한지에 대한 호기심을 해결하기 위해 주피터 노트북으로부터 수박 겉핥기식 예측을 실행할 수도 있다. 다음은 표본 예측을 실행하는 코드 조각이다.

```python
import pandas as pd
import numpy as np

from transformers import DistilBertTokenizer

tokenizer =
    DistilBertTokenizer.from_pretrained('distilbert-base-uncased')

def predict(text):
    encode_plus_tokens = tokenizer.encode_plus(
                            text,
                            pad_to_max_length=True,
                            max_length=max_seq_length,
                            truncation=True,
                            return_tensors='tf')


    input_ids = encode_plus_tokens['input_ids']

    input_mask = encode_plus_tokens['attention_mask']

    outputs = model.predict(x=(input_ids, input_mask))

    prediction = [{"label": config.id2label[item.argmax()], \
                "score": item.max().item()} for item in outputs]

    return prediction[0]

predict('This is great!')
```

```
predict('This is OK.')
predict('This is terrible.')
```

다음 출력은 예측된 label(1~5)과 label의 신뢰도 스코어를 보여준다. 위 코드 예제의 모델은 리뷰 텍스트 'This is great!'의 label이 5등급이라고 92% 확신한다.

```
{'label': 5, 'score': 0.92150515}
{'label': 3, 'score': 0.2807838}
{'label': 1, 'score': 0.48466408}
```

7.10.2 혼동 행렬로 분류기 분석하기

혼동 행렬confusion matrix은 분류기의 성능을 시각적으로 평가하는 방법이다. 예측값과 참값을 비교해 테스트 결과를 시각적으로 확인할 수 있는 혼동 행렬을 만들어보자. 먼저, 원시 review_body 텍스트를 포함한 테스트 데이터셋을 불러온다.

```
import csv

df_test_reviews = pd.read_csv(
    './data/holdout_test.tsv.gz',
    delimiter='\t',
    quoting=csv.QUOTE_NONE,
    compression='gzip')[['review_body', 'star_rating']]

df_test_reviews = df_test_reviews.sample(n=100,000)
```

그런 다음 predict 함수를 사용해 y_test 예측값을 계산한다. 다음 소스 코드를 사용해 예측값 y_actual과 y_test를 비교해보자.

```
y_test = df_test_reviews['review_body'].map(predict)

y_actual = df_test_reviews['star_rating']
```

그 결과 [그림 7-24]와 같은 혼동 행렬을 생성한다.

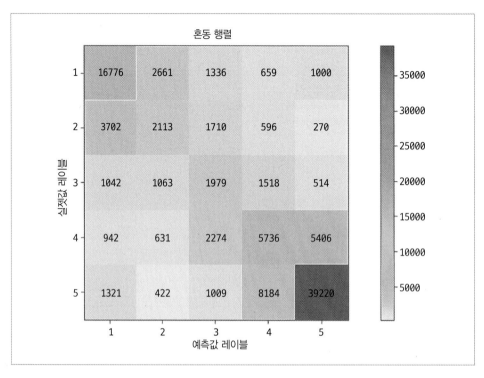

그림 7-24 실젯값과 예측값 레이블을 표시하는 혼동 행렬

7.10.3 텐서보드로 신경망 시각화하기

텐서보드TensorBoard는 텐서플로우 모델 훈련에 대한 통찰력을 제공하기 위해 텐서플로우 커뮤니티에서 유지 관리하는 오픈 소스 시각화 및 딥색 도구다. 세이지메이커는 모델 훈련 중에 S3에서 텐서보드의 지표들을 캡처하고 저장한다. [그림 7-25]와 같이 저장된 텐서보드 지표의 S3 위치를 사용해 세이지메이커 스튜디오 노트북에서 이러한 지표들을 직접 시각화할 수 있다.

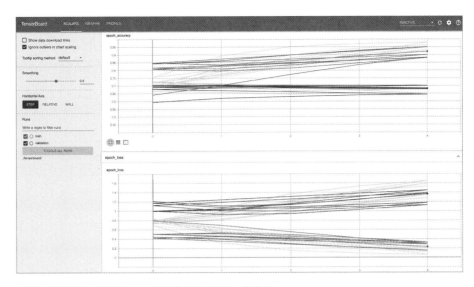

그림 7-25 시간 경과에 따른 손실 및 정확도를 보여주는 텐서보드

[그림 7-26]과 같이 신경망을 검사할 수도 있다.

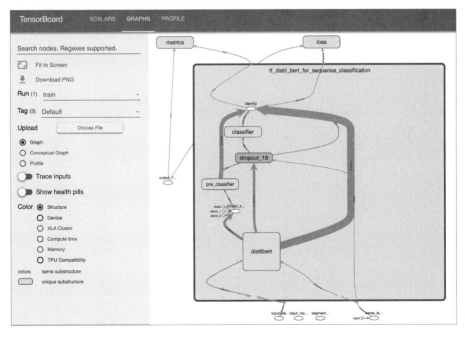

그림 7-26 BERT용 텐서플로우 그래프를 보여주는 텐서보드

세이지메이커 노트북에서 텐서보드를 실행하려면 `pip install tensorboard`로 텐서보드 앱을 설치하고 S3에서 텐서보드 로그 위치를 확인한 뒤 다음과 같이 세이지메이커 노트북 인스턴스의 터미널에서 앱을 구동하면 된다.

```
S3_REGION=<REGION> tensorboard --port 6006 \
        --logdir s3://$bucket/$training_job_name/debug-output/events
```

웹 브라우저를 사용해 다음과 같이 세이지메이커 노트북에서 실행되는 텐서보드로 안전하게 이동할 수 있다.

- *https://<NOTEBOOK_NAME>.notebook.<REGION>.sagemaker.aws/proxy/6006/*

> **NOTE**_6006 포트는 텐서보드를 만든 구글 엔지니어가 선택한 것이다. 포트 번호를 뒤집으면 'goog'가 된다.

7.10.4 세이지메이커 스튜디오로 지표를 모니터링하기

훈련된 모델이 우리의 비즈니스 목표를 달성하는지 확인하기 위해 정확도와 같은 지표를 사용해 모델의 성능을 평가해야 한다. 우리 예제의 경우 모델이 `review_body`에서 `star_rating`을 올바르게 예측하는지 측정한다. 우리가 앞 절에서 동일한 케라스 단계에서 훈련 및 검증을 수행했던 것을 기억하자.

우리는 [그림 7-27]처럼 훈련 및 검증 지표를 세이지메이커 스튜디오를 통해 시각화할 수 있다. 다음 그래프에서 우리는 훈련 초반에 오버피팅overfitting 문제가 있는 것을 볼 수 있다. 훈련 초기에 오버피팅이 관찰되는 경우 훈련 작업을 멈추고 컴퓨팅 리소스에 돈을 낭비하지 않도록 해야 한다.

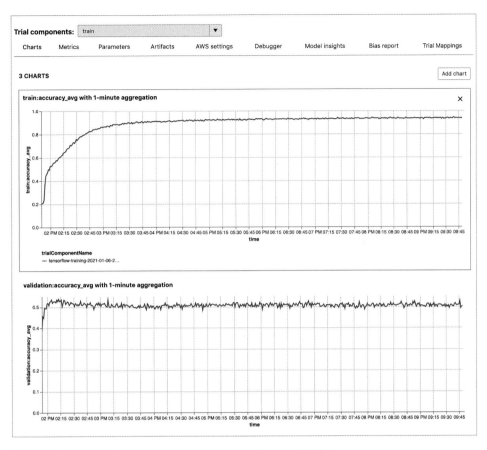

그림 7-27 세이지메이커 스튜디오 내에서 직접 훈련 및 검증 지표를 모니터링한다

7.10.5 클라우드워치 지표를 모니터링하기

CPU, GPU, 메모리 사용률과 같은 시스템 지표들을 클라우드워치에서 시각화할 수 있다. [그림 7-28]은 클라우드워치의 시스템 지표와 함께 훈련 및 검증 정확도 지표를 보여준다.

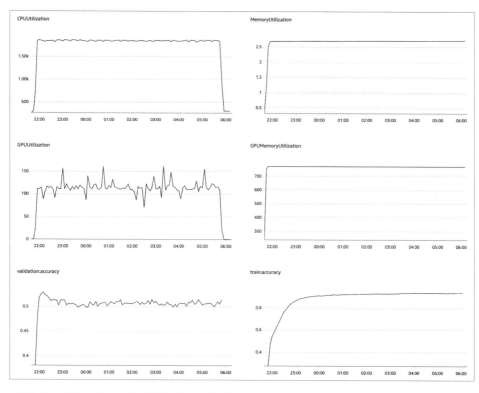

그림 7-28 클라우드워치의 훈련 및 검증 정확도 지표 대시보드

7.11 세이지메이커 디버거를 사용한 모델 훈련 디버깅 및 프로파일링

모델 훈련 작업에 세이지메이커 디버거^{SageMaker Debugger}를 사용하면 모델 훈련 작업의 상태를 모니터링, 기록 및 분석하여 모델 훈련 과정에 대한 통찰력을 얻을 수 있다. 세이지메이커 디버거를 사용해 오버피팅^{overfitting}[12] 같은 특정 조검을 감지할 때 훈련 작업을 조기에 중지하고 낭비될 수 있는 비용을 절약할 수 있다.

---

12 옮긴이 2_ 오버피팅은 훈련 정확도보다 검증 정확도가 먼저 향상되는 모델 훈련 과정의 오류다. 검증 정확도는 보통 훈련 정확도가 향상되는 속도와 비슷하게 함께 향상되어야 한다. 오버피팅 현상이 생길 경우, 앞 절의 예제 그래프에서 볼 수 있듯이 모델 훈련 정확도는 아직 낮은 데 반해 검증 정확도는 높은 값으로 측정되면서 모델이 실제보다 성능이 좋은 것으로 오판하게 될 수 있다. 훈련 초반부를 지나 22시 30분 정도에는 정확도 값이 뒤바뀌며 훈련 정확도는 0.9 이상으로 수렴하는 반면 검증 정확도는 0.5에서 웃도는 것을 확인할 수 있다. 이는 모델 훈련이 정상적으로 진행되고 있지 않다는 것을 보여준다. 초반에 오버피팅 문제를 일찍 감지했다면 약 8시간의 훈련 작업에 쓰인 비용을 절약할 수 있었을 것이다.

세이지메이커 디버거를 사용하면 텐서, 기울기^{gradient}, 리소스 활용을 포함하여 훈련 중에 캡처된 데이터를 상호적 그리고 시각적으로 탐색할 수 있다. 세이지메이커 디버거는 단일 인스턴스 훈련 작업과 다중 인스턴스, 분산 훈련 클러스터 모두에 대한 디버깅 및 프로파일링 정보를 캡처한다.

7.11.1 세이지메이커 디버거 규칙과 액션으로 훈련 이슈 식별 및 해결하기

클라우드워치 이벤트와 결합된 세이지메이커 디버거는 잘못된 훈련 데이터, **기울기 소실**^{vanishing} $_{gradient}$, **기울기 폭주**$^{exploding\ gradient}$ 같은 특정 이슈를 감지하는 조건이 충족될 때 우리에게 경고를 보내준다. 잘못된 값에는 예를 들어 NaN과 null 값이 있다. 기울기 소실은 작은 값에 다른 작은 값을 곱한 결괏값이 너무 작아 float 데이터 유형을 저장할 수 없을 때 발생한다. 반면에 기울기 폭주는 기울기 소실과 반대로, 큰 값에 다른 큰 값을 곱한 결괏값을 float 데이터 유형의 32비트로 표현할 수 없을 때 발생한다. 깊은 신경망의 여러 레이어에 걸쳐 수행되는 행렬 곱연산의 사이즈가 매우 큰 것을 고려하면 이런 기울기 문제는 쉽게 발생할 수 있는 문제다.

예를 들어, 세이지메이커 디버거가 오전 3시에 경고를 트리거하면 세이지메이커는 훈련 작업을 자동으로 중지할 수 있다. 세이지메이커가 데이터 과학 프로젝트 팀의 당직 중인 데이터 과학자에게 이메일이나 문자 메시지를 보내도록 설정할 수도 있다. 그런 다음 데이터 과학자는 세이지메이커 디버거를 사용해 훈련 작업 과정을 분석하고, 모델 텐서를 시각화하고, CPU 및 GPU 시스템 지표를 검토하고, 경고의 근본 원인을 파악할 수 있다.

기울기 소실 및 폭주 외에도 세이지메이커 디버거는 loss_not_decreasing, overfit, overtraining, class_imbalance 같은 일반적인 디버깅 시나리오에 대한 기본 규칙도 지원한다. 세이지메이커는 훈련 작업을 시작할 때 지정된 각 세이지메이커 규칙에 대한 평가 작업들도 함께 시작한다. 한편 우리가 직접 도커 이미지와 Rule 알고리즘을 구현해 자체 규칙을 제공할 수도 있다.

다음은 훈련 손실이 감소하지 않는 문제(loss_not_decreasing)와 모델 과훈련(수많은 모델 훈련 스텝 후에 역으로 검증 손실값이 증가하면서 모델 성능이 저하되는 현상)이 시작될 때를 감지하는 두 가지 규칙을 훈련 작업에 추가하는 법을 보여주는 코드다. 이는 훈련 작업을 '조기 중지$^{early\ stop}$'시켜 전체 훈련 작업의 비용을 줄이고, 모델을 훈련 데이터셋에 오버피팅하는 것을 방지하고, 모델이 새로운 데이터에 더 잘 일반화될 수 있도록 가이드해주는 시그널을 보내줄 것이다. 이런 규칙들에는 규칙이 트리거되어야 하는 시점과 규칙이 트리거될 때 수행할 작업을 정의하는 임곗값으로 구성한다.

```python
from sagemaker.debugger import Rule
from sagemaker.debugger import rule_configs
from sagemaker.debugger import CollectionConfig
from sagemaker.debugger import DebuggerHookConfig

actions=rule_configs.ActionList(
    rule_configs.StopTraining(),
    rule_configs.Email("<EMAIL_ADDRESS>"),
    rule_configs.SMS("<PHONE_NUMBER>")
)

rules=[
        Rule.sagemaker(
            base_config=rule_configs.loss_not_decreasing(),
            rule_parameters={
                'collection_names': 'losses,metrics',
                'use_losses_collection': 'true',
                'num_steps': '10',
                'diff_percent': '50'
            },
            collections_to_save=[
                CollectionConfig(name='losses',
                                parameters={
                                    'save_interval': '10',
                                }),
                CollectionConfig(name='metrics',
                                parameters={
                                    'save_interval': '10',
                                })
            ],
            actions=actions
        ),
        Rule.sagemaker(
            base_config=rule_configs.overtraining(),
            rule_parameters={
                'collection_names': 'losses,metrics',
                'patience_train': '10',
                'patience_validation': '10',
```

```
                        'delta': '0.5'
                },
                collections_to_save=[
                    CollectionConfig(name='losses',
                                     parameters={
                                         'save_interval': '10',
                                     }),
                    CollectionConfig(name='metrics',
                                     parameters={
                                         'save_interval': '10',
                                     })
                ],
                actions=actions
        )
    ]
```

다음과 같이 텐서플로우 2.x 내의 케라스 API와 함께 사용할 디버거 훅^{debugger hook}을 생성한다.

```
hook_config = DebuggerHookConfig(
    hook_parameters={
        'save_interval': '10', # number of steps
        'export_tensorboard': 'true',
        'tensorboard_dir': 'hook_tensorboard/',
    })
```

그런 다음 estimator 객체를 만들 때 디버거 규칙과 디버거 훅을 다음과 같이 설정한다.

```
from sagemaker.tensorflow import TensorFlow
estimator = TensorFlow(entry_point='tf_bert_reviews.py',
                       ...
                       rules=rules,
                       debugger_hook_config=hook_config,
                       ...
)
```

7.11.2 훈련 작업으로 프로파일링하기

이번 절에서는 CPU, GPU, 네트워크, 디스크 I/O 지표를 분석하고 훈련 작업에 대한 Profile Report를 생성하도록 ProfileRule을 구성해보자. 여기서는 디버깅 부분의 기존 rules 목록에 프로파일용 규칙을 단순히 추가하기만 하면 된다.

```
from sagemaker.debugger import Rule
from sagemaker.debugger import rule_configs
from sagemaker.debugger import ProfilerRule

rules=[
        Rule.sagemaker(...),
        ProfilerRule.sagemaker(rule_configs.ProfilerReport()),
        ProfilerRule.sagemaker(rule_configs.BatchSize()),
        ProfilerRule.sagemaker(rule_configs.CPUBottleneck()),
        ProfilerRule.sagemaker(rule_configs.GPUMemoryIncrease()),
        ProfilerRule.sagemaker(rule_configs.IOBottleneck()),
        ProfilerRule.sagemaker(rule_configs.LoadBalancing()),
        ProfilerRule.sagemaker(rule_configs.LowGPUUtilization()),
        ProfilerRule.sagemaker(rule_configs.OverallSystemUsage()),
        ProfilerRule.sagemaker(rule_configs.StepOutlier())
    ]
```

그런 다음 프로파일할 컴퓨팅 리소스 지표를 수집하는 설정 정보를 ProfilerConfig 객체에 담고, 다음과 같이 프로파일링 설정 객체와 규칙 객체를 estimator에 전달한다.

```
from sagemaker.debugger import ProfilerConfig, FrameworkProfile

profiler_config = ProfilerConfig(
    system_monitor_interval_millis=500,
    framework_profile_params=FrameworkProfile(
        local_path="/opt/ml/output/profiler/",
        start_step=5,
        num_steps=10)
)
from sagemaker.tensorflow import TensorFlow

estimator = TensorFlow(entry_point='tf_bert_reviews.py',
                       source_dir='src',
                       ...
                       py_version='<PYTHON_VERSION>',
```

```
framework_version='<TENSORFLOW_VERSION>',
hyperparameters={...},
rules=rules,
debugger_hook_config=hook_config,
profiler_config=profiler_config,
```

[그림 7-29]는 훈련 실행 중에 세이지메이커 디버거에서 생성된 프로파일 보고서 중에서
GPU 리소스 사용률 분석 결과를 보여준다. 이 보고서에는 각 훈련 스텝에 사용되는 데이터 묶음의 크기^batch size를 증가시키는 것을 제안함으로써 GPU 활용도를 높이고, 훈련 작업 속도를 향상시키고, 비용을 절감할 수 있도록 해준다.

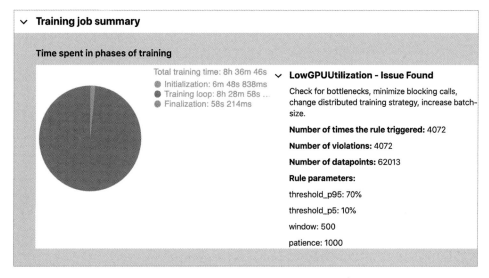

그림 7-29 모델 훈련 작업을 분석한 세이지메이커 디버거 딥 프로파일링 보고서의 일부

7.12 모델 예측 해석 및 설명

세이지메이커 디버거를 사용해 훈련 과정에서 기울기, 레이어, 가중치를 트래킹할 수도 있다. 우리는 BERT 어텐션 메커니즘을 모니터링하는 데 사용하거나, 모델이 학습하는 방식을 이해함으로써 모델 편향을 더 잘 식별하고 잠재적으로 모델 예측을 설명할 수 있다. 이렇게 하려면 **어텐션 스코어**^attention score, 쿼리 벡터, 키 벡터를 포함하는 텐서를 세이지메이커 디버거 '컬렉

션collection'으로 캡처해야 한다. 그런 다음 이 정보를 사용해 쿼리 및 키 벡터의 어텐션 헤드와 각각의 신경을 그릴 수 있다. 어텐션 텐서를 캡처하기 위한 설정은 DebuggerHookConfig 및 CollectionConfig 클래스를 이용해 설정 객체를 생성하면 된다. 모델 훈련 중 특정 간격으로 어텐션 텐서를 캡처하기 위해 어텐션 출력의 정규 표현식을 다음과 같이 설정 객체에 지정해준다.

```
debugger_hook_config = DebuggerHookConfig(
    s3_output_path=s3_bucket_for_tensors,
    collection_configs=[
    CollectionConfig(
    name="all",
    parameters={
        "include_regex":
          ".*multiheadattentioncell0_output_1¦.*key_output¦.*query_output",
        "train.save_steps": "0",
        "eval.save_interval": "1"}
    )]
)
```

훈련 스크립트의 검증 루프에 다음 코드를 추가해 입력 토큰의 문자열 표현을 기록한다.

```
if hook.get_collections()['all'].save_config\
        .should_save_step(modes.EVAL, hook.mode_steps[modes.EVAL]):

    hook._write_raw_tensor_simple("input_tokens", input_tokens)
```

결과를 시각화하기 위해 캡처된 텐서의 S3 저장 위치를 create_trail 메서드에 전달해 디버깅 실험 객체(trial)를 생성한다.

```
from smdebug.trials import import create_trial
trial = create_trial( path )
```

상호작용적 시각화 라이브러리인 보케Bokeh[13]를 사용해 어텐션 헤드를 시각화하는 스크립트를 다음과 같이 이용해보자.

---

13 *https://oreil.ly/ZTxLN*

```
from utils import attention_head_view, neuron_view
from ipywidgets import interactive
```

이제 어텐션 스코어의 텐서 이름들을 알아보자.

```
tensor_names = []

for tname in sorted(trial.tensor_names(regex='.*multiheadattentioncell0_
output_1'):
    tensor_names.append(tname)
```

텐서 이름은 우리가 어텐션 헤드 12개가 있는 BERT 모델을 사용하므로 다음과 유사한 출력 결과가 나와야 한다.

```
['bertencoder0_transformer0_multiheadattentioncell0_output_1',
 'bertencoder0_transformer10_multiheadattentioncell0_output_1',
 'bertencoder0_transformer11_multiheadattentioncell0_output_1',
 'bertencoder0_transformer1_multiheadattentioncell0_output_1',
 'bertencoder0_transformer2_multiheadattentioncell0_output_1',
 'bertencoder0_transformer3_multiheadattentioncell0_output_1',
 'bertencoder0_transformer4_multiheadattentioncell0_output_1',
 'bertencoder0_transformer5_multiheadattentioncell0_output_1',
 'bertencoder0_transformer6_multiheadattentioncell0_output_1',
 'bertencoder0_transformer7_multiheadattentioncell0_output_1',
 'bertencoder0_transformer8_multiheadattentioncell0_output_1',
 'bertencoder0_transformer9_multiheadattentioncell0_output_1']
```

사용 가능한 텐서에 다음과 같이 모든 게 기록된 스텝으로부터 텐서값을 검색하기 위해 for 구문을 적용한다.

```
steps = trial.steps(modes.EVAL)
tensors = {}

for step in steps:
    print("Reading tensors from step", step)
    for tname in tensor_names:
        if tname not in tensors:
            tensors[tname]={}
        tensors[tname][step] = trial.tensor(tname).value(step, modes.EVAL)
num_heads = tensors[tname][step].shape[1]
```

그런 다음 쿼리 및 키 출력 텐서 이름을 검색한다.

```
layers = []
layer_names = {}

for index, (key, query) in enumerate(
        zip(trial.tensor_names(regex='.*key_output_'),
            trial.tensor_names(regex='.*query_output_'))):

    layers.append([key,query])
    layer_names[key.split('_')[1]] = index
```

입력 토큰의 문자열 표현도 가져온다.

```
input_tokens = trial.tensor('input_tokens').value(0, modes.EVAL)
```

이제 여러 토큰 간의 어텐션 스코어를 보여주는 어텐션 헤드를 그릴 준비가 되었다. 선이 두껍거나 진할수록 점수가 높은 것을 의미한다. [그림 7-30]은 다음 코드를 사용해 처음 20개 토큰의 어텐션 헤드 및 스코어 라인을 그린 결과를 보여준다.

```
n_tokens = 20
view = attention_head_view.AttentionHeadView(input_tokens,
                                             tensors,
                                             step=trial.steps(modes.EVAL)[0],
layer='bertencoder0_transformer0_multiheadattentioncell0_output_1',
                                             n_tokens=n_tokens)
```

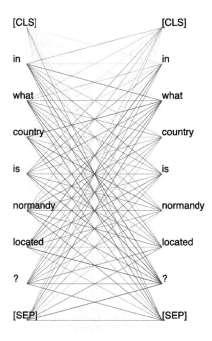

그림 7-30 토큰 20개의 어텐션 헤드 뷰[14]

다음으로 쿼리 및 키 벡터 텐서들을 검색한다.

```
queries = {}
steps = trial.steps(modes.EVAL)

for step in steps:
    print("Reading tensors from step", step)

    for tname in trial.tensor_names(regex='.*query_output'):
        query = trial.tensor(tname).value(step, modes.EVAL)
        query = query.reshape((query.shape[0], query.shape[1], num_heads, -1))
        query = query.transpose(0,2,1,3)
        if tname not in queries:
            queries[tname] = {}
        queries[tname][step] = query
```

---

14 *https://oreil.ly/v6a5S*

```
keys = {}
steps = trial.steps(modes.EVAL)

for step in steps:
    print("Reading tensors from step", step)

    for tname in trial.tensor_names(regex='.*key_output'):
        key = trial.tensor(tname).value(step, modes.EVAL)
        key = key.reshape((key.shape[0], key.shape[1], num_heads, -1))
        key = key.transpose(0,2,1,3)
        if tname not in keys:
            keys[tname] = {}
        keys[tname][step] = key
```

텐서값을 사용해 자세한 **뉴런 뷰**neuron view를 그릴 수 있다.

```
view = neuron_view.NeuronView(input_tokens,
                              keys=keys,
                              queries=queries,
                              layers=layers,
                              step=trial.steps(modes.EVAL)[0],
                              n_tokens=n_tokens,
                              layer_names=layer_names)
```

[그림 7-31]은 시각화 결과를 보여준다.

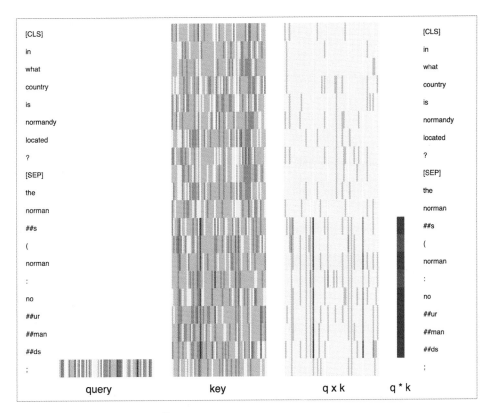

그림 7-31 쿼리 및 키 벡터의 뉴런 뷰[15]

이 시각화에서는 색상이 어두울수록 뉴런이 어텐션 헤드에 더 많은 영향을 미친다는 것을 나타낸다. 앞서 언급했듯이 BERT 어텐션 시각화는 잘못된 모델 예측의 근본 원인을 식별하는 데 도움이 된다. 현재 업계에서는 모델 설명 가능성에 어텐션을 사용할 수 있는지에 대한 논쟁이 활발하게 일어나고 있다. 모델 설명 가능성에 대한 대중적인 접근 방식은 앨런NLP 해석기 AllenNLP Interpreter[16]와 같은 돌출맵 saliency map[17]을 생성하는 기울기 값 기반 시각화 도구다. 돌출맵은 모델 예측에 가장 큰 영향을 미치는 입력 토큰을 강조 표시해 우리가 NLP 모델 설명 가능성을 판단하는 데 직관적으로 접근할 수 있도록 해준다. 앨런NLP 데모 웹사이트[18]를 사용해

---

15 https://oreil.ly/v6a5S

16 https://oreil.ly/wJLRh

17 옮긴이 2_ 사람의 눈에 잘 띄도록 영역을 강조하는 시각화 방법이다. 자연어 처리의 경우 예측에 영향을 많이 미친 토큰일수록 강소된 색상으로 표시되고, 컴퓨터 비전의 경우에는 이미지의 어떤 부분이 모델 예측에 가장 큰 기여를 했는지 강조 표시해준다.

18 https://oreil.ly/WzARH

'a very well-made, funny and entertaining picture(매우 잘 만든 웃기고 재미있는 그림)' 같은 리뷰 텍스트의 감정 예측에 대한 돌출맵을 생성해보자. [그림 7-32]는 '긍정positive' 예측으로 이어진 가장 중요한 상위 10개 단어 조각을 보여준다.

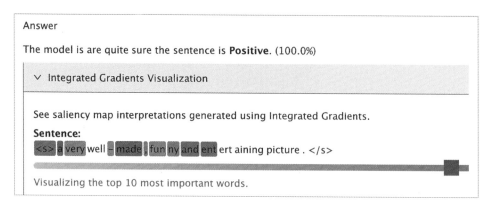

그림 7-32 앨런NLP 인터프리터로 감성 분석 예측에 가장 중요한 상위 10개 단어를 시각화한다

또한 우리의 파이썬 애플리케이션에 앨런NLP 라이브러리를 설치하여(`pip install allennlp`) 애플리케이션이 돌출맵을 탑재하도록 할 수 있다. 다음 코드 예제에서는 각 토큰이 예측에 미치는 영향을 측정하는 통합 기울기를 계산한다. 여기서 우리는 구체적으로 RoBERTa라는 BERT 변형 모델을 사용한다. 앨런NLP는 BERT의 여러 변형 모델을 지원한다.

```
from pprint import pprint
from allennlp.predictors.predictor import Predictor
from allennlp.interpret.saliency_interpreters import IntegratedGradient

predictor = Predictor.from_path(
    "https://.../allennlp-public-models/sst-roberta-large-2020.06.08.tar.gz"
)

integrated_gradient_interpreter = IntegratedGradient(predictor)

sentence = "a very well-made, funny and entertaining picture."

integrated_gradient_interpretation = \
```

```
integrated_gradient_interpreter.saliency_interpret_from_json(inputs)

pprint(integrated_gradient_interpretation)
```

출력 결과는 다음과 같다.

```
{'instance_1': {'grad_input_1': [0.10338538634781776,
                                 0.19893729477254535,
                                 0.008472852427212439,
                                 0.0005615125409780962,
                                 0.01615882936970941,
                                 0.19841675479930443,
                                 0.06983715792756516,
                                 0.02557800239689324,
                                 0.06044705677145928,
                                 0.16507210055696683,
                                 0.1531329783765724]}}
```

7.13 모델 편향 감지 및 예측 설명

편향되지 않은 데이터셋을 사용했더라도, 훈련된 모델이 여전히 편향되는 경우도 있다. 놀랍게도 이는 특정한 하이퍼파라미터가 같은 피처의 다양한 측면facet에 대해 다르게 동작하기 때문에 발생할 수 있다. 또한 편향된 사전 훈련된 모델로 미세 조정할 때 주의해야 한다. 예를 들어 BERT는 훈련된 데이터 유형 때문에 편향되어 있다. 문맥을 학습하는 능력 때문에, BERT는 위키백과 훈련 데이터의 통계적 특성, 표현된 편견과 사회적 고정관념을 학습할 수 있다. 따라서 인간의 편향과 고정관념을 줄이기 위해 이러한 편향이 모델로 전파되는 것을 감지하고 중지하는 메커니즘도 구현해야 한다.

세이지메이커 클래리파이는 머신러닝 파이프라인의 각 단계에서 편향을 감지하고 모델 공정성을 평가하는 데 도움을 준다. 5장에서 세이지메이커 클래리파이로 데이터셋의 편향 및 클래스 불균형을 감지하는 방법을 살펴봤다. 이제 세이지메이커 클래리파이를 사용해 훈련된 모델의 편향 여부를 분석해볼 것이다.

세이지메이커 클래리파이의 훈련된 모델 편향 분석 기능은 세이지메이커 익스페리먼츠에 통합되어 있다. 세이지메이커 클래리파이는 훈련 데이터, 레이블 및 모델 예측값을 조사하고 일련의 알고리즘을 실행해 공통 데이터 및 모델 편향 지표를 계산한다. 세이지메이커 클래리파이로 피처 중요도feature importance를 분석하여 모델 예측을 설명할 수도 있다.

7.13.1 세이지메이커 클래리파이 프로세싱으로 편향 감지하기

훈련 전 편향 분석과 유사하게, 훈련 작업으로부터 생성된 출력 데이터와 모델의 편향 지표를 계산하기 위해 세이지메이커 클래리파이 프로세싱을 실행해보자. 훈련 후 편향 지표를 계산하려면 훈련된 모델이 필요하다. 이 편향 분석에 데이터, 레이블 및 예측값이 포함되기 때문이다. ModelConfig에서 훈련된 모델을 정의하고 ModelPredictedLabelConfig에서 모델 예측 형식을 지정한다. 또한 세이지메이커 클래리파이는 선택된 측면에 대하여 훈련 데이터의 레이블과 모델 예측을 비교하는 훈련 후 편향 분석을 수행한다.

제공된 훈련 데이터의 형태는 모델이 요구하는 추론용 입력 데이터 형식 및 레이블 컬럼과 일치해야 한다. 우리는 앞서 단일 입력 피처로 review_body만 사용해 모델을 훈련하기로 선택했다. 그러나 이 예제에서는 product_category를 두 번째 피처로 추가하고 모델을 재학습했다. 우리는 product_category를 'Gift Card', 'Digital_Software', 'Digital_Video_Games' 같은 세부적 측면에 대한 편향을 알아보기 위한 피처로 사용한다.[19]

```
from sagemaker import clarify

clarify_processor = clarify.SageMakerClarifyProcessor(
        role=role,
        instance_count=1,
        instance_type='ml.c5.2xlarge',
        sagemaker_session=sess)

bias_report_output_path = 's3://{}/clarify'.format(bucket)

data_config = clarify.DataConfig(
        s3_data_input_path=train_dataset_s3_uri,
        s3_output_path=bias_report_output_path,
```

---

19 옮긴이 2_ 6장에서 훈련 데이터셋을 5개 평점 카테고리에 걸쳐 편향이 없도록 처리했었으나, 각 상품 카테고리 측면으로 나누어 다시 리뷰 데이터를 분류해보면 우리가 전에 발견하지 못했던 상품 카테고리별 데이터 편향이 존재할지도 모른다. 따라서 클래리파이를 이용해 상품 카테고리 같은 다양한 측면에 따라 데이터를 분류해 잠재적 편향을 찾아보는 것이다.

```
                label='star_rating',
                headers=['product_category', 'review_body'],
                dataset_type='text/csv')

    bias_config = clarify.BiasConfig(
                label_values_or_threshold=[5,4]
                facet_name='product_category',
                facet_values_or_threshold=['Gift Card'],
            group_name='product_category')
```

ModelConfig에 훈련된 모델을 정의하고 세이지메이커 클래리파이가 생성할 섀도우 엔드포인트[shadow endpoint 20]의 인스턴스 유형과 개수를 지정한다.

```
    model_config = clarify.ModelConfig(
                model_name=model_name,
                instance_type='ml.m5.4xlarge',
                instance_count=1,
                content_type='text/csv',
                accept_type='application/jsonlines')
```

ModelPredictedLabelConfig는 모델 예측 결과를 구문 분석하고 읽는 방법을 정의한다. label, probability, probability_threshold, label_headers를 지정할 수 있다. 모델이 {"predicted_label": 5}와 같은 JSON 출력을 반환하는 경우 label='predicted_label'을 설정하여 예측 결과를 구문 분석할 수 있다. 모델 출력이 훈련 데이터의 제공된 레이블 유형 및 형식과 일치하면 그대로 두면 된다.

```
    predictions_config = clarify.ModelPredictedLabelConfig(label='predicted_label')

    clarify_processor.run_post_training_bias(
                        data_config=data_config,
                        data_bias_config=bias_config,
                        model_config=model_config,
                        model_predicted_label_config=predictions_config,
                        methods=['DPPL', 'DI', 'DCA', 'DCR', 'RD', \
                            'DAR', 'DRR', 'AD', 'CDDPL', 'TE'],
                        wait=True)
```

----

20 옮긴이 1_ 사전 훈련된 편향 지표를 세고 모델의 설명 가능성으로 이해를 돕기 위해 세이지메이커 클래리파이 프로세싱 서비스가 임시로 엔드포인트를 생성하는 걸 의미한다.

위의 예제에서 볼 수 있듯이 `methods` 파라미터에 어떤 훈련 후 편향 지표들을 계산하도록 할지 선택할 수 있다.

위 예제에서는 모델이 'Gift Card' 상품 카테고리 측면을 기준으로 'Digital_Software'와 같은 나머지 상품 카테고리들에 부정적인 별점을 얼마나 예측하는지 비교 및 분석한다. 여기에 적절한 편향 지표는 조건부 불합격의 차이[difference in conditional rejection](DCR)로, 레이블을 불합격인 부정적인 분류의 각 `product_category` 패싯에 대한 예측 레이블과 비교한다. 이는 각 상품 카테고리의 부정적인 분류에 대해 실제 레이블과 예측 레이블을 비교한다. 별점 4개와 5개는 긍정적인 분류로 정의하고, 별점 1개와 3개 사이의 값은 부정적인 분류로 정의한다.

> **NOTE**_훈련 후 지표는 예측된 레이블의 양성 비율 차이[difference in positive proportions in predicted label](DPPL), 불균형 반응[disparate impact](DI), 조건부 수락 차이[difference in conditional acceptance](DCA), 조건부 거부 차이[difference in conditional rejection](DCR), 리콜 차이[recall difference](RD), 합격률 차이[difference in acceptance rate](DAR), 거부율 차이[difference in rejection rate](DRR), 정확도 차이[accuracy difference](AD), 취급 평등[treatment equality](TE), 예측된 레이블의 조건부 인구통계 차이[conditional demographic disparity in predicted label](CDDPL), 반사실 플립테스트[counterfactual fliptest]를 포함한다.

세이지메이커 클래리파이는 사용자가 제공한 환경 설정의 입출력 파라미터를 검증하여 훈련 후 편향 분석을 시작한다. 그런 다음 임시 섀도우 세이지메이커 모델 엔드포인트를 생성하고 훈련된 모델을 배포한다. 세이지메이커 클래리파이는 프로세싱 작업을 실행시켜 임시 엔드포인트의 예측값과 실제 레이블을 비교하며 훈련 후 지표를 계산한다. [표 7-1]은 이 모델에 대해 계산된 훈련 후 편향 지표를 보여준다. 프로세싱 작업이 완료되면 세이지메이커 클래리파이가 출력 파일을 생성하고 섀도우 엔드포인트를 삭제한다.

표 7-1 훈련 후 편향 지표 분석 결과

이름	설명	값
AD	정확도 차이	−0.25
CDDPL	예측된 레이블의 조건부 인구통계 차이	−0.333333
DAR	합격 비율의 차이	−0.44444
DCA	조건부 수락 차이	−0.33333
DCR	조건부 거부 차이	−1.27273
DI	불균형 반응	2.22222
DPPL	예측된 레이블의 양성 비율 차이	−0.55
DRR	거부율 차이	−0.90909
RD	리콜 차이	−0.16667
TE	취급 평등	−0.25

세이지메이커 클래리파이는 편향 지표가 포함된 analysis.json을 생성하고 편향 지표를 시각화하여 사용자가 동료들과 쉽게 공유할 수 있도록 주피터 노트북 report.ipynb를 생성한다. 또한 세이지메이커 클래리파이의 훈련 후 지표 프로세싱 작업은 세이지메이커 모델 모니터$^{SageMaker\ Model\ Monitor}$를 통해 실시간 모델 엔드포인트에 발생하는 편향 드리프트를 감지하는 데 사용될 편향 베이스라인을 생성한다. 이에 대해서는 9장에서 더 자세히 알아볼 것이다.

7.13.2 세이지메이커 클래리파이 및 SHAP를 사용해 속성과 중요도로 피처 정하기

세이지메이커 클래리파이는 머신러닝 콘텐츠에 적용된 게임 이론의 개념인 SHAP[21]를 지원하고 각 피처가 모델의 예측에 기여하는 바를 결정한다. 이 정보를 사용해 피처를 선택하거나 새로운 피처 조합을 만들 수 있다. 다음은 세이지메이커 클래리파이 프로세싱으로 피처 속성 및 모델 설명 가능성을 수행하는 코드다.

----

21 옮긴이 2_ SHAP(SHapley Additive exPlanations)는 머신러닝 모델의 출력을 설명하기 위한 게임 이론적 접근 방법이다. 이는 협력 게임 이론의 전통적 셰플리값과 관련된 연장값을 이용하여 최적의 크레딧 할당과 국소적 설명을 연결한다(Lundberg, 2017). 다시 말해, SHAP는 특정 예측에 대해 각 피처의 중요도를 측정한다. 이는 훈련 데이터를 사용하여 계산되는 조건부 기댓값을 기반으로 하며, 피처의 예측에 대한 평균 효과를 나타낸다. 이러한 방식으로 SHAP 값은 피처가 예측에 미치는 기여도를 나타내, 모델이 예측을 어떻게 만들어 내는지를 설명하는 데 도움이 된다.

```
from sagemaker import clarify

shap_config = clarify.SHAPConfig(
        baseline=[shap_dataset.iloc[0].values.tolist()],
        num_samples=15,
        agg_method='mean_abs')

explainability_output_path = 's3://{}/clarify'.format(bucket)

explainability_data_config = clarify.DataConfig(
        s3_data_input_path=train_dataset_s3_uri,
        s3_output_path=explainability_output_path,
        label='star_rating',
        headers=['product_category', 'review_body'],
        dataset_type='text/csv')

clarify_processor.run_explainability(
        data_config=explainability_data_config,
        model_config=model_config,
        model_score='predicted_label',
        explainability_config=shap_config)
```

클래리파이 프로세싱은 analysis.json과 report.ipynb 외에도 데이터셋의 각 피처 및 예측 레이블에 대한 SHAP 값을 포함하 explanation_shap/out.csv를 생성한다. 다음은 클래리파이 프로세싱에서 처리한 피처 속성 및 설명 부분을 캡처한 analysis.json의 일부다.

```
"explanations": {
    "kernel_shap": {
        "star_rating": {
            "global_shap_values": {
                "product_category": 0.04999999999999998,
                "review_body": 1.3833333333333333
            },
            "expected_value": 2.0
        }
    }
}
```

[그림 7-33]은 세이지메이커 스튜디오에서 시각화된 각 피처에 대해 집계된 SHAP 값과 각 피처의 중요도를 보여준다.

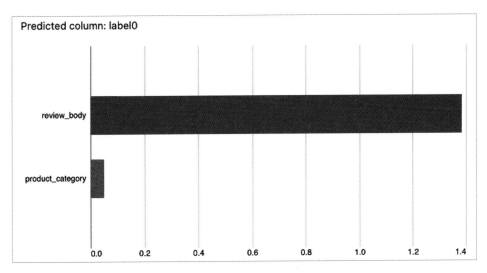

그림 7-33 피처의 중요도를 보여주는 세이지메이커 스튜디오

7.14 BERT를 위한 추가 훈련 선택

이 책의 예제는 대부분 텐서플로우를 활용한다. 하지만 세이지메이커는 파이토치와 아파치 MXNet을 포함한 다른 인기 있는 AI/ML 프레임워크도 지원한다. 이 절에서는 파이토치 및 MXNet 프레임워크를 사용해 동일한 프로세스로 같은 모델을 생성 및 훈련하는 방법과, 추가로 AWS의 오픈 소스 딥 자바 라이브러리^{Deep Java Library}(DJL)[22]를 사용해 자바로 딥러닝 모델을 훈련하는 방법을 살펴볼 것이다. 이는 딥러닝을 자바 기반 애플리케이션에 통합하려는 기업에게 꽤 유용할 것이다.

---

22 *https://djl.ai*

7.14.1 텐서플로우 BERT 모델을 파이토치로 변환하기

어떤 경우에는 더 나은 훈련 또는 추론 성능을 위해 다른 프레임워크를 시도해보고 싶을 수도 있다. 우리의 예제는 BERT용으로 인기 있는 트랜스포머 라이브러리를 사용하고 있어서 몇 줄의 코드만으로 모델을 텐서플로우에서 파이토치로 변환할 수 있다. 트랜스포머 라이브러리는 텐서플로우와 파이토치를 모두 지원한다.

```
# (TF 접두사 없는) 파이토치 버전의 DistilBert를 임포트하기
from transformers import DistilBertForSequenceClassification

# 텐서플로우에서 파이토치로 모델을 로드하기 위해 from_tf=True 사용
loaded_pytorch_model =
  DistilBertForSequenceClassification.from_pretrained(
      tensorflow_model_path, from_tf=True)

# 파이토치 기반으로 변환된 모델을 저장하기
loaded_pytorch_model.save_pretrained(pytorch_models_dir)
```

> **NOTE**_파이토치 모델을 텐서플로우로 변환할 수도 있다. 이것은 트랜스포머 라이브러리의 기능이며, 트랜스포머 기반이 아닌 파이토치 및 텐서플로우 모델에서는 작동하지 않는다.

모델 변환을 통해 텐서플로우로 훈련된 모델의 가중치를 그대로 사용해 파이토치 버전 모델을 생성한다. 9장에서 토치서브TorchServe 런타임을 사용해 이 파이토치 모델을 배포하는 법도 알아볼 것이다. 토치서브는 AWS, 페이스북, 파이토치 커뮤니티에 의해 빌드 및 최적화됐으며, 파이토치 모델 예측을 제공하고 AWS의 탄력적 인프라에 확장 가능하다.

```
print(loaded_pytorch_model)

### 출력 결과 ###

DistilBertForSequenceClassification(
  (distilbert): DistilBertModel(
    (embeddings): Embeddings(
      (word_embeddings): Embedding(30522, 768, padding_idx=0)
      (position_embeddings): Embedding(512, 768)
      (LayerNorm): LayerNorm((768,), eps=1e-12, elementwise_affine=True)
```

```
        (dropout): Dropout(p=0.1, inplace=False)
      )
      (transformer): Transformer(
        (layer): ModuleList(
          (0): TransformerBlock(
            (attention): MultiHeadSelfAttention(
              (dropout): Dropout(p=0.1, inplace=False)
              (q_lin): Linear(in_features=768, out_features=768, bias=True)
              (k_lin): Linear(in_features=768, out_features=768, bias=True)
              (v_lin): Linear(in_features=768, out_features=768, bias=True)
              (out_lin): Linear(in_features=768, out_features=768, bias=True)
            )
            (sa_layer_norm): LayerNorm((768,), eps=1e-12, \
    elementwise_affine=True)
            (ffn): FFN(
              (dropout): Dropout(p=0.1, inplace=False)
              (lin1): Linear(in_features=768, out_features=3072, bias=True)
              (lin2): Linear(in_features=3072, out_features=768, bias=True)
            )
            (output_layer_norm): LayerNorm((768,), eps=1e-12, \
    elementwise_affine=True)
          )
        ...
        )
      )
    )
    (pre_classifier): Linear(in_features=768, out_features=768, bias=True)
    (classifier): Linear(in_features=768, out_features=5, bias=True)
    ...
  )
```

7.14.2 세이지메이커로 파이토치 BERT 모델 훈련시키기

파이토치는 페이스북과 AWS 같은 기업을 포함한 대규모 커뮤니티가 기여하고 있는 인기 있는 딥러닝 프레임워크다. 또한 분산 모델 훈련, 디버깅, 프로파일링, 하이퍼파라미터 튜닝, 모델 추론 엔드포인트까지 모든 과정이 세이지메이커에 의해 지원되고 있다. 다음은 세이지메이커에서 DistilBERT 파이토치 모델을 훈련시키고 9장에서 배포할 코드를 S3에 저장하는 코드 조각이다. 전체 코드는 이 책의 깃허브 리포지터리에서 확인할 수 있다.

```
from sagemaker.pytorch import PyTorch

estimator = PyTorch(
    entry_point='train.py',
    source_dir='src',
    role=role,
    instance_count=train_instance_count,
    instance_type=train_instance_type,
    volume_size=train_volume_size,
    py_version='<PYTHON_VERSION>',
    framework_version='<PYTORCH_VERSION>',
    hyperparameters=hyperparameters,
    metric_definitions=metric_definitions,
    input_mode=input_mode,
    debugger_hook_config=debugger_hook_config
)

estimator.fit(inputs={'train': s3_input_train_data,
                      'validation': s3_input_validation_data,
                      'test': s3_input_test_data
                     },
              experiment_config=experiment_config,
              wait=False)
```

다음은 네트워크를 설정하고 모델을 훈련시키는 train.py 파이썬 스크립트다. 다음 코드 예제에서 파이토치의 DistilBertForSequenceClassification 모델을 사용하는 것에 유의하자. 텐서플로우 버전은 TFDistilBertForSequenceClassification으로, 트랜스포머가 제공하는 텐서플로우 버전 모델에는 통상적으로 TF를 붙여 별도로 구별 가능하도록 표시한다.

```
import torch
import torch.distributed as dist
import torch.nn as nn
import torch.optim as optim
import torch.utils.data

PRE_TRAINED_MODEL_NAME = 'distilbert-base-uncased'

tokenizer = DistilBertTokenizer.from_pretrained(
        PRE_TRAINED_MODEL_NAME)

config = DistilBertConfig.from_pretrained(PRE_TRAINED_MODEL_NAME,
```

```
            num_labels=len(CLASS_NAMES),
            id2label={0: 1, 1: 2, 2: 3, 3: 4, 4: 5},
            label2id={1: 0, 2: 1, 3: 2, 4: 3, 5: 4}
)
config.output_attentions=True

model = DistilBertForSequenceClassification.from_pretrained(
    PRE_TRAINED_MODEL_NAME, config=config)

device = torch.device('cuda' if use_cuda else 'cpu')
model.to(device)

ds_train = ReviewDataset(
        reviews=df_train.review_body.to_numpy(),
        targets=df_train.star_rating.to_numpy(),
        tokenizer=tokenizer,
        max_seq_len=max_seq_len
)

train_data_loader = DataLoader(
    ds_train,
    batch_size=batch_size,
    shuffle=True
)

loss_function = nn.CrossEntropyLoss()
optimizer = optim.Adam(params=model.parameters(), lr=args.lr)
for epoch in range(args.epochs):
for i, (sent, label) in enumerate(train_data_loader):
    model.train()
    optimizer.zero_grad()
    sent = sent.squeeze(0)
    if torch.cuda.is_available():
        sent = sent.cuda()
        label = label.cuda()
    output = model(sent)[0]
    _, predicted = torch.max(output, 1)

    loss = loss_function(output, label)
    loss.backward()
    optimizer.step()
...
torch.save(model.state_dict(), save_path)
```

7.14.3 세이지메이커로 아파치 MXNet BERT 모델 훈련시키기

MXNet 또한 수요 예측, 배송 물류, 인프라 리소스 최적화, 자연어 처리, 컴퓨터 비전, 사기 탐지 등을 비롯한 아마존 및 AWS에서 많이 사용하는 인기 있는 딥러닝 프레임워크다. MXNet의 분산 훈련, 디버깅, 프로파일링, 하이퍼파라미터 튜닝, 모델 추론 엔드포인트를 포함하여 세이지메이커에서 기본적으로 지원된다. 다음은 MXNet으로 BERT 모델을 훈련시키는 코드다.

```python
from sagemaker.mxnet import MXNet

estimator = MXNet(
    entry_point='train.py',
    source_dir='src',
    role=role,
    instance_count=train_instance_count,
    instance_type=train_instance_type,
    volume_size=train_volume_size,
    py_version='<PYTHON_VERSION>',
    framework_version='<MXNET_VERSION>',
    hyperparameters=hyperparameters,
    metric_definitions=metric_definitions,
    input_mode=input_mode,
    debugger_hook_config=debugger_hook_config
)

estimator.fit(inputs={'train': s3_input_train_data,
                      'validation': s3_input_validation_data,
                      'test': s3_input_test_data
                     },
              experiment_config=experiment_config,
              wait=False)
```

7.14.4 파이토치 및 AWS 딥 자바 라이브러리로 BERT 모델 훈련시키기

데이터 과학 분야에서 파이썬과 C 언어를 많이 사용하지만, 1990년 대 초에 자바가 발표된 이후 축적되어 온 수십억 줄의 자바 코드는 다양한 분야의 프레임워크와 통합해서 쓰여야 할 때가 많다. 예를 들어 아파치 하둡^{Apache Hadoop}, 스파크^{Spark}, 일래스틱서치^{ElasticSearch}와 같은 빅데이터 프레임워크는 자바 코드로 구현한다. 다음은 자바 네이티브 인터페이스 프레임워크를 통해 텐서플로우, 파이토치, 아파치 MXNet 라이브러리를 호출하는 AWS 딥러닝 자바를 사용해 파이토치로 BERT 모델을 훈련시키는 방법을 보여주는 코드 예제다. 참고로 이 예제는 딥 자바 라이브러리 깃허브 리포지터리[23]에서 더 자세히 볼 수 있다.

먼저 이러한 예제를 구현하기 위해 상당한 양의 필요한 컴포넌트들을 임포트한다.

```
import ai.djl.*;
import ai.djl.engine.Engine;
import ai.djl.basicdataset.CsvDataset;
import ai.djl.basicdataset.utils.DynamicBuffer;
import ai.djl.modality.nlp.SimpleVocabulary;
import ai.djl.modality.nlp.bert.BertFullTokenizer;
import ai.djl.ndarray.NDArray;
import ai.djl.ndarray.NDList;
import ai.djl.repository.zoo.*;
import ai.djl.training.*;
import ai.djl.training.dataset.Batch;
import ai.djl.training.dataset.RandomAccessDataset;
import ai.djl.training.evaluator.Accuracy;
import ai.djl.training.listener.CheckpointsTrainingListener;
import ai.djl.training.listener.TrainingListener;
```

그런 다음, 원시 텍스트를 BERT 임베딩으로 변환하는 자바 클래스를 정의한다.

```
final class BertFeaturizer implements CsvDataset.Featurizer {
    private final BertFullTokenizer tokenizer;
    private final int maxLength; // 컷오프 길이

    public BertFeaturizer(BertFullTokenizer tokenizer, int maxLength) {
        this.tokenizer = tokenizer;
        this.maxLength = maxLength;
    }

    @Override
    public void featurize(DynamicBuffer buf, String input) {
        SimpleVocabulary vocab = tokenizer.getVocabulary();
        // 문장을 토큰(toLowerCase for uncased model)으로 변환
        List<String> tokens = tokenizer.tokenize(input.toLowerCase());
        // 토큰을 maxLength에 맞게 자르기
```

---

23 https://oreil.ly/eVeQY

```
            tokens = tokens.size() > maxLength ?
                         tokens.subList(0, maxLength) : tokens;
            // BERT 임베딩 관례 "[CLS] 사용자 문장 [SEP]"
            buf.put(vocab.getIndex("[CLS]"));
            tokens.forEach(token -> buf.put(vocab.getIndex(token)));
            buf.put(vocab.getIndex("[SEP]"));
        }
    }
```

이제 아마존 고객 리뷰 데이터셋을 검색하는 함수를 정의해보자. 이 예제에서는 'Digital_ Software' 상품 카테고리를 사용한다.

```
CsvDataset getDataset(int batchSize, BertFullTokenizer tokenizer, int maxLength){
    String amazonReview =
            "https://s3.amazonaws.com/amazon-reviews-
    pds/tsv/amazon_reviews_us_Digital_Software_v1_00.tsv.gz";
    float paddingToken = tokenizer.getVocabulary().getIndex("[PAD]");
    return CsvDataset.builder()
            .optCsvUrl(amazonReview) // Url로부터 로드하기
            .setCsvFormat(CSVFormat.TDF.withQuote(null).withHeader())
            .setSampling(batchSize, true) // 표본 크기 생성 및 랜덤 액세스
            .addFeature(
                    new CsvDataset.Feature(
                            "review_body", new BertFeaturizer(tokenizer,
                                                              maxLength)))
            .addLabel(
                    new CsvDataset.Feature(
                            "star_rating", (buf, data) ->
                                buf.put(Float.parseFloat(data) - 1.0f)))
            .optDataBatchifier(
                    PaddingStackBatchifier.builder()
                            .optIncludeValidLengths(false)
                            .addPad(0, 0, (m) ->
                                m.ones(new Shape(1)).mul(paddingToken))
                            .build())
            .build();
}
```

다음 코드 예제는 딥 자바 라이브러리의 모델 동물원[200]에서 사전 훈련된 DistilBERT의 파이 토치 모델을 검색한다.

```
String modelUrls =
  "https://resources.djl.ai/test-models/traced_distilbert_wikipedia_uncased.zip";
}

Criteria<NDList, NDList> criteria = Criteria.builder()
        .optApplication(Application.NLP.WORD_EMBEDDING)
        .setTypes(NDList.class, NDList.class)
        .optModelUrls(modelUrls)
        .optProgress(new ProgressBar())
        .build();
ZooModel<NDList, NDList> embedding = ModelZoo.loadModel(criteria);
```

다음과 같이 아마존 고객 리뷰 데이터셋으로 DistilBERT를 미세 조정한다.

```
Predictor<NDList, NDList> embedder = embedding.newPredictor();
Block classifier = new SequentialBlock()
        // 임베딩 레이어 텍스트에 넣기
        .add(
            ndList -> {
                NDArray data = ndList.singletonOrThrow();
                NDList inputs = new NDList();
                long batchSize = data.getShape().get(0);
                float maxLength = data.getShape().get(1);

                if ("PyTorch".equals(Engine.getInstance().getEngineName())) {
                    inputs.add(data.toType(DataType.INT64, false));
                    inputs.add(data.getManager().full(data.getShape(), 1,
                                                      DataType.INT64));
                    inputs.add(data.getManager().arange(maxLength)
                            .toType(DataType.INT64, false)
                            .broadcast(data.getShape()));
                } else {
                    inputs.add(data);
                    inputs.add(data.getManager().full(new Shape(batchSize),
                            maxLength));
                }
                // 임베딩 실행
                try {
                    return embedder.predict(inputs);
                } catch (TranslateException e) {
                    throw new IllegalArgumentException("embedding error", e);
                }
            })
```

```
// 분류 레이어
        .add(Linear.builder().setUnits(768).build()) // 사전 분류기
        .add(Activation::relu)
        .add(Dropout.builder().optRate(0.2f).build())
        .add(Linear.builder().setUnits(5).build()) // 5개 별점
        .addSingleton(nd -> nd.get(":,0")); // 헤드로서 [CLS] 가지기
Model model = Model.newInstance("AmazonReviewRatingClassification");
model.setBlock(classifier);
```

끝으로, 모든 것을 하나로 묶고 데이터셋을 BERT 임베딩으로 변환해 체크포인트 콜백 수신자를 설정한다. 그런 다음 자바로 BERT 기반 리뷰 분류기를 훈련시킨다.

```
// 어휘 준비
SimpleVocabulary vocabulary = SimpleVocabulary.builder()
        .optMinFrequency(1)
        .addFromTextFile(embedding.getArtifact("vocab.txt"))
        .optUnknownToken("[UNK]")
        .build();

// 데이터셋 준비
int maxTokenLength = 64; // 컷오프 토큰 길이
int batchSize = 128;

BertFullTokenizer tokenizer = new BertFullTokenizer(vocabulary, true);

CsvDataset amazonReviewDataset = getDataset(batchSize, tokenizer, maxTokenLength);

RandomAccessDataset[] datasets = amazonReviewDataset.randomSplit(0.9, 0.1);
RandomAccessDataset trainingSet = datasets[0];
RandomAccessDataset validationSet = datasets[1];

CheckpointsTrainingListener listener =
        new CheckpointsTrainingListener("build/model");
        listener.setSaveModelCallback(
            trainer -> {
                TrainingResult result = trainer.getTrainingResult();
                Model model = trainer.getModel();
                // 정확도와 손실 트래킹
                float accuracy = result.getValidateEvaluation("Accuracy");
                model.setProperty("Accuracy", String.format("%.5f", accuracy));
                model.setProperty("Loss", String.format("%.5f",
                            result.getValidateLoss()));
            });
```

```java
DefaultTrainingConfig config =
  new DefaultTrainingConfig(Loss.softmaxCrossEntropyLoss())
        .addEvaluator(new Accuracy())
        .optDevices(Device.getDevices(1)) // 단일 GPU를 사용해 훈련
        .addTrainingListeners(TrainingListener.Defaults.logging("build/model"))
        .addTrainingListeners(listener);

int epoch = 2;

Trainer trainer = model.newTrainer(config);
trainer.setMetrics(new Metrics());
Shape encoderInputShape = new Shape(batchSize, maxTokenLength);

// input shape로 trainer 모델 클래스를 초기화하기
trainer.initialize(encoderInputShape);
EasyTrain.fit(trainer, epoch, trainingSet, validationSet);
System.out.println(trainer.getTrainingResult());

model.save(Paths.get("build/model"), "amazon-review.param");
```

원시 텍스트를 BERT 임베딩으로 변환하는 DistilBERT 토크나이저를 사용하는 커스텀 Translator 클래스로 몇 가지 표본 예측을 다음과 같이 실행할 수 있다.

```java
class MyTranslator implements Translator<String, Classifications> {

    private BertFullTokenizer tokenizer;
    private SimpleVocabulary vocab;
    private List<String> ranks;

    public MyTranslator(BertFullTokenizer tokenizer) {
        this.tokenizer = tokenizer;
        vocab = tokenizer.getVocabulary();
        ranks = Arrays.asList("1", "2", "3", "4", "5");
    }

    @Override
    public Batchifier getBatchifier() {return new StackBatchifier();}

    @Override
    public NDList processInput(TranslatorContext ctx, String input) {
        List<String> tokens = tokenizer.tokenize(input);
        float[] indices = new float[tokens.size() + 2];
```

```
        indices[0] = vocab.getIndex("[CLS]");
        for (int i = 0; i < tokens.size(); i++) {
            indices[i+1] = vocab.getIndex(tokens.get(i));
        }
        indices[indices.length - 1] = vocab.getIndex("[SEP]");
        return new NDList(ctx.getNDManager().create(indices));
    }

    @Override
    public Classifications processOutput(TranslatorContext ctx, NDList list)
    {
        return new Classifications(ranks, list.singletonOrThrow().softmax(0));
    }
}

String review = "It works great, but takes too long to update";
Predictor<String, Classifications> predictor =
        model.newPredictor(new MyTranslator(tokenizer));

System.out.println(predictor.predict(review));

### 출력 결과 ###

4
```

7.15 비용 절감 및 성능 향상

이번 절에서는 혼합 정확도나 스팟 인스턴스Spot Instance 같은 하드웨어 및 인프라 최적화 등의 방법을 통해 비용을 절감하고 모델 훈련 성능을 향상시키는 팁을 소개한다. 그리고 세이지메이커 트레이닝 서비스가 더 이상 향상되지 않는 훈련 작업을 중지하는 방법에 대해서도 알아본다.

7.15.1 작고 저렴한 세이지메이커 노트북 인스턴스 사용하기

비용을 절감하려면 모든 GPU 기반 연산을 세이지메이커 노트북 인스턴스가 아닌 세이지메이커 프로세싱, 트레이닝 및 일괄 변환batch transform 서비스에서 실행해 종량제의 이점을 이용해야 한다. 이 서비스들은 클라우드 리소스를 일시적으로 필요한 만큼만 구동하는 반면, 세이지메이커 노트북 인스턴스는 우리가 코드를 준비하고 요청하는 동안 상시로 구동 중인 경우가 많다. 코드를 준비하는 과정에는 보통 GPU의 성능이 필요하지 않다. 따라서 세이지메이커 노트북 인스턴스에는 작은 CPU 기반 인스턴스만 할당해 비용을 절약할 수 있다. 만일 사용 중인 세이지메이커 노트북 인스턴스가 GPU 기반 인스턴스 타입으로 구동 중이라면, 이 인스턴스의 타입을 더 작고 저렴한 것으로 바꾸고, 각종 머신러닝 작업을 세이지메이커 서비스를 통해 클라우드 컴퓨팅 리소스로 요청을 보냄으로써 쓴 만큼만 종량제식으로 지불하는 것이 바람직하다.

7.15.2 로컬로 모델 훈련 스크립트 테스트하기

우리는 instance_type='local'로 지정함으로써 훈련 작업을 세이지메이커 노트북 인스턴스나 로컬 노트북에서 실행할 수 있다. 로컬 모델 훈련은 본격적으로 클라우드에 훈련 작업을 요청하기 전에 데이터셋의 일부만 취해 모델 훈련을 시운전해보는 게 좋다. 세이지메이커 노트북 인스턴스에서 훈련 작업을 실행하는 경우 컴퓨팅 파워가 로컬 노트북 인스턴스에 할당된 메모리 및 컴퓨팅 리소스로 제한된다는 점을 기억해야 한다. 그러므로 로컬 노트북 인스턴스에서 모델을 훈련할 때 훈련 데이터셋의 일부만 이용해 1~2회의 에폭^{epoch} 정도만 훈련 작업을 시운전해보는 것이 적절하다.

7.15.3 세이지메이커 디버거로 훈련 작업 프로파일링하기

프로파일러는 모델 훈련 과정에서 컴퓨팅 리소스의 병목 현상에 대한 통찰력을 제공하고 이러한 병목 현상을 해결하기 위한 추천 사항을 제공한다. 병목 현상의 원인은 대체로 컴퓨트 바운드가 아니라 I/O 바운드다. 세이지메이커 디버거는 실제 데이터로 덜 직관적인 병목 현상을 식별하여 리소스 활용도를 높이고 훈련 시간과 비용을 줄이는 데 도움이 된다. 출력 예제는 세이지메이커 디버거가 CPU 병목 현상을 식별하고 더 많은 데이터 미리 불러오기$^{pre-fetch}$를 충분히 활성화하라고 추천하는 것을 보여준다.

```
CPUBottleneck - Issue Found
CPU bottlenecks can happen when data preprocessing is very compute intensive.
You should consider increasing the number of data-loader processes or apply
pre-fetching.
```

```
Number of times the rule triggered: 16
Number of violations: 8090
Number of datapoints: 62020
Rule parameters:
threshold: 50%
cpu_threshold: 90%
gpu_threshold: 10%
patience: 1000
```

세이지메이커 디버거는 또한 GPU 사용률이 낮을 경우 더 작은 인스턴스를 사용하거나 데이터
소묶음 크기를 늘리라고 추천해줄 수 있다.

```
BatchSize - Issue Found
Run on a smaller instance type or increase batch size
Number of times the rule triggered: 4072
Number of violations: 4072
Number of datapoints: 62012
Rule parameters:
cpu_threshold_p95: 70%
gpu_threshold_p95: 70%
gpu_memory_threshold_p95: 70%
patience: 1000
window: 500
LowGPUUtilization - Issue Found
Check for bottlenecks, minimize blocking calls, change distributed training
strategy, increase batch-size.
Number of times the rule triggered: 4072
Number of violations: 4072
Number of datapoints: 62013
Rule parameters:
threshold_p95: 70%
threshold_p5: 10%
window: 500
patience: 1000
```

7.15.4 사전 훈련된 모델로 시작하기

BERT와 같은 사전 훈련된 모델을 미세 조정하면 사전 훈련 과정에 들었던 작업들을 우리가 직접 할 필요 없이 많은 시간과 비용을 절약할 수 있다. 만일 우리의 비즈니스에 BERT 같은 모델과 매우 다른 언어 모델을 사용해야 하는 경우 모델을 처음부터 훈련시켜야 할 수도 있지만, 사전 훈련된 모델을 먼저 시도해보는 게 좋다.

7.15.5 16비트 반정밀도 및 bfloat16 사용하기

대부분의 모델은 파라미터를 저장하고 전체 32비트 수치 정밀도로 계산한다. 정밀도를 '반half' 정밀도로 줄이면(16비트) 칩이 동일한 32비트 하드웨어에서는 2개의 16비트를 계산할 수 있다. 따라서 16비트 반정밀도는 파라미터의 메모리 풋프린트footprint[24]를 절반으로 줄일 뿐만 아니라 계산 성능도 2배까지 높일 수 있다.

또 다른 16비트 부동소수점 형식의 감소 정밀도인 bfloat16은 float32의 8비트 지수 부분을 보존하지만 가수에는 7비트까지만 남겨둔 잘린 버전의 float32다. bfloat는 IEEE와 호환되지 않는다. 그러나 ARM, 인텔, 구글, 아마존의 최신 칩에서 bfloat을 기본적으로 지원한다. [그림 7-34]는 지수와 가수[25]를 나타내는 데 사용되는 비트 수를 포함한 float16, float32, bfloat16을 비교해서 보여준다.

이런 16비트 정밀도에는 단점도 존재한다. 부동소수점을 16비트로 줄이면 모델의 학습 수준이 32비트 부동소수점을 유지했을 때보다 떨어질 수 있다. 또한 기울기 값의 경우 16비트만으로 이진수로 표현하는 데 제약이 있어 '기울기 소실vanishing gradient' 문제에 더 잘 빠져들 수 있다. 다시 말해 기울기 값이 0이 될 가능성이 16비트를 사용할 때가 32비트를 사용할 때보다 훨씬 높다. bfloat16은 8비트 지수를 통해 float32의 동적 범위를 유지해 기울기가 손실될 가능성을 줄인다. 또한 손실값-확장loss-scaling 테크닉으로 기울기 손실의 가능성을 줄일 수 있다.

----

24 옮긴이 1_ 컴퓨터 과학에서 풋프린트는 어떤 개체가 차지하는 공간을 설명하는 데 사용되는 용어이다. 예를 들어, 컴퓨터(또는 다른 외부 하드웨어)의 설치 공간이 작은 경우 책상 공간을 더 적게 차지하는 것처럼 전체 설치 공간에서 개체가 사용하는 공간을 뜻한다.

25 옮긴이 2_ https://ko.wikipedia.org/wiki/부동소수점

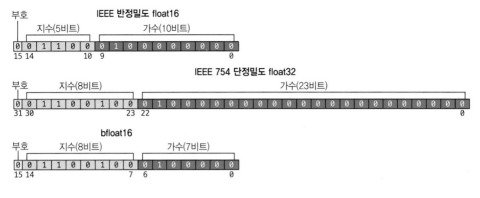

그림 7-34 float16, float32, bfloat 비교[26]

메모리가 제한된 작은 장치에 모델을 배포할 때 `float`의 정밀도를 8비트, 4비트, 1비트로 줄여야 할 수도 있다. 이 낮은 정밀도에서는 정확도를 유지하는 것이 관건이다.

7.15.6 32비트 완전 정밀도 및 16비트 반정밀도 혼합하기

32비트 또는 16비트를 선택하는 것은 하이퍼파라미터들의 최적화에 추가될 작업이 된다. 일부 알고리즘 및 데이터셋은 다른 알고리즘보다 감소된 정밀도에 더 민감할 수 있다. 그러나 수치 안정성을 유지하기 위해 '완전 정밀도full precision'로 파라미터를 32비트로 저장하지만 16비트 반정밀도를 이용해 연산을 계산을 수행하는 '혼합 정밀도mixed precision'라는 절충안이 있다. 이론적으로 반정밀도는 메모리 절반을 사용하기 때문에 속도가 2배로 향상된다. 그러나 실제로는 오버헤드로 인해 이론과 달리 속도가 2배로 향상되지 않는다.

텐서플로우와 케라스는 네트워크 레이어 수준에서 혼합 정밀도 지원을 기본으로 제공한다. 여기에서 프레임워크가 16비트 반정밀도를 사용해야 하는 레이어와 작업을 결정할 수 있도록 자동 혼합 정밀도 정책을 사용해 모든 레이어에 대한 글로벌 정책을 설정한다.

```
import tf.keras.mixed_precision.Policy

policy = mixed_precision.Policy('mixed_float16')
mixed_precision.set_policy(policy)
```

----

26 *https://oreil.ly/8W544*

자동 혼합 정밀도 정책은 사실상 모델 훈련을 위한 '터보 버튼turbo burton'과도 같다. 그러나 현실적으로는 여타 하이퍼파라미터처럼 취급하고 특정 데이터셋 및 알고리즘에 맞게 튜닝해야 한다.

7.15.7 양자화

이후에 모델 배포를 다루는 장에서는 모델의 크기를 줄이고 계산 속도를 높이기 위해 훈련 후 32비트에서 16비트로 모델의 정밀도를 줄이는 방법을 설명할 것이다. 양자화 프로세스는 오디오 신호 처리에 기반을 둔 통계적 방법으로 파라미터값의 동적 범위를 보존한다. 필수는 아니지만 우리는 훈련 스크립트를 '양자화 인식quantization-aware'으로 수정하고 훈련 후 양자화를 위한 모델을 준비할 수 있다. 이는 양자화 후 모델 정확도를 유지하는 데 도움이 된다.

7.15.8 훈련에 최적화된 하드웨어 사용하기

AWS 트레이니엄은 텐서플로우, 파이토치, 아파치 MXNet을 비롯해 널리 사용되는 딥러닝 프레임워크에 대한 모델 훈련 워크로드를 가속화하도록 설계된 훈련에 최적화된 칩이다. AWS 트레이니엄은 AWS 뉴런 SDK를 사용하며 32비트 완전 정밀도 부동소수점을 16비트 bfloat 형태로 자동 캐스팅하여 처리량을 높이고 비용을 절감한다.

7.15.9 스팟 인스턴스 및 체크포인트

텐서플로우, 파이토치, 아파치 MXNet과 같은 체크포인트를 지원하는 알고리즘을 사용하는 경우 세이지메이커 트레이닝 서비스와 함께 스팟 인스턴스를 사용해 비용을 절감할 수 있다. 스팟 인스턴스는 온디맨드 인스턴스보다 저렴하다. 스팟 인스턴스로 훈련하려면 다음과 같이 estimator에서 use_spot_instances=True를 지정한다.

```
checkpoint_s3_uri = 's3://<BUCKET>/<CHECKPOINT_PREFIX/'

estimator = TensorFlow(entry_point='tf_bert_reviews.py',
                       source_dir='src'
                       use_spot_instances=True,
```

```
max_wait=120, # 초
checkpoint_s3_uri=checkpoint_s3_uri,
...
```

훈련 작업이 실행되는 동안 스팟 인스턴스가 종료될 수 있다. `max_wait` 파라미터를 사용해 세이지메이커는 새 스팟 인스턴스가 이전에 종료된 스팟 인스턴스를 교체할 때까지 `max_wait`에 지정된 만큼의 시간을 기다린다. `max_wait`에 지정된 시간이 지나면 훈련 작업이 종료된다. 최근 저장된 체크포인트는 스팟 인스턴스가 종료된 시점부터 훈련을 재시작하는 데 사용된다.

[그림 7-35]는 타임 0에 스팟 인스턴스 1개가 교체되고 타임 1에 스팟 인스턴스 3개가 교체되는 예를 보여준다. 교체 주기는 스팟 인스턴스의 수요와 공급에 의해 주도되며 예측하기가 다소 어렵다. 체크포인트를 사용하는 단일 인스턴스 훈련 작업도 스팟 인스턴스 절약의 장점을 누릴 수 있다.

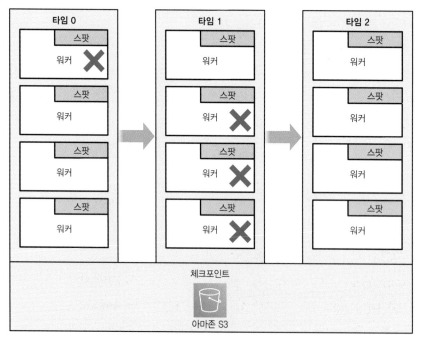

그림 7-35 스팟 인스턴스를 바꿀 때 훈련을 계속하기 위해 체크포인트를 사용한다

다음 스크립트는 제공된 체크포인트 위치에 케라스의 **ModelCheckpoint**로 체크포인트를 저장한다.

```
checkpoint_path = '/opt/ml/checkpoints'

checkpoint_callback = ModelCheckpoint(
            filepath=os.path.join(checkpoint_path, 'tf_model_{epoch:05d}.h5'),
            save_weights_only=False,
            verbose=1,
            monitor='val_accuracy')

callbacks.append(checkpoint_callback)
```

체크포인트로 저장된 모델을 불러오기 위해 훈련 스크립트에는 체크포인트 저장 위치를 다음과 같이 설정해야 한다.

```
def load_checkpoint_model(checkpoint_path):
    import glob
    import os

    glob_pattern = os.path.join(checkpoint_path, '*.h5')
    print('glob pattern {}'.format(glob_pattern))

    list_of_checkpoint_files = glob.glob(glob_pattern)
    print('List of checkpoint files {}'.format(list_of_checkpoint_files))

    latest_checkpoint_file = max(list_of_checkpoint_files)
    loaded_model = TFDistilBertForSequenceClassification.from_pretrained(
                    latest_checkpoint_file,
                    config=config)

if os.listdir(checkpoint_path):
    model = load_checkpoint_model(checkpoint_path)
```

7.15.10 세이지메이커 디버거의 조기 중지 규칙 정하기

세이지메이커 디버거는 규칙을 실행할 때 실행할 여러 가지 빌트인 액션들을 지원한다. 예를 들어, **StopTraining()** 액션은 정확도와 같은 지표가 정체되고 추가 훈련으로 더 이상 개선되지 않을 때 세이지메이커 트레이닝을 중지하여 비용을 줄인다. 정확도 정체 현상의 경우 '오버 피팅overfitting' 같은 규칙에 의해 감지된다. 이러한 규칙은 지정된 시간 또는 스텝에 걸쳐 상대적인 변화를 감지하도록 설정된다. 예를 들어, 정확도가 1천 스텝 동안 1%도 향상되지 않는다면 비용을 절약하기 위해 세이지메이커 트레이닝 서비스를 중단해야 한다.

이런 StopTraining() 액션은 규칙이 트리거될 때 훈련 작업을 종료한다. 스팟 인스턴스를 사용하는 것과 비슷하게, 우리는 이 기능을 사용할 때 체크포인트 기능을 활성화하여 훈련 작업이 중지되기 전까지 훈련된 모델을 저장해야 한다.

7.16 마치며

이 장에서는 텐서플로우 2.x, 텐서플로우 케라스 API, BERT, 아마존 세이지메이커를 사용해 모델을 훈련했다. 그리고 세이지메이커 인프라, 모델 개발 SDK, 세이지메이커 트레이닝 서비스에 대해 자세히 소개했다. 이어서 세이지메이커를 사용해 모델을 훈련시키고 보안 모범 사례를 다루고 비용 절감 및 성능 향상 팁을 살펴봤다.

또한 말뭉치에 있는 단어의 문맥적 표현을 학습하기 위해 양방향 접근 방식을 도입한 트랜스포머 신경망 아키텍처 기반 BERT 모델이 자연어 처리 및 자연어 이해 분야를 어떻게 혁신했는지 배웠다. 그리고 사전 훈련된 BERT 모델을 미세 조정하여 상품 리뷰를 위한 분야별 텍스트 분류기를 빌드하는 세 가지 방법을 보여줬다. 이는 Word2Vec, GloVe, ELMo과 같은 이전 세대의 NLP 모델과 대조적이다. 이전 세대의 모델들은 (1) 한번에 한 방향으로만 학습하거나, (2) 원래의 모델을 버리고 학습된 임베딩만 유지하거나, (3) 많은 메모리와 연산이 필요한 복잡한 순환 신경망(RNN) 구조를 사용한다.

다음 장에서는 하이퍼파라미터 최적화 또는 하이퍼파라미터 튜닝이라는 프로세스에서 다양한 구성과 하이퍼파라미터로 모델을 재훈련시킨다. 이 과정을 통해 최상의 정확도를 제공하는 최적의 모델과 하이퍼파라미터 조합을 찾을 수 있다. 그리고 엔비디아 GPU 또는 AWS 인퍼런시아 칩과 같은 타깃 배포 하드웨어에서 제공하는 하드웨어 최적화 기능을 활용해 모델을 더욱 최적화할 것이다. 이어서 9장에서는 프로덕션 환경에 모델을 배포하고 모니터링한다. 10장에서는 세이지메이커 파이프라인, AWS 스텝 함수, 아파치 에어플로우, 큐브플로우, 그 밖의 오픈 소스 옵션을 사용해 모델에 대한 엔드투엔드 파이프라인을 빌드한다.

## CHAPTER 8

대규모 모델 훈련과 최적화 전략

제프 베조스[Jeff Bezos]가 가장 좋아하는 비즈니스 전략가인 피터 드러커[Peter Drucker]는 '측정할 수 없다면 개선할 수 없다'라는 말을 했다. 이 인용문은 예측 모델의 측정, 최적화 및 개선에 중점을 둔 이번 장에도 잘 어울리는 말이다.

이전 장에서는 아마존 세이지메이커를 사용해 단일 하이퍼파라미터 집합으로 단일 모델을 훈련시켰다. 또한 사전 훈련된 BERT 모델을 미세 조정하여 소셜 채널, 파트너 웹사이트 등에서 실제 상품 리뷰의 감정을 예측하는 리뷰 텍스트 분류기 모델을 빌드하는 방법을 소개했다.

이 장에서는 세이지메이커 익스페리먼츠를 사용해 대규모로 모델을 측정, 트래킹, 비교, 개선할 것이다. 그리고 세이지메이커 하이퍼파라미터 튜닝을 사용해 특정한 알고리즘과 데이터셋에 가장 적합한 하이퍼파라미터를 선택하는 방법을 소개한다. 또한 다양한 커뮤니케이션 전략과 분산 파일 시스템을 사용해 분산 훈련을 수행하는 방법도 보여준다. 마지막으로 세이지메이커 오토파일럿의 하이퍼파라미터 선택 알고리즘, 세이지메이커의 최적화된 S3 파이프 및 AWS의 향상된 네트워킹 하드웨어를 사용해 비용을 줄이고 성능을 높이는 방법에 대한 팁을 소개하며 이 장을 마무리한다.

8.1 최적의 모델 하이퍼파라미터 자동으로 찾기

이제 모델 훈련 실행을 트래킹하고 비교하는 방법을 이해했으므로 하이퍼파라미터 튜닝 hyperparameter tuning(HPT) 또는 하이퍼파라미터 최적화hyperparameter optimization(HPO)라는 확장 가능한 프로세스를 통해 데이터셋 및 알고리즘에 가장 적합한 하이퍼파라미터를 자동으로 찾을 수 있다. 기본적으로 세이지메이커는 하이퍼파라미터 튜닝 작업을 지원한다. 이러한 하이퍼파라미터 튜닝 작업은 3장에서 설명했던 세이지메이커 오토파일럿의 빌딩 블록이다.

앞에서 하이퍼파라미터가 머신러닝 알고리즘이 모델 훈련 중에 모델 파라미터를 학습하는 방법을 제어한다는 것을 이미 살펴봤다. 하이퍼파라미터들을 튜닝할 때에는 모델 정확도와 같이 최적화할 목표를 정의해야 한다. 다시 말해, 우리가 원하는 목표를 모델이 충족하거나 능가하는 하이퍼파라미터셋을 찾아야 한다.

각 하이퍼파라미터 튜닝 작업 후에는 모델 성능을 평가하고 목표에 도달할 때까지 하이퍼파라미터를 계속 튜닝한다. 목표에 가장 적합한 하이퍼파라미터 조합에 수렴하기 위해 수십 또는 수백 개의 훈련 작업이 필요하므로 이 작업을 수동으로 수행하면 시간이 오래 걸린다. 세이지메이커의 하이퍼파라미터는 [그림 8-1]과 같이 사용자가 지정한 튜닝 전략을 사용해 여러 훈련 작업을 병렬로 실행함으로써 하이퍼파라미터 최적화 프로세스의 속도를 높이고 확장한다.

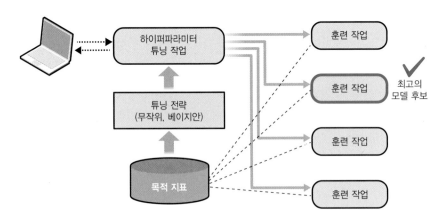

그림 8-1 일반적인 튜닝 전략을 지원하는 세이지메이커 하이퍼파라미터 튜닝

세이지메이커는 하이퍼파라미터 최적화 전략으로 무작위 검색과 베이지안 튜닝 전략을 지원한다. 첫째, 무작위 튜닝 전략은 무작위 검색을 사용해 성능이 좋은 조합을 찾을 때까지 하이퍼파라미터의 조합을 무작위로 선택한다. 이 접근 방식은 매우 빠르고 병렬화하기가 쉽지만 하이퍼파라미터 공간에서 무작위로 선택하기 때문에 최상의 하이퍼파라미터셋을 놓칠 수 있다.

둘째, 베이지안 최적화 전략은 하이퍼파라미터 튜닝 작업을 회귀 문제로 처리할 수 있다. 실제 모델이 손실 함수를 최소화하는 모델 가중치를 학습하는 것과 유사하게 베이지안 최적화는 최상의 하이퍼파라미터를 찾기 위한 대리 모델surrogate model[1]과 이전 최적화 실행 동안 학습한 사전지식으로 하이퍼파라미터 공간의 정보 검색을 수행하는 획득 함수acquisition function[2]를 반복 실행한다. 따라서 베이지안 최적화는 보통 수동 검색, 무작위 검색, 그리드 검색보다 더 효율적이다. 하지만 하이퍼파라미터 공간에서 정보 검색을 수행하는 데 필요한 사전 지식을 빌드하기 위해 일부 최적화들을 순차적으로(병렬 처리와는 반대로) 수행한다.

그렇다면 그리드 검색은 어떠한가? 그리드 검색을 통해 하이퍼파라미터 공간에서 가능한 한 모든 하이퍼파라미터 조합의 그리드를 평가한다. 이 접근 방식은 종종 비효율적이며 무작위 검색 및 베이지안 최적화 전략에 비해 완료하는 데 훨씬 더 오랜 시간이 걸린다. 이 글을 쓰는 시점(원서 집필 시점인 2020년 기준)에 세이지메이커 하이퍼파라미터 튜닝은 비효율적인 그리드 검색 최적화 전략을 지원하지 않는다. 따라서 그리드 검색 대신 무작위 검색 및 베이지안 최적화 전략을 사용하는 편이 좋다.

8.1.1 하이퍼파라미터 범위 설정하기

이번 절에서는 세이지메이커 하이퍼파라미터 튜닝을 사용해 BERT 기반 리뷰 분류기에 대한 최상의 하이퍼파라미터를 찾아볼 것이다. 먼저 다음 예제에서 `tracker_optimize`라는 세이지메이커 익스페리먼츠 트래커를 만들고 6장에서 생성했던 익스페리먼트와 연결한다.

---

1 옮긴이 2_ 대리 모델은 인공지능 분야에서 주어진 복잡한 모델이나 함수를 대신해서 간단한 모델이나 함수로 대체하는 기법이다. 최종 목적 함수에 대한 확률적인 추정을 하는 모델이다. 이 추정 과정에 가우시안 프로세스가 이용된다.

2 옮긴이 2_ 획득 함수는 강화 학습 알고리즘에서 사용되는 가치 함수로, 특정 상태-행동 쌍에 대한 현재 가치를 측정하고 평가하기 위해 사용된다. 베이지안 최적화 프로세스에서 이 함수는 대리 모델이 목적 함수를 최적화하는 가우시안 프로세스를 거치면서 테스트해볼 데이터 포인트를 가이드하는 역할을 한다.

```
from smexperiments.tracker import Tracker
import smexperiments.trial.Trial as trial

tracker_optimize = Tracker.create(display_name='optimize-1',
                                  sagemaker_boto_client=sm)

optimize_trial_component_name =
        tracker_optimize.trial_component.trial_component_name

# 여기서 trial은 smexperiments 라이브러리가 제공하는 계보 트래킹용 파이썬 클래스로,
# 354페이지의 세이지메이커 디버거 trial 객체와 다르다.
trial.add_trial_component(tracker_optimize.trial_component)
```

이 예제를 단순화하고 실험[trial] 실행의 조합적 폭발[combinatorial explosion][3] 알고리즘을 피하기 위해 대부분의 하이퍼파라미터를 고정하고 제한된 하이퍼파라미터셋만 탐색한다. 무한한 리소스와 예산이 있다면 물론 하이퍼파라미터들의 모든 조합을 탐색할 수 있을 것이다. 다음은 하이퍼파라미터 중 일부만 수동으로 선택하고 나머지는 하이퍼파라미터 최적화(HPO)를 실행해 탐색하도록 설정하는 코드 예제다.

```
epochs=500
epsilon=0.00000001
train_batch_size=128
validation_batch_size=128
test_batch_size=128
train_steps_per_epoch=100
validation_steps=100
test_steps=100
use_xla=True
use_amp=True
freeze_bert_layer=True
```

다음으로, 탐색하고자 하는 하이퍼파라미터 범위를 설정해보자. 우리는 여기서 직관성, 도메인 지식, 알고리즘 문서를 기반으로 이 하이퍼파라미터를 선택해본다. 또한 연구 논문이나 커뮤니티의 다른 이전 작업을 찾아서 참고해도 좋다. 사실 이 시점에서 우리가 해결하려는 문제에 대

---

3 옮긴이 1_ 수학 분야에서 조합적 폭발은 알고리즘의 실행 시간이 조합 함수에 따라 폭발적으로 증가하는 현상이다. 최악의 경우에 조합으로 표현되는 시간 복잡도를 가진 알고리즘에서는 입력 자료의 개수가 조금만 늘어도 알고리즘의 실행 사건이 폭발적으로 증가하는 것을 뜻한다.

한 관련 정보는 거의 다 찾아볼 수 있다.

하지만 여전히 적절한 시작점을 찾을 수 없다면 하이퍼파라미터의 규모를 이해하는 데 선형이 아닌 로그로 범위를 탐색해봐야 한다. 예를 들어, 최상의 하이퍼파라미터들이 천 단위로 떨어져 있는 경우 집합 [1, 2, 3, 4]를 탐색하는 것은 의미가 없다.

세이지메이커 오토파일럿은 이러한 문제와 데이터셋에 대한 하이퍼파라미터들의 기준 집합을 결정하는 또 다른 방법이다. 세이지메이커 오토파일럿의 하이퍼파라미터 선택 프로세스는 아마존 내의 광범위한 데이터셋, 알고리즘, 사용 사례에 걸친 수천 시간의 훈련 작업을 바탕으로 개선되었다.

세이지메이커 튜닝은 범주형^{categorical}, 연속형^{continuous}, 정수형^{integer}과 같은 세 가지 파라미터 범위 유형을 지원한다. Categorical은 product_category와 같은 이산 집합의 값으로 사용한다. Continuous는 부동소수점을 사용하고 Integer는 정수를 사용한다. 각 하이퍼파라미터 범위 유형의 확장 유형을 지정할 수도 있다. 확장 유형은 Linear, Logarithmic, ReverseLogarithmic 또는 Auto로 설정할 수 있다. Auto 유형의 경우 세이지메이커가 자동으로 결정할 수 있도록 하는 옵션이다. 하이퍼파라미터에 따라 적합한 확장 유형이 존재한다. 다음 코드 예제에서는 세이지메이커 튜닝 서비스가 선형 확장을 사용해 주어진 범위 사이에서 연속적으로 하이퍼파라미터인 learning_rate를 탐색하도록 지정한다.

```
from sagemaker.tuner import ContinuousParameter

hyperparameter_ranges = {
    'learning_rate': ContinuousParameter(0.00001, 0.00005,
                                         scaling_type='Linear'),
}
```

TIP_유사한 문제를 해결하는 다른 알고리즘을 조사한 후에도 특정 하이퍼파라미터를 탐색하기 위한 범위가 적절한게 없다면, 해당 하이퍼파라미터의 Logarithmic 확장 유형으로 시작하고 범위를 좁혀서 Linear 확장 유형으로 탐색한다.

마지막으로, 하이퍼파라미터 튜닝 작업이 최적화할 검증 정확도와 같은 객관적인 지표를 정의한다. 세이지메이커 컨테이너 로그에서 지표를 추출하려면 정규식$^{regular\ expression}$(regex)을 제공해야 한다. 또한 하이퍼파라미터 튜닝 작업의 훈련 진척에 대한 정보를 얻기 위해 훈련 손실, 훈련 정확도, 검증 손실도 수집한다. 다음은 추출할 지표들을 설정하는 방법을 보여주는 코드 예제이다.

```
objective_metric_name = 'validation:accuracy'

metrics_definitions = [
    {'Name': 'train:loss', 'Regex': 'loss: ([0-9\\.]+)'},
    {'Name': 'train:accuracy', 'Regex': 'accuracy: ([0-9\\.]+)'},
    {'Name': 'validation:loss', 'Regex': 'val_loss: ([0-9\\.]+)'},
    {'Name': 'validation:accuracy', 'Regex': 'val_accuracy: ([0-9\\.]+)'}]
```

8.1.2 하이퍼파라미터 튜닝 작업 실행하기

이제 7장처럼 텐서플로우 estimator를 생성해보자. 이때 learning_rate 하이퍼파라미터를 hyperparameters에 지정하지 않고 나중에 HyperparameterTuner 클래스를 통해 앞서 생성했던 hyperparameter_ranges 객체를 전달한다. 다음은 estimator를 생성하는 예를 보여준다.

```
from sagemaker.tensorflow import TensorFlow

hyperparameters={'epochs': epochs,
                 'epsilon': epsilon,
                 'train_batch_size': train_batch_size,
                 'validation_batch_size': validation_batch_size,
                 'test_batch_size': test_batch_size,
                 'train_steps_per_epoch': train_steps_per_epoch,
                 'validation_steps': validation_steps,
                 'test_steps': test_steps,
                 'use_xla': use_xla,
                 'use_amp': use_amp,
                 'max_seq_length': max_seq_length,
                 'freeze_bert_layer': freeze_bert_layer,
}

estimator = TensorFlow(entry_point='tf_bert_reviews.py',
                       source_dir='src',
```

```
                    role=role,
                    instance_count=train_instance_count,
                    instance_type=train_instance_type,
                    py_version='<PYTHON_VERSION>',
                    framework_version='<TENSORFLOW_VERSION>',
                    hyperparameters=hyper_parameters,
                    metric_definitions=metrics_definitions,
                )
```

그런 다음 텐서플로우 estimator에 적용할 하이퍼파라미터 탐색 범위, 객관적 훈련 지표, 튜닝 전략, 병렬 혹은 전체로 실행할 작업 수, 조기 중지 전략을 HyperparameterTuner 클래스에 전달해서 하이퍼파라미터 튜닝 객체를 생성한다. 세이지메이커는 '무작위random' 또는 '베이지안Bayesian' 검색과 같은 주어진 최적화 전략을 사용해 주어진 범위 내의 값을 탐색한다.

```
objective_metric_name = 'validation:accuracy'

tuner = HyperparameterTuner(
    estimator=estimator,
    objective_type='Maximize',
    objective_metric_name=objective_metric_name,
    hyperparameter_ranges=hyperparameter_ranges,
    metric_definitions=metrics_definitions,
    max_jobs=100,
    max_parallel_jobs=10,
    strategy='Bayesian',
    early_stopping_type='Auto'
)
```

위 예제는 총 100개의 튜닝 작업을 10개로 병렬화하고 베이지안 최적화 전략을 사용한다. 튜닝 작업을 한번에 10개만 실행함으로써 베이지안 전략이 이전 실행에서 학습할 수 있도록 한다. 다시 말해, 모두 병렬로 100개의 튜닝 작업을 실행하면 베이지안 전략은 제공된 범위 내에서 더 나은 값을 선택하는 과정에 선행된 튜닝 작업이 없으므로 사전 정보를 사용할 수 없다.

early_stopping_type을 Auto로 설정함으로써 세이지메이커는 튜닝 작업이 목적 지표를 개선하지 않을 경우 튜닝 작업을 중지한다. 이는 시간을 절약하고 훈련 데이터셋에 대한 오버피팅 가능성을 줄이며 튜닝 작업의 전체 비용을 줄이는 데 도움이 된다.

그렇다면 훈련, 검증, 테스트 데이터셋 분할을 사용해 tuner.fit()을 호출해 튜닝 작업을 시작해보자.

```
s3_input_train_data =
        TrainingInput(s3_data=processed_train_data_s3_uri,
                      distribution='ShardedByS3Key')

s3_input_validation_data =
        TrainingInput(s3_data=processed_validation_data_s3_uri,
                      distribution='ShardedByS3Key')

s3_input_test_data =
        TrainingInput(s3_data=processed_test_data_s3_uri,
                      distribution='ShardedByS3Key')

tuner.fit(inputs={'train': s3_input_train_data,
                  'validation': s3_input_validation_data,
                  'test': s3_input_test_data
              },
          include_cls_metadata=False)
```

8.1.3 튜닝 작업에서 최고의 하이퍼파라미터 분석하기

다음은 최적의 하이퍼파라미터를 결정하기 위한 튜닝 작업의 결과다. 이 튜닝 작업은 수동으로 선택한 하이퍼파라미터값들의 집합으로 7장에서 얻은 정확도 0.9394보다 높은 최종 훈련 정확도 0.9416을 얻었다.

```
from sagemaker.analytics import HyperparameterTuningJobAnalytics

hp_results = HyperparameterTuningJobAnalytics(
    sagemaker_session=sess,
    hyperparameter_tuning_job_name=tuning_job_name
)

df_results = hp_results.dataframe()
df_results
```

freeze_bert_layer	learning_rate	train_batch_size	Training Job Name	Training Job Status	Final Objective Value	Training Elapsed Time Seconds
"False"	0.000017	"128"	tensorflowtraining-210109-0222-003-cf95cdaa	Completed	0.9416	11245
			...			
"False"	0.000042	"128"	tensorflowtraining-210109-0222-004-48da4bab	Stopped	0.8056	693

이 튜닝 작업의 결과를 감안할 때 최상의 하이퍼파라미터 조합은 learning_rate가 0.000017
이며, train_batch_size가 128이고, freeze_bert_layer는 False다. 위의 마지막 작업 결
과에 대해서는 세이지메이커는 하이퍼파라미터의 조합이 훈련 정확도의 **목적 지표**를 개선하지
못했기 때문에 작업을 일찍 중단한 것을 확인할 수 있다. 이는 세이지메이커가 더이상 도움이
되지 않는 하이퍼파라미터 최적화 작업을 조기에 지능적으로 중지하여 비용을 절약하는 예제다.

8.1.4 세이지메이커 튜닝 작업의 익스페리먼트 계보 확인하기

하이퍼파라미터 튜닝 작업이 완료되면 세이지메이커 노트북 또는 세이지메이커 스튜디오를 통
해 결과를 직접 분석할 수 있다. 먼저 하이퍼파라미터 튜닝 작업업에서 찾은 최고의 하이퍼파
라미터와 목적 지표를 포함하도록 익스페리먼트 트래커를 수정한다.

```
best_learning_rate = df_results.sort_values('FinalObjectiveValue',
        ascending=0).head(1)['learning_rate']

tracker_optimize.log_parameters({
        'learning_rate': best_learning_rate
})

best_accuracy = df_results.sort_values('FinalObjectiveValue',
        ascending=0).head(1)['FinalObjectiveValue']

tracker_optimize.log_metrics({
        'train:accuracy': best_accuracy
```

```
})

tracker_optimize.trial_component.save()
```

여기까지 익스페리먼트 계보를 요약해보자. 9장에서는 모델을 배포할 뿐만 아니라 모델 배포를 포함하기 위한 익스페리먼트 계보를 더욱 확장할 것이다. 그런 다음 10장에서 전체 계보 트래킹을 사용해 엔드투엔드 파이프라인에서 모든 것을 함께 묶어 사용할 것이다.

```
from sagemaker.analytics import ExperimentAnalytics

lineage_table = ExperimentAnalytics(
    sagemaker_session=sess,
    experiment_name=experiment_name,
    metric_names=['train:accuracy'],
    sort_by="CreationTime",
    sort_order="Ascending",
)

lineage_table.dataframe()
```

TrialComponentName	DisplayName	max_seq_length	Learning_rate	rain_accuracy	...
TrialComponent–2021–01–19–062410–pxuy	prepare	64.0	NaN	NaN	...
Tensorflow–training–2021–01–09–06–24–12–989	train	64.0	0.00001	0.9394	...
TrialComponent–2020–06–12–193933–bowu	Optimize–1	64.0	0.000017	0.9416	...

이 예제에서는 텐서플로우 BERT 분류기 레이어의 하이퍼파라미터를 최적화했다. 또한 세이지메이커 하이퍼파라미터 튜닝은 튜닝 작업 정의에 알고리즘 목록을 추가해 여러 가지 알고리즘에 걸쳐 자동화된 튜닝을 지원한다. 우리는 이를 이용해 각 알고리즘에 대해 서로 다른 하이퍼파라미터와 범위를 지정할 수 있다. 이와 비슷하게, 세이지메이커 오토파일럿은 다중 알고리즘 튜닝을 사용해 머신러닝 유형, 데이터셋, 목적 함수를 기반으로 다양한 알고리즘 중에서 최상의 모델을 찾는다.

8.2 세이지메이커 하이퍼파라미터 튜닝에 웜스타트 추가 사용

최적의 후보를 찾고 나면 '웜스타트warm start[4]라는 기술을 사용해 하이퍼파라미터 최적화를 한 라운드 더 실행해보는 것도 좋다. 웜스타트는 이전 하이퍼파라미터 튜닝 작업 또는 일련의 이전 작업 결과를 재사용하여 최적화 프로세스의 속도를 높이고 전체 비용을 줄인다. 즉, 웜스타트는 튜닝 작업 간에 다대다 상하위 관계를 형성한다. 이 예제에서는 [그림 8-2]와 같이 이전 튜닝 작업을 한 개의 상위single parent 작업으로 설정하고 웜스타트를 수행한다.

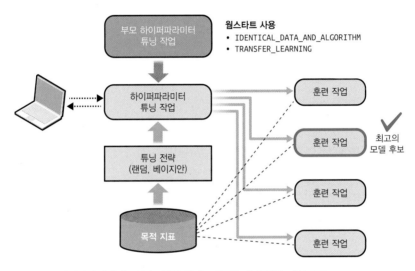

그림 8-2 이전 튜닝 작업에서 이어지는 튜닝 작업을 추가로 시작할 때 사용하는 웜스타트

웜스타트는 이전 작업에서 튜닝 가능한 하이퍼파라미터 범위를 변경하거나 새 하이퍼파라미터를 추가할 때 특히 유용하다. 두 시나리오 모두 이전 튜닝 작업을 사용해 최상의 모델을 더 빨리 찾는다. 두 가지 시나리오는 IDENTICAL_DATA_AND_ALGORITHM과 TRANSFER_LEARNING 두 가지 웜스타트 유형으로 구현된다.

IDENTICAL_DATA_AND_ALGORITHM을 선택하면, 새 튜닝 작업은 상위 작업과 동일한 입력 데이터 및 훈련 이미지를 사용한다. 우리는 이때 튜닝 가능한 하이퍼파라미터 범위와 최대 훈련 작업 수를 업데이트할 수 있다. 또한 고정 및 튜닝 가능한 하이퍼파라미터의 조합 개수가 동

---

4 옮긴이 1_ 웜스타트는 컴퓨터에서 CPU 인스트럭션을 실행하는 과정에서 메모리가 프로그램을 한 번 이상 실행한 다음 메모리에 데이터가 일부 캐싱된 상태로 시작하는 것을 뜻한다.

일하게 유지되는 한 이전에 고정된 하이퍼파라미터를 튜닝 가능한 하이퍼파라미터 목록에 추가할 수 있고 그 반대로도 할 수 있다. 작업 완료 시, 이 전략을 사용하는 세이지메이커 하이퍼파라미터 튜닝은 작업 중인 상위 튜닝 작업, 하위 튜닝 작업 및 최상의 모델 후보가 포함된 OverallBestTrainingJob 필드를 추가로 반환한다.

TRANSFER_LEARNING을 선택하면 업데이트된 훈련 데이터와 다른 버전의 훈련 알고리즘을 사용할 수 있다. 이 유형은 우리가 이전 튜닝 작업을 실행했을 때보다 더 많은 훈련 데이터를 수집했을때 이용하면 좋다. 또는 최신 버전의 알고리즘이 출시되어 최적화 프로세스를 다시 실행하고 싶을 때 사용해도 좋다.

8.2.1 웜스타트를 사용해 하이퍼파라미터 튜닝 작업 실행하기

이제 하나 이상의 이전 하이퍼파라미터 튜닝 작업을 상위 작업으로 사용해 WarmStartConfig로 하위 튜닝 작업을 구성해보자. 상위 하이퍼파라미터 튜닝 작업은 Completed, Stopped 또는 Failed 상태 중에 하나(성공 또는 실패)로 완료되어야 한다. 재귀적 상하위 관계는 지원되지 않는다. 또한 WarmStartType을 지정해야 한다. 이 예제에서는 하이퍼파라미터 범위만 수정하고 업데이트된 데이터셋 또는 알고리즘 버전을 사용하지 않을 계획이므로 IDENTICAL_DATA_AND_ALGORITHM을 사용한다.

먼저 WarmStartConfig 설정부터 시작한다.

```
from sagemaker.tuner import WarmStartConfig
from sagemaker.tuner import WarmStartTypes

warm_start_config = WarmStartConfig(
        warm_start_type=WarmStartTypes.IDENTICAL_DATA_AND_ALGORITHM,
        parents={tuning_job_name})
```

그다음 고정할 하이퍼파라미터를 정의한다.

```
epochs=500
epsilon=0.00000001
train_batch_size=128
validation_batch_size=128
```

```
test_batch_size=128
train_steps_per_epoch=100
validation_steps=100
test_steps=100
use_xla=True
use_amp=True
freeze_bert_layer=False

from sagemaker.tensorflow import TensorFlow

hyperparameters={'epochs': epochs,
                 'epsilon': epsilon,
                 'train_batch_size': train_batch_size,
                 'validation_batch_size': validation_batch_size,
                 'test_batch_size': test_batch_size,
                 'train_steps_per_epoch': train_steps_per_epoch,
                 'validation_steps': validation_steps,
                 'test_steps': test_steps,
                 'use_xla': use_xla,
                 'use_amp': use_amp,
                 'max_seq_length': max_seq_length,
                 'freeze_bert_layer': freeze_bert_layer
}
estimator = TensorFlow(entry_point='tf_bert_reviews.py',
                       source_dir='src',
                       role=role,
                       instance_count=train_instance_count,
                       instance_type=train_instance_type,
                       volume_size=train_volume_size,
                       py_version='<PYTHON_VERSION>',
                       framework_version='<TENSORFLOW_VERSION>',
                       hyperparameters=hyperparameters,
                       metric_definitions=metrics_definitions,
)
```

이 웜스타트 튜닝 작업에서 더 많은 하이퍼파라미터를 튜닝하도록 선택할 수 있지만, 상위 튜닝 작업에서 찾은 최상위 값 주변으로 좁히기 위해 **learning_rate**의 범위만 수정해본다.

```
from sagemaker.tuner import IntegerParameter
from sagemaker.tuner import ContinuousParameter
from sagemaker.tuner import CategoricalParameter
```

```
hyperparameter_ranges = {
    'learning_rate': ContinuousParameter(0.00015, 0.00020,
                                        scaling_type='Linear')}
```

이제 목적 지표를 정의하고 앞의 **warm_start_config**를 사용해 HyperparameterTuner를 생성하고 튜닝 작업을 시작한다.

```
objective_metric_name = 'validation:accuracy'

tuner = HyperparameterTuner(
    estimator=estimator,
    objective_type='Maximize',
    objective_metric_name=objective_metric_name,
    hyperparameter_ranges=hyperparameter_ranges,
    metric_definitions=metrics_definitions,
    max_jobs=50,
    max_parallel_jobs=5,
    strategy='Bayesian',
    early_stopping_type='Auto',
    warm_start_config=warm_start_config
)
```

마지막으로, 데이터셋 분할을 구성하고 튜닝 작업을 시작한다.

```
s3_input_train_data =
        TrainingInput(s3_data=processed_train_data_s3_uri,
                    distribution='ShardedByS3Key')

s3_input_validation_data =
        TrainingInput(s3_data=processed_validation_data_s3_uri,
                    distribution='ShardedByS3Key')

s3_input_test_data =
        TrainingInput(s3_data=processed_test_data_s3_uri,
distribution='ShardedByS3Key')

tuner.fit({'train': s3_input_train_data,
        'validation': s3_input_validation_data,
        'test': s3_input_test_data},
    },
    include_cls_metadata=False)
```

8.2.2 웜스타트 튜닝 작업에서 최고의 하이퍼파라미터 분석하기

다음은 최적의 하이퍼파라미터를 결정하기 위한 튜닝 작업의 결과다. 튜닝 작업은 상위 작업의 최고 후보 훈련 정확도 0.9416보다 낮은 0.9216을 얻었다. 웜스타트 하이퍼파라미터 튜닝 결과를 익스페리먼트 계보에 업데이트하고, 상위 튜닝 작업에서 0.9416의 가장 높은 훈련 정확도를 보여준 하이퍼파라미터를 계속해서 사용하기로 한다.

TrialComponentName	DisplayName	max_seq_length	Learning_rate	rain_accuracy	...
TrialComponent–2021–01–19–062410–pxuy	prepare	64.0	NaN	NaN	...
tensorflow–training–2021–01–09–06–24–12–989	train	64.0	0.00001	0.9394	...
TrialComponent–2020–01–09–193933–bowu	Optimize–1	64.0	0.000017	0.9416	...
TrialComponent–2020–01–09–234445–bowu	Optimize–2	64.0	0.000013	0.9216	...

이 예제에서는 텐서플로우 BERT 분류기 레이어의 하이퍼파라미터를 최적화했다. 또한 세이지메이커 하이퍼파라미터 튜닝은 튜닝 작업 정의에 알고리즘 목록을 추가하여 여러 알고리즘에 대한 자동 하이퍼파라미터 튜닝을 지원한다. 각 알고리즘에 대해 서로 다른 하이퍼파라미터와 범위를 지정할 수 있다. 마찬가지로 세이지메이커 오토파일럿은 다중 알고리즘 튜닝을 사용해 머신러닝 유형, 데이터셋, 목적 함수를 기반으로 다양한 알고리즘 중에서 최상의 모델을 찾는다.

웜스타트 튜닝 작업은 상위 튜닝 작업의 최적화된 후보의 정확도를 능가하지 못했다. 따라서 상위 튜닝에서 찾은 하이퍼파라미터가 이 예에서 여전히 가장 좋은 후보다.

8.3 세이지메이커 분산 훈련으로 확장하기

대부분 최신 인공지능과 머신러닝 프레임워크는 계산을 확장하기 위해 몇 가지 형태의 분산 처리를 지원한다. 분산 처리가 없으면 훈련 작업은 단일 인스턴스의 리소스로 제한된다. 개별 인스턴스 유형의 스펙(CPU, GPU, RAM)은 지속적으로 증가한다. 하지만 현대의 빅데이터 세계에서는 지속적인 데이터 수집, 실시간 분석 및 데이터 요구량이 많은 머신러닝 모델을 지원하는 클러스터가 필요하다.

텐서플로우 2.x 케라스 API, BERT, 텐서플로우를 지원하는 세이지메이커의 자체 분산 훈련 기능을 사용해 리뷰 분류기 모델을 빌드하고 분산 훈련 작업을 실행해보자.

> **NOTE**_이 장에서는 파이토치 예제를 다루지 않지만, 세이지메이커는 파이토치 분산 훈련 작업 또한 지원한다. 파이토치와 BERT를 사용하는 예제는 이 책의 깃허브 리포지터리를 참고하길 바란다. 한편, 허깅 페이스 트랜스포머 라이브러리는 텐서플로우 및 파이토치 모두에 세이지메이커의 분산 훈련 인프라를 기본적으로 지원한다.

8.3.1 분산 커뮤니케이션 전략 선택하기

모든 분산 계산^{distributed computation}에서는 클러스터 인스턴스가 서로 커뮤니케이션하고 정보를 공유한다. 이 클러스터 커뮤니케이션은 인스턴스 간의 고대역폭 연결을 통해 이익을 얻는다. 따라서 인스턴스는 가능하면 클라우드 데이터 센터에서 물리적으로 서로 가까이 있어야 한다. 다행히 세이지메이커는 이 모든 무거운 작업을 처리해준다. 따라서 우리는 리뷰 분류기를 만들고 상품 리뷰를 분류하는 비즈니스 문제를 해결하는 데 집중할 수 있다. 세이지메이커는 아파치 스파크, 텐서플로우, 파이토치, 아파치 MXNet 등의 프레임워크에 탑재된 분산 처리 기능을 지원한다.

> **NOTE**_텐서플로우, 파이토치, 아파치 MXNet과 같은 대부분의 최신 AI/ML 프레임워크는 분산 컴퓨팅을 위해 설계된다. 하지만 사이킷런과 판다스 같은 데이터 과학 라이브러리는 기본적으로 분산 커뮤니케이션 프로토콜 또는 분산 데이터셋을 지원하지 않는다. 다스크^{Dask}는 특정한 사이킷런 모델을 클러스터의 여러 노드로 확장하는 데 도움이 되는 인기 있는 런타임이다.

'파라미터 서버parameter server'는 대부분 분산 머신러닝 프레임워크에서 지원하는 원시 분산 훈련 전략이다. 여기서 파라미터들은 알고리즘이 학습하는 대상이라는 점을 기억하자. 파라미터 서버는 학습된 파라미터들을 저장하고 훈련 과정 동안 모든 인스턴스와 공유한다. 파라미터 서버는 파라미터들의 상태를 저장하기 때문에 [그림 8-3]처럼 세이지메이커는 더 높은 가용성을 위해 모든 인스턴스에서 파라미터 서버를 실행한다.

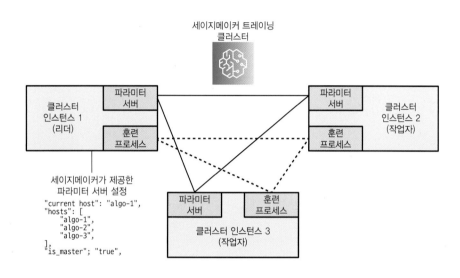

그림 8-3 파라미터 서버와의 분산 커뮤니케이션

모든 인스턴스에서 상태를 저장하는 파라미터 서버를 실행하면, 훈련 작업이 실패하거나 스팟 인스턴스 사용으로 훈련 작업이 간헐적으로 중단되고 재시작되는 상황에서 세이지메이커가 훈련 작업을 복구하는 데 도움이 된다.

병렬 컴퓨팅 및 메시지 전달 인터페이스message-passing interface(MPI)에 기반을 둔 또 다른 일반적인 분산 커뮤니케이션 전략은 '올리듀스all-reduce'[5]다. 올리듀스는 [그림 8-4]처럼 링ring과 같은 커뮤니케이션 패턴을 사용하며, 파라미터 서버 간의 커뮤니케이션 오버헤드가 감당이 되지 않을 정도의 초대형 클러스터 분산 훈련에 대해 전반적인 훈련 효율성을 높인다.

....

5 옮긴이 1_ 올리듀스는 동기화된 데이터 병렬의 분산 딥러닝에서 훈련 시간을 줄이는 데 사용하는 알고리즘으로, 각 GPU에서 미니배치를 사용해 손실 함수의 기울기를 평균으로 계산할 때 집합적 커뮤니케이션을 사용하는 것을 말한다.

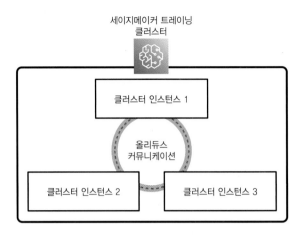

그림 8-4 올리듀스 분산 커뮤니케이션 전략

세이지메이커의 올리듀스 분산 훈련 전략은 텐서플로우와 파이토치 훈련 작업을 클러스터 내 다중 인스턴스로 확장하는 데 널리 사용되는 호로보드[Horovod][6]와 호환된다. 호로보드는 올리듀스와 MPI를 구현한 분산 훈련 프레임워크다. 만일 분산 훈련에 호로보드를 이미 사용하고 있다면 우리는 세이지메이커의 올리듀스 전략으로 쉽게 전환할 수 있다. 이 예제에서는 세이지메이커에 내장된 분산 올리듀스 커뮤니케이션 전략을 사용한다.

8.3.2 병렬 전략 선택하기

분산 컴퓨팅을 수행할 때 병렬 처리에는 데이터 병렬 처리[data parallelism]와 모델 병렬 처리[model parallelism] 두 가지 유형이 있다. 데이터셋을 '샤드[shard]'로 분할하고 각 인스턴스에 배치하는 아파치 스파크와 같은 고전적인 맵리듀스[map-reduce] 데이터 처리 도구를 이용한 데이터 병렬 처리는 이전까지 널리 쓰이던 익숙한 도구다. 각 인스턴스는 '맵[map]' 단계에서 데이터 샤드를 처리한 다음 '리듀스[reduce]' 단계에서 결과를 결합한다. 최신 빅데이터 처리 및 분산 머신러닝의 경우 데이터셋은 단일 인스턴스에 맞지 않을 때 데이터 병렬 처리를 이용해야 한다. [그림 8-5]는 데이터 병렬 처리가 모델이 별도로 처리할 수 있도록 데이터를 서로 다른 인스턴스로 분할하는 방법을 보여준다.

---

6 옮긴이 1_ 호로보드는 우버 회사에서 만들어서 리눅스 파운데이션 AI에서 호스팅하는 서비스로 텐서플로우, 케라스, 파이토치, 아파치 MXNet와 호환되는 분산 딥러닝 훈련용 오픈 소스 프레임워크다.

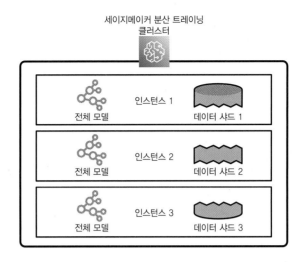

그림 8-5 데이터 병렬 처리를 통한 분산 훈련을 위해 다중 인스턴스에 데이터셋을 분할한다

모델 병렬 처리는 데이터 병렬 처리 전략과 반대로 모델 훈련 프로세스를 여러 인스턴스로 분할하고 각 인스턴스에서 전체 데이터셋을 처리한다. 메모리 제약으로 모델이 너무 커서 단일 인스턴스의 리소스에 맞지 않을 때 사용하며, 데이터 병렬 처리에 비해 설정이 까다로울 수 있다. [그림 8-6]은 모델 병렬 처리가 모델을 서로 다른 인스턴스로 분할하고 각 '모델 샤드^{model shard}'로 전체 데이터셋을 처리하는 방법을 보여준다.

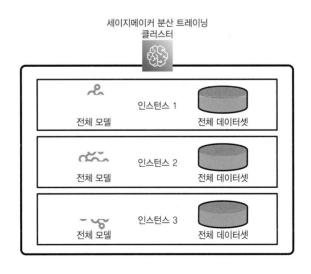

그림 8-6 다중 인스턴스에 걸쳐 모델을 샤드로 분할하는 모델 병렬 처리 분산 훈련

세이지메이커는 기본적으로 데이터 병렬 처리와 모델 병렬 처리를 모두 지원한다. 우리가 예제로 쓰고 있는 BERT 모델의 경우 모델이 단일 인스턴스에 적합하므로 데이터 병렬 처리를 사용한다. 따라서 데이터셋을 다중 인스턴스에 걸쳐 분할하고, 각 분할에 대해 모델을 훈련시켜 세이지메이커 분산 훈련에 내장된 올리듀스 커뮤니케이션 전략을 통해 결과를 결합한다.

8.3.3 분산 파일 시스템 선택하기

일반적으로 분산 훈련 클러스터는 S3와 직접 커뮤니케이션해서 데이터를 읽고 쓴다. 그러나 일부 프레임워크와 도구는 기본적으로 S3에 최적화되어 있지 않거나 포직스POSIX 호환 파일 시스템만 지원한다. 이러한 시나리오의 경우 러스터Lustre (리눅스Linux)용 아마존 파일 시스템FSx 또는 윈도우 파일 서버용 아마존 FSx를 사용해 S3 위에 포직스 호환 파일 시스템을 노출할 수 있다. 또한 데이터 스토리지-시스템 연결로 생긴 여분의 레이어는 대용량 데이터셋을 처리할 때 캐시 성능을 더해줌으로써 훈련 속도를 적절히 향상시켜준다.

러스터용 아마존 FSx는 기본적으로 S3와 통합 가능한 고성능 포직스 호환 파일 시스템이다. 러스터용 아마존 FSx는 페타바이트의 데이터, 테라바이트의 당초 입출력 대역폭, 일관된 낮은 지연을 위해 설계된 오픈 소스 러스터 파일 시스템을 기반으로 한다.

S3와 윈도우 호환 파일 시스템을 통합하기 위한 윈도우 파일 서버용 아마존 FSx도 있다. 그러나 우리 예제에서는 리눅스 기반의 인스턴스를 사용하므로 러스터용 아마존 FSx 사용에 중점을 둔다. 두 파일 시스템 모두 S3를 사용하는 머신러닝, 데이터 분석, 고성능 컴퓨팅 워크로드에 최적화되어 있다. 그리고 두 파일 시스템은 유사한 기능들을 제공한다.

러스터용 아마존 FSx는 러스터 파일 시스템 설정과 관리의 복잡성을 단순화하는 완전 관리형 서비스다. 러스터용 아마존 FSx를 사용하면 우리는 몇 분 만에 S3 버킷에 파일 시스템을 마운팅할 수 있고, 동시에 여러 인스턴스들이 데이터에 액세스할 수 있도록 설정할 수 있다. 또한 S3 데이터 객체들을 캐싱하여 고정밀 모델을 훈련하기 위한 반복적인 머신러닝 워크로드의 성능을 향상시킬 수 있다. [그림 8-7]은 세이지메이커가 러스터용 아마존 FSx를 사용해 S3 데이터에 대한 빠른 공유 액세스를 제공하고 훈련과 튜닝 작업을 가속화하는 방법을 보여준다.

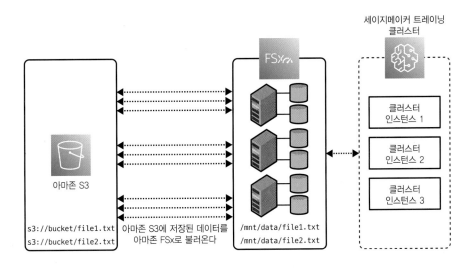

아마존 S3

s3://bucket/file1.txt
s3://bucket/file2.txt

아마존 S3에 저장된 데이터를
아마존 FSx로 불러온다

/mnt/data/file1.txt
/mnt/data/file2.txt

세이지메이커 트레이닝
클러스터

클러스터
인스턴스 1

클러스터
인스턴스 2

클러스터
인스턴스 3

그림 8-7 러스터용 아마존 FSx로 훈련 및 튜닝 작업 성능을 높이는 세이지메이커

예를 들면, 세이지메이커 트레이닝 클러스터 인스턴스는 /mnt/data/file1.txt를 사용해 러스터용 아마존 FSx의 파일에 액세스한다. 러스터용 아마존 FSx는 이 파일에 대한 요청을 변환하고 `GetObject` 요청을 S3에게 발행한다. 그리고 파일이 캐싱되어 클러스터 인스턴스로 반환된다. 만일 파일이 변경되지 않으면 후속 요청은 FSx에서 러스터 캐시로부터 파일을 받는다. 일반적으로 훈련 데이터는 훈련 작업 실행 중에 변경되지 않으므로 이 캐싱 방식은 많은 훈련 에폭에 걸쳐 전체 데이터셋에 대해 훈련을 반복할 때 엄청난 성능 향상을 보인다.

러스터 파일 시스템용 FSx를 설정했으면 다음과 같이 러스터용 아마존 FSx 파일 시스템 위치를 세이지메이커 트레이닝 서비스에 전달할 수 있다.

```
estimator = TensorFlow(entry_point='tf_bert_reviews.py',
                       source_dir='src',
                       instance_count=train_instance_count,
                       instance_type=train_instance_type,
                       subnets=['subnet-1', 'subnet-2'],
                       security_group_ids=['sg-1'])

fsx_data = FileSystemInput(file_system_id='fs-1',
                           file_system_type='FSxLustre',
                           directory_path='/mnt/data,
                           file_system_access_mode='ro')
```

```
estimator.fit(inputs=fsx_data)
```

러스터 파일 시스템용 FSx를 생성할 때 사용된 `subnets`와 `security_group_ids`를 지정해야한다는 것을 명심하자. 12장에서 네트워킹과 보안에 대해 자세히 알아볼 것이다.

분산 훈련을 위한 또 다른 데이터 스토리지 옵션은 아마존 일래스틱 파일 시스템^{Amazon Elastic File} ^{System}(아마존 EFS)이다. 아마존 EFS는 업계 표준 네트워크 파일 시스템 프로토콜과 호환되지만 네트워킹, 액세스 제어, 암호화, 가용성을 포함한 AWS의 클라우드 네이티브 및 일래스틱 환경에 최적화되었다. 이번 절에서는 러스터용 아마존 FSx와 아마존 EFS를 모두 사용해 분산 훈련을 실행해본다. 아마존 EFS는 [그림 8-8]과 같이 분산 훈련 클러스터에 있는 수천 개의 인스턴스에 걸쳐 중앙 집중식 공유 액세스를 통해 훈련 데이터셋을 분산 전달한다.

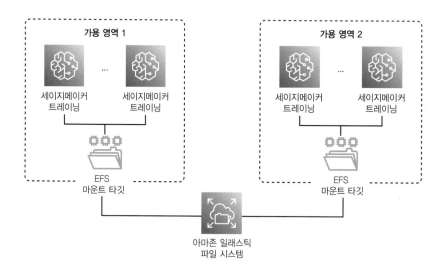

그림 8-8 세이지메이커를 이용한 아마존 EFS

> **NOTE**_세이지메이커 스튜디오는 아마존 EFS로 권한이 있는 모든 팀원에게 코드와 주피터 노트북에 대한 중앙 집중식 공유 보안 액세스를 제공한다.

아마존 EFS에 저장된 데이터는 다중 가용 영역에 복제되어 더 높은 가용성과 읽기/쓰기 처리량을 제공한다. 또한 아마존 EFS는 새 데이터가 수집되면 자동으로 확장된다.

아마존 EFS를 마운트하고 훈련 데이터로 채우고 나면, FileSystemInput과 FileSystem RecordSet 두 가지 클래스로 아마존 EFS 마운트를 훈련 작업에 전달할 수 있다.

이 예제에서는 FileSystemInput 구현을 사용하는 방법을 보여준다.

```
estimator = TensorFlow(entry_point='tf_bert_reviews.py',
                       source_dir='src',
                       instance_count=train_instance_count,
                       instance_type=train_instance_type,
                       subnets=['subnet-1', 'subnet-2'],
                       security_group_ids=['sg-1'])

efs_data = FileSystemInput(file_system_id='fs-1',
                           file_system_type='EFS',
                           directory_path='/mnt/data,
                           file_system_access_mode='ro')

estimator.fit(inputs=efs_data)
```

위의 예제처럼 아마존 EFS 파일 시스템을 생성할 때 사용한 subnets와 security_group_ids를 지정해야 하는 것을 기억하자. 12장에서 네트워킹과 보안에 대해 자세히 알아볼 것이다.

앞으로의 예제에서 우리는 S3 캐싱 기능의 이점을 활용하여 훈련 성능을 대폭 향상시키기 위해 러스터용 아마존 FSx를 사용할 것이다.

8.3.4 분산 훈련 작업 시작하기

세이지메이커는 클라우드 네이티브 원칙에 따라 본질적으로 분산 및 확장 가능하다. 이전 장에서는 train_instance_count=1을 지정해 단일 인스턴스를 사용했다. 이번 절에서는 다음과 같이 train_instance_count를 3으로 늘리고 텐서플로우 estimator에 distribution 파라미터를 지정해 세이지메이커 분산 훈련을 활성화한다.

```
train_instance_count=3
train_instance_type='ml.p4d.24xlarge'

from sagemaker.tensorflow import TensorFlow
```

```
estimator = TensorFlow(entry_point='tf_bert_reviews.py',
                       source_dir='src',
                       instance_count=train_instance_count,
                       instance_type=train_instance_type,
                       ...
                       py_version='<PYTHON_VERSION>',
                       framework_version='<TENSORFLOW_VERSION>',
                       distribution={'smdistributed':{
                            'dataparallel':{
                                'enabled': True
                            }
                       }
)
```

위의 코드 예제를 실행하면, 세이지메이커는 관련 클러스터 정보를 각 인스턴스의 텐서플로우 프레임워크 컨테이너에 전달하고, 세이지메이커 자체 데이터 분산 훈련 프레임워크[distributed training framework]로 올리듀스 전략과 텐서플로우용 분산 기능을 활성화한다.

> **NOTE**_세이지메이커는 또한 이와 똑같은 방식으로 파이토치와 MXNet을 이용한 분산 훈련에 클러스터 정보를 전달한다. 이 예제에서는 텐서플로우만 보여준다.

8.4 비용 절감 및 성능 향상

이 장에서는 비용 효율성과 성능을 향상시키는 다양한 세이지메이커의 고급 기능들을 알아본다. 고급 기능들로는 베이스라인 하이퍼파라미터 선택을 위한 세이지메이커 오토파일럿, 훈련 인스턴스에 입력 파일을 배포하는 ShardedByS3Key, 입출력 처리량을 개선하는 파이프 모드가 있다. 또한 일래스틱 네트워크 어댑터[Elastic Network Adapter](ENA) 및 일래스틱 패브릭 어댑터[Elastic Fabric Adapter](EFA)를 포함하는 AWS의 향상된 네트워킹 기능으로 훈련과 튜닝 클러스터의 인스턴스 간 네트워크 성능을 최적화할 수 있다.

8.4.1 합리적인 하이퍼파라미터 범위로 시작하기

다양한 정보를 통해 우리는 하이퍼파라미터 검색 공간을 좁히고 세이지메이커 하이퍼파라미터 튜닝의 속도를 향상시킬 수 있는 다양한 하이퍼파라미터를 참고할 수 있다. 하이퍼파라미터 범위가 **Logarithmic** 확장 전략을 이용해 우리가 탐색해야 할 스케일을 결정할 수 있다. 10의 거듭제곱을 아는 것만으로도 알고리즘과 데이터셋에 가장 적합한 하이퍼파라미터를 찾는 시간을 상당히 절약할 수 있다.

8.4.2 ShardedByS3Key로 데이터 샤딩하기

대규모로 훈련 시 우리는 클러스터의 각 인스턴스가 대규모 훈련 데이터셋을 읽는 방법을 고려해야 한다. 우리는 무차별 대입 방식brute-force approach으로 모든 데이터를 모든 인스턴스에 복사할 수도 있다. 그러나 대규모 데이터셋의 경우 시간이 오래 걸리고 잠재적으로 전체 훈련 시간의 큰 비중을 데이터셋을 읽는 데에만 허비하게 될 수 있다. 예를 들어, 피처 엔지니어링을 수행한 후 토큰화 형식의 훈련 데이터셋에는 다음과 같이 약 45개의 **TFRecord** 파일 '조각part'이 있다.

```
part-algo-1-amazon_reviews_us_Apparel_v1_00.tfrecord
...
part-algo-2-amazon_reviews_us_Digital_Software_v1_00.tfrecord
part-algo-4-amazon_reviews_us_Digital_Video_Games_v1_00.tfrecord
...
part-algo-9-amazon_reviews_us_Sports_v1_00.tfrecord
```

클러스터의 모든 인스턴스에 파일 조각 45개를 모두 불러오는 대신, 3개의 클러스터 인스턴스에 각각 15개씩 파일을 분배하면 가동 성능을 향상시킬 수 있다. 이를 샤딩sharding이라고 한다. 우리는 [그림 8-9]와 같이 클러스터 전체에 파일 조각을 고르게 분산시키는 **ShardedByS3Key**라는 세이지메이커 피처를 사용해볼 것이다.

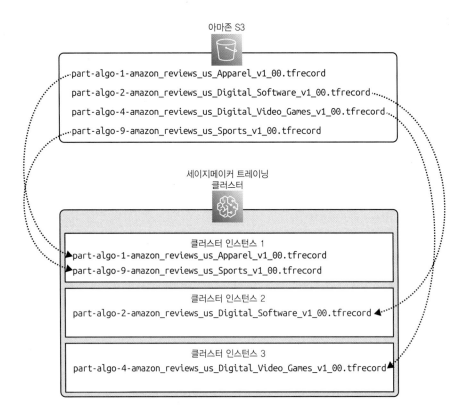

그림 8-9 클러스터 인스턴스 전체에 입력 파일을 배포하는 ShardedByS3Key 분산 전략

다음 코드 예제와 같이 훈련, 검증, 테스트 데이터셋을 포함한 S3 입력 데이터에 대한 Sharded ByS3Key 분산 전략을 설정한다.

```
s3_input_train_data =
  sagemaker.s3_input(s3_data=processed_train_data_s3_uri,
                     distribution='ShardedByS3Key')

s3_input_validation_data =
  sagemaker.s3_input(s3_data=processed_validation_data_s3_uri,
                     distribution='ShardedByS3Key')

s3_input_test_data =
  sagemaker.s3_input(s3_data=processed_test_data_s3_uri,
                     distribution='ShardedByS3Key')
```

다음은 훈련, 검증 및 테스트를 포함한 각 데이터셋 분할에 대한 입력 맵핑 정보와 함께 `fit()` 함수를 호출한다.

```
estimator.fit(inputs={'train': s3_input_train_data,
                      'validation': s3_input_validation_data,
                      'test': s3_input_test_data
    })
```

이를 통해 훈련 작업을 실행하는 클러스터의 각 인스턴스는 각 데이터셋별로 약 15개씩의 파일을 수신한다.

8.4.3 파이프 모드로 즉석에서 데이터 스트리밍하기

샤딩 외에도 Pipe 모드라는 세이지메이커 피처로 필요에 따라 데이터를 즉시 로드할 수 있다. 지금까지는 훈련 작업이 시작될 때 모든 데이터를 인스턴스에 복사하는 기본 `File` 모드를 사용했다. 이렇게 하면 훈련 작업 시작 시 데이터가 복사될 때 로딩 시간이 길어진다. Pipe 모드는 10GB, 100GB, 1,000GB 범위의 대규모 데이터셋을 사용할 때 뛰어난 성능 향상을 제공한다. 만일 데이터셋이 작으면 `File` 모드를 사용해도 좋다.

Pipe 모드는 각 인스턴스에서 실행되는 훈련 처리 작업들에 S3로부터 직접 데이터를 병렬로 스트리밍하므로 `File` 모드보다 훨씬 더 높은 입출력 처리량을 제공한다. 따라서 Pipe 모드는 필요한 데이터만 스트리밍함으로써 훈련 및 튜닝 작업이 더 빨리 시작될 수 있도록 하며 작업을 더 빨리 완료되도록 하고 전반적으로 더 적은 디스크 공간을 사용한다. 이는 훈련 및 튜닝 작업의 비용 절감에 직접적인 영향을 준다.

또한 Pipe 모드는 S3와 함께 작동해 필요에 따라 훈련 데이터 행들을 가져온다. 내부적으로 Pipe 모드는 선입선출하는 유닉스 FIFO 파일을 사용해 S3에서 데이터를 읽고 훈련 작업에 데이터가 필요하기 직전에 인스턴스에서 로컬로 캐싱한다. 이러한 FIFO 파일은 단방향 데이터 읽기만 가능하다. 즉, 무작위로 백업하거나 건너뛸 수 없다.

Pipe 모드를 사용하도록 훈련 작업을 구성하는 방법은 다음과 같다.

```
estimator = TensorFlow(entry_point='tf_bert_reviews.py',
```

```
                    source_dir='src',
                    instance_count=train_instance_count,
                    instance_type=train_instance_type,
                    ...
                    input_mode='Pipe')
```

Pipe 모드는 텐서플로우 데이터셋 리더$^{\text{TensorFlow Dataset Reader}}$를 래핑하기 때문에 우리는 훈련 작업이 Pipe 모드를 인식하도록 하기 위해 PipeModeDataset 래퍼^{wrapper}를 이용해 텐서플로우 훈련 스크립트를 다음과 같이 조금 수정해야 한다.

```
if input_mode == 'Pipe':
        from sagemaker_tensorflow import PipeModeDataset

        dataset = PipeModeDataset(channel=channel,
                                  record_format='TFRecord')
    else:
        dataset = tf.data.TFRecordDataset(input_filenames)
```

8.4.4 향상된 네트워킹 활성화하기

대규모 훈련에는 클러스터의 인스턴스 간에 초고속 커뮤니케이션이 필요하다. 클러스터 인스턴스 간에 높은 네트워크 대역폭과 일관된 네트워크 지연 시간을 제공하려면 일래스틱 네트워크 어댑터(ENA) 및 일래스틱 패브릭 어댑터(EFA)를 활용하는 인스턴스 유형을 선택해야 한다.

일래스틱 네트워크 어댑터는 C, M, P, X 시리즈를 비롯한 AWS 딥러닝 인스턴스 유형과 잘 작동한다. 이러한 인스턴스 유형은 많은 수의 CPU를 제공하므로 네트워크 어댑터를 효율적으로 공유함으로써 큰 장점을 얻을 수 있다. 또한 일래스틱 네트워크 어댑터는 하드웨어 기반 체크섬 생성 및 소프트웨어 기반 라우팅과 같은 다양한 네트워크 수준 최적화를 수행하여 오버헤드를 줄이고 확장성을 향상하며 일관성을 극대화한다. 이러한 최적화는 병목 현상을 줄이고 CPU로부터 작업을 오프로드하며 네트워크 패킷에 대한 효율적인 경로를 생성하도록 설계되었다.

일래스틱 패브릭 어댑터(EFA)는 커스텀 빌드된 테크닉 또는 운영체제 수준의 우회^{bypassing} 기술을 사용해 클러스터의 인스턴스 간 네트워크 성능을 개선한다. 일래스틱 패브릭 어댑터는 기본적으로 수천 개의 CPU로 확장되는 고성능 컴퓨팅 애플리케이션을 확장하는 데 중요한 메시지 전달 인터페이스(MPI)를 지원한다. 일래스틱 패브릭 어댑터는 C와 P 시리즈를 비롯한 여러 컴퓨팅 최적화 인스턴스 유형을 지원한다.

확인할 수 있는 구체적인 데이터가 많지는 않지만 일부 실무자는 가상 사설 클라우드$^{Virtual\ Private\ Cloud}$(VPC)를 이용해 분산 세이지메이커 작업을 실행할 때 성능이 향상되는 것을 확인했다. 이는 동일한 가상 사설 클라우드에서 실행되는 클러스터 인스턴스 간의 네트워크 지연 시간이 감소했기 때문일 수 있다. 훈련 작업이 특히 지연 시간에 민감한 경우 가상 사설 클라우드에서 훈련 작업을 실행할 필요가 있을 수 있다. 12장에서는 가상 사설 클라우드에서 세이지메이커를 사용하는 내용에 대해 자세히 알아볼 것이다.

8.5 마치며

이번 장에서는 세이지메이커 엔드포인트 및 하이퍼파라미터 튜닝을 사용해 특정 알고리즘과 데이터셋에 가장 적합한 하이퍼파라미터를 트래킹, 비교 및 선택했다. 이를 위해 파라미터 서버, 올리듀스 등 다양한 분산 커뮤니케이션 전략을 살펴봤다. 그리고 러스터용 아마존 FSx를 사용해 S3 성능을 높이는 방법과 아마존 일래스틱 파일 시스템을 사용하기 위한 세이지메이커 트래이닝 작업을 구성하는 방법에 대해 시연했다. 그런 다음 세이지메이커 오토파일럿의 하이퍼파라미터 피처 선택과 ShardedByS3Key와 Pipe 모드 같은 세이지메이커의 데이터 로드 전략으로 비용을 줄이고 성능을 높이는 몇 가지 방법을 다뤘다. 마지막으로, 일래스틱 네트워크 어댑터(ENA) 및 일래스틱 패브릭 어댑터(EFA)를 비롯한 컴퓨팅 최적화 인스턴스 유형의 향상된 네트워킹 기능에 대해 논의했다.

9장에서는 다양한 롤아웃, A/B 테스트, 멀티암드 밴딧 전략을 사용해 모델을 프로덕션에 배포해볼 것이다. 그리고 실시간 REST 엔드포인트, 오프라인 일괄 예측 작업 및 엣지 장치를 사용해 모델 예측을 애플리케이션에 통합하는 방법을 살펴볼 것이다. 또한 빌트인 및 커스텀 클라우드워치 지표 기반으로 엔드포인트를 자동으로 확장하는 방법까지 소개한다. 마지막으로 세이지메이커 모델 모니터를 사용해 실시간 세이지메이커 엔드포인트의 데이터 분포, 모델 편향 및 모델 설명 가능성의 드리프트를 감지하는 방법을 자세히 설명한다.

## CHAPTER 9

프로덕션에 모델 배포하기

8장에서 모델을 훈련시키고 최적화하는 방법을 시연해봤다. 9장에서는 모델 개발에서 실제 서비스를 위한 프로덕션 환경으로의 모델 배포에 초점을 맞춰볼 것이다. 그리고 애플리케이션 및 비즈니스 활용 사례에 맞게 모델을 구현, 최적화, 스케일링, 모니터링하는 방법을 배워볼 것이다.

또한, 모델을 배포하여 온라인으로 실시간 예측 서비스를 제공하는 방법과 오프라인 일괄 예측 실행 방법을 알아볼 것이다. 실시간 예측을 위해 우리는 세이지메이커 엔드포인트를 통해 모델을 배포해본다. 카나리아 롤아웃canary rollout[1], 블루/그린 배포blue/green deployment[2]와 같은 모범 사례와 배포 전략에 대해 소개한다. A/B 테스트를 사용해 새로운 모델을 테스트하고 비교하는 방법과 멀티암드 밴딧multiarmed bandit(MAB)[3]을 통해 강화 학습을 구현하는 방법을 보여주기도 한다. 그리고 모델 예측 트래픽의 변화에 따라 모델 호스팅 인프라를 자동으로 스케일링하는 방법을 배운다. 배포된 모델을 지속적으로 모니터링하여 컨셉 드리프트, 모델 품질 또는 편향 드리프트, 피처 중요도의 드리프트를 탐지하는 방법을 알아본다. 또한 람다를 사용해 서버리스 API를 통한 서빙serving 모델 예측과 엣지에서 모델을 최적화하고 관리하는 방법에 대해서도 다

---

1 옮긴이 1_ 카나리아 롤아웃은 카나리아 릴리스라고도 부르는데, 전체 인프라에 배포하기 전에 사용자의 서브셋에 대한 변경을 천천히 롤아웃하여 프로덕션에서 새 소프트웨어 버전을 도입할 때의 위험을 줄이는 기술이다(출처: 마틴 파울러 블로그).

2 옮긴이 1_ 블루/그린 배포는 소프트웨어 엔지니어링 분야에서 서비스를 위한 프로덕션 환경과 유사한 환경에서 테스트 또는 임시 호스팅을 하는 스테이징(staging) 서버를 교대로 교환하여 웹, 앱 또는 데이터베이스 서버에 변경 내용을 설치하는 방법을 뜻한다.

3 옮긴이 1_ 멀티암드 밴딧은 확률 이론과 머신 러닝에서 각 선택의 특성이 할당 시점에 부분적으로만 알려질 때 예상 이득을 극대화하는 방식으로 경쟁(대안) 선택 간에 고정된 제한된 리소스 집합을 할당해야 하는 문제이며, 할당 시점에 부분적으로만 알려지거나 리소스를 할당할 때 더 잘 이해하는 테스트를 말한다.

룬다. AWS 인퍼런시아 하드웨어, 세이지메이커 니오$^{\text{SageMaker Neo}}$ 서비스 및 텐서플로우 라이트$^{\text{TensorFlow Lite}}$ 라이브러리와 같은 다양한 하드웨어, 서비스 및 도구를 사용해 모델 크기를 줄이고 추론 비용을 절감하며 예측 성능을 높이는 방법에 대한 팁을 살펴보며 이 장을 마무리한다.

9.1 실시간 예측 또는 일괄 예측 선택하기

실시간 예측과 일괄 예측 중에서 하나를 선택하려면 애플리케이션 및 비즈니스 컨텍스트를 이해해야 한다. 대기 시간 또는 처리량을 최적화해야 하는가? 애플리케이션이 트래픽 변화에도 안정적으로 구동하게 하려면 매일같이 주기적으로 변동하는 트래픽 요구 사항에 맞춰 모델들이 자동으로 확장 및 축소할 수 있어야 하는가? 아니면, A/B 테스트를 통해 프로덕션 모델을 비교할 계획인가?

예를 들어, 애플리케이션이 짧은 지연 시간을 필요로 할 경우 모델을 실시간 API로 배포하여 HTTPS를 통한 단일 예측 요청에 대한 초고속 예측을 제공해야 한다. [그림 9-1]과 같이 우리는 HTTPS 및 JSON과 함께 REST API 프로토콜을 이용해 모델 예측 서버들을 세이지메이커 엔드포인트를 통해 배포, 확장 및 비교할 수 있다.

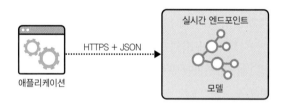

그림 9-1 REST 실시간 엔드포인트상에서 모델을 배포한다

예를 들어 높은 처리량이 필요하지만 지연 시간에는 덜 민감한 애플리케이션의 경우 S3의 많은 데이터에 대해 일괄 예측을 수행하는 일괄 작업으로 모델을 배포해야 한다. [그림 9-2]처럼, 아마존 RDS나 다이나모DB 같은 데이터 저장소와 일괄 예측을 위한 세이지메이커 일괄 변환 서비스를 이용해 예측 작업을 프로덕션화한다.

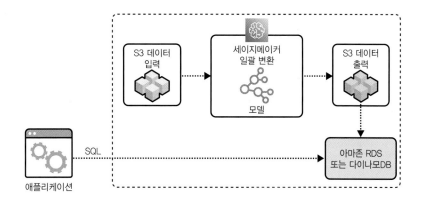

그림 9-2 세이지메이커 일괄 변환을 사용해 S3에 저장된 많은 양의 데이터를 일괄 예측하고 모델을 배포한다

9.2 세이지메이커 엔드포인트를 사용한 실시간 예측

2002년, 아마존 설립자인 제프 베조스는 훗날 직원들에게 '베조스 API 규정^{Bezos API Mandate}'이라고 불리는 메모를 썼다. 이 규정에는 모든 팀이 API를 통해 서비스를 노출하고, 이를 통해 서로 소통할 수 있어야 한다는 내용이 명시되어 있다. 그 당시 대부분의 사람은 API를 만들고 사용하길 원했지만, 그들의 정착된 코드를 대대적으로 개편하는 데 들이는 시간 때문에 이상주의적인 모범 사례를 지원하기를 원하지 않았다. 하지만 이 규정 덕분에 서비스 간 연결이 불가능한 고질적인 문제가 해결되었고, 모든 팀이 아마존 내에서 API를 빌드하고 사용할 수 있게 되었다.

> **NOTE**_일찌감치 아마존 성공의 초석으로 여겨진 '베조스 API 규정'은 오늘날 우리가 알고 있는 아마존 웹 서비스의 기반이다. API를 통해 아마존은 대내외 이용자들이 아마존 생태계 내의 관리형 서비스들을 확장하여 재사용할 수 있도록 했다.

베조스 API 규정에 따라 세이지메이커 엔드포인트를 사용해 REST API로 모델을 배포해볼 것이다. 세이지메이커 엔드포인트는 기본적으로 분산 컨테이너다. 애플리케이션은 [그림 9-3]과 같이 간단한 레스트풀RESTful[4] 인터페이스를 통해 모델을 호출한다. 레스트풀 인터페이스는 고가용성을 위해 여러 클러스터 인스턴스와 가용성 영역에 걸쳐 배포된 모델을 보여준다.

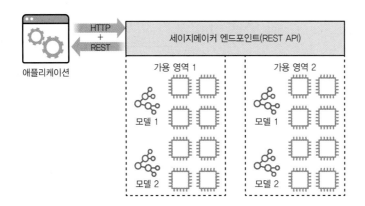

그림 9-3 REST 엔드포인트에서 호스팅되는 고가용성 모델을 호출하는 애플리케이션

9.2.1 세이지메이커 파이썬 SDK를 사용해 모델 배포하기

세이지메이커 파이썬 SDK를 사용해 모델을 배포하는 방법에는 두 가지가 있다. 모델 객체에서 deploy()를 호출하거나 모델을 훈련시키는 데 사용한 세이지메이커 estimator 객체에서 deploy()를 호출할 수 있다.

> **NOTE_** 세이지메이커를 사용해 훈련되지 않은 모델을 세이지메이커에 배포할 수도 있다. 이를 **자체 모델 작성하기**bring your own model라고도 부른다.

다음은 세이시메이커로 훈련된 텐시플로우 및 BERT 기반 리뷰 분류기 모델을 배포하기 위한 코드다.

```
from sagemaker.tensorflow.model import TensorFlowModel
```

----

4 옮긴이 1_ 레스트풀은 REST 아키텍처의 제약 조건을 준수하는 API 로서 HTTP를 활용하여 리소스 중심으로 데이터를 연계하는 것을 말한다.

```
tensorflow_model = TensorFlowModel(
    name=tensorflow_model_name,
    source_dir='code',
    entry_point='inference.py',
    model_data=<TENSORFLOW_MODEL_S3_URI>,
    role=role,
    framework_version='<TENSORFLOW_VERSION>')

tensorflow_model.deploy(endpoint_name=<ENDPOINT_NAME>,
                        initial_instance_count=1,
                        instance_type='ml.m5.4xlarge',
                        wait=False)
```

다음 코드 예제는 위의 estimator 설정에서 entry_point에 지정했던 inference.py 파이썬 스크립트이다. 이 파이썬 스크립트에는 원본 JSON을 텐서플로우의 텐서 간에 변환하는 input_handler() 및 output_handler() 함수가 포함되어 있다. 이 두 함수는 예측 요청 및 응답 프로세스에서 중요한 부분을 담당하고 있다.

input_handler() 함수는 DistilBertTokenizer를 사용해 원시 리뷰 텍스트가 포함된 JSON을 BERT 임베딩으로 변환한다. 임베딩은 텐서로 변환되고 텐서플로우 모델에 대한 입력 데이터로 사용된다.

```
def input_handler(data, context):
    data_str = data.read().decode('utf-8')

    jsonlines = data_str.split("\n")

    transformed_instances = []

    for jsonline in jsonlines:
        review_body = json.loads(jsonline)["features"][0]
        encode_plus_tokens = tokenizer.encode_plus(
            review_body,
            pad_to_max_length=True,
            max_length=max_seq_length,
            truncation=True)

        input_ids = encode_plus_tokens['input_ids']

        input_mask = encode_plus_tokens['attention_mask']
```

```
        transformed_instance = {
            "input_ids": input_ids,
            "input_mask": input_mask
        }

        transformed_instances.append(transformed_instance)

    transformed_data = {
        "signature_name":"serving_default",
        "instances": transformed_instances
    }

    transformed_data_json = json.dumps(transformed_data)

    return transformed_data_json
```

다음 코드 예제의 output_handeler() 함수는 하나의 텐서로부터 받은 텐서플로우 응답이 예
측된 레이블(star_rating)과 예측 신뢰도 정보를 담은 JSON 응답으로 변환한다.

```
def output_handler(response, context):
    response_json = response.json()

    outputs_list = response_json["predictions"]

    predicted_classes = []

    for outputs in outputs_list:
        predicted_class_idx = tf.argmax(outputs, axis=-1, output_type=tf.int32)
        predicted_class = classes[predicted_class_idx]

        prediction_dict = {}
        prediction_dict["predicted_label"] = predicted_class

        jsonline = json.dumps(prediction_dict)

        predicted_classes.append(jsonline)

    predicted_classes_jsonlines = "\n".join(predicted_classes)

    response_content_type = context.accept_header

    return predicted_classes_jsonlines, response_content_type
```

9.2.2 실험에서 모델 배포 트래킹하기

다음 코드 예제는 데이터 계보 트래킹을 세이지메이커 익스페리먼츠의 실험(`trial`) 객체에 추가한다.

```python
from smexperiments.trial import Trial
trial = Trial.load(trial_name=trial_name)

from smexperiments.tracker import Tracker
tracker_deploy = Tracker.create(display_name='deploy',
                                sagemaker_boto_client=sm)

deploy_trial_component_name = tracker_deploy.trial_component.trial_component_name

# 'deploy' 실험 요소와 트래커를 실험에 붙이기
trial.add_trial_component(tracker_deploy.trial_component)

# 엔드포인트명 트래킹하기
tracker_deploy.log_parameters({
  'endpoint_name': endpoint_name,
})

# 로깅 후 반드시 저장하기
tracker_deploy.trial_component.save()
```

9.2.3 배포된 모델의 실험 계보 분석하기

실험 분석experiment analytics API를 사용해 피처 엔지니어링, 모델 훈련, 하이퍼파라미터 최적화, 모델 배포를 포함하여 프로덕션에서 사용자 모델의 계보를 확인하는 법을 알아보자. 10장에서 전체 트래킹을 사용해 엔드투엔드 파이프라인에서 모든 것을 한곳으로 묶는 법을 알아볼 것이다. 지금은 실험 계보를 먼저 분석해본다.

```python
from sagemaker.analytics import ExperimentAnalytics

lineage_table = ExperimentAnalytics(
  sagemaker_session=sess,
  experiment_name=experiment_name,
  metric_names=['validation:accuracy'],
```

```
    sort_by="CreationTime",
    sort_order="Ascending",
)

lineage_table.dataframe()
```

출력 결과는 다음과 같이 실험 계보 정보를 보여준다.

TrialComponentName	Display Name	max_seq_ length	learning_ rate	train_ accuracy	endpoint_name
TrialComponent- 2021-01-09- 062410-pxuy	prepare	64.0	NaN	NaN	NaN
tensorflow-training- 2021-01-09- 06-24-12-989	train	64.0	0.00001	0.9394	
TrialComponent- 2021-01-09- 193933-bowu	optimize-1	64.0	0.000017	0.9416	
TrialComponent- 2021-01-09214921- dgtu	deploy	NaN	NaN	NaN	tensorflowtraining- 2021-01-09- 06-24-12-989

9.2.4 세이지메이커 파이썬 SDK를 사용해 예측 호출하기

다음은 배포된 모델 엔드포인트를 호출하고 원시 상품 리뷰를 star_rating 1~5로 분류하는 몇 가지 간단한 애플리케이션 코드다.

```
import json
from sagemaker.tensorflow.model import TensorFlowPredictor
from sagemaker.serializers import JSONLinesSerializer
from sagemaker.deserializers import JSONLinesDeserializer

predictor =
    TensorFlowPredictor(endpoint_name=tensorflow_endpoint_name,
                        sagemaker_session=sess,
                        model_name='saved_model',
```

```
                            model_version=0,
                            content_type='application/jsonlines',
                            accept_type='application/jsonlines',
                            serializer=JSONLinesSerializer(),
                            deserializer=JSONLinesDeserializer())

inputs = [
    {"features": ["This is great!"]},
    {"features": ["This is OK."]}
    {"features": ["This is bad."]}
]

predicted_classes = predictor.predict(inputs)

for predicted_class in predicted_classes:
    print(predicted_class)

### 출력 결과 ###

{"predicted_label": 5}
{"predicted_label": 3}
{"predicted_label": 1}
```

이제 판다스의 데이터프레임을 사용해 원시 상품 리뷰의 표본을 일괄적으로 예측해보자.

```
import pandas as pd

df_reviews = pd.read_csv('./data/amazon_reviews_us_Digital_Software_v1_00.tsv.gz',
                         delimiter='\t',
                         quoting=csv.QUOTE_NONE,
                         compression='gzip')
df_sample_reviews = df_reviews[['review_body']].sample(n=100)

def predict(review_body):
    inputs = [
        {"features": [review_body]}
    ]
    predicted_classes = predictor.predict(inputs)
    return predicted_classes[0]['predicted_label']

df_sample_reviews['predicted_class'] = \
df_sample_reviews['review_body'].map(predict)
```

출력은 star_rating 1~5 중에서 각 리뷰에 대해 예측된 클래스(별점)를 본래 리뷰와 매칭시켜 보여준다.

review_body	predicted_class
"This is great!"	5
"This is OK."	3
"This is terrible."	1

9.2.5 HTTP POST를 사용해 예측 호출하기

모델을 마이크로서비스로 프로덕션 환경에 서비스할 때 클라이언트 애플리케이션에서 예측 작업을 어떻게 수행할지 결정해야 한다. 적절한 인증 자격 증명과 HTTP 헤더가 있다고 가정하면 다음 HTTP 요청/응답 구문을 사용해 모델을 세이지메이커 엔드포인트로 직접 호출할 수 있다.

HTTP 요청 구문은 다음과 같다.

```
POST /endpoints/<EndpointName>/invocations HTTP/1.1
Content-Type: ContentType
Accept: Accept
X-Amzn-SageMaker-Custom-Attributes: <CustomAttributes>
X-Amzn-SageMaker-Target-Model: <TargetModel>
X-Amzn-SageMaker-Target-Variant: <TargetVariant>
X-Amzn-SageMaker-Inference-Id: <InferenceId>

This is great!
```

HTTP 응답 구문은 다음과 같다.

```
HTTP/1.1 200
Content-Type: ContentType
x-Amzn-Invoked-Production-Variant: <InvokedProductionVariant>
X-Amzn-SageMaker-Custom-Attributes: <CustomAttributes>

{'label': 5, 'score': 0.92150515}
```

이 예제에서는 inference.py 스크립트에 input_handler()와 output_handler() 함수를 구현해 세이지메이커 엔드포인트 설정에 전달하여 추론 작업을 실행해보았다. 더 복잡한 요청 및 응답 처리의 경우, 이어지는 절에서 세이지메이커 추론 파이프라인SageMaker Inference Pipeline을 사용해 자체 컨테이너에 각 함수를 배포하는 방법을 택해야 한다. 이 방법에 대해서는 다음 절에서 알아볼 것이다.

9.2.6 추론 파이프라인 생성하기

추론 파이프라인inference pipeline은 단일 엔드포인트에 배포된 다단계 시퀀스다. 다음 예제는 요청 핸들러request handler를 자체 사이킷런 컨테이너로 배포하고(1단계), 자체 텐서플로우 서빙 컨테이너TensorFlow Serving Container에 텐서플로우/BERT 모델을 배포하며(2단계), 응답 핸들러response handler를 자체 사이킷런 학습 컨테이너로 배포한다(3단계). 다음 [그림 9-4]는 이 세 단계로 이루어진 시퀀스를 보여준다.

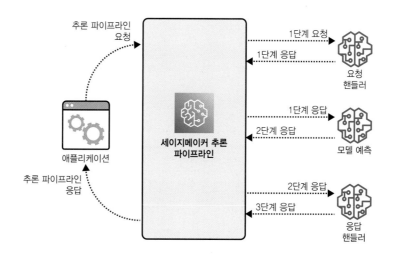

그림 9-4 3단계로 구성된 추론 파이프라인

또한 텐서플로우, 파이토치, 사이킷런, 아파치 스파크 ML Apache Spark ML 등을 포함한 다양한 AI/ML 프레임워그에 모델 앙상블을 배포할 수 있다. 각 단계는 세이지메이커가 제어하는 컨테이너 간의 HTTPS 요청 시퀀스다. 한 단계의 응답은 다음 단계의 예측 요청으로 사용된다. 마지막 단계는 최종 응답을 다시 추론 파이프라인으로 반환하고, 이 파이프라인은 최종 응답을 호출 애플리케이션으로 반환한다. 추론 파이프라인은 세이지메이커에서 완전 관리형 일괄 변환 뿐만 아니라 실시간 예측에 사용할 수 있다.

추론 파이프라인을 배포하기 위해 요청 핸들러, 모델 예측, 응답 핸들러를 포함한 일련의 단계들로 구성된 PipelineModel을 만든다. 그런 다음 추론 파이프라인을 배포하고 엔드포인트 API를 반환하는 PipelineModel에서 deploy()를 호출할 수 있다.

```python
# 모델명과 엔드포인트명 정의하기
model_name = 'inference-pipeline-model'
endpoint_name = 'inference-pipeline-endpoint'

# 순차적으로 배포할 모델 목록으로 PipelineModel 생성하기
pipeline_model = PipelineModel(
    name=model_name,
    role=sagemaker_role,
    models=[
        request_handler,
        model,
        response_handler])

# PipelineModel 배포하기
pipeline_model.deploy(
    initial_instance_count=1,
    instance_type='ml.c5.xlarge',
    endpoint_name=endpoint_name)
```

pipeline_model.deploy()는 단일 모델 예제와 같은 예측기를 반환한다. 이 예측기에 추론 요청을 보낼 때마다 우리는 첫 번째 컨테이너가 수용할 수 있는 데이터를 전달해야 한다. 예측기는 마지막 컨테이너의 출력을 반환한다.

만일 PipelineModel를 활용해 일괄 예측 작업을 실행하려면, pipeline_model.transformer() 객체를 생성하고 transform() 메서드를 호출하기만 하면 된다.

```python
transformer = pipeline_model.transformer(
    instance_type='ml.c5.xlarge',
    instance_count=1,
    strategy='MultiRecord',
    max_payload=6,
```

```
        max_concurrent_transforms=8,
        accept='text/csv',
        assemble_with='Line',
        output_path='<S3_OUTPUT_PATH>')

transformer.transform(
        data='<S3_PATH_TO_DATA>',
        content_type='text/csv',
        split_type='Line')
```

위의 예제는 일련의 파이썬 스크립트에서 예측 단계들을 생성하는 방법을 보여준다. 세이지메이커 추론 파이프라인을 사용하면 우리는 각 단계에 자체 도커 컨테이너를 제공할 수도 있다.

9.2.7 SQL 및 그래프 기반 쿼리에서 세이지메이커 모델 호출하기

AWS는 아마존 AI, 머신러닝, 분석 서비스 사이를 긴밀하게 연결해 통합된 사용자 경험을 제공한다. 아마존 레드시프트, 아테나 및 오로라는 세이지메이커 엔드포인트로 배포된 모델을 사용해 예측 SQL 쿼리를 실행할 수 있다. 아마존 넵튠 또한 세이지메이커 엔드포인트를 사용해 그래프 기반 쿼리를 실행할 수 있다.

9.3 아마존 클라우드워치를 사용한 세이지메이커 엔드포인트 오토 스케일링

세이지메이커 엔드포인트를 설정할 때 `EndpointConfig`의 `InstanceCount` 파라미터를 사용해 수동으로 규모를 조정할 수도 있지만, 초당 요청과 같이 그때마다 바뀌는 지표에 따라 자동으로 확장하거나 축소하는 엔드포인트를 구성할 수 있다. 요청이 많아질수록 세이지메이커는 자동으로 모델 클러스터의 규모를 조정하여 수요를 충족시킨다.

클라우드에는 일반적으로 '스케일다운scale down' 및 '스케일업scale up' 외에도 '스케일인scale in' 및 '스케일아웃scale out'이라는 개념이 있다. 스케일인 및 스케일아웃은 각각 동일한 유형의 인스턴스를 제거하고 추가하는 것을 의미한다. 스케일다운 및 스케일업은 각각 더 작거나 더 큰 인스턴스 유형을 사용하는 것을 뜻한다. 일반적으로 더 큰 인스턴스는 CPU, GPU, 메모리, 네트워크 대역폭을 더 많이 갖추고 있다.

클러스터를 정의할 때는 동종 인스턴스 유형을 사용하는 것이 가장 좋다. 만일 우리가 인스턴스 유형을 혼합한다면 클러스터를 튜닝하고 규모 조정 정책을 일관되게 모든 인스턴스에 적용하기가 매우 어려울 것이다. 새 인스턴스 유형을 시도할 때에는 해당 인스턴스 유형만으로 새 클러스터를 생성하고 각 클러스터를 단일 단위로 비교하는 것이 좋다.

9.3.1 AWS 제공 지표를 사용해 규모 조정 정책 정의하기

이번 절의 예제에서는 인스턴스당 호출의 특정 임곗값에 도달하면 모델 엔드포인트를 자동으로 규모 조정을 하기 위해 AWS에서 제공하는 클라우드워치 지표인 **SageMakerVariantInovacationsPerInstance**를 사용한다. 9.3.2절에서는 커스텀 자동 규모 조정 지표를 사용할 것이다.

```
autoscale = boto3.Session().client(
                           service_name='application-autoscaling',
                           region_name=region)

autoscale.register_scalable_target(
    ServiceNamespace='sagemaker',
    ResourceId="endpoint/" + tensorflow_endpoint_name + "/variant/AllTraffic",
    ScalableDimension='sagemaker:variant:DesiredInstanceCount',
    MinCapacity=1,
    MaxCapacity=2,
    RoleARN=role,
    SuspendedState={
        'DynamicScalingInSuspended': False,
        'DynamicScalingOutSuspended': False,
        'ScheduledScalingSuspended': False
    }
)

autoscale.put_scaling_policy(
    PolicyName='bert-reviews-autoscale-policy',
    ServiceNamespace='sagemaker',
    ResourceId="endpoint/" + tensorflow_endpoint_name + "/variant/AllTraffic",
    ScalableDimension='sagemaker:variant:DesiredInstanceCount',
    PolicyType='TargetTrackingScaling',
    TargetTrackingScalingPolicyConfiguration={
```

```
        'TargetValue': 1000.0,
        'PredefinedMetricSpecification': {
            'PredefinedMetricType': 'SageMakerVariantInvocationsPerInstance',
        },
        'ScaleOutCooldown': 60,
        'ScaleInCooldown': 300,
    }
)
```

우리가 엔드포인트에 많은 양의 트래픽을 보내면, [그림 9-5]와 같이 클라우드워치의 InovacationsPerInstance 지표가 급증하고, [그림 9-6]과 같이 CPU 및 메모리 사용률이 급증하는 것을 볼 수 있다.

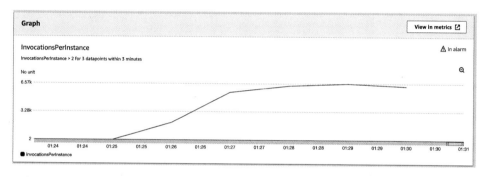

그림 9-5 급증하는 InvocationsPerInstance 지표

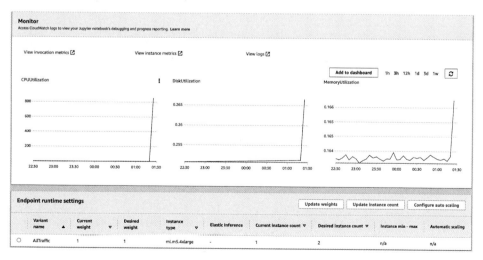

그림 9-6 예측 트래픽 증가로 급증하는 CPUUtilization, DiskUtilization, MemoryUtilization

이와 같은 예측 트래픽의 증가 현상이 관찰되면 알림을 울리고, 트래픽을 인스턴스 2개로 나누어 처리하기 위해 인스턴스 1개에서 인스턴스 2개로 스케일 아웃 이벤트를 트리거한다. [그림 9-7]은 엔드포인트 클러스터에 인스턴스를 추가할 때의 긍정적인 효과를 보여준다. InovacationsPerInstance 수가 감소함에 따라 CPU 및 메모리 사용률도 감소한다.

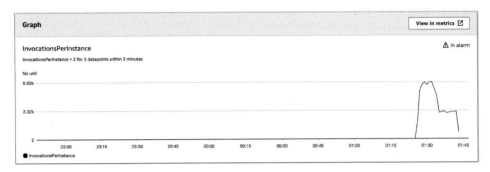

그림 9-7 두 번째 인스턴스를 엔드포인트 클러스터에 추가하면 감소하는 InvocationsPerInstance의 수

9.3.2 커스텀 지표로 스케일링 정책 정의하기

넷플릭스는 '초당 시작 횟수^{starts per second}(SPS)'라는 커스텀 오토스케일링 지표를 사용하는 것으로 알려져 있다. 사용자가 영화나 TV 프로그램을 보기 위해 '재생'을 클릭할 때마다 초당 시작 횟수가 기록된다. '초당 시작 횟수'가 많을수록 스트리밍 제어 평면에서 트래픽이 더 많이 수신되므로 이 '초당 시작 횟수'는 오토스케일링의 핵심 지표다.

따라서 StartsPerSecond 지표를 사용하면 더 많은 영화가 시작될 때 클러스터를 스케일아웃할 수 있다. 이 지표를 타깃 트래킹^{target tracking} 지표라고 하며, 우리는 이 지표를 위한 지표명, 목푯값, 모델 이름, 변형 이름, 요약 통계를 정의해야 한다. 다음 코드 예제에서는 만일 모델 제공 클러스터의 모든 인스턴스에서 StartsPerSecond 지표가 평균 50%를 초과하는 경우, 스케일링 정책이 클러스터 스케일아웃을 시작한다.

```
{
  "TargetValue": 50,
  "CustomizedMetricSpecification":
  {
    "MetricName": "StartsPerSecond",
    "Namespace": "/aws/sagemaker/Endpoints",
```

```
        "Dimensions": [
          {"Name": "EndpointName", "Value": "ModelA" },
          {"Name": "VariantName","Value": "VariantA"}
        ],
        "Statistic": "Average",
        "Unit": "Percent"
      }
    }
```

스케일링 정책에 사용할 커스텀 지표를 결정할 때에는 인스턴스 사용률을 측정하고, 인스턴스 규모를 조정함에 따라 사용률이 달라지는 것을 반영하는 지표를 선택해야 한다.

9.3.3 휴지 기간을 사용해 응답성 튜닝하기

엔드포인트가 자동 스케일아웃 또는 스케일인될 때 우리는 '휴지^{cooldown}' 기간을 초 단위로 지정할 필요가 있다. 휴지 기간은 스케일링 이벤트 간의 시간을 초 단위로 정의하여 스케일링 정책의 응답성을 줄이는 역할을 한다. 예를 들면 트래픽이 급증하는 순간에 우리는 빠르게 스케일아웃하고, 이 스케일아웃 이벤트 중에 일시적인 트래픽 감소를 잘못 감지하여 섣불리 스케일인하지 않도록 해야 한다. 다음 스케일링 정책은 SclaeInCooldown에는 600초, ScaleOutCooldown에는 300초를 지정해 스케일아웃은 빠르게 응답하도록 하고 스케일인은 천천히 응답하도록 설정됐다.

```
{
  "TargetValue": 60.0,
  "PredefinedMetricSpecification":
  {
    "PredefinedMetricType":
        "SageMakerVariantInvocationsPerInstance"
  },
  "ScaleInCooldown": 600,
  "ScaleOutCooldown": 300
}
```

9.3.4 오토스케일링 정책

세이지메이커 엔드포인트에 대한 오토스케일링을 설정할 때 선택할 수 있는 스케일링 정책에는 세 가지 주요 유형이 있다.

타깃 트래킹

단일 지표와 AWS 오토스케일링을 필요에 따라 지정한다. 예를 들어 Invocations Per Instance = 1000와 같은 지표를 이 정책에 추가 및 설정할 수 있다. 이 전략에는 최소한의 환경 설정만 필요하다.

심플

지표가 사전에 지정한 임곗값에 도달하면 고정된 크기의 스케일링을 트리거한다. 예를 들어, InvocationsPerInstance > 1000일 때 인스턴스 1개를 추가하는 식으로 설정한다. 이 전략은 약간의 설정 작업이 필요하지만 타깃 트래킹보다 스케일링 제어를 더 다양하게 할 수 있게 해준다.

단계 스케일링

지표가 사전에 설정한 여러 임곗값에 따라 각 임곗값에 지정된 크기의 스케일링을 트리거한다. 예를 들어 InvocationsPerInstance > 1000일 때 인스턴스 1개를 추가하고, InvocationsPerInstance > 2000일 때 인스턴스 5개를 추가하는 식으로 구성할 수 있다. 이 전략에는 설정 작업이 더 많이 필요하지만, 사용자에게 가장 높은 제어력을 제공한다.

9.4 새 모델 또는 업데이트된 모델로 배포하는 전략

'프로덕션 변형production variant'을 사용해 새 모델 또는 업데이트된 모델을 세이지메이커 엔드포인트에 재배포하기 전 스테이징 및 테스트해야 한다. 이러한 변형 모델은 하드웨어(CPU, GPU), 데이터(코미디, 드라마, 영화), 지역(미국 서부, 독일 북부)에 따라 다를 수 있다. 카나리아 롤아웃, 블루/그린 배포, A/B 테스트, 멀티암드 밴딧 테스트를 위해 엔드포인트의 모델 변형 간에 트래픽을 안전하게 전환할 수 있다. 이러한 배포 전략을 사용하면 새로운 모델이나 업데이트된 모델을 프로덕션에 푸시할 때 수반되는 위험을 최소화할 수 있다.

9.4.1 카나리아 롤아웃의 트래픽 분할하기

데이터는 지속적으로 변화하기 때문에 이 변화를 포착하려면 모델은 계속 진화해야 한다. '카나리아 롤아웃'은 20세기 탄광 작업장에서 카나리아라는 새를 탄광 내부로 날려보내 인간이 탄광에서 숨을 쉴 수 있는지를 감지하는 과정의 이름을 따온 것이다. 카나리아가 탄광에서 살아남는다면 작업을 계속 진행할 수 있다는 것을 의미한다. 하지만 카나리아가 죽게 된다면 나중에 다른 카나리아로 다시 작업을 시도한다. 마찬가지로, 트래픽의 작은 비율을 '카나리아' 모델에 지정하고 모델이 서비스를 정상적으로 제공하는지 테스트할 수 있다. 이를 통해 사전에 파악하지 못한 메모리 누수나 기타 생산 관련 문제를 찾을 수 있다.

컴퓨트, 메모리, 스토리지를 제공하는 클라우드 인스턴스와 모델 컨테이너 애플리케이션을 결합한 것을 앞서 말한 대로 '프로덕션 변형'이라고 한다. 따라서 프로덕션 변형은 인스턴스 유형, 인스턴스 수, 모델을 정의한다. 기본적으로 세이지메이커 엔드포인트는 단일 프로덕션 변형만으로 구성되지만 필요에 따라 여러 가지 변형을 추가할 수 있다.

다음은 20개의 인스턴스에 걸쳐 트래픽의 100%를 수신하는 단일 엔드포인트에서 단일 변형 VariantA를 설정하는 코드다.

```
endpoint_config = sm.create_endpoint_config(
    EndpointConfigName='my_endpoint_config_name',
    ProductionVariants=[
        {
         'VariantName': 'VariantA',
         'ModelName': 'ModelA',
         'InstanceType':'ml.m5.large',
         'InitialInstanceCount': 20,
         'InitialVariantWeight': 100,
        }
    ])
```

다음으로 카나리아용으로 새 프로덕션 변형을 만든 후, [그림 9-8]과 같이 새 엔드포인트를 만들고 소량의 트래픽(5%)을 카나리아로 지정하고 나머지 트래픽(95%)을 기존 프로덕션 변형으로 지정해보자.

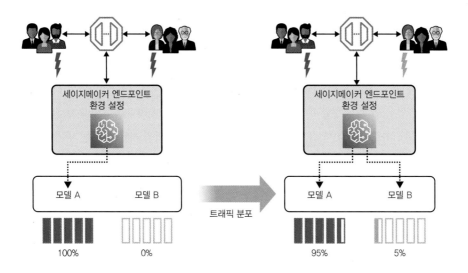

그림 9-8 5%의 트래픽을 새 모델로 분할하는 카나리아 롤아웃

다음 코드 예제는 트래픽의 5%를 수락하는 새 카나리아 VariantB를 포함한 새 엔드포인트를 설정하는 방법을 보여준다. 새 카나리아 VariantB는 `'InitialInstanceCount': 1`을 지정한다. `VariantA`의 인스턴스 20개가 총 100%의 트래픽을 나누어 처리한다고 생각해보자. 각 인스턴스는 5%의 트래픽을 처리하는 셈이다. 이는 앞서 새 카나리아 `VariantB`의 인스턴스에 설정한 값과 같다. 또 다른 예로, 10% 트래픽을 새 카나리아로 보내려면 `'Initial InstanceCount': 2`를 선택하고 카나리아 트래픽을 10%으로 설정한다. 이 설정 예제들은 사용자가 새 카나리아에 동일한 인스턴스 유형을 사용한다고 가정하에 설정 예시를 보여준 것이다. 만일 다른 인스턴스 유형을 선택하고 싶은 경우 변형 모델 설정에 지정한 트래픽 로드에 맞게 인스턴스 수를 조정해야 한다.

```
updated_endpoint_config=[
    {
    'VariantName': 'VariantA',
    'ModelName': 'ModelA',
    'InstanceType':'ml.m5.large',
    'InitialInstanceCount': 20,
    'InitialVariantWeight': 95,
    },
    {
```

```
        'VariantName': 'VariantB',
        'ModelName': 'ModelB',
        'InstanceType':'ml.m5.large',
        'InitialInstanceCount': 1,
        'InitialVariantWeight': 5,
        }
])

sm.update_endpoint(
    EndpointName='my_endpoint_name',
    EndpointConfigName='my_endpoint_config_name'
)
```

카나리아 롤아웃은 초기 프로덕션 테스트를 위해 소수의 사용자에게만 새 모델을 배포한다. 이는 전체 사용자에게 영향을 주지 않고 라이브 프로덕션에서의 모델 성능을 테스트하는 경우에 유용하다. 트래픽의 대부분은 여전히 기존 모델로 이동하므로 카나리아 모델의 클러스터는 트래픽의 5%만 처리할 수 있을 정도의 작은 사이즈면 충분하다. 참고로 위의 예제에서는 카나리아 변형에 단일 인스턴스만 사용했다.

9.4.2 블루/그린 배포를 위한 트래픽 이동시키기

새 모델이 잘 작동하면 [그림 9-9]처럼 블루/그린 배포를 진행하여 모든 트래픽을 새 모델로 이동시킬 수 있다. 블루/그린 배포는 이전 배포로 롤백해야 하는 경우 다운타임을 줄이는 데 도움이 된다. 블루/그린 배포에서는 새로운 카나리아 모델을 사용해 기존 모델-서버 클러스터의 전체 복제본을 가동한다. 그런 다음 [그림 9-9]와 같이 이전 클러스터의 모든 트래픽을 새 클러스터로 이동시킨다. 블루/그린 배포는 일부 인스턴스가 새 카나리아 모델을 실행하고 일부는 기존 모델을 실행하는 부분 배포 시나리오를 방지한다. 이러한 부분 배포 시나리오는 대규모로 디버깅하고 관리하기가 매우 어렵다.

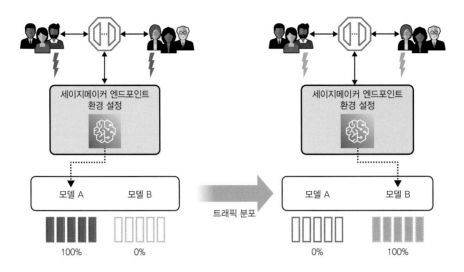

그림 9-9 모델 변형 B로 트래픽 전환하는 블루/그린 배포

다음은 엔드포인트를 업데이트하고 트래픽의 100%를 성공적인 카나리아 모델인 **VariantB**로 이동시키는 코드다. 새 클러스터가 이제 모든 트래픽을 처리하므로 기존 클러스터와 일치하도록 새 클러스터의 크기도 늘렸다.

```
updated_endpoint_config=[
    {
     'VariantName': 'VariantA',
     'ModelName': 'ModelA',
     'InstanceType':'ml.m5.large',
     'InitialInstanceCount': 20,
     'InitialVariantWeight': 0,
    },
    {
     'VariantName': 'VariantB',
     'ModelName': 'ModelB',
     'InstanceType':'ml.m5.large',
     'InitialInstanceCount': 20,
     'InitialVariantWeight': 100,
    }
])

sm.update_endpoint_weights_and_capacities(
    EndpointName='my_endpoint_name',
```

```
        DesiredWeightsAndCapacities=updated_endpoint_config
    )
```

카나리아가 예기치 않게 실패하여 이전 클러스터로 빠르게 롤백해야 하는 경우를 대비하여
VariantA가 있는 이전 클러스터를 24시간 정도 저장 상태로 유지한다. 24시간 후에 이전 환
경을 제거하고 블루/그린 배포를 완료할 수 있다. 다음은 엔드포인트 환경 설정에서 VariantA
를 제거하고 엔드포인트를 업데이트하여 이전 모델인 VariantA를 제거하는 코드다.

```
updated_endpoint_config=[
    {
     'VariantName': 'VariantB',
     'ModelName': 'ModelB',
     'InstanceType':'ml.m5.large',
     'InitialInstanceCount': 20,
     'InitialVariantWeight': 100,
    }
])

sm.update_endpoint(
    EndpointName='my_endpoint_name',
    EndpointConfigName='my_endpoint_config_name'
)
```

이전 클러스터를 일정 기간, 저장 상태로 유지하는 것은 낭비처럼 보일 수 있다. 하지만 새 클
러스터가 예기치 않게 정지해 이전 모델인 VariantA로 다시 롤백하고 스케일아웃하는 데 드
는 비용을 고려해보면 낭비로만 볼 수는 없다. 때로는 새 모델 클러스터가 처음 몇 시간 동안은
제대로 작동하지만 야간에 크론 작업할 때나 이른 아침에 제품 카탈로그를 새로 고침할 때 또
는 테스트되지 않은 다른 시나리오에 예기치 않게 성능이 저하되거나 충돌이 발생할 수 있다.
이 경우 트래픽을 즉시 이전 클러스터로 전환하고 평소처럼 비즈니스를 수행할 수 있다.

9.5 새 모델 테스트 및 비교

모델 배포를 다룬 9.4절에서 설명한 것과 동일한 '프로덕션 변형' 개념을 사용해 단일 세이지메
이커 엔드포인트 백엔드에서 새로운 모델을 테스트할 수 있다. 이번 절에서는 A/B 및 멀티암

드 밴딧 테스트를 사용해 프로덕션에서 모델 성능을 비교하기 위해 엔드포인트의 모델 간에 트래픽이 이동하도록 세이지메이커 엔드포인트를 구성한다.

프로덕션에서 모델을 테스트할 때는 최적화하려는 비즈니스 지표를 정의하고 트래킹해야 한다. 비즈니스 지표는 일반적으로 주문, 영화 시청, 광고 클릭과 같은 매출 또는 사용자 참여와 관련이 있다. [그림 9-10]과 같이 다이나모DB와 같은 모든 데이터베이스에 지표를 저장할 수 있다. 데이터 분석가와 데이터 과학자는 이 데이터를 사용해 테스트에서 합격한 최종 모델을 결정할 것이다.

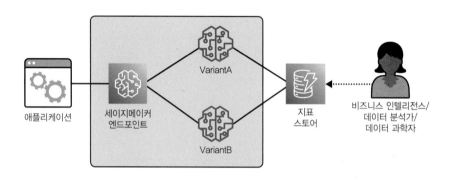

그림 9-10 비즈니스 지표를 트래킹하여 최상의 모델 변형을 결정한다

계속해서 텍스트 분류기 예제를 사용해 성공적으로 레이블이 지정된 고객 서비스 메시지의 수를 최대화하는 테스트를 만들어볼 것이다. 고객 서비스가 새 메시지를 수신하면 애플리케이션은 메시지의 star_rating(1~5)을 예측하고 1과 2를 우선순위가 높은 고객 서비스 대기열로 라우팅한다. 담당자가 예측된 star_rating에 동의하면 우리의 예측을 성공한 것으로(긍정적인 피드백) 표시한다. 그렇지 않으면 실패한 것으로(부정적인 피드백) 표시한다. 실패한 예측은 아마존 A2I 및 세이지메이커 그라운드 트루스SageMaker Ground Truth를 사용해 10장에서 자세히 알아볼 휴먼인더루프 워크플로우로 라우팅될 수 있다. 그런 다음 가장 성공적인 star_rating의 예측률로 업데이트된 모델 변형을 선택하고 이 변형으로 트래픽을 이동시키기 시작한다. 이어서 실험을 관리하고 트래픽을 이동시키는 방법을 자세히 알아보겠다.

9.5.1 A/B 테스트를 수행하여 모델 변형 비교하기

카나리아 롤아웃과 유사하게, 우리는 실시간 프로덕션에서 여러 모델을 비교하고 테스트하기 위해 트래픽 분할을 사용해 사용자 트래픽 일부를 모델 변형으로 유도할 수 있다. 목표는 어떤 변형의 성능이 더 좋은지 확인하는 것이다. 이러한 검증은 통계적으로 유의하려면 오랜 기간 (주 단위) 동안 실행해야 하는 경우가 많다. [그림 9-11]은 두 모델에 무작위로 총 트래픽을 반반씩 분할하도록 설정하는 개념을 보여준다.

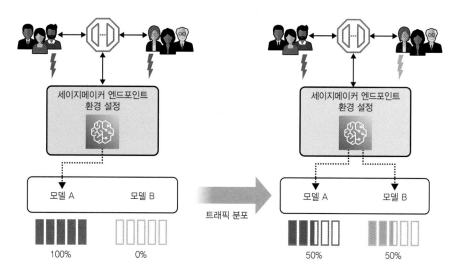

그림 9-11 트래픽 50/50으로 분할하여 두 가지 모델 변형을 사용한 A/B 테스트

A/B 테스트는 카나리아 롤아웃과 유사한 것처럼 보이지만, 다른 변형 모델에 대한 데이터를 수집하는 데 초점을 맞추고 있다. A/B 테스트는 더 큰 사용자 그룹을 대상으로 하고, 더 많은 트래픽을 사용하며, 더 오랜 기간 동안 실행된다. 카나리아 롤아웃은 위험을 완화하고 원활하게 업그레이드를 하는 데 초점을 맞춘다.

> **NOTE_** IP 주소, HTTP 헤더, 쿼리 문자열 또는 페이로드 콘텐츠를 기반으로 세분화된 트래픽 라우팅을 사용하려면 세이지메이커 엔드포인트 앞에 있는 애플리케이션 로드 밸런서Application Load Balancer를 사용한다.

모델 A/B 테스트의 한 예로 스트리밍 음악 추천 시스템이 있다. 일요일 아침 재생 목록을 추천받는다고 가정해보자. 우리는 강력한 웨이크업 비트(모델 A)를 선호하거나 부드러운 라운지 음악(모델 B)을 선호하는 특정 사용자 그룹을 식별할 수 있는지 테스트해볼 수 있다. 파이썬을 사용해 이 A/B 테스트를 구현해보겠다. 먼저 모델 A와 모델 B에 대한 별도의 프로덕션 변형을 정의하는 세이지메이커 엔드포인트 환경을 설정한 다음, 동일한 인스턴스 유형과 인스턴스 수를 사용해 두 프로덕션 변형을 초기화한다.

```python
import time
timestamp = '{}'.format(int(time.time()))

endpoint_config_name = '{}-{}'.format(training_job_name, timestamp)

variantA = production_variant(model_name='ModelA',
                              instance_type="ml.m5.large",
                              initial_instance_count=1,
                              variant_name='VariantA',
                              initial_weight=50)

variantB = production_variant(model_name='ModelB',
                              instance_type="ml.m5.large",
                              initial_instance_count=1,
                              variant_name='VariantB',
                              initial_weight=50)

endpoint_config = sm.create_endpoint_config(
    EndpointConfigName=endpoint_config_name,
    ProductionVariants=[variantA, variantB]
)

endpoint_name = '{}-{}'.format(training_job_name, timestamp)

endpoint_response = sm.create_endpoint(
  EndpointName=endpoint_name,
  EndpointConfigName=endpoint_config_name)
```

일정 기간 동안 두 모델의 성능을 모니터링한 후, 트래픽의 100%를 성능이 더 나은 모델 B로 이동시킬 수 있다. 예를 들어 모델 B가 성능이 더 좋다면, [그림 9-12]와 같이 트래픽을 50/50 분할에서 0/100 분할로 이동시킨다.

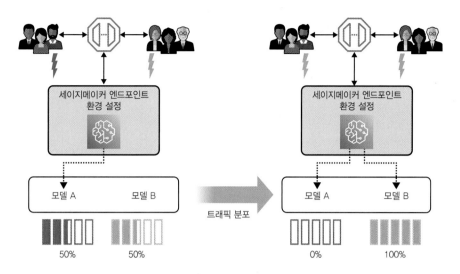

그림 9-12 A/B 테스트 트래픽을 50/50에서 0/100으로 이동

다음은 VariantB가 올바르게 작동한다고 검증한 뒤 모든 트래픽을 VariantA로 이동시키고 궁극적으로 VariantA를 제거하는 코드다.

```
updated_endpoint_config = [
  {
    'VariantName': 'VariantA',
    'DesiredWeight': 0,
  },
  {
    'VariantName': 'VariantB',
    'DesiredWeight': 100,
  }
]

sm.update_endpoint_weights_and_capacities(
  EndpointName='my_endpoint_name',
  DesiredWeightsAndCapacities=updated_endpoint_config
)

updated_endpoint_config=[
    {
     'VariantName': 'VariantB',
     'ModelName': 'ModelB',
```

```
        'InstanceType':'ml.m5.large',
        'InitialInstanceCount': 2,
        'InitialVariantWeight': 100,
        }
])

sm.update_endpoint(
    EndpointName='my_endpoint_name',
    EndpointConfigName='my_endpoint_config_name'
)
```

9.5.2 멀티암드 밴딧 테스트를 통한 강화 학습

A/B 테스트는 유의미한 결과를 도출하려면 일정 기간, 때로는 몇 주 또는 몇 달 동안 실행해야 한다. 이 기간 동안 수익에 부정적인 영향을 미치는 낮은 성능의 모델 변형을 배포하는 것일 수도 있다. 그러할 가능성 때문에 초기에 테스트를 중단하면 실험의 통계적 의미를 망치고 결과에서 많은 의미를 도출할 수 없다. 다시 말해, 새 모델이 처음에는 제대로 수행되지 않을 수 있지만 실험을 지속적으로 관찰하면 전반적으로 더 나은 모델이라는 통계적 결론을 얻을 수 있다. A/B 테스트는 정적이며 성능이 좋지 않은 모델로 인한 '후회'를 최소화하기 위해 실험 중에 트래픽을 동적으로 이동시킬 수는 없다. 또한 실험 기간 동안 모델 변형을 추가하거나 제거하는 것을 허용하지 않는다.

다양한 모델 변형을 테스트하기 위한 좀 더 동적인 방법을 멀티암드 밴딧(MAB)이라고 한다. 예를 들어, 멀티암드 밴딧이라는 테스트 이름은 사람들의 돈을 빠르게 잡아먹는 슬롯 머신에서 유래했다. 멀티암드 밴딧 테스트는 A/B 테스트보다 훨씬 더 빨리 우월한 변형 모델로 트래픽을 동적으로 이동시킨다. 이것은 멀티암드 밴딧의 '활용exploit' 부분이다. 동시에 멀티암드 밴딧은 우월한 변형 모델들이 사실은 총체적으로 최상의 모델이 아닌 경우를 대비하여 비교 테스트에서 밀렸던 변형 모델들을 계속 '탐색explore'한다. '탐색과 활용' 사이의 이러한 동적인 밸런스는 멀티암드 밴딧의 강점이다. 강화 학습reinforcement learning(RL)을 기반으로 하는 멀티암드 밴딧은 피드백의 긍정-부정 메커니즘에 의하여 '액션action'을 선택한다.

우리 예제의 경우, 멀티암드 밴딧은 현재 보상 지표가 선택한 탐색과 활용 전략을 기반으로 모델 변형을 선택한다. 강화 학습 기반 멀티암드 밴딧은 주요 세이지메이커 엔드포인트로서 역할을 하며, [그림 9-13]과 같이 예측 트래픽을 대기 중인 BERT 기반 세이지메이커 엔드포인트로 라우팅한다.

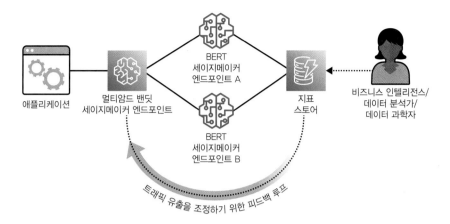

그림 9-13 강화 학습 및 멀티암드 밴딧을 사용해 최상의 BERT 모델 찾기

입실론 그리디epsilon greedy, 톰슨 샘플링Thomson sampling, 배깅bagging, 온라인 커버online cover 등 다양한 멀티암드 밴딧 탐색 전략이 있다. 입실론 그리디는 고정 활용–탐색 임곗값을 사용하는 반면, 톰슨 샘플링은 베이지안 통계에 기반을 둔 기술인 사전 정보를 기반으로 하는 좀 더 정교하고 동적인 임곗값을 사용한다. 배깅은 임의의 데이터 하위 집합을 기반으로 훈련하여 앙상블 정책 집합을 생성하는 앙상블 접근 방식을 사용한다. 온라인 커버는 「Taming Monster: A Fast and Simple Algorithm for Contextual Bandits(몬스터 길들이기: 상황별 밴딧을 위한 빠르고 간단한 알고리즘)」[5] 논문에 의하면 이론상 최적의 탐색 알고리즘이다. 배깅과 마찬가지로 온라인 커버는 데이터셋의 다른 하위 집합에 대한 일련의 정책을 훈련한다. 한편 배깅과 다르게 온라인 커버는 일련의 정책을 훈련하여 보다 정교하고 완전한 탐색 전략을 가능하게 하도록 다양한 예측을 제공한다.

세이지메이커는 기본적으로 보우팔 와빗Vowpal Wabbit, 레이Ray, 코치Coach, 유니티Unity 등을 포함한 인기 있는 강화 학습 라이브러리를 지원한다. 또한 우리가 직접 강화 학습 라이브러리를 포함하여 자체 도커 이미지를 빌드하고 세이지메이커에 배포 및 관리를 맡길 수 있다. 우리가 살펴볼 예제에서는 보우팔 와빗과 온라인 커버 탐색 전략을 사용한다. 보우팔 와빗 기반 MAB는 최신 보상 지표에 대해 지속적으로 훈련되며 [그림 9–14]와 같이 예측 트래픽을 조정하여 우월한 BERT 기반 모델에 더 많은 트래픽을 보낸다. [그림 9–14]의 예시에서 모델 2는 더 많은 트래픽을 받기 시작하고 더 많은 보상을 축적한다.

---

5 *https://oreil.ly/ZNyKH*

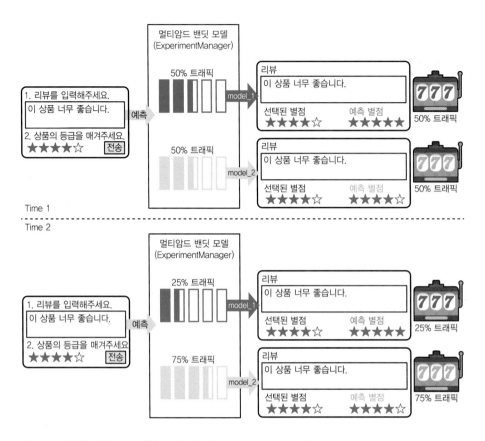

그림 9-14 트래픽을 동적으로 우월한 모델로 이동시키는 멀티암드 밴딧 모델

[그림 9-15]는 보우팔 와빗 강화 학습 프레임워크, 세이지메이커, 아마존 키네시스 파이어호스^Amazon Kinesis Firehose, 영구 스토리지용 S3, 애플리케이션 쿼리용 아테나를 사용해 AWS에서 멀티암드 밴딧의 완전한 엔드투엔드 프로덕션 구현을 보여준다.

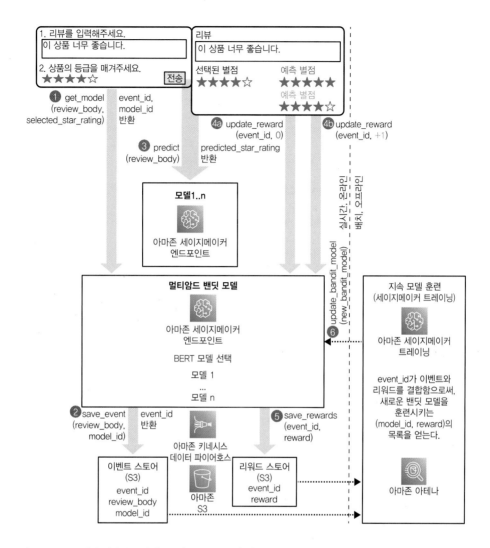

그림 9-15 AWS에서 멀티암드 밴딧(MAB) 및 강화 학습(RL)의 완전한 엔드투엔드 구현

이 파이프라인은 새로운 보상 데이터가 애플리케이션에서 시스템으로 유입됨에 따라 보우팔 와빗 강화 학습 프레임워크로 멀티암드 밴딧을 지속적으로 훈련시킨다. 멀티암드 밴딧 모델의 새 버전은 세이지메이커 엔드포인트로 배포된다. 멀티암드 밴딧의 동적 특성을 활용해 우리는 테스트를 바탕으로 모델 변형을 동적으로 추가 및 제거할 수 있다. 이는 테스트 기간 동안 모든 모델 변형을 고정해야 하는 기존 A/B 테스트로는 할 수 없는 일이다.

다음은 세이지메이커, 다이나모DB, 키네시스와 기본 통합된 보우팔 와빗을 사용하는 멀티암드 밴딧 모델에 대한 설정의 일부를 예시로 보여준다. 이 설정 예제는 하위 정책의 수와 반대 사실 분석counterfactual analysis (CFA) 전략을 포함하여 온라인 커버 탐색 전략에 사용되는 하이퍼파라미터를 강조하여 보여준다.

```
resource:
  shared_resource:
    experiment_db:
      table_name: "BanditsExperimentTable" # 실험 상태
    model_db:
      table_name: "BanditsModelTable" # 훈련된 모델들의 상태
    join_db:
      table_name: "BanditsJoinTable" # 보상 수집 상태
image: "sagemaker-rl-vw-container:vw-<VW_VERSION>"
<VOWPAL_WABBIT_VERSION>-<CPU_OR_GPU>" # 보우팔 와빗 컨테이너
algor: # 보우팔 와빗 알고리즘 파라미터
  algorithms_parameters:
    exploration_policy: "cover"
    num_policies: 3 # 생성할 온라인 커버 정책의 수
    num_arms: 2
    cfa_type: "dr" # "dr", "ips" 지원
```

위의 설정예제는 어떤 BERT 모델을 호출할 것인지 결정하거나 이중 로버스트doubly robust (DR) CFA 방법을 결정하기 위해 세 가지 하위 정책을 훈련하기로 설정됐다. 이러한 하이퍼파라미터에 대한 자세한 내용은 보우팔 와빗 설명서[6] 및 이 책과 관련된 깃허브 리포지터리를 참조하도록 하자.

다음은 밴딧 모델이 시스템에 도착하는 새로운 보상 데이터에 대해 지속적으로 훈련될 때 세이지메이커 트레이닝의 로그 샘플이다. 이 샘플의 경우 600개의 새로운 보상이 획득되었다는 정보를 사용자에게 알려준다.

```
/usr/bin/python train-vw.py --cfa_type dr --epsilon 0.1 --exploration_policy
cover --num_arms 2 --num_policies 3
INFO:root:channels ['pretrained_model', 'training']
INFO:root:hps: {'cfa_type': 'dr', 'epsilon': 0.1, 'exploration_policy':
'cover', 'num_arms': 2, 'num_policies': 3}
```

---

6 https://oreil.ly/lDikQ

```
INFO:root:Loading model from /opt/ml/input/data/pretrained_model/vw.model
INFO:VW CLI:creating an instance of VWModel
INFO:VW CLI:successfully created VWModel
INFO:VW CLI:command: ['vw', '--cb_explore', '2', '--cover', '3', '-i',
'/opt/ml/input/data/pretrained_model/vw.model', '-f', '/opt/ml/model/vw.model',
'--save_resume', '-p', '/dev/stdout']
INFO:VW CLI:Started VW process!
INFO:root:Processing training data: [PosixPath('/opt/ml/input/data/training/local-
joined-data-1605218616.csv')]
finished run
number of examples = 600
INFO:root:Model learned using 600 training experiences.
INFO       Reporting training SUCCESS
```

두 가지 BERT 모델(BERT 모델 1과 BERT 모델 2)을 비교한다고 가정해보자. 7장에서 훈련시켰던 그 모델을 BERT 모델 1로 재활용한다. 이 모델의 훈련 정확도는 93%에 가깝고 검증 정확도는 약 50%다. 5개 카테고리를 무작위로 맞출 확률이 20%라는 점을 감안할 때 검증 정확도의 50%는 그렇게 나쁘지 않은 수치다. BERT 모델 2의 경우 훈련 및 검증 정확도가 약 40%로 약간 낮은 모델을 훈련시킨다.

다음으로 2개의 BERT 모델과 새로운 멀티암드 밴딧을 배포한다. 두 모델을 프로덕션 환경에서 실행한 후 멀티암드 밴딧이 모델 1 또는 모델 2를 선택하는 데 사용된 가장 최근의 확률을 분석한다. 액션 확률action probability은 현재 보상 정보와 상황을 고려할 때, 선택한 모델이 최선의 선택일 확률을 측정한 것이다. BERT 모델 1의 평균 행동 확률은 0.743이고, BERT 모델 2의 평균 액션 확률은 0.696이다. 이 경우 더 높은 액션 확률값이 매겨진 BERT 모델 1을 선호한다. [그림 9-16]은 모든 예측에 대해 멀티암드 밴딧이 사용한 액션 확률을 보여준다.

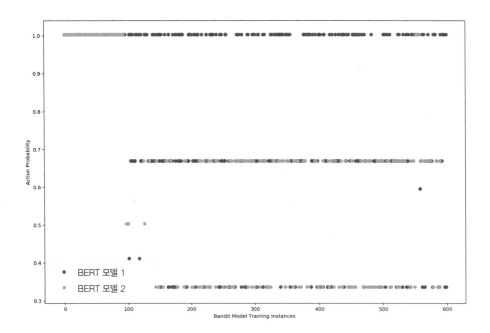

그림 9-16 멀티암드 밴딧(MAB) 액션 확률

표본 확률^{sample probability}은 탐색 정책, 현재 보상 정보, 상황을 고려하여 밴딧이 모델 1이나 모델 2를 선택할 확률을 측정한 것이다. 액션 확률과 표본 확률의 조합은 밴딧이 리뷰 테스트를 분류하는 데 사용할 BERT 모델을 결정한다. 밴딧이 BERT 모델 1을 사용할 평균 표본 확률은 0.499이고, BERT 모델 2의 경우에는 0.477이다. 이 경우 표본 확률이 더 높게 측정된 BERT 모델 1이 선호된다.

[그림 9-17]은 멀티암드 밴딧(MAB)이 모든 예측에 기반해 BERT 모델 1과 BERT 모델 2 중 선택하는 데 사용된 표본 확률을 보여준다.

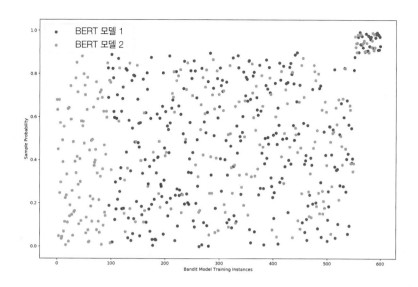

그림 9-17 멀티암드 밴딧(MAB) 표본 확률

또한 [그림 9-18]과 같이 두 변형 사이의 트래픽 변화를 알 수 있다. 모델 2는 모든 트래픽으로 시작하지만 멀티암드 밴딧이 더 높은 보상을 받는 것으로 인해 모델 1을 선호해 더 적은 트래픽을 수신하며, 이는 더 높은 표본 확률로 이어진다.

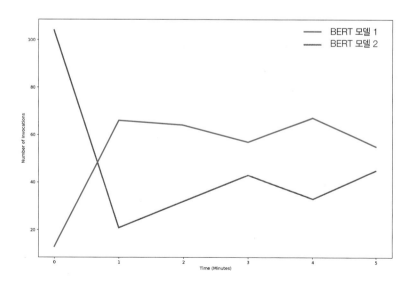

그림 9-18 BERT 모델 1과 BERT 모델 2 간의 트래픽 분할

BERT 기존 모델 1이 챌린저 모델challenger model인 BERT 모델 2보다 유리하다는 사실을 알 수 있다. 이 경우 모델 1을 BERT 모델 2로 교체하지 않고 프로덕션 상태로 유지하기로 선택한다.

보상-후회 비율reward versus regret을 분석하여 모델이 탐색 과정에서 활용과 탐색을 적절히 수행했는지, 탐색 프로세스 동안 너무 많이 포기한 것은 아닌지 확인해본다. 모델이 star_rating을 올바르게 예측하면 보상 1을 할당하고, 모델이 잘못 예측하면 보상 0을 할당한다. 따라서 보상은 모델 정확도와 관련이 있다. 평균 보상은 0.472로, 이 수치는 우연이 아니라 7장에서 훈련시킨 BERT 모델 1과 BERT 모델 2의 검증 정확도를 혼합한 것이다. [그림 9-19]는 모든 예측에 대한 롤링 100 평균 보상의 그래프를 보여준다.

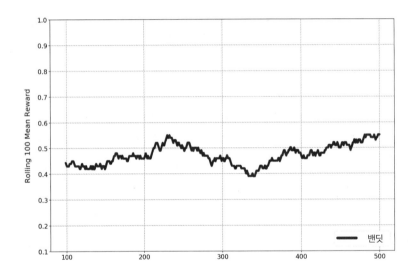

그림 9-19 실험들의 롤링 100 평균 보상

이 모든 그래프로부터 우리는 다음과 같은 관측 결과를 도출한다. 밴딧은 처음에 BERT 모델 1과 BERT 모델 2 모두에 트래픽을 전송하여 액션 공간을 탐색했다. 조기에 우월한 모델을 찾고, 200번째 예측까지 BERT 모델 2를 활용했다. 그런 다음 약 330번째 예측까지 모델 2를 활용한 후 탐색을 재시작한다. 밴딧은 다시 BERT 모델 2를 활용하기 시작한다. 500번째 예측까지 기록될 때까지 모델 2를 활용한다. 500번째 예측 주변에서 어쩌면 밴딧은 탐색을 다시 실행할 수도 있다.

활용과 탐색 간의 이러한 트레이드오프는 선택한 탐색 정책에 의해 제어되며, A/B 테스트와 차별화된 멀티암드 밴딧 테스트만의 중요 요소다. 공격적인 탐색 정책을 설정해주면 밴딧이 공간을 탐색하고 평균 보상을 줄이는 것을 볼 수 있다. 우리 예제에서는 자체 튜닝 온라인 커버 탐색 정책을 사용한다.

밴딧들은 성능이 좋지 않은 모델을 프로덕션에 배포하는 후회를 최소화하고, 실전 데이터에 대한 BERT 모델 성능에 대한 통찰력을 거의 실시간으로 제공한다. 만일 BERT 모델 중 하나가 제대로 수행되지 않으면 실험에서 모델을 제거하거나 밴딧이 새 모델을 추가해 밴딧이 우리가 제공하는 탐색 정책을 사용해 탐색을 시작하도록 할 수 있다.

보우팔 와빗 프레임워크 문서에 기술된 하이퍼파라미터를 사용해 보우팔 와빗 밴딧 모델을 튜닝할 수도 있다. 온라인 커버 탐색 정책을 조정하기 위한 보우팔 와빗 하이퍼파라미터에 대한 자세한 내용은 보우팔 와빗 문서를 참고하자.[7]

우리는 또한 초기에 프로덕션에 배포하기 전 강화 학습 모델을 사전 훈련하기 위해 기록 데이터를 제공할 수 있다. 모델은 기록 데이터를 액션과 표본 확률을 시작점으로 이용할 수 있다. 이는 최초 탐색 과정에서 강화 학습 모델이 아무 정보 없이 백지에서부터 액션과 샘플 공간에 대해 학습하는 동안 발생할 수 있는 후회를 줄여준다.

여기까지 살펴본 예제는 불과 몇 분에 걸친 예측만 이용해본 것이다. 우리는 이런 실험을 장기간 지속해 더 많은 통찰력을 얻고 우리의 애플리케이션과 사용 사례에 더 나은 성능을 보여주는 모델을 찾는 것이 바람직할 것이다.

9.6 모델 성능 모니터링 및 드리프트 감지

세상은 우리 주변에서 계속 변화하고 있다. 이렇게 빠르게 변화하는 고객 행동의 속도에 맞춰 애플리케이션 팀에서는 새로운 기능을 꾸준히 출시하고 있다. 넷플릭스 카탈로그는 늘 새로운 콘텐츠로 가득 차 있다. 우리의 신용카드 정보를 훔치는 방법을 찾고 있는 사기 범죄자들도 기승을 부린다. 이렇게 변화하는 세상에서는 이러한 실제 드리프트 시나리오에 맞게 조정하기 위해 예측 모델을 지속적으로 재훈련시켜서 재배포해야 한다

---

[7] https://oreil.ly/lDikQ

5장에서는 모델 성능을 저하시킬 수 있는 다양한 유형의 드리프트에 대해 논의했다. 세이지메이커 엔드포인트 입력(피처)과 출력 결과(예측)를 자동으로 기록함으로써, 세이지메이커 모델 모니터$^{\text{SageMaker Model Monitor}}$는 제공된 베이스라인에 대한 드리프트를 자동으로 감지하고 측정한다. 또한 세이지메이커 모델 모니터는 모델의 드리프트가 사용자가 지정한 임곗값에 도달할 때 알림을 보낸다.

세이지메이커 모델 모니터는 쿨백-라이블러 발산$^{\text{Kullback-Leibler divergence}}$ 및 L 무한대 공간과 같은 통계적 방법을 사용해 드리프트를 계산한다. 예를 들어, L 무한대 공간의 경우 세이지메이커 모델 모니터는 `linf_simple` 및 `linf_robust` 메서드를 지원한다. `linf_simple` 메서드는 두 분포의 누적 분포 함수 간 최대 절대 차이를 기반으로 한다. `linf_robust` 메서드는 `linf_simple`을 기반으로 하지만 표본이 충분하지 않을 때 사용된다. `linf_robust` 공식은 2-표본 콜모고로프-스미르노프 테스트$^{\text{two-sample Kolmogorov-Smirnov test}}$를 기반으로 한다.

9.6.1 데이터 캡처 활성화하기

세이지메이커 모델 모니터는 모델 예측을 분석하여 데이터 품질, 모델 품질, 모델 편향 또는 피처 속성의 드리프트를 감지한다. 첫 번째 단계에서는 [그림 9-20]처럼 배포 중인 엔드포인트에 대한 데이터 캡처를 활성화해야 한다.

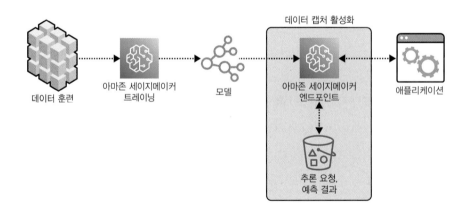

그림 9-20 지정된 엔드포인트용 데이터 캡처를 활성화한다

다음은 데이터 캡처를 활성화하는 코드다. `DataCaptureConfig` 객체에서 모든 환경 설정 옵션을 정의할 수 있다. 이 설정으로 요청 페이로드, 응답 페이로드 또는 둘 다 캡처하도록 선택할 수 있다. 캡처 구성은 엔드포인트의 모든 모델 프로덕션 변형에 적용된다.

```python
from sagemaker.model_monitor import DataCaptureConfig

data_capture_config = DataCaptureConfig(
            enable_capture=True,
            sampling_percentage=100,
            destination_s3_uri='<S3_PATH>')
```

그런 다음, `model.deploy()` 함수를 호출함으로써 위에서 설정했던 `DataCaptureConfig` 파라미터를 전달한다.

```python
predictor = model.deploy(
    initial_instance_count=1,
    instance_type='ml.m5.xlarge',
    endpoint_name=endpoint_name,
    data_capture_config=data_capture_config)
```

이제 엔드포인트의 모델로부터 설정 시 지정했던 S3 저장소로 모든 추론 요청 및 예측 결과가 캡처될 것이다.

9.6.2 베이스라인과 드리프트 이해하기

5장에서는 데이터셋을 탐색하고 `product_category`와 `star_rating`에 대한 리뷰 분포를 시각화했다. 이 절에서는 5장에서 사용했던 데이터를 사용해 세이지메이커 모델 엔드포인트가 수집하는 실시간 데이터 분포와 비교할 베이스라인 분포 지표를 만들어볼 것이다. [그림 9-21]은 상품 카테고리별 리뷰 수를 보여준다.

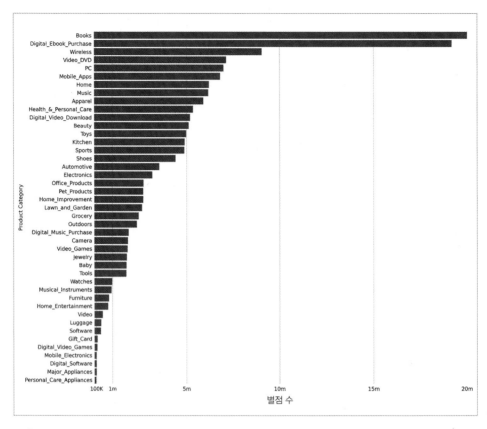

그림 9-21 데이터의 상품 카테고리별 리뷰 수는 입력 피처 분포의 베이스라인 예시

[그림 9-21]은 모델을 훈련시키는 데 사용되는 product_category 입력 피처의 베이스라인 분포를 나타낸다. 세이지메이커 모델 모니터는 세이지메이커 모델 엔드포인트가 수집하는 실제 모델-입력 분포를 캡처하고, 모델 훈련에 사용됐던 베이스라인 분포와 비교하고 모델-입력 분포의 공변량 이동을 측정하는 드리프트 지표를 생성한다.

만일 측정 드리프트가 사용자가 지정한 임곗값을 초과하면 세이지메이커 모델 모니터는 사용자에게 임곗값 초과를 알리고 가장 최근의 입력 데이터에 대해 모델을 재훈련 및 재배포한다. [그림 9-22]는 5장에서 소개했던 product_category와 star_rating에 대한 데이터의 베이스라인 분포를 보여준다.

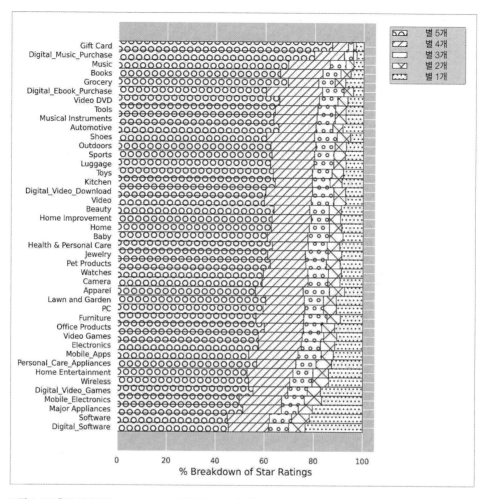

의 범례:

⬠	별 5개
⬡	별 4개
▭	별 3개
▽	별 2개
∿	별 1개

그림 9-22 훈련 데이터의 star_rating 레이블 분포는 타깃 분포의 베이스라인 예시

세이지메이커 모델 모니터의 데이터 품질 모니터링 피처를 사용해 모델 입력 분포의 공변량 이동을 감지할 수 있다. 또한 세이지메이커 모델 모니터의 모델 품질 모니터링 기능을 이용해 실시간 예측과 참 레이블을 비교해 컨셉 변화를 감지할 수도 있다. 여기서 참 레이블은 3장에서 다뤘던 아마존 A2I 및 세이지메이커 그라운드 트루스 서비스를 사용해 오프라인 휴먼인더루프 워크플로우를 통해 사람이 직접 모델 예측에 쓰인 실시간 입력 데이터를 리뷰하고 레이블링하여 제공한다.

또한 세이시메이커 모델 모니터의 모델 품질 모니터링 기능은 모델 편향, 피처 중요도, 모델 설명 가능성의 드리프트를 모니터링, 측정 및 감지할 수 있다. 각 드리프트는 모델 훈련 과정에서 생성된 베이스라인을 기준으로 측정된다. 이러한 베이스라인은 세이지메이커 모델 모니터가 활성화되어 상태로 배포된 각 세이지메이커 엔드포인트에 제공된다.

9.7 배포된 세이지메이커 엔드포인트의 데이터 품질 모니터링

사용자 모델은 훈련 데이터의 통계적 특성을 학습하고 조정한다. 만일 온라인 모델이 수신하는 데이터의 통계적 특성이 해당 베이스라인에서 벗어나면 모델 품질이 저하된다. 5장에서 설명한 것처럼 디큐^{Deequ}를 사용해 데이터 품질의 베이스라인을 만들 수 있다. 디큐는 입력 데이터를 분석하고 각 입력 피처에 대한 스키마 제약 조건 및 통계를 생성한다. 결측값을 식별하고 해당 베이스라인과 관련된 공변량 이동을 감지할 수 있다. 그리고 세이지메이커 모델 모니터는 디큐를 사용해 데이터 품질 모니터링을 위한 베이스라인을 생성한다.

9.7.1 데이터 품질을 측정하기 위한 베이스라인 만들기

데이터 품질의 베이스라인은 제공된 베이스라인 데이터에서 온라인 모델 입력 데이터의 통계적 특성 드리프트를 감지하는 데 도움이 된다. 일반적으로 [그림 9-23]과 같이 훈련 데이터를 사용해 첫 번째 베이스라인을 만든다.

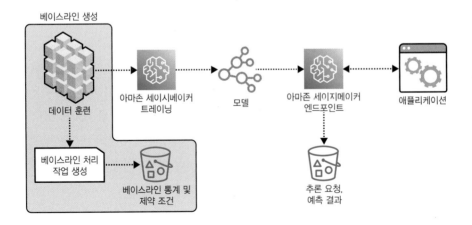

그림 9-23 훈련 데이터에 대한 데이터 품질의 베이스라인 생성

학습 데이터셋 스키마와 추론 데이터셋 스키마는 피처들의 수와 추론을 위해 전달되는 순서를 포함하여 정확히 일치해야 한다. 다음과 같이 세이지메이커 프로세싱을 시작하여 일련의 베이스라인 제약 조건을 모델 모니터에 제안하고 데이터 통계를 생성해보자.

```python
from sagemaker.model_monitor import DefaultModelMonitor
from sagemaker.model_monitor.dataset_format import DatasetFormat

my_default_monitor = DefaultModelMonitor(
  role=role,
  instance_count=1,
  instance_type='ml.m5.xlarge',
  volume_size_in_gb=20,
  max_runtime_in_seconds=3600,
)

my_default_monitor.suggest_baseline(
baseline_dataset='s3://my_bucket/path/some.csv',
    dataset_format=DatasetFormat.csv(header=True),
    output_s3_uri='s3://my_bucket/output_path/',
    wait=True
)
```

베이스라인 작업이 완료되고 나면 다음 코드를 이용해 생성된 통계를 탐색할 수 있다.

```python
import pandas as pd

baseline_job = my_default_monitor.latest_baselining_job

statistics = pd.io.json.json_normalize(
baseline_job.baseline_statistics().body_dict["features"])
```

다음은 review_body의 예측 입력에 대한 통계 집합의 예제다.

```json
"name" : "Review Body",
  "inferred_type" : "String",
  "numerical_statistics" : {
  "common" : {
   "num_prcscnt" : 1420,
   "num_missing" : 0
   }, "data" : [ [ "I love this item.", "This item is OK", … ] ]
```

생성된 제약 조건을 다음과 같이 탐색할 수 있다.

```
constraints = pd.io.json.json_normalize(
    baseline_job.suggested_constraints().body_dict["features"])
```

다음은 review_body 예측 입력에 대해 정의된 제약 조건의 예제다.

```
{
  "name" : "Review Body",
  "inferred_type" : "String",
  "completeness" : 1.0
}
```

이 예제에서 review_body에 대한 결측값이 있는 경우 제약 조건이 경보 알림을 발생시킨다. 이어지는 절에서 베이스라인을 사용해 데이터 품질 모니터링 작업을 예약해보자.

9.7.2 데이터 품질의 모니터링 작업 예약하기

세이지메이커 모델 모니터는 일정에 따라 엔드포인트에서 수집된 데이터를 지속적으로 모니터링할 수 있는 기능을 제공한다. 주기적인 시간 간격을 정의하는 기능을 제공하는 Create MonitoringSchedule API로 일정을 생성할 수 있다. 데이터 품질의 베이스라인 작업과 유사하게 세이지메이커 모델 모니터는 실시간 분석에 쓰인 데이터셋과 베이스라인 통계에 쓰인 데이터셋을 비교하는 세이지메이커 프로세싱을 시작한다. 그에 대한 결과로 모델 모니터의 프로세싱 작업은 위반 보고서violation report를 생성한다. 세이지메이커 모델 모니터는 [그림 9-24]와 같이 각 기능에 대한 지표를 클라우드워치로 보낸다.

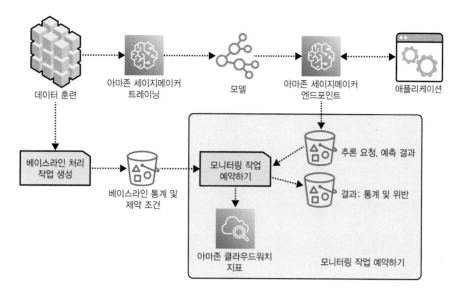

그림 9-24 일정에 따라 엔드포인트에서 수집된 데이터를 지속적으로 모니터링할 수 있는 기능을 제공하는 세이지메이커 모델 모니터

459페이지에서 생성했던 `my_default_monitor` 객체의 `create_monitoring_schedule()` 메서드를 사용해 엔드포인트에 대한 모델 모니터링 일정을 만들 수 있다. 다음 예제와 같이 모니터링 일정 구성에 베이스라인 통계와 제약 조건을 명시해주고 크론^{cron} 일정을 정의한다.

```python
from sagemaker.model_monitor import DefaultModelMonitor
from sagemaker.model_monitor import CronExpressionGenerator

mon_schedule_name = 'my-model-monitor-schedule'

my_default_monitor.create_monitoring_schedule(
  monitor_schedule_name=mon_schedule_name,
  endpoint_input=predictor.endpoint,
  output_s3_uri=s3_report_path,
  statistics=my_default_monitor.baseline_statistics(),
  constraints=my_default_monitor.suggested_constraints(),
  schedule_cron_expression=CronExpressionGenerator.hourly(),
  enable_cloudwatch_metrics=True,
)
```

이제 세이지메이커 모델 모니터는 예약된 시간 간격으로 실행되고 베이스라인에 대해 캡처된 데이터를 분석한다. 이 작업은 위반 보고서를 생성하고, 수집된 데이터에 대한 통계 보고서와 함께 위반 보고서를 아마존 S3에 저장한다. `list_executions()` 메서드를 사용해 실행된 모니터링 작업 리스트를 확인할 수 있다.

```
executions = my_default_monitor.list_executions()
```

세이지메이커 모델 모니터의 작업은 다음 상태 중 하나로 종료되어야 한다.

완료됨(Completed)

모니터링 작업이 종료되었으며 위반이 발견되지 않았다.

위반 발견 및 완료됨(CompletedWithViolations)

모니터링 작업이 종료되었으며 위반이 발견되었다.

작업 실패(Failed)

잘못된 역할 권한 또는 인프라 문제로 모니터링 실행에 실패했다.

작업 정지(Stopped)

작업이 지정된 최대 런타임을 초과했거나 사용자가 강제로 중지했다.

> **NOTE_** 전처리 및 후처리 스크립트를 사용해 커스텀 모니터링 일정과 절차를 만들 수 있다. 또한 자체 분석 컨테이너를 빌드build our own analysis container할 수도 있다.

9.7.3 데이터 품질의 결과 검사하기

모니터링 데이터를 수집하고 데이터 품질의 베이스라인과 지속적으로 비교함으로써 이제 모델 개선 방향을 합리적으로 결정할 수 있게 되었다. 모델 모니터링의 결과에 따라 우리는 모델을 재훈련시키고 재배포할 것인지 결정할 수 있다. 이 마지막 단계에서는 [그림 9-25]와 같이 데이터 품질 모니터링 결과를 시각화하고 해석한다.

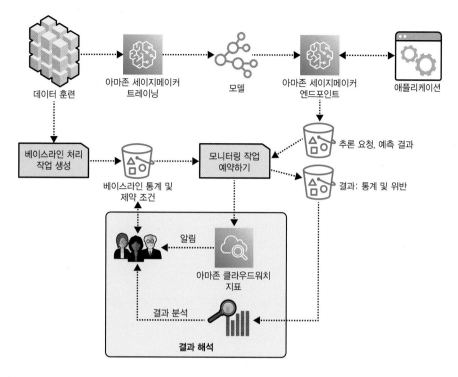

그림 9-25 데이터 품질 모니터링의 결과를 시각화하고 해석한다

생성된 보고서의 위치를 쿼리해보자.

```
report_uri=latest_execution.output.destination
print('Report Uri: {}'.format(report_uri))
```

다음 예제 코드를 활용해 생성된 보고서를 나열한다.

```
from urllib.parse import urlparse

s3uri = urlparse(report_uri)
report_bucket = s3uri.netloc
report_key = s3uri.path.lstrip('/')

print('Report bucket: {}'.format(report_bucket))
print('Report key: {}'.format(report_key))

s3_client = boto3.Session().client('s3')
```

```
result = s3_client.list_objects(Bucket=report_bucket,
    Prefix=report_key)

report_files = [report_file.get("Key") for report_file in
    result.get('Contents')]

print("Found Report Files:")
print("\n ".join(report_files))
```

출력 결과는 다음과 같다.

```
s3://<bucket>/<prefix>/constraint_violations.json
s3://<bucket>/<prefix>/constraints.json
s3://<bucket>/<prefix>/statistics.json
```

constraints.json과 statistics.json 파일들은 이미 앞에서 살펴봤으므로 위반 사항을 분석해보자.

```
violations =
my_default_monitor.latest_monitoring_constraint_violations()

violations = pd.io.json.json_normalize(
    violations.body_dict["violations"])
```

다음은 review_body 예측 입력에 대한 위반 예제다.

```
{
  "feature_name" : "review_body",
  "constraint_check_type" : "data_type_check",
  "description" : "Value: 1.0 meets the constraint requirement"
}, {
  "feature_name" : "review_body",
  "constraint_check_type" : "baseline_drift_check",
  "description" : "Numerical distance: 0.2711598746081505 exceeds
    numerical threshold: 0"
}
```

이 데이터 품질 드리프트의 근본 원인을 찾기 위해 모델 입력 데이터를 검사하고 최근에 도입된 업스트림 애플리케이션 버그(또는 피처)를 검사해본다. 예를 들어, 애플리케이션 팀은 모델이 훈련하지 않은 새로운 상품 카테고리 집합을 추가했다면 모델은 해당 특정 상품 카테고리를 제대로 예측하지 못할 수 있다. 이 경우 세이지메이커 모델 모니터는 모델 입력의 공변량 이동을 감지하여 우리에게 감지 결과에 대한 알림을 보내고 모델을 재훈련하고 재배포한다.

극단적인 예로 애플리케이션 팀이 주요 리뷰 메커니즘으로 이모티콘을 사용하기 시작했다고 가정해보자. 리뷰 분류기가 이모티콘을 포함하는 어휘에 대해 훈련되지 않았다는 점을 감안하면 모델은 이모티콘이 포함된 리뷰를 제대로 예측하지 못할 수 있다. 이 경우 세이지메이커 모델 모니터는 리뷰-언어 분포의 변경 사항을 알려준다. 우리는 이모티콘 언어를 이해하는 업데이트된 모델을 다시 훈련시키고 재배포할 수 있다.

9.8 배포된 세이지메이커 엔드포인트의 모델 품질 모니터링하기

우리는 세이지메이커 모델 모니터를 사용해 정확도와 같은 모델 품질 지표의 드리프트를 감지할 수 있다. 이때 세이지메이커 모델 모니터는 온라인 모델 예측 레이블을 참 레이블과 비교한다. 그리고 모델 품질 모니터링을 사용해 개념 드리프트를 감지할 수 있다.

세이지메이커 모델 모니터는 실시간 데이터 캡처 기능을 사용해 입력 데이터를 캡처한다. 이 입력 데이터는 S3에 저장되고 오프라인에서 사람에 의해 레이블링된다. 그런 다음 모델 품질 작업Model Quality Job은 예약한 시간에 오프라인에서 데이터를 비교한다. 만일 모델 품질이 저하되면 세이지메이커 모델 모니터는 우리에게 통보하고 사용자가 지정한 레이블의 실제 데이터를 이용해 모델을 재훈련 및 재배포할 수 있다. 수동 작업이 필요하기 때문에 그라운드 트루스 레이블을 사용 가능한 시점이 지연될 수 있다는 점은 유의해야 한다. [그림 9-26]은 사람들이 제공하는 오프라인 참 레이블을 이용한 모델 품질의 드리프트 검출의 개요를 보여준다.

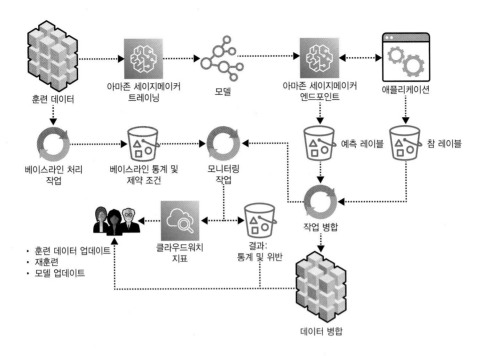

그림 9-26 사람에 의해 생성된 참 레이블과 모델 예측 비교

여기서 모델 품질 작업은 사람이 직접 매기니 참값의 **star_rating**과 모델 엔드포인트에서 예측된 **star_rating**을 비교한다. 작업은 정확도, 정밀도, 재현율 등을 포함하여 혼동 행렬 및 표준 다중 클래스 분류 지표를 계산한다.

```
"multiclass_classification_metrics" : {
    "confusion_matrix" : {
    ...
    },
    "accuracy" : {
      "value" : 0.6288167938931297,
      "standard_deviation" : 0.00375663881299405
    },
    ...
}
```

모델 품질 모니터링을 시작하기 전에 필요한 베이스라인을 만들어보자.

9.8.1 모델 품질을 측정하기 위한 베이스라인 생성하기

모델 품질의 베이스라인 작업은 모델의 예측과 (S3에 저장하여) 사람에 의해 제공된 참 레이블을 비교한다. 그런 다음 베이스라인 작업은 관련 모델 품질 지표를 계산하고, 드리프트를 식별하기 위해 적용 가능한 제약 조건을 제안한다.

다음과 같이 `ModelQualityMonitor` 클래스의 객체를 생성하는 것으로 시작한다.

```
from sagemaker.model_monitor import ModelQualityMonitor

model_quality_monitor = ModelQualityMonitor(
    role=role,
    instance_count=1,
    instance_type='ml.m5.xlarge',
    volume_size_in_gb=20,
    max_runtime_in_seconds=1800,
    sagemaker_session=sess
)
```

그런 다음 `suggest_baseline` 메서드를 사용해 베이스라인 작업을 시작한다.

```
job = model_quality_monitor.suggest_baseline(
    job_name=baseline_job_name,
    baseline_dataset=baseline_dataset_uri,
    dataset_format=DatasetFormat.csv(header=True),
    output_s3_uri = baseline_results_uri,
    problem_type='MulticlassClassification',
    inference_attribute= 'prediction',
    probability_attribute= 'probability',
    ground_truth_attribute= 'star_rating')
```

작업이 완료되면 지정된 S3 출력 경로의 `constraints.json` 파일에서 제안된 제약 조건을 검토할 수 있다. 이 예제에서는 이 JSON 파일에 다중 클래스 분류 모델의 제약 조건이 포함될 것이다. 제약 조건을 살펴보고 필요에 따라 조정해야 한다. 조정이 필요할 경우 모델 품질 모니터링 작업의 일정을 세울 때 제약 조건을 파라미터로 전달해야 한다.

```json
{
  "version" : 0.0,
  "multiclass_classification_constraints" : {
    "weighted_recall" : {
      "threshold" : 0.5714285714285714,
      "comparison_operator" : "LessThanThreshold"
    },
    "weighted_precision" : {
      "threshold" : 0.6983172269629505,
      "comparison_operator" : "LessThanThreshold"
    },
    ...
  }
}
```

9.8.2 모델 품질 모니터링 작업 예약하기

모델 품질 모니터링 작업은 데이터 품질 모니터링 작업과 동일한 단계를 따른다. 여기서 명심해야 할 한 가지 차이점은 모델 품질 모니터링 작업이 캡처된 예측에 대한 참 레이블의 가용성을 가정한다는 것이다. 사람이 직접 참 레이블을 제공해야 하므로 우리는 잠재적인 지연을 고려해야 한다. 이를 위해 모델 품질 모니터링 작업은 추가로 StartOffset과 EndOffset 파라미터를 제공한다. 이 파라미터는 각각 작업의 시작 및 종료 시간에서 지정된 오프셋을 뺀다.

예를 들어 데이터 캡처 1일 후에 참 레이블을 제공하기 시작하는 경우, 모니터링 작업에 Start Offset을 −P3D로 지정하고 EndOffset을 −P1D로 지정하여 레이블링 수작업에 3일의 기간을 부여할 수 있다. 레이블링 수작업이 제시간에 완료된다는 가정하에, 모니터링 작업은 3일 전부터 시작해서 최대 1일 전까지 데이터를 분석한다. 그런 다음 작업은 캡처된 모델 예측과 참 레이블을 병합하고 분포 드리프트를 계산한다. 다음과 같이 모델 품질 모니터링 작업을 생성할 수 있다.

```python
sm = boto3.Session().client(service_name='sagemaker', region_name=region)

sm.create_model_quality_job_definition(
    JobDefinitionName=<NAME>,
    ModelQualityBaselineConfig={...},
    ModelQualityAppSpecification={...},
    ModelQualityJobInput={...
```

```
        'EndpointInput': {...},
        'GroundTruthS3Input': {...},
    ModelQualityJobOutputConfig={...},
    JobResources={...}
    NetworkConfig={...},
    RoleArn=<IAM_ROLE_ARN>)
```

그리고 `ModelQualityMonitor`에 대한 모니터링 일정을 다음과 같이 정의한다.

```
model_quality_monitor.create_monitoring_schedule(
    endpoint_input=<ENDPOINT_NAME>,
    ground_truth_input=<S3_INPUT_PATH>,
    problem_type='MulticlassClassification',
    record_preprocessor_script=<S3_PRE_SCRIPT_PATH>,
    post_analytics_processor_script=<S3_POST_SCRIPT_PATH>,
    output_s3_uri=<S3_OUTPUT_PATH>,
    constraints=<S3_CONSTRAINTS_PATH>,
    monitor_schedule_name=<NAME>,
    schedule_cron_expression=<SCHEDULE>,
    enable_cloudwatch_metrics=True)
```

이제 `ModelQualityMonitor`가 예약된 간격으로 실행되고 캡처된 데이터 및 참 레이블을 기반으로 계산한 모델 품질 지표를 베이스라인과 비교한다. 이때 우리는 모델이 생성한 제약 조건 위반 보고서를 저장된 S3 위치에서 찾아 검사할 수도 있다.

9.8.3 모델 품질 모니터링 결과 검사하기

`ModelQualityMonitor`는 아마존 S3에 제약 조건 위반 보고서를 저장한다. [그림 9-27]과 같이 세이지메이커 스튜디오에서 베이스라인과 관찰된 모델 품질 지표를 직접 비교하거나 다음 코드를 사용해 제약 조건 위반을 프로그래밍 방식으로 검사할 수 있다. 베이스라인 평균 정확도는 상단에 있고 현재 평균 정확도는 하단에 있다.

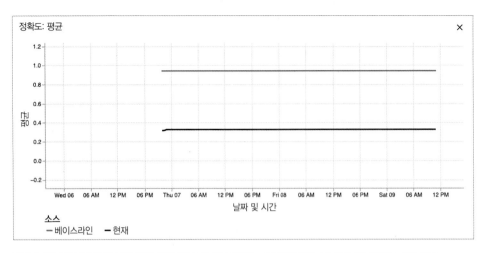

그림 9-27 평균 정확도와 같은 모델 품질 지표 차트를 보여주는 세이지메이커 스튜디오 엔드포인트 상세 정보

```
import pandas as pd

latest_exec = model_quality_monitor.list_executions()[-1]

report_uri =
    latest_exec.describe()\
    ["ProcessingOutputConfig"]["Outputs"][0]["S3Output"]["S3Uri"]

pd.options.display.max_colwidth = None

violations =
    latest_exec.constraint_violations().body_dict["violations"]
pd.json_normalize(violations)
```

9.9 배포된 세이지메이커 엔드포인트의 편향 드리프트 모니터링

훈련 데이터의 편향을 삭제하고 훈련된 모델의 편향을 완화하기 위한 조치를 취했지만, 배포된 모델에서는 여전히 또 다른 편향이 생길 수 있다. 이 문제는 모델이 실전에서 받아보는 데이터의 분포가 훈련 데이터와 다를 때 발생한다. 또한 새로운 데이터는 우리의 모델이 입력 피처에 다른 가중치를 할당하게 할 수 있다. 세이지메이커 클래리파이는 세이지메이커 모델 모니터와 통합되어 배포된 모델의 편향 드리프트를 탐지할 수 있도록 도와준다.

9.9.1 편향을 감지하기 위한 베이스라인 생성하기

세이지메이커 클래리파이는 배포된 모델의 편향 지표를 지속적으로 모니터링하고 이러한 지표에 정의된 임곗값을 초과할 시 경고 알림을 보낸다. 먼저 다음과 같이 `ModelBiasMonitor`를 생성하는 것으로 시작한다.

```
from sagemaker.model_monitor import ModelBiasMonitor

model_bias_monitor = ModelBiasMonitor(
    role=role,
    sagemaker_session=sagemaker_session,
    max_runtime_in_seconds=1800,
)
```

7장에서 세이지메이커 클래리파이로 훈련 후 모델 편향을 감지하는 것과 유사하게 추론에 사용되는 모델을 가리키도록 설정 파라미터 `DataConfig`, `BiasConfig`, `ModelConfig`를 지정해야 한다. 또한 `ModelPredictedLabelConfig`를 활용해 모델 예측을 구문 분석하는 방법을 지정해본다.

```
from sagemaker import clarify

data_config = clarify.DataConfig(
        s3_data_input_path=validation_dataset,
        s3_output_path=model_bias_baselining_job_result_uri,
        label='star_rating',
        headers=['review_body', 'product_category', ...],
        dataset_type='text/csv')

bias_config = clarify.BiasConfig(
        label_values_or_threshold=[5, 4]
        facet_name='product_category',
        facet_values_or_threshold=['Gift Card'],
        group_name='product_category')

model_config = clarify.ModelConfig(
    model_name=model_name,
    instance_type='ml.m5.4xlarge',
    instance_count=1,
    content_type='text/csv',
```

```
        accept_type='application/jsonlines')

    predictions_config = clarify.ModelPredictedLabelConfig(label='predicted_label')
```

이 설정을 사용해 모델 편향 베이스라인 작업을 만들고 시작한다.

```
model_bias_monitor.suggest_baseline(
    model_config=model_config,
    data_config=data_config,
    bias_config=bias_config,
    model_predicted_label_config=model_predicted_label_config,
)
```

suggest_baseline() 메서드를 호출함으로써 제약 조건을 생성하기 위해 세이지메이커 클래리파이 프로세싱을 시작한다. 작업이 완료되고 우리가 제공할 편향 베이스라인이 준비되면, 편향-드리프트 모니터링 작업과 일정을 생성할 수 있다.

9.9.2 편향 드리프트 모니터링 작업 예약하기

모델 편향 모니터는 모델 편향 분석 설정에 따라 베이스라인 작업의 결과를 자동으로 선택한다. 베이스라인 작업을 미리 실행하지 않으면 수동으로 편향 분석을 설정해야 할 수도 있다.

```
model_bias_monitor.create_monitoring_schedule(
    analysis_config=analysis_config,
    output_s3_uri=s3_report_path,
    endpoint_input=EndpointInput(
        endpoint_name=endpoint_name,
        destination="/opt/ml/processing/input/endpoint",
        start_time_offset="-PT1H",
        end_time_offset="-PT0H",
        probability_threshold_attribute=<THRESHOLD>,
    ),
    ground_truth_input=ground_truth_upload_path,
    schedule_cron_expression=schedule_expression,
)
```

모델 편향 모니터는 참 레이블 데이터도 사용한다. 편향 모니터링 작업은 참 레이블을 캡처된 모델 예측과 병합하고, 결합된 데이터를 검증 데이터셋으로 사용한다. 편향 드리프트 모니터링 결과는 아마존 S3에 다시 저장된다.

9.9.3 편향 드리프트 모니터링 결과 검사하기

[그림 9-28]과 같이 세이지메이커 스튜디오에서 모니터링되는 각 엔드포인트에 대한 편향 및 드리프트 결과를 검사하거나, 다음 소스 코드를 사용해 프로그래밍 방식으로 검사할 수 있다.

```
schedule_desc = model_bias_monitor.describe_schedule()

exec_summary = schedule_desc.get("LastMonitoringExecutionSummary")

if exec_summary and exec_summary["MonitoringExecutionStatus"] in
    ["Completed", "CompletedWithViolations"]:

    last_exec = model_bias_monitor.list_executions()[-1]
    last_exec_report_uri = last_exec.output.destination
    last_exec_report_files =
        sorted(S3Downloader.list(last_exec_report_uri))

    last_exec = None
```

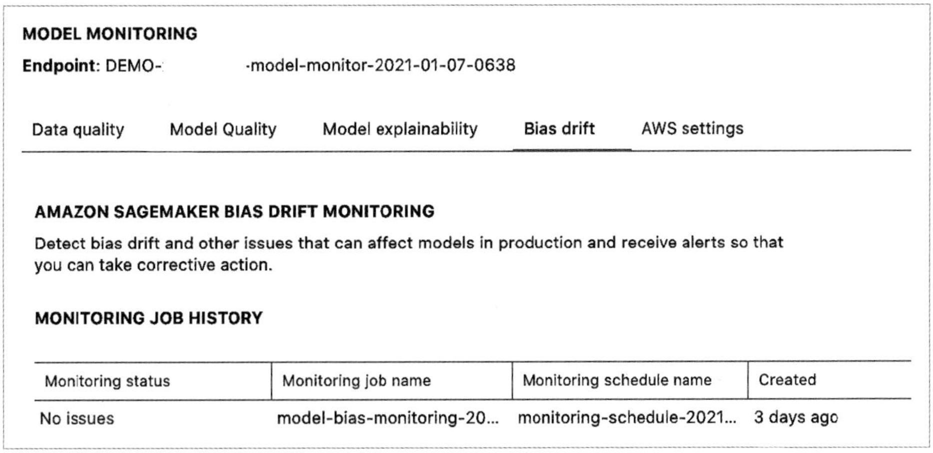

MODEL MONITORING

Endpoint: DEMO-⸱⸱⸱⸱⸱⸱⸱⸱⸱-model-monitor-2021-01-07-0638

| Data quality | Model Quality | Model explainability | **Bias drift** | AWS settings |

AMAZON SAGEMAKER BIAS DRIFT MONITORING

Detect bias drift and other issues that can affect models in production and receive alerts so that you can take corrective action.

MONITORING JOB HISTORY

Monitoring status	Monitoring job name	Monitoring schedule name	Created
No issues	model-bias-monitoring-20…	monitoring-schedule-2021…	3 days ago

그림 9-28 편향 드리프트 모니터링 결과를 보여주는 세이지메이커 스튜디오 엔드포인트 상세 정보

편향 드리프트 모니터가 베이스라인과 비교하여 위반을 감지한 경우 우리는 다음 코드를 이용해 위반 사항을 나열해볼 수 있다.

```
if last_exec:
    model_bias_violations = last_exec.constraint_violations()
if model_bias_violations:
    print(model_bias_violations.body_dict)
```

9.10 배포된 세이지메이커 엔드포인트의 피처 속성 드리프트 모니터링

모델 편향 드리프트와 유사하게 세이지메이커 클래리파이는 시간이 지남에 따라 예측에 기여하는 피처를 모니터링한다. 피처 속성은 모델 예측을 설명하는 데 도움이 된다. 피처 속성의 순위가 변경되면 세이지메이커 클래리파이는 피처 속성 드리프트 경보를 발생시킨다. 세이지메이커 클래리파이는 **SHAP**SHapley Additive exPlanations를 이용해 모델에 구애받지 않고 피처 속성만을 글로벌 혹은 로컬 분석한다. SHAP는 게임 이론에서 영감을 받아 피처 하나로 다른 여러 데이터셋을 생성한다. 그리고 훈련된 모델을 사용해 생성된 각 데이터셋에 대한 모델 예측을 수신한다. SHAP 알고리즘은 미리 계산된 베이스라인 통계와 결과를 비교하여 예측 대상에 대한 각 기능의 중요성을 추론한다.

9.10.1 피처 속성을 모니터링하기 위한 베이스라인 생성하기

피처 속성 베이스라인 작업feature attribution baseline job은 모델 편향 베이스라인 작업에 사용된 것과 동일한 데이터셋을 활용한다.

```
model_explainability_data_config = DataConfig(
        s3_data_input_path=validation_dataset,
        s3_output_path=model_explainability_baselining_job_result_uri,
        label='star_rating',
        headers=['review_body', product_category', ...],
        dataset_type='text/csv')
```

세이지메이커 클래리파이는 모델 설명을 위해 SHAP를 구현한다. 따라서 다음과 같이 SHAPConfig를 제공해야 한다.

```python
# 테스트 데이터셋의 평균값을 SHAP 베이스라인으로 사용
test_dataframe = pd.read_csv(test_dataset, header=None)
shap_baseline = [list(test_dataframe.mean())]

shap_config = SHAPConfig(
    baseline=shap_baseline,
    num_samples=100,
    agg_method="mean_abs",
    save_local_shap_values=False,
)
```

shap_baseline에는 베이스라인 데이터셋으로 사용할 행 목록이나 기준 데이터셋이 저장된 S3 URI가 포함되어야 한다. 데이터는 피처 컬럼만 포함하고 레이블 컬럼은 포함하면 안 된다. num_samples는 커널 SHAP 알고리즘에 사용되는 샘플 수를 지정한다. agg_method는 글로벌 SHAP 값에 대한 집계 방법을 정의한다. 절대 SHAP 값의 평균인 mean_abs, 모든 SHAP 값의 중앙값인 median, 제곱 SHAP 값의 평균인 mean_sg 중에서 선택할 수 있다.

다음 코드로 피처 속성 베이스라인 작업을 시작한다.

```python
model_explainability_monitor.suggest_baseline(
        data_config=model_explainability_data_config,
        model_config=model_config,
        explainability_config=shap_config,
)
```

suggest_baseline()을 호출함으로써, 그러한 제약 조건을 생성하기 위해 세이지메이커 클래리파이 프로세싱을 시작한다. 베이스라인 작업이 완료되면 다음과 같이 제안된 제약 조건을 볼 수 있다.

```python
model_explainability_constraints =
    model_explainability_monitor.suggested_constraints()
```

이제 피처 속성 드리프트 모니터링 작업 및 일정을 생성할 수 있다.

9.10.2 피처 속성 드리프트 모니터링 작업 예약하기

피처 속성 드리프트 모니터는 피처 속성 분석 설정으로 베이스라인 작업의 결과를 자동으로 선택한다. 베이스라인 작업을 이전에 실행하지 않은 경우 수동으로 분석 환경 설정을 생성할 수도 있다.

```python
model_explainability_monitor.create_monitoring_schedule(
    output_s3_uri=s3_report_path,
    endpoint_input=endpoint_name,
    schedule_cron_expression=schedule_expression,
)
```

9.10.3 피처 속성 드리프트 모니터링 결과 검사하기

다음 코드를 이용해 피처 속성 드리프트 모니터링 결과를 검사할 수 있다.

```python
schedule_desc = model_explainability_monitor.describe_schedule()

exec_summary = schedule_desc.get("LastMonitoringExecutionSummary")

if exec_summary and exec_summary["MonitoringExecutionStatus"] in \
    ["Completed", "CompletedWithViolations"]:

    last_exec = model_explainability_monitor.list_executions()[-1]
    last_exec_report_uri = last_exec.output.destination

    last_exec_report_files = sorted(S3Downloader.list(last_exec_report_uri))

else:
    last_exec = None
```

피처 속성 드리프트 모니터가 베이스라인과 비교하여 위반을 감지한 경우 다음과 같이 위반 사항을 나열할 수 있다.

```python
if last_exec:
    explainability_violations = last_exec.constraint_violations()
    if explainability_violations:
        print(explainability_violations.body_dict)
```

[그림 9-29]와 같이 세이지메이커 스튜디오의 세부 정보에서 세이지메이커의 모니터링된 각 엔드포인트에 대한 설명 가능성 결과를 찾을 수 있다. 또한 [그림 9-30]과 같이 상위 10개 피처 변화를 시각화한 차트를 볼 수 있다.

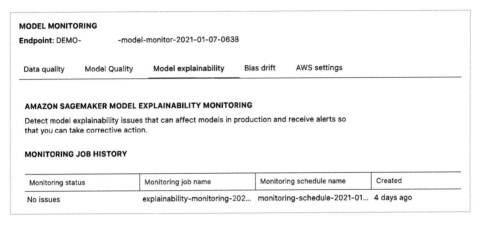

그림 9-29 세이지메이커 스튜디오 엔드포인트 세부 정보에 모델 설명 가능성 모니터링 결과를 '이상 없음(No Issues)' 으로 출력된 것을 확인하는 예시

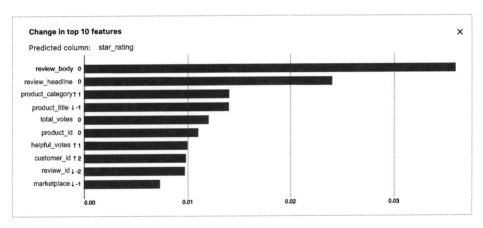

그림 9-30 review_body, review_headline, product_category, product_title, total_votes 등 상위 5개의 피처를 포함한 상위 10개 피처의 변경 사항을 보여주는 세이지메이커 스튜디오 엔드포인트 상세 정보

이제 모델을 자세히 모니터링했으므로 자동화를 추가적으로 빌드해보자. 클라우드워치에 세이지메이커 모델 모니터를 통합하여 모델 업데이트, 훈련 데이터 업데이트, 모델의 자동 재훈련과 같은 이벤트 발생 시 베이스라인 드리프트 경고 알림을 보내고 액션을 트리거할 수 있다.

9.11 세이지메이커 일괄 변환을 사용한 일괄 예측

세이지메이커 일괄 변환 Amazon SageMaker Batch Transform을 사용하면 REST 엔드포인트를 설정하지 않고도 S3의 데이터를 일괄적으로 예측할 수 있다. 일괄 예측은 온라인 REST 엔드포인트가 필요하지 않기 때문에 '오프라인' 예측이라고도 한다. 일반적으로 긴 지연 시간과 낮은 신뢰도를 허용하면서 처리량이 높은 워크로드를 위한 일괄 예측 서버는 실시간 예측 서버와 달리 24시간 동안 실행되지 않는다. 데이터 뭉치 몇 시간 동안 예측 작업이 진행된 후 종료된다. 아마존 세이지메이커 일괄 변환 서비스는 일괄 예측 작업에 필요한 모든 리소스를 관리해준다.

예를 들어, 영화 카탈로그가 하루에 변경 가능한 건 수가 정해져 있다면 그날 개봉한 영화와 관람객의 활동으로 훈련된 새로운 추천기를 사용하는 일괄 예측 작업을 매일 밤 하나씩 실행하면된다. 추천 시스템을 저녁에 한 번만 업데이트하기 때문에 하루 종일 수행되는 추천 시스템은 최신성이 다소 뒤떨어질 수 있다. 그러나 전체 비용은 최소화되고, 더 중요한 것은 예측 가능한 상태를 유지할 수 있다는 것이다.

이에 대한 대안으로 영화 카탈로그에 합류하거나 떠나는 모든 영화에 대해 온종일 새로운 추천기를 지속적으로 재훈련시키고 재배포하는 것이다. 이는 통제와 예측이 어려운 과도한 모델 훈련 및 배포 비용으로 이어질 수 있다. 이러한 종류의 지속적인 업데이트는 일반적으로 실시간 콘텐츠 추천을 제공하는 페이스북이나 넷플릭스 같은 인기 웹사이트의 '지금 뜨는 콘텐츠trending now' 같은 데 쓰인다. 스트리밍 데이터 분석에 대해 알아볼 때 이러한 유형의 연속 모델을 탐색해볼 것이다.

9.11.1 인스턴스 유형 선택하기

모델 훈련과 마찬가지로 인스턴스 유형을 선택할 때 고려해야 할 사항으로 지연 시간, 처리량, 비용이 있다. 항상 작은 인스턴스 유형으로 시작한 다음 필요할 때마다 조금씩 늘려가는 것이 좋다. GPU는 대규모 데이터 처리 시 성능 사용노의 효율이 훨씬 더 높기 때문에 일괄 예측은 실시간 엔드포인트 예측보다 GPU의 이점을 더 많이 활용할 수 있다. 그러나 지연 시간, 처리량, 비용에 대한 베이스라인을 설정하려면 먼저 CPU 인스턴스를 시도하는 것이 좋다. 우리 예제에서는 성능 좋은 CPU 인스턴스 클러스터를 사용한다.

```
instance_type='ml.c5.18xlarge'
instance_count=5
```

9.11.2 입력 데이터 설정하기

입력 데이터를 지정해보자. 이때 **gzip** 압축 텍스트 파일로 저장된 원본 TSV를 사용한다.

```
# 입력 데이터 지정하기
input_csv_s3_uri =
    's3://{}/amazon-reviews-pds/tsv/'.format(bucket)
```

다중 CPU를 활용하기 위한 전략으로 **MultiRecord**를 지정한다. 입력 데이터가 **gzip**을 사용해 압축되기 때문에 압축 유형으로 **Gzip**을 지정한다. TSV를 사용하고 있으므로 **text/csv**를 accept_type과 content_type에 지정해준다. 행이 줄바꿈으로 구분되므로 assemble_with와 split_type에는 Line을 사용한다.

```
strategy='MultiRecord'
compression_type='Gzip'
accept_type='text/csv'
content_type='text/csv'
assemble_with='Line'
split_type='Line'
```

9.11.3 세이지메이커 일괄 변환 환경 설정 튜닝하기

일괄 예측 작업을 시작할 때 텐서플로우 서빙 추론 컨테이너 내부의 HTTP 서버에서 코드가 실행된다. 참고로, 텐서플로우 서빙은 기본적으로 단일 요청에 데이터 일괄 처리를 지원한다. 텐서플로우 서빙의 내장된 데이터 묶음 피처들을 활용하여 여러 레코드를 일괄 처리한다. 특히, 데이터 일괄 처리에서 성능 활용도가 좋은 GPU 인스턴스에서 예측 처리량을 높인다. 일괄 처리를 활성화하려면 다음 환경 변수를 설정한다.

```
batch_env = {
    # 레코드 일괄 처리를 활성화할지 설정하기
    'SAGEMAKER_TFS_ENABLE_BATCHING': 'true',

    # 모델 이름 - 다중 모델 배포에서 중요
    'SAGEMAKER_TFS_DEFAULT_MODEL_NAME': 'saved_model',

    # 데이터 묶음을 기다리는 시간(마이크로초)을 설정
    'SAGEMAKER_TFS_BATCH_TIMEOUT_MICROS': '50000', # 마이크로초 단위

    # 텐서플로우 서빙의 max_batch_size에 해당됨
    'SAGEMAKER_TFS_MAX_BATCH_SIZE': '10000',

    # 세이지메이커 웹 서버 타임아웃의 초
    'SAGEMAKER_MODEL_SERVER_TIMEOUT': '3600', # 초 단위

    # 대기열에 넣을 수 있는 묶음 수 설정
    'SAGEMAKER_TFS_MAX_ENQUEUED_BATCHES': '10000'
}
```

9.11.4 세이지메이커 일괄 변환 작업 준비하기

전처리 및 후처리 코드를 일괄 변환 컨테이너에 직접 삽입하여 예측 흐름을 커스터마이징할 수 있다. 우리가 예제용으로 쓸 코드는 앞서 inference.py로 준비했다. inference.py의 전처리 코드는 review_body 텍스트와 같은 원시 데이터를 BERT 토큰과 같은 모델이 읽을 수 있는 피처로 변환한다. 그다음 이 피처는 추론을 위해 모델을 제공한다. 그리고 모델 예측 결과는 inference.py의 후처리 코드를 통해 전달되어 S3에 저장하기 전에 모델 예측을 사람이 읽을 수 있는 응답으로 변환한다. [그림 9-31]은 세이지메이커 일괄 변환 서비스가 어떻게 작동하는지 자세히 보여준다.

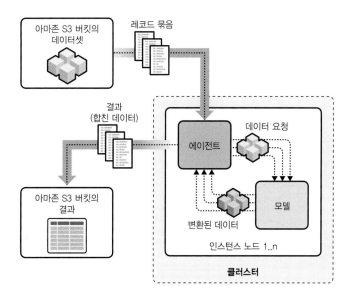

그림 9-31 세이지메이커 일괄 변환을 사용한 오프라인 예측(출처: 아마존 세이지메이커 개발자 안내서)

inference.py 스크립트를 사용하여 일괄 변환기를 설정해보자. 모델을 불러오기 위해 8장에서 훈련시킨 분류기 모델의 S3 위치를 지정한다.

```
batch_model = Model(entry_point='inference.py',
                    source_dir='src_tsv',
                    model_data=<TENSORFLOW_MODEL_S3_URI>,
                    role=role,
                    framework_version='<TENSORFLOW_VERSION>',
                    env=batch_env)

batch_predictor = batch_model.transformer(
    strategy=strategy,
    instance_type=instance_type,
    instance_count=instance_count,
    accept=accept_type,
    assemble_with=assemble_with,
    max_concurrent_transforms=max_concurrent_transforms,
    max_payload=max_payload, # 메가바이트
    env=batch_env)
```

[그림 9-32]는 inference.py에 정의한 전처리 및 후처리 작업을 담당하는 요청 핸들러 및 응답 핸들러가 일괄 변환 작업에서 세이지메이커 일괄 변환 서비스와 텐서플로우 서빙 컨테이너 사이를 어떻게 연결하는지를 보여준다.

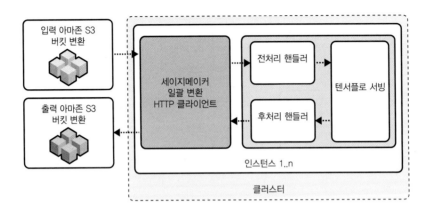

그림 9-32 전처리 요청 핸들러 및 후처리 응답 핸들러

전처리 핸들러인 input_handler와 후처리 핸들러인 output_handler는 이전에 세이지메이커 REST 엔드포인트에 사용된 함수와 유사하다. input_handler 함수는 트랜스포머 라이브러리를 사용해 원시 텍스트 묶음을 BERT 토큰으로 변환한다. 그런 다음 세이지메이커는 input_handler의 출력 묶음을 모델로 전달하여 일괄 예측을 생성한다. 예측 결과는 JSON 응답으로 변환하는 output_handler 함수로 전달된다. 그런 다음 세이지메이커는 묶음 내의 각 예측을 특정 입력 라인에 조인하여, 전달된 각 행에 대해 일관된 단일 출력 라인을 생성한다.

9.11.5 세이지메이커 일괄 변환 작업 실행하기

이제 입력 데이터를 지정하고 실제 일괄 변환 작업을 시작해보자. 아마존 일괄 변환 서비스는 다양한 유형의 압축을 지원한다. 우리가 사용할 데이터는 **gzip**으로 압축되어 있으며, 지원되는 압축 유형이기 때문에 그대로 사용한다.

```
batch_predictor.transform(data=input_csv_s3_uri,
                          split_type=split_type,
                          compression_type=compression_type,
                          content_type=content_type,
```

```
                              join_source='Input',
                              experiment_config=experiment_config,
                              wait=False)
```

최종 예측 결과물을 S3에 쓰기 전에 세이지메이커가 예측을 원래 입력과 조인하도록 `join_source='Input'`을 지정한다. 참고로 여기에 사용하지 않았지만 `InputFilter`를 사용해 일괄 작업 프로세스에 전달할 정확한 입력 피처와 `OutputFilter`를 사용해 S3에 저장할 정확한 데이터를 지정할 수도 있다. 이는 오버헤드를 줄이고 비용을 줄이며 일괄 예측 성능을 개선하는 데 도움이 된다.

`join_source='Input'`과 `InputFilter`를 함께 사용하는 경우 세이지메이커는 필터링된 입력을 포함한 입력 데이터를 예측 데이터와 조인하여 모든 데이터를 함께 유지한다. S3에 기록된 예측 파일의 크기를 줄이기 위해 출력을 필터링할 수도 있다. [그림 9-33]은 일괄 예측 작업의 전체 흐름을 정리해서 보여준다.

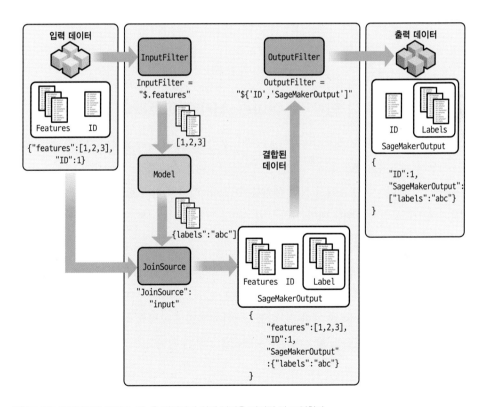

그림 9-33 오버헤드를 줄이고 성능을 개선하기 위해 입력을 필터링 및 조인한다

9.11.6 일괄 예측 검토하기

일괄 변환 작업이 완료되면 쉼표로 구분된 .out 파일을 검토할 수 있다. 이 파일들은 review_body 입력 데이터 및 star_rating 예측 결과를 포함한다.

```
amazon_reviews_us_Digital_Software_v1_00.tsv.gz.out
amazon_reviews_us_Digital_Video_Games_v1_00.tsv.gz.out
```

다음은 몇 가지 예측 결과 샘플이다.

```
'This is the best movie I have ever seen', 5, 'Star Wars'
'This is an ok, decently-funny movie.', 3, 'Spaceballs'
'This is the worst movie I have ever seen', 1, 'Star Trek'
```

여기까지 많은 수의 예측을 수행해보고 쉼표로 구분된 출력 파일들을 생성해봤다. SQL, 파이썬, 자바와 같은 애플리케이션 코드와 이러한 예측을 활용해 우리는 고객 서비스 경험을 향상하기 위한 자연어 기반 애플리케이션을 강화할 수 있다.

9.12 AWS 람다 함수 및 아마존 API 게이트웨이

AWS 람다로 사용자의 모델을 서버리스 API로 배포할 수 있다. 예측 요청이 도착하면 람다 함수는 모델을 로드하고 추론 함수 코드를 실행한다. 모델은 람다 함수 내에서 또는 아마존 S3와 EFS 같은 데이터 저장소에서 직접 불러올 수 있다. 따라서 람다 함수는 이벤트 기반 예측을 효과적으로 구현하기 위해 아마존 심플 큐 서비스^{Amazon Simple Queue Service}와 S3를 포함한 많은 AWS 서비스에서 호출할 수 있다.

람다의 '프로비저닝 동시성^{provisioned concurrency}' 특징을 사용해 모델을 함수에 사전 로드^{preload}하고 예측 지연 시간을 크게 개선할 수 있다. 아마존 API 게이트웨이^{Amazon API Gateway}는 애플리게이션 인증, 권한 부여, 캐싱, 사용률 제한, 웹 애플리케이션 방화벽 규칙에 대한 추가 지원을 제공한다. [그림 9-34]는 람다 함수 및 API 게이트웨이를 사용해 서버리스 추론을 구현하는 방법을 보여준다.

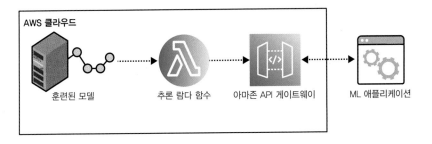

그림 9-34 AWS 람다를 사용한 서버리스 추론

9.13 엣지에서의 모델 관리 및 최적화

아마존 세이지메이커 니오 컴필레이션Amazon SageMaker Neo Compilation을 활용하면 AWS 인퍼런시아, 엔비디아 GPU, 인텔 CPU, ARM CPU와 같은 특정 하드웨어 플랫폼에 맞게 모델을 최적화할 수 있다. 세이지메이커 니오는 엣지 장치에 탑재된 다양한 CPU 및 GPU 아키텍처와 정해진 컴퓨팅 및 스토리지 리소스에 맞게 자동으로 모델을 최적화해준다. 세이지메이커 니오 컴파일 러는 장치별 지시어를 사용해 모델을 효율적이고 컴팩트한 형식으로 변환한다. 이러한 지시어 는 대상 장치에서 저지연 머신러닝 추론을 직접 수행한다.

> **NOTE**_2019년에 AWS는 세이지메이커 니오[8]를 오픈 소스로 만들어 프로세서 공급 업체, 장치 제조업체 및 소프트웨어 개발자가 협업하고 ML 모델을 다양한 하드웨어 최적화 플랫폼들로 가져올 수 있도록 했다.

모델이 세이지메이커 니오에 의해 컴파일되면 세이지메이커 엣지 매니저SageMaker Edge Manager는 모델에 암호화 방식으로 서명하고, 경량 런타임으로 모델을 패키징하고, 배포 준비를 위해 모 델 패키지를 S3 버킷에 업로드한다. 세이지메이커 엣지 매니저는 또한 등록된 모든 엣지 장치 에서 모델을 관리하거나, 모델 버전을 트래킹하거나, 상태 지표를 수집하여 모델 입출력을 주 기적으로 캡처하고 모델 드리프트 및 성능 저하를 감지한다.

---

8 *https://oreil.ly/CkO1f*

9.14 토치서브를 사용한 파이토치 모델 배포

토치서브^{TorchServe}는 AWS와 페이스북, 파이토치 커뮤니티가 공동으로 개발한 모델로 파이토치 기반의 모델 서비스 프레임워크다. 토치서브를 사용하면 프로덕션에서 파이토치 모델을 텐서플로우 서빙과 비슷한 REST 엔드포인트로 서비스를 제공할 수 있다. 세이지메이커는 토치서브를 자체 통합 및 지원한다. 우리는 이를 이용해 예측 요청에 대비하여 인프라 코드의 비즈니스 로직에 집중할 수 있다.

이전에 만든 텐서플로우 서빙 기반 세이지메이커 엔드포인트와 유사하게, 원시 리뷰 텍스트를 JSON의 REST 요청에서 파이토치용 입력 BERT 벡터로 변환하기 위해 inference.py라는 파이썬 기반 요청 및 응답 핸들러 스크립트를 제공해야 한다. 추가적으로 inference.py는 호출 애플리케이션으로 예측 결과를 반환해야 하기 때문에 파이토치 star_rating 분류 응답을 다시 JSON으로 변환할 필요가 있다. 다음 코드는 inference.py 스크립트 중 관련 부분을 보여준다.

```python
def model_fn(model_dir):
    model_path = '{}/{}'.format(model_dir, MODEL_NAME)
    device = torch.device(
      'cuda' if torch.cuda.is_available() else 'cpu')
    config = DistilBertConfig.from_json_file(
      '/opt/ml/model/code/config.json')
    model = DistilBertForSequenceClassification.from_pretrained(
      model_path,config=config)
    model.to(device)
    return model

def predict_fn(input_data, model):
    model.eval()
    data_str = input_data.decode('utf-8')
    jsonlines = data_str.split("\n")

    predicted_classes = []

    for jsonline in jsonlines:
        review_body = json.loads(jsonline)["features"][0]

        encode_plus_token = tokenizer.encode_plus(
            review_body,
```

```
                max_length=max_seq_length,
                add_special_tokens=True,
                return_token_type_ids=False,
                pad_to_max_length=True,
                return_attention_mask=True,
                return_tensors='pt',
                truncation=True)

        input_ids = encode_plus_token['input_ids']
        attention_mask = encode_plus_token['attention_mask']

        output = model(input_ids, attention_mask)

        softmax_fn = nn.Softmax(dim=1)
        softmax_output = softmax_fn(output[0])
        print("softmax_output: {}".format(softmax_output))

        _, prediction = torch.max(softmax_output, dim=1)

        predicted_class_idx = prediction.item()
        predicted_class = classes[predicted_class_idx]

        prediction_dict = {}
        prediction_dict['predicted_label'] = predicted_class

        jsonline = json.dumps(prediction_dict)

        predicted_classes.append(jsonline)

    predicted_classes_jsonlines = '\n'.join(predicted_classes)

    return predicted_classes_jsonlines
```

inference.py 요청/응답 핸들러를 사용해 모델을 세이지메이커 엔드포인트로 배포해보자.

```
class StarRatingPredictor(Predictor):
    def __init__(self, endpoint_name, sagemaker_session):
        super().__init__(endpoint_name,
                         sagemaker_session=sagemaker_session,
                         serializer=JSONLinesSerializer(),
                         deserializer=JSONLinesDeserializer())
```

```
model = PyTorchModel(model_data=<PYTORCH_MODEL_S3_URI>,
                     name=pytorch_model_name,
                     role=role,
                     entry_point='inference.py',
                     source_dir='code-pytorch',
                     framework_version='<PYTORCH_VERSION>',
                     predictor_cls=StarRatingPredictor)

predictor = model.deploy(initial_instance_count=1,
                         instance_type='ml.m5.4xlarge',
                         endpoint_name=pytorch_endpoint_name,
                         wait=False)
```

이제 리뷰 텍스트를 리뷰 분류기 엔드포인트에 전달하여 예측을 받아보기 시작할 수 있다.

```
import json

inputs = [
    {"features": ["This is great!"]},
    {"features": ["This is OK."]}
    {"features": ["This is bad."]}
]

predicted_classes = predictor.predict(inputs)

for predicted_class in predicted_classes:
    print(predicted_class)

### 출력 결과 ###

{'predicted_label': 5}
{'predicted_label': 3}
{'predicted_label': 1}
```

9.15 AWS DJL을 사용한 텐서플로우–BERT 추론

먼저, AWS 딥 자바 라이브러리Deep Java Library(DJL)에서 필요한 자바 라이브러리를 임포트한다.

```
import ai.djl.*;
import ai.djl.engine.*;
import ai.djl.inference.*;
import ai.djl.modality.*;
import ai.djl.modality.nlp.*;
import ai.djl.modality.nlp.bert.*;
import ai.djl.ndarray.*;
import ai.djl.repository.zoo.*;
import ai.djl.translate.*;
import ai.djl.training.util.*;
import ai.djl.util.*;
```

그다음, 사전 훈련된 DistilBERT 텐서플로우 모델을 다운로드한다.

```
String modelUrl =
"https://resources.djl.ai/demo/tensorflow/amazon_review_rank_classification.zip";
DownloadUtils.download(modelUrl,
            "build/amazon_review_rank_classification.zip",
                    new ProgressBar());
Path zipFile = Paths.get("build/amazon_review_rank_classification.zip");
Path modelDir = Paths.get("build/saved_model");
if (Files.notExists(modelDir)) {
    ZipUtils.unzip(Files.newInputStream(zipFile), modelDir);
}
```

다음으로 BERT 토큰나이저를 설정하고 원시 텍스트를 BERT 임베딩으로 변환하는 Translator를 정의한다.

```
// 어휘 준비하기
Path vocabFile = modelDir.resolve("vocab.txt");
SimpleVocabulary vocabulary = SimpleVocabulary.builder()
        .optMinFrequency(1)
        .addFromTextFile(vocabFile)
        .optUnknownToken("[UNK]")
        .build();
BertFullTokenizer tokenizer = new BertFullTokenizer(vocabulary, true);
```

```java
int maxTokenLength = 64; // 토큰 길이 컷오프하기

class MyTranslator implements Translator<String, Classifications> {

    private BertFullTokenizer tokenizer;
    private SimpleVocabulary vocab;
    private List<String> ranks;
    private int length;

    public MyTranslator(BertFullTokenizer tokenizer, int length) {
        this.tokenizer = tokenizer;
        this.length = length;
        vocab = tokenizer.getVocabulary();
        ranks = Arrays.asList("1", "2", "3", "4", "5");
    }

    @Override
    public Batchifier getBatchifier() {
        return new StackBatchifier();
    }

    @Override
    public NDList processInput(TranslatorContext ctx, String input) {
        List<String> tokens = tokenizer.tokenize(input);
        long[] indices = new long[length];
        long[] mask = new long[length];
        long[] segmentIds = new long[length];
        int size = Math.min(length, tokens.size());
        for (int i = 0; i < size; i++) {
            indices[i + 1] = vocab.getIndex(tokens.get(i));
        }
        Arrays.fill(mask, 0, size, 1);
        NDManager m = ctx.getNDManager();
        return new NDList(m.create(indices),
                    m.create(mask),
                    m.create(segmentIds));
    }

    @Override
    public Classifications processOutput(TranslatorContext ctx, NDList list) {
        return new Classifications(ranks, list.singletonOrThrow().softmax(0));
    }
}
```

마지막으로, 모델을 로드하고 BERT 및 자바로 몇 가지 예측을 테스트해보자.

```
MyTranslator translator = new MyTranslator(tokenizer, maxTokenLength);

Criteria<String, Classifications> criteria = Criteria.builder()
        .setTypes(String.class, Classifications.class)
        .optModelPath(modelDir) // 모델이 저장된 디렉터리에서 모델 로드하기
        .optTranslator(translator) // 커스텀 Translator 사용하기
        .build();

ZooModel<String, Classifications> model = ModelZoo.loadModel(criteria);

String review = "It works great, but it takes too long to update";

Predictor<String, Classifications> predictor = model.newPredictor();
predictor.predict(review);

### 출력 결과 ###

5
```

9.16 비용 절감 및 성능 향상

이 절에서는 여러 모델을 단일 세이지메이커 배포 컨테이너에 포장하고, GPU 기반의 일래스틱 추론 액셀레이터를 활용하고, 특정 하드웨어에 대해 훈련된 모델을 최적화해볼 것이다. 그리고 AWS 인퍼런시아 칩과 같은 추론 최적화 하드웨어를 활용하여 비용을 절감하고 성능을 높이는 방법까지 살펴본다.

9.16.1 사용하지 않는 엔드포인트 삭제 및 활용도가 낮은 클러스터 스케일링

예를 들어, 세이지메이커 엔드포인트는 우리가 오랫동안 가동하며 사용하는 것이기 때문에, 블루/그린 배포 같은 과정을 마친 뒤에 사용했던 리소스들을 다 기억하지 못하고 방치하는 경우가 종종 생긴다. 사용하지 않는 리소스를 가능한 한 빨리 제거해야 한다. 그렇지 않으면 우리는 방치된 리소스에 대해 계속해서 요금 청구서를 받게 될 것이다. 세이지메이커 엔드포인트가

호출을 수신하지 않을 때는 이를 알릴 수 있도록 클라우드워치 경고 알림을 설정할 수 있다. 마찬가지로 클러스터가 과도하게 프로비저닝되고 활용률이 낮은 경우, 세이지메이커 엔드포인트 클러스터를 알맞게 규모 조정해야 한다는 것을 명심해야 한다.

9.16.2 하나의 컨테이너에 여러 모델 배포하기

우리는 1개의 공유 서빙 컨테이너shared serving container를 통해 단일 세이지메이커 엔드포인트에 여러 개의 비슷한 모델을 배포할 수 있다. 이는 우리가 사용하는 모든 모델을 상시로 호출할 필요가 없을 때 적합한 접근 방법이다. 자주 액세스하지 않는 머신러닝 모델들이 계속해서 호출되지만 낮은 예측 트래픽을 유지한다면, 하나의 엔드포인트를 사용함으로써 추론 트래픽을 효율적으로 처리하고 상당한 비용을 절감할 수 있다. 각각의 세이지메이커 엔드포인트는 트래픽 및 리소스 사용률에 따라 모델을 자동으로 로드하거나 언로드할 수 있다. 예를 들어, 모델 1의 트래픽이 0으로 가고 모델 2의 트래픽이 급증하면, 세이지메이커는 모델 1을 동적으로 언로드하고 모델 2를 로드한다. [그림 9-35]에 표시된 것처럼 예측 요청 시 대상 모델 이름을 파라미터로 지정하여 특정 모델 변형을 호출할 수 있다.

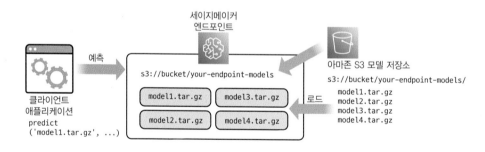

그림 9-35 여러 모델을 호스팅하는 세이지메이커 엔드포인트 내에서 특정 모델을 호출한다

예를 들면, 이를 통해 'Digital_Software'와 'Gift_Card' 같은 두 가지 카테고리에 대해 훈련시킨 두 모델을 단일 엔드포인트에 배포해 편의를 증대하고 비용을 절감할 수 있다. 텐서플로우의 경우 다음과 같이 모델을 패키징해야 한다.

```
└── multi
    ├── model1
    │   └── <version number>
    │   ├── saved_model.pb
    │   └── variables
    │       └── ...
    └── model2
        └── <version number>
            ├── saved_model.pb
            └── variables
                └── ...
```

다음 코드 예제는 두 모델을 한 엔드포인트에 배포하는 법을 보여준다.

```python
from sagemaker.tensorflow.serving import Model, Predictor

# 여러 모델이 있는 엔드포인트용으로
# 다음과 같이 환경 변수에 기본 모델명을 설정해야 한다.
# 이 환경 변수 집합을 설정하지 않으면 엔드포인트가 임의로 모델을 선택한다.

env = {
  'SAGEMAKER_TFS_DEFAULT_MODEL_NAME': 'model1' # <== 디렉터리명과 일치해야 함.
}

model_data = '{}/multi.tar.gz'.format(multi_model_s3_uri)
model = Model(model_data=model_data,
                            role=role,
                            framework_version='<TENSORFLOW_VERSION>',
                            env=env)
```

9.16.3 GPU 기반 일래스틱 추론 액셀레이터 추가하기

일래스틱 추론 액셀레이터^{Elastic Inference Accelerator}(EIA)는 세이지메이커 인스턴스용으로 비용이 저렴하고, 동적으로 탈부착이 가능하고, GPU로 구동되는 추가 구성 요소(애드온^{add-on})이다. 독립 GPU 인스턴스는 대규모 데이터셋에 대한 모델 훈련에 적합하지만, 일반적으로 적은 양의 GPU 리소스를 소비하는 더 작은 일괄 추론 요청에 사용하기에는 과한 성능이다.

AWS가 GPU, CPU, 네트워크 대역폭, 메모리 조합이 다른 다양한 인스턴스 유형을 제공하기 때문에 우리는 모델을 구동할 인스턴스 조합을 커스터마이징할 수 있다. 일래스틱 추론 액셀레이터를 사용하면 기본 CPU 인스턴스를 선택하고 모델 추론에 맞는 균형을 찾을 때까지 GPU 인스턴스를 추가할 수 있다. 만일 GPU 인스턴스를 무작정 사용할 경우, CPU와 RAM에 최적화할 수는 있더라도 GPU나 네트워크 대역폭을 활용하지 못해 비용 낭비가 발생할 수 있다. 다음은 우리가 앞서 배포하는 데 사용했던 모델을 일래스틱 추론 액셀레이터 옵션과 함께 배포하는 코드 예제다.

```python
import time
timestamp = '{}'.format(int(time.time()))

endpoint_config_name = '{}-{}'.format(training_job_name, timestamp)

variantA = production_variant(model_name='ModelA',
                              instance_type="ml.m5.large",
                              initial_instance_count=1,
                              variant_name='VariantA',
                              initial_weight=50,
                              accelerator_type='ml.eia2.medium')

variantB = production_variant(model_name='ModelB',
                              instance_type="ml.m5.large",
                              initial_instance_count=1,
                              variant_name='VariantB',
                              initial_weight=50)

endpoint_config = sm.create_endpoint_config(
  EndpointConfigName=endpoint_config_name,
  ProductionVariants=[variantA, variantB]
)

endpoint_name = '{}-{}'.format(training_job_name, timestamp)

endpoint_response = sm.create_endpoint(
  EndpointName=endpoint_name,
  EndpointConfigName=endpoint_config_name)
```

9.16.4 세이지메이커 니오 및 텐서플로우 라이트로 훈련된 모델 최적화하기

세이지메이커 니오는 훈련된 모델을 사용해 **16비트 양자화**quantization, **가지치기**pruning[9], **레이어 융합**layer fusion[10], **컨스턴트 폴딩**constant folding[11]과 같은 일련의 하드웨어별 최적화를 수행하여 정확도 손실을 최소화하면서 최대 2배까지 모델 예측 속도를 높인다. 또한 텐서플로우, 파이토치, 아파치 MXNet, XGBoost를 포함한 인기 있는 AI/ML 프레임워크들을 지원한다. 세이지메이커 니오는 [그림 9-36]과 같이 모델을 분석하고 그래프를 모델 그래프를 최적화하고 텐서를 전량화한다. 그리고 인텔 x86 CPU, 엔비디아 GPU, AWS 인퍼런시아를 인퍼런시아 등의 다양한 타깃 환경에 최적화하기 위한 하드웨어별 코드를 생성한다.

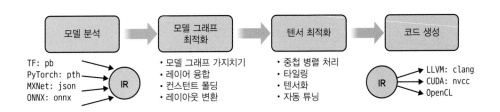

그림 9-36 세이지메이커 니오는 모델 컴파일을 서비스로 제공한다

세이지메이커 니오는 텐서플로우 라이트TensorFlow Lite(TFLite)를 지원한다. 텐서플로우 라이트는 메모리 및 계산 리소스가 제한된 소형 장치들을 위해 고도로 최적화된 경량 텐서플로우 런타임 인터프리터 및 코드 생성기 등을 지원하는 프레임워크다. 세이지메이커 니오는 TFLite 변환기converter를 사용해 [그림 9-37]과 같이 텐서플로우 라이트 런타임 인터프리터에 대한 하드웨어별 최적화를 수행한다.

---

9 옮긴이 2_ 신경망을 기반으로 한 머신러닝 모델은 각 레이어의 노드들을 연결하는 수백만 개의 가중치 가지(뉴런)들로 복잡하게 엮여있다. 모델 훈련 과정에서 가중치가 지속적으로 낮아 모델 예측에 관계성이 낮은 뉴런 가지들을 탈락시키고 모델을 경량화하는 것을 '모델 가지치기'라고 한다.

10 옮긴이 1_ 레이어 융합은 결합할 가중치를 찾은 다음 유사한 완전 연결, 컨볼루션 및 어텐션 레이어의 가중치를 융합하는 모델 압축 기술을 뜻한다.

11 옮긴이 1_ 컨스턴트 폴딩은 최적화 기법으로 컴파일 시간 동안 엔진이 상수 표현식을 인식하고 평가하고 표현식을 새로 평가된 값으로 교체하여 런타임을 더 간결하게 만든다.

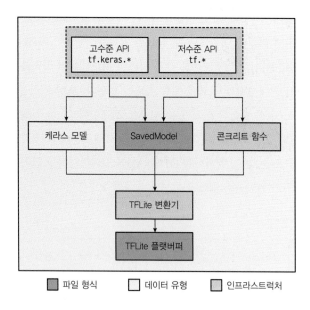

그림 9-37 TFLite 인터프리터(출처: 텐서플로우[12])

우리는 작은 하드웨어 크기(`tf.lite.Optimize.OPTIMIZE_FOR_SIZE`), 짧은 지연 시간(`tf.lite.Optimize.OPTIMIZE_FOR_LATENCY`), 또는 둘 사이의 밸런스(`tf.lite.Optimize.DEFAULT`) 옵션 중에 최적화 방식을 선택할 수 있다. 다음은 밸런스형 최적화 옵션과 함께 텐서플로우 모델에서 16비트 양자화를 수행하는 텐서플로우 라이트 소스 코드다.

```
import tensorflow as tf

converter = tf.lite.TocoConverter.from_saved_model('./tensorflow/')
converter.post_training_quantize = True
converter.optimizations = [tf.lite.Optimize.DEFAULT]
tflite_model = converter.convert()
tflite_model_path = './tflite/tflite_optimized_model.tflite'
model_size = open(tflite_model_path, "wb").write(tflite_model)
```

다음 예측 코드는 양자화로 인해 넷 배로 빨라진 속도로 예측 작업을 수행한다.

---

12 *https://oreil.ly/QWiV8*

```python
import numpy as np
import tensorflow as tf

# TFLite 모델을 로드하고 텐서들을 할당하기
interpreter = tf.lite.Interpreter(model_path=tflite_model_path)
interpreter.allocate_tensors()

# 입출력 텐서 가져오기
input_details = interpreter.get_input_details()
output_details = interpreter.get_output_details()

# 랜덤 입력 데이터에서 모델 테스트하기
input_shape = input_details[0]['shape']
input_data = np.array(np.random.random_sample(input_shape),
dtype=np.float32)

interpreter.set_tensor(input_details[0]['index'], input_data)
interpreter.invoke()

output_data = interpreter.get_tensor(output_details[0]['index'])
print('Prediction: %s' % output_data)

### 출력 결과 ###
5
```

9.16.5 추론에 최적화된 하드웨어 사용하기

AWS 인퍼런시아는 아마존 'Inf' 인스턴스 유형을 구성하는 추론에 최적화된 칩이다. [그림 9-38]에서 볼 수 있듯이, 인퍼런시아 칩은 AWS 뉴런 컴파일러에서 생성된 16비트 및 8비트 부동소수점 연산을 가속화하여 AWS 인퍼런시아 칩과 세이지메이커 니오 및 뉴런 런타임에 대한 모델을 최적화한다.

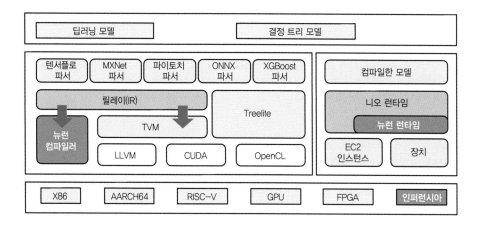

그림 9-38 AWS 인퍼런시아 칩용 세이지메이커 뉴런 컴파일러 및 니오 런타임

9.17 마치며

9장에서는 연구 개발된 머신러닝 모델을 프로덕션으로 배포하고 최종 사용자들의 애플리케이션 도메인으로 모델을 연결하는 방법에 대해 알아봤다. 이를 위해 카나리아 롤아웃, 블루/그린 배포, A/B 테스트로 모델을 측정하고 개선하고 배포하는 방법을 살펴봤다. 또한 데이터 드리프트, 모델 드리프트, 피처 속성 드리프트를 감지하는 방법을 시연해봤다. 그리고 오프라인 모델 예측을 효율성 있게 하기 위한 세이지메이커 일괄 변환 서비스를 활용해봤다. 마지막으로 세이지메이커 니오, 텐서플로우 라이트, 세이지메이커 멀티모델 엔드포인트, 일래스틱 추론 액셀레이터(EIA)와 AWS 인퍼런시아 같은 추론 최적화 하드웨어를 사용해 비용을 절감하고 성능을 향상하는 방법을 소개하며 이 장을 마무리했다.

10장에서는 세이지메이커 파이프라인, AWS 스텝 함수^{AWS Step Function}, 아파치 플로우^{Apache Flow}, 큐브플로우^{Kubeflow} 및 기타 다양한 오픈 소스를 사용해 피처 엔지니어링, 모델 훈련, 모델 검증, 모델 배포 단계를 엔드투엔드 파이프라인으로 통합 및 자동화하는 방법을 살펴볼 것이다.

## CHAPTER 10

파이프라인과 MLOps

9장에서는 데이터 수집 및 분석, 피처 엔지니어링을 포함한 일반적인 머신러닝 파이프라인의 각 단계를 수행하는 방법과 모델의 훈련, 튜닝 및 배포를 설명했다.

이번 장에서는 세이지메이커 파이프라인을 사용해 MLOps을 통해 모든 것을 반복 가능하고 자동화된 파이프라인으로 합치는 방법에 대해 알아본다. 또한 AWS 스텝 함수, 큐브플로우 파이프라인, 아파치 플로우, MLflow, 텐서플로우 익스텐디드$^{\text{TensorFlow Extended}}$ (TFX) 등의 다양한 파이프라인 오케스트레이션 옵션을 살펴본다.

그런 다음 코드가 업데이트되거나 새로운 데이터가 도착했을 때, 정해진 일정에 따라 세이지메이커 파이프라인을 자동화하는 방법에 대해 상세히 알아볼 것이다. 그리고 데이터 드리프트나 모델 편향 같은 배포된 모델의 통계적 변화를 감지할 때 파이프라인을 재실행하는 방법에 대해 설명한다. 또한 모델 정확도를 높이는 데 도움이 될 수 있는 휴먼인더루프 워크플로우의 개념을 알아볼 것이다.

10.1 머신러닝 운영

모델을 상용화하기 위한 전체 모델 개발 라이프 사이클은 애플리케이션 개발자, 데이터 과학자, 데브옵스 팀 간의 긴밀한 협업이 필요하다(그림 10-1 참조).

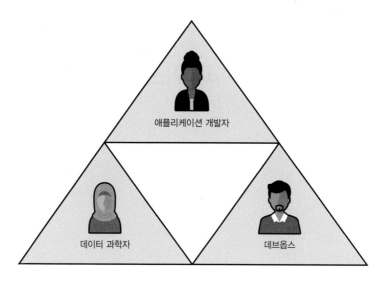

그림 10-1 머신러닝 애플리케이션을 배포하려면 팀 간의 협업이 필요하다

일반적으로 데이터 과학자는 훈련된 모델을 제공하고, 데브옵스 엔지니어는 REST API를 이용해 모델을 호스팅하는 인프라를 운영하고, 애플리케이션 개발자는 REST API를 애플리케이션에 통합한다. 각 팀은 효율적인 워크플로우와 핸드오프 프로세스^{hand-off process}를 원활하게 수행하기 위해 다른 팀의 요구 사항과 필요 사항을 반드시 이해하고 있어야 한다. 다음은 MLOps가 발전해온 세 가지 단계이다.

MLOps v1.0

수동으로 모델 빌드, 훈련, 튜닝 및 배포

MLOps v2.0

수동으로 모델 파이프라인 빌드 및 오케스트레이션

MLOps v3.0

새로운 데이터가 도착하거나 깃옵스 같은 결정론적 트리거로 코드가 변경될 때, 또는 편향 및 설명 가능성 차이 등 통계 트리거로 모델의 성능이 저하될 때 파이프라인을 자동으로 실행한다.

이 장에서는 파이프라인 오케스트레이션, 데이터 또는 코드의 변화에 대한 결정론적 자동화 deterministic automation[1] 같은 MLOps 전략을 세이지메이커가 어떻게 지원하는지 알아본다. 또한 드리프트, 편향 또는 설명 가능성의 변화에 통계적 자동화를 어떻게 적용하는지에 대해 다룬다.

10.2 소프트웨어 파이프라인

2000년대 초반에 소프트웨어 실무자들은 소프트웨어 모듈을 직접, 그리고 안전하게 프로덕션에 빌드, 테스트, 배포하기 위해 지속적 통합continuous integration(CI)과 지속적 배포continuous delivery(CD)를 사용하기 시작했다. 지속적 통합과 지속적 배포는 데브옵스 엔지니어와 소프트웨어 엔지니어 간의 마찰을 줄이고 지속적 배포를 통해 데브옵스 엔지니어와 소프트웨어 엔지니어 간의 마찰을 줄이고 협업이 수월해졌다. CI/CD 단계로 들어가기 전, 소프트웨어 엔지니어는 코드를 데브옵스 엔지니어에게 '담 너머로' 전달하고, 데브옵스 엔지니어들은 프로덕션 전 스테이징 환경에서 성공적인 통합 테스트 결과를 확인하고, 최종적으로 품질 보증quality assurance(QA) 팀 등과 의논한 후에 소프트웨어를 프로덕션으로 배포한다. [그림 10-2]는 소프트웨어 파이프라인의 예제를 보여준다.

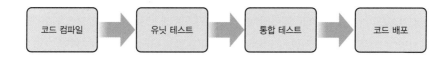

그림 10-2 단순한 애플리케이션 배포 파이프라인

젠킨스Jenkins는 소프트웨어 파이프라인을 관리하는 인기 있는 오픈 소스 도구다. 젠킨스는 풍부한 플러그인 아키텍처를 통해 복잡한 CI/CD 소프트웨어 파이프라인을 오케스트레이션하고 파이프라인 실행 중 언제든지 파이프라인 상태에 대한 세부 보고서를 제공할 수 있다. 대규모 코드 베이스에서는 파이프라인 실행이 며칠씩 걸릴 수 있고, 코드 베이스 구성 컴포넌트들이 다양한 이유로 실패할 수 있다. 젠킨스는 실패한 컴포넌트를 재시작하고 파이프라인을 계속 실

---

1 옮긴이 1_ 결정론적 자동화는 예측한 그대로 자동으로 동작하는 메커니즘을 의미한다. 어떤 특정한 입력이 들어오면 언제나 똑같은 과정을 거쳐서 언제나 똑같은 결과를 내놓는다.

행할 수 있는 메커니즘을 제공한다. 이 과정에서 인간의 개입이 필요한 경우가 많다. 젠킨스는 수동적으로 휴먼인더루프 피드백도 지원하기도 한다.

젠킨스같이 정교한 파이프라인 오케스트레이션 엔진은 또한 컴포넌트 캐싱 전략도 지원하여 파이프라인 실행 성능을 향상시킨다. 예를 들어, 원격 시스템의 문제로 통합 테스트 단계에서 파이프라인에 장애가 발생하는 경우 오케스트레이션 엔진은 테스트가 어느 단계까지 진행되었는지 확인하고, 캐싱된 결과를 재사용하고, 실패한 단계는 재시도하여 파이프라인이 완성될 때까지 반복한다.

10.3 머신러닝 파이프라인

CI/CD 파이프라인은 주로 소프트웨어 개발 주기를 자동화하고 애플리케이션 릴리즈의 품질을 개선하는 데 사용되지만, 머신러닝 릴리즈에도 사용될 수 있다. 머신러닝 엔지니어와 데이터 과학자도 모델을 훈련, 테스트 및 배포를 반복적이고 지속적으로 수행하는 방법을 찾기 마련이다. 이를 통해 최신 데이터셋과 새로운 모델을 빌드하고 실험하는 데 더 많은 시간을 할애할 수 있게 된다.

CI/CD가 프로덕션에서 효과적으로 소프트웨어를 업데이트하고 향상시키는 것과 비슷하게, 머신러닝 파이프라인도 자동으로 지속적 훈련과 배포를 통해 프로덕션에서 모델을 업데이트하고 향상시킨다. 자동화되고, 재생산 가능하고, 파라미터화된 머신러닝 파이프라인은 피처 수집부터 피처 엔지니어링 및 모델 훈련과 배포까지 모든 과정에 걸쳐 사용되는 프레임워크 버전, 컨테이너 런타임, 하드웨어를 관리할 수 있다.

AutoML 파이프라인을 사용하면 일회성 파이썬 스크립트들이 파이프라인의 모든 단계에서 생길 수 있는 미묘한 버그를 줄이는 데 도움이 될 수 있다. 예를 들어 코드에 작은 변화만 줬음에도 평점이 1에서 5까지의 이산적인 범위값을 벗어나는 경우 등의 데이터 품질 문제가 생길 수 있다.

모델은 품질이 낮은 데이터에 대해 훈련을 하면, 훈련 작업이 성공적으로 끝나더라도 프로덕션 환경에서는 성능이 좋지 않을 수 있다. 모델 훈련 전에 데이터 품질 검사를 자동화함으로써 파이프라인 예외를 제기하여 애플리케이션 팀에 불량 데이터에 대해 알려 불량 모델 훈련 시 발생할 수 있는 비용을 절감할 수 있다.

또한 모델 재생산 및 감사를 위해 머신러닝 파이프라인을 아티팩트 및 실험 트래킹과 결합할수 있다. 아티팩트 트래킹artifact tracking은 모델이 최초로 훈련되던 때부터 변형까지 모든 모델 아티팩트를 트래킹한다. 실험 트래킹은 모델 정확도와 같은 훈련 결과뿐만 아니라 훈련 중에 사용된 하이퍼파라미터들을 기록한다. 세이지메이커 익스페리먼츠 및 계보 API는 세이지메이커전체에 통합되어 이러한 모델 재생산과 감사의 시나리오를 처리한다.

검증 가능한 머신러닝 파이프라인은 모델 퍼포먼스 저하 문제를 해결하는 데 도움이 된다. 모델 성능 저하는 매우 흔한 문제이지만 프로덕션에서 서비스 중인 모델을 모니터링하는 것의 복잡성으로 인해 엔지니어링이 까다로운 시나리오다. 만일 모델 예측이 저하될 경우, 리뷰가 제대로 분류되지 않아 비즈니스적 해결책을 낼 기회를 놓칠 수 있다.

세이지메이커 모델 모니터 및 클래리파이를 사용함으로써 우리는 지속적으로 모델을 예측하여데이터 분포, 모델 편향, 모델 설명 가능성의 변화를 감지할 수 있다. 이를 통해 파이프라인을다시 가동시켜 모델을 재훈련시키고 새로운 리뷰 분류 모델을 얻을 수 있다.

[그림 10-3]은 S3, 데이터 랭글러Data Wrangler 및 세이지메이커를 포함한 AWS 서비스와 머신러닝 파이프라인을 매핑한 예를 보여준다.

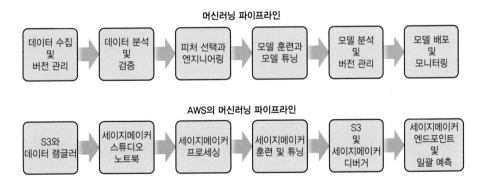

그림 10-3 AWS 서비스에 매핑된 머신러닝 파이프라인

만일 파이프라인이 원활하게 실행되면 [그림 10-4]와 같이 여러 파이프라인을 동시에 실행하고 동일한 모델의 여러 버전을 프로덕션에 한번에 배포하여 실험 속도를 높일 수 있다. 이는 온라인 A/B 또는 멀티암드 밴딧(MAB) 테스트에 사용하기도 한다.

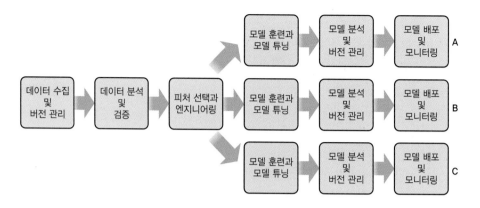

그림 10-4 동일한 모델을 여러 버전으로 훈련, 튜닝, 배포하여 실험 속도를 높인다

10.3.1 효율적인 머신러닝 파이프라인의 컴포넌트

데이터 과학자가 '담 너머로' 데브옵스 엔지니어 또는 머신러닝 엔지니어에게 모델을 배포할 수 있도록 건네는 미끄럼 방지high-friction[2] 단계를 포함하는 머신러닝 파이프라인이 여전히 많이 있다. 2000년대 초반에 머신러닝 파이프라인은 소프트웨어 엔지니어링 커뮤니티를 깜짝 놀라게 할 정도의 혁명에 가까웠다.

효과적인 머신러닝 파이프라인은 파이프라인 구현의 세부 사항을 숨기고 데이터 과학자가 비즈니스 및 데이터 과학 문제에 집중할 수 있도록 한다. 머신러닝은 지속적이라서 프로세스를 자동화할수록 더 많은 비즈니스 문제를 해결하는 데 집중할 수 있다. 그렇지 않으면, 새 데이터가 도착할 때마다 일회성 스크립트를 수동으로 다시 실행해야 한다. 스크립트를 실행하는 것은 매우 간단하지만, 스크립트를 모니터링하거나 재시작하는 데 정신적 에너지를 낭비하게 되고 더 가치 있는 작업을 미루게 된다.

애드혹 주피터 노트북에서 반복 가능한 머신러닝 파이프라인과 프로덕션 클러스터로 전환하는 과정은 여전히 복잡하고 오류가 발생하기 쉬우며 엔지니어링이 부족한 부분이다. AWS를 이용하여 파이프라인의 복잡성을 줄이고 오류를 줄이는 옵션들을 알아보자.

먼저 머신러닝 파이프라인은 다음을 포함해야 한다.

---

2 옮긴이 1_ 데이터 과학자가 바로 배포하는 대신 데브옵스 엔지니어들이 한 번 더 테스트한 후 배포하는 것을 '미끄럼 방지'에 빗대어 표현하고 있다.

- 데이터 수집, 데이터 버전 관리, 데이터 품질 검사, 데이터 전처리, 피처 엔지니어링과 같은 데이터 중심 작업
- 모델 훈련, 모델 품질 검사, 모델 버전 관리 등의 모델 빌드 작업
- 자동화된 모델 배포, 모델 스케일링, 모델 설명, 편향 감지
- 실험 및 계보 트래킹을 이용해 모델 버전을 초기 버전까지 역추적하고 재생산하는 작업
- S3 PutObject 이벤트 같은 새 데이터가 도착할 때, 혹은 크론 같은 타이머로 정해진 시간에 (예를 들어 매일 자정에) 자동으로 데이터를 픽업하고 모델을 재훈련하는 작업
- 향후 12개월 동안 고객 만족도를 10% 높이는 등의 비즈니스 목표와 주요 결과에 따라 모델을 지속적으로 개선하는 피드백 메커니즘

엔지니어들의 경험에 의하면, 데이터 품질 문제는 성능이 저조한 머신러닝 파이프라인의 주요 원인으로 꼽힌다. 5장에서는 AWS 디큐 오픈 소스 라이브러리를 사용해 머신러닝 파이프라인의 '0단계'로 데이터 품질 검사를 수행하는 방법을 보여줬다. 지속적이고 기대에 부응하는 품질을 만족하지 못할 경우, 우리의 ML 파이프라인은 최소한의 작업을 빠르게 중단하고 비용을 아낄 수 있어야 한다. 최악의 경우 품질이 낮은 데이터는 편향을 포함하거나 비즈니스에 부정적인 영향을 미치는 저품질의 모델을 생성하기도 한다.

ML 탐색의 초기 단계에서는 파이프라인이 필요하지 않을 수도 있다. 융통성이 없는 파이프라인은 초기 실험 단계에서는 제약적일 수 있다. 다양한 피처, 모델 및 하이퍼파라미터를 빠르게 실험해보는 상황을 생각해보면, 파이프라인에 자동화하기 전에 우리는 장기간에 걸쳐 모델을 연구 단계에 둬야 한다고 판단할 것이다. 이 과정이 지나고 나면 파이프라인을 정기적으로 실행해 데이터 품질 검사, 계보 트래킹, 인프라 규모 조정 등을 수행하면 된다. 반면에 간단한 파이프라인을 간단하게만 사용해 초기의 반복적인 실험에 쓰는 방법도 생각해볼 수 있다.

10.3.2 효율적인 머신러닝 파이프라인의 단계

이 절에서는 현대적이고 효율적인 머신러닝 파이프라인을 구성하는 단계를 소개한다. 그리고 이어서 10.4절에서는 세이지메이커 파이프라인, AWS 스텝 함수, 에어플로우, 큐브플로우 및 기타 오픈 소스 옵션을 사용해 AWS에서 각 단계를 수행하는 방법에 대해 설명한다.

데이터 수집 및 버전 관리*data ingestion and versioning*

데이터베이스, S3, 스트림과 같은 데이터 소스에서 원시 데이터셋을 읽는다. CSV나 파케이 같이 파이프라인의 다음 단계에 사용할 형식으로 변환하고 원시 데이터셋과 변환된 데이터 셋을 모두 버전 관리한다.

데이터 분석 및 검증*data analysis and validation*

수집한 데이터셋의 품질과 편향을 분석해서 데이터가 다음 파이프라인 단계를 위해 준비되 었는지 확인한다.

피처 엔지니어링*feature engineering*

데이터셋을 다음 파이프라인 단계에서 사용될 BERT 임베딩과 같은 피처들로 변환한다. 그리고 데이터셋의 균형을 맞추고 훈련, 검증, 테스트로 분할한다. 훈련과 추론에 사용할 피처를 피처 스토어에 게시하여 회사 조직 내에서 공유할 수 있게 한다.

모델 훈련 및 튜닝*model training and tuning*

이전 파이프라인 단계에서 생성된 피처뿐만 아니라 모델의 알고리즘에 특정한 하이퍼파라미터를 사용해 모델을 훈련시키고, 분할했던 검증 데이터셋을 사용해 모델의 정확도와 하이퍼파라미터를 분석한다. 그리고 모델 정확도가 충분히 향상될 때까지 여러 하이퍼파라미터 셋을 사용해 훈련을 반복한다.

모델 평가*model evaluation*

테스트 데이터셋을 사용해 훈련된 모델을 테스트하고, 혼동 행렬과 곡선 아래의 영역*area under the curve*(AUC)과 같은 추가 지표를 계산한다. 테스트 데이터셋의 상품 카테고리와 같은 각기 다른 영역에 대한 모델 편향을 검증하고 편향을 줄이거나 제거하기 위해 재훈련 및 재튜닝한다.

모델 버전 및 배포*model version and deployment*

훈련된 모델을 하이퍼파라미터와 데이터 분할들과 함께 묶어 버전화한다. 그리고 그 모델을 실시간 엔드포인트나 일괄 예측 작업으로 프로덕션에 배포한다.

모델 피드백 및 왜곡 감지|model feedback and skew detection|

비즈니스 지표(예: 매출 증가, 성공적인 사기 탐지 성공률)에 대한 모델 성능을 분석하고, 모델 훈련 시 세웠던 베이스라인에 대해 배포 중인 모델의 입출력 데이터가 왜곡됐는지 감지한다. 왜곡이 감지된다면 모델을 재훈련한다.

10.4 세이지메이커 파이프라인을 사용한 파이프라인 오케스트레이션

세이지메이커 파이프라인은 인공지능과 머신러닝 파이프라인을 AWS에 구현하는 가장 완벽한 방법이다. [그림 10-5]와 같이 우리가 지금까지 예제로 사용했던 BERT 기반 리뷰 분류기를 가지고 데이터 수집, 피처 엔지니어링, 모델 훈련, 모델 배포를 포함하여 9장까지 살펴봤던 여러 단계를 하나의 파이프라인으로 빌드해보자.

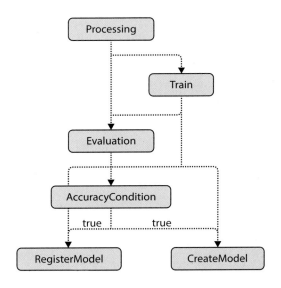

그림 10-5 세이지메이커 파이프라인을 사용해 훈련된 BERT 모델을 훈련, 검증, 생성 및 등록한다

세이지메이커 파이썬 SDK를 사용해 파이프라인을 프로그래밍 방식으로 설정하여 파이프라인 각 단계를 정의해보자.

10.4.1 파이프라인 계보를 트래킹하는 실험 만들기

먼저 여러 파이프라인 실행을 트래킹하고 비교하기 위해 세이지메이커 익스페리먼트 객체
(experiment)를 만들고 실험 객체(trial)를 만든다.

```python
import time
from smexperiments.experiment import Experiment

experiment_name = 'Experiment-{}'.format(int(time.time()))

experiment = Experiment.create(
            experiment_name=experiment_name,
            description='Amazon Customer Reviews BERT Pipeline Experiment',
            ...)

trial_name = 'trial-{}'.format(int(time.time()))

trial = Trial.create(trial_name=trial_name,
                    experiment_name=experiment_name,
                    ...)
```

10.4.2 파이프라인 단계 정의하기

파이프라인의 첫 번째 단계는 세이지메이커 프로세싱을 사용해 원시 리뷰 텍스트를 BERT 피
처로 변환하는 것이다. 6장과 동일한 processor를 재사용하여 세이지메이커 파이프라인 파이
썬 SDK의 ProcessingStep 클래스를 이용해 파이프라인에 등록한다.

```python
experiment_config_prepare = {
    'ExperimentName': experiment_name,
    'TrialName': trial_name,
    'TrialComponentDisplayName': 'prepare'
}

from sagemaker.processing import ProcessingInput, ProcessingOutput
from sagemaker.workflow.steps import ProcessingStep

processing_step = ProcessingStep(
    name='Processing',
    code='preprocess-scikit-text-to-bert-feature-store.py',
    processor=processor,
```

```
            inputs=processing_inputs,
            outputs=processing_outputs,
            job_arguments=['--train-split-percentage', \
                            str(train_split_percentage.),
                            '--validation-split-percentage', \
                            str(validation_split_percentage.),
                            '--test-split-percentage', \
                            str(test_split_percentage.),
                            '--max-seq-length', \
                            str(max_seq_length.),
                            '--balance-dataset', \
                            str(balance_dataset.),
                            '--feature-store-offline-prefix', \
                            str(feature_store_offline_prefix.),
                            '--feature-group-name', \
                            str(feature_group_name)
                            ]
        )
```

이제 이전 피처 엔지니어링 처리 단계의 출력을 사용해 모델을 훈련시켜보자. 7장과 똑같이 **estimator**를 사용하지만 세이지메이커 파이프라인 파이썬 SDK의 **TrainingStep**에서 래핑하여 사용한다.

```
from sagemaker.inputs import TrainingInput
from sagemaker.workflow.steps import TrainingStep

experiment_config_train = {
    'ExperimentName': experiment_name,
    'TrialName': trial_name,
    'TrialComponentDisplayName': 'train'
}

training_step = TrainingStep(
    name='Train',
    estimator=estimator,
    inputs={
        'train': TrainingInput(
            s3_data=\
            processing_step.properties.ProcessingOutputConfig.Outputs[
                'bert-train'
            ].S3Output.S3Uri,
            content_type='text/csv'
```

```
        ),
        'validation': TrainingInput(
            s3_data=\
            processing_step.properties.ProcessingOutputConfig.Outputs[
                'bert-validation'
            ].S3Output.S3Uri,
            content_type='text/csv'
        ),
        'test': TrainingInput(
            s3_data=\
            processing_step.properties.ProcessingOutputConfig.Outputs[
                'bert-test'
            ].S3Output.S3Uri,
            content_type='text/csv'
        )
    }
)
```

그런 다음, 세이지메이커 프로세싱을 사용해 모델을 평가하는 단계를 추가한다. evaluate_
model_metrics.py라는 스크립트를 준비해 모델 테스트 정확도를 계산하고 결과를 S3에
evaluation.json이라는 파일로 작성하도록 설정한다. 이 파일은 다음 단계에서 모델을 성능
에 따라 조건적으로 등록하고 배포를 준비하는 데 사용된다.

```
from sagemaker.workflow.properties import PropertyFile

experiment_config_evaluate = {
    'ExperimentName': experiment_name,
    'TrialName': trial_name,
    'TrialComponentDisplayName': 'evaluate'
}

evaluation_report = PropertyFile(
    name='EvaluationReport',
    output_name='metrics',
    path='evaluation.json'
)

from sagemaker.sklearn.processing import SKLearnProcessor

evaluation_processor = SKLearnProcessor(
    framework_version='<SCIKIT_LEARN_VERSION>',
    role=role,
```

```
        ...)

    evaluation_step = ProcessingStep(
        name='Evaluation',
        processor=evaluation_processor,
        code='evaluate_model_metrics.py',
        inputs=[
            ProcessingInput(
                source=\
                training_step.properties.ModelArtifacts.S3ModelArtifacts,
                destination='/opt/ml/processing/input/model'
            ),
            ProcessingInput(
                source=raw_input_data_s3_uri,
                destination='/opt/ml/processing/input/data'
            )
        ],
        outputs=[
            ProcessingOutput(output_name='metrics',
                             s3_upload_mode='EndOfJob',
                             source='/opt/ml/processing/output/metrics/'),
        ],
        job_arguments=[
                        '--max-seq-length', \
                        str(max_seq_length.default_value),
                        ],
        property_files=[evaluation_report],
        experiment_config=experiment_config_evaluate
    )
```

다음 코드 예제는 evaluate_model_metrics.py 파일의 일부를 보여준다. 이 스크립트는 모델을 다운로드하고, 테스트셋에 대한 예측을 실행하여 결과를 evaluation.json에 작성한다.

```
def predict(text):
    encode_plus_tokens = tokenizer.encode_plus(
        text,
        pad_to_max_length=True,
        max_length=args.max_seq_length,
        truncation=True,
        return_tensors='tf')

    input_ids = encode_plus_tokens['input_ids']
```

```python
    input_mask = encode_plus_tokens['attention_mask']
    outputs = model.predict(x=(input_ids, input_mask))
    scores = np.exp(outputs) / np.exp(outputs).sum(-1, keepdims=True)

    prediction = [{"label": config.id2label[item.argmax()],
                            "score": item.max().item()} for item in scores]

    return prediction[0]['label']
...

df_test_reviews = pd.read_csv(
    test_data_path,
    delimiter='\t',
    quoting=csv.QUOTE_NONE,
    compression='gzip')[['review_body', 'star_rating']]

y_test = df_test_reviews['review_body'].map(predict)
y_actual = df_test_reviews['star_rating']

accuracy = accuracy_score(y_true=y_test, y_pred=y_actual)

metrics_path = os.path.join(args.output_data, 'metrics/')

os.makedirs(metrics_path, exist_ok=True)

report_dict = {
    "metrics": {
        "accuracy": {
            "value": accuracy,
        },
    },
}

evaluation_path = "{}/evaluation.json".format(metrics_path)
with open(evaluation_path, "w") as f:
    f.write(json.dumps(report_dict))
```

다음으로 훈련된 모델을 세이지메이커 모델 레지스트리^{SageMaker Model Registry}에 등록한다. 모델이 등록된 다음 파이프라인에서 모델을 스테이징에 배포하려면 수동으로 승인 단계를 진행해야 한다. 다음과 같이 ModelMetrics 클래스를 이용해 evaluation.json 파일을 구문 분석하여 모델 평가 지표를 추출한다.

```
from sagemaker.model_metrics import MetricsSource, ModelMetrics

model_metrics = ModelMetrics(
    model_statistics=MetricsSource(
        s3_uri="{}/evaluation.json".format(
            evaluation_step.arguments["ProcessingOutputConfig"]\
["Outputs"][0]["S3Output"]["S3Uri"]
        ),
        content_type="application/json"
    )
)
```

다음과 같이 **RegisterModel** 클래스의 객체를 생성할 때 **model_metrics**와 훈련 단계에서 썼던 **estimator**를 전달하여 모델을 최종으로 등록한다. **inference_instances**와 **transform_instances**에 세이지메이커 엔드포인트 및 일괄 변환 작업을 위한 인스턴스 유형을 리스트로 지정할 수 있다.

```
from sagemaker.workflow.step_collections import RegisterModel

inference_image_uri = sagemaker.image_uris.retrieve(
    framework="tensorflow",
    region=region,
    version="<TENSORFLOW_VERSION>",
    py_version="<PYTHON_VERSION>",
    instance_type=deploy_instance_type,
    image_scope="inference"
)

register_step = RegisterModel(
    name="RegisterModel",
    estimator=estimator,
    image_uri=inference_image_uri,
    model_data=
        training_step.properties.ModelArtifacts.S3ModelArtifacts,
    content_types=["application/jsonlines"],
    response_types=["application/jsonlines"],
    inference_instances=["ml.m5.4xlarge"],
    transform_instances=["ml.c5.18xlarge"],
    model_package_group_name=model_package_group_name,
    model_metrics=model_metrics
)
```

이제 세이지메이커 엔드포인트 및 일괄 변환 작업에서 사용할 모델을 파이프라인에 등록하기 위해 CreateModelStep 클래스를 다음과 같이 활용한다.

```python
from sagemaker.model import Model

model = Model(
    name=<MODEL_NAME>,
    image_uri=inference_image_uri,
    model_data=
        training_step.properties.ModelArtifacts.S3ModelArtifacts,
    ...
)

from sagemaker.inputs import CreateModelInput

create_inputs = CreateModelInput(
    instance_type="ml.m5.4xlarge",
)

from sagemaker.workflow.steps import CreateModelStep

create_step = CreateModelStep(
    name="CreateModel",
    model=model,
    inputs=create_inputs,
)
```

정확도 평가 지표를 임곗값과 비교하기 위해 ConditionStep을 추가해보자. 파이프라인은 다음과 같이 모델 정확도가 주어진 임곗값인 95%를 초과하는 경우에만 배포를 위해 모델을 등록 및 생성, 준비한다.

```python
from sagemaker.workflow.conditions import ConditionGreaterThanOrEqualTo

from sagemaker.workflow.condition_step import (
    ConditionStep,
    JsonGet,
)

minimum_accuracy_condition = ConditionGreaterThanOrEqualTo(
    left=JsonGet(
```

```
        step=evaluation_step,
        property_file=evaluation_report,
        json_path="metrics.accuracy.value",
    ),
    right=0.95 # 95% 정확도
)

minimum_accuracy_condition_step = ConditionStep(
    name="AccuracyCondition",
    conditions=[minimum_accuracy_condition],
    # 성공한다면 모델을 계속 등록한다.
    if_steps=[register_step, create_step],
    # 실패한다면 파이프라인을 종료한다.
    else_steps=[],
)
```

10.4.3 파이프라인 파라미터 설정하기

파이프라인을 생성하기 전에, 세이지메이커 파이프라인 파이썬 SDK의 ParameterInteger, ParameterString, ParameterFloat를 사용해 파이프라인의 모든 단계에서 사용할 파라미터 플레이스홀더placeholder[3]를 정의해야 한다. 지금은 파이프라인을 정의만 하는 단계이기 때문에 이 파라미터들은 단지 나중에 파이프라인을 시작할 때 값만 입력하면 되도록 값을 지정하지 않은 변수만 잡아놓는 역할이다. 값이 제공되지 않은 경우에는 default_value를 사용한다.

```
from sagemaker.workflow.parameters import (
    ParameterInteger,
    ParameterString,
    ParameterFloat,
)

input_data = ParameterString(
    name="InputData",
    default_value=raw_input_data_s3_uri,
)
...
max_seq_length = ParameterInteger(
    name="MaxSeqLength",
```

---

3 옮긴이 1   플레이스홀더는 수학이나 논리학에서 어떤 집합의 임의의 원소의 명칭으로 바꾸어놓을 수 있는 수식 또는 논리식 내의 기호를 뜻한다.

```
        default_value=64,
    )
    ...
    learning_rate = ParameterFloat(
        name="LearningRate",
        default_value=0.00001,
    )
    ...
```

10.4.4 파이프라인 생성하기

다음으로 이전에 정의된 모든 단계를 사용해 파이프라인을 생성한다. 여기까지 정의한 모든 단계를 사용해 파이프라인을 생성해보자. 여기에는 processing_step, training_step, evaluation_step, minimum_accuracy_condition_step이 포함된다. minimum_accuracy_condition_step은 모델 정확도가 95%가 넘을 경우에만 register_step과 create_step을 호출한다.

```
pipeline = Pipeline(
    name=<PIPELINE_NAME>,
    parameters=[
        input_data, # 입력 데이터 객체 플레이스홀더
                ...
        max_seq_length, # 토큰 최대 길이 플레이스홀더
                ...
        learning_rate, # 학습률 플레이스홀더
                ...
    ],
    steps=[processing_step, training_step, evaluation_step, \
        minimum_accuracy_condition_step]
)

pipeline.create(role_arn=role)
```

10.4.5 파이썬 SDK로 파이프라인 시작하기

마지막으로, 리뷰 데이터셋의 S3 위치, BERT 토큰의 최대 시퀀스 길이, 텐서플로우 경사하강법 최적화기(옵티마이저)의 학습률을 포함한 파라미터값을 제공하여 Pipeline을 시작한다.

```
execution = pipeline.start(
    InputData=raw_input_data_s3_uri,
    MaxSeqLength=64,
    LearningRate=0.000012,
    ...
)
```

10.4.6 세이지메이커 스튜디오 UI로 파이프라인 시작하기

[그림 10-6]과 같이 세이지메이커 스튜디오 UI를 통해 세이지메이커 파이프라인 실행을 트리
거할 수도 있다. 스튜디오 UI는 우리가 파이프라인을 빌드하며 `Pipeline` 객체에 정의했던 각
파라미터에 대한 입력 필드를 제공한다.

그림 10-6 세이지메이커 스튜디오 UI를 통해 파이프라인 실행

10.4.7 스테이징 및 프로덕션용 모델 승인하기

우리는 세이지메이커 모델 레지스트리를 통해 모델을 승인할 수 있다. 이때 우리는 세이지메이커 스튜디오 UI를 이용해 수동으로 승인하거나, 주피터 노트북을 이용한 프로그래밍 방식으로 승인할 수도 있다. 모델을 승인하면 테스트를 위해 세이지메이커 모델 레지스트리가 스테이징 환경에 모델을 자동으로 배포한다. 테스트가 성공하면 파이프라인은 스테이징에서 프로덕션으로 모델을 이동시키는 데 다시 한번 별도의 승인이 필요하다. 다음 소스 코드를 사용해 프로그래밍 방식으로 모델을 스테이징으로 승인할 수 있다.

```python
for execution_step in execution.list_steps():
    if execution_step['StepName'] == 'RegisterModel':
        model_package_arn =
            execution_step['Metadata']['RegisterModel']['Arn']
        break

model_package_update_response = sm.update_model_package(
    ModelPackageArn=model_package_arn,
    ModelApprovalStatus="Approved",
)
```

10.4.8 파이프라인 아티팩트 계보 검토하기

세이지메이커 스튜디오 UI 또는 파이썬 SDK를 사용해 노트북에서 프로그래밍 방식으로 아티팩트 계보를 직접 검토할 수 있다. 다음은 피처 엔지니어링, 모델 훈련, 평가, 승인, 배포를 포함한 모든 단계의 아티팩트를 나열하는 소스 코드다.

```python
import time
from sagemaker.lineage.visualizer import LineageTableVisualizer

viz = LineageTableVisualizer(sagemaker.session.Session())
for execution_step in reversed(execution.list_steps()):
    if execution_step['StepName'] == 'Processing':
        processing_job_name=
            execution_step['Metadata']['ProcessingJob']['Arn']\
            .split('/')[-1]
        display(viz.show(processing_job_name=processing_job_name))
    else:
```

```
display(viz.show(pipeline_execution_step=execution_step))
time.sleep(5)
```

출력 결과는 다음 표와 유사하다.

	Name/source	Direction	Type	Association type	Lineage type
0	preprocess–scikit–text–to–bert–feature–store.py	Input	DataSet	ContributedTo	artifact
1	s3://.../amazon–reviews–pds/tsv/	Input	DataSet	ContributedTo	artifact
2	68331...om/sagemaker–scikit–learn:0.23–1–cpu–py3	Input	Image	ContributedTo	artifact
3	s3://.../output/bert–test	Output	DataSet	Produced	artifact
4	s3://.../output/bert–validation	Output	DataSet	Produced	artifact
5	s3://.../output/bert–train	Output	DataSet	Produced	artifact
6	s3://.../output/bert–test	Input	DataSet	ContributedTo	artifact
7	s3://.../output/bert–validation	Input	DataSet	ContributedTo	artifact
8	s3://.../output/bert–train	Input	DataSet	ContributedTo	artifact
9	76310.../tensorflow–training:2.3.1–cpu–py37	Input	Image	ContributedTo	artifact
10	model.tar.gz		Model	Produced	artifact
11	model.tar.gz	Input	Model	ContributedTo	artifact
12	76310.../tensorflow–inference:2.1.0–cpu	Input	Image	ContributedTo	artifact
13	bert–reviews–1610437484–1–Approved–1610443150–aws–model–group	Input	Approval	ContributedTo	action
14	bert–reviews–1610437484–1–Approved–1610443150–aws–endpoint	Output	Model Deployment	ContributedTo	action
15	bert–reviews–1610437484–1–aws–model–group	Output	ModelGroup	AssociatedWith	context

10.4.9 파이프라인 실험 계보 검토하기

세이지메이커 익스페리먼츠 API를 사용해 다음과 같이 피처 엔지니어링, 모델 훈련, 평가, 배포를 포함한 모든 단계에 걸친 파이프라인의 실험 계보를 확인할 수 있다.

```python
from sagemaker.analytics import ExperimentAnalytics

experiment_analytics = ExperimentAnalytics(
    experiment_name=experiment_name,
)

experiment_analytics.dataframe()
```

TrialComponentName	Display Name	max_seq_length	learning_rate	train_accuracy	test_accuracy	endpoint_name
pipelines—0tsa93 mahu8vprocessing— kch2vw03qc— awsprocessing—job	prepare	64.0	NaN	NaN	NaN	
pipelines—0tsa93 mahu8v—Traintlv C7YdBl9—aws— training—job	train	64.0	0.000017	0.9416	NaN	
pipelines—1daa23hlku3v processing— hkc9w0v0q— awsprocessing—job	evaluate	64.0	NaN	NaN	0.9591	
TrialComponent— 2021—01— 09214921—dgtu	deploy	NaN	NaN	NaN	NaN	bert—reviews— 1610437484— endpoint

10.5 세이지메이커 파이프라인으로 자동화하기

파이프라인을 자동으로 시작하는 주요 방법에는 이벤트 기반 트리거event-based trigger와 시간 기반 트리거time-based trigger가 있다. 이벤트 기반 트리거는 특정 이벤트가 발생할 때 파이프라인을 시작한다. 예를 들어, 새로운 train.py 스크립트가 깃Git 기반 코드 리포지터리에 커밋될 때다.

이를 '깃옵스GitOps' 자동화라고도 한다. `PutObject` 이벤트의 경우를 예로 들면 새 데이터가 S3에 도착하면 새 파이프라인을 시작할 수도 있다. 시간 기반 트리거는 매주, 격일 또는 4시간마다 등 스케줄링된 시간에 따라 파이프라인을 시작한다. 깃옵스, S3, 시간 기반 트리거를 구현하여 세이지메이커 파이프라인을 자동으로 시작하는 방법을 알아보자.

10.5.1 코드 커밋 시 깃옵스 트리거

세이지메이커는 세이지메이커 프로젝트SageMaker Project를 통해 깃옵스 파이프라인 자동화를 구현한다. 세이지메이커 프로젝트는 모델 빌드 및 배포 파이프라인을 자동화하는 사전 빌드된 MLOps 템플릿과 함께 제공된다. 우리는 필요에 따라 템플릿을 커스터마이징하거나 자체 템플릿을 만들 수 있다.

세이지메이커가 제공하는 사전 빌드된 MLOps 템플릿을 이용하거나 우리가 직접 커스텀 템플릿을 제공해 프로젝트를 생성할 수 있다. MLOps 템플릿은 AWS 클라우드포메이션CloudFormation을 사용해 세이지메이커 파이프라인으로 깃옵스 자동화 워크플로우에 필요한 모든 컴포넌트를 자동으로 설정한다. 또한 MLOps 템플릿은 새 코드를 코드 리포지터리에 커밋할 때마다 파이프라인을 실행하도록 트리거를 설정한다.

세이지메이커 파이프라인용 MLOps 템플릿에는 `modelbuild`와 `modeldeploy`라는 두 가지 주요 컴포넌트가 있다. `modelbuild` 컴포넌트는 모델을 빌드하고 등록한다. `modeldeploy` 컴포넌트는 모델을 스테이징 및 프로덕션에 배포한다. 만일 모델을 프로덕션에 배포하려면 [그림 10-7]과 같이 두 번의 수동 승인 단계가 필요하다.

그림 10-7 수동 승인을 통해 스테이징 및 프로덕션에 모델을 배포하는 MLOps 파이프라인

`modelbuild`와 `modeldeploy`를 분리하면 책임과 액세스 제어를 분리할 수 있다. 예를 들어, 데이터 과학자는 모델을 스테이징으로 푸시하는 `modelbuild` 단계를 책임지고, 데브옵스 팀은 모델을 프로덕션으로 푸시하는 `modeldeploy` 단계를 담당할 수 있다.

10.5.2 새 데이터가 S3에 도착하면 트리거하기

새 데이터가 애플리케이션에서 직접 혹은 키네시스 스트림Kinesis Streams 및 아파치 카프카용 관리
형 스트리밍Managed Streaming for Apache Kafka과 같은 스트리밍 데이터 서비스를 통해 S3에 도착하면
파이프라인을 지속적으로 실행하고 새 데이터를 포함하도록 모델을 업데이트할 수 있다. 수동
으로 매주, 매일 또는 한 시간 간격으로 파이프라인을 실행할 수 있다. 아니면 [그림 10-8]과
같이 업스트림 애플리케이션으로부터 S3에 새 데이터가 도착하면 파이프라인을 쉽게 자동화할
수 있다.

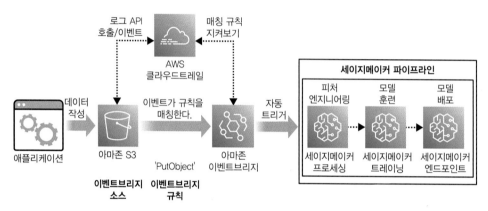

그림 10-8 새 데이터가 S3에 도착하면 자동으로 세이지메이커 파이프라인을 시작한다

우선, S3 버킷에서 AWS 클라우드트레일CloudTrail 데이터 이벤트 로깅을 활성화하여 새 데이터
가 S3에 도착하면 알림을 받아야 한다.

```
watched_bucket_arn=<S3_BUCKET_ARN_TO_WATCH>

event_selector=\
'\'[{ "ReadWriteType": "WriteOnly", "IncludeManagementEvents":true, \
   "DataResources": \
      [{ "Type": "AWS::S3::Object", \
         "Values": ["' + watched_bucket_arn + '"]
      }]
   }]\''

!aws cloudtrail put-event-selectors \
   --trail-name $trail_name \
   --event-selectors $event_selector
```

그런 다음, S3의 `PutObject` 및 `CompleteMultipartUpload` 모두와 연결된 `EventBridge` 규칙을 사용해 새 파일이 S3 버킷에 업로드될 때마다 세이지메이커 파이프라인을 트리거하는 아마존 이벤트브리지Amazon EventBridge 규칙을 생성한다. 다음은 이 동작을 활성화하는 파이썬 코드다.

```python
events = boto3.client('events')
watched_bucket=<S3_BUCKET_NAME_TO_WATCH>

pattern = {
  "source": [
    "aws.s3"
  ],
  "detail-type": [
    "AWS API Call via CloudTrail"
  ],
  "detail": {
    "eventSource": [
      "s3.amazonaws.com"
    ],
    "eventName": [
      "PutObject",
      "CompleteMultipartUpload",
      "CopyObject"
    ],
    "requestParameters": {
      "bucketName": [
        "{}".format(watched_bucket)
      ]
    }
  }
}

response = events.put_rule(
    Name='S3-Trigger',
    EventPattern=json.dumps(pattern),
    State='ENABLED',
    Description='Triggers an event on S3 PUT',
    EventBusName='default'
)
```

끝으로, 다음과 같이 규칙을 AWS 람다 함수와 연결하여 규칙이 일치할 때 파이프라인을 시작하게 된다.

```python
response = events.put_targets(
    Rule='S3-Trigger',
    EventBusName='default',
    Targets=[
        {
            'Id': '1',
            'Arn': lambda_arn,
            'RoleArn': iam_role_eventbridge_arn,
        }
    ]
)
```

다음은 세이지메이커 파이프라인을 트리거하는 데 사용되는 AWS 람다 함수의 일부이다.

```python
sm = boto3.client('sagemaker', region_name=region)

timestamp = int(time.time())

def lambda_handler(event, context):
    response = sm.start_pipeline_execution(
        PipelineName=<PIPELINE_NAME>,
        PipelineExecutionDisplayName='<PIPELINE_EXECUTION_DISPLAY_NAME>',
        PipelineParameters=[
                ...
        ]
    )
```

새 파일이 이 S3 버킷에 업로드될 때마다 이벤트브리지가 규칙을 트리거하고 파이프라인을 실행한다. lambda_handler 함수의 이벤트(event) 변수를 사용하면 업로드된 정확한 파일을 찾을 수 있다. 그리고 새 파일에 대해 점진적으로 모델을 훈련시킬 수 있을 것이다. 사용 사례에 따라 S3에 업로드된 모든 파일에 대해 새 파이프라인을 시작할 필요가 없을 경우도 있다. 그러나 이 방식은 다양한 AWS 서비스에 걸쳐 자체 규칙 및 트리거를 빌드하기 위한 좋은 출발점이다.

10.5.3 시간 기반 일정 트리거

시간별, 일별, 월별 등의 특정 기간 동안 데이터 묶음에 대해 파이프라인을 트리거할 수 있다. 크론 작업을 구성하는 것과 유사하게 EventBridge 규칙을 생성하여 일정에 따라 파이프라인을 실행할 수 있다. 크론 구문을 사용하거나 고정된 주기로 일정을 지정할 수 있다. 또는 EventBridge용 AWS 파이썬 SDK를 사용해 프로그래밍 방식으로 일정을 정의할 수 있다. 다음 소스 코드는 파이프라인이 매시간 실행되도록 트리거하는 방법을 보여준다.

```python
events = boto3.client('events')

response = events.put_rule(
        Name='Hourly_Time_Based_Trigger',
        ScheduleExpression='rate(1 hour)',
        State='ENABLED',
        Description='Hourly Time-Based Trigger',
        EventBusName='default'
)
```

10.5.4 통계적 드리프트 트리거

세이지메이커 모델 모니터가 데이터 품질 드리프트, 모델 품질 드리프트, 편향 드리프트, 설명 가능성 드리프트를 감지하는 경우 새 파이프라인을 시작할 수도 있다. 9장에서 살펴봤듯이 데이터 품질, 모델 품질, 모델 편향, 피처 중요도에 대한 베이스라인을 만들고 세이지메이커 모델 모니터를 사용해 배포된 모델을 모니터링할 수 있다.

모델 모니터는 실시간 모델 예측을 캡처하고 훈련 시 정립했던 베이스라인 임곗값과 비교하여 모델 입출력 데이터의 분포를 분석한다. 이는 모델을 재훈련시키기 위해 새 파이프라인 실행을 트리거할 수 있는 공변량 이동 또는 개념 드리프트와 같은 통계적 변화를 감지하는 데 도움이 된다.

모델 모니터는 세이지메이커 클래리파이를 통합해 배포된 모델에 대한 모델 편향 및 피처 중요도의 변경 사항을 지속적으로 모니터링한다. 사용자는 오프라인 훈련 데이터를 기반으로 모델이 이용할 편향 지표의 신뢰 범위를 정의해준다. 그리고 사용자는 계속해서 모델의 온라인 예측에서 관찰되는 신뢰 구간을 지속적으로 모니터링한다. 만일 관찰된 신뢰 구간이 임곗값을 넘으면 세이지메이커 클래리파이는 새 파이프라인을 시작하는 데 신호로 사용되는 편향 드리프트 경고 알림을 트리거한다. 마찬가지로 피처 중요도의 변경 사항이 정의된 임곗값을 초과하는 경우 세이지메이커 클래리파이는 피처 속성 드리프트 경고 알림을 트리거한다.

10.6 더 많은 파이프라인 종류

세이지메이커 파이프라인은 AWS에서 AI/ML 파이프라인을 구현하는 표준 방법이지만, AWS는 AWS 스텝 함수를 비롯해 큐브플로우 파이프라인, 아파치 에어플로우, TFX, MLflow와 같은 다양한 오픈 소스도 지원한다. 이러한 도구들은 아마존 S3, 아테나, 일래스틱 맵리듀스 (EMR), 일래스틱 파일 시스템(EFS), 러스터용 FSx를 비롯한 다양한 AWS 데이터 스토리지를 지원한다.

10.6.1 AWS 스텝 함수와 데이터 과학 SDK

AWS 스텝 함수^{Step Function}는 자체 인프라를 빌드하거나 유지 관리하지 않고도 복잡한 워크플로우를 빌드할 수 있게 해주는 좋은 옵션이다. 스텝 함수는 머신러닝용으로 특별히 설계되지 않았지만, 많은 AWS 서비스와 뛰어난 유연성 및 긴밀한 통합을 제공하고 스텝 함수 데이터 과학^{Step Functions Data Science} SDK를 제공한다.

[그림 10-9]는 10.4절에서 보여준 것과 동일한 BERT 기반 리뷰 분류기 파이프라인을 오케스트레이션하기 위해 빌드된 스텝 함수 파이프라인을 보여준다.

그림 10-9 세이지메이커에서 BERT 기반 파이프라인을 오케스트레이션하는 스텝 함수 파이프라인

다음은 파이프라인 훈련 단계의 스텝 함수 환경 설정에서 발췌한 코드 예제다. 전체 소스 코드는 이 책의 깃허브를 참고하길 바란다.

```
"Training": {
    "AlgorithmSpecification": {
        "TrainingImage": "<TENSORFLOW_IMAGE_URI>".format(region),
        "TrainingInputMode": "{}".format(input_mode)
    },
    "HyperParameters": {
        "epochs": "{}".format(epochs),
        "learning_rate": "{}".format(learning_rate),
        "epsilon": "{}".format(epsilon),
        ...
    }
  }
}
```

10.6.2 큐브플로우 파이프라인

큐브플로우는 쿠버네티스 환경에 빌드된 인기 있는 머신러닝 생태계다. 큐브플로우는 오케스트레이션 하위 시스템인 **큐브플로우 파이프라인**Kubeflow Pipeline을 포함한다. [그림 10-10]처럼 AWS에서 큐브플로우를 지원하므로 큐브플로우를 사용하기 위해 자체 아마존 EKS 클러스터를 빌드하고 유지 관리할 필요가 없다.

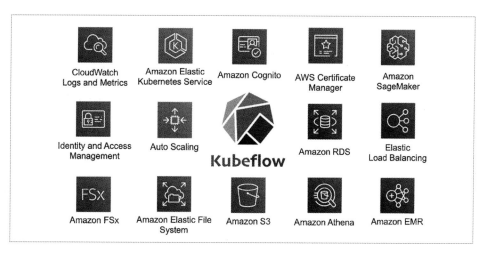

그림 10 10 아마존 EKS와 통합한 큐브플로우

큐브플로우를 사용해 분산 훈련을 실행하거나, 훈련 지표를 분석하거나, 파이프라인 계보를 트래킹하거나, 실패한 파이프라인을 다시 시작하거나 파이프라인 실행을 예약할 수 있다. 큐브플로우에서 사용되는 규칙은 잘 정의되어 있으며, 수많은 오픈 소스 기여자로 구성된 대규모 커뮤니티가 이를 지원한다. 이미 쿠버네티스를 사용하고 있다면 파이프라인을 관리하는 데 큐브플로우가 좋은 선택지가 될 수 있다.

필자를 포함한 일부 사람에게는 쿠버네티스 관리가 재미있을 수 있지만 데이터 과학이나 엔지니어링 작업에는 방해가 될 수 있다. 필자들도 쿠버네티스 관련 문제를 해결하기 위해 많은 시간을 투자했다. 그 시간을 어쩌면 엔지니어링이나 모델을 향상하는 데 쓸 수도 있었을지도 모른다.

쿠버네티스와 밀접하게 통합된 큐브플로우 덕분에 큐브플로우 클러스터를 관리 및 규모 조정하는 방법에 대한 질문은 대부분 쿠버네티스나 아마존 EKS 기능을 찾아보면 그 해답을 찾을 수 있다. 여기 몇 가지 예를 살펴보자.

질문: 큐브플로우 트레이닝에서 GPU를 모니터링하려면 어떻게 해야 하나요?

답변: 프로메테우스Prometheus, 그라파나Grafana, 클라우드워치 같은 AWS의 쿠버네티스에서 다른 시스템 리소스를 모니터링하는 것과 같은 동일한 방식으로 합니다.

질문: 큐브플로우 REST 엔드포인트를 어떻게 오토스케일링하나요?

답변: 수평형 파드 오토스케일링Horizontal Pod Autoscaling, 클러스터 오토스케일링Cluster Autoscaling, 클라우드워치와 같이 AWS에서 다른 쿠버네티스 리소스를 오토스케일링하는 것과 동일한 방식으로 합니다.

질문: 큐브플로우는 스팟 인스턴스를 지원하나요?

답변: 네, 지원합니다. 아마존 EKS가 스팟 인스턴스를 지원하기 때문이죠.

> **NOTE_** 스팟 인스턴스를 사용해 큐브플로우로 모델을 훈련시킬 때 우리는 스팟 인스턴스가 훈련 작업 도중 하차하고 새 스팟 인스턴스가 사용 가능해질 때 다시 복구하는 프로세스를 지원하는 프레임워크를 사용해야 한다. 스팟 인스턴스가 교체되는 동안 클러스터에서 제거되면, 훈련 작업에게는 실패한 인스턴스로 인식된다. 텐서플로우, 파이토치, 아파치 MXNet 같은 신형 프레임워크는 스팟 인스턴스를 지원하며, 이를 위해 사용자는 훈련 스크립트를 수정해 체크포인트 기능을 추가해야 한다. 체크포인트 기능을 이용해 인스턴스 교체가 완료되면 가장 최근에 저장된 체크포인트부터 작업을 재시작할 수 있다. 텐서플로우로 체크포인팅 설정하는 방법은 8장에서도 다뤘다.

다음으로, [그림 10-11]과 같이 관리형 아마존 세이지메이커와 9장의 동일한 아마존 고객 리뷰 데이터셋을 사용해 BERT 모델을 훈련시키는 오픈 소스 큐브플로우 파이프라인을 생성해보자.

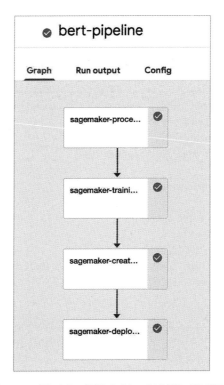

그림 10-11 세이지메이커에서 BERT 기반 파이프라인을 오케스트레이션하는 큐브플로우 파이프라인

우선, 큐브플로우 파이프라인을 사용하기 위해 큐브플로우 파이프라인 파이썬 라이브러리용 세이지메이커 컴포넌트^{SageMaker Component}와 지원 에셋을 임포트한다. 다음 YAML은 깃허브[4]에서 찾을 수 있다.

```
sagemaker_process_op = components.load_component_from_url( \
        'components/aws/sagemaker/process/component.yaml')

sagemaker_train_op = components.load_component_from_url(
```

---

4 https://oreil.ly/Uh4ls

```
                        'components/aws/sagemaker/train/component.yaml')

    sagemaker_model_op = components.load_component_from_url(
            'components/aws/sagemaker/model/component.yaml')

    sagemaker_deploy_op = components.load_component_from_url(
            'components/aws/sagemaker/deploy/component.yaml')
```

이제 원시 훈련 데이터의 S3 위치를 설정한다.

```
def processing_input(input_name,
                     s3_uri,
                     local_path,
                     s3_data_distribution_type):
    return {
        "InputName": input_name,
        "S3Input": {
            "LocalPath": local_path,
            "S3Uri": s3_uri,
            "S3DataType": "S3Prefix",
            "S3DataDistributionType": s3_data_distribution_type,
            "S3InputMode": "File",
        },
    }
```

변환된 피처들의 S3 위치를 정의한다.

```
def processing_output(output_name, s3_uri,
                      local_path, s3_upload_mode):
    return {
        "OutputName": output_name,
        "S3Output": {
            "LocalPath": local_path,
            "S3Uri": s3_uri,
            "S3UploadMode": s3_upload_mode
        },
    }
```

큐브플로우 파이프라인 파이썬 SDK를 사용해 실제 큐브플로우 파이프라인을 정의한다.

```
@dsl.pipeline(
    name="BERT Pipeline",
    description="BERT Pipeline",
)
def bert_pipeline(role=role,
                  bucket=bucket,
                  region=region,
                  raw_input_data_s3_uri=<RAW_DATA_S3_URI>):
```

원시 입력 데이터를 BERT 피처로 변환한다.

```
# 버킷명을 기반으로 한 훈련 입출력 위치
    process = sagemaker_process_op(
        ...
        container_arguments=['--train-split-percentage',
                                str(train_split_percentage),
                              '--validation-split-percentage',
                                str(validation_split_percentage),
                              '--test-split-percentage',
                                str(test_split_percentage),
                              '--max-seq-length',
                                str(max_seq_length),
                              '--balance-dataset',
                                str(balance_dataset)])
```

자, 그렇다면 모델을 훈련시켜보자.

```
hyperparameters={
        'epochs': '{}'.format(epochs),
        'learning_rate': '{}'.format(learning_rate),
        'epsilon': '{}'.format(epsilon),
                    ...
    }
    hyperparameters_json = json.dumps(hyperparameters)

    training = sagemaker_train_op(
        hyperparameters=hyperparameters_json,
        ...
    ).after(process)
```

다음과 같이 BERT 모델을 REST 기반 세이지메이커 엔드포인트로 배포한다.

```
create_model = sagemaker_model_op(
        model_name=training.outputs["job_name"],
        model_artifact_url=training.outputs["model_artifact_url"],
        ...
)

deploy_model = sagemaker_deploy_op(
    variant_name_1='AllTraffic',
    model_name_1=create_model.output,
    instance_type_1=deploy_instance_type,
    initial_instance_count_1=deploy_instance_count
)
```

큐브플로우 파이프라인을 컴파일하고 실행하여 BERT 모델로 세이지메이커 엔드포인트를 배포한다.

```
kfp.compiler.Compiler().compile(bert_pipeline, 'bert-pipeline.zip')

client = kfp.Client()

experiment = client.create_experiment(name='kubeflow')

my_run = client.run_pipeline(experiment.id,
                             'bert-pipeline',
                             'bert-pipeline.zip')
```

또한 다음과 같이 세이지메이커 엔드포인트를 호출하고 리뷰 텍스트에서 별점 평가 예측을 얻는다.

```
sm_runtime =
boto3.Session(region_name=region).client('sagemaker-runtime')

review = "This is great!".encode('utf-8')

response = sm_runtime.invoke_endpoint(
    EndpointName=endpoint_name,
    ContentType='application/jsonlines',
    Body=review)
```

```
json.loads(response['Body'].read().decode())

### 출력 결과 ###
{'predicted_label': 5}
```

10.6.3 아파치 에어플로우

아파치 에어플로우Apache Airflow는 주로 데이터 엔지니어링과 분석 작업을 위한 추출-변환-로드 extract-transform-load (ETL) 파이프라인을 오케스트레이션하는 인기 있는 오픈 소스 워크플로우 플랫폼이다. 에어플로우는 실행 가능한 파이프라인 오케스트레이터로서 머신러닝 공간으로 확장되었다. 아마존은 AWS에서 에어플로우 클러스터를 실행하는 운영 부담을 줄이기 위해 아파치 에어플로우용 아마존 관리형 워크플로우 Amazon Managed Workflows for Apache Airflow (아마존 MWAA)를 지원한다.

대규모 서드파티 플러그인 라이브러리와 많은 AWS 서비스의 네이티브 통합을 통해, 아마존 MWAA는 AWS에서 에어플로우를 사용해 파이프라인을 관리하는 데 좋은 옵션이다. 데이터 엔지니어링 및 ETL 파이프라인에 이미 에어플로우를 사용하고 있는 경우 에어플로우가 머신러닝 파이프라인을 오케스트레이션하기에 좋은 선택일 수 있다. [그림 10-12]는 아마존 MWAA 및 세이지메이커를 사용해 아파치 에어플로우 방향성 비순환 그래프 directed acyclic graph (DAG)로 구현된 BERT 기반 리뷰 분류기 파이프라인을 보여준다.

그림 10-12 세이지메이커에서 BERT 기반 파이프라인을 조정하는 아마존 MWAA

세이지메이커로 에어플로우 방향성 비순환 그래프Directed Acyclic Graph(DAG)를 빌드하여 BERT 기반 머신러닝 파이프라인을 오케스트레이션하는 방법을 알아보자. 우선, 에어플로우 방향성 비순환 그래프를 다음 코드와 같이 정의한다.

```python
import airflow
from airflow import DAG

default_args = {
    'owner': 'airflow',
    'provide_context': True
}

dag = DAG('bert_reviews',
          default_args=default_args,
          schedule_interval='@once')
```

그런 다음, 원시 데이터를 BERT 피처로 변환한다.

```python
from airflow.contrib.operators.sagemaker_processing_operator \
        import SageMakerProcessingOperator
from sagemaker.workflow.airflow import processing_config

process_config = processing_config(estimator=estimator,
                                   inputs=input_data_s3_uri,
                                   outputs=output_data_s3_uri)

process_op = SageMakerProcessingOperator(
    task_id='process',
    config=process_config,
    wait_for_completion=True,
    dag=dag)
```

모델을 훈련시켜보자.

```python
import sagemaker
from sagemaker.tensorflow import TensorFlow

estimator = TensorFlow(
    entry_point='tf_bert_reviews.py',
    source_dir='src',
```

```
        role=role,
        instance_count=train_instance_count,
        instance_type=train_instance_type,
        volume_size=train_volume_size,
        use_spot_instances=True,
        # 스팟 인스턴스를 사용할 수 있을 때까지 대기하는 시간(초)
        max_wait=7200,
        checkpoint_s3_uri=checkpoint_s3_uri,
        py_version='<PYTHON_VERSION>',
        framework_version='<TENSORFLOW_VERSION>',
        hyperparameters={
            'epochs': epochs,
            'learning_rate': learning_rate,
            'epsilon': epsilon,
             ...
        },
        input_mode=input_mode,
        metric_definitions=metrics_definitions,
        rules=rules,
        debugger_hook_config=hook_config,
        max_run=7200, # 시간(초)
)


from airflow.contrib.operators.sagemaker_training_operator \
        import SageMakerTrainingOperator
from sagemaker.workflow.airflow import training_config

train_config = training_config(estimator=estimator,
                                inputs=training_data_s3_uri)

train_op = SageMakerTrainingOperator(
    task_id='train',
    config=train_config,
    wait_for_completion=True,
    dag=dag)
```

이제 모델을 배포해보자.

```
from airflow.contrib.operators.sagemaker_model_operator \
    import SageMakerModelOperator
from sagemaker.workflow.airflow import model_config
```

```
model_op = SageMakerModelOperator(
    task_id='model',
    config=model_config,
    wait_for_completion=True,
    dag=dag)

from airflow.contrib.operators.sagemaker_endpoint_operator \
        import SageMakerEndpointOperator

from sagemaker.workflow.airflow import endpoint_config

deploy_op = SageMakerEndpointOperator(
    task_id='deploy',
    config=endpoint_config,
    wait_for_completion=True,
    dag=dag)
```

파이프라인을 정의한다.

```
init.set_downstream(process_op)
processing_op.set_downstream(train_op)
train_op.set_downstream(model_op)
model_op.set_downstream(deploy_op)
```

10.6.4 MLflow

MLflow는 실험 트래킹 및 아파치 스파크를 포함한 다중 프레임워크를 지원하는 오픈 소스 프로젝트다. MLFlow는 다소 제약이 있다. MLflow에는 몇 가지 좋은 피처들이 있지만 우리가 직접 자체 아마존 EC2 또는 일래스틱 쿠버네티스 서비스(EKS) 클러스터를 빌드하고 유지 관리해야 한다. 하지만 실험을 트래킹하고 간단한 워크플로우를 실행하는 가벼운 작업의 경우 MLflow가 좋은 선택지가 될 것이다.

10.6.5 텐서플로우 익스텐디드

텐서플로우 익스텐디드Tensorflow Extended(TFX)는 큐브플로우 파이프라인, 아파치 에어플로우, MLflow와 같은 파이프라인 오케스트레이터 내에서 사용되는 오픈 소스 ML 플랫폼이다. 고수준에서 텐서플로우 익스텐디드는 머신러닝 파이프라인의 모든 단계를 처리하는 파이썬 라이브러리 모음이기도 하다. 텐서플로우 커뮤니티 내에서 가장 많이 사용되는 텐서플로우 익스텐디드는 사이킷런과 같은 다른 프레임워크에 대한 지원이 제한적이다. 이미 텐서플로우를 사용 중이고 프로세스에 일부 구조를 추가하려는 경우 텐서플로우 익스텐디드가 좋은 선택이 될 수 있다. 그러나 단일 노드 이상으로 텐서플로우 익스텐디드를 스케일링, 튜닝 및 관리하려면 텐서플로우 익스텐디드의 분산 데이터 처리를 지원하는 아파치 빔Apache Beam을 이용해야 한다. 아파치 빔은 배우는 데 진입장벽이 약간 높지만 일단 파고들면 꽤 간단하다. [그림 10-13]은 텐서플로우 익스텐디드의 다양한 라이브러리와 컴포넌트를 보여준다.

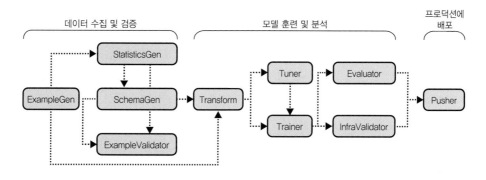

그림 10-13 TFX 라이브러리 및 컴포넌트

10.7 휴먼인더루프 워크플로우

인공지능과 머신러닝 서비스가 우리의 삶을 더 편하게 만들어준다고 해서 인간이 필요 없는 존재가 되는 건 결코 아니다. 실제로, '휴먼인더루프human-in-the-loop'라는 용어는 AI/ML 워크플로우에서 중요한 초석이다. 인간은 민감하거나 규제된 모델을 프로덕션에 적용하기 전에 필요한 품질 보증을 제공이라는 중요한 역할을 한다. 또한 인간에게 데이터 레이블링 작업을 '크라우드소싱crowdsourcing'함으로써 인간의 지능을 활용할 수 있다.

여기서는 인간과 인공지능이 성공적으로 협력할 수 있는 방법을 보여주는 아마존 A2I 및 세이지메이커 그라운드 트루스라는 두 가지 서비스를 알아본다. 아마존 A2I를 사용하면 머신러닝 실무자가 인적 검토 워크플로우를 애플리케이션에 통합할 수 있다. 또한 세이지메이커 그라운드 트루스는 정확한 훈련 데이터셋을 생성하기 위해 능동적인 학습 접근 방식과 인간의 리뷰 워크플로우를 통합 및 활용한다.

10.7.1 아마존 A2I로 모델 정확도 향상하기

아마존 A2I는 사용자 인터페이스, IAM을 통한 역할 기반 액세스 제어, S3를 통한 데이터 스토리지를 포함하는 휴먼인더루프 워크플로우를 개발하기 위한 완전 관리형 서비스다. 아마존 A2I는 콘텐츠 심의 규제를 위한 아마존 레코그니션Amazon Rekognition 및 양식 데이터 추출을 위한 아마존 텍스트랙트Amazon Textract와 같은 서비스와 통합된다. [그림 10-14]는 아마존 컴프리헨드 Amazon Comprehend에서 모델 예측을 검토하는 아마존 A2I 워크플로우를 보여준다. 아마존 세이지 메이커 및 커스텀 ML 모델과 함께 아마존 A2I를 사용할 수도 있다.

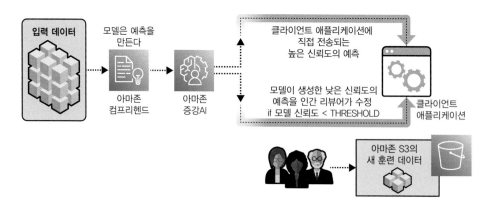

그림 10-14 모델 예측을 검토하기 위한 아마존 증강 AI 워크플로우

이 예제에서 아마존 컴프리헨드는 예측 요청에서 입력 데이터를 수신한다. 인적 검토자들을 언제 투입할지 정의하는 모델 예측 신뢰도 임곗값을 설정해야 한다. 만일 모델의 예측이 신뢰도 임곗값을 충족하는 경우 아마존 A2I는 예측 결과를 클라이언트 애플리케이션에 직접 전송한다. 모델이 신뢰노가 낮은 예측을 하는 경우 아마존 A2I는 인적 검토자들에게 작업을 보낸다.

예를 들면, 상품 리뷰 분류 예제에서 신뢰도가 낮은 예측은 부정적인 리뷰를 중립 또는 긍정적인 리뷰로 잘못 분류할 수 있다. 신뢰도가 낮은 예측을 수정하고 모델을 개선하는 자동화된 방법이 없으면 비즈니스에 부정적인 영향을 미칠 수 있는 문제다.

또한 낮은 신뢰도와 높은 신뢰도의 모든 예측 표본을 무작위로 감시할 필요도 있다. 헬스케어나 메디컬 부문에서 중요한 결정을 내리는 모델의 경우 더 중요할 수 있다. 이러한 분야에서는 모델이 올바르게 작동하는지 확인하기 위해 높은 신뢰도의 예측을 검토하고 감시해야 한다.

아마존 A2I는 인적 검토자 결과를 통합하고 최종 예측 응답을 클라이언트 애플리케이션에 보내고, 인적 검토 결과를 S3에 저장한다. 이 검토 결과를 취합한 데이터를 새로운 훈련 데이터로 사용할 수 있다.

아마존 A2I에는 워커 태스크 템플릿^{Worker Task Template}, 플로우 정의^{Flow Definition}, 휴먼 루프^{Human Loop} 라는 새로운 용어가 도입되었다. 첫째, 워커 태스크 템플릿은 검토자들이 사용하는 휴먼 태스크^{Human Task} UI를 정의한다. 이 UI는 검토자를 위한 입력 데이터 및 지침을 표시한다. 둘째, 플로우 정의는 인적 검토 워크플로우를 정의한다. 이 정의에는 선택된 인력 정보가 담겨 있으며 검토 작업을 수행하는 방법에 대한 정보를 제공한다. 셋째, 휴먼 루프는 실제 인적 검토 워크플로우를 나타낸다. 휴먼 루프가 트리거되면 아마존 A2I는 플로우 정의에 지정된 대로 워커에게 인적 검토 작업을 보낸다.

아마존 컴프리헨드로 전송할 몇 가지 제품 리뷰 샘플을 정의해보자.

```
sample_reviews = [
                  'I enjoy this product',
                  'I am unhappy with this product',
                  'It is okay',
                  'sometimes it works'
                  ]
```

또한 예측 신뢰도 점수 임곗값을 70%로 정의한다. 참고로, 우리 예제에서는 임곗값을 70% 정도로 두면 적절하다. 모델이 더 낮은 신뢰도 점수로 예측을 반환하면, 아마존 A2I가 휴먼 루프를 트리거하고 인력 팀이 리뷰 작업 요청을 받는다.

```
human_loops_started = []

CONFIDENCE_SCORE_THRESHOLD = 0.70

for sample_review in sample_reviews:
    # 컴프리헨드 커스텀 모델 호출하기
    response = comprehend.classify_document(
```

```
                Text=sample_review,
                EndpointArn=comprehend_endpoint_arn)

    star_rating = response['Classes'][0]['Name']
    confidence_score = response['Classes'][0]['Score']

    print(f'Processing sample_review: \"{sample_review}\"')

    # 검토를 위해 사람을 참여시키는 경우의 조건
    if (confidence_score < CONFIDENCE_SCORE_THRESHOLD):

        humanLoopName = str(uuid.uuid4())
        inputContent = {
            'initialValue': star_rating,
            'taskObject': sample_review
        }
        start_loop_response = a2i.start_human_loop(
            HumanLoopName=humanLoopName,
            FlowDefinitionArn=flowDefinitionArn,
            HumanLoopInput={
                'InputContent': json.dumps(inputContent)
            }
        )

        human_loops_started.append(humanLoopName)

        print(f'Confidence score of {confidence_score} for star rating of \
                {star_rating} is less than the threshold of \
                {CONFIDENCE_SCORE_THRESHOLD}')
        print(f'Confidence score of {confidence_score} for star rating of \
                {star_rating} is above threshold of \
                {CONFIDENCE_SCORE_THRESHOLD}')
        print('No human loop created. \n')
```

위의 소스 코드를 실행하면 다음과 같은 응답이 표시된다.

```
Processing sample_review: "I enjoy this product"
Confidence score of 0.8727718591690063 for star rating of 3 is
  above threshold of 0.7
No human loop created.
Processing sample_review: "I am unhappy with this product"
Confidence score of 0.8727718591690063 for star rating of 3 is
  above threshold of 0.7
```

```
*** ==> Starting human loop with name: 72331439-0df9-4190-a42b-3e4048efb0a9

Processing sample_review: "It is okay"
Confidence score of 0.9679936170578003 for star rating of 4 is
        above threshold of 0.7
No human loop created.

Processing sample_review: "sometimes it works"
Confidence score of 0.6361567974090576 for star rating of 3 is
        less than the threshold of 0.7
*** ==> Starting human loop with name: e7994a4c-57bf-4578-aa27-dc5fb8c11d36
```

2개의 예측이 신뢰도 임곗값을 충족하지 못하고 휴먼 루프를 시작했음을 알 수 있다. 할당된 검토자가 검토 시스템에 로그인하면 해당 검토자는 제출된 검토 작업을 볼 수 있다.

또한 아마존 A2I를 통해 공공 또는 민간 인력 중에서 선택할 수 있다. 공공 인력은 아마존에서 사전 심사를 거친 수십만 명의 레이블러가 있는 아마존 메커니컬 터크 서비스^{Amazon Mechanical Turk} ^{Service}와 통합된다. AWS 마켓플레이스에 등록된 사전 심사를 거친 서드파티 인력 공급 업체를 사용할 수도 있고, 동료나 직원과 함께 개인 인력을 만들 수도 있다.

우리 예제의 경우, 검토자에게 보내지는 지침은 '1(최저)과 5(최고) 사이의 별점 리뷰 분류' 다. 검토자가 입력 데이터로 '가끔 작동하는 경우가 있음^{Sometimes it works}'라는 리뷰를 받으면 검토자는 예를 들어 이를 별점 3개로 분류할 수 있다. 인간의 편견을 완화하기 위해 두 명 이상의 검토자에게 같은 검토 작업을 할당할 수 있다. 아마존 A2I는 검토자의 응답에 가중치를 적용해 작업당 여러 응답을 통계적으로 취합한다. 모든 검토 작업이 완료되면 UI가 검토자 UI에서 작업을 지운다. 최종적으로 [그림 10-15]와 같이 S3에서 인력에 의해 새로 레이블이 지정된 데이터를 로드해 컴프리헨드 커스텀 모델을 재훈련 및 개선시키기 위한 지속적인 파이프라인을 빌드할 수 있다.

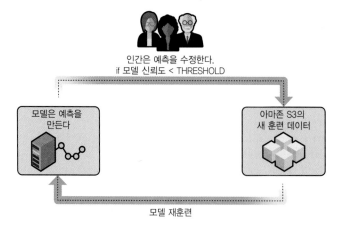

그림 10-15 모델 예측을 개선하기 위한 지속적인 훈련 파이프라인

모델이 정확해질수록 검토자에게 전송되는 리뷰는 줄어든다. 이 개념을 '액티브 러닝active learning'이라고도 하며 세이지메이커 그라운드 트루스에 구현되어 있다.

10.7.2 세이지메이커 그라운드 트루스를 사용한 액티브 러닝 피드백 루프

액티브 러닝은 휴먼 레이블링 워크플로우로 시작하여 충분한 표본을 확인한 후 자체 레이블링으로 전환한다. 액티브 러닝 피드백 루프는 모델을 지속적으로 재훈련시키고 향후 레이블 예측의 신뢰도를 높이는 데 사용된다. 액티브 러닝은 높은 신뢰도의 예측을 처리하여 데이터 레이블 지정 프로세싱 규모를 확장할 수 있게 해준다. 또한 인간의 지능을 필요로 하는 낮은 신뢰도 예측에만 검토자들이 집중할 수 있게 해준다.

아마존 세이지메이커 그라운드 트루스는 자동 데이터 레이블 지정을 위한 증강 AI 워크플로우를 구현한 서비스다. 세이지메이커 그라운드 트루스는 인적 검토 워크플로우와 액티브 러닝을 결합한다. 사람이 더 많은 데이터에 레이블링하는 동안, 세이지메이커 그라운드 트루스는 사람이 제공한 데이터를 모델에 통합 및 재훈련하고, 새로운 데이터가 도착할 때마다 또 다시 자동 레이블링을 수행한다. 만일 모델의 예측이 신뢰도가 높지 않으면 예측과 관련된 입력 데이터는 검토를 위해 사람에게 전송된다. [그림 10-16]은 세이지메이커 그라운드 트루스 워크플로우와 수동 레이블링에서 자동 레이블링으로의 전환을 보여준다.

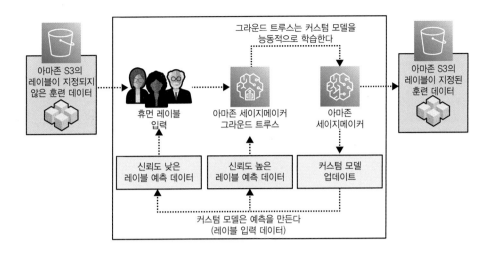

그림 10-16 세이지메이커 그라운드 트루스는 액티브 러닝을 사용해 휴먼 데이터 레이블링을 증강한다

세이지메이커 그라운드 트루스는 이미지, 텍스트 및 비디오를 처리하기 위해 사전 빌드된 레이블링 워크플로우 및 작업 템플릿을 제공한다. 또한 세이지메이커 그라운드 트루스에 우리가 직접 커스텀 워크플로우를 정의할 수도 있다. 다음 예에서는 이미지에 대한 액티브 러닝 파이프라인을 생성해본다. 세이지메이커 그라운드 트루스는 점점 더 많은 검토자로부터 레이블을 수집하면서 새로운 사물 인식 모델을 활발하게 생성한다. 세이지메이커 그라운드 트루스는 이 새로운 모델을 사용해 이미지의 개체를 더 높은 정확도로 감지할 수 있다. 이를 통해 검토자는 분류하기 더 어려운 이미지에 레이블링하는 데 집중할 수 있다. [그림 10-17]은 각 이미지에서 객체를 감지하고 레이블을 선택할 수 있도록 제공되는 세이지메이커 그라운드 트루스의 검토 UI 샘플이다.

그림 10-17 세이지메이커 그라운드 트루스의 샘플 검토자 UI

10.8 비용 절감 및 성능 향상

대부분의 파이프라인 오케스트레이션 엔진은 변경되지 않은 단계를 다시 실행하지 않도록 일종의 단계 캐싱을 지원하는데, 이를 파이프라인 '단계 캐싱step caching'이라고 한다. 그리고 파이프라인은 일반적으로 세이지메이커 트레이닝과 같은 기본 요소를 기반으로 하기 때문에, 이번 절에서는 우리가 빌드한 세이지메이커 파이프라인에 사용하는 세이지메이커 트레이닝용 스팟 인스턴스의 비용 절감에 대해 살펴본다.

10.8.1 파이프라인 단계 캐싱하기

경우에 따라 우리는 이전에 성공한 파이프라인 단계의 결과를 재사용하여 불필요한 재실행을 피할 수 있다. 세이지메이커 파이프라인은 동일한 입력 아티팩트 및 파라미터에 대해 이전에 성공적으로 실행했던 단계를 확인하여 단계 캐싱을 지원한다. 큐브플로우 피이프라인을 비롯한 다른 오케스트레이터도 파이프라인 단계 캐싱을 지원한다.

세이지메이커 파이프라인의 단계 캐싱을 활성화하기 위해, 각 파이프라인 단계를 생성할 때 캐시 설정을 해야 한다. 다음 예시는 피처 엔지니어링을 위한 `ProcessingStep`을 생성할 때 캐싱을 활성화하는 예시를 보여준다. 세이지메이커 파이프라인이 원시 데이터셋 및 프로세싱 파라미터들이 변경되지 않았음을 감지하면 세이지메이커 파이프라인은 이 피처 엔지니어링 프로세싱 단계 실행을 건너뛰고 생성됐던 BERT 임베딩을 재사용하여 다음 단계 파이프라인을 계속 이어간다.

```python
from sagemaker.workflow.steps import CacheConfig

cache_config_prepare = CacheConfig(
    enable_caching=True,
    expire_after=<EXPIRE_TIME>
)

experiment_config_prepare = {
    'ExperimentName': experiment_name,
    'TrialName': trial_name,
    'TrialComponentDisplayName': 'prepare'
}

processing_step = ProcessingStep(
    name='Processing',
    code='preprocess-scikit-text-to-bert-feature-store.py',
    processor=processor,
    inputs=processing_inputs,
    outputs=processing_outputs,
    job_arguments=[...],
    experiment_config=experiment_config_prepare,
    cache_config=cache_config_prepare
)
```

10.8.2 저렴한 스팟 인스턴스 사용하기

세이지메이커 파이프라인은 스팟 인스턴스를 지원하는 세이지메이커 트레이닝 같은 세이지메이커 기본 서비스를 기반으로 한다. 7장에서 우리는 세이지메이커 트레이닝에 대해 스팟 인스턴스를 활성화하는 방법을 살펴봤다. 다시 복습하자면, **estimator**를 정의할 때 다음과 같이 스팟 인스턴스와 체크포인트를 같이 활성화해야 한다.

```
checkpoint_s3_uri = 's3://<BUCKET>/<CHECKPOINT_PREFIX>/'

estimator = TensorFlow(
    entry_point='tf_bert_reviews.py',
    source_dir='src',
    use_spot_instances=True,
    checkpoint_s3_uri=checkpoint_s3_uri,
    ...
)

training_step = TrainingStep(
    name='Train',
    estimator=estimator,
    ...
)
```

10.9 마치며

이 장에서는 효과적인 머신러닝 파이프라인이 모델 품질을 개선하는 방법에 대해 알아봤다. 또한 인적 자원을 고난도 작업에 집중할 수 있도록 파이프라인이 어떻게 도움이 되는지 살펴봤다. 그리고 데이터 수집 시 데이터 품질 검사 및 모델 훈련 후 모델 검증과 같은 효과적인 머신러닝 파이프라인의 핵심 컴포넌트를 짚어봤다. 또한 세이지메이커 파이프라인 및 AWS 스텝함수, 큐브플로우 파이프라인, 아파치 에어플로우, MLflow, 텐서플로우 익스텐디드(TFX)를 사용해 파이프라인을 오케스트레이션하는 방법을 살펴보기도 했다.

그런 다음 세이지메이커 파이프라인으로 파이프라인 자동화를 구현하는 방법에 대해 배웠다. S3에 도착하는 새 데이터 및 코드 커밋이 들어오면 파이프라인을 실행시키는 이벤트 기반 트리거에 대해 알아봤다. 또한, 시간 기반 일정과 통계 트리거를 이용해 파이프라인을 자동으로 실행하는 방법도 배웠다. 더 나아가, 휴먼인더루프 워크플로우를 사용해 데이터 레이블링을 자동화하는 방법, 아마존 증강 AI를 사용해 모델 정확도를 개선하는 방법, 세이지메이커 그라운드 트루스로 액티브 러닝 피드백 루프를 구현하는 방법까지 보여주었다.

이제 우리는 반복 가능하고 자동화된 파이프라인을 생성하는 방법에 대한 지식을 바탕으로 데이터 과학 프로젝트를 실험 단계에서 프로덕션으로 배포할 준비가 되었다. 따라서 우리는 모델 개발 및 배포 워크플로우의 모든 단계를 자동화하여 생산성을 높이고 반복성을 줄일 수 있다. 또한 일관성과 품질을 유지하기 위해 깃옵스를 구현하여 안정성을 개선할 수도 있다. 그리고 세이지메이커 익스페리먼츠로 모든 파이프라인 단계와 실행을 트래킹하고, ML 계보 트래킹 서비스로 입출력 아티팩트를 트래킹하여 감사 가능성을 달성할 수도 있다. 전체 파이프라인을 통해 우리는 데이터셋, 모델, 예측, 설명의 통계적 속성에 대한 변경 사항을 자동으로 확인하여 고품질 모델을 유지할 수 있다.

11장에서는 데이터 분석 및 머신러닝을 스트리밍 데이터으로 확장하는 방법을 알아볼 것이다. 그리고 실시간 요약 통계를 계산하고 이상치를 감지하고, 실시간으로 도착하는 상품 리뷰 데이터에 대해 모델을 훈련시켜볼 것이다.

## CHAPTER 11

스트리밍 데이터 분석과 머신러닝

10장까지 우리는 S3 기반 데이터 레이크와 같은 중앙 집중식 정적 위치에서 모든 데이터를 액세스하는 경우만 살펴봤다. 하지만 데이터는 실질적으로 전 세계의 다양한 소스에서 동시에 스트리밍되고 있다. 사기 방지fraud prevention 및 이상 탐지 같은 사용 사례에서는 처리 지연 시간이 생기는 일괄 예측 작업 대신 스트리밍 데이터에 대한 실시간 머신러닝 및 예측 작업을 수행해야 한다. 또한 실시간 스트리밍 데이터에 대한 지속적인 분석을 실행하여 경쟁 우위를 확보하고 비즈니스 통찰력을 얻는 시간을 단축할 수 있다.

11장에서는 앞서 계속 사용했던 정적인 고객 리뷰 훈련 데이터셋에서 실전 시나리오로 초점을 이동한다. 사용 가능한 모든 온라인 채널에서 수집되는 상품 리뷰 메시지의 연속적인 흐름을 분석하는 데 초점을 맞출 것이다. 고객들의 상품 피드백은 소셜 미디어 채널, 파트너 웹사이트, 고객 지원 시스템을 비롯한 모든 곳에서 업로드된다. 비즈니스 기업은 전체 동향을 파악하고 신속하게 대응하기 위해 상품에 대한 피드백으로부터 고객 감정을 최대한 빨리 포착해야 한다.

스트리밍 분석 및 머신러닝을 통해 애플리케이션 로그, 소셜 미디어 피드, 전자상거래 트랜잭션, 고객 지원 티켓, 상품 리뷰 등 지속적인 스트리밍 데이터를 분석하여 실시간 상품 리뷰에 대한 통찰력을 얻고 품질 문제를 탐지할 수 있다.

가장 먼저 고객 감정을 분석해 어떤 고객들을 우선적으로 집중해야 하는지 식별하는 것부터 시작할 수 있다. 그런 다음, 유입되는 리뷰 메시지에 대해 지속적인 스트리밍 분석을 실행하여 상품 카데고리별 평균 감정을 캡처한다. 우리는 이 평균 감정을 지표 대시보드로 시각화해 사업

부서$^{\text{line of business}}$(LOB)에 전달할 수 있다. 사업 부서에서는 이를 통해 감성 추세를 빠르게 감지하고 조치를 취할 수 있다. 또한 수집한 메시지의 이상치 점수를 계산해 데이터 스키마 또는 데이터값의 이상 현상을 감지한다. 이상치 점수가 상승하는 경우, 담당 애플리케이션 개발자에게 근본 원인을 조사하도록 요청을 보낸다. 그리고 연속으로 수신된 메시지 개수의 근사치도 계산해볼 것이다. 이 온라인 메시지 수는 디지털 마케팅 팀이 소셜 미디어 캠페인의 효과를 측정하는 데 사용할 수 있다.

11장에서는 우리가 앞서 훈련과 튜닝으로 구현했던 BERT 기반 세이지메이커 모델을 사용해 서술적 분석(요약 통계) 및 예측 분석 작업을 실습해본다.

11.1 온라인 학습과 오프라인 학습의 비교

9장에서는 고객 리뷰 애플리케이션의 실시간 보상 데이터를 사용해 강화 학습 모델을 지속적으로 훈련시킴으로써 실시간에 가까운 '온라인 학습$^{\text{online learning}}$'을 수행하는 방법을 설명했다. 온라인 혹은 점진적 머신러닝은 머신러닝의 하위 범주이며 전형적인 오프라인 알고리즘에 적용시키기는 다소 어렵다. 온라인 학습을 사용하면 전체 데이터셋을 사용해 완전히 재훈련시킬 필요 없이 새로운 데이터를 모델에 통합할 수 있다.

일반적으로 선형 회귀 분석, 로지스틱 회귀 분석, K-평균 클러스터링과 같은 선형 알고리즘은 그 배경에 있는 수학 알고리즘이 비교적 간단하기 때문에 실시간 데이터로 훈련시키기가 다소 쉽다. 사이킷런은 특정한 선형 알고리즘에 `partial_fit()` 함수를 사용해 점진적 학습[1]을 지원한다. 아파치 스파크는 선형 회귀 분석 및 K-평균 클러스터링의 스트림 버전을 지원한다.

딥러닝 알고리즘은 새로운 데이터의 소묶음을 사용해 학습된 가중치를 지속적으로 조금씩 조정하는 방식으로 온라인 학습이 가능하다. 실제로 사전 생성된 모델 체크포인트 또는 사전 훈련된 모델을 이용해 딥러닝 모델 재훈련 또는 튜닝할 때마다, 기본적으로 온라인 점진적 학습을 수행하는 셈이다. 비록 데이터가 일반적으로 온라인 스트림이 아닌 디스크에서 알고리즘에 세공되기 때문에 상대적으로 느리지만 말이다.

---

1 옮긴이 1_ 점진적 학습이란 입력 데이터를 지속적으로 사용해 기존 모델의 지식을 확장하는, 즉 모델을 추가로 훈련시키는 머신러닝 방법이다.

11.2 스트리밍 애플리케이션

스트리밍 애플리케이션 데이터는 REST API 및 관계형 데이터베이스가 일반적으로 처리하는 기존 애플리케이션 데이터와 다르다. 빅데이터를 특징짓는 볼륨^{volume}, 속도^{velocity}, 다양성^{variety}과 같은 속성은 스트리밍 데이터에도 적용된다. 일반적으로 스트리밍 애플리케이션 데이터는 다양한 구조의 작은 데이터 단위로 대량 제공되며, 일반적인 애플리케이션 데이터보다 훨씬 더 빠르다. REST API의 오버헤드와 관계형 데이터베이스의 참조 무결성은 반정형 또는 비정형 데이터를 소비할 수 있는 대용량 및 고속 스트리밍 애플리케이션들의 성능 요구 사항을 따라가지 못한다.

아파치 카프카와 아마존 키네시스 같은 분산 스트리밍 시스템은 대용량 및 고속 스트림 처리 부하를 확장 및 공유하기 위해 네트워크를 통해 통신하는 다중 인스턴스를 권장한다. 여러 인스턴스가 네트워크를 통해 통신해야 하는 특성 때문에 각 인스턴스는 네트워크 정체, 하드웨어 장애 및 다른 예상치 못한 조건에 따라 각기 다른 속도로 데이터를 처리할 수 있다. 따라서 분산 스트리밍 시스템은 데이터가 스트림에 배치된 순서(흔히 '전순서$^{total\ order}$'[2]라고 함)대로 처리한다는 보장이 없다.

스트리밍 애플리케이션은 이러한 전순서 보장의 부족을 조정하고 고유한 순서 개념을 유지해야 한다. 이 장에서 우리는 전순서 보장을 자세히 다루지는 않을 것이다. 하지만 스트림 애플리케이션을 빌드할 때 고려해야 할 사항임을 기억하자. 일부 분산 스트리밍 시스템에서는 전순서를 지원하지만 전순서는 성능에 부정적인 영향을 미치고 스트리밍 애플리케이션 빌드의 장점을 무효화할 수 있다.

한편, 스트리밍 기술은 실시간으로 스트리밍 데이터를 수집, 처리 및 분석할 수 있는 도구를 제공한다. AWS는 아마존 MSK와 키네시스 서비스를 포함해 광범위한 스트리밍 기술을 제공한다. 키네시스 데이터 파이어호스$^{Kinesis\ Data\ Firehose}$를 사용하면 데이터를 지속적으로 준비하여 원하는 목적지에 로드할 수 있다. 키네시스 데이터 애널리틱스$^{Kinesis\ Data\ Analytics}$를 사용하면, SQL 또는 아파치 플링크$^{Apache\ Flink}$[3] 애플리케이션을 사용해 데이터가 도착하는 대로 데이터를 처리하고 분석할 수 있다. 스칼라 및 자바로 작성된 아파치 플링크는 다운타임을 줄이기 위한 체크포인트와 성능 향상을 위한 병렬 실행 등을 포함한 고급 스트리밍 분석 기능을 제공한다.

---

2 옮긴이 1_ 전순서는 일부 집합의 모든 요소에 대한 순서를 정의하는 이진 관계를 뜻한다.

3 옮긴이 1_ 아파치 플링크는 아파치 소프트웨어 재단에서 개발한 오픈 소스 통합 스트림 및 일괄 처리 프레임워크다.

키네시스 데이터 스트림^{Kinesis Data Streams}을 사용하면 커스텀 애플리케이션을 위한 스트리밍 데이터 수집을 관리할 수 있다. 또한 키네시스 비디오 스트림^{Kinesis Video Streams}을 사용하면 분석을 위해 비디오 스트림을 캡처하고 저장할 수 있다. AWS 글루 데이터 카탈로그^{AWS Glue Data Catalog}는 구조화된 정형 스트리밍 데이터의 스키마를 정의하고 적용하는 데 도움이 된다. AWS 글루 데이터 카탈로그, 카프카 및 키네시스를 통해 아파치 아브로^{Apache Avro}[4]와 같은 자체 기술 파일 형식^{self-describing file format}[5]을 사용해 스트림 애플리케이션 전체에서 구조화된 정형 데이터를 유지 관리할 수 있다.

11.3 스트리밍 데이터용 윈도우 쿼리

서술적 스트리밍 분석^{descriptive streaming analytics}은 일반적으로 시간 또는 입력 레코드 수 단위로 처리 구간을 지정할 수 있다. 예를 들어, 30초라는 시간적 구간, 혹은 1천 개의 입력 레코드를 처리하는 구간으로 윈도우를 지정하는 식이다.

시간 기반 윈도우를 구현하는 경우, 입력 레코드에 타임스탬프 컬럼을 포함해야 한다. 키네시스 데이터 애널리틱스는 우리가 SQL 쿼리로 시간 기반 기간을 정의하는 데 사용할 수 있는 ROWTIME이라는 타임스탬프 컬럼을 자동으로 추가한다.

키네시스 데이터 애널리틱스는 스태거 윈도우^{Stagger Window}, 텀블링 윈도우^{Tumbling Window}, 슬라이딩 윈도우^{Sliding Window}라는 세 가지 유형의 윈도우를 지원한다. 나중에 실시간 스트리밍으로 상품 리뷰 스트리밍 데이터 분석 및 머신러닝 사용 사례를 구현하기 위해 윈도우 쿼리를 사용해 볼 것이다.

---

4 옮긴이 1_ 아파치 아브로는 아파치의 하둡 프로젝트에서 개발된 원격 프로시저 호출(RPC) 및 데이터 직렬화 프레임워크다.

5 옮긴이 1_ 자체 기술 파일 형식은 데이터와 해당 데이터의 형식과 의미(즉, 구문 및 의미)를 설명하는 메타데이터를 포함하는 파일 형식을 뜻한다. 예를 들어, XML은 태그/값 쌍으로 구성된 자체 기술 파일 형식이다. 참고로 아파치 아브로에서는 JSON으로 자체 기술하는 파일 형식이다

11.3.1 스태거 윈도우

스태거 윈도우Stagger Window는 새 데이터가 도착할 때 열리는 시간 기반 윈도우이며 지연되거나 순서가 바뀐 데이터를 줄이기 때문에 데이터를 집계하는 데 권장되는 방법이다. 따라서 시간에 일관성 없이 도착한 데이터를 함께 집계해서 분석하는 경우 스태거 윈도우는 훌륭한 선택이 된다. 같은 집계로 묶어줄 레코드를 식별하기 위해 파티션 키를 지정한다. 파티션 키와 일치하는 첫 번째 이벤트가 도착하면 스태거 윈도우가 열린다. 윈도우를 닫으려면 윈도우를 연 시간부터 측정되는 윈도우 사용 기간을 지정한다. 키네시스 전용 SQL 절 **WINDOWED BY**를 사용해 스태거 윈도우를 정의한다. 스태거 윈도우는 파티션 키와 윈도우 기간을 파라미터로 전달받는다.

```
...
FROM <stream-name>
WHERE <... optional statements...>
WINDOWED BY STAGGER(
    PARTITION BY <partition key(s)>
    RANGE INTERVAL '1' MINUTE
);
```

파티션 키는 상품 카테고리와 상품 리뷰 메시지가 수집된 시각으로 구성할 수 있다.

```
PARTITION BY FLOOR(message_time TO MINUTE), product_category
```

스태거 윈도우의 결괏값은 [그림 11-1]에서 보여준다.

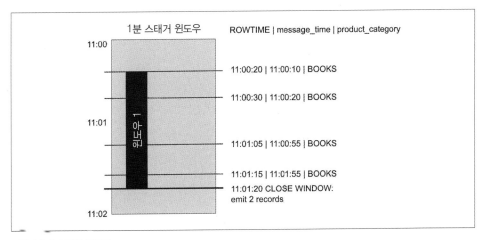

그림 11-1 스태거 윈도우

이 예제에서는 4개의 데이터 레코드가 도착한 것을 확인할 수 있다.

ROWTIME	message_time	product_category
11:00:20	11:00:10	BOOKS
11:00:30	11:00:20	BOOKS
11:01:05	11:00:55	BOOKS
11:01:15	11:01:05	BOOKS

SQL 쿼리에서 상품 카테고리별 데이터 레코드 수를 계산한다고 가정해보자. 1분 스태거 윈도우는 다음과 같이 레코드를 집계한다.

ROWTIME	message_time	product_category	count
11:01:20	11:00:00	BOOKS	3
11:02:15	11:01:00	BOOKS	1

스태거 윈도우는 1분 간격으로 레코드를 그룹화한다. 각 상품 카테고리에 대한 첫 번째 메시지를 받으면 윈도우가 열린다. BOOKS 카테고리의 경우 ROWTIME 11:00:20에 첫 리뷰 메시지가 도착했을 때 열리고, 그 후 1분이 지난 11:01:20에 만료된다. 이 경우 스태거 윈도우는 1분 윈도우에 속한 메시지들을 집계해 하나의 레코드로 방출한다. 이 예제에서 개수는 3이다. 네 번째 메시지는 message_time이 첫 번째 1분 윈도우에서 벗어나기 때문에 그다음 레코드로 별도로 집계된다. 즉, 스태거 윈도우는 하나의 1분 윈도우에 기록된 메시지들을 2개의 파티션으로 집계한 레코드를 최종 생성했다.

11.3.2 텀블링 윈도우

텀블링 윈도우Tumbling Window는 겹치지 않는 윈도우에서 스트리밍 데이터 레코드를 처리하며 일정한 간격으로 열리고 닫히는 고유한 시간 기반 윈도우에 가장 적합하다. 여기서 각 데이터 레코드는 [그림 11-2]와 같이 특정한 윈도우에 속하며 한 번만 처리된다.

GROUP BY SQL 절을 사용하는 집계 쿼리는 텀블링 윈도우의 행들을 처리한다.

```
SELECT ...
FROM <stream-name>
GROUP BY <column>,
    STEP(<stream-name>.ROWTIME BY INTERVAL '60' SECOND);
```

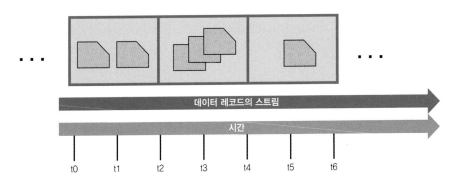

그림 11-2 텀블링 윈도우

이 예제에서 텀블링 윈도우는 시간 기반 1분 윈도우이다. ROWTIME별로 레코드를 그룹화한다. STEP 함수는 ROWTIME을 가장 가까운 분으로 내림하여 자른다. STEP은 값을 임의의 간격으로 내림하여 자를 수 있는 반면, FLOOR 함수는 시간값을 시, 분, 초와 같은 시간 단위로만 자를 수 있다.

11.3.3 슬라이딩 윈도우

슬라이딩 윈도우Sliding Window는 고정 간격과 고정 크기를 사용해 지속적으로 데이터를 집계한다. 슬라이딩 윈도우는 말 그대로 시간에 따라 연속적으로 슬라이드하며 레코드를 집계한다. GROUP BY 절 대신 WINDOW 절을 사용해 슬라이딩 윈도우를 만들 수 있으며 간격은 시간 기반 또는 행 기반이 된다. 슬라이딩 윈도우는 겹칠 수 있으며 데이터 레코드는 여러 윈도우의 일부일 수 있다. 데이터 레코드가 여러 윈도우의 일부인 경우 [그림 11-3]과 같이 각 윈도우에서 레코드가 처리된다.

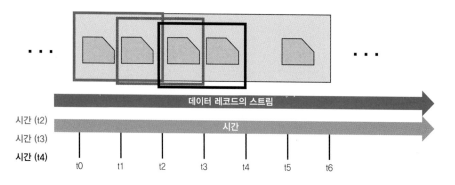

그림 11-3 슬라이딩 윈도우

다음 예제는 1분 슬라이딩 윈도우를 생성한다.

```
SELECT ...
FROM <stream-name>
WINDOW W1 AS (
    PARTITION BY <column>
    RANGE INTERVAL '1' MINUTE PRECEDING);
```

행 수에 따라 슬라이딩 윈도우를 다음과 같이 정의할 수 있다.

```
SELECT ...
FROM <stream-name>
WINDOW
    last2rows AS (PARTITION BY <column> ROWS 2 PRECEDING),
    last10rows AS (PARTITION BY <column> ROWS 10 PRECEDING);
```

이 예제는 2개의 행으로 구성된 슬라이딩 윈도우와 10개의 행으로 구성된 슬라이딩 윈도우를 만든다. 2행 슬라이딩 윈도우는 10행 슬라이딩 윈도우와 겹친다. 이러한 시나리오는 크기가 상이한 레코드 묶음에 대한 평균 지표를 계산하는 경우에 유용하다.

이제 윈도우 쿼리를 사용하는 방법을 모두 살펴봤으므로 AWS를 사용해 온라인 상품 리뷰 예제를 구현해보자.

11.4 AWS에서 스트리밍 분석 및 머신러닝 구현하기

이 절에서는 키네시스 서비스를 사용해 온라인 상품 리뷰 예제를 구현해볼 것이다. 예제를 단순화하기 위해 스트림 팀이 이미 소셜 미디어 피드 메시지를 구문 분석하고 각 메시지에 고유한 Review_ID와 관련된 상품 카테고리를 첨부했다고 가정한다.

가공된 메시지 데이터를 수집하는 것부터 시작해, [그림 11-4]의 '메시지 수집 및 저장' 컬럼에 표시된 것처럼 메시지를 수신하여 S3 위치로 전달하는 키네시스 데이터 파이어호스 전송 스트림을 설정한다.

고객의 감정 정보를 추가해 메시지를 풍부하게 만들고 싶은 경우를 예를 들어보자. [그림 11-4]의 '고객 감정 감지' 컬럼에서 볼 수 있듯이 이전 장에서 미세 조정된 BERT 기반 모델을 활용하여 메시지를 별점으로 분류할 수 있다. 평균 별점은 감정에 대한 대리 지표 역할을 한다. 별점 4~5점을 긍정적인 감정, 별점 3점을 중립적인 감정, 별점 1~2점을 부정적인 감정으로 칭한다.

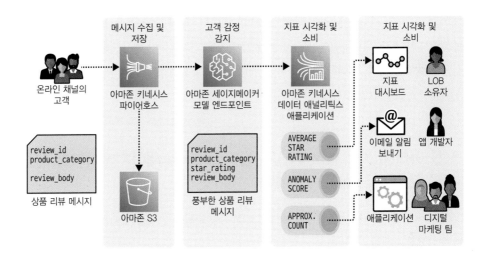

그림 11-4 온라인 상품 리뷰 메시지를 위한 스트리밍 데이터 아키텍처

다음 단계로 메시지를 분석해본다. [그림 11-4]의 '지표 시각화 및 소비' 컬럼에 표시된 것처럼 감정 정보를 추가해 메시지를 처리하도록 키네시스 데이터 애널리틱스를 설정한다. 키네시스 데이터 애널리틱스를 사용하면 스트리밍 데이터에 SQL 쿼리를 실행할 수 있다. 키네시스 데이터 애널리틱스 SQL은 스트리밍 데이터를 처리하기 위한 확장 기능이 있는 ANSI 2008 SQL 표준을 기반으로 한다.

그다음, [그림 11-4]의 '지표 시각화 및 소비' 컬럼과 같이 감정의 변화를 반영하고 실시간 지표 대시보드에 결과를 푸시하기 위해 평균 별점을 지속적으로 계산하는 SQL 쿼리를 정의한다. 예상치 못한 스키마나 데이터값을 포착하기 위해 메시지 데이터의 이상치 점수를 계산하는 또 다른 SQL 쿼리도 정의한다. 예를 들어, 메시지를 구문 분석하는 애플리케이션의 오류로 존재하지 않는 100개의 별점을 갑자기 받았다고 가정해본다. 이런 경우 가능한 근본 원인을 조사하고 문제를 해결하기 위해 담당 팀에 알려야 할 것이다. 세 번째 SQL 쿼리에서는 소셜 미디어 캠페인을 평가하고 조정하기 위해 디지털 마케팅 팀의 애플리케이션에서 소비할 수 있는 대략적인 메시지 수를 지속적으로 계산한다.

SQL 쿼리는 상품 리뷰 메시지 스트리밍 데이터를 처리하기 위해 지속적으로 실행된다. 우리는 시간 기반 또는 행 기반 윈도우를 통해 스트리밍 데이터 레코드 소묶음을 정의할 수 있다. 각 소묶음에 대한 평균 및 대략적인 개수를 계산할 때 스트리밍 데이터 레코드의 소묶음으로 SQL 쿼리를 제한할 수 있다. 이러한 유형의 SQL 쿼리를 **윈도우 쿼리**^{windowed query}라고 한다.

11.5 아마존 키네시스, AWS 람다, 아마존 세이지메이커를 사용한 실시간 상품 리뷰 분류

[그림 11-5]와 같이 키네시스 데이터 파이어호스 전송 스트림을 설정하여 고객의 실시간 메시지를 수신하고 변환할 수 있다.

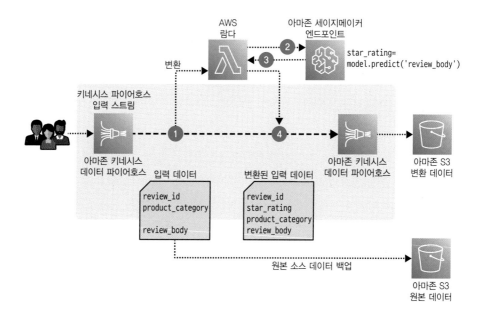

그림 11-5 키네시스 데이터 파이어호스로 데이터 레코드를 수신하고 변환한다

1. 실시간 입력 데이터를 받아 별점을 예측하여 고객 감정을 도출한다. 감정은 우리가 우선 적으로 관심가져야 하는 고객을 빠르게 식별하는 데 사용된다.

2. 키네시스 파이어호스를 사용하면 람다 함수를 사용해 데이터 레코드를 변환할 수 있다. 파이어호스 데이터 레코드를 수신하고 미세 조정된 BERT 기반 모델을 호스팅하는 세이 지메이커 엔드포인트로 리뷰 메시지를 보내도록 람다 함수를 빌드한다.

3. 모델은 star_rating을 예측하고, 람다 함수는 데이터 레코드에 star_rating을 추가한 다. 그런 다음 이 람다 함수는 새 레코드를 파이어호스 전송 스트림으로 반환한다.

4. 파이어호스 전송 스트림은 변환된 데이터 레코드를 사용자가 지정한 S3 버킷으로 전송한 다. 키네시스 파이어호스를 사용하면 원본 데이터 레코드의 백업을 보관할 수도 있다. 또 한 백업 데이터 레코드를 다른 S3 버킷으로 옮길 수도 있다.

11.6 아마존 키네시스 데이터 파이어호스를 사용한 스트리밍 데이터 수집 구현

아마존 키네시스 데이터 파이어호스^{Amazon Kinesis Data Firehose}는 아마존 S3, 레드시프트, 일래스틱 서치 또는 모든 커스텀 HTTP 엔드포인트에 실시간 스트리밍 데이터를 제공하기 위한 완전 관리형 서비스다.

데이터 소스로 DirectPut 또는 키네시스 데이터 스트림을 사용할 수 있다. DirectPut을 사용하면 데이터를 전송 스트림으로 직접 보내거나 AWS IoT, 클라우드워치 로그^{CloudWatch Logs} 또는 클라우드워치 이벤트^{CloudWatch Events}에서 데이터를 검색할 수 있다. 이 절에서 살펴볼 예제에서는 DirectPut을 사용해볼 것이다.

11.6.1 세이지메이커 엔드포인트를 호출하는 람다 함수 생성하기

키네시스 파이어호스 전송 스트림^{Kinesis Firehose delivery stream}을 생성하기 전에 세이지메이커 엔드포인트를 호출하는 람다 함수를 생성해야 한다. 람다 함수는 스트림 부하가 증가하거나 감소함에 따라 각각 자체 파이썬 인터프리터를 실행하는 파이썬 기반 람다 함수의 수를 동적으로 늘리거나 줄이는 간단한 메커니즘을 제공하여 파이썬 코드를 확장하는 데 도움이 된다. 이는 인스턴스에 더 많은 프로세스와 인터프리터를 추가하여 단일 인스턴스에서 파이썬을 확장하는 것과 개념적으로 유사하다. 람다 함수의 오토스케일링 기능은 9장에서 소개한 세이지메이커 엔드포인트의 오토스케일링 기능과 유사하다.

이제 키네시스 파이어호스 전송 스트림에서 데이터 레코드를 수신하는 람다 함수를 생성해보자. recordID와 같은 키네시스 메타데이터 외에도 각 데이터 레코드는 review_id, product_category, review_body로 구성된다. 우리는 review_body를 구문 분석하여 지정된 세이지메이커 엔드포인트로 보내야 한다. 예측 결과를 수신하면, 우리는 이 예측 결과를 데이터 레코드에 추가하고, 원래 recordID와 수정된 데이터 레코드를 키네시스 데이터 파이어호스로 반환한다.

다음은 새 데이터가 키네시스 스트림으로 푸시될 때 세이지메이커 엔드포인트를 호출하는 람다 함수의 파이썬 코드의 일부를 발췌한 예제다.

```python
ENDPOINT_NAME = os.environ['ENDPOINT_NAME']
runtime = boto3.client('runtime.sagemaker')

def lambda_handler(event, context):
    outputs = []

    for record in event['records']:
                ...
                inputs = [
                  {"features": [review_body]}
        ]

        response = runtime.invoke_endpoint(
            EndpointName=ENDPOINT_NAME,
            ContentType='application/jsonlines',
            Accept='application/jsonlines',
            Body=json.dumps(inputs).encode('utf-8')
        )
        ...

        output_record = {
            'recordId': record['recordId'],
            'result': 'Ok',
            'data': ...
          }
            outputs.append(output_record)

    return {'records': outputs}
```

다음과 같이 AWS 콘솔에서 직접 또는 파이썬 SDK를 사용해 프로그래밍 방식으로 람다 함수를 생성한다.

```python
lam = boto3.Session().client(service_name='lambda',
                             region_name=region)

response = lam.create_function(
    FunctionName=<FUNCTION_NAME>,
    Runtime='<PYTHON_VERSION>',
    Role=<IAM_ROLE>
    Handler='<FUNCTION_NAME>.lambda_handler',
    Code={
        'ZipFile': code
```

```
        },
        Description='InvokeQuery SageMaker Endpoint.',
        Timeout=300,
        MemorySize=128,
        Publish=True
    )
```

그리고 다음과 같이 호출할 세이지메이커 모델 엔드포인트를 참조하는 환경 변수를 통해 람다 함수를 업데이트할 수 있다.

```
response = lam.update_function_configuration(
        FunctionName=<FUNCTION_NAME>,
        Environment={
            'Variables': {
                'ENDPOINT_NAME': <ENDPOINT_NAME>
            }
        }
    )
```

이제 우리는 키네시스 데이터 파이어호스 전송 스트림을 생성할 수 있다.

11.6.2 키네시스 데이터 파이어호스 전송 스트림 생성하기

상품 리뷰를 스트림에 우리가 직접 수집할 수 있도록 전송 스트림 유형을 DirectPut으로 구성해보자. 또한 스트리밍 데이터 레코드를 저장하기 위한 S3 버킷을 설정하는 데 Extended S3DestinationConfiguration 파라미터를 이용한다. ProcessingConfiguration 딕셔너리에는 세이지메이커 엔드포인트를 호출하고 예측된 별점을 오리지날 레코드에 추가하는 람다 함수를 지정해준다. S3BackupConfiguration에는 또 다른 S3 버킷을 지정하여 (변환 전에) 원본 상품 리뷰를 백업하도록 설정한다.

다음은 위에서 언급한 모든 설정을 취합해 키네시스 데이터 파이어호스 전송 스트림을 프로그래밍 방식으로 생성하는 코드 예제다.

```
firehose = boto3.Session().client(service_name='firehose', region_name=region)

response = firehose.create_delivery_stream(
```

```
DeliveryStreamName=<FIREHOSE_NAME>,
DeliveryStreamType='DirectPut',
ExtendedS3DestinationConfiguration={
    'RoleARN': <KINESIS_ROLE_ARN>,
    'BucketARN': <S3_BUCKET_ARN>,
    'Prefix': 'kinesis-data-firehose/',
    ...
    'ProcessingConfiguration': {
        'Enabled': True,
        'Processors': [{
            'Type': 'Lambda',
            'Parameters': [
                {
                    'ParameterName': 'LambdaArn',
                    'ParameterValue': '<LAMBDA_ARN>:$LATEST'
                },
                ...
            ]
        }]
    },
    'S3BackupMode': 'Enabled',
    'S3BackupConfiguration': {
        'RoleARN': <KINESIS_ROLE_ARN>,
        'BucketARN': <BACKUP_S3_BUCKET_ARN>,
        'Prefix': 'kinesis-data-firehose-source-record/',
        ...
    },
    ...
}
)
```

위 코드를 성공적으로 실행하고 나면, 우리는 전송 스트림이 active될 때까지 몇 초 정도 기다려야 한다. 그런 다음 키네시스 데이터 파이어호스 전송 스트림에 라이브 메시지를 입력하고 결과를 확인해볼 수 있다.

11.6.3 스트림상에서 메시지 넣기

온라인 상품 리뷰 메시지의 지속적인 스트림을 시뮬레이션하기 위해 아마존 고객 리뷰 데이터셋에서 표본 고객 리뷰를 불러와 review_id, product_category, review_body가 포함된 메시시를 키네시스 데이터 파이어호스에 전송해보자.

```
import boto3
import csv
import pandas as pd

firehose = boto3.Session().client(service_name='firehose', region_name=region)

# 리뷰 샘플 불러오기
df = \
    pd.read_csv('./data/amazon_reviews_us_Digital_Software_v1_00.tsv.gz',
                delimiter='\t',
                quoting=csv.QUOTE_NONE,
                compression='gzip')

# 500개의 온라인 메시지 생성
step = 1
for start_idx in range(0, 500, step):
    end_idx = start_idx + step

    # (review_id, product_category, review_body) 메시지 생성
    df_messages = df[['review_id',
                      'product_category',
                      'review_body']][start_idx:end_idx]

    reviews_tsv = df_messages.to_csv(sep='\t',
                                     header=None,
                                     index=False)

    # 파이어호스에 메시지 넣기
    response = firehose.put_record(
        Record={
            'Data': reviews_tsv.encode('utf-8')
        },
        DeliveryStreamName=<FIREHOSE_NAME>
    )
```

메시지가 도착하면 파이어호스는 지정된 람다 함수인 InvokeSageMakerEndpointFromKine
sis를 호출하여 데이터를 변환한다. Review_id, rproduct_category, review_body로 구
성된 원본 메시지 형식을 확인할 수 있다.

```
['R1066MVAFC477L', 'Digital_Software', "It's good"]
```

람다 함수는 review_body 컬럼의 "It's good"을 구문 분석하여 세이지메이커 엔드포인트로 전송하고, 엔드포인트 응답을 수신하고, 반환된 star_rating 예측 결과를 디코딩한다. 이 예제의 경우 디코딩 결과는 '5'가 된다. 마지막 단계에서 람다 함수는 원래 데이터 레코드에 별점을 추가하고 키네시스 데이터 파이어호스로 다시 반환한다.

```
R1066MVAFC477L        5     Digital_Software        It's good
```

키네시스 데이터 파이어호스에 지정했던 S3 버킷 목적지도 확인해보자. 여기서 우리는 변환된 데이터 레코드를 찾아야 한다.

그리고 실제로 *s3://<bucket>/kinesis-data-firehose/<year>/<month>/<day>/<hour>* 형식의 S3 디렉터리에서 다음 샘플과 같이 데이터 레코드가 기록된 출력 파일을 찾을 수 있다.

```
...
R2EI7QLPK4LF7U  5     Digital_Software     So far so good
R1W5OMFK1Q3I3O  3     Digital_Software     Needs a little more work.....
RPZWSYWRP92GI   1     Digital_Software     Please cancel.
R2WQWM04XHD9US  5     Digital_Software     Works as Expected!
...
```

또한 우리는 원본 데이터 레코드를 백업하도록 파이어호스를 구성했다. 마찬가지로 백업용으로 지정한 S3 버킷을 확인할 수 있다. 백업용 S3 버킷 디렉터리는 다음과 같은 형식으로 생성되었을 것이다.

```
s3://<bucket>/kinesis-data-firehose-source-record/<year>/<month>/<day>/<hour>
```

그리고 다음과 같은 원본 레코드가 기록된 파일을 찾을 수 있다.

```
...
R2EI7QLPK4LF7U Digital_Software     So far so good
R1W5OMFK1Q3I3O Digital_Software     Needs a little more work.....
RPZWSYWRP92GI  Digital_Software     Please cancel.
R2WQWM04XHD9US Digital_Software     Works as Expected!
...
```

이 원본 레코드에는 별점 예측값이 누락된 것을 확인할 수 있다. 앞서 람다 함수에 백업용으로는 별점을 추가하지 않은 원본 데이터를 저장했기 때문이라는 것을 기억하자.

여기까지 우리는 키네시스 데이터 파이어호스를 사용한 스트리밍 데이터 수집 및 데이터 변환이 작동하는 것을 확인했다. 이제 다음 단계로 넘어가보자.

11.7 스트리밍 분석으로 실시간 상품 리뷰 요약하기

지속적으로 계산해볼 첫 번째 비즈니스 지표는 상품 카테고리별 평균 감정이다. 우리는 평균 감정 결과를 실시간 지표 대시보드로 푸시할 수 있다. 우리가 살펴볼 구현 예시에서는 감정에 대한 대리 지표proxy metrics인 평균 별점을 아마존 클라우드워치에 게시한다. 사업 부서에서는 이를 이용해 감성 추세를 빠르게 감지하고 조치를 취할 수 있다.

지속적으로 계산해야 할 또 다른 비즈니스 지표는 예기치 않은 스키마나 데이터값을 포착하기 위한 메시지 데이터 기반 이상치 점수다. 우리는 애플리케이션 오류가 발생한 경우 근본 원인을 빠르게 조사한 다음 수정하기 위해 담당 팀에게 알려야 한다. 이를 구현하기 위해 아마존 심플 노티피케이션 서비스Amazon Simple Notification Service(SNS)를 사용해 계산된 이상치 점수를 이메일로 자동으로 받아보도록 설정할 수 있다. 아마존 SNS는 문자 메시지, 이메일, 모바일 푸시 알림을 보내는 완전 관리형 서비스다.

마지막 지표로 디지털 마케팅 팀이 온라인 캠페인을 평가하고 조정하기 위해 사용할 수 있는 상품 리뷰 메시지의 대략적인 수를 지속적으로 계산해야 한다. 이를 구현하기 위해 우리는 대략적 카운팅을 지속적 레코드 스트림으로 변환해 키네시스 데이터 스트림으로 전달해야 한다. 디지털 마케팅 팀은 키네시스 데이터 스트림에서 데이터 레코드를 읽고 필요에 따라 레코드를 처리하는 커스텀 애플리케이션을 개발할 수 있다.

[그림 11-6]은 진화된 스트리밍 데이터 사용 사례 구현의 예시를 보여준다.

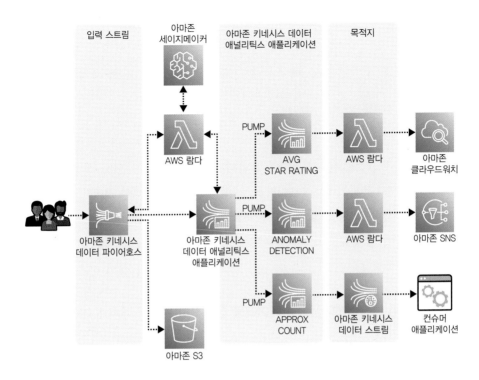

입력 스트림　　아마존　　아마존 키네시스 데이터　　목적지
　　　　　　세이지메이커　　애널리틱스 애플리케이션

AWS 람다

PUMP
AVG
STAR RATING

AWS 람다

아마존
클라우드워치

아마존 키네시스
데이터 파이어호스

아마존 키네시스
데이터 애널리틱스
애플리케이션

PUMP
ANOMALY
DETECTION

AWS 람다

아마존 SNS

아마존 S3

PUMP
APPROX
COUNT

아마존 키네시스
데이터 스트림

컨슈머
애플리케이션

그림 11-6 키네시스 데이터 애널리틱스로 상품 리뷰 메시지의 연속적인 스트림을 분석한다

11.8 아마존 키네시스 데이터 애널리틱스 설정

키네시스 데이터 애널리틱스 애플리케이션을 설정하여 상품 리뷰 메시지를 분석해보자. 키네시스 데이터 애널리틱스에서는 스트리밍 데이터에 대한 SQL 쿼리를 실행할 수 있다.

우리는 키네시스 데이터 파이어호스 전송 스트림을 키네시스 데이터 애널리틱스 애플리케이션의 입력 소스로 사용할 것이다. 그런 다음 SQL 쿼리를 실행하여 수신 메시지의 평균 감정(AVG_STAR_RATING), 이상치 점수(ANOMALY DETECTION), 대략적인 개수(APPROX COUNT)를 계산하는 키네시스 데이터 애널리틱스 애플리케이션을 개발할 것이다.

키네시스 데이터 파이어호스와 마찬가지로 키네시스 데이터 애널리틱스에는 수신 스트리밍 데이터를 전처리하는 옵션이 있다. 앞서 생성했던 람다 함수를 재사용하여 세이지메이커 엔드포인트를 호출하고 수신 메시지에 대한 별점을 받을 수 있다. 별점은 파이어호스 예제처럼 감정에 대한 사용자의 대리 지표로 사용된다.

> **NOTE**_이미 별점이 포함된 키네시스 파이어호스에서 변환된 데이터 레코드를 재사용하지 않는 이유는 무엇일까? 변환된 레코드는 S3 목적지 버킷으로 바로 전달된다. 키네시스 데이터 애널리틱스에서는 파이어호스 전송 스트림의 원본 데이터 레코드만 받는다.

키네시스 데이터 애널리틱스는 분석 결과를 보낼 다양한 목적지를 지원한다. 우리는 이 절에서 2개의 람다 함수와 1개의 키네시스 데이터 스트림을 목적지로 설정해볼 것이다. 람다 함수를 활용하여 아마존 클라우드 워치 및 아마존 SNS를 통합할 수도 있다. 목적지부터 시작하여 이 아키텍처에 필요한 컴포넌트들을 구현해보자.

11.8.1 커스텀 애플리케이션으로 데이터를 전송하기 위한 키네시스 데이터 스트림 생성하기

키네시스 데이터 스트림은 대량 데이터를 실시간으로 수집하고, 데이터를 저장하고, 소비자 애플리케이션에서 데이터를 사용 가능하도록 한다. 키네시스 데이터 스트림이 저장하는 데이터 단위는 데이터 레코드다. 데이터 스트림은 데이터 레코드 그룹을 나타낸다. 데이터 스트림의 데이터 레코드는 샤드shard들로 분산되는데, 각 샤드는 한 스트림 안에 일련의 데이터 레코드로 구성된다. 스트림을 생성할 때 스트림의 샤드 수를 지정해야 한다. 스트림의 총 용량은 샤드 용량의 합이다. 따라서 우리는 필요에 따라 스트림의 샤드 수를 늘리거나 줄일 수 있다.

스트리밍 데이터 과정은 종종 프로듀서producer와 컨슈머consumer로 빗대어 설명된다. 프로듀서는 데이터를 생성하는 애플리케이션 또는 서비스를 말한다. 컨슈머는 부가적인 처리를 위해 데이터 스트림을 수신하는 애플리케이션 또는 서비스다. [그림 11-7]은 키네시스 데이터 스트림의 고수준 아키텍처를 보여준다.

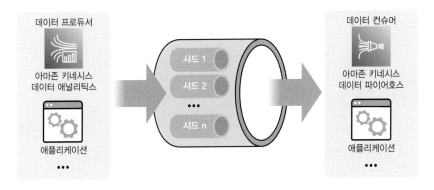

그림 11-7 키네시스 데이터 스트림 아키텍처는 데이터 프로듀서, 데이터 컨슈머, 여러 샤드로 분산된 데이터 레코드로 구성된다

데이터는 키네시스 데이터 스트림에 일시적으로 저장된다. 키네시스 데이터 스트림의 기본 데이터 보존 기간은 현재 24시간으로 제한되어 있다. 사용자는 최대 1년까지 데이터 보존 기간을 늘릴 수 있다. 우리는 보존 기간을 늘려서 데이터를 S3와 같은 장기 저장소로 이동할 필요 없이 규정 준수 요구 사항을 맞출 수 있다. 보존 기간을 늘리는 것은 스트림에 푸시되는 데이터가 예기치 않게 증가해 컨슈머가 프로듀서를 따라잡을 수 없는 백 프레셔^{back pressure} 시나리오에서도 도움이 된다. 이 경우 키네시스는 컨슈머가 급증한 데이터를 처리하기 위해 프로세스를 확장할 때까지, 그리고 급증 현상이 완화돼 스트리밍 데이터량이 감소하여 컨슈머가 원래 처리 속도로 복귀가 가능해질 때까지 스트리밍 데이터를 저장한다. 또한 보존 기간을 늘리면 키네시스에서 직접 온라인 데이터를 사용해 모델을 더 빠르게 훈련시키거나 온라인 키네시스 데이터와 오프라인 S3 데이터를 결합할 수도 있다.

이 절의 예제에서 키네시스 데이터 스트림은 대략적인 메시지 개수로부터 결과를 수신한다. 프로듀서는 키네시스 데이터 애널리틱스 애플리케이션이 된다. 컨슈머는 일종의 커스텀 애플리케이션이 된다. 이 절의 예제에서는 디지털 마케팅 팀의 애플리케이션이 컨슈머 커스텀 애플리케이션의 예시가 된다. [그림 11-8]의 테두리가 굵은 네모 박스는 이 절에서 구현하려는 아키텍처의 단계를 보여준다.

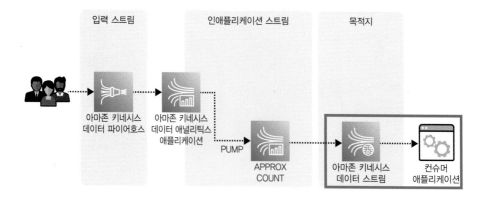

입력 스트림   인애플리케이션 스트림   목적지

아마존 키네시스
데이터 파이어호스

아마존 키네시스
데이터 애널리틱스
애플리케이션

PUMP

APPROX
COUNT

아마존 키네시스
데이터 스트림

컨슈머
애플리케이션

그림 11-8 키네시스 데이터 스트림이 대략적 카운트를 위한 키네시스 데이터 애널리틱스의 목적지로 사용된다

키네시스 데이터 스트림을 생성하는 코드는 다음과 같다.

```
kinesis = boto3.Session().client(service_name='kinesis',
                                 region_name=region)

kinesis.create_stream(
        StreamName=<STREAM_NAME>,
        ShardCount=<SHARD_COUNT>
)
```

키네시스 데이터 스트림이 active될 때까지 몇 분 정도 기다려야 한다.

다음과 같이 프로그래밍 방식으로 스트림의 상태를 확인하고, 스트림이 active 상태가 될 때까지 기다린다.

```
import time

status = ''
while status != 'ACTIVE':
    r = kinesis.describe_stream(StreamName=<STREAM_NAME>)
    description = r.get('StreamDescription')
    status = description.get('StreamStatus')
    time.sleep(5)
```

이어서 이상치 점수를 위한 키네시스 데이터 애널리틱스의 목적지 역할을 하는 AWS 람다 함수를 생성해보자.

11.8.2 아마존 SNS를 통해 알림을 보내는 AWS 람다 함수 생성하기

키네시스 데이터 애널리틱스 애플리케이션으로 우리는 데이터의 이상치 점수를 계산한다. 이상치 점수가 증가하는 경우, 애플리케이션 개발자에게 문제를 조사하고 수정하도록 알려야 한다. 이때 아마존 SNS을 활용해 알림을 보낸다. 이 절에서는 수신 메시지에 대해 계산된 최신 이상치 점수를 담당 팀에 이메일을 전송하는 것을 실습해본다.

아마존 SNS는 키네시스 데이터 애널리틱스 목적지로 직접 지원되지 않기 때문에 프록시 목적지로 또 다른 람다 함수를 생성해야 한다. [그림 11-9]의 테두리가 굵은 네모 박스는 이 절에서 구현하려는 아키텍처의 단계를 보여준다.

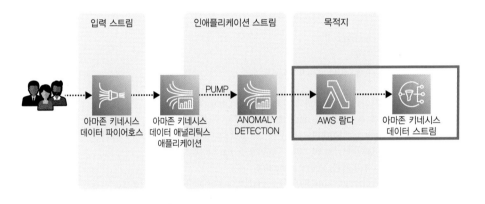

그림 11-9 이상치 점수에 대한 키네시스 데이터 애널리틱스 목적지로 사용한 람다 함수

다음은 아마존 SNS 토픽을 생성하는 코드다.

```
import boto3

sns = boto3.Session().client(service_name='sns', region_name=region)

response = sns.create_topic(
    Name=<SNS_TOPIC_NAME>,
)

sns_topic_arn = response['TopicArn']
```

다음은 입력 레코드 묶음에서 가장 높은 이상치 점수를 기록하고 점수를 아마존 SNS 토픽에 게시하는 람다 함수 소스 코드인 push_notification_to_sns.py에서 발췌한 코드 예제다.

```python
import boto3
import base64
import os

SNS_TOPIC_ARN = os.environ['SNS_TOPIC_ARN']
sns = boto3.client('sns')


def lambda_handler(event, context):
    output = []
    highest_score = 0
    ...

    r = event['records']

    for record in event['records']:
        try:
            payload = base64.b64decode(record['data'])
            text = payload.decode("utf-8")
            score = float(text)
            if (score != 0) and (score > highest_score):
                highest_score = score
                output.append({'recordId': record['recordId'], \
                    'result': 'Ok'})
        ...

    if (highest_score != 0):
        sns.publish(TopicArn=SNS_TOPIC_ARN, \
            Message='New anomaly score: {}'\
                .format(str(highest_score)), \
            Subject='New Reviews Anomaly Score Detected')

    return {'records': output}
```

이전 람다 함수와 유사하게 이 람다 함수를 프로그래밍 방식으로 앞서 만들었던 아마존 SNS 토픽 ARN을 환경 변수로 지정해 람다 함수를 업데이트할 수 있다. 다음과 같이 아마존 SNS 토픽을 구독하면 아마존 SNS 알림을 받을 수 있다.

```
response = sns.subscribe(
    TopicArn=sns_topic_arn,
    Protocol='email',
    Endpoint='<EMAIL_ADDRESS>',
)
```

다음으로 구현해볼 람다 함수가 하나 더 있다.

11.8.3 아마존 클라우드워치에 지표를 게시하는 AWS 람다 함수 생성하기

키네시스 데이터 애널리틱스에서 우리는 스트림 메시지 윈도우에 대한 평균 감정도 계산할 수 있다. 평균 감정 결과를 클라우드워치에 사용자 지정 지표로 게시할 수 있다. 다시 짚고 넘어가자면, 별점을 감정에 대한 대리 지표로 사용할 것이다. 클라우드워치는 키네시스 데이터 애널리틱스 목적지로 직접 지원되지 않기 때문에 프록시 목적지로 또 다른 람다 함수가 필요하다. [그림 11-10]의 테두리가 굵은 네모 박스는 이 절에서 구현하려는 아키텍처의 단계를 보여준다.

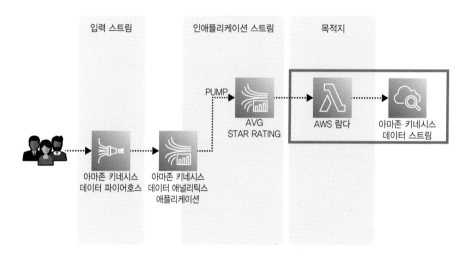

그림 11-10 평균 별점 평가를 위한 키네시스 데이터 애널리틱스의 목적지로 사용한 람다 함수

다음은 평균 별점을 클라워드워치에 사용자 지정 지표로 게시하기 위한 람다 함수 소스 코드인 delivery_metrics_to_cloudwatch.py에서 발췌한 것이다.

```python
client = boto3.client('cloudwatch')

def lambda_handler(event, context):
    output = []
    ...

    for record in event['records']:
        payload = base64.b64decode(record['data'])
        datapoint = float(payload)

        client.put_metric_data(
                Namespace='kinesis/analytics/AVGStarRating',
                MetricData=[
                    {
                        'MetricName': 'AVGStarRating',
                        'Dimensions': [
                            {
                                'Name': 'Product Category',
                                'Value': 'All'
                            },
                        ],
                        'Value': datapoint,
                        'StorageResolution': 1
                    }
                ]
        )

        output.append({'recordId': record['recordId'], 'result': 'Ok'})
        ...

    return {'records': output}
```

위 람다 함수 생성을 끝으로, 키네시스 데이터 애널리틱스 애플리케이션 목적지를 모두 생성했으므로 이제 키네시스 데이터 애널리틱스 애플리케이션을 생성할 수 있다.

11.8.4 키네시스 데이터 애널리틱스에서 스트리밍 데이터 변환하기

키네시스 데이터 파이어호스의 데이터 변환 기능과 유사하게 우리는 키네시스 데이터 애널리틱스에 수신되는 스트리밍 데이터를 변환할 수 있다. 람다 함수를 사용해 스트리밍 데이터를 변환, 전환, 강화 및 필터링할 수 있다. 이 단계는 데이터 애널리틱스 애플리케이션이 스트리밍 데이터에 대한 스키마를 생성하기 전에 실행된다. 이 예제에서는 키네시스 데이터 파이어호스 데이터 변환을 위해 생성한 람다 함수를 재사용한다. 이 람다 함수를 사용해 별점으로 메시지를 보강할 것이다. [그림 11-11]은 이 단계의 세부 사항을 시각화해서 보여준다.

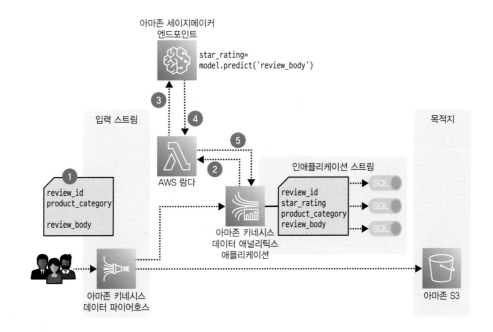

그림 11-11 키네시스 데이터 애널리틱스에서 스트리밍 데이터를 전처리한다

워크플로우는 다음과 같다.

1. 레코드를 S3로 전송하는 키네시스 데이터 파이어호스 전송 스트림에 대한 상품 리뷰 메시지를 수신한다.

2. 입력 스트림으로서 파이어호스 전송 스트림을 사용해 키네시스 데이터 애널리틱스 애플리케이션을 설정한다. 애플리케이션은 파이어호스 전송 스트림에서 상품 리뷰 메시지를 수신하고 전처리를 하기 위해 이를 람다 함수로 보낸다.

3. InvokeSageMakerEndpointFromKinesis 람다 함수를 재사용한다. 이 함수는 세이지메이커 엔드포인트에 호스팅된 BERT 기반 모델을 호출하여 상품 리뷰 메시지의 리뷰 텍스트를 기반으로 별점을 예측한다.

4. 람다 함수는 모델에서 예측된 별점을 받아 상품 리뷰 메시지에 첨부한다.

5. 람다 함수는 별점으로 강화된 상품 리뷰 메시지를 키네시스 데이터 애널리틱스 애플리케이션으로 반환한다. 강화된 상품 리뷰 메시지는 이제 모든 SQL 쿼리에 대한 입력으로 사용된다.

이미 람다 함수가 준비되어 있으므로 우리는 애플리케이션에 대한 SQL 쿼리를 계속 개발할 수 있다.

11.8.5 인애플리케이션 안의 스트림 및 펌프 이해하기

키네시스 데이터 애널리틱스의 중요한 개념은 인애플리케이션(이하 인앱) 스트림in-application stream과 펌프pump다. 우리 예제에서는 파이어호스 전송 스트림을 데이터 애널리틱스 애플리케이션으로의 입력 데이터로 사용한다. 이 입력 스트림은 데이터 분석 애플리케이션의 인앱 스트림에 매핑되어야 한다. 매핑이 완료되면 데이터는 입력 스트림에서 인앱 스트림으로 계속 흘러들어간다. 인앱 스트림은 우리가 SQL 문을 사용해 쿼리할 수 있는 테이블로 생각하면 된다. 실질적으로 테이블을 다루지 않고 연속적인 데이터 흐름을 다루기 때문에 우리는 이 데이터를 스트림stream이라고 부른다.

키네시스 데이터 애널리틱스 인앱 스트림은 분석 애플리케이션 내에서만 존재한다는 점에 유의해야 한다. 따라서 애플리케이션 외부의 결과를 처리하려면 인앱 스트림은 SQL 쿼리의 중간 결과를 저장한다. 애플리케이션 외부에서 결과를 처리하려면 인앱 스트림을 지원하는 키네시스 데이터 애널리틱스 목적지에 매핑해야 한다. 인앱 스트림의 결과를 캡처하기 위해 세 가지 목적지를 설정한다.

다음은 컬럼 3개로 구성된 인앱 스트림 MY_STREAM을 만드는 방법을 보여주는 예제다.

```
CREATE OR REPLACE STREAM "MY_STREAM" (
    "column1" BIGINT NOT NULL,
    "column2" INTEGER,
    "column3" VARCHAR(64));
```

이 스트림에 데이터를 삽입하려면 펌프가 필요하다. 펌프는 하나의 인앱 스트림에서 다른 인앱 스트림으로 데이터를 삽입하고 실행하는 삽입 쿼리로 생각하면 된다.

다음은 MY_PUMP라는 이름으로 펌프를 생성하고 다른 INPUT_STREA으로부터 데이터 레코드들을 선택해 MY_STREAM에 삽입하는 쿼리문 예제다.

```
CREATE OR REPLACE PUMP "MY_PUMP" AS
INSERT INTO "MY_STREAM" ( "column1",
                         "column2",
                         "column3")
SELECT STREAM inputcolumn1,
              inputcolumn2,
              inputcolumn3
FROM "INPUT_STREAM";
```

11.9절에서는 데이터 분석 애플리케이션의 입력 스트림인 파이어호스 전송 스트림 파일명이 SOURCE_SQL_STREAM_001이라고 가정하고 예제를 살펴본다.

11.9 아마존 키네시스 데이터 애널리틱스 애플리케이션

평균 star_rating, 이상치 점수, 대략적인 메시지 개수를 계산하기 위해 인앱 스트림 세 가지를 생성해보자.

11.9.1 평균 별점 계산하기

첫 번째 인앱 스트림으로 AVG_STAR_RATING_SQL_STREAM을 생성한다. INTERVAL을 '5'로 지정하고 GROUP_BY 문을 사용해 수신된 메시지의 5초 텀블링 윈도우에 대한 별점 평균을 계산한다.

이를 구현하는 SQL 코드는 다음과 같다.

```
CREATE OR REPLACE STREAM "AVG_STAR_RATING_SQL_STREAM" (
    avg_star_rating DOUBLE);

CREATE OR REPLACE PUMP "AVG_STAR_RATING_SQL_STREAM_PUMP" AS
```

```
INSERT INTO "AVG_STAR_RATING_SQL_STREAM"
SELECT STREAM AVG(CAST("star_rating" AS DOUBLE)) AS avg_star_rating
FROM "SOURCE_SQL_STREAM_001"
GROUP BY
STEP("SOURCE_SQL_STREAM_001".ROWTIME BY INTERVAL '5' SECOND);
```

11.9.2 스트리밍 데이터에서 이상치 감지하기

두 번째로 생성할 인앱 스트림은 ANOMALY_SCORE_SQL_STREAM이다. 내장된 RANDOM_CUT_FOREST 구현을 활용하여 슬라이딩 윈도우의 메시지들에 대해 이상치 점수를 계산한다.

키네시스 데이터 애널리틱스의 랜덤 컷 포레스트random cut forest(RCF) 구현은 AWS가 공동 저술한 「Robust Random Cut Forest Based Anomaly Detection on Streams」[6] 연구 논문을 기반으로 한다. 이 논문에서는 실시간 데이터 스트림을 이용한 온라인 학습에 RCF를 사용하는 방법을 자세히 설명한다. 한편 AWS는 오프라인 일괄 훈련을 위한 랜덤 컷 포레스를 세이지메이커 빌트인 알고리즘으로 제공한다. 또한 랜덤 컷 포레스트는 퀵사이트QuickSight의 이상 감지에도 사용된다.

키네시스 데이터 애널리틱스의 RANDOM_CUT_FOREST 함수는 각 메시지의 수치들에 대한 변칙 점수를 계산하는 머신러닝 모델을 빌드한다. 이상치 점수는 값이 관찰된 추세와 얼마나 다른지를 나타낸다. 또한 RANDOM_CUT_FOREST 함수는 각 컬럼에 대한 속성 점수를 계산하여 특정 컬럼의 데이터가 해당 컬럼에서 얼마나 변칙적인지를 분석한다. 모든 컬럼의 모든 속성 점수의 합은 전체 이상치 점수다.

RANDOM_CUT_FOREST는 숫잣값에 대해 작동하므로 별점을 기반으로 이상치 점수를 계산한다. RANDOM_CUT_FOREST 함수에 필요한 유일한 파라미터는 입력 스트림으로의 포인터다. 여기서 입력 스트림은 CURSOR 함수를 이용해 정의한다.

이를 구현하는 SQL 코드는 다음과 같다.

```
CREATE OR REPLACE STREAM "ANOMALY SCORE_SQL_STREAM" (
    anomaly_score DOUBLE);

CREATE OR REPLACE PUMP "ANOMALY_SCORE_STREAM_PUMP" AS
```

6 https://oreil.ly/0pDkv

```
INSERT INTO "ANOMALY_SCORE_SQL_STREAM"
SELECT STREAM anomaly_score
FROM TABLE(RANDOM_CUT_FOREST(
    CURSOR(SELECT STREAM "star_rating"
    FROM "SOURCE_SQL_STREAM_001")
    )
);
```

11.9.3 스트리밍 데이터의 대략적인 개수 계산하기

세 번째로 생성할 인앱 스트림은 APPROXIMATE_COUNT_SQL_STREAM이다. 수신 메시지의 5초 템블링 윈도우에 대한 대략적인 메시지 개수를 계산한다. 키네시스 데이터 애널리틱스는 템블링 윈도우 사이즈를 5초로 설정한 상태에서 COUNT_DISTINCT_ITEMS_TUMBLING을 사용해 대략적인 개수를 계산하는 함수를 내장하고 있다. 이 함수는 작은 데이터 구조에 많은 수의 근사치를 저장하는 **하이퍼로그로그**HyperLogLog[7] 알고리즘을 사용한다.

다음 SQL 코드는 5초 템블링 윈도우에 걸쳐 review_id 컬럼의 고유 항목 수를 대략적으로 계산한다.

```
CREATE OR REPLACE STREAM "APPROXIMATE_COUNT_SQL_STREAM"(
number_of_distinct_items BIGINT);

CREATE OR REPLACE PUMP "APPROXIMATE_COUNT_STREAM_PUMP" AS
INSERT INTO "APPROXIMATE_COUNT_SQL_STREAM"
SELECT STREAM number_of_distinct_items
FROM TABLE(COUNT_DISTINCT_ITEMS_TUMBLING(
CURSOR(SELECT STREAM "review_id" FROM "SOURCE_SQL_STREAM_001"),'review_id', 5)
);
```

11.9.4 키네시스 데이터 애널리틱스 애플리케이션 생성하기

이제 키네시스 데이터 애널리틱스 애플리케이션을 생성할 준비가 되었으므로 먼저 평균 별점을 계산하고 이상 징후를 감지하여 주어진 윈도우 크기에 대한 스트리밍 데이터의 수를 계산하는 세 SQL 쿼리들을 하나로 통합된 SQL문으로 생성해보자. 애플리케이션을 생성할 때 이 통

---

7 옮긴이 1_ 하이퍼로그로그는 다중 집합의 고유한 요소 수를 대략적으로 계산하는 고유 개수 문제에 대한 알고리즘이다.

합된 SQL 쿼리를 ApplicationCode로 전달하는 소스 코드는 다음과 같다.

```python
in_app_stream_name = 'SOURCE_SQL_STREAM_001' # 파이어호스 입력 스트림
window_seconds = 5

sql_code = '''
        CREATE OR REPLACE STREAM "AVG_STAR_RATING_SQL_STREAM" (
            avg_star_rating DOUBLE);
        CREATE OR REPLACE PUMP "AVG_STAR_RATING_SQL_STREAM_PUMP" AS
            INSERT INTO "AVG_STAR_RATING_SQL_STREAM"
                SELECT STREAM AVG(CAST("star_rating" AS DOUBLE))
AS avg_star_rating
                FROM "{}"
                GROUP BY
                STEP("{}".ROWTIME BY INTERVAL '{}' SECOND);

        CREATE OR REPLACE STREAM "ANOMALY_SCORE_SQL_STREAM"
(anomaly_score DOUBLE);
        CREATE OR REPLACE PUMP "ANOMALY_SCORE_STREAM_PUMP" AS
            INSERT INTO "ANOMALY_SCORE_SQL_STREAM"
            SELECT STREAM anomaly_score
            FROM TABLE(RANDOM_CUT_FOREST(
                CURSOR(SELECT STREAM "star_rating"
                    FROM "{}"
            )
          )
        );

        CREATE OR REPLACE STREAM "APPROXIMATE_COUNT_SQL_STREAM"
(number_of_distinct_items BIGINT);
        CREATE OR REPLACE PUMP "APPROXIMATE_COUNT_STREAM_PUMP" AS
            INSERT INTO "APPROXIMATE_COUNT_SQL_STREAM"
            SELECT STREAM number_of_distinct_items
            FROM TABLE(COUNT_DISTINCT_ITEMS_TUMBLING(
                CURSOR(SELECT STREAM "review_id" FROM "{}"),
                'review_id',
                {}
              )
        );
    '''.format(in_app_stream_name,
                in_app_stream_name,
                window_seconds,
                in_app_stream_name,
```

```
                in_app_stream_name,
            window_seconds)
```

다음으로, 키네시스 데이터 애널리틱스 애플리케이션을 생성해보자. 애플리케이션 입력을 파이어호스 전송 스트림으로 설정하고 BERT 기반 모델을 호출하는 람다 함수를 호출하도록 InputProcessingConfiguration을 구성한다. 그런 다음 예측값과 결합해 강화했던 상품 리뷰 메시지를 review_id, star_rating, product_category, review_body 형식과 일치하도록 InputSchema를 정의한다.

애플리케이션 출력의 경우 세 가지 SQL 쿼리의 인앱 스트림 이름을 참조하고 목적지를 정의한다. AVG_STAR_RATING_SQL_STREAM과 ANOMALY_SCORE_SQL_STREAM 목적지를 해당 람다 함수로 설정한다. 그리고 APPROXIMATE_COUNT_SQL_STREAM을 키네시스 데이터 스트림 목적지에 연결한다. 다음은 키네시스 데이터 애플리케이션을 생성하고 세 SQL 쿼리를 참조하는 코드예제다.

```
kinesis_analytics = \
        boto3.Session().client(service_name='kinesisanalytics',
                                region_name=region)

response = kinesis_analytics.create_application(
        ApplicationName=kinesis_data_analytics_app_name,
        Inputs=[
            {
                'NamePrefix': 'SOURCE_SQL_STREAM',
                'KinesisFirehoseInput': {
                    ...
                },
                'InputProcessingConfiguration': {
                    'InputLambdaProcessor': {
                    ...
                    }
                },
                'InputSchema': {
                    'RecordFormat': {
                        'RecordFormatType': 'CSV',
                        'MappingParameters': {
                            'CSVMappingParameters': {
                                'RecordRowDelimiter': '\n',
                                'RecordColumnDelimiter': '\t'
```

```
                    }
                }
            },
            'RecordColumns': [
                {
                    'Name': 'review_id',
                    ...
                },
                {
                    'Name': 'star_rating',
                    ...
                },
                {
                    'Name': 'product_category',
                    ...
                },
                {
                    'Name': 'review_body',
                    ...
                }
            ]
        }
    },
],
Outputs=[
    {
        'Name': 'AVG_STAR_RATING_SQL_STREAM',
        'LambdaOutput': {
            ...
        },
        'DestinationSchema': {
            'RecordFormatType': 'CSV'
        }
    },
    {
        'Name': 'ANOMALY_SCORE_SQL_STREAM',
        'LambdaOutput': {
            ...
        },
        'DestinationSchema': {
            'RecordFormatType': 'CSV'
        }
    },
    {
```

```
                    'Name': 'APPROXIMATE_COUNT_SQL_STREAM',
                    'KinesisStreamsOutput': {
                        ...
                    },
                    'DestinationSchema': {
                        'RecordFormatType': 'CSV'
                    }
                }
            ],
            ApplicationCode=sql_code
    )
```

11.9.5 키네시스 데이터 애널리틱스 애플리케이션 시작하기

키네시스 데이터 애널리틱스 애플리케이션을 생성한 후 데이터를 수신하고 처리하기 위해 애플리케이션을 시작해야 한다. 키네시스 데이터 애널리틱스 애플리케이션을 시작하는 코드는 다음과 같다.

```
input_id = \
        response['ApplicationDetail']['InputDescriptions'][0]['InputId']

response = kinesis_analytics.start_application(
        ApplicationName=kinesis_data_analytics_app_name,
        InputConfigurations=[
            {
                'Id': input_id,
                'InputStartingPositionConfiguration': {
                    'InputStartingPosition': 'NOW'
                }
            }
        ]
    )
```

11.9.6 스트림에 메시지 넣기

애플리케이션이 실행되면 스트림에 메시지를 넣어 스트림 파이프라인을 검사할 수 있다. 여기서 우리는 온라인 상품 리뷰 메시지의 지속적인 스트림을 시뮬레이션하기 위해 이전 코드를 재사용한다. 아마존 고객 리뷰 데이터셋에서 표본을 가져와 review_id, product_category, review_body가 포함된 메시지를 키네시스 데이터 파이어호스로 보낸다. 또한 우리는 앞서 키네시스 데이터 애널리틱스 애플리케이션이 파이어호스 전송 스트림을 입력 소스로 사용하도록 구성했었다.

데이터 애널리틱스 애플리케이션의 결과를 검토해보자. AWS 콘솔에서 키네시스 데이터 애널리틱스 애플리케이션을 열면 [그림 11-12]와 [그림 11-13]과 같이 소스source와 목적지destination 설정을 볼 수 있다.

	Source	In-application stream name	ID ❶	Record pre-processing ❶
✎	Firehose delivery stream dsoaws-kinesis-data-firehose ☑	SOURCE_SQL_STREAM_001	1.1	InvokeSageMakerEndpointFromKinesis ☑

그림 11-12 키네시스 데이터 애널리틱스 애플리케이션, 소스 환경 설정

파이어호스 전송 스트림은 인앱 스트림인 SOURCE_SQL_STREAM_001에 연결된다. 또한 우리는 람다 함수 InvokeSageMakerEndpointFromKinesis를 사용해 입력 레코드의 전처리를 수행해야 한다.

		Destination	In-application stream name	ID ❶
○	✎	Lambda function DeliverKinesisAnalyticsToCloudWatch ☑	AVG_STAR_RATING_SQL_STREAM	1.1
○	✎	Lambda function PushNotificationToSNS ☑	ANOMALY_SCORE_SQL_STREAM	1.2
○	✎	Kinesis stream dsoaws-kinesis-data-stream ☑	APPROXIMATE_COUNT_SQL_STREAM	1.3

그림 11-13 키네시스 데이터 애널리틱스 애플리케이션 목적지 환경 설정

[그림 11-13]에서 확인할 수 있듯이, 목적지 설정 정보는 세 가지 인앱 스트림 AVG_STAR_RATING_SQL_STREAM, ANOMALY_SCORE_SQL_STREAM, APPROXIMATE_COUNT_SQL_STREAM에서 각각 해당 목적지로 올바르게 연결된 것을 보여준다.

해당 콘솔에서 실시간 분석 대시보드를 열어 메시지가 도착할 때 실시간으로 SQL 쿼리 실행 결과를 볼 수도 있다. 소스 탭을 선택하면 [그림 11-14]와 같이 들어오는 메시지를 볼 수 있다. 메시지는 이미 람다 함수에 의해 전처리되었으며 별점이 포함되어 있다.

ROWTIME	ANOMALY_SCORE
2020-11-12 16:22:31.173	1.056515594361638
2020-11-12 16:22:31.173	0.9871839401037168
2020-11-12 16:22:31.173	0.9791619936388584
2020-11-12 16:22:31.173	1.0562475887652574
2020-11-12 16:22:31.173	0.9789555993988099
2020-11-12 16:22:31.173	0.9031220381956967
2020-11-12 16:22:31.173	0.9789288160707215

그림 11-14 메시지의 입력 스트림

실시간 분석 탭을 선택하면 [그림 11-15]와 같이 평균 별점, 개별 항목 수, 이상치 점수를 포함한 세 가지 인앱 스트림의 결과를 볼 수 있다.

ROWTIME TIMESTAMP	review_id VARCHAR(14)	star_rating INTEGER	product_category VARCHAR(24)	review_body VARCHAR(65535)
2020-11-12 16:07:26.899	R5RJEAB9MP170	5	Digital_Software	excelente
2020-11-12 16:07:26.939	R12IBIG2YN17HA	3	Digital_Software	after reading reviews on
2020-11-12 16:07:26.939	R3RHFEPMIFLC8X	4	Digital_Software	I feel safe having my pho
2020-11-12 16:07:26.939	R1JEQAB4GAWW4S	2	Digital_Software	Despite what this page a
2020-11-12 16:07:26.939	R3LZ1UZT7GV8KN	1	Digital_Software	Junk, errors out each tim
2020-11-12 16:07:26.939	R19GGQGDL3WY42	5	Digital_Software	not for me

그림 11-15 ANOMALY_SCORE_SQL_STREAM에 대한 인애플리케이션 스트림 결과

마지막으로 목적지를 살펴보자. 클라우드워치 지표로 이동하면 커스텀 지표인 AVGStar Rating을 찾을 수 있다. 우리는 그래프에 이 지표를 추가하고 수신 메시지의 실시간 감성 추세를 모니터링할 수 있다. 아마존 SNS 토픽도 최신 이상치 점수를 받고 이메일을 통해 애플리케이션 팀에 알림을 보냈다.

11.10 아파치 카프카, AWS 람다, 아마존 세이지메이커를 사용한 상품 리뷰 분류

아마존 MSK^{Managed Streaming for Apache Kafka}는 아파치 카프카 분산 스트림 클러스터를 위한 완전 관리형 서비스다. 아마존 MSK 스트림의 데이터를 예측 입력으로 사용해 세이지메이커 엔드포인트를 호출하는 람다 함수를 생성하고 예측 출력으로 카프카 스트림을 강화할 수 있다. 이는 키네시스 스트림이 람다 함수를 트리거해 키네시스 스트림 세이지메이커 엔드포인트를 호출하고, 이 키네시스 스트림을 예측용 입력 데이터로 사용하고, 키네시스 스트림을 예측 결괏값으로 강화한 과정과 비슷하다. [그림 11–16]은 아마존 MSK로 데이터 레코드를 수신하고 변환하는 방법을 보여준다.

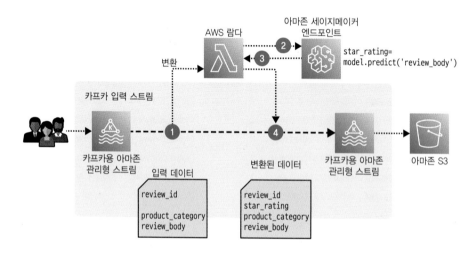

그림 11-16 데이터 레코드를 수신하고 변환하는 아마존 MSK

1. 실시간 입력 데이터를 받아 별점을 예측하여 고객 감정을 도출한다.

2. 아마존 MSK를 사용하면 람다 함수를 사용해 데이터 레코드를 변환할 수 있다. 키프카 데이터 레코드를 수신하고 리뷰 메시지를 미세 조정된 BERT 기반 모델을 호스팅 중인 세이지메이커 엔드포인트로 보내는 람다 함수를 빌드한다.

3. 모델은 `star_rating`을 예측하고, 람다 함수는 원본 데이터 레코드에 예측값을 추가한다. 그런 다음 함수는 새 레코드를 카프카 스트림으로 반환한다.

4. 카프카 스트림은 카프카용 아마존 S3 싱크 커넥터를 사용해 변환된 데이터 레코드를 S3 버킷으로 전달한다.

이를 설정하려면 아마존 MSK 클러스터, 모델 입력을 위한 카프카 입력 토픽(입력 스트림), 모델 예측을 위한 카프카 출력 토픽(출력 스트림)을 생성해야 한다. 다음으로 아마존 MSK 파이썬 API인 create_event_source_mapping() 함수를 사용해 이벤트 소스를 매핑하는 람다 함수를 생성한다. 이 람다 함수는 카프카 입력 스트림을 람다 함수의 입력 경로로 매핑한다. 이 람다 함수는 세이지메이커 엔드포인트를 호출해 카프카 출력 스트림에 예측값을 저장한다.

다음은 reviews 주제를 통해 아마존 MSK 클러스터와 람다 함수 간의 이벤트 소스 매핑을 생성하는 코드다.

```
response = client.create_event_source_mapping(
    EventSourceArn='<MSK_CLUSTER_ARN>',
    FunctionName='<LAMBDA_FUNCTION_NAME>',
    Enabled=True,
    Topics=[
        'reviews',
    ]
)
```

11.11 비용 절감 및 성능 향상

우리는 비용 절감과 성능 향상을 위해 스트리밍 데이터 아키텍처를 한층 더 최적화할 수 있다. 예를 들어, 람다 함수는 1년 또는 3년의 컴퓨트 사용 약정에 대해 할인을 제공하는 컴퓨트 절감형 플랜Compute Savings Plan이다. 이어지는 절에서 비용을 절감하는 방법과 성능을 향상하는 방법에 대해 설명한다.

11.11.1 메시지 집계하기

키네시스 데이터 스트림 비용은 프로비저닝된 샤드 수와 25KB 단위의 메시지 PUT 페이로드를 기반으로 한다. 비용을 줄이는 가장 좋은 방법은 더 작은 메시지를 하나의 PUT 요청으로 집계하는 것이다. 이때 키네시스 프로듀서 라이브러리Kinesis Producer Library(KPL)를 사용해 이 테크닉을 구현할 수 있다. KPL은 여러 논리적 데이터 레코드를 하나의 키네시스 데이터 레코드로 집계하고 압축하여 스트림에 레코드를 효율적으로 넣을 수 있다.

11.11.2 키네시스 파이어호스와 키네시스 데이터 스트림 비교 검토하기

키네시스 데이터 파이어호스는 관리가 필요 없으며, 일부 데이터 처리 지연 시간이 생겨도 영향을 받지 않는 사례에 가장 적합하다. 파이어호스는 거의 실시간으로 처리되며, AWS의 완전 관리형 서비스이기 때문에 처리량 요구 사항에 맞게 자동으로 스케일링한다. 데이터를 일괄 처리하고 압축하여 목적지의 스토리지 공간을 최소화할 수 있다. 키네시스 데이터 파이어호스를 사용하면 처리된 데이터에 대해서만 비용을 지불한다.

반면에, 키네시스 데이터 스트림은 수신되는 각 레코드에 대해 커스텀 처리가 필요한 사용 사례에 가장 적합하고 실시간 처리를 제공한다. 하지만 키네시스 데이터 스트림의 처리량을 우리가 직접 관리해야 한다. 키네시스 데이터 스트림의 비용은 처리된 데이터와 처리량 요구 사항을 충족하기 위해 프로비저닝된 샤드 수를 기반으로 한다.

> **NOTE**_람다 함수를 사용해 훈련된 모델을 제공하기로 선택한 경우 키네시스 데이터 스트림을 람다 함수에 직접 연결할 수 있다. 람다 함수는 키네시스 데이터 스트림에서 직접 레코드를 읽고 이벤트 데이터를 예측 입력으로 사용해 동기식으로 예측을 수행한다.

11.11.3 키네시스 데이터 스트림을 위해 향상된 팬아웃 활성화하기

만일 향상된 팬아웃enhanced fan-out이 없다면 모든 컨슈머는 각 샤드의 읽기 처리량 제한을 놓고 경합하게 된다. 이는 스트림당 컨슈머 수를 제한하고 [그림 11-17]과 같이 많은 수의 컨슈머로 확장하기 위해 추가적인 스트림으로 팬아웃해야 한다.

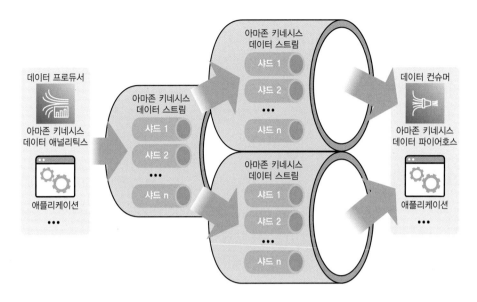

그림 11-17 다중 스트림을 사용해 향상된 팬아웃(EFO) 없이 컨슈머들을 확장한다

향상된 팬아웃을 사용하면 각 샤드–컨슈머 조합이 고유한 전용 전체 읽기 처리량 제한을 활용할 수 있다. [그림 11-18]은 전체 읽기 처리량을 가진 전용 샤드–컨슈머 파이프를 보여준다.

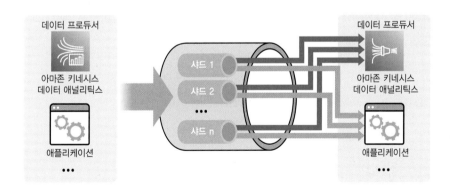

그림 11-18 전용 전체 처리량 샤드–컨슈머 연결이 있는 단일 스트림을 사용해 향상된 팬아웃으로 컨슈머를 확장한다

향상된 팬아웃을 활성화하려면 키네시스 데이터 스트림 파이썬 API의 `register_stream_consumer()`와 `subscribe_to_share()` 함수를 사용하면 된다. 컨슈머를 향상된 팬아웃에

등록할 때 키네시스 데이터 스트림은 고도로 병렬화된 비차단 HTTP/2 프로토콜을 사용해 컨슈머에게 데이터를 푸시한다. 이 푸시 메커니즘은 반응성이 좋고 지연 시간이 짧은 고성능 스트리밍 애플리케이션을 만들 수 있게 해주며, 이 스트리밍 애플리케이션을 많은 수의 컨슈머로 확장할 수도 있다.

11.12 마치며

11장에서는 스트리밍 데이터를 사용해 스트리밍 분석 및 머신러닝을 수행하는 방법을 보여주었다. 그리고 키네시스 스트리밍 기술을 사용해 엔드투엔드 스트리밍 데이터 파이프라인을 설정하여 상품 리뷰를 캡처하고, 서술적 분석을 수행하고, 머신러닝으로 예측을 적용했다. 이어서 지속적인 상품 리뷰 흐름에 대한 요약 통계를 계산하고 스트리밍 데이터에 대한 이상 감지를 수행했으며 BERT 기반 세이지메이커 모델의 예측으로 데이터를 보강했다. 마지막으로 클라우드워치 지표 대시보드에서 결과를 시각화하고 아마존 SNS를 이용해 팀에게 이메일로 경보 알림을 보내고 애플리케이션에서 결과를 사용하는 방법을 소개하며 이 장을 마무리했다.

12장에서는 AWS에서 데이터 과학 및 머신러닝 프로젝트의 보안에 대해 알아볼 것이다. AWS 공동 책임 모델을 알아본 후, 보안에 대해 고려해야 할 사항을 짚어볼 것이다. 특히, 액세스 관리, 컴퓨팅 및 네트워크 격리, 암호화, 거버넌스[8] 및 감사 가능성에서 아마존 세이지메이커의 보안 모범 사례를 다룰 것이다.

---

8   옮긴이 2_ 데이터 거버넌스란 데이터의 보안, 개인 정보 보호, 정확성, 가용성, 사용성을 보장하기 위해 수행하는 모든 작업을 가리킨다. 여기에는 사람이 취해야 하는 조치, 따라야 하는 프로세스, 데이터의 전체 수명 주기 동안 이를 지원하는 기술이 포함된다. (출처: 구글 클라우드 문서 *https://cloud.google.com/learn/what-is-data-governance?hl=ko*)

## CHAPTER 12

AWS 보안

네트워크부터 애플리케이션까지, 그리고 데이터 수집부터 모델 배포까지, 데이터 과학 워크플로우 전반에 걸쳐 있는 모든 계층에서 최소 권한 보안을 유지하는 것은 매우 중요하다. 이 장에서 다루는 보안은 AWS에서 가장 중요한 부분이며, 이를 '0순위 작업$^{job\ zero}$'[1] 또는 '0순위 우선 사항$^{priority\ zero}$'으로 취급해야 한다. 일반적인 보안 고려 사항을 살펴보고 AWS에서 안전한 데이터 과학 및 머신러닝 프로젝트를 빌드하기 위한 모범 사례를 알아볼 것이다. 그리고 보안 사건이 발생하지 않도록 막는 것을 목표로 하는 예방 통제$^{preventive\ control}$뿐만 아니라 잠재적인 사건을 신속하게 감지하기 위한 탐지 통제$^{detective\ control}$를 설명한다. 또한 보안 위반을 해결하는 데 도움이 되는 대응 및 교정 통제$^{responsive\ and\ corrective\ control}$ 수단을 소개하기도 한다.

클라우드에서 안전하게 데이터 과학 프로젝트를 빌드하기 위해 가장 일반적으로 고려해야 할 보안 영역에는 액세스 관리, 컴퓨트 및 네트워크 격리, 암호화가 있다. 우선 일반적인 보안 모범 사례와 보안 우선 원칙에 대해 논의해보자. 그리고 네트워크 수준 보안과 애플리케이션 보안을 모두 사용해 주피터 노트북에서 S3 버킷에 걸쳐 데이터 과학의 환경을 보호하기 위해 모범 사례와 원칙을 적용한다. 또한 규정 준수 및 규제 목적을 위한 거버넌스 감사 모범 사례도 설명한다.

---

1 옮긴이 2_ AWS 보안 디렉터인 빌 머레이가 'AWS에서 보안은 0순위 작업이다(Security is Job Zero at AWS)'라는 말을 남겼다. 이것이 기업 문화로 자리를 잡으면서 클라우드 서비스 업체가 보안을 최우선으로 고객에게 제공한다는 것을 의미한다.

12.1 AWS와 사용자 간의 공동 책임 모델

AWS는 글로벌 보안 인프라와 기본 컴퓨팅, 스토리지, 네트워킹, 데이터베이스 서비스를 제공하는 공동 책임 모델shared responsibility model뿐만 아니라, 이러한 서비스를 기반으로 사용자가 빌드 및 실행하는 모든 것에 보안을 추가할 수 있는 다양한 보안 서비스를 구현한다. 보안과 규정 준수는 AWS 사용자 간의 공동 책임이다. AWS는 [그림 12-1]과 같이 '클라우드의 보안'을 책임지고, 사용자는 '클라우드 내부 보안'을 책임진다.

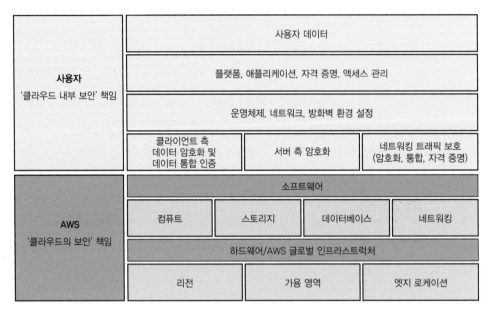

그림 12-1 보안은 AWS와 사용자 간의 공동 책임이다(출처: 아마존[2])

AWS는 AWS 서비스를 실행하는 AWS 클라우드 인프라를 보호한다. 여기에는 호스트 운영체제 및 가상화 계층부터 AWS 서비스가 실행되는 시설의 물리적 보안까지 모든 컴포넌트가 포함된다. AWS 보안의 유효성은 서드파티 감사자들에 의해 정기적으로 테스트되고 검증된다. AWS 아티팩트artifact 서비스를 통해 온디맨드 보안 및 규정 준수 보고서에 액세스할 수 있고, 온라인 협정을 선택할 수 있다.

---

2 *https://oreil.ly/DgY3n*

AWS 사용자는 클라우드 내부 보안 책임을 수행해야 한다. 사용자의 책임 범위는 특정 AWS 서비스에 의해 결정된다. 또한 사용자는 다양한 보안 서비스 및 기능을 선택하여 AWS 클라우드에 보안 및 규정을 준수하는 애플리케이션을 빌드한다.

12.2 AWS IAM

자격 증명 및 액세스 관리[Identity and Access Management](IAM)는 AWS 리소스에 대한 액세스를 관리하는 데 도움이 되는 서비스다. IAM은 환경에 대한 액세스 권한(인증[authentication])과 인증된 사용자의 권한(인가[authorization])을 제어한다. 우리는 IAM을 사용해 사용자, 사용자 그룹, 역할을 정의할 수 있다. IAM은 보안 주체[principal], 액션, 리소스, 조건의 개념을 구현한다. 이는 어떤 주체가 어떤 조건에서 어떤 리소스에 대해 어떤 액션을 수행할 수 있는지 정의하는 데 도움을 준다.

우리는 IAM 정책을 생성하고 IAM 자격 증명 또는 AWS 리소스에 첨부하여 특정 리소스에 대한 액세스를 제어할 수 있다. 직무 역할이나 기능에 따라 사용자에게 다른 권한을 부여할 수 있다. 예를 들어, 일부 개발자는 임시 데이터 탐색을 위해 주피터 노트북만 실행할 수 있으면 충분한 반면, 데이터 과학자는 데이터 저장소, 머신러닝 훈련 및 실험에 대한 권한이 필요할 수 있다. 데이터 엔지니어와 머신러닝 엔지니어는 반복 가능한 데이터를 빌드하고 파이프라인을 모델링할 수 있는 권한이 필요할 수 있다. 또한 데브옵스 팀은 모델 배포 및 성능 모니터에 대한 액세스 권한이 필요하다.

아마존 세이지메이커는 역할 기반 액세스 제어를 위해 IAM을 활용한다. 또한 우리는 AWS 디렉터리 서비스, 엔터프라이즈 사용자 디렉터리 또는 웹 자격 증명 공급자(**연합 사용자**[federated user])를 통해 기존 사용자/그룹/역할을 매핑할 수도 있다.

12.2.1 IAM 사용자

보안 관리자는 AWS 계정에 액세스할 수 있는 개별 IAM 사용자를 생성할 수 있다. 각 사용자는 고유한 보안 자격 증명을 갖게 된다. 또한 특정 작업 함수나 액션 등에 액세스 권한을 부여한 IAM 그룹을 생성하고, IAM 사용자를 IAM 그룹에 등록할 수 있으며, IAM 사용자는 IAM 그룹의 권한을 상속한다.

12.2.2 IAM 정책

액세스 권한은 IAM 정책IAM policy을 사용해 정의된다. 주어진 작업을 수행하는 데 필요한 특정 최소 권한만 부여하는 것이 표준 보안 모범 사례다.

12.2.3 IAM 사용자 역할

액세스 권한을 위임하는 방법 중 가장 선호되는 방식은 IAM 역할IAM role을 사용하는 것이다. 한 사람과 고유하게 연결된 IAM 사용자와 달리, IAM 역할은 이에 부여된 권한을 필요로 하는 모든 IAM 사용자에게 제공 가능하며, IAM 역할의 세션 기간 동안 임시로 보안 자격 증명을 제공한다. IAM 서비스 역할IAM service role은 서비스가 사용자를 대신하여 수행할 수 있는 작업을 제어한다.

가장 바람직한 방법은 각 직업의 역할별로 IAM 사용자 역할을 만드는 것이다. 예를 들어 `Data ScientistRole`, `MLEngineerRole`, `DataEngineeringRole`, `MLOpsEngineeringRole`과 같은 직책별로 IAM 사용자 역할을 생성한다. 이를 통해 모델 개발 라이프 사이클의 다양한 역할에 대해 세분화되고 고유한 보안 정책을 관리할 수 있다.

12.2.4 IAM 서비스 역할

IAM 서비스 역할은 AWS 서비스에서 관리한다. 바람직한 방법은 각 서비스에 대해 별도의 서비스 역할을 만들고, 각 서비스의 고유한 작업들에 대해 별도의 세부적 역할을 만드는 것이다. 아마존 세이지메이커의 경우 다음과 같이 서비스 역할을 분리할 수 있다.

SageMakerNotebookExecutionRole

세이지메이커 노트북 인스턴스 또는 세이지메이커 스튜디오 애플리케이션이 맡는 역할. 세이지메이커 훈련 또는 모델 호스팅 서비스에 대한 액세스 권한을 정의한다.

SageMakerProcessingRole

아마존 S3 저장소의 데이터 입출력에 대한 액세스를 정의하는 세이지메이커 프로세싱 서비스가 맡는 역할이다.

SageMakerTrainingRole

세이지메이커 트레이닝 또는 튜닝 서비스가 맡는 역할. 모델 트레이닝 및 튜닝 과정에 필요한 권한을 정의한다.

SageMakerModelRole

세이지메이커 엔드포인트에서 추론 컨테이너를 호스팅하는 모델이 맡는 역할. 모델 추론에 필요한 권한을 정의한다.

[그림 12-2]는 데이터 과학자 IAM 사용자 역할과 다양한 세이지메이커 IAM 서비스 역할을 보여준다.

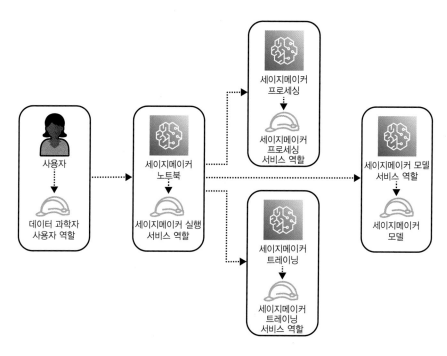

그림 12-2 아마존 세이지메이커에 대한 IAM 사용자 및 서비스 역할 예

IAM 정책을 통해 사용자 및 서비스 권한을 정의할 때는 각각의 작업을 수행하는 데 필요한 최소한의 권한만 할당해야 한다는 것을 기억하자.

12.2.5 IAM 역할에 대한 조건 키 지정하기

우리는 또한 IAM 조건 키를 사용해 정책 내에 가드레일을 지정할 수 있다. 예를 들어, 보안 주체가 서비스 API를 호출하여 리소스를 생성할 때, 요청 정보는 보안 주체의 IAM 정책에 정의된 조건과 비교된다. 만일 조건문을 만족하면 API 호출에 성공한다. 그러나 조건문이 실패하면 요청이 거부된다. 일반적으로 조건문은 다음과 같다.

```
"Condition": {
    "{condition-operator}": {
        "{condition-key}": "{condition-value}"
    }
}
```

다음은 암호화되지 않은 객체를 S3에 업로드하는 것을 거부하는 조건을 포함한 정책의 예를 보여준다.

```
"Statement": [{
            "Sid": "DenyUnencryptedObjectUploads",
            "Effect": "Deny",
            "Principal": "*",
            "Action": "s3:PutObject",
            "Resource": "arn:aws:s3:::<bucket_name>/*",
            "Condition": {
                "StringNotEquals": {
                    "S3:x-amz-server-side-encryption": "aws:kms"
                }
            }
        }]
```

세이지메이커는 다양한 글로벌 조건 키를 지원하고 몇 가지 서비스별 조건 키도 지원한다. 글로벌 조건 컨텍스트 키는 **aws:** 접두사로 시작한다. 세이지메이커는 다음과 같은 글로벌 조건 키를 지원한다.

aws:RequestTag/${TagKey}

요청을 통해 전달된 태그 키-값 쌍을 정책에 지정된 태그 쌍과 비교한다.

aws:ResourceTag/${TagKey}

정책에 지정된 태그 키-값 쌍을 리소스에 첨부된 키-값 쌍과 비교한다.

aws:SourceIp

요청자의 IP 주소를 정책에 지정된 IP 주소와 비교한다.

aws:SourceVpc

요청이 정책에 지정된 아마존 가상 사설 클라우드^{Amazon Virtual Private Cloud}(아마존 VPC)를 통해 들어온 것인지 확인한다.

aws:SourceVpce

요청의 아마존 VPC 엔드포인트 ID를 정책에 지정된 엔드포인트 ID와 비교한다.

aws:TagKeys

요청의 태그 키를 정책에 지정된 키와 비교한다.

세이지메이커는 다음과 같이 **sagemaker:** 접두사로 시작하는 서비스별 조건 키를 지원한다.

sagemaker:AcceleratorTypes

세이지메이커 노트북 인스턴스를 생성 또는 업데이트할 때와 엔드포인트 설정 정보를 생성할 때 특정한 아마존 일래스틱 추론 액셀러레이터를 사용한다.

sagemaker:DirectInternetAccess

세이지메이커 노트북 인스턴스에서 다이렉트 인터넷 액세스를 제어한다.

sagemaker:FileSystemAccessMode

입력 데이터 채널(아마존 EFS 또는 FSx)과 연결된 디렉터리의 액세스 모드를 지정한다.

sagemaker:FileSystemDirectoryPath

훈련 및 하이퍼파라미터 튜닝hyper-parameter tuning(HPT) 요청의 리소스와 연결된 파일 시스템 디렉터리 경로를 지정한다.

sagemaker:FileSystemId

훈련 및 HPT 요청의 리소스와 연관된 파일 시스템 ID를 지정한다.

sagemaker:FileSystemType

훈련 및 HPT 요청의 리소스와 연관된 파일 시스템 유형을 지정한다.

sagemaker:InstanceTypes

실시간 추론 호스팅을 위한 세이지메이커 노트북 인스턴스, 트레이닝, HPT, 일괄 변환, 엔드포인트 환경 설정에 대한 모든 인스턴스 유형 목록을 지정한다.

sagemaker:InterContainerTrafficEncryption

분산 훈련 및 HPT 작업에 대한 컨테이너 간 트래픽 암호화를 제어한다.

sagemaker:MaxRuntimeInSeconds

훈련, HPT 또는 컴파일 작업을 실행할 수 있는 최대 시간(초)을 지정하여 비용을 조정한다.

sagemaker:ModelArn

실시간 추론 호스팅을 위한 일괄 변환 및 엔드포인트 설정에 연관된 모델의 아마존 리소스 이름(ARN)을 지정한다.

Sagemaker:NetworkIsolation

훈련, HPT 및 추론 작업 생성 시 네트워크 격리를 활성화한다.

sagemaker:OutputKmsKey

아마존 S3에 저장된 출력 데이터를 암호화하기 위한 AWS KMS 키를 지정한다.

sagemaker:RequestTag/${TagKey}

요청에서 전달된 태그 키-값 쌍을 정책에 지정된 태그 쌍과 비교한다.

sagemaker:ResourceTag/${TagKey}

정책에 지정된 태그 키-값 쌍을 리소스에 첨부된 정책의 태그 키-값 쌍과 비교한다.

sagemaker:RootAccess

세이지메이커 노트북 인스턴스에 대한 루트 액세스를 제어한다.

sagemaker:VolumeKmsKey

실시간 추론 호스팅을 위한 세이지메이커 노트북 인스턴스, 트레이닝, HPT, 일괄 변환, 엔드포인트의 설정을 생성할 때 스토리지 볼륨을 암호화하는 AWS KMS 키를 지정한다.

sagemaker:VPCSecurityGroupIds

아마존 세이지메이커가 아마존 VPC 서브넷에서 생성하는 일래스틱 네트워크 인터페이스 elastic network interface (ENI)와 연관된 모든 아마존 VPC 보안 그룹 ID를 나열한다.

sagemaker:VPCSubnets

아마존 세이지메이커가 아마존 S3와 같은 리소스와 통신하기 위해 일래스틱 네트워크 인터페이스를 생성하는 모든 아마존 VPC 서브넷을 나열한다.

12.2.6 다중 인증 활성화하기

세이지메이커는 다중 인증multifactor authentication (MFA)도 지원한다. MFA는 사용자에게 이중으로 고유 인증을 하도록 요구함으로써 보안을 추가로 강화한다. 지원되는 MFA 메커니즘에는 가상 다중 인증 장치, U2F 보안 키, 하드웨어 MFA 장치, SMS 문자 메시지 기반 MFA가 포함된다.

가장 좋은 방법은 관리자 액세스 권한이 있는 사용자에게만 MFA를 활성화하는 것이다. 또한 리소스 종료 및 삭제와 같은 파괴적인 작업을 방지하기 위해 IAM 정착에 더해 MFA를 두 번째 인증 절차로 추가해야 한다. 이는 규정 준수 및 거버넌스 정책에 따라 모델을 삭제하기 전에 일정 기간 동안 저장해야 하는 경우에 유용하다.

12.2.7 IAM 역할 및 정책을 통한 최소 권한 액세스

IAM 정책은 AWS 리소스에 대한 액세스를 제어한다. IAM 정책을 IAM 자격 증명 또는 AWS 리소스에 첨부하여 자격 증명 또는 리소스에 대한 권한을 정의한다. 기본적으로 IAM 사용자 또는 역할은 아무 권한 없이 시작된다. 보안 관리자는 해당 IAM 사용자 또는 역할에 알맞은 권한을 부여한다. 사용자가 그룹의 일부인 경우 사용자는 그룹의 권한을 상속한다.

필요에 따라 IAM 정책 풀을 정의한 다음, IAM 자격 증명에 정책을 할당할 수 있다. [그림 12-3]은 IAM 사용자/그룹/역할에 대한 IAM 정책의 다대다 관계 예시를 보여준다.

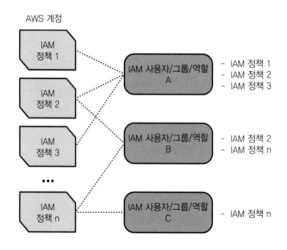

그림 12-3 IAM 정책과 IAM 사용자/역할 간의 관계

IAM 정책에는 자격 증명 기반 및 리소스 기반 정책을 비롯한 다양한 유형의 정책이 있다. 자격 증명 기반 정책은 IAM 사용자/그룹/역할에 첨부하는 JSON 정책 문서로, 사용자/그룹/역할에 대한 권한을 정의한다.

12.2.8 리소스 기반 IAM 정책

리소스 기반 정책은 S3 버킷과 같은 AWS 리소스에 첨부하는 JSON 정책 문서다. 리소스 기반 정책의 경우 정책은 리소스에 대한 액세스, 즉 어떤 조건에서 누가 S3 버킷에 액세스할 수 있는지를 제어한다.

리소스 기반 정책에는 해당 리소스에 대해 작업을 수행할 수 있도록 허가된 보안 주체가 필요하다. 보안 주체는 AWS 계정, IAM 사용자, IAM 역할, 연합 사용자 또는 다른 AWS 서비스일 수 있다.

다음은 리소스 기반 IAM 정책의 예제다. 이 S3 버킷 정책은 버킷에 액세스하는 데 MFA를 요구한다. 이는 `aws:MultiFactorAuthAge` 조건 키를 통해 수행된다.

```
{
    "Version": "2012-10-17",
    "Id": "123",
    "Statement": [
      {
        "Sid": "",
        "Effect": "Deny",
        "Principal": "*",
        "Action": "s3:*",
        "Resource": "arn:aws:s3:::<SAMPLE_BUCKET>/*",
        "Condition": { "Null": { "aws:MultiFactorAuthAge": true }}
      }
    ]
}
```

아마존 S3가 MFA가 포함된 액세스 요청을 수신하면 `aws:MultiFactorAuthAge`는 임시 자격 증명이 생성된 이후 경과된 시간(초) 값을 전달한다. 위 정책 예제는 만일 `Condition` 키의 값이 `Null`이면 자격 증명이 MFA 장치를 통해 생성되지 않은 상태로 판단하고 액세스 요청을 거부한다.

12.2.9 자격 증명 기반 IAM 정책

다음은 데이터 과학자 IAM 역할에 첨부 가능한 자격 증명 기반 IAM 정책의 예제다. 이 정책은 특정 S3 버킷 및 세이지메이커 스튜디오 환경에 대한 액세스 권한을 역할에 부여한다.

```json
{
    "Version": "2012-10-17",
    "Statement": [
        {
            "Effect": "Allow",
            "Action": [
                "s3:Abort*",
                "s3:DeleteObject",
                "s3:Get*",
                "s3:List*",
                "s3:PutAccelerateConfiguration",
                "s3:PutBucketCors",
                "s3:PutBucketLogging",
                "s3:PutBucketNotification",
                "s3:PutBucketTagging",
                "s3:PutObject",
                "s3:Replicate*",
                "s3:RestoreObject"
            ],
            "Resource": [
                "arn:aws:s3:::<BUCKET_NAME>/*"
            ]
        },
        {
            "Effect": "Allow",
            "Action": [
                "sagemaker:CreatePresignedDomainUrl",
                "sagemaker:DescribeDomain",
                "sagemaker:ListDomains",
                "sagemaker:DescribeUserProfile",
                "sagemaker:ListUserProfiles",
                "sagemaker:*App",
                "sagemaker:ListApps"
            ],
            "Resource": "*"
        },
    ]
}
```

12.3 컴퓨팅 및 네트워크 환경 격리

여러 분리된 계정을 생성하고 각각에 VPC를 설정해 개발, 스테이징, 프로덕션 환경을 격리할 수 있다. 이를 통해 아마존 세이지메이커, S3, 클라우드워치, 레드시프트 및 여러 AWS 리소스를 인터넷으로부터 격리하고 최소 권한만 부여하는 방식으로 보안을 강화할 수 있다. 컴퓨팅 및 네트워크를 격리하지 않으면 네트워크 외부로 데이터가 유출될 위험이 있다. 또한 외부 공격자가 컴퓨팅 노드의 데이터를 보거나 네트워크의 패킷을 검사할 위험에도 노출될 수 있다.

12.3.1 가상 사설 클라우드

우리는 라우팅 테이블을 통해 가상 사설 클라우드^{Virtual Private Cloud}(VPC)들 간의 네트워크 통신을 허용하도록 지정할 수 있다. 라우팅 테이블에는 VPC의 서브넷 또는 게이트웨이에서 네트워크 트래픽을 보낼 위치를 정의하는 규칙(라우트^{route})이 포함되어 있다.

각 VPC는 하나 이상의 서브넷으로 구성된다. VPC는 리전 서비스이며, 하나 또는 여러 가용 영역에 걸쳐 설정 가능하고, 선택한 리전에 하나 또는 여러 서브넷을 생성해 해당 가용 영역에 첨부한다. 또는 각 AZ에 하나 이상의 서브넷을 추가할 수도 있다. 서브넷은 IP 주소 범위로 정의된다. 또는 각 가용 영역에 여러 개의 서브넷을 추가할 수도 있다. 서브넷은 여러 IP 주소 범위로 정의된다. 각 서브넷의 보안 그룹^{security group}을 통해 우리는 아마존 EC2 인스턴스의 허용된 통신을 지정할 수 있다. 아마존 EC2와 통신을 주고받는 사례로 아마존 세이지메이커 노트북 인스턴스를 예로 들 수 있다.[3] VPC는 또한 피어링을 지원해 계정 내 그리고 계정 간에 보안 연결을 형성할 수도 있다. 가장 인기가 많은 SaaS 제품들은 호스트와 고객 계정 간에 VPC 피어링을 사용한다.

[그림 12-4]는 VPC와 관련 컴포넌트(게이트웨이, 라우팅 테이블, 서브넷, 보안 그룹, 인스턴스 등) 간의 관계를 보여준다.

3 　옮긴이 2_ 세이지메이커 노트북 인스턴스는 EC2와 연계하여 주피터 노트북 환경을 EC2 인스턴스에 구동 및 제공하는 세이지메이커의 머신러닝 개발 환경 서비스다. 따라서 세이지메이커 노트북 인스턴스는 EC2 서비스와의 네트워크 연결이 핵심이며, 우리는 VPC를 이용하여 보안을 강화할 수 있다.

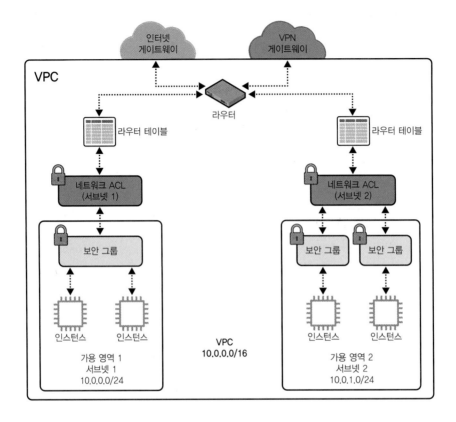

그림 12-4 VPC와 관련 컴포넌트 간의 관계

12.3.2 VPC 엔드포인트 및 프라이빗링크

VPC 엔드포인트는 AWS 프라이빗링크^{PrivateLink} 생태계를 기반으로 한 서비스에 연결할 수 있도록 한다. 이는 대부분의 AWS 서비스뿐만 아니라 제3자 AWS 파트너 및 마켓플레이스 제공을 포함한다. 서비스의 소유자는 '서비스 프로바이더$^{service \ provider}$'이고, 서비스의 소비자는 '서비스 컨슈머$^{service \ consumer}$'다.

VPC 엔드포인트는 사설 IP 주소를 통해 액세스할 수 있는 특정 서브넷에 배치된 일래스틱 네트워크 인터페이스$^{Elastic \ Network \ Interface}$ (ENI)다. VPC 보안 그룹을 통해 해당 ENI에 대한 네트워크 통신을 제어할 수 있다. VPC 엔드포인트 뒤에 있는 리소스에 대한 액세스를 제어하기 위해서는 VPC 엔드포인트 정책을 지정해야 한다.

또한 VPC 엔드포인트를 생성하여 아마존 S3, 세이지메이커, 레드시프트, 아테나, 클라우드워치와 같은 AWS 리소스와 VPC 간에 사설 연결을 설정할 수 있다. 만일 VPC 엔드포인트가 없으면 [그림 12-5]처럼 사설 터널private tunnel이 아닌 공용 인터넷public internet을 통해 이러한 서비스에 안전하게 액세스한다. 이것이 [그림 12-6]과 같이 VPC 엔드포인트를 사용해 사용자가 쓰는 서비스에 액세스해야 하는 이유다.

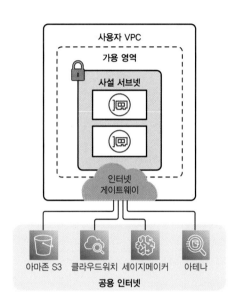

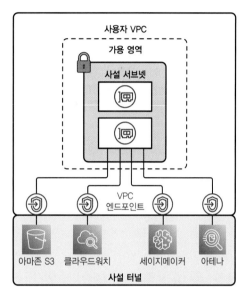

그림 12-5 VPC 엔드포인트가 없으면 사설 VPC는 안전하지만 공용 터널의 공용 인터넷을 통해 다른 AWS 서비스에 접근한다

그림 12-6 VPC 엔드포인트를 이용하면 사설 VPC는 안전한 사설 터널을 통해 다른 AWS 서비스와 통신한다

다행히 아마존 S3, 세이지메이커, 레드시프트, 아테나, 클라우드워치를 포함한 대부분의 서비스는 VPC 엔드포인트를 지원한다. 그러나 VPC 엔드포인트를 제공하지 않는 서드파티 AWS 파트너 또는 마켓플레이스 서비스와 통합할 때는 주의해야 한다. VPC 엔드포인트 없이도 서비스 간 연결이 여전히 안전하지만 완벽한 사설화는 불가능하다.

12.3.3 VPC 엔드포인트 정책으로 아테나 API 제한하기

특정 리소스에 대한 특정 API 호출만 허용하도록 VPC 엔드포인트 정책을 생성할 수도 있다. 예를 들어, 다음과 같이 리소스 기반 정책을 사용해 아테나 VPC 엔드포인트를 특정 작업 그룹 및 아테나 API만 접근 및 사용할 수 있도록 잠근다.

```json
{
  "Statement": [{
    "Principal": "*",
    "Effect": "Allow",
    "Action": [
      "athena:StartQueryExecution",
      "athena:RunQuery",
      "athena:GetQueryExecution",
      "athena:GetQueryResults",
      "athena:CancelQueryExecution",
      "athena:ListWorkGroups",
      "athena:GetWorkGroup",
      "athena:TagResource"
    ],
    "Resource": [
      "arn:aws:athena:<REGION>:<ACCOUNT_ID>:workgroup/<WORKGROUP>"
    ]
  }]
}
```

12.4 아마존 S3 데이터 액세스 보호

오늘날 모든 기업과 개인은 데이터를 안전하게 보호하는 것을 최우선으로 여긴다. 기본적으로 모든 아마존 S3 리소스는 비공개이므로 리소스를 생성한 AWS 계정의 소유자만이 리소스에 액세스할 수 있다. 리소스 소유자는 액세스 정책을 작성하여 선택적으로 다른 사람에게 액세스 권한을 부여할 수 있다.

아마존 S3는 보안 및 액세스 관리를 위해 AWS IAM과 통합된다. 우리는 자격 증명 기반 IAM 정책을 제공하고, 이 정책이 첨부된 IAM 사용자, 그룹 및 역할에 따라 AWS 리소스(S3 버킷 같은)에서 허용 또는 거부되는 작업을 지정할 수 있다는 것을 배웠다. 우리는 또한 버킷의 특정 보안 주체별로 권한을 정의하는 S3 버킷 정책과 같은 리소스 기반 IAM 정책도 제공할 수 있다. 데이터 액세스를 보호하지 않으면 민감한 데이터가 잘못된 대상에게 노출될 위험이 있다.

일반적으로 S3 외에도 다른 서비스에 대한 권한을 정의해야 하거나 권한 요구 사항이 서로 다른 여러 S3 버킷이 있는 경우 우리는 IAM 자격 증명 기반 정책을 사용해야 한다. 그리고 IAM 환경에서 액세스 제어 정책을 유지할 필요가 있을 수 있다.

만일 IAM 역할을 사용하지 않고 S3 환경에 교차 계정cross-account 액세스 권한을 부여하는 간단한 방법이 필요하거나 IAM 정책이 크기 제한에 도달하는 경우 S3 버킷 정책을 사용하는 것이 좋다. 그러면 S3 환경에서 액세스 제어 정책을 유지할 수 있다.

어떤 버킷에 대한 권한을 정의할 때, 우리는 IAM 자격 증명 기반 정책과 S3 버킷 정책을 모두 해당 버킷에 적용할 수 있다. 결과적으로 발급되는 권한은 모든 게 정의된 권한 합집합union에서 최소한으로 추려서 발급된다.

데이터 과학 및 머신러닝 프로젝트를 위한 S3 버킷을 생성할 때 우리는 데이터 분류 및 데이터 액세스 제어 요구 사항에 맞게 별도의 버킷 생성을 고려해야 한다. 지불 카드 산업과 같이 표준 및 제어하에 엄격하게 규제되는 산업의 경우, S3 버킷에 산업 표준 및 제어를 준수하는 별도의 계정을 이용해야 한다. 예를 들어, 민감한 원시 데이터셋은 규정을 준수하는 계정에서만 액세스할 수 있지만, 민감하지 않고 변환 및 마스킹된 데이터셋은 데이터 과학 계정에서 액세스할 수 있게 권한을 조정한다.

다른 팀, 기능 저장소, 모델 아티팩트, 자동화 파이프라인에 대해 별도의 버킷을 만드는 것도 좋은 방법이다. 또한 S3 버킷 버전 관리를 활성화하면 데이터 객체의 여러 버전을 유지하거나 의도하지 않은 사용자의 작업 실수로부터 데이터를 복구할 수 있다. 버전 관리된 S3 버킷을 사용하면 S3 객체 잠금을 활성화할 수도 있다. 이는 객체가 작성된 후 변경되거나 삭제되지 않도록 '한 번 기록하고 여러 번 읽기write-once-readmany(WORM)'를 준수하도록 강제한다. 이는 금융 및 의료 산업에서 규정 준수를 위해 필요하다.

그 밖의 시나리오에서는 요청에 따라 특정 사용자 데이터를 삭제할 수 있어야 한다. 예를 들어, 보편적 데이터 보호 규정General Data Protection Regulation과 같은 수많은 데이터 보호 규정의 중요한 초석인 '**잊힐 권리**right to be forgotten' 규칙을 준수해야 할 수 있다.

사용하는 데이터 저장소에 따라 이를 구현하는 방법은 다양하다. 예를 들어, S3에 저장된 데이터로 아마존 레드시프트 스펙트럼Amazon Redshift Spectrum을 사용하면 데이터 삭제가 필요한 외부 테이블을 임시 아마존 레드시프트 테이블로 복사할 수 있다. 그런 다음 영향을 받은 레코드를 삭제하고, 임시 테이블을 다시 S3에 작성하여 키 이름을 덮어쓴다. 마지막 단계에서 임시 아마존 레드시프트 테이블을 삭제한다. 데이터 삭제 절차를 스케일링하고 자동화하려면 아파치 스파크를 활용하여 데이터 소스에서 데이터를 임시 테이블로 로드하고, 잊힐 권리 규칙을 가진 데이터를 제거하고, 데이터를 원래 데이터 저장소에 다시 쓸 수 있다.

모델이 훈련 및 배포되는 데 쓰였던 데이터를 잊어야 할 경우, 우리는 잊혀야 할 데이터의 계보를 추적하여 해당 데이터로 훈련된 모든 모델을 찾아야 한다. 데이터를 제거한 후 데이터 보호 규정의 세부 사항에 따라 모델을 다시 훈련하고 배포함으로써 모델도 완전히 해당 데이터를 잊도록 해야 한다.

12.4.1 S3 버킷 정책으로 VPC 엔드포인트 요구하기

IAM 역할과 VPC 엔드포인트에 대해 논의한 것을 기반으로, 우리는 특정 S3 버킷에 VPC 엔드포인트를 요구하는 S3 버킷 정책을 첨부하여 버킷에 대한 액세스를 잠글 수 있다.

```
{
    "Version": "2008-10-17",
    "Statement": [
        {
            "Effect": "Deny",
            "Principal": "*",
            "Action": [
                "s3:GetObject",
                "s3:PutObject",
                "s3:ListBucket"
            ],
            "Resource": [
                "arn:aws:s3:::<s3-bucket-name>/*",
                "arn:aws:s3:::<s3-bucket-name>"
            ],
            "Condition": {
                "StringNotEquals": {
                    "aws:sourceVpce": "<S3_VPC_ENDPOINT_ID>"
                }
            }
        }
    ]
}
```

12.4.2 VPC 엔드포인트 정책으로 S3 버킷용 S3 API 제한하기

우리는 또한 S3용 VPC 엔드포인트에 정책을 첨부하고 다음과 같이 특정 S3 버킷에서 S3 API의 하위 집합만 허용할 수도 있다.

```
{
    "Version": "2012-10-17",
    "Statement": [
        {
            "Effect": "Allow",
            "Principal": "*",
            "Action": [
                "s3:GetObject",
                "s3:PutObject",
                "s3:ListBucket"
            ],
            "Resource": [
                "arn:aws:s3:::<S3_BUCKET_NAME>",
                "arn:aws:s3:::<S3_BUCKET_NAME>/*"
            ]
        }
    ]
}
```

12.4.3 S3 버킷 정책으로 특정 VPC에 대한 S3 버킷 액세스 제한하기

S3 버킷을 완전히 잠그는 대신 다음과 같이 지정된 VPC에 대해서만 액세스를 제한할 수 있다.

```
{
    "Version": "2008-10-17",
    "Statement": [{
        "Effect": "Deny",
        "Principal": "*",
        "Action": [
            "s3:ListBucket"
        ],
        "Resource": [
            "arn:aws:s3:::<BUCKET_NAME>"
        ],
        "Condition": {
            "StringNotEquals": {
```

```
                    "aws:sourceVpc": <vpc_id>
                }
            }
        }]
    }
```

이 S3 버킷 정책을 S3 버킷에 첨부하면 지정된 소스 VPC 외부의 모든 액세스 요청이 거부된다. 다음 커맨드로 단순한 S3 리스팅 커맨드를 통해 해당 S3 버킷으로의 액세스 권한을 확인할 수 있다.

```
!aws s3 ls s3://<BUCKET_NAME>
```

액세스가 없을 경우 위 커맨드는 다음과 유사한 오류 메시지를 반환한다.

```
An error occurred (AccessDenied) when calling the ListObjectsV2 operation
```

12.4.4 S3 버킷 정책으로 S3 API 제한하기

S3 버킷 정책을 지정하여 특정 버킷에 대한 S3 API 작업을 제한할 수 있다. 다음은 특정 S3 버킷에 **ListBucket** API 요청을 거부하도록 하는 정책의 예를 보여준다.

```
{
    'Version': '2012-10-17',
    'Statement': [{
        'Sid': '',
        'Effect': 'Deny',
        'Principal': '*',
        'Action': [
            's3:ListBucket'
        ],
        'Resource': [
            'arn:aws:s3:::<BUCKET_NAME>'
        ]
    }]
}
```

다음 커맨드를 실행해 액세스가 거부되는지 확인할 수 있다.

```
!aws s3 ls s3://<BUCKET_NAME>
```

액세스가 거부되면 다음과 유사한 오류 메시지를 반환한다.

```
An error occurred (AccessDenied) when calling the ListObjectsV2 operation
```

12.4.5 IAM 역할 정책을 사용해 S3 데이터 액세스 제한하기

다음 예제는 자격 증명 기반 IAM 정책을 사용해 S3 버킷에 대한 액세스를 제한하는 방법을 보여준다.

```
{
    'Version': '2012-10-17',
    'Statement': [{
        'Sid': '',
        'Effect': 'Deny',
        'Action': [
            's3:ListBucket'
        ],
        'Resource': [
            'arn:aws:s3:::<BUCKET_NAME>'
        ]
    }]
}
```

다음 커맨드를 실행해 액세스가 거부되었음을 확인할 수 있다.

```
!aws s3 ls s3://<BUCKET_NAME>
```

액세스가 거부되면 다음과 유사한 오류 메시지가 표시된다.

```
An error occurred (AccessDenied) when calling the ListObjectsV2 operation
```

12.4.6 IAM 역할 정책으로 특정 VPC에 대한 S3 버킷 액세스 제한하기

다음과 같이 S3 버킷에 대한 액세스를 지정된 가상 사설 클라우드로 제한할 수 있다.

```
{
    'Version': '2012-10-17',
    'Statement': [{
        'Sid': '',
        'Effect': 'Deny',
        'Action': [
            's3:ListBucket'
        ],
        'Resource': [
            'arn:aws:s3:::<BUCKET_NAME>'
        ],
        'Condition': {
            'StringNotEquals': {
                'aws:sourceVpc': <VPC_ID>
            }
        }
    }]
}
```

이 IAM 정책을 역할에 연결하면 이 역할로 시작된 모든 **ListBucket** 요청이 VPC 내에서 시작되어야 하며 그렇지 않으면 거부된다. 다음 커맨드로 액세스가 거부되었음을 확인할 수 있다.

```
!aws s3 ls s3://<BUCKET_NAME>
```

액세스가 거부되면 다음과 유사한 오류 메시지가 표시된다.

```
An error occurred (AccessDenied) when calling the ListObjectsV2 operation
```

12.4.7 S3 액세스 포인트를 사용해 S3 데이터 액세스 제한하기

아마존 S3 액세스 포인트^Amazon S3 Access Point^는 데이터 레이크와 같은 대규모 공유 버킷에 대한 액세스 제어를 단순화한다. 기존에 우리는 고유한 버킷 호스트 이름을 통해 S3 버킷에 액세스하고, 여러 IAM 정책과 단일 버킷 정책의 조합으로 액세스 제어를 정의해야 했다. 공유 데이터셋에 액세스가 필요한 사용자, 팀, 애플리케이션의 수가 증가하는 경우 얼마 안 가서 사용자가 유지해야 하는 환경이 복잡해질 수 있다.

아마존 S3 액세스 포인트는 버킷에 대한 커스텀 경로를 제공하여 데이터 액세스 관리를 간소화한다. 각 버킷에는 액세스 포인트를 통한 모든 요청에 대해 특정 권한 및 네트워크 제어를 시행하는 고유한 호스트 이름 및 IAM 액세스 정책이 첨부된다. 이는 공유 데이터셋에 대한 액세스를 관리하는 데 특히 유용하다.

우리는 또한 사설 네트워크 안에서 우리의 데이터에 방화벽을 추가하는 식으로 추가적 보안을 강화함으로써 모든 액세스 포인트를 VPC로 제한할 수 있다.

예를 들어, 우리가 data-science-on-aws라는 S3버킷과 그 아래로 feature-store 및 data-warehouse라는 하위폴더가 있다고 가정해보자. 데이터 과학 팀은 피처 스토어 데이터에 대한 읽기/쓰기 액세스 권한이 필요하고, 비즈니스 인텔리전스 팀은 해당 버킷에 저장된 데이터에 대한 읽기 액세스 권한이 필요하다.

[그림 12-7]은 S3 액세스 포인트를 사용하지 않는 시나리오의 흐름을 보여준다.

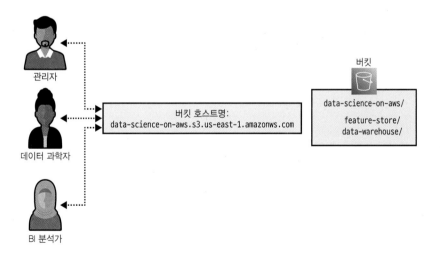

그림 12-7 고유한 버킷 호스트명을 사용해 S3 액세스 포인트 없이 아마존 S3의 객체에 접근한다

단일 S3 버킷 정책은 다음과 같이 구성할 수 있다.

```
"Sid":"PrefixBasedAccessDataScience",
"Effect":"Allow",
"Principal":{"AWS":"arn:aws:iam::123456789012:group/ds},
"Action":["s3:GetObject","s3:PutObject"],
"Resource":"arn:aws:s3:::data-science-on-aws/feature-store/*"
...
"Sid":"TagBasedAccessBusinessIntelligence",
"Effect":"Allow",
"Principal":{"AWS":"arn:aws:iam::123456789012:group/bi},
"Action":["s3:GetObject"],
"Resource":"arn:aws:s3:::data-science-on-aws/data-warehouse/*"
...
```

이제 S3 액세스 포인트를 사용해 이를 단순화하는 방법을 살펴보겠다. 다음 예제 명령은 data-science-on-aws라는 예제 버킷에 AWS CLI 명령을 통해 apl-ds 및 ap2-bi라는 액세스 포인트를 생성한다.

```
aws s3control create-access-point \
    --name ap1-ds \
    --account-id 123456789012 \
    --bucket data-science-on-aws

aws s3control create-access-point \
    --name ap2-bi \
    --account-id 123456789012 \
    --bucket data-science-on-aws
```

액세스 포인트 정책을 통해 우리는 다음과 같이 아이디 넘버가 123456789012인 계정에서 데이터 과학 팀을 위한 IAM 그룹(group/ds)에 특정 권한을 부여할 수 있다. 예를 들어 S3의 feature-store 폴더에 대해 GetObject와 PutObject를 실행할 수 있는 권한을 부여한다. 같은 방법으로 비즈니스 인텔리전스 팀의 IAM 그룹(group/bi)에는 GetObject를 실행할 수 있는 권한만 주고 data-warehouse로부터 읽기 액세스만 허용할 수 있다.

```
{
    "Version":"2012-10-17",
    "Statement": [
    {
        "Effect": "Allow",
        "Principal": {
            "AWS": "arn:aws:iam::123456789012:group/ds"
        },
        "Action": ["s3:GetObject", "s3:PutObject"],
        "Resource":
"arn:aws:s3:us-east-1:123456789012:accesspoint/ap1-ds/
object/feature-store/*"
    }]
}

{
    "Version":"2012-10-17",
    "Statement": [
    {
        "Effect": "Allow",
        "Principal": {
            "AWS": "arn:aws:iam::123456789012:group/bi"
        },
        "Action": ["s3:GetObject"],
        "Resource":
"arn:aws:s3:us-east-1:123456789012:accesspoint/ap2-bi/
object/data-warehouse/*"
    }]
}
```

[그림 12-8]은 S3 액세스 포인트를 사용해 S3 객체에 대한 액세스를 관리하는 방법을 보여
준다.

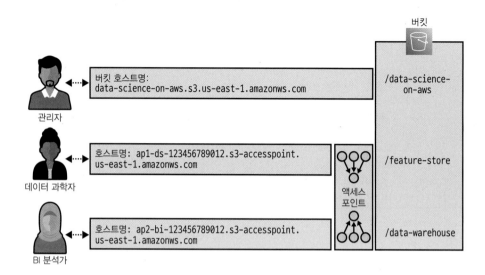

그림 12-8 S3 아마존 S3의 객체에 접근하는 S3 액세스 포인트

S3 액세스 포인트를 통한 S3 버킷의 데이터 객체를 요청하는 AWS CLI 커멘드는 다음과 같이 구성할 수 있다. 참고로 **us-east-1** 리전을 예로 사용하였다. 사용 시 필요에 따라 리전 코드를 변경하면 된다.

```
aws s3api get-object \
    --key sample_us.tsv \
    --bucket arn:aws:s3:us-east-1:123456789012:accesspoint/
ap1-ds feature-store/raw/sample_us.tsv
```

AWS 관리 콘솔, AWS SDK 또는 S3 REST API를 사용해 액세스 포인트가 있는 아마존 S3 버킷의 객체에 액세스할 수도 있다. 애플리케이션이나 사용자가 액세스 포인트를 통해 객체에 액세스할 수 있으려면 액세스 포인트와 기본 버킷 모두에서 사용자 요청을 허용해야 한다.

12.5 저장 시 암호화

데이터가 암호화되지 않으면 액세스 권한이 있는 모든 사람이 데이터를 읽을 수 있다. 데이터가 조직 내부 또는 외부의 악의적인 공격자의 손에 유출될 경우를 대비하여 모든 데이터를 추가 보호 계층으로 암호화해야 한다.

기본적으로 세이지메이커는 AWS 키 관리 서비스Key Management Service(AWS KMS)와 통합되어 대칭 또는 비대칭 고객 마스터 키customer master key(CMK)를 사용해 저장 데이터를 암호화한다. 주요 AWS KMS 리소스인 고객 마스터 키는 마스터 키의 논리적 표현이며 ID, 설명, 생성 날짜, 키 상태와 같은 메타데이터를 포함한다. 고객 마스터 키에는 '고객 관리형', 'AWS 관리형', 'AWS 소유형' 총 세 가지 유형이 있다. 이 유형들은 키를 관리하는 사람, 키 메타데이터에 액세스할 수 있는 사람, 키가 자동으로 순환되는 빈도, 계정 간에 키 범위가 지정되는 방식에 따라 분류된다. 다음 [표 12-1]이 CMK 유형의 개요를 보여준다.

표 12-1 고객 마스터 키 유형

CMK 형식	CMK 메타데이터 보기 여부	CMK 관리 여부	AWS 계정에만 사용	자동 회전
고객 관리형 CMK	예	예	예	365일(1년) 선택 사항
AWS 관리형 CMK	예	아니오	예	1095일(3년)마다 요구
AWS 소유 CMK	아니오	아니오	아니오	다양

우리는 아마존 S3, 아마존 EC2 인스턴스 디스크, 네트워크에 연결된 아마존 일래스틱 블록 스토어Amazon Elastic Block Store(아마존 EBS), 분산 아마존 EFS를 포함한 모든 스토리지 볼륨에 대해 기본 암호화를 활성화해야 한다. 또한 이러한 스토리지 볼륨에 암호화되지 않은 데이터가 업로드되는 것을 방지하기 위해 거부 정책을 사용하는 것이 좋다. 주피터 노트북, 변환된 피처, 훈련된 모델, 일괄 예측, 엔드포인트 예측을 포함한 모든 데이터 아티팩트를 암호화해야 한다. 아마존 ECR에 저장된 도커 이미지와 데이터 처리 및 모델 훈련 중에 사용되는 임시 '스크래치scratch' 로컬 스토리지 및 아마존 EBS 볼륨 또한 암호화하는 것을 잊지 말아야 한다.

12.5.1 AWS KMS 키 생성하기

먼저 우리가 예제용으로 사용 중인 스토리지 볼륨을 암호화하기 위해 AWS KMS로 키를 생성해보자.

```
kms = boto3.Session().client(service_name='kms', region_name=region)

key_response = kms.create_key()

key_id = key_response['KeyMetadata']['KeyId']
```

12.5.2 모델 훈련 중 아마존 EBS 볼륨 암호화하기

다음 예제는 세이지메이커 트레이닝 구성에 volume_kms_key 파라미터를 통해 KMS 키를 전달하여 세이지메이커 인스턴스의 아마존 EBS 볼륨을 암호화하는 방법을 보여준다.

```
estimator = TensorFlow(entry_point='tf_bert_reviews.py',
                       role=role,
                       instance_count=1,
                       instance_type='ml.p4d.24xlarge',
                       framework_version='<TENSORFLOW_VERSION>',
                       volume_kms_key=key_id)

estimator.fit(inputs)
```

12.5.3 훈련 후 S3에 저장된 모델 암호화하기

다음 예제는 S3에서 훈련된 모델을 포함하여 생성된 출력 애셋을 암호화하기 위해 세이지메이커 트레이닝 구성의 output_kms_key 파라미터에 KMS 키를 전달하여 암호화를 적용하는 방법을 보여준다.

```
estimator = TensorFlow(
    entry_point='tf_bert_reviews.py',
    source_dir='src',
    role=role,
    instance_count=1,
    instance_type='ml.p4d.24xlarge',
    framework_version='<TENSORFLOW_VERSION>',
    output_kms_key=key_id)

estimator.fit(inputs)
```

12.5.4 AWS KMS로 암호화 키 저장하기

AWS KMS는 암호화 작업에 사용되는 키를 쉽게 생성하고 제어할 수 있는 관리형 서비스다. 아마존 S3에서 AWS KMS를 사용해 미사용 데이터 암호화data-at-rest encryption[4]를 구현하는 방법에는 두 가지가 있다. 서버 측 암호화를 사용해 마스터 키로 데이터를 보호하거나, AWS KMS의 고객 마스터 키를 아마존 S3 암호화 클라이언트와 함께 사용해 클라이언트 측에서 데이터를 보호할 수 있다.

서버 측 암호화는 다음과 같은 옵션들을 제공한다.

SSE-S3

아마존 S3가 데이터 및 마스터 암호화 키를 관리한다.

SSE-C

사용자가 암호화 키를 관리한다.

SSE-KMS

AWS가 데이터 키를 관리하고, 사용자는 AWS KMS에서 AWS KMS에서 고객 마스터 키(CMK)를 관리한다.

12.5.5 업로드된 S3 객체에 대해 S3 암호화 시행하기

특정 아마존 S3 버킷의 모든 저장 데이터 객체에 대한 서버 측 암호화를 요구하려면, 우리는 저장 버킷 정책을 설정해야 한다. 예를 들어, 다음 버킷 정책은 x-amz-server-side-encryption 헤더가 SSE-KMS를 요청하지 않은 경우 모든 사용자에게 데이터 객체 업로드(s3:PutObject) 권한을 거부한다.

```
{
    "Version": "2012-10-17",
    "Id": "DenyIncorrectEncryptionalgorithmAES256",
```

---

4 옮긴이 1_ 미사용 데이터 암호화란 활성화되지 않은 비활성화 데이터로써 사용하지 않는 데이터를 암호화한다는 것을 의미한다.

```
    "Statement": [
        {
            "Sid": "DenyUnencryptedObjectUploads",
            "Effect": "Deny",
            "Principal": "*",
            "Action": "s3:PutObject",
            "Resource": "arn:aws:s3:::<bucket_name>/*",
            "Condition": {
                "StringNotEquals": {
                    "S3:x-amz-server-side-encryption": "aws:kms"
                }
            }
        }
    ]
}
```

이 경우 S3는 모든 객체를 저장하기 전에 암호화하고 검색한 후 모든 객체를 해독한다. 이 암호화 및 암호 해독 프로세스는 백그라운드에서 원활하게 수행된다. 우리가 객체를 업로드할 때, `x-amz-server-side-encryption-aws-kms-key-id` 헤더를 사용하여 AWS KMS CMK를 지정할 수 있다. 헤더가 요청에 없으면 아마존 S3는 AWS 관리형 CMK를 가정한다.

12.5.6 세이지메이커 작업에 대한 저장 시 암호화 시행하기

다음 IAM 정책은 아마존 일래스틱 블록 스토리지Amazon Elastic Block Store (아마존 EBS)의 볼륨 암호화 없이 세이지메이커 작업 생성을 허용하지 않는다.

```
{
  "Sid": "SageMakerJobVolumeEncryption",
  "Effect": "Deny",
  "Action": [
    "sagemaker:CreateTrainingJob"
  ],
  "Resource": "*",
  "Condition": {
    "Null": {
      "sagemaker:VolumeKmsKey": "true"
    }
  }
}
```

12.5.7 세이지메이커 노트북에 대한 저장 시 암호화 시행하기

다음 IAM 정책은 아마존 EBS의 볼륨 암호화 없이 세이지메이커 노트북 인스턴스 생성을 허용하지 않는다.

```
{
  "Sid": "SageMakerNotebookVolumeEncryption",
  "Effect": "Deny",
  "Action": [
    "sagemaker:CreateNotebookInstance",
    "sagemaker:UpdateNotebookInstance"
  ],
  "Resource": "*",
  "Condition": {
    "Null": {
      "sagemaker:VolumeKmsKey": "true"
    }
  }
}
```

12.5.8 세이지메이커 스튜디오에 대한 저장 시 암호화 시행하기

다음의 IAM 정책은 아마존 일래스틱 파일 시스템Amazon Elastic File System (아마존 EFS) 볼륨 암호화 없이 세이지메이커 스튜디오 도메인 생성을 허용하지 않는다.

```
{
  "Sid": "SageMakerStudioVolumeEncryption",
  "Effect": "Deny",
  "Action": [
    "sagemaker:CreateDomain"
  ],
  "Resource": "*",
  "Condition": {
    "Null": {
      "sagemaker:HomeEfsFileSystemKmsKey": "true"
    }
  }
}
```

12.6 전송 중 암호화

기본적으로 모든 공개 AWS API 호출은 안전한 전송 계층 보안Transport Layer Security (TLS) 암호화 터널을 통해 이루어진다. 예를 들어, 세이지메이커와 S3 사이에서 모든 네트워크 트래픽은 전송 중 암호화가 기본적으로 적용된다. 이 암호화가 없으면 데이터가 일반 텍스트로 네트워크를 통해 이동할 때 공격자가 데이터를 갈취할 수 있다. 이런 상황은 조직 내외에서 언제 어디서든 일어날 수 있다.

전송 중인 데이터의 보안을 위해 세이지메이커는 분산 훈련 및 하이퍼파라미터 튜닝(HPT) 작업에 대한 컨테이너 간 암호화를 지원한다. 훈련 인스턴스 간에 전달되는 정보는 일반적으로 모델 가중치, 메타데이터, 훈련 데이터 자체로 구성되며 이 설정을 활성화하면 규정 요구 사항을 충족하고 데이터 보호 기능을 추가하는 데 도움이 된다.

12.6.1 KMS를 사용한 전송 중인 양자 내성 TLS 암호화하기

AWS KMS는 TLS 암호화 키 교환을 위한 양자 저항quantum-resistant 또는 '양자 내성post-quantum' 옵션을 지원한다. 기존 TLS 암호화는 오늘날 키 교환 메커니즘에 대한 무차별 대입 공격brute force attack을 방지하기에 충분하지만, 대규모 양자 컴퓨터가 상용화되면 머지않아 취약해질 수 있다.

AWS KMS는 카이버Kyber[5], 「Bit Flipping Key Encapsulation」[6], 「Supersingular Isogeny Key Encapsulation」[7]을 포함하여 양자 내성 TLS 암호화를 위한 다양한 키 교환 알고리즘을 제공한다. [그림 12-9]는 고전 방식의 TLS 1.2와 양자 내성 TLS 1.2의 차이점을 보여준다.

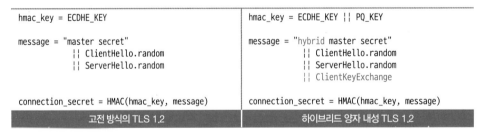

그림 12-9 고전 방식 및 양자 내성 TLS 1.2

---

5 *https://oreil.ly/TPVel*

6 *https://bikesuite.org*

7 *https://sike.org*

이러한 양자 내성 키 교환 메커니즘은 추가 계산으로 인한 오버헤드를 발생시키므로 성능에 영향을 미친다. 따라서 프로덕션에 배포하기 전에 항상 이러한 알고리즘의 성능을 충분히 테스트해야 한다.

12.6.2 훈련 클러스터 컨테이너 간의 트래픽 암호화하기

분산 모델 훈련 작업의 경우 분산 훈련 클러스터의 컨테이너 간 네트워크 트래픽을 선택적으로 암호화할 수 있다. 컨테이너 간 암호화는 훈련 시간을 증가시킬 수 있지만 민감한 데이터 유출을 방지하려면 이 설정을 활성화해야 한다.

다음은 encrypt_inter_container_traffic=True 플래그를 사용해 컨테이너 간 통신을 암호화하는 방법의 예제다.

```python
from sagemaker.tensorflow import TensorFlow

estimator = TensorFlow(entry_point='tf_bert_reviews.py',
                       source_dir='src',
                       role=role,
                       instance_count=2,
                       instance_type='ml.p4d.24xlarge',
                       framework_version='<TENSORFLOW_VERSION>',
                       encrypt_inter_container_traffic=True)
```

12.6.3 세이지메이커 작업에 대해 컨테이너 간 암호화 시행하기

다음 정책은 컨테이너 간 트래픽 암호화가 활성화되어 있지 않으면 세이지메이커 트레이닝을 허용하지 않는다.

```json
{
  "Sid": "SageMakerInterContainerTrafficEncryption",
  "Effect": "Deny",
  "Action": [
    "sagemaker:CreateTrainingJob"
  ],
  "Resource": "*",
  "Condition": {
```

```
    "Bool": {
      "sagemaker:InterContainerTrafficEncryption": "false"
    }
  }
}
```

12.7 세이지메이커 노트북 인스턴스 보호

VPC 내부에서 세이지메이커 노트북 인스턴스를 실행함으로써, 우리는 외부로부터 민감한 주피터 노트북들에 대한 접근을 차단하기 위해 네트워크 및 컴퓨팅 격리를 생성할 수 있다. 세이지메이커 노트북에는 일반적인 소프트웨어 소스 파일과 달리 데이터셋을 설명하는 시각화 및 요약 통계와 같은 출력이 포함되어 있는 경우가 많다. 이는 데이터 자체만큼이나 민감하다.

> **NOTE**_데이터 과학 팀을 위해 세이지메이커 노트북 인스턴스에 대한 중앙 집중식 관리형 셀프 서비스 액세스를 구현하려는 경우, AWS 서비스 카탈로그^AWS Service Catalog를 사용해 세이지메이커 노트북 인스턴스를 제품으로 정의하고 필요한 모든 보안 정책을 사전에 구성할 수 있다.

세이지메이커 노트북 인스턴스를 생성할 때 다음과 같이 서브넷 ID와 보안 그룹을 지정하여 사설 VPC에 연결할 수 있다.

```
sm.create_notebook_instance(
    NotebookInstanceName='dsoaws',
    InstanceType='ml.t3.medium',
    SubnetId='<SUBNET_ID>',
    SecurityGroupIds=[
        '<SECURITY_GROUP_IDS>',
    ],
    RoleArn='arn:aws:iam::<ACCOUNT_ID>:role/service-role/<ROLE_NAME>',
    KmsKeyId='<KEY_ID>',
    DirectInternetAccess='Disabled',
    VolumeSizeInGB=10,
    RootAccess='Disabled'
)
```

12.7.1 세이지메이커 노트북 내부의 루트 액세스 거부하기

이 예제에서는 세이지메이커 실행 IAM 역할과 KMS 키도 지정하여 연결된 볼륨을 암호화하고 세이지메이커 노트북에서 직접 인터넷 액세스를 비활성화하며 사용자의 루트 액세스를 비활성화하는 법을 보여준다. 사용자가 루트 액세스가 활성화된 세이지메이커 노트북 인스턴스를 생성하지 못하도록 제한하려는 경우 다음 IAM 정책을 세이지메이커 실행 역할에 첨부하면 된다.

```
{
  "Sid": "DenyRootAccess",
  "Effect": "Deny",
  "Action": [
    "sagemaker:CreateNotebookInstance",
    "sagemaker:UpdateNotebookInstance"
  ],
  "Resource":     "*",
  "Condition": {
    "StringEquals": {
      "sagemaker:RootAccess": [
        "Enabled"
      ]
    }
  }
}
```

12.7.2 세이지메이커 노트북에 대한 인터넷 액세스 비활성화하기

또 다른 모범 사례는 데이터에 액세스할 수 있는 가상 사설 클라우드(VPC)와의 인터넷 액세스를 비활성화하는 것이다. 우리는 별도의 공유 서비스 VPC를 통해 외부 프로젝트 종속성을 제공할 수 있다. 예를 들어, 이 공유 서비스 VPC는 우리가 승인한 파이썬 패키지를 PyPI 미러링을 통해 호스팅할 수 있다. 다음 예제 IAM 정책은 직접 인터넷 액세스가 활성화된 세이지메이커 노트북 인스턴스 생성을 허용하지 않는다.

```
{
  "Sid": "PreventDirectInternet",
  "Effect": "Deny",
  "Action": "sagemaker:CreateNotebookInstance",
```

```
      "Resource":     "*",
      "Condition": {
        "StringEquals": {
          "sagemaker:DirectInternetAccess": [
            "Enabled"
          ]
        }
      }
    }
  }
```

12.8 세이지메이커 스튜디오 보안

세이지메이커 스튜디오를 VPC로 잠금으로써 외부 공격자가 민감한 데이터(예: 데이터셋을 설명하는 시각화 및 요약 통계)가 포함된 포함된 노트북에 액세스하는 것을 방지할 수 있다. 세이지메이커 스튜디오는 IAM 및 싱글 사인온^{single sign-on}(SSO) 인증 및 권한 부여 메커니즘도 지원한다. IAM 및 싱글 사인온을 사용하면 최소 권한 보안 원칙을 사용해 제한된 수의 개인 또는 그룹으로 세이지메이커 스튜디오 액세스를 제한할 수 있다. IAM 및 싱글 사인온 인증 및 권한 부여가 없으면 외부 공격자가 노트북 및 다른 스튜디오 애셋에 액세스할 수 있다.

12.8.1 세이지메이커 스튜디오용 VPC 요청하기

우리는 `AppNetworkAccessType` 파라미터를 `VpcOnly` 값으로 설정하여 VPC를 통해서만 세이지메이커 스튜디오 액세스를 하도록 보안 설정할 수 있다. 이 배포 설정은 VPC의 리소스가 VPC 엔드포인트를 사용해 세이지메이커 스튜디오 서비스와 통신할 수 있도록 하는 일래스틱 네트워크 인터페이스(ENI)를 생성한다. 또한 VPC 엔드포인트에서 생성한 일래스틱 네트워크 인터페이스에 보안 그룹을 적용하여 통신을 추가로 제어할 수 있다.

다음 IAM 정책 예제는 세이지메이커 스튜디오 도메인이 사설 VPC 외부에서 생성되는 것을 허용하지 않는다.

```
{
  "Sid": "PreventDirectInternetforStudio",
  "Effect": "Allow",
  "Action": "sagemaker:CreateDomain",
  "Resource":    "*",
  "Condition": {
    "StringEquals": {
      "sagemaker:AppNetworkAccessType": [
        "VpcOnly"
      ]
    }
  }
}
```

VpcOnly 모드를 사용하면 모든 세이지메이커 스튜디오 트래픽이 지정된 VPC 및 서브넷을 통해 라우팅된다. 기본 설정은 PublicInternetOnly이며, 모든 아마존 EFS 트래픽을 AWS가 관리하는 서비스 VPC를 통해 인터넷에 연결한다.

우리는 도메인 생성 중에 세이지메이커 스튜디오에 대한 IAM 역할을 정의해야 한다. App NetworkAccessType=VpcOnly를 세이지메이커 도메인 구성에 추가하여 네트워크 통신을 위한 사설 VPC를 지정하고, 관련 서브넷 ID와 VPC ID를 제공해야 한다. 또한, KMS 키를 전달하여 세이지메이커 스튜디오에서 설정한 아마존 EFS 볼륨을 암호화할 수도 있다.

다음은 세이지메이커 스튜디오 도메인, 사용자 프로필, 세이지메이커 스튜디오 앱을 프로그래밍 방식으로 생성하는 방법을 보여주는 코드 예제다.

```
sagemaker.create_domain(DomainName='default',
                        AuthMode='IAM',
                        DefaultUserSettings={
                            'ExecutionRole': <ROLE_ARN>,
                            'SecurityGroups': <SECURITY_GROUP_IDS>,
                        },
                        SubnetIds='<SUBNET_IDS>',
                        VpcId='<VPC_ID>',
                        AppNetworkAccessType='VpcOnly',
                        KmsKeyId='<EFS_KMS_KEY_ID>')

sagemaker.create_user_profile(DomainId=domain_id,
                              UserProfileName='default')
```

```
sagemaker.create_app(DomainId=domain_id,
                     UserProfileName='default',
                     AppType='JupyterServer',
                     AppName='default')
```

12.8.2 세이지메이커 스튜디오 인증하기

세이지메이커 스튜디오는 사용자 인증을 위해 SSO와 IAM 두 가지 인증 모드를 모두 지원한다. SSO 모드는 연합 자격 증명 풀^{federated identity pool}을 사용자들과 매핑한다. IAM 모드의 경우, 세이지메이커 스튜디오는 AWS IAM과 완전히 통합되며, 우리가 설정한 IAM 사용자, 역할 및 정책 구성을 따른다. [그림 12-10]은 사용자의 계정 및 VPC를 세이지메이커 서비스 계정 및 플랫폼 VPC 와 사설 터널(서브넷)으로 연결해 세이지메이커 스튜디오 구동을 인증하는 과정을 보여준다.

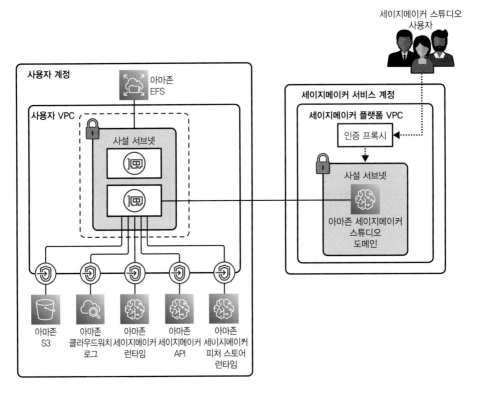

그림 12-10 사용자 VPC 및 세이지메이커 플랫폼 VPC 전반에 걸친 세이지메이커 스튜디오용 고수준 네트워크 아키텍처

12.9 세이지메이커 작업과 모델 보안

S3 버킷에 대한 데이터 액세스를 제한하기 위한 (12.1절에서 살펴봤던) 가드레일과 유사하게, 서비스 수준 IAM 역할을 사용해 세이지메이커 작업에 대한 권한을 정의하여 IAM 사용자/그룹/역할의 권한을 제한할 수도 있다. 또한 세이지메이커 작업이 S3 버킷 등의 특정 리소스에만 액세스하도록 제한할 수도 있다. 그리고 외부 공격자가 컴퓨트 노드에 저장된 데이터에 액세스하거나 네트워크를 통해 이동하는 데이터를 갈취하는 것을 방지하는 데 필요한 컴퓨트 및 네트워크 격리를 제공하기 위해 사설 VPC에서 세이지메이커 작업을 실행하도록 요구할 수 있다.

12.9.1 세이지메이커 작업에 VPC 요구하기

다음과 같이 세이지메이커가 VPC 없이 리소스를 생성하도록 요구하는 IAM 정책을 지정할 수 있다.

```
{
  "Sid": "SageMakerJobsVPC",
  "Effect": "Deny",
  "Action": [
    "sagemaker:CreateTrainingJob"
  ],
  "Resource": "*",
  "Condition": {
    "Null": {
      "sagemaker:VpcSubnets": "true",
      "sagemaker:VpcSecurityGroupIds": "true"
    }
  }
}
```

다음은 세이지메이커 트레이닝에 `subnets`와 `security_group_id`를 제공하여 사설 VPC에 연결하는 방법의 예제다.

```
from sagemaker.tensorflow import TensorFlow
```

```python
estimator = TensorFlow(
                entry_point='tf_bert_reviews.py',
                source_dir='src',
                role=role,
                instance_count=1,
                instance_type='ml.p4d.24xlarge',
                py_version='<PYTHON_VERSION>',
                framework_version='<TENSORFLOW_VERSION>',
                hyperparameters={...},
                subnets=[
                        "<SUBNET_ID>"
                ],
                security_group_ids=[
                        "<SECURITY_GROUP_ID>"
                ]
)
```

이 설정을 통해 세이지메이커는 일래스틱 네트워크 인터페이스를 생성하여 훈련 컨테이너를 지정된 VPC에 연결한다.

우리는 또한 다음과 같이 IAM 정책을 통해 특정 VPC 환경을 설정할 수 있다.

```json
{
    "Version": "2012-10-17",
    "Statement": [
        {
            "Sid": "SageMakerJobsVPC",
            "Effect": "Deny",
            "Action": [
                "sagemaker:CreateTrainingJob"
            ],
            "Resource": "*",
            "Condition": {
                "StringNotEquals": {
                    "sagemaker:VpcSecurityGroupIds":
                            "<SECURITY_GROUP_IDS>",
                    "sagemaker:VpcSubnets": [
                            "<SUBNET_ID>",
                            "<SUBNET_ID>"
                    ]
                }
            }
        }
```

```
        }
    ]
}
```

VPC 내에서 훈련 작업을 실행하기 전에 우리는 VPC 내에 설정된 S3 VPC 엔드포인트 또는
네트워크 주소 변환Network Address Translation (NAT) 장치를 통해 VPC가 S3에 액세스할 수 있는지
확인해야 한다. 여기에는 서브넷 라우팅 테이블, 보안 그룹, 네트워크 액세스 제어 리스트access
control list (ACL) 등을 포함한다. 설정이 제대로 되지 않으면 다음과 같은 오류가 반환된다.

```
UnexpectedStatusException: Error for Training job: Failed. Reason: ClientError:
Data download failed:Please ensure that the subnet's route table has a route to
an S3 VPC endpoint or a NAT device, both the security groups and the subnet's
network ACL allow outbound traffic to S3.
```

앞장의 IAM 정책 예제를 이용하면, 우리는 지정된 VPC 서브넷 ID 및 보안 그룹 외부의 사용
자가 요청하는 세이지메이커 오토파일럿 작업, 훈련 작업, 프로세싱 작업 또는 하이퍼파라미터
튜닝 작업의 실행과 모델 생성을 명시적으로 거부한다.

VPC 파라미터를 지정하지 않고 세이지메이커 트레이닝을 실행해보자.

```
from sagemaker.tensorflow import TensorFlow

estimator = TensorFlow(
            entry_point='tf_bert_reviews.py',
            source_dir='src',
            role=role,
            instance_count=1,
            instance_type='ml.p4d.24xlarge',
            py_version='<PYTHON_VERSION>',
            framework_version='<TENSORFLOW_VERSION>',
            hyperparameters={...},
)

estimator.fit(inputs={...})
```

그러면 다음과 같은 클라이언트 오류가 반환된다.

```
ClientError: An error occurred (AccessDeniedException) when calling the
CreateTrainingJob operation: User: arn:aws:sts::<ACCOUNT_ID>:assumed-role/<ROLE>/
SageMaker is not authorized to perform: sagemaker:CreateTrainingJob on resource:
arn:aws:sagemaker:<REGION>:<ACCOUNT_ID>:training-job/<JOB>
with an explicit deny
```

[그림 12-11]은 세이지메이커 트레이닝이 17:56 UTC에 시작 및 중지된 것을 보여준다.

Status history   ✕

Status	Start time	End time	Description
Starting	Dec 18, 2020 17:56 UTC	Dec 18, 2020 17:56 UTC	Launching requested ML instances
Stopping	Dec 18, 2020 17:56 UTC	Dec 18, 2020 17:56 UTC	Stopping the training job
Stopped	Dec 18, 2020 17:56 UTC	Dec 18, 2020 17:56 UTC	Training job stopped

그림 12-11 정책을 준수하지 않아 세이지메이커 트레이닝이 중지됨

12.9.2 세이지메이커 작업에 대한 네트워크 격리 요구하기

모델 훈련 작업을 완전히 격리해야 할 경우, 우리는 모델 훈련을 수행하는 컨테이너에 대해 네트워크 격리를 활성화할 수 있다. 이러한 경우에 컨테이너는 아마존 S3에 대한 API 호출을 포함하여 모든 아웃바운드 네트워크 통신이 제한되고 로컬 아마존 EBS 볼륨만 통신할 수 있다. 훈련 작업에 필요한 모든 입출력 데이터는 암호화해야 하는 컨테이너의 로컬 아마존 EBS 볼륨에 저장되어야 한다.

또한 네트워크 격리가 활성화된 경우 컨테이너 런타임 환경에서 AWS 자격 증명을 사용할 수 없다. 분산 훈련을 실행하는 경우, 네트워크 통신은 훈련 클러스터의 컨테이너로 제한되며 암호화도 가능하다.

네드워크 격리 모드에서 세이지메이커 작업들을 실행하면 데이터 유출 위험에 대한 강력한 보안을 적용할 수 있다. 그러나 특정 AWS 리소스로의 트래픽을 제한하기 위해 네트워크 격리가 반드시 필요한 것은 아니다. 예를 들어, VPC 내의 S3 같은 리소스의 트래픽에 네트워크 격리 대신 VPC 서브넷 및 보안 그룹 구성을 사용할 수 있다.

다음 IAM 정책 예제는 네트워크 격리가 비활성화된 경우 세이지메이커 작업 생성을 거부한다.

```
{
  "Sid": "SageMakerNetworkIsolation",
  "Effect": "Deny",
  "Action": [
    "sagemaker:CreateTrainingJob"
  ],
  "Resource": "*",
  "Condition": {
    "Bool": {
      "sagemaker:NetworkIsolation": "false"
    }
  }
}
```

컨테이너 외부의 리소스에 액세스하려고 하면 다음과 같은 `NoCrendtialsError`가 반환된다.

```
botocore.exceptions.NoCredentialsError: Unable to locate credentials
```

훈련 컨테이너는 네트워크 격리로 인해 S3에 직접 액세스할 수 없지만, 세이지메이커 런타임은 여전히 S3와 훈련 컨테이너가 실행 중인 기본 세이지메이커 인스턴스 간에 데이터를 복사할 수 있다. 컨테이너는 S3 데이터를 훈련 인스턴스에 복사한 후 세이지메이커가 마운트한 /opt/ml/input 디렉터리를 통해 훈련 데이터에 계속 액세스할 수 있다. 마찬가지로 훈련된 모델은 /opt/ml/output에 배치되며, 세이지메이커는 [그림 12-12]와 같이 이를 S3에 복사한다.

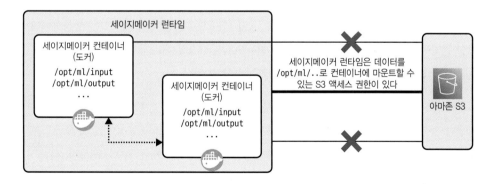

그림 12-12 네트워크 격리는 세이지메이커가 S3의 데이터를 훈련 컨테이너에 마운팅하는 것을 방지하지 않는다

우리는 여기서 추가적인 IAM 또는 S3 버킷 정책을 통해 세이지메이커 런타임의 S3 액세스를 제한할 수 있다. 또한 네트워크 격리 모드를 VPC와 함께 조합하여 사용할 수 있으며, 이 경우 데이터 다운로드 및 업로드가 VPC 서브넷을 통해 라우팅된다. 모델 훈련 컨테이너는 VPC 또는 인터넷의 리소스로의 액세스 없이 계속 격리된다.

12.10 AWS 레이크 포메이션 보호

AWS 레이크 포메이션^{AWS Lake Formation}은 지정된 보안 주체에게 데이터 행 및 컬럼 단위의 세분화된 액세스 제어를 제공한다. AWS 레이크 포메이션을 사용해 테이블, 행 및 열에 대한 권한과 S3 버킷, 접두사 및 개체에 대한 권한을 지정할 수 있다. 레이크 포메이션의 '데이터 허가^{data permission}' UI를 사용하면 사용자에게 부여된 모든 정책을 대시보드에서 한눈에 분석할 수 있다.

레이크 포메이션은 모든 데이터 액세스 이벤트를 실시간으로 모니터링하고 기록한다. 우리는 민감한 데이터에 대한 액세스가 감지될 때 알림을 받도록 설정할 수 있다. 실시간 대시보드 및 알림을 검토하는 것 외에도 오프라인 감사 및 보고를 위해 데이터 액세스 로그를 추출할 수도 있다.

12.11 AWS 시크릿 매니저를 통한 데이터베이스 자격 증명 보안

우리는 스크립트, 애플리케이션 또는 주피터 노트북에 자격 증명 정보를 절대 일반 텍스트로 하드코딩해서는 안 된다. 사용자 이름, 암호, API 키가 노출되면 보안 취약성을 생성하여 악의적인 공격이나 데이터 침해로 이어진다. 우리는 AWS 시크릿 매니저^{Secrets Manager}에 크리덴셜을 저장 및 검색하는 방식으로 자격 증명 보안을 강화할 수 있다.

시크릿 매니저는 AWS KMS를 사용해 비밀 정보를 암호화하고 AWS IAM 정책을 활용하여 저장된 자격 증명에 대한 액세스를 제어한다. 자격 증명을 수동으로 교체하는 것 외에도 시크릿 매니저를 사용해 자격 증명 교체를 스케줄링할 수도 있다. 아마존 RDS, 오로라, 레드시프트를 비롯한 많은 AWS 데이터베이스가 시크릿 매니저와 통합되어 있다. 이러한 데이터베이스의 경우 우리는 쿼리를 실행할 때 고유한 ARN을 함께 지정해줘야 한다. 그러면 AWS는 사용자 이름, 암호, API 키를 노출하지 않고 백그라운드에서 자격 증명 정보를 검색하고 검증한다.

12.12 거버넌스

여기까지 우리는 보안 정책을 준수 및 시행하는 데 필요한 설정을 구현하는 몇 가지 메커니즘을 설명했다. 앞선 예제들은 하나의 AWS 계정 내에서 IAM 사용자, 역할, 정책을 이용해 제어하는 방법을 보여주었다. 더 나아가, AWS 계정 및 리전에 걸쳐 보안 및 거버넌스를 구현하려는 경우 AWS 오거니제이션AWS Organizations, AWS 컨피그AWS Config, 다중 계정 환경을 활용해야 한다.

AWS 오거니제이션을 사용하면 서비스 제어 정책service control policy(SCP)을 정의할 수 있다. 이를 통해 조직의 모든 계정에 대해 사용 가능한 최대 권한을 중앙 집중식으로 제어할 수 있다. 새롭고 안전한 다중 계정 AWS 환경을 설정해야 하는 경우 AWS 컨트롤 타워AWS Control Tower를 사용할 수도 있다.

AWS 컨피그를 사용해 모범 사례 및 커스텀 정책에 따라 여러 계정의 AWS 리소스 구성 설정을 평가할 수 있다. AWS 컨피그는 구성 설정이 규정을 준수하지 않는 경우 경고를 보낸다.

또한 다중 계정 설정을 적용하여 데이터 과학 프로젝트의 단계별 거버넌스와 보안을 개선할 수 있다. 예를 들면, 데이터 과학, 스테이징, 프로덕션 환경으로 모델을 배포하는 워크플로우를 여러 단계로 분리하고, 각 단계에 적절한 권한 정책이 첨부된 계정을 배정할 수 있다.

12.12.1 AWS 컨트롤 타워로 안전한 다중 계정 AWS 환경 보안하기

AWS 컨트롤 타워를 사용하면 몇 번의 클릭만으로 새롭고 안전한 다중 계정 AWS 환경을 설정하고 관리할 수 있다. 또한 AWS 컨트롤 타워를 사용해 다중 계정 구조, 자격 증명, 액세스 관리, 계정 프로비저닝 워크플로우에 대한 모범 사례 청사진을 활용해 AWS 환경 설정을 자동화할 수 있다.

12.12.2 AWS 오거니제이션으로 계정 관리하기

AWS 오거니제이션은 여러 AWS 계정을 하나의 조직으로 통합할 수 있는 계정 관리 서비스다. 회사 조직에 매핑된 모든 계정을 중앙에서 관리할 수 있다.

특정한 AWS 계정을 그룹화해야 하는 경우 조직 구성 단위organization unit(OU)를 생성하고 관련 계정을 추가해 각 OU에 서로 다른 정책을 첨부할 수 있다. [그림 12-13]은 개별 계정을 OU로 그룹화하고 정책을 연결하는 방법을 보여준다.

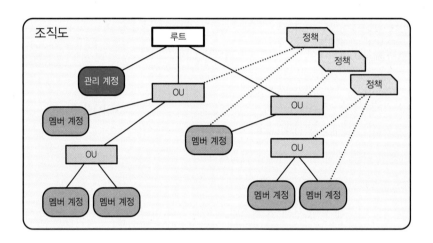

그림 12-13 조직 구성 단위(OU), 멤버 계정 및 정책이 있는 AWS 오거니제이션

12.12.3 서비스 제어 정책(SCP)으로 계정 수준 권한 적용하기

AWS 오거니제이션을 사용하면 서비스 제어 정책(SCP)을 지정하여 조직의 멤버 계정에 대한 권한을 정의할 수 있다. 서비스 제어 정책을 활용하여 여러 AWS 계정 전반에 걸쳐 보안 제어를 구현 및 시행할 수 있다.

서비스 제어 정책을 활용하여 매핑된 AWS 멤버 계정의 사용자 및 역할의 AWS 서비스, 리소스 및 개별 API 작업 요청에 대한 액세스를 제한할 수 있다. 이러한 제한 사항은 멤버 계정의 관리자에 우선 적용된다는 것을 기억하자. 다시 말해서 서비스 제어 정책은 조직의 모든 계정에 대해 사용 가능한 최대 권한을 가진 계정부터 중앙 집중식 제어를 제공한다.

우리는 서비스 제어 정책을 가드레일로 활용하거나, 여러 멤버 계정의 관리자가 개별 멤버 계정의 IAM 사용자 및 역할에 부여할 수 있는 작업에 대한 제한을 정의할 수 있다. 하지만 우리는 여전히 IAM 정책을 생성해야 하고, 멤버 계정의 IAM 사용자/역할에 정책을 연결해야 한다. 결과적으로 발급되는 권한은 SCP과 멤버 계정의 IAM 정책에서 허용된 것의 교집합이다.

IAM에 대한 조건 키를 기반으로 빌드한 다음 IAM 정책 예제는 매핑된 AWS 멤버 계정에서 생성된 모든 세이지메이커 트레이닝에 대해 특정한 KMS 키로 암호화를 적용하도록 서비스 제어 정책을 정의한다.

```
{
    "Version": "2012-10-17",
    "Statement": [
        {
            "Sid": "EncryptSageMakerTraining",
            "Effect": "Deny",
            "Action": "sagemaker:CreateTrainingJob",
            "Resource": [
                "*"
            ],
            "Condition": {
                "ArnNotEquals": {
                    "sagemaker:OutputKmsKey": [
                        arn:aws:kms:<REGION>:<ACCOUNT_ID>:key/<KMS_KEY_ID>"
                    ]
                }
            }
        }
    ]
}
```

KMS 키를 지정하지 않은 멤버 계정을 하나 이용해 세이지메이커 트레이닝을 실행해보자.

```
estimator = TensorFlow(
            entry_point='tf_bert_reviews.py',
            role=role,
            train_instance_count=1,
            train_instance_type='ml.p4d.24xlarge',
            framework_version='<TENSORFLOW_VERSION>'
)
```

예상대로 AccessDeniedException과 함께 훈련 작업이 실패하는 것을 다음 에러 로그를 통해 확인할 수 있다.

```
ClientError: An error occurred (AccessDeniedException) when calling the
CreateTrainingJob operation: User: arn:aws:sts::<ACCOUNT_ID>:assumed-role/<ROLE>/
SageMaker is not authorized to perform: sagemaker:CreateTrainingJob on resource:
arn:aws:sagemaker:<REGION>:<ACCOUNT_ID>:training-job/<JOB>
with an explicit deny
```

KMS 키와 함께 동일한 훈련 작업을 시작하면 훈련 작업이 성공적으로 시작된다.

```
estimator = TensorFlow(
            entry_point='tf_bert_reviews.py',
            role=role,
            train_instance_count=1,
            train_instance_type='ml.p4d.24xlarge',
            framework_version='<TENSORFLOW_VERSION>',
            subnets=<SUBNETS>,
            security_group_ids=<SECURITY_GROUP_IDS>,
            ouput_kms_key="<KMS_KEY_ID>"
)

estimator.fit(inputs)
```

다음과 같이 세이지메이커 트레이닝이 성공적으로 시작되는 것을 확인할 수 있다.

```
arn:aws:iam:<ACCOUNT_ID>:role/service-role/<ROLE_NAME> \
    2020-10-30 16:04:01 Starting - Starting the training job.
training job.
```

12.12.4 다중 계정 모델 배포 구현하기

AWS 컨트롤 타워, AWS 오거니제이션, AWS 컨피그를 활용하여 여러 AWS 계정을 설정하고 관리할 수 있다. 모델 배포에 대한 거버넌스와 보안을 강화하려면 데이터 과학자와 스테이징 및 프로덕션 환경을 위한 별도의 AWS 계정들을 생성해야 한다. 해당 조직 유닛(OU)과 매핑된 AWS 계정을 정의하는 AWS 오거니제이션 구조는 다음과 같다.

```
ROOT
├── DATA_SCIENCE_MULTI_ACCOUNT_DEPLOYMENTS (OU)
│   ├── <AWS_ACCOUNT_DATA_SCIENCE>
│   ├── STAGING (OU)
│   │   └── <AWS_ACCOUNT_STAGING>
│   └── PRODUCTION (OU)
│       └── <AWS_ACCOUNT_PRODUCTION>
```

데이터 과학자는 데이터 과학 계정에서 모델을 자유롭게 빌드, 훈련, 튜닝할 수 있어야 한다. 훈련된 모델이 배포될 준비가 되면, 데이터 과학자가 모델을 승인하고 모델을 스테이징 환경에 배포한다. 스테이징 환경은 모델을 프로덕션 환경에 배포하기 전에 데브옵스 팀에서 단위 및 통합 테스트를 실행하는 데 사용할 수 있다. 아마존 세이지메이커 프로젝트가 데이터 과학, 스테이징, 프로덕션 환경 전반에 걸쳐 모델 배포 파이프라인을 자동화하는 방법에 대해서도 10장에서 배웠다. 우리는 커스텀 다중 계정 설정 과정에 세이지메이커 프로젝트 템플릿을 적용할 수 있다.

12.13 감사 가능성

보안 제어를 구현하는 것 외에도 활동 기록, 이벤트 수집, 사용자 활동, API 호출 트래킹을 통해 환경을 감사해야 한다. 감사 가능성은 규정 준수 프레임워크 및 프로세스를 구현하기 위한 주요 요구 사항이다. AWS는 감사 기능을 구현하는 데 사용할 수 있는 여러 서비스 및 기능을 제공한다. 리소스에 태그를 지정하고 클라우드워치 로그 및 클라우드트레일을 활용하여 로그를 수신하고 API 호출을 트래킹할 수 있다.

12.13.1 리소스에 태그 지정하기

우리는 모든 AWS 리소스에 태그를 추가할 수 있다. 리소스 태깅은 감사 가능성을 위한 메커니즘으로 사용될 수 있다. 예를 들어, 다음과 같이 IAM 정책의 조건 키를 통해 세이지메이커 스튜디오 애플리케이션이 특정 팀 또는 프로젝트 식별자를 포함하도록 강제할 수 있다.

```
{
    "Version": "2012-10-17",
    "Statement": [
        {
            "Sid": "EnforceAppTag",
            "Effect": "Allow",
            "Action": [
                "sagemaker:CreateApp"
            ],
            "Resource": "*",
            "Condition": {
                "ForAllValues:StringLike": {
                    "aws:RequestTag/Project": "development"
                }
            }
        }
    ]
}
```

이 IAM 정책을 development 프로젝트의 보안 주체에 연결하면, IAM 사용자 또는 역할은 또 다른 프로젝트로 태그가 지정된 애플리케이션을 생성할 수 없다.

12.13.2 활동 기록 및 이벤트 수집하기

아마존 세이지메이커는 모델 개발 프로세스 중에 모든 API 호출, 이벤트, 데이터 액세스, 상호 작용을 자동으로 기록한다. 우리는 개별 사용자 및 IP 주소까지 상호작용을 트래킹할 수 있다.

클라우드워치 로그CloudWatch Log를 활용하면 세이지메이커 로그 파일을 모니터링, 저장, 액세스 할 수 있다. 세이지메이커 스튜디오 노트북, 세이지메이커 프로세싱 또는 모델 훈련 작업 로그 도 클라우드워치 이벤트로 캡처된다. 클라우드워치 지표CloudWatch Metrics를 사용하면 지표를 트래킹하고 커스텀 대시보드를 생성할 수 있다. 지표가 지정된 임곗값에 도달하면 알림 또는 대응용 액션을 설정할 수도 있다. 세이지메이커 컨테이너 로그 및 지표는 클라우드워치 환경으로 전달하며, 기본 인프라 로그는 세이지메이커 서비스 플랫폼에서 유지된다.

12.13.3 사용자 활동 및 API 호출 트래킹하기

클라우드트레일을 사용하면 개별 사용자 활동 및 API 호출을 트래킹할 수 있다. 클라우드트레일은 세이지메이커에 의해 가정된 IAM 역할을 포함하여 세이지메이커 인스턴스가 사용자를 대신하여 수행하는 API 호출도 트래킹한다. 활동을 각 사용자에게 매핑해야 하는 경우, 우리는 특정 역할을 가정하는 각 세이지메이커 서비스의 사용자에 별도의 IAM 역할을 생성한다.

캡처된 모든 API 호출 로그는 우리가 지정한 아마존 S3 버킷으로 전달된다. API 로그에는 각 API 호출에 대한 사용자 및 계정 ID, 소스 IP 주소, API 호출의 타임스탬프가 포함된다.

12.14 비용 절감 및 성능 향상

애플리케이션에 필요한 KMS API 호출 수를 줄이면 KMS 비용을 줄일 수 있다. 또한 IAM 정책을 사용해 사용자가 쓸 수 있는 인스턴스 유형을 제한함으로써 세이지메이커 비용을 제어할 수 있다.

12.14.1 비용을 제어하기 위해 인스턴스 유형 제한하기

우리는 장기간에 걸쳐 실시간 모델 엔드포인트를 프로덕션에 배포하는 데 CPU 인스턴스 유형만 사용하고, 일괄 변환 작업같이 상대적으로 짧은 시간 동안 컴퓨팅 성능을 요구하는 작업에만 GPU 인스턴스 유형을 사용해야 한다. 다음 정책은 세이지메이커 모델 엔드포인트를 생성할 때 인스턴스 유형을 CPU 기반 인스턴스로 제한한다.

```
{
    "Sid": "LimitSageMakerModelEndpointInstances",
    "Effect": "Deny",
    "Action": [
        "sagemaker:CreateEndpoint"
    ],
    "Resource": "*",
    "Condition": {
        "ForAnyValue:StringNotLike": {
            "sagemaker:InstanceTypes": [
```

```
            "ml.c5.large",
            "ml.m5.large"
          ]
        }
      }
    }
  }
```

우리는 세이지메이커 노트북 인스턴스 및 세이지메이커 스튜디오 도메인에 사용되는 인스턴스 유형을 제한할 수도 있다. 세이지메이커 노트북 인스턴스와 세이지메이커 스튜디오는 실행 주기가 긴 리소스이기 때문에 우리는 CPU 기반 인스턴스로 제한해야 한다. GPU 기반 인스턴스는 세이지메이커 트레이닝을 구동하는 원격 클러스터에 단일 작업 요청용으로 구동하는 것이 비용면에서 효율적이다. 다음 정책은 수명이 긴 세이지메이커 노트북 인스턴스 및 세이지메이커 스튜디오 애플리케이션의 인스턴스 유형을 CPU 기반 인스턴스(`ml.c5.large`, `ml.m5.large`, `ml.t3.medium`)로 제약한다.

```
  {
      "Sid": "LimitSageMakerNotebookInstanceTypes",
      "Effect": "Deny",
      "Action": [
    "sagemaker:CreateNotebookInstance"
      ],
      "Resource": "*",
      "Condition": {
          "ForAnyValue:StringNotLike": {
          "sagemaker:InstanceTypes": [
              "ml.c5.large",
              "ml.m5.large",
              "ml.t3.medium"
              ]
          }
      }
  }
  {
      "Sid": "LimitSageMakerStudioInstanceTypes",
      "Effect": "Deny",
      "Action": [
          "sagemaker:CreateApp"
      ],
      "Resource": "*",
      "Condition": {
```

```
        "ForAnyValue:StringNotLike": {
        "sagemaker:InstanceTypes": [
            "ml.c5.large",
            "ml.m5.large",
            "ml.t3.medium"
            ]
        }
    }
}
```

12.14.2 태그가 지정되지 않은 리소스를 격리 또는 삭제하기

비용을 제어하려면 모든 리소스에 태그를 지정하여 지출을 트래킹 및 모니터링해야 한다. 우리는 AWS 컨피그 서비스의 '필수 태그' 규칙을 사용하여 태그를 적용할 수 있다. 이 규칙은 리소스가 필요한 태그를 가지고 있는지 확인한다. 필요한 태그가 없는 경우 리소스는 비용을 절감하기 위해 격리되거나 삭제될 수 있다.

12.14.3 S3 버킷 KMS 키를 사용해 비용 절감 및 성능 향상하기

새 객체가 업로드될 때 AWS의 KMS 서비스에 대한 API 호출 수를 줄이는 S3 버킷 키를 사용해 암호화 비용을 줄일 수 있다. 다음 코드 예제는 S3 버킷에 KMS 키를 추가하는 방법을 보여준다.

```
response = client.put_bucket_encryption(
    Bucket=<BUCKET_NAME>,
    ServerSideEncryptionConfiguration={
        'Rules': [
            {
                'ApplyServerSideEncryptionByDefault': {
                    'SSEAlgorithm': 'aws:kms',
                    'KMSMasterKeyID': <KMS_KEY_ID>
                },
                'BucketKeyEnabled': True
            },
        ]
    }
)
```

12.15 마치며

우리는 AWS 클라우드 보안의 '0순위 작업' 및 '0순위 우선 사항'을 살펴보는 것으로 이 장을 시작했다. 그리고 AWS 공동 책임 보안 모델뿐만 아니라 사용자가 활용할 수 있는 보안 개념과 AWS 보안 서비스 및 기능을 살펴봤다. AWS에서 안전한 데이터 과학 및 머신러닝 프로젝트를 빌드하는 방법을 알아보고, 예방 및 탐지 제어 구현 방법과 보안 위반을 해결하는 데 도움이 되는 대응 및 수정 제어 방법을 배워봤다.

그다음 컴퓨트 및 네트워크 격리, 인증 및 권한 부여, 암호화 및 거버넌스 분야와 감사 가능성 및 규정 준수 분야의 모범 사례를 소개했다. 이어서 AWS IAM으로 액세스 제어를 구현하여 데이터를 보호하고 가상 사설 클라우드(VPC)를 사용해 네트워크 액세스를 제한하는 방법에 대해 배웠다. 데이터 보안에서 중요한 개념들을 강조하며, S3 데이터 액세스 및 세이지메이커 작업에 서로 다른 수준의 보안을 추가하는 방법의 구체적인 예를 살펴보기도 했다. 또한 S3 액세스 포인트를 사용해 S3 데이터 레이크와 같은 공유 S3 버킷의 데이터에 대한 액세스를 관리하는 방법을 보여주었다. 그리고 AWS KMS를 사용한 미사용 데이터 암호화와 기존 및 양자 내성 암호화를 사용한 전송 암호화에 대해 설명했다. 다음으로, 거버넌스와 감사 가능성을 구현하기 위한 메커니즘을 논의했다. 마지막으로, AWS 보안 서비스와 비용 절감 및 성능 향상 팁을 짚어보며 이 장을 마무리했다.

AWS 서비스명

AWS 서비스명

본 부록에서는 AWS 서비스명을 한글로 정리하여 제공한다. AWS 서비스명을 쉽게 이해하고 활용할 수 있을 뿐만 아니라, 현업에서 흔히 사용되는 용어들도 함께 확인할 수 있어 실무에 더욱 유용할 것이다. 이 부록을 참고하여 책을 보다 효과적으로 활용할수 있길 바란다.

AWS 서비스명

영문 표기	음차 표기
Amazon API Gateway	아마존 API 게이트웨이
Amazon Athena	아마존 아테나
Amazon Augmented AI(Amazon A2I)	아마존 A2I
Amazon Aurora	아마존 오로라
Amazon Braket	아마존 브라켓
Amazon CloudWatch	아마존 클라우드워치
Amazon CodeGuru	아마존 코드구루
Amazon CodeGuru Profiler	아마존 코드구루 프로파일러
Amazon CodeGuru Reviewer	아마존 코드구루 리뷰어
Amazon Comprehend	아마존 컴프리헨드
Amazon Comprehend Custom	아마존 컴프리헨드 커스텀
Amazon Comprehend Custom Label	아마존 컴프리헨드 커스텀 레이블
Amazon Comprehend Medical	아마존 컴프리헨드 메디컬
Amazon Connect	아마존 커넥트
Amazon Customer Reviews Dataset	아마존 고객 리뷰 데이터셋
Amazon DevOps Guru	아마존 데브옵스 구루
Amazon DynamoDB	아마존 다이나모DB
Amazon EC2 Auto Scaling	아마존 EC2 오토스케일링
Amazon EC2 UltraCluster	아마존 EC2 울트라 클러스터
Amazon Elastic Block Store(Amazon EBS)	아마존 일래스틱 블록 스토어(아마존 EBS)
Amazon Elastic Container Registry(Amazon ECR)	아마존 일래스틱 컨테이너 레지스트리(아마존 ECR)
Amazon Elastic Fabric Adapter(Amazon EFA)	아마존 일래스틱 패브릭 어댑터(아마존 EFA)
Amazon Elastic File System(Amazon EFS)	아마존 일래스틱 파일 시스템(아마존 EFS)
Amazon Elastic Inference	아마존 일래스틱 추론
Amazon Elastic Inference Accelerator (Amazon EIA)	아마존 일래스틱 추론 액셀레이터 (아마존 EIA)

영문 표기	음차 표기
Amazon Elastic Kubernetes Service (Amazon EKS)	아마존 일래스틱 쿠버네티스 서비스 (아마존 EKS)
Amazon Elastic MapReduce(Amazon EMR)	아마존 일래스틱 맵리듀스(아마존 EMR)
Amazon Forecast	아마존 포캐스트
Amazon Fraud Detector	아마존 프로드 디텍터
Amazon HealthLake	아마존 헬스레이크
Amazon Kendra	아마존 켄드라
Amazon Kinesis	아마존 키네시스
Amazon Kinesis data stream	아마존 키네시스 데이터 스트림
Amazon Lex	아마존 렉스
Amazon Lookout for Equipment	장비용 아마존 룩아웃
Amazon Lookout for Metrics	지표용 아마존 룩아웃
Amazon Lookout for Vision	비전용 아마존 룩아웃
Amazon Macie	아마존 메이시
Amazon Managed Streaming for Apache Kafka(Amazon MSK)	아파치 카프카용 아마존 관리형 스트리밍 (아마존 MSK)
Amazon Managed Workflow for Apache Airflow(Amazon MWAA)	아파치 에어플로우용 아마존 관리형 워크플로우 (아마존 MWAA)
Amazon Mechanical Turk	아마존 메커니컬 터크
Amazon Monitron	아마존 모니트론
Amazon Neptune	아마존 넵튠
Amazon Personalize	아마존 퍼스널라이즈
Amazon Poly	아마존 폴리
Amazon QuickSight	아마존 퀵사이트
Amazon Redshift	아마존 레드시프트
Amazon Redshift Advisor	아마존 레드시프트 어드바이저
Amazon RedShift ML	아마존 레드시프트 ML
Amazon Redshift Spectrum	아마존 레드시프트 스펙트럼
Amazon Rekognition	아마존 레코그니션
Amazon Relational Database Service (Amazon RDS)	아마존 관계형 데이터베이스 서비스 (아마존 RDS)
Amazon Resource Name(ARN)	아마존 리소스 이름(ARN)

영문 표기	음차 표기
Amazon S3 Access Point	아마존 S3 액세스 포인트
Amazon SageMaker	아마존 세이지메이커
Amazon SageMaker Autopilot	아마존 세이지메이커 오토파일럿
Amazon SageMaker Neo Compilation	아마존 세이지메이커 니오 컴필레이션
Amazon SageMaker Pipeline	아마존 세이지메이커 파이프라인
Amazon Simple Storage Service(Amazon S3)	아마존 심플 스토리지 서비스(아마존 S3)
Amazon Textract	아마존 텍스트랙트
Amazon Transcribe	아마존 트랜스크라이브
Amazon Transcribe Medical	아마존 트랜스크라이브 메디컬
Amazon Translate	아마존 트랜슬레이트
Apache Airflow	아파치 에어플로우
Athena Federated Query	아테나 통합 쿼리
AWS Inferentia	AWS 인퍼런시아
AWS Auto Scaling	AWS 오토스케일링
AWS Center for Quantum Computing	AWS 양자컴퓨팅센터
AWS Deequ	AWS 디큐
AWS Glue	AWS 글루
AWS Glue Data Catalog	AWS 글루 데이터 카탈로그
AWS Glue DataBrew	AWS 글루 데이터브루
AWS Glue Studio	AWS 글루 스튜디오
AWS IoT Greengrass	AWS IoT 그린그래스
AWS Key Management Service(AWS KMS)	AWS 키 관리 서비스(AWS KMS)
AWS Lake Formation	AWS 레이크 포메이션
AWS Lambda Function	AWS 람다 함수
AWS Marketplace	AWS 마켓플레이스
AWS Panorama	AWS 파노라마
AWS Panorama Appliance	AWS 파노라마 어플라이언스
AWS PrivateLink	AWS 프라이빗링크
AWS Service Catalog	AWS 서비스 카탈로그
AWS Shared responsibility Model	AWS 공동 책임 모델
AWS step function	AWS 스텝 함수

영문 표기	음차 표기
Contact Lens for Amazon Connect	아마존 커넥트용 콘택트 렌즈
Elastic Network Adapter(ENA)	일래스틱 네트워크 어댑터(ENA)
FSx Amazon FSx for Lustre	러스터용 아마존 파일 시스템
inverse label transformer container	인버스 레이블 트랜스포머 컨테이너
Kinesis data analytics	키네시스 데이터 애널리틱스
Kinesis data firehose	키네시스 데이터 파이어호스
Kinesis Firehose delivery stream	키네시스 파이어호스 전송 스트림
QuickSight ML Insight	퀵사이트 ML 인사이트
SageMaker Autopilot trial component	세이지메이커 오토파일럿 트라이얼 컴포넌트
SageMaker Batch Transform	세이지메이커 일괄 변환
SageMaker Batch transform job	세이지메이커 일괄 변환 작업
SageMaker Clarify	세이지메이커 클래리파이
SageMaker Compute Instance	세이지메이커 컴퓨트 인스턴스
SageMaker Data Wrangler	세이지메이커 데이터 랭글러
SageMaker Debugger	세이지메이커 디버거
SageMaker Docker Container	세이지메이커 도커 컨테이너
SageMaker Edge Manager	세이지메이커 엣지 매니저
SageMaker Experiment	세이지메이커 익스페리먼츠
SageMaker Feature Store	세이지메이커 피처 스토어
SageMaker Ground Truth	세이지메이커 그라운드 트루스
SageMaker Hyperparameter optimization(HPO)	세이지메이커 하이퍼파라미터 최적화(HPO)
SageMaker Hyperparameter Tuning	세이지메이커 하이퍼파라미터 튜닝
SageMaker Inference Pipeline	세이지메이커 추론 파이프라인
SageMaker JumpStart	세이지메이커 점프스타트
SageMaker Lineage Tracking	세이지메이커 계보 트래킹
SageMaker Model Endpoint	세이지메이커 모델 엔드포인트
SageMaker Model Registry	세이지메이커 모델 레지스트리
SageMaker Neo	세이지메이커 니오
SageMaker Pipeline	세이지메이커 파이프라인
SageMaker Processing	세이지메이커 프로세싱
SageMaker Studio	세이지메이커 스튜디오

영문 표기	음차 표기
SageMaker Training	세이지메이커 트레이닝
Voice ID for Amazon Connect	아마존 커넥트용 보이스 ID

INDEX

INDEX

INDEX

INDEX

INDEX

INDEX